AUTONOMÍA PRIVADA, FAMILIAS Y HERENCIA

AICO/2021/090 «La modernización del derecho de familia a través de la práctica jurisprudencial», de la Conselleria d'Innovació, Universitats, Ciència i Societat Digital, I.P. Dr. José Ramón de Verda y Beamonte.

PID2020-118111GB-I00 «Sujetos e instrumentos del tráfico privado VIII: Reforma del Derecho de sucesiones». Ministerio de Ciencia e Innovación. Gobierno de España. IPS Drs. Juan Pablo Murga Fernández y Manuel Espejo Lerdo de Tejada. Universidad de Sevilla (2021-2025).

PID2020-115254RB-I00 «La voluntad real del causante en las disposiciones mortis causa: aspectos transversales de la interpretación y cláusulas de especial conflictividad». Ministerio de Ciencia e Innovación. Gobierno de España. IP Profa. Dra. Marta Carballo Fidalgo, Universidad de Santiago de Compostela (2021-2025).

MINISTERIO DE CIENCIA E INNOVACIÓN

AGENCIA ESTATAL DE INVESTIGACIÓN

INSTITUTO DE DESARROLLO Y ANÁLISIS DEL DERECHO DE FAMILIA EN ESPAÑA

Registradores DE ANDALUCÍA OCCIDENTAL

ILUSTRE COLEGIO NOTARIAL ANDALUCIA

Libredón. Dereito Civil
Persoa, Familia e Patrimonio

AUTONOMÍA PRIVADA,
FAMILIAS Y HERENCIA

EDICIÓN 2024

DIRECTORES
María Ángeles Egusquiza Balmaseda
Guillermo Cerdeira Bravo de Mansilla

COORDINADORES
Manuel García Mayo
M.ª del Rosario Sánchez Valle

COLEX 2024

Calle Costa Rica, número 5, 3º B (local comercial)
A Coruña, C.P. 15004
info@colex.es
www.colex.es

I.S.B.N.: 978-84-1194-575-2
Depósito legal: C 1116-2024

AUTORES

Juan José Pretel Serrano

José Ramón de Verda y Beamonte

Antonio J. Vela Sánchez

Federico Arnau Moya

Isabel María Nicasio Jaramillo

Victorio Magariños Blanco

Manuel Espejo Lerdo de Tejada

Vincenzo Barba

Francisco José Aranguren Urriza

María José Reyes López

M.ª Ángeles Egusquiza Balmaseda

Marta Ordás Alonso

M.ª del Rosario Sánchez Valle

Marta Carballo Fidalgo

Juan Pablo Pérez Velázquez

Pedro Chaparro Matamoros

Isidoro Lora-Tamayo Rodríguez

Isabel Medina Suárez

Carlo Pilia

Guillermo Cerdeira Bravo de Mansilla

Eugenio Pizarro Moreno

María Dolores Cervilla Garzón

Manuel García Mayo

Ignacio Gallego Domínguez

SUMARIO

CAPÍTULO 2

REFLEXIONES SOBRE LA MATERNIDAD SUBROGADA A RAÍZ DE LA JURISPRUDENCIA DEL TRIBUNAL SUPREMO

JOSÉ RAMÓN DE VERDA Y BEAMONTE

PÁG. 71

CAPÍTULO 3

UNA GESTACIÓN POR SUSTITUCIÓN RAZONABLE NO VULNERA DERECHOS FUNDAMENTALES

ANTONIO J. VELA SÁNCHEZ

PÁG. 97

CAPÍTULO 4

DERECHOS Y DEBERES DE LOS ABUELOS POR GESTACIÓN SUBROGADA NO CONSENTIDA

FEDERICO ARNAU MOYA

PÁG. 115

AUTONOMÍA PRIVADA Y HERENCIA: ENTRE LA LIBERTAD DE TESTAR Y LAS LEGÍTIMAS

CAPÍTULO 5

¿FUNDAMENTA LA SOLIDARIDAD FAMILIAR LA LEGÍTIMA EN LA INTERPRETACIÓN DEL TRIBUNAL SUPREMO?

ISABEL MARÍA NICASIO JARAMILLO

PÁG. 141

CAPÍTULO 6

DEFENSA DE LA LIBERTAD DE TESTAR

VICTORIO MAGARIÑOS BLANCO

PÁG. 165

CAPÍTULO 7

LA LIBERTAD DE TESTAR Y LA FUNCIÓN DE LAS LEGÍTIMAS

MANUEL ESPEJO LERDO DE TEJADA

PÁG. 179

CAPÍTULO 8

LIBERTAD DE TESTAR, UNA IDEA DEL SISTEMA ITALIANO

VINCENZO BARBA

PÁG. 205

CAPÍTULO 9

NEGOCIOS ENTRE CÓNYUGES Y DERECHOS LEGITIMARIOS DE LOS HIJOS

FRANCISCO JOSÉ ARANGUREN URRIZA

PÁG. 225

CAPÍTULO 10

EL ART. 831 DEL CÓDIGO CIVIL. UN PRECEPTO ÚTIL

MARÍA JOSÉ REYES LÓPEZ

PÁG. 241

CAPÍTULO 11

LIBERTAD DE TESTAR, LEGÍTIMAS Y PERSONA UNIDA EN ANÁLOGA RELACIÓN A LA CONYUGAL. ASINCRONÍAS FAMILIARES EN EL CÓDIGO CIVIL

M.ª Ángeles Egusquiza Balmaseda

PÁG. 265

CAPÍTULO 12

LA NEGATIVA DE LOS HIJOS A RELACIONARSE CON EL PROGENITOR ALIMENTANTE COMO CAUSA DE LA EXTINCIÓN DE LA PENSIÓN DE ALIMENTOS (LA TRASLACIÓN DE LA INTERPRETACIÓN «FLEXIBLE» DEL ART. 853.2.° CC AL ÁMBITO DEL ART. 152.4.° DEL MISMO CUERPO LEGAL)

Marta Ordás Alonso

PÁG. 295

CAPÍTULO 13

EL DESAPEGO FAMILIAR Y EL MALTRATO PSICOLÓGICO COMO CAUSA DE DESHEREDACIÓN. EL ESTADO DE LA CUESTIÓN EN LA JURISPRUDENCIA

M.ª del Rosario Sánchez Valle

PÁG. 321

CAPÍTULO 14

IMPUTACIÓN DE LEGADOS E INTERPRETACIÓN DE LA VOLUNTAD DEL CAUSANTE EN EL SISTEMA DEL CÓDIGO CIVIL

Marta Carballo Fidalgo

PÁG. 349

AUTONOMÍA PRIVADA, HERENCIA Y PERSONAS CON DISCAPACIDAD

CAPÍTULO 15

DISPOSICIONES TESTAMENTARIAS EN BENEFICIO DE UN HIJO CON DISCAPACIDAD A LA LUZ DEL ARTÍCULO 252 DEL CÓDIGO CIVIL

JUAN PABLO PÉREZ VELÁZQUEZ

CAPÍTULO 16

LA ACEPTACIÓN Y REPUDIACIÓN DE LA HERENCIA HECHAS POR PERSONA CON DISCAPACIDAD

PEDRO CHAPARRO MATAMOROS

CAPÍTULO 17

EL ART. 252 DEL CC, EN RELACIÓN CON LAS LEGÍTIMAS

Isidoro Lora-Tamayo Rodríguez

PÁG. 433

AUTONOMÍA PRIVADA, FAMILIA Y HERENCIA EN LOS ADR

CAPÍTULO 18

AUTONOMÍA DE LA VOLUNTAD Y MEDIACIÓN FAMILIAR

ISABEL MEDINA SUÁREZ

PÁG. 457

CAPÍTULO 19

ASISTENCIA PARA EL EJERCICIO DE LA AUTONOMÍA DE LOS MENORES

CARLO PILIA

PÁG. 467

CAPÍTULO 20

DIVORCIO, TRANSACCIÓN Y ARBITRAJE. ¿DESJUDICIALIZACIÓN O PRIVATIZACIÓN DEL MATRIMONIO?

GUILLERMO CERDEIRA BRAVO DE MANSILLA

PÁG. 485

CAPÍTULO 21

EL ARBITRAJE TESTAMENTARIO (MEJOR, SUCESORIO). PROPUESTAS *DE LEGE FERENDA*

EUGENIO PIZARRO MORENO

PÁG. 513

PACTOS DE CONVIVENCIA Y EN PREVISIÓN DE CRISIS FAMILIARES: PACTOS PREMATRIMONIALES, EN UNIONES DE HECHO Y PROTOCOLOS FAMILIARES

CAPÍTULO 22

PACTOS FAMILIARES CON PREVISIONES PATRIMONIALES PARA EL CASO DE RUPTURA, ¿HASTA DÓNDE LA LIBERTAD?

MARÍA DOLORES CERVILLA GARZÓN

PÁG. 541

CAPÍTULO 23

EL NOTARIADO Y LOS PACTOS PREMATRIMONIALES. UN MATRIMONIO INDISOLUBLE

MANUEL GARCÍA MAYO

PÁG. 567

CAPÍTULO 24

EMPRESA FAMILIAR Y RIESGOS DERIVADOS DEL RÉGIMEN ECONÓMICO MATRIMONIAL DEL GANANCIALES Y DE LA CONVIVENCIA COMO PAREJA DE HECHO DE LOS SOCIOS. EL PAPEL DE LOS PROTOCOLOS FAMILIARES

IGNACIO GALLEGO DOMÍNGUEZ

PÁG. 611

CAPÍTULO 25

PACTOS DE CONVIVENCIA EN PAREJAS DE HECHO, EN RECIPROCIDAD CON LAS UNIONES MATRIMONIALES. OTRA «VUELTA DE TUERCA»

Guillermo Cerdeira Bravo de Mansilla

PÁG. 639

PRESENTACIÓN DEL LIBRO

Han pasado diez años desde que viera la luz la obra *Autonomía privada, familia y herencia en el Siglo XXI: cuestiones actuales y soluciones de futuro*. En ella se recogieron las ponencias y comunicaciones del Congreso que, bajo ese mismo título, se celebró en la Universidad de Sevilla.

En aquel tiempo, con ánimo constructivo y la inquietud de impulsar la reflexión sobre la adecuación a la realidad de la familia y la social de la herencia, los inquietos promotores del evento plantearon las grandes cuestiones que afectaban a estos ámbitos, a fin de interpelar al legislador estatal. Objeto de diversas ponencias, recogidas en aquella obra, fueron las reflexiones sobre la autocomposición de los intereses patrimoniales de un matrimonio que ya no era para toda la vida, el despliegue de la autonomía de la voluntad en la ruptura conyugal, el estatuto a ofrecer a la pareja de hecho registrada, la extensión aspiracional de la libertad dispositiva «mortis causa», la recomposición del régimen de las legítimas, o la proyección de estas cuestiones en una Europa sin fronteras y multicultural.

Este pasado 23 y 24 de noviembre de 2023, en la misma sede y con igual espíritu, se ha celebrado el Congreso Internacional que da origen a la presente monografía. Con evocador título, *Autonomía privada, familias y herencia en el Siglo XXI*, y provocadora apostilla, *Asignaturas pendientes y aprobadas, diez años después*, se ha perseguido revisar dónde quedaron las propuestas y aspiraciones que se plantearon en la década pasada.

La presente monografía recoge las ponencias y comunicaciones presentadas en este Congreso de 2023. En él, y de nuevo bajo el eje de la autonomía de la voluntad, se ha pasado revista a la filiación por gestación subrogada, la libertad de testar, las legítimas, la desheredación, el tratamiento sucesorio de las personas con discapacidad, los ADR familiares y sucesorios, o los pactos de convivencia y en previsión de crisis matrimoniales. El debate técnico-jurídico durante los dos intensos días de trabajo que duró este encuentro internacional se halla acrisolado en los veinticinco capítulos que integran la obra. En ellos se brinda al lector el placer de buscar la respuesta sobre las asignaturas suspensas, pendientes y aprobadas que tiene en su haber el legislador estatal.

Guillermo Cerdeira Bravo de Mansilla
M.ª Ángeles Egusquiza Balmaseda
Entre Sevilla y Pamplona, a 4 de junio de 2024

AUTONOMÍA PRIVADA Y FILIACIÓN: UNA CUESTIÓN DE ORDEN PÚBLICO

CAPÍTULO 1

EL CAMINO RECORRIDO POR LA GESTACIÓN SUBROGADA

Juan José Pretel Serrano
Registrador Mercantil de Sevilla
Notario y Abogado del Estado excedente
Ex subdirector general de nacionalidad y estado civil
Profesor Honorario Universidad de Sevilla

SUMARIO:

I. Introducción

El presente trabajo no es tan ambicioso como para poder estudiar y analizar la figura de la gestación subrogada en su totalidad. Solamente se pretende hacer la crónica, es decir, la narración de los hechos tal y como se han ido produciendo. La crónica necesariamente tiene que terminar en el momento en que se cuenten tales hechos, no puede ir más allá en el tiempo, pero tampoco ha de ser incompleta desde el inicio. Ejemplo de ello es que en el momento justo en que este trabajo iba a enviarse a la imprenta se publicó en el BOE la Sentencia de Pleno del Tribunal Constitucional 28/2024, de 27 de febrero de 2024 en recurso de amparo 5067-2019 en proceso de adopción por vulneración del derecho a la tutela judicial efectiva en un supuesto de gestación subrogada[1].

Sorprende que lo que en otro momento (las técnicas de reproducción asistida en sentido amplio) se consideró como un síntoma de modernidad y de moral avanzada (superadora de una visión de tiempos antiguos), donde España fue pionera (Ley 35/1988, de 22 de noviembre), ahora en una de sus posibles manifestaciones se considere que es lo contrario, con el argumento principal de que se trata de una actuación que puede ser denigrante para la mujer, cuando la finalidad es la misma que la de las demás técnicas de reproducción asistida, o sea, expectativas y esperanzas para las parejas estériles (Exposición de Motivos de la Ley de 1988).

1 Sentencia del Tribunal Constitucional (Pleno), 28/2024, de 27 de febrero de 2024. Recurso de amparo 5067-2019. Promovido por doña M.T.E.M., respecto de las resoluciones dictadas por la Audiencia Provincial de Madrid en proceso de adopción. Vulneración del derecho a la tutela judicial efectiva (motivación): sentencia de apelación que, en un supuesto de gestación subrogada, no satisface las exigencias del canon de motivación reforzada que rige para los casos en los que la esfera personal y familiar de un menor se ve afectada al estar en juego la construcción de la identidad del menor y la protección de los lazos familiares creados con la recurrente. Voto particular. BOE de 3 de abril.

Lo único cierto es que desde el punto de vista social, político y jurídico nos encontramos ante un supuesto que como mínimo podemos calificarlo de conflictivo. Los términos en los que se está realizando la discusión difícilmente puedan centrarse en el ámbito estrictamente jurídico

A todo lo anterior hay que añadir que obligatoriamente ha de tenerse en cuenta la legislación existente en otros países. No hay unanimidad en el tratamiento en Derecho Comparado de la figura, con lo cual es perfectamente lógico que los particulares que desean utilizar este método de fecundación acudan a aquellos lugares en los que la legislación lo permite, creándose a continuación muchísimas cuestiones que no siempre pueden resolverse con las normas de Derecho Internacional Privado.

Una última advertencia. Después de la STC citada ¿podemos seguir pensando que el recorrido y la evolución siguen abiertas? El TC se cuida mucho de entrar a decidir el fondo de la cuestión y prefiere seguir dejándola abierta. Pero lo cierto es que, al leer la Sentencia, como después veremos y ponerla en relación con la jurisprudencia del TEDH y de nuestro TS, la situación parece haber llegado, de hecho, al menos a un lugar donde puede existir acuerdo en admitir la solución que se propone jurisprudencialmente.

II. Legislación española sobre técnicas de reproducción asistida

2.1. Precedentes de la legislación actual

La primera Ley que tuvimos en España es la de 22 de noviembre de 1988 sobre Técnicas de reproducción asistida. Fue una de las primeras leyes en el ámbito europeo. El análisis que se hizo fue muy dispar, ya que junto con el innegable avance que supuso al resolver problemas jurídicos que estaban necesitados de regulación, también se enfrentó a problemas éticos con soluciones muy discutibles[2]. Igualmente se plantearon cuestiones nuevas de dudoso encaje constitucional que algún sector doctrinal puso de manifiesto de manera muy llamativa[3].

En esta norma se parte del principio de la prohibición de la gestación de sustitución o subrogada al proclamarse que «será nulo de pleno derecho el contrato por el que se convenga la gestación, con o sin precio, a cargo de

2 Peña Bernaldo de Quirós, M., dice haciendo un juego de palabras, que la Ley contiene una «ética hética». Es decir, una ética tísica, enferma. *Vid.* su libro *Derecho de Familia.* pp. 491. Sección de Publicaciones de la Universidad Complutense. Año 1989.

3 Especialmente duro desde este punto de vista es el análisis que hizo Pantaleón Prieto, F., *Revista de Jueces para la Democracia,* Número 5, pp. 19 y ss.

una mujer que renuncia a la filiación materna a favor del contratante o de un tercero» (art. 10). Es la misma definición (e incluso el mismo número del art. como después veremos) que pasó a la Ley posterior aún vigente de Técnicas de Reproducción Humana Asistida de 26 de mayo de 2006.

2.2. La Ley de Técnicas de Reproducción Humana Asistida de 26 de mayo de 2006 (LTRHA)

En palabras de la Exposición de Motivos de esta nueva norma, su elaboración responde al importante avance científico constatado en los últimos años, a la vez que, se nos dice, se intenta atender a la constante evolución de la técnica, la realidad autonómica del Estado y la necesidad de regular la intervención de los poderes públicos en la actividad privada en este campo. Por ello se lleva a cabo la derogación de la Ley de 1988 y la elaboración de una nueva.

Con posterioridad esta Ley de 2006 ha sido objeto de reforma en varias ocasiones. Pero nunca ha habido ninguna reforma normativa del art. de la gestación por subrogación. Dicho precepto se mantiene inalterado, con la misma redacción desde la Ley de 1988, donde también tenía el número 10.

2.3. Concepto legal

Se trata de una técnica que conlleva la implantación de un óvulo fecundado «in vitro» en el útero de una mujer que presta su cuerpo para la gestación de ese niño, con el compromiso de entregarlo al nacer, gratuitamente o por precio renunciando a la maternidad. El óvulo fecundado puede ser de la misma mujer gestante o de otra distinta.

La LTRHA, con rotundidad dice que «será nulo de pleno derecho el contrato por el que se convenga la gestación, con o sin precio, a cargo de una mujer que renuncia a la filiación materna en favor del contratante o de un tercero» (art. 10.1).

Por lo tanto, «la filiación de los hijos nacidos por gestación de sustitución será determinada por el parto» (art. 10.2).

Ello sin perjuicio de «la posible acción de reclamación de la paternidad respecto al padre biológico» (art. 10.3).

De la descriptiva definición legal se desprende el concepto: relación contractual por la que una madre gestante, sea aportando su propio óvulo o sea desarrollando un embrión ya fecundado (siendo el óvulo de otra persona) que le es insertado, renuncia a la maternidad que resulta del parto, a favor de la persona o personas con las que ha contratado; es indiferente que haya mediado retribución o que la misma no exista o se mantenga oculta. Según el párrafo segundo del precepto, la filiación materna siempre la determinará el parto; en cuanto a la filiación paterna habrá que estar a las acciones de reclamación de la paternidad reguladas en la legislación civil.

Este concepto no ha cambiado ni se ha modificado lo más mínimo desde el año 1988. Es más, se ha repetido en La Ley Orgánica 1/2023, de 28 de febrero, por la que se modifica la Ley Orgánica 2/2010, de 3 de marzo, de salud sexual y reproductiva y de la interrupción voluntaria del embarazo.

Con una técnica jurídica más que deficiente, por un lado, se dice en la Exposición de Motivos que «como Estado, debemos reafirmar el compromiso de respuesta frente a vulneraciones graves de los derechos reproductivos que constituyen manifestaciones de la violencia contra las mujeres, como la gestación por subrogación»; y, por otro lado, se pretende resaltar la sanción de nulidad repitiendo dos veces de forma literal lo mismo (ni más ni menos) que dice el art. 10 de la Ley vigente de TRHA[4]. No se añade absolutamente nada. También hay que señalar que Disposición Final Primera modifica la Ley 34/1988, de 11 de noviembre, General de Publicidad, para incluir como publicidad ilícita aquella que promueva las prácticas comerciales para la gestación por sustitución y al respecto dice el art. correspondiente que establece que «las administraciones públicas (...) instarán la acción judicial dirigida a la declaración de ilicitud de la publicidad que promueva las prácticas comerciales para la gestación por sustitución y a su cese». (art. 33). Y se considera a partir de la reforma de 2023 que es publicidad que atenta contra la dignidad de la persona o vulnera los valores y derechos reconocidos en la Constitución Española, (especialmente a los que se refieren sus arts. 14, 18 y 20, apartado 4), la publicidad que promueva las prácticas comerciales para la gestación por sustitución[5].

III. Aplicación de la legislación española

3.1. Ámbito de aplicación de la de la Ley española

Lógicamente la Ley española no puede pretender tener una aplicación más allá de nuestras fronteras. Ello significa que la nulidad que establece el

4 Dice este precepto (literalmente)
«Art. 32. Prevención de la gestación por subrogación o sustitución.
1. La gestación por subrogación o sustitución es un contrato nulo de pleno derecho, según la Ley 14/2006, de 26 de mayo, sobre técnicas de reproducción humana asistida, por el que se acuerda la gestación, con o sin precio, a cargo de una mujer que renuncia a la filiación materna a favor del contratante o de un tercero.
2. Se promoverá la información, a través de campañas institucionales, de la ilegalidad de estas conductas, así como la nulidad de pleno derecho del contrato por el que se convenga la gestación, con o sin precio, a cargo de una mujer que renuncia a la filiación materna a favor del contratante o de un tercero».

5 Sin desconocer lo bien intencionado de la reforma, lo cierto es que su eficacia parece que será relativa. Es muy difícil aplicar este precepto a la publicidad que se haga por internet por empresas extranjeras y a través de páginas electrónicas o servidores sitos en el extranjero. De hecho, es fácil encontrar dicha publicidad en multitud de páginas web.

art. 10 de la LTRAH no puede extenderse a los supuestos en los que la determinación de la filiación dependa del juego de las normas de Derecho Internacional Privado. En efecto, como destacó PEÑA BERNALDO DE QUIRÓS[6], en los casos de reproducción asistida, la relación de filiación no se produce como un puro efecto de la naturaleza, pues en la constitución de esa relación es destacable que deban darse actos de voluntad; por lo tanto en la constitución de estas relaciones de filiación existe un vacío normativo en las reglas de D. I. Pr. que debe ser llenado conforme a los principios del sistema y teniendo presente que en parte es filiación por naturaleza y en parte lo es por un acto de voluntad y cumplimiento de requisitos legales (*cfr.* arts. 9, 1, 4 y 5 del CC).

3.2. La sanción de nulidad. Relatividad de la misma

Dentro del ámbito interno la sanción de nulidad (art. 6.3 del CC) supone la máxima reacción del Ordenamiento caso en el que se incurra en ella. Ya hemos visto como el art. 10 LTRHA impone esta sanción; y también hemos visto como por dos veces se dice lo mismo en La Ley Orgánica 1/2023, de 28 de febrero, por la que se modifica la Ley Orgánica 2/2010, de 3 de marzo, de salud sexual y reproductiva y de la interrupción voluntaria del embarazo. Si bien, se hace con una técnica jurídica más que deficiente, pues se pretende resaltar la sanción de nulidad repitiendo dos veces de forma literal lo mismo que dice el art. 10 de la Ley vigente de TRHA.

Pero tan tajantes afirmaciones de nulidad no impiden que puedan producirse determinados efectos. Una vez que el proceso se ha llevado a cabo (fase de acuerdo de voluntades, inseminación, gestación y nacimiento) es radicalmente injusto para el hijo que se niegue determinado *status* a quien ha venido al mundo sin culpa alguna o que se vulneren otra serie de principios (protección de los menores, igualdad de los hijos ante la ley, no discriminación, ...). De la necesidad de mitigar la sanción de nulidad es consciente el propio Tribunal Supremo cuando en la Sentencia de 2014, alude al posible efecto indirecto de servir de base para la adopción[7].

Y fuera del ámbito de la filiación, en materia de prestaciones sociales, es jurisprudencia consolidada[8] el reconocer (especialmente en prestaciones por maternidad) que «la nulidad de pleno derecho del contrato de gestación por sustitución, establecida en el art. 10 de la Ley 14/2006, de 26 de mayo, no puede perjudicar la situación del menor, por lo que las prestaciones por maternidad o paternidad han de interpretarse a la luz del principio general del

6 *Comentario al art. 17 del CC.* EDERSA. Tomo I, Volumen 3.°, año 1993, p. 160.

7 Sentencia de 6 de Febrero de 2014.

8 Podemos citar la STS (sala de lo social) de 22 de marzo de 2018, dictada en unificación de doctrina.

interés superior del menor que se integra en el núcleo familiar con el progenitor o progenitores que le prestan atención y cuidados parentales».

Es destacable que esta postura de nuestra jurisprudencia es mucho más favorable en el reconocimiento de estos derechos que la jurisprudencia del TJUE, siendo doctrina consolidada en nuestro Tribunal Supremo que es posible reconocer que en la definición de familia caben también las familias mono parentales derivadas de la maternidad biológica por inseminación artificial, o la derivada de una gestación subrogada (*vid.* entre otras la STS —Sala de lo Social— 216/2024, de 30 de enero y la cita de sentencias que en ella se recogen).

IV. La competencia del Registro Civil español respecto de los hechos acaecidos en el extranjero. Necesidad de acreditar que el nacimiento afecta a españoles

4.1. La competencia del Registro Civil español para los nacimientos ocurridos en el extranjero

El Registro Civil español es competente para la inscripción de los hechos acaecidos en territorio español (aunque afecten a extranjeros), así como para los acaecidos en el extranjero cuando afecten a españoles (*cfr.* arts. 15 de la LRC de 1957 y art. 9 de la LRC de 2011). Por lo tanto, para que un nacimiento ocurrido en el extranjero pueda inscribirse en el Registro Civil español será necesario (por regla general) que se trate de una persona que ostente la nacionalidad española (por ser hijo de padre o madre de dicha nacionalidad como veremos). Normalmente la inscripción se realizará en el Registro Civil Consular. Están a cargo de los Cónsules de España en el extranjero (art. 10 LRC de 2011) o de los funcionarios encargados de las Secciones consulares en las Misiones Diplomáticas (Embajadas) (arts. 223 y 24 de la LRC de 2011 y art. 51 Reglamento RC). Las funciones del Ministerio Fiscal las realiza el Canciller del Consulado (art. 54 Reglamento del RC).

Según el art. 17.1.a) del CC son españoles de origen «los nacidos de padre o madre españoles»[9]. Esta expresión se entiende que recoge lo que mayoritariamente había sostenido la doctrina[10] de tal manera que bastará con que la

9 La expresión «nacidos de padre o madre españoles» fue introducida por la Ley 8/1990, en sustitución de la anterior expresión que hablaba de «los hijos».

10 Por todos puede verse a Peña Bernaldo de Quirós, M., en *Comentarios al CC* de EDERSA «Comentario al art. 17». Ya había mantenido esta opinión antes del cambio normativo. En relación con la nueva Ley puede verse igualmente el comentario a dicho art. (*op. Cit.* P. 156).

relación de filiación exista como mero hecho sin que sea necesario que esté determinada legalmente[11]. Igualmente, este ha sido el criterio sostenido por la DGRN que ya en Resolución de 4 de febrero de 1966 había sostenido que bastaba para inscribir el nacimiento acaecido fuera de España que existieran indicios racionales de que al nacido pudiera corresponderle la nacionalidad española *iure sanguinis*.

En lo que aquí interesa podemos destacar que es suficiente con que el requisito (de la nacionalidad española del padre o de la madre) se cumpla respecto de uno de los progenitores. No importa que uno de los progenitores sea de otra nacionalidad o sea apátrida. Igualmente, se adquirirá la nacionalidad española, aunque la ley nacional del otro progenitor (o del lugar de nacimiento) no reconociera dicha posibilidad. Tampoco importa que el progenitor español tenga además otra nacionalidad. Incluso en aquellos casos en los que pueda haberse acogido a alguno de los Convenios de doble nacionalidad concertados por nuestro país, los hijos también serán españoles en los supuestos en los que la nacionalidad española del progenitor se tenga en estado latente[12].

En el caso en el que estemos ante un supuesto de filiación por técnicas de reproducción asistida si la nacionalidad española se da respecto de la madre gestante, no existirá peculiaridad alguna (incluso en el caso de inseminación de mujer sola).

Para el caso en el que la madre gestante sea de nacionalidad extranjera, en la hipótesis del nacimiento fuera de España, si se trata de pareja no casada, por regla general, será necesario escrito indubitado de la otra persona de la pareja española (documento extendido ante el centro o servicio autorizado en el que se refleje el consentimiento a la fecundación con contribución de donante prestado por varón no casado con anterioridad a la utilización de las técnicas) (art. 8 de la Ley de 2006). Si se trata de pareja de dos mujeres, el consentimiento basta con que se preste en el momento en que vaya a practicarse la inscripción de nacimiento (art. 44 de la LRC). Cuando se trate del llamado hijo «super póstumo» (es decir, del concebido con material reproductor del marido utilizado dentro de los doce meses siguientes a su fallecimiento —*cfr*. art. 9 de la Ley especial citada de 2006—), el nacido podrá ser considerado como español si el marido tenía nuestra nacionalidad o (en caso de no existir matrimonio) se tramita el oportuno expediente registral de determinación de la filiación.

11 Diez del Corral, J., «Comentario al art. 17 del CC». Dentro del Libro *Comentario del CC*. Ed. por el Ministerio de Justicia, 1991.

12 Se llama así aquella situación en la que el doble nacional no está residiendo en España sino precisamente en el otro país respecto del que también la nacionalidad. En tales casos se sostiene (aunque no unánimemente) que no se le aplican en su integridad nuestras leyes.

En todos estos casos, la madre gestante es a la vez la madre en sentido jurídico (art. 10.2 de la Ley de 2006) ya se trate de fecundación con óvulo propio o con óvulo ajeno, y ya se trate de inseminación homóloga o heteróloga.

4.2. Requisitos añadidos en caso de gestación subrogada

Estos criterios son insuficientes en los casos en los que estemos ante gestación por subrogación. En tales supuestos, como hemos visto, se trata de una técnica que conlleva la implantación de un óvulo fecundado *in vitro* en el útero de una mujer que presta su cuerpo para la gestación de ese niño, con el compromiso de entregarlo al nacer, gratuitamente o por precio renunciando a la maternidad. El óvulo fecundado puede ser de la misma mujer o de otra distinta y el esperma puede proceder de persona de nacionalidad española o carente de dicha nacionalidad. De aquí se desprende un requisito fundamental que en tiempos no tan lejanos se nos antojaba como totalmente ajeno al Registro Civil: para determinar la competencia del Registro Civil español (en este caso del Consular) será necesario que los interesados aporten ante el Encargado documentación suficiente de que el nacido tiene vínculos biológicos con persona que ostente la nacionalidad española (prueba de ADN). Es decir, ha de justificarse que el semen con el que se fecundó a la madre gestante procede en tiempo oportuno de persona que ostenta la nacionalidad española y que ha llevado a cabo el reconocimiento de su paternidad.

Sin dicho requisito no estaríamos ante un supuesto de maternidad por sustitución, sino simplemente ante la pretensión de hacer pasar como hijo biológico a un nacido que carece de vínculos en tal sentido.

Este requisito de los vínculos biológicos respecto de un progenitor hoy puede ser cuestionado[13] ya que ello llevaría a tener que excluir el recono-

13 En efecto, nos dice Peña Bernaldo de Quirós (*Comentarios ... op. Cit.* Páginas 157 y ss.) hoy en día no puede considerarse solamente al hecho bilógico de la paternidad o de la maternidad como el que ha de considerarse como el que produce los efectos jurídicos de la paternidad o de la maternidad (es decir, de la filiación). En aplicación de la LTRAH no siempre hay relación entre el nacido y aquél de quien provienen los espermatozoides (inseminación heteróloga) o aquella de quién proviene el óvulo. En cambio, sí hay relación de filiación entre el nacido y el varón que consiente (con los requisitos legales) la inseminación heteróloga, o entre el nacido y la mujer que biológicamente no ha aportado el óvulo. Se trata de supuestos ajenos a la filiación biológica pero que la Ley tipifica y valora como suficientes para producir el efecto de la filiación (y en su caso la consiguiente atribución de la nacionalidad española). Por lo tanto, cuando se habla de la filiación como criterio básico para la atribución de la nacionalidad española debe entenderse desde la perspectiva de que es fuente de integración en la familia y, con ella, en la nación. «No se atribuye la nacionalidad española porque a través de la generación se transmita la *sangre* española (en sentido biológico)», sino porque se transmite (metafóricamente) la sangre histórico-cultural de la nación española.

cimiento de todos aquellos casos en los que no hay aportación de material genético de ninguna persona española, con lo que se produce la paradoja de que unas técnicas que tienen como fin primordial el poner remedio a la falta de la filiación por naturaleza, no admiten el supuesto en el que el problema de la esterilidad lo es tanto de la madre como del padre y por ello acuden a la gestación por subrogación con inseminación heteróloga[14].

Además, es su caso han de aplicarse las normas del D.I.Pr. lo cual también puede llevarnos a situaciones no previstas en principio. Es verdad que la actual redacción del art. 9.4[15] del CC en parte ha mitigado los problemas al establecer como norma primera que la determinación y el carácter de la filiación por naturaleza se regirán por la ley de la residencia habitual del hijo en el momento del establecimiento de la filiación. Solamente a falta de residencia habitual del hijo, o si esta ley no permitiere el establecimiento de la filiación, se aplicará la ley nacional del hijo en ese momento. Si esta ley no permitiere el establecimiento de la filiación o si el hijo careciere de residencia habitual y de nacionalidad, se aplicará la ley sustantiva española.

Pero aún así se producirían situaciones paradójicas al aplicar la ley *nacional* del hijo en el momento del nacimiento (es obvio que el nacido en el momento del parto no tiene residencia habitual): Si ni el padre ni la madre son los que han aportado el material reproductor (fecundación heteróloga y donación de óvulo) no podremos aplicar la ley española y habría que estar a la ley de otra posible nacionalidad del hijo que podría llevarnos a una solución distinta, o (en último caso) al final la ley española de nuevo.

---

14 Lo que ocurre es que, desde otra perspectiva, las pruebas de ADN son un elemento muy valioso para evitar que pasen por supuestos de gestación subrogada determinados casos que no son sino casos de tráfico de recién nacidos. Por ejemplo, surgen tales dudas en el caso de la Sentencia del Tribunal Superior de Justicia de Madrid de 13 de marzo de 2017 (sala de lo contencioso-administrativo) a propósito de la denegación por el Consulado español de un salvoconducto a un niño nacido en Moscú; se pretende la inscripción en el Registro Consular del nacimiento aportando el contrato de gestación entre un matrimonio español y una ciudadana rusa, pero sin prueba genética alguna. La decisión negativa a la pretensión se basa en la falta de resolución judicial.

15 Art. 9.4. «La determinación y el carácter de la filiación por naturaleza se regirán por la ley de la residencia habitual del hijo en el momento del establecimiento de la filiación. A falta de residencia habitual del hijo, o si esta ley no permitiere el establecimiento de la filiación, se aplicará la ley nacional del hijo en ese momento. Si esta ley no permitiere el establecimiento de la filiación o si el hijo careciere de residencia habitual y de nacionalidad, se aplicará la ley sustantiva española. En lo relativo al establecimiento de la filiación por adopción, se estará a lo dispuesto en el apartado 5.
La ley aplicable al contenido de la filiación, por naturaleza o por adopción, y al ejercicio de la responsabilidad parental, se determinará con arreglo al Convenio de La Haya, de 19 de octubre de 1996, relativo a la competencia, la ley aplicable, el reconocimiento, la ejecución y la cooperación en materia de responsabilidad parental y de medidas de protección de los niños». (Redacción dada por Ley 26/015 de 28 de Julio).

V. El primer caso en el derecho español: la resolución de la DGRN de 18 de febrero de 2009

Se trata de la Resolución en la que por primera vez se afronta el tema de la inscripción en el Registro Consular español de una persona nacida por gestación por sustitución o subrogada.

Los hechos son los siguientes: Mediante escrito presentado en el Registro Civil Consular de Los Ángeles (Estados Unidos), dos ciudadanos españoles varones solicitan la inscripción de nacimiento de dos hijos, nacidos en San Diego, California (Estados Unidos) en octubre de 2008 mediante «gestación de sustitución». Adjuntan como documentación: certificados de nacimiento de los menores, certificados de nacimiento de los promotores, y libro de familia de los interesados donde consta su matrimonio. El Encargado del Registro Civil Consular, deniega lo solicitado por los interesados, con invocación de la Ley 14/2006, de 26 de mayo, sobre técnicas de reproducción asistida. Los interesados recurren ante la DGRN.

La DGRN en una extensa Resolución, aborda la cuestión con la siguiente argumentación:

a) Para determinar cuál ha de ser la Ley aplicable, se basa en cuestiones puramente formales. En efecto toda la argumentación parte de las normas establecidas en la LRC —de 1957— (art. 23) y RRC (arts. 81 y ss.) para la inscripción en el Registro Civil de los hechos que ya consten en un Registro extranjero. A partir de aquí se dice que es admisible la certificación de un Registro Civil extranjero. Lo que supone que el art. 81 del Reglamento del Registro Civil no exige que la solución jurídica contenida en la certificación registral extranjera sea «idéntica» a la solución jurídica que habría alcanzado una autoridad registral española mediante la aplicación de las normas legales españolas, como tampoco se exige que la Ley extranjera designada por nuestras normas de conflicto presente un contenido «idéntico» al de las Leyes españolas (*Vid.* art. 9.4 del CC).

b) Superado este escollo, se entra a analizar otras posibles objeciones. Así se dice también que la certificación no vulnera el orden público internacional; al contrario, no permitir que la filiación de los nacidos conste en favor de dos varones resultaría discriminatorio por una razón de sexo, lo que está radicalmente prohibido por el art. 14 de la Constitución Española de 27 diciembre 1978.

c) Igualmente se apoya la Resolución para la admisión de esta filiación en el interés superior del menor.

d) También se argumenta que el «interés superior del menor» se traduce en el derecho de dicho menor a una «identidad única», como ha destacado el Tribunal de Justicia de la Unión Europea. Este derecho de los menores a una identidad única se traduce en el derecho de tales menores a disponer de una filiación única válida en varios países, y no de una filiación en un país y de otra filiación distinta en otro país, de modo que sus padres sean distintos cada vez que cruzan una frontera.

Se termina reconociendo que es indudable que los contratos de gestación por sustitución están expresamente prohibidos por las Leyes españolas y que «la filiación de los hijos nacidos por gestación de sustitución será determinada por el parto» (art. 10.2 de la Ley 14/2006). Ahora bien (reiterando la argumentación), dicho precepto no es aplicable al presente caso, ya que no se trata de determinar la filiación de los nacidos en California. Se trata, por el contrario, de precisar si una filiación ya determinada en virtud de certificación registral extranjera puede acceder al Registro Civil español.

La conclusión que puede extraerse del contenido de esta Resolución es, como hemos dicho, que se basa principalmente en el cumplimiento de los requisitos formales de la documentación presentada ante el Registro Civil español. Cumplidos tales requisitos (que sea un documento público y que haya sido confeccionado por una autoridad que cumpla funciones equivalentes a las que tienen las autoridades registrales españolas); a partir de ahí no se encuentran obstáculos en el orden público internacional español; y, por el contrario, el interés superior del menor lleva a la necesidad de reconocer este tipo de situaciones.

No se alude para nada a la posible desprotección de la madre gestante, aspecto muy importante que se introducirá con posterioridad.

La Resolución desde un primer momento resultó muy controvertida.

Una vez que se había inscrito la filiación, el 28 de enero de 2010 el Ministerio Fiscal presentó demanda en juicio ordinario contra esta Resolución de la DGRN solicitando que se dictara sentencia por la que se declare que, al infringirse directamente un precepto incluido en la Ley Española. El recurso terminó dando lugar a la sentencia del Tribunal Supremo de 6 de febrero de 2014, que posteriormente veremos.

VI. La instrucción de la DGRN de 5 de octubre de 2010[16]

Desde el momento en el que se interpuso la demanda por el Ministerio Fiscal, se produjo una situación de inseguridad que se pretendió atajar con la *Instrucción de 5 de octubre de 2010 sobre régimen registral de la filiación de los nacidos mediante gestación por sustitución.*

16 *BOE* 7 de octubre de 2010. https://www.boe.es/boe/dias/2010/10/07/pdfs/BOE-A-2010-15317.pdf

Prescindiendo de la argumentación que utiliza y resumiendo su contenido, se nos dice:

> «...La inscripción de nacimiento de un menor, nacido en el extranjero como consecuencia de técnicas de gestación por sustitución, sólo podrá realizarse presentando, junto a la solicitud de inscripción, la resolución judicial dictada por Tribunal competente en la que se determine la filiación del nacido».

a) Finalidad y justificación de que sea necesaria una resolución judicial

La finalidad es controlar el cumplimiento de los requisitos de perfección y contenido del contrato respecto del marco legal del país donde se ha formalizado, así como la protección de los intereses del menor y de la madre gestante. Igualmente, permite verificar que no existe simulación en el contrato de gestación por sustitución que encubra el tráfico internacional de menores.

b) La resolución judicial ha de cumplir con el requisito del «exequatur»

Se trata de un supuesto que podrá cumplirse y deberá exigirse en los casos de que estemos ante una resolución judicial y, lógicamente, a falta de un Convenio o norma internacional en particular, que pueda prever un sistema de reconocimiento automático, no sólo en relación con la actuación de los tribunales sino también en relación con la actuación de otras autoridades del Estado receptor[17]. Ha de estarse a lo establecido en la Ley de Cooperación Jurídica Internacional en materia civil (Ley 29/2015, de 30 de Julio). A partir de esta Instrucción de 2010, todas las Resoluciones que se plantean ante la DGRN se resuelven desde la perspectiva del cumplimiento o incumplimiento de lo establecido en la misma.

VII. La sentencia del TS de 6 de febrero de 2014

Frente a esta orientación gubernativa el TS reaccionó con firmeza en Sentencia de 6 de febrero de 2014, la cual considera el reconocimiento de este tipo de filiación como contrario al orden público (por muy atenuado que esté el concepto) y a claros preceptos imperativos, pudiendo lograrse la protección del menor mediante otros mecanismos (reconocimiento de la paternidad por el progenitor donante del material reproductor o procedimiento de adopción).

Esta Sentencia tiene su origen en la impugnación realizada por el Ministerio Fiscal de la Resolución de 18 de febrero de 2009 como anteriormente quedó expuesto.

Veamos sucintamente la argumentación utilizada.

---

17 Así ocurre en gran medida en el ámbito del Derecho europeo: el Reglamento 1215/2012 relativo a la competencia judicial, el reconocimiento y la ejecución de resoluciones judiciales en materia civil y mercantil.

7.1. El control de legalidad que debe realizar el Encargado del Registro Civil implica que deba respetarse el límite del orden público internacional español

Con arreglo al art. 23 de la LRC —en la actualidad el 96 de la Ley de 2011— (dice el TS), debe controlarse la legalidad conforme a la Ley española de los asientos extendidos en Registros extranjeros, y si bien no puede entenderse como absoluta conformidad de estos con todas y cada una de las exigencias de nuestra legislación (lo que haría prácticamente imposible el reconocimiento), sí ha de serlo como respeto a las normas, principios y valores que encarnan el orden público internacional español. Ciertamente, el orden público internacional español se caracteriza por ser un orden público «atenuado». Pero en nuestro ordenamiento jurídico y en el de la mayoría de los países con ordenamientos basados en similares principios y valores, se considera que los avances en las técnicas de reproducción humana asistida no pueden admitirse cuando vulneren la dignidad de la mujer gestante y del niño, mercantilizando la gestación y la filiación, «cosificando» a la mujer y al niño, permitiendo a determinados intermediarios realizar negocio con ellos, posibilitando la explotación del estado de necesidad en que se encuentran mujeres jóvenes en situación de pobreza y creando una especie de «ciudadanía censitaria» en la que solo quienes disponen de elevados recursos económicos pueden establecer relaciones paterno-filiales vedadas a la mayoría de la población.

7.2. El problema de la posible vulneración del interés superior del menor

Alegan los recurrentes que la mejor la satisfacción del interés superior del menor es considerar como padres a los comitentes.

Pero la concreción de dicho interés del menor no debe hacerse conforme a sus personales puntos de vista, sino tomando en consideración los valores asumidos por la sociedad como propios, contenidos tanto en las reglas legales como en los principios que inspiran la legislación nacional y las convenciones internacionales.

Es necesario por tanto realizar una ponderación de la que resulte la solución que menos perjudique a los menores, empleando para ello los criterios establecidos en el ordenamiento jurídico.

7.3. Derecho del menor a una identidad única

No hay vulneración de dicho derecho. En el caso aquí enjuiciado los menores no tienen vinculación efectiva con Estados Unidos. No existe un riesgo real de vulneración de una identidad única.

7.4. No existe vulneración al derecho a la vida privada y familiar

Aunque la denegación de la inscripción de la gestación por sustitución de California pueda producir una vulneración del derecho a la vida privada y familiar, dicha injerencia reúne los dos requisitos que la justifican según el Tribunal Europeo de Derechos Humanos: 1) está prevista en la ley, pues es la ley la que exige que en el reconocimiento de decisiones de autoridades extranjeras se respete el orden público internacional; y 2) es necesaria en una sociedad democrática, puesto que protege el propio interés del menor, tal como es concebido por el ordenamiento jurídico, y otros bienes jurídicos de trascendencia constitucional como son el respeto a la dignidad e integridad moral de la mujer gestante, evitar la explotación de necesidad en que pueden encontrarse mujeres jóvenes en situación de pobreza, o impedir la mercantilización de la gestación y de la filiación.

7.5. Los menores no quedan desprotegidos

En nuestro ordenamiento jurídico existen diversas instituciones que lo permiten. El propio art. 10 de la Ley de Técnicas de Reproducción Humana Asistida, en su párrafo tercero, permite la reclamación de la paternidad respecto del padre biológico. Asimismo, figuras jurídicas como el acogimiento familiar o la adopción permiten la formalización jurídica de la integración real de los menores en tal núcleo familiar.

En conclusión, nuestro TS rechaza que pueda inscribirse el nacimiento derivado de una gestación por sustitución, pero permite:

- La inscripción del nacimiento del nacido en el Registro Civil español (añadimos nosotros, que ello será en todo caso en el que el nacimiento se haya producido en España, o cuando, si ha ocurrido en el extranjero, uno de los progenitores sea español. Si el material reproductor no es de ninguna persona con nacionalidad española no será competente el Registro Civil español)[18].
- Se puede atribuir al nacido la nacionalidad española.
- Puede quedar determinada la filiación respecto de uno de los progenitores.
- La integración de los menores en el núcleo familiar puede lograrse a través de figuras como el acogimiento o la adopción.

18 En este supuesto estaríamos ante un caso de posible tráfico de menores (*Vid. Infra* a propósito del caso de Paradiso y Campanelli.

VIII. Especial importancia del art. 8 del Convenio Europeo para la protección de los derechos humanos y de las libertades fundamentales (Roma, 1950)[19]. Jurisprudencia del Tribunal Europeo de Derechos Humanos

Con posterioridad a la sentencia del Tribunal Supremo de 6 de febrero de 2014 se dictaron varias sentencias del Tribunal Europeo de Derechos Humanos que inciden directamente en la materia aquí analizada.

8.1. Sentencias que rechazan que puedan denegarse efectos de forma total a la gestación subrogada realizada en el extranjero, aunque esté prohibida por la legislación interna. Necesidad de respeto a la vida privada de los menores

a) Sentencias de 26 de junio de 2014 en los asuntos Mennesson c/ Francia y Labassee c/Francia. (Números 65192 y 65941/11)

Se condena a Francia por violación del art. 8 del Convenio europeo de Derecho Humanos. Las autoridades francesas, denegaron la inscripción en el Registro Civil pues el CC francés dispone que cualquier relación convencional o contractual para la procreación o gestación por cuenta de otro es nula de pleno derecho, siendo tal prohibición materia de orden público.

El TEDH, resolvió conjuntamente ambos recursos declarando que «lo que sí se había vulnerado era el derecho al respeto de la vida privada de los menores a quienes se había denegado la inscripción en el Registro Civil francés». Se basó para ello el Tribunal Europeo en que los cónyuges se habían ocupado, como padres, de las menores desde el nacimiento, viviendo junto con ellos de manera que en nada se diferencia dicha situación de la «vida familiar», entendido este concepto tal como habitual y generalizadamente lo es.

b) Sentencia Foulon y Bouvet c/Francia, de 21 de julio de 2016 (Número 9063/2014)

El Tribunal Europeo de Derechos Humanos condena a Francia por segunda vez por haber denegado la inscripción en el Registro Civil a niños concebidos por gestación subrogada en la India. El TEDH considera que las circunstan-

---

19 Art. 8. Derecho al respeto a la vida privada y familiar.
«1. Toda persona tiene derecho al respeto de su vida privada y familiar, de su domicilio y de su correspondencia.
2. No podrá haber injerencia de la autoridad pública en el ejercicio de este derecho, sino en tanto en cuanto esta injerencia esté prevista por la ley y constituya una medida que, en una sociedad democrática, sea necesaria para la seguridad nacional, la seguridad pública, el bienestar económico del país, la defensa del orden y la prevención del delito, la protección de la salud o de la moral, o la protección de los derechos y las libertades de los demás».

cias de los casos Bouvet y Foulon eran las mismas que las de los casos Mennesson y Labassée, y reconoce por lo tanto la vulneración del derecho fundamental a la vida privada contenido en el art. 8 del Convenio Europeo de Derechos Humanos.

c) Puede añadirse (aunque sea posterior a la STS) la STEDH 19 enero 2017, Laborie c/ Francia (Número 44024/13)

Se condena nuevamente al estado francés por no reconocer formalmente la inscripción en el Registro Civil de dos niños nacidos en 2010 en Ucrania a través de vientres de alquiler y cuyos padres son de nacionalidad francesa. Declara, que ha habido una violación del art. 8 del CDH en cuanto al respeto de su vida privada.

En todos estos casos se concede un derecho económico por daño moral, fijando una indemnización económica.

Hay que tener en cuenta que las decisiones del TEDH no obligan a las autoridades francesas a inscribir en el Registro Civil a los hijos nacidos por gestación subrogada y tampoco ponen en cuestión la prohibición de la gestación subrogada por la legislación francesa, sino que ponen de relieve la necesidad urgente de adoptar un procedimiento que aporte soluciones a estos conflictos.

d) Como consecuencia de estas condenas del TEDH, la «Cour» de Casación de Francia cambia de criterio (Sentencia de 5 de Julio de 2017)

El Tribunal Supremo de Francia sigue entendiendo que es imposible transcribir un acta que haga mención a una madre que no es la mujer que ha dado a luz por estar prohibido por el CC francés (art. 47, que prohíbe la transcripción de un hecho que no responde a la realidad). Pero también señaló que el padre biológico puede ser reconocido como tal en Francia «si el acta extranjera no se ha falsificado y si no se "contesta" la realidad biológica de la paternidad». Y, sobre todo, consideró que esa transcripción «parcial» no impide que el otro miembro de la pareja —ya sea mujer u hombre— pueda adoptar al niño[20].

8.2. La noción de familia no debe limitarse a relaciones fundadas en el matrimonio. El orden público ha de apreciarse desde el punto de vista del interés del menor. En todo caso, debe evitarse el tráfico de niños

a) Paradiso y Campanelli (I) c/Italia. Primera decisión de 25 de enero de 2015 (Número 25358/12). Sección Segunda.

Este caso se resuelve sobre una base fáctica no contemplada en los asuntos anteriores. El caso es el de un menor, nacido en Rusia (siendo los comi-

20 Como puede observarse esta postura de la jurisprudencia francesa viene a coincidir con la que se ha mantenido por nuestro TS en la sentencia de 6 de febrero 2014 antes analizada. Veremos cómo se «robustece» esta vía a través del auto de 2 de febrero de 2015, resolviendo incidente de nulidad de la sentencia citada.

tentes una pareja de hecho de nacionalidad italiana y la madre gestante de nacionalidad rusa), que no tiene ningún vínculo biológico con éstos ya que ninguno de ellos aportó material biológico para llevar a cabo la concepción y posterior gestación. Una vez que el menor ya se hallaba en territorio italiano y comprobada la inexistencia de tal vínculo, su patria potestad y custodia fue retirada, quedando bajo tutela de los servicios sociales estatales, según acordó el Tribunal de Menores, facilitando una nueva identidad al menor.

El Tribunal de Estrasburgo considera con apoyo en su propia jurisprudencia (en lo que se refiere al núcleo del tema que analizamos) que la noción de «familia» contenida en el art. 8 no se reduce a sólo las relaciones fundadas en el matrimonio, sino que puede englobar otros vínculos «familiares» de facto, como el caso en que las partes cohabiten más allá de todo vínculo marital y la relación tenga constancia. A la vista de estos antecedentes, concluye que sí hay violación del art. 8 CEDH. La injerencia del Estado italiano estaría justificada legalmente si respetara el parámetro del principio de proporcionalidad, para lo cual ha de ponderarse ante todo el interés superior del menor. La invocación de la infracción del orden público nacional no es una carta blanca, sino que siempre ha de medirse en función del interés superior del menor. A estos efectos, subraya la excepcionalidad con la que ha de procederse a separar a un menor de su entorno familiar.

El foco se coloca, por lo tanto, sobre la protección de la vida privada y familiar, y no sobre el reconocimiento de la gestación por subrogación *per se*.

b) Paradiso y Campanelli (II). Sentencia de 24 de enero de 2017 (Número 25358/12). Gran Sala

El Estado italiano recurrió ante la Gran Sala del TEDH, la cual dictó la Sentencia de la fecha citada, dando la razón al Estado recurrente.

La Gran Sala, resolvió que no había producido en la actuación de las autoridades italianas vulneración alguna del art. 8 del Convenio a la vista de que no existía ningún vínculo biológico entre el menor y los demandantes, y teniendo en cuenta no sólo la corta duración de su relación con el menor y la inseguridad de los vínculos legales con el menor, pese al proyecto de familia y lazos emocionales que adujeron, por lo que concluyeron que no se daba en el caso una verdadera vida familiar. La Gran Sala aceptó en esta Sentencia que los Tribunales italianos habían actuado dentro de un razonable «margen de apreciación» resolviendo que el menor no sufriría un grave e irreparable daño como consecuencia de la separación al haber realizado una justa ponderación de los intereses en conflicto.

Vemos como en este caso, al final lo que ha prevalecido es una solución que evite que mediante las técnicas de gestación subrogada se encubran posibles supuestos de tráfico de niños. Pero es una Sentencia controvertida (con varios votos particulares) puesto que no deja claro cuál debe ser la duración de la relación con el menor para que se produzcan fuertes lazos afectivos.

8.3. No hay vulneración del art. 8 CEDH por una espera razonable hasta que se prueban los vínculos biológicos y se obtiene la documentación del niño para viajar.

Se trata del supuesto D. y Otros *c. Bélgica, 8 de julio de 2014* (N.º 29176/13. Decisión de Sala). Este asunto se refiere a la negativa inicial de las autoridades belgas a autorizar la llegada a su territorio nacional de un menor nacido en Ucrania a través de un proceso de gestación subrogada. Los demandantes alegaban que su separación efectiva del menor, debido a la negativa de las autoridades belgas a expedir un documento de viaje, había roto la relación entre un bebé (de pocas semanas) y sus padres, lo que era contrario al interés superior del menor y vulneraba su derecho al respeto de la vida familiar. El Tribunal consideró que la situación denunciada entraba en el ámbito de aplicación del art. 8 del Convenio.

Sin embargo, el Tribunal declaró inadmisibles, por ser manifiestamente infundadas, las quejas de los demandantes relativas a su separación temporal del menor, al considerar que las autoridades belgas no habían infringido el Convenio por realizar controles antes de permitir la entrada del menor en Bélgica. En efecto, el Convenio no podía obligar a los Estados a autorizar la entrada en su territorio de menores nacidos de una madre subrogada sin que las autoridades nacionales tuvieran la posibilidad de realizar previamente determinadas comprobaciones legales.

IX. Análisis de la sentencia del Tribunal Supremo desde la perspectiva de la jurisprudencia del TEDH. El auto de nuestro TS de 2 de febrero de 2015

Es curioso que sea el propio TS el que lleva a cabo el análisis de su Sentencia antes citada de 2014 a la luz de la Jurisprudencia del TEDH que casi simultáneamente se estaba produciendo. Este examen o filtro con lo establecido con el Tribunal de Estrasburgo es un peculiar ejemplo de conjugación de ambas jurisdicciones.

En efecto, contra la Sentencia de 6 de febrero de 2014, se interpuso incidente de nulidad de actuaciones, lo que se acordó admitir a trámite por Providencia de 29 de abril de 2014. Pero hete aquí que mientras el asunto está pendiente de resolución, el Tribunal Supremo tiene conocimiento de las Sentencias del TEDH de 26 de junio de 2014 antes vistas. Pues bien, el TS (en una decisión no habitual) acuerda dar traslado de dichas sentencias a las partes, para que alegaran lo que consideraran oportuno en relación con las mismas. Y el contenido del Auto de TS se centra precisamente en analizar el acomodo de su Sentencia a la doctrina del TEDH.

Nos dice que las similitudes entre la sentencia del Tribunal de Casación francés y la sentencia de nuestro TS cuya nulidad se solicita, se circunscriben únicamente a que ambas deniegan la transcripción al Registro Civil de las actas extranjeras de nacimiento que establecen la filiación de los niños respecto de los padres comitentes en supuestos de contratos de gestación por sustitución.

Pero a partir de ahí, las diferencias son importantes.

1.- **Mientras que el Tribunal de Casación francés** afirma la imposibilidad de que pueda determinarse legalmente en Francia cualquier relación de filiación entre el niño y los padres comitentes, de tal modo que procede incluso anular el reconocimiento o el establecimiento de la paternidad del padre biológico por el carácter fraudulento del contrato de gestación por sustitución, por el contrario, el ordenamiento jurídico español, prevé que respecto del padre biológico es posible la determinación de filiación paterna.

2.- **El Tribunal de Casación francés** afirma que, ante la existencia de fraude, no puede invocarse el interés superior del menor ni el derecho a la vida privada del mismo. El TS, por el contrario, afirma que debe tenerse en cuenta el interés superior del menor, tal como es protegido por el ordenamiento jurídico español (art. 10 de la Ley de Técnicas de Reproducción Humana Asistida) , y evitando en todo caso su desprotección, para lo que se instó al Ministerio Fiscal a que, de acuerdo con las funciones que le atribuye su Estatuto Orgánico, ejercitara las acciones pertinentes para su protección, tomando en consideración, en su caso, la efectiva integración de los mismos en un núcleo familiar «de facto».

En fin, nos dice el TS en su Auto, se respeta el orden público del ordenamiento español. Se considera, en conclusión, que «la sentencia dictada por esta Sala respeta el derecho a la vida privada de los menores y a la determinación de su identidad conforme al art. 8 del Convenio»:

Las molestias e inconvenientes (se añade) se trata de una situación temporal que puede tener una duración razonablemente breve (determinación de la filiación paterna respecto del progenitor biológico y adopción por el cónyuge), y el Estado de Derecho provee de suficientes medios para evitar perjuicios a los menores durante esta interinidad, siguiendo el criterio de protección del núcleo familiar «de facto» afirmado en la sentencia.

X. El problema del orden público

La STS determina respecto del orden público que «las normas aplicables a la gestación por sustitución o maternidad subrogada, en concreto el art. 10 de la Ley de Técnicas de Reproducción Humana Asistida, integran el orden público internacional español. Ciertamente, el orden público internacional español se caracteriza por ser un orden público "atenuado". Pero la intensidad de tal atenuación es menor cuanto mayores son los vínculos sustanciales de la situación jurídica con España».

El Tribunal Supremo, vemos, tiene que reconocer que se trata de un «orden público atenuado», si bien se decanta por la aplicación del mismo dada la intensidad de los vínculos de la situación jurídica con España. Pero lo cierto es que el art. 10.3 de la LTRAHH no puede decirse que por sí solo sea determinante de la aplicación del orden público internacional. Es una prohibición del orden interno, pero no puede impedir el que por aplicación del art. 8 del Convenio Europeo de Derechos Humanos, como el mismo TEDH ha determinado.

En la STC de 2024 anteriormente citada, no se zanja con claridad la cuestión del orden público.

Es muy curioso el distinto enfoque que se da a esta cuestión en la Sentencia y en el voto particular[21]. En el texto de la Sentencia el TC se limita a afirmar que el art. 10.1 de la Ley 14/2006, de 26 de mayo, sobre técnicas de reproducción humana asistida, prevé la nulidad de pleno Derecho de todo contrato de gestación por sustitución. «Esa previsión legal impide la inscripción en el registro civil español de una filiación basada en ese tipo de contrato por ser contraria al orden público internacional español. No obstante, (...) a fin de evitar la situación de desprotección de los menores nacidos mediante gestación por sustitución y reconocer los lazos familiares forjados con los padres de intención, cabe regularizar la situación familiar mediante la reclamación de la paternidad respecto del padre biológico y de figuras tales como la adopción o el acogimiento» (FJ 6). No hay más referencia a la cuestión.

La única conclusión que puede extraerse es que hemos de reconocer que estamos ante un deterioro del orden público de la prohibición de la gestación subrogada[22] que se refleja tanto en la legislación (supuestos en los que la filiación no viene determinada por vínculos biológicos, como hemos visto) como en los casos en los que debe de reconocerse al menos los efectos que la misma jurisprudencia admite en materia de prestaciones sociales como consecuencia de la determinación de la filiación derivada de la maternidad subrogada. *(Vid. Supra).* Este «deterioro» puesto en relación con otros principios, en especial el interés superior del menor nos lleva a la posibilidad del reconocimiento de determinados efectos de la filiación por gestación subrogada.

---

21 No analizamos dicho voto particular pues su argumentación es meta jurídica exclusivamente.

22 Por utilizar una expresión tomada del deterioro del orden público matrimonial español que se produjo en los años 70 del siglo pasado, por parte de la misma DGRN en lo relativo al reconocimiento de determinados efectos de los divorcios producidos en el extranjero en aquello época en la que no estaba admitida dicha causa de disolución en nuestro Ordenamiento Jurídico. Bien es verdad que en aquel momento nuestra legislación era casi una excepción en nuestro entorno al no admitir el divorcio y en la actualidad, a diferencia de entonces, en materia de la gestación por sustitución se encuentra en sintonía con la mayoría de los países del entorno.

XI. Resoluciones de la DGRN tras la sentencia del TS de 2014

Tras la Sentencia del TS, la práctica de nuestros Consulados, Registros Civiles y de la DGRN continuó en el mismo sentido: es decir, aplicando los criterios de la Instrucción de 2010.

La argumentación principal que se realiza es que la STS no afecta a la Instrucción de 2010 puesto que la doctrina que establece no puede trasladarse miméticamente al supuesto distinto que contempla, de tal manera que dicha Instrucción debe seguir aplicándose a todos los casos en los que la solicitud se sustente en una resolución judicial firme por la que se declara la filiación que se pretende inscribir.

Esta regulación se completa con la Resolución-Consulta de la DGRN de 1 de julio de 2011 dirigida a los Cónsules Encargados del Registro Civil, según la cual cuando vaya a practicarse la inscripción del nacimiento y filiación en los casos de gestación por sustitución que sea reconocida, se aplicarán las siguientes reglas:

- Se extenderá una primera inscripción de nacimiento en la que constará como madre, la que ha sido la gestante. Al margen se harán constar como progenitores los que han sido determinados por la resolución judicial.
- Sin necesidad de que sea solicitado, inmediatamente se practicará otra inscripción nueva en la que constarán como progenitores solamente los datos de los que haya determinado la resolución judicial.
- Se hará constar en observaciones exclusivamente referencia a los datos registrales de la inscripción anterior, la cual se cancelará formalmente.
- La publicidad del asiento anterior cancelado queda reservada exclusivamente a los progenitores que han sido determinados judicialmente, al nacido mayor de edad y a los que obtengan especial autorización judicial para ello.

Se trata, como puede verse, de evitar en lo posible, el que conste públicamente el origen de la filiación como supuesto de gestación subrogada.

11.1. Crónica esperpéntica

La DGRN con posterioridad a la STS, siguió manteniendo su ámbito propio de decisión, admitiendo la inscripción de la gestación subrogada cuando existiera resolución judicial previa, cumpliendo determinados requisitos y considerando que su Instrucción de 2010 se seguía aplicando en su integridad a pesar de los categóricos términos de la STS.

Tan convencidos de lo adecuado de su actuación se encontraba esta DG que decidió dar un paso más en la pretensión de llevar a cabo la regulación de los requisitos para la inscripción de la gestación subrogada en supuestos que no habían sido contemplados en la Instrucción de 2010, y a tal efecto dictó una nueva *Instrucción, de 14 de febrero de 2019, sobre actualización del régimen registral de filiación de los nacidos mediante gestación por sustitución.*

De esta Instrucción, podemos decir:

a) Por su extensión, los términos en que se expresa y las conclusiones a las que llega, no puede disimular su pretensión de llevar a cabo (partiendo, eso sí, de que es una práctica prohibida en nuestro país) una auténtica regulación completa del problema.

b) Es imprudente y desafortunada por el momento en que aparece. La DG no es consciente de que la gestación subrogada se había convertido en una cuestión política *(Vid. Supra)* y no simplemente jurídica.

c) Es contradictoria con las directrices que desde el Ministerio de Asuntos Exteriores se estaban dando a los consulados para ser más rígidos en la apreciación de los requisitos exigidos por la Instrucción de 2010.

11.2. El contenido de la Instrucción de 14 de febrero de 2019

Su extenso contenido puede resumirse de la siguiente manera:

Contiene una parte inicial muy amplia en la que repasa la situación normativa y jurisprudencial de nuestro país (así como la derivada del TEDH) con la finalidad de establecer la argumentación jurídica que ha de servir de base a las directrices que establece a continuación, a la vez que se pone especial énfasis en deslindar el distinto campo en que se mueven la STS de 2014 y las Resoluciones dictadas por la propia DG.

En cuanto a las directrices que establece, la primera es una reproducción del contenido de la Instrucción de 5 de octubre de 2010 (a la que dice que viene a sustituir en lo que se refiere a la inscripción de las resoluciones judiciales firmes).

Y a partir de dicho punto (recogiendo la argumentación expuesta anteriormente) se innova y se abordan otras cuestiones. Así:

En la directriz segunda se dan pautas para cuando no exista resolución judicial, con especial referencia a la actuación consular de medidas previas para evitar situaciones de fraude.

La directriz tercera se refiere al supuesto de maternidad en virtud de un contrato de gestación por sustitución a favor de una mujer distinta de la que ha gestado, por sí sola o bien estando unida a otra mujer en matrimonio o en pareja unida por análoga relación de afectividad a la conyugal.

11.3. La Instrucción de 18 de febrero de 2019

El formalismo y el tecnicismo empleado por la Resolución de 14 de febrero no convenció a las autoridades políticas del Ministerio. Y cuatro días después de la firma de la Resolución, antes de que publicara la misma en el BOE, se publicó su derogación por una nueva: la *Instrucción de 18 de febrero de 2019*[23]. Dicha Instrucción (muy breve) comienza diciendo que la gestación por sustitución constituye un fenómeno en el que se produce una grave vulneración de los derechos de los menores y de las madres gestantes. El interés preferente de los primeros debe quedar en todo caso salvaguardado, y a la vez la actuación de los poderes públicos debe garantizar a la mujer una adecuada protección contra el peligro de abusos de situaciones de vulnerabilidad que es de todo punto inaceptable. Resulta además claro que la lucrativa actividad de las agencias mediadoras que operan en este terreno no puede considerarse ajustada a derecho. En tanto no se disponga de ese claro marco internacional, y sin perjuicio de la adopción de las medidas oportunas y más contundentes para atajar esta práctica en España, se debe tratar el fenómeno con el necesario rigor. Por ello:

1.- Se deroga a todos los efectos la Instrucción de 14 de febrero de 2019.

2.- Las solicitudes de inscripción en el Registro Civil consular de la filiación de menores nacidos con posterioridad a la publicación de esta Instrucción, no serán estimadas[24] salvo que exista una sentencia de las autoridades judiciales del país correspondiente que sea firme y dotada de *exequatur*, u objeto del debido control incidental cuando proceda, de conformidad con la Instrucción de 5 de octubre de 2010. El encargado o encargada del Registro Civil consular en estos casos deberá suspender la inscripción, con base en la ausencia de medios de prueba susceptibles de apreciación dentro del procedimiento consular. Dicha suspensión y las circunstancias concurrentes serán notificadas por el encargado o encargada del Registro Civil, en su caso, al Ministerio Fiscal, de conformidad con el art. 124 del Reglamento del Registro Civil.

Y como salida a la situación en la que se deja a los particulares, se añade que el solicitante podrá obtener, si procede, de las autoridades locales el pasaporte y permisos del menor para viajar a España. Una vez en España, a fin de asegurar que se cumplen todas las garantías con necesario el rigor probatorio, se deberá iniciar el correspondiente expediente para la inscripción de la filiación, con intervención del Ministerio Fiscal, o interponer las acciones judiciales de reclamación de dicha filiación.

---

23 *BOE* de 21 de febrero de 2019. P. 16730.

24 En esta afirmación la DG comete una clara extralimitación. No le corresponde a ella calificar la solicitud de inscripción de nacimiento, sino que dicha calificación le corresponde realizarla al Encargado, aunque para ello deba tener en cuenta las resoluciones e instrucciones de la DG (*cfr.* art. 30 LRC de 2011).

XII. Criterios aplicados en las resoluciones posteriores a la Instrucción de 18 de febrero de 2019

Como consecuencia de la segunda de las Instrucciones, se produjo una paralización en la tramitación de las solicitudes de inscripciones de filiación por gestación subrogada y en la presentación de las mismas a falta de saber cuál iba a ser la aplicación por nuestros consulados. En ese momento la gran mayoría de los supuestos estaba teniendo lugar en el consulado de Kiev (Ucrania). A este desconcierto inicial debe añadirse el dato de que con fecha de 14 de marzo de 2020 se publicó el primer Real Decreto por el que se declaró el estado de alarma para la gestión de la situación de crisis sanitaria ocasionada por el COVID-19. Como consecuencia de todo ello se paralizaron numerosos expedientes de tal manera que hasta pasados unos meses no tenemos nuevas Resoluciones de la DG (ahora llamada de Seguridad Jurídica y Fe Pública).

Los datos son muy curiosos. En el año 2020 se dictaron 19 Resoluciones, todas ellas del consulado de Kiev, de contenido idéntico cambiando únicamente la parte expositiva de los hechos y con las mínimas adaptaciones en cada caso para ajustar a los mismos los fundamentos de la denegación, ora por no aportarse resolución judicial firme, ora por no contar la misma con los requisitos de forma o fondo necesarios, ora por no ajustarse en algún otro extremo a los establecido en la Instrucción de 5 de octubre de 2010, a cuya aplicación se acude con reiteración.

En el año 2021, fueron 76 al menos las Resoluciones que se dictaron sobre recursos contra el Registro Civil del consulado de Kiev, todas ellas también con el mismo contenido denegatorio.

Con independencia del caso concreto de dichas Resoluciones, todas tienen un último apartado que literalmente dice:

> «IV. Por otra parte, la Instrucción de 18 de febrero de 2019 de la DGRN, sobre actualización del régimen registral de la filiación de los nacidos mediante gestación por sustitución, en atención a la salvaguarda del interés preferente de los menores y a la protección de las mujeres en situación vulnerable contra el riesgo de abusos en estos supuestos, ordenó la desestimación de las solicitudes de inscripción en registros consulares de la filiación de menores nacidos mediante gestación subrogada posteriores a la publicación de dicha instrucción (el 21 de febrero de 2019) salvo que exista una sentencia de las autoridades judiciales del país correspondiente en las condiciones establecidas
>
> por la Instrucción de 5 de octubre de 2010. En esos casos, el encargado del registro deberá suspender la inscripción por falta de medios de prueba suficientes en el ámbito consular. Ello no impide, sin embargo, la posibilidad de obtener de las autoridades locales el pasaporte y permisos necesarios para que el menor pueda

viajar a España y, una vez aquí, para asegurar el cumplimiento de todas las garantías con el necesario rigor probatorio, iniciar el expediente de inscripción de la filiación, con intervención del ministerio fiscal, o interponer las acciones judiciales de reclamación pertinentes».

Nuestras autoridades (Ministerio de Justicia y Ministerio de Asuntos Exteriores), como vemos, tratan de solventar el problema simplemente remitiendo a las autoridades locales (las de Ucrania) para que ellas sean las que tramiten los permisos necesarios para que el menor pueda viajar a España y aquí iniciar el expediente completo.

XIII. La jurisprudencia «evolutiva» del TEDH

13.1. Dictamen de 10 de abril de 2019 (N.º P16 - 2018 - 001)

A petición del Tribunal de Casación francés se solicitó al Tribunal de Estrasburgo que se emitiera un dictamen sobre el reconocimiento de la gestación subrogada producida en el extranjero planteando para ello una variedad de hipótesis y problemas, especialmente hasta dónde llega el margen de discrecionalidad que permite el art. 8 del Convenio Europeo para la Protección de los Derechos Humanos y de las Libertades Fundamentales.

La respuesta fue muy prudente. El TEDH se auto limita en su tarea afirmando que el objetivo del dictamen debe ser fortalecer la interacción entre el Tribunal y las autoridades nacionales[25], reforzando así la aplicación del Convenio. Pero corresponderá al órgano jurisdiccional solicitante extraer, en su caso, las conclusiones que se desprendan del dictamen. Su valor, nos dice, radica en proporcionar a los tribunales nacionales orientación sobre cuestiones fundamentales.

El Tribunal, por unanimidad, emitió la siguiente opinión:

> «1. El derecho del niño al respeto de su vida privada en el sentido del art. 8 del Convenio exige que la legislación nacional prevea la posibilidad de reconocer una relación jurídica paterno-filial con la madre comitente, designada en el certificado de nacimiento legalmente establecido en el extranjero como "madre legítima".
>
> 2. El derecho del niño al respeto de su vida privada en el sentido del art. 8 del Convenio no exige que dicho reconocimiento adopte la forma de inscripción en el registro de nacimientos, matrimonios y defunciones de los datos de la partida de nacimiento legalmente establecida en el extranjero; pueden utilizarse otros medios, como la adopción del niño por la madre comitente, siempre que el proce-

25 Es decir, el llamado diálogo de tribunales que tanto se utiliza hoy sin saber muy bien qué es.

dimiento establecido por la legislación nacional garantice que pueda ser aplicado con prontitud y eficacia, de conformidad con el interés superior del niño».

Como vemos no existe una gran innovación respecto de la situación creada por las sentencias preexistentes a la consulta. Ni tampoco puede considerarse que la postura existente en nuestro país (reconocimiento directo cuando exista sentencia judicial, o bien reconocimiento de la paternidad solamente y posterior adopción por la madre comitente) se viera desautorizada en todo o en parte.

13.2. Las Sentencias del TEDH posteriores a las Instrucciones de la DGRN de 2019

Podemos citar las siguientes:

a) En relación con Francia:

1. C. y E. c. Francia de 19 de noviembre de 2019 (Decisión de Comité sobre la admisibilidad. Número 1462/18 y 17348/18). El supuestos parte de la negativa de las autoridades francesas a inscribir en el registro francés los datos completos (respecto del padre biológico y de la madre comitente) de los certificados de nacimiento de los menores nacidos en el extranjero mediante un contrato de gestación subrogada y concebidos con los gametos del padre intencional, por designar esos certificados de nacimiento a la madre intencional como madre a efectos legales. El Tribunal consideró que esa negativa de las autoridades francesas no era desproporcionada, ya que el Derecho interno ofrecía la posibilidad de reconocer la relación paterno-filial entre los menores y su madre intencional mediante la adopción del hijo del otro cónyuge. El Tribunal también tuvo en cuenta que el tiempo medio de espera para una decisión era de sólo 4,1 meses en el caso de la adopción plena y de 4,7 meses en el caso de la adopción simple.

2. D. c. Francia de 16 de julio de 2020 (Sentencia de Sala. Número 11288/18). El Tribunal consideró que no se había violado el art. 8 (derecho al respeto de la vida familiar) del Convenio, al estimar que Francia no había sobrepasado su margen de apreciación en las circunstancias del caso concurrente, negándose a inscribir los datos del certificado de nacimiento ucraniano de la menor (tercera demandante) en el registro de nacimientos francés, por designarse a la primera demandante como madre de la menor. El Tribunal también hizo referencia a la conclusión expuesta en su opinión consultiva no. P16-2018-001 (véase *supra*) según la cual la adopción produce efectos similares a la inscripción en el registro correspondiente de los datos contenidos en un certificado de nacimiento extranjero cuando se trata de reconocer la relación jurídica entre el niño y la madre intencional.

3. A.L. c. Francia, 7 de abril de 2022 (Sentencia de Sala. Número 13344/20). El Tribunal consideró que se había producido una violación del art. 8 (derecho al respeto de la vida privada y familiar) del Convenio, debido al incumplimiento por parte del Estado francés de su deber de diligencia excepcional en las circunstancias particulares del caso. En efecto, el procedimiento interno había durado un total de seis años y aproximadamente un mes, lo que era incompatible con el deber de diligencia exigible. El menor tenía unos cuatro meses de edad cuando el caso llegó a los tribunales internos, y seis años y medio cuando el procedimiento interno terminó.

b) En relación con Islandia

Valdís Fjölnisdóttir y Otros c. Islandia de 18 de mayo de 2021 (Sentencia de Sala. Número 71552/17) Este caso se refiere al no reconocimiento de un nacimiento por gestación subrogada en Estados Unidos. Los demandantes eran los padres intencionales, pero ninguno de ellos estaba relacionado biológicamente con el nacido. Los demandantes (pareja femenina del mismo sexo, que acabaron divorciándose durante el proceso) se quejaron de que la negativa de las autoridades a registrarles como progenitoras del menor había supuesto una injerencia en sus derechos con el claro perjuicio de que el menor no había podido adquirir la nacionalidad islandesa.

El TEDH consideró que esta interpretación no era ni arbitraria ni manifiestamente irrazonable y concluyó que la negativa a reconocer dicha filiación tenía una base jurídica suficiente, por lo tanto, no se había violado el art. 8 (derecho al respeto de la vida familiar) del Convenio. Pero también reconoció que, a pesar de la falta de un vínculo biológico entre los demandantes, había habido «vida familiar» en su relación.

En esta Sentencia existe un voto particular muy destacable según el cual el impacto negativo de la falta de reconocimiento de la filiación es igual para todos los niños nacidos por gestación subrogada en el extranjero con independencia de si existe o no vínculo biológico con los comitentes. Añade además que, aunque la adopción es un medio alternativo de normalizar tales relaciones en un Estado, no siempre ofrece una solución válida, como así ocurre en el presente caso, puesto que, al divorciarse las comitentes, la adopción conjunta no era una posibilidad factible para ellas.

c) Respecto de Polonia

S.-H. c. Polonia 16 de noviembre de 2021 (Decisión de Comité sobre la admisibilidad. Número 56846/15 y 56849/15)

Los padres de dos hermanos gemelos con doble nacionalidad israelí y estadounidense que vivían en Israel eran una pareja del mismo sexo La cuestión surge al solicitar la ciudadanía polaca (uno de sus padres era también de nacionalidad polaca). Se quejaron de la negativa de las autoridades polacas a reconocer su relación con su padre biológico, lo que, según ellos, se debía a que sus padres eran una pareja del mismo sexo. El Tribunal declaró la inadmisibilidad de las demandas al considerar que no existía ninguna base fáctica para concluir que se había producido una injerencia en el derecho al respeto de la vida privada y familiar en el presente caso. Si bien reconoció el tribunal que los hijos nacidos no tendrían la ciudadanía polaca y europea como resultado de esas decisiones nacionales, señaló que seguirían disfrutando de la libre circulación por Europa. El vínculo paterno-filial aunque no fue reconocido por las autoridades polacas, sí se reconoció por el Estado donde residían los demandantes (Estados Unidos). El reconocimiento legal de su filiación en Estados Unidos significó que los demandantes no quedaron en un vacío legal tanto en lo que respecta a su ciudadanía como en lo que respecta al reconocimiento de la relación legal paterno-filial con su padre biológico.

d) Noruega

A.M. c. Noruega 24 de marzo de 2022 (Sentencia de Sala N.º 30254/18)

El supuesto se refiere a una pareja que una vez que ha comenzado el procedimiento para la Gestación Subrogada rompe su relación (Estado de Texas); dado que se utilizó su semen ello hizo que el hombre viera reconocida su paternidad por la legislación noruega, mientras que su pareja debía iniciar un procedimiento de adopción, que no pudo llevar a cabo porque la legislación noruega exige el consentimiento de la pareja, el cual no pudo obtener en esta ocasión ya que habían roto su relación.

La madre comitente vio frustrada su petición de reconocimiento de la maternidad legal y tampoco obtuvo derechos de comunicación con el niño, aunque hubiera mantenido con él contacto intenso durante el primer año y medio.

Este caso lo que pone de manifiesto es que no siempre el mecanismo de utilizar la adopción por la madre comitente es el adecuado, dado que la legislación noruega exige el consentimiento de la otra persona de la pareja.

e) Italia[26]

Especialmente llamativa es *la Sentencia de 31 de agosto de 2023 (Bonzano y otros c. Italia)* aunque el supuesto no es novedoso. Un matrimonio italiano celebra un contrato de gestación subrogada en Ucrania. Se solicita que se lleve a cabo la transcripción completa de la certificación de la inscripción de nacimiento del Registro de Ucrania, en la cual constan únicamente el padre biológico y la madre de intención. El Encargado del Registro Civil en Italia

26 El gobierno de este país es especialmente beligerante en la actualidad contra la gestación subrogada, intentando que se considere delito no solamente cuando tiene lugar en Italia, sino cualquiera que fuera el lugar donde se llevare a cabo (modificación en 2023 del art. 12 de la ley n. 40 del 19 de febrero de 2004).

rechaza la inscripción por considerar que tal transcripción supondría ir en contra del orden público. Ante ello el padre biológico solicita a continuación que al menos se lleve a cabo la transcripción parcial en lo relativo a la paternidad, pero ello fue también rechazado, produciéndose un estado de incertidumbre prolongado durante un plazo de 4 años.

El Tribunal es especialmente tajante en su decisión en algunos puntos. Lo primero que dice es que no se ha cumplido con las exigencias del interés superior del niño, puesto que el rechazo a una transcripción parcial se negó únicamente por razones formales (se dijo que no era objeto de recurso), sin que en ninguna de las etapas del procedimiento se ofreciera un posible medio alternativo para obtener el vínculo de la filiación paterna, colocando al demandante ante una simple negativa infundada.

Respecto de la celeridad, se reprocha que, durante cuatro años, y tras la negativa inicial de la transcripción los tribunales no ofrecieron ningún procedimiento procesal para transformar la petición inicial en un una más adecuada que llevara a la constatación de la relación paterno-filial. Todo ello lleva a la conclusión de que para garantizar un resultado rápido y eficaz conforme al interés superior del menor en lo que respecta a la relación paterno-filial con el progenitor biológico: a) el proceso de toma de decisiones debe estar suficientemente centrado en el citado interés superior del menor y, por lo tanto, exento de excesivos formalismos e intentando que se superen los posibles vicios del procedimiento; b) los órganos jurisdiccionales internos deben cooperar con las partes indicando las soluciones que el sistema ofrece, con independencia de sus peticiones.

La conclusión es que las autoridades italianas han faltado a su obligación de garantizar los derechos del menor y ha habido violación del art. 8 del Convenio.

XIV. Consolidación de la jurisprudencia del Tribunal Supremo: sentencia del TS de 31 de marzo de 2022 (1153/2022)

Con fecha de 31 de marzo de 2022, nuestro TS ha dictado una segunda Sentencia sobre esta materia, en el mismo sentido que la sentencia de 2014 que anteriormente quedó expuesta. Con carácter general puede decirse que esta sentencia incluye y utiliza tanto argumentación ideológica como jurídica.

Los hechos son resumidamente los siguientes: Una española, mayor de 45 años, sujetándose a la legislación del estado mejicano de Tabasco, firmó un contrato con una mujer mejicana. Los embriones se crearon con material genético de donantes anónimos, es decir, sin material genético de la madre de intención (ni de la de la gestante), ni de varón conocido. A consecuencia del procedimiento de gestación por sustitución nació un niño con el que la madre de intención se trasladó a su domicilio en España, teniendo al niño desde entonces bajo su guarda y cuidado. La madre de intención intentó la inscripción del niño en el Registro civil español, como hijo suyo y, en cuanto a tal, con la nacionalidad española, pero la petición le fue denegada; el niño quedó bajo su guarda y cuidado, pero sin reconocerse una relación de filiación y manteniendo la nacionalidad mejicana. Con posterioridad, el padre de la madre de intención («abuelo»), como camino para lograr por otra vía que quedara determinada legalmente la filiación respecto de la madre, amparándose en el art. 131 CC, que establece que «cualquier persona con interés legítimo tiene interés para que se declare la filiación manifestada por la constante posesión de estado», interpuso una demanda de determinación legal de filiación materna por posesión de estado en la que solicitaba que se dictara sentencia por la que se declarase que la demandada (su hija) era la madre del niño, y se ordenara la inscripción de dicha declaración en el Registro Civil correspondiente, respetando los apellidos que le fueron impuestos al menor al nacer.

Los fundamentos de derecho pueden exponerse diferenciando tres partes:

a) Primera parte: Contenido metajurídico

La Sentencia dedica una gran extensión en los fundamentos de derecho a realizar consideraciones que van más allá de la argumentación puramente jurídica. El ponente muestra especial interés en trascribir el contrato que en su momento fue suscrito entre la comitente y la madre gestante, para que nos quede claro la variedad de todo tipo de imposiciones y limitaciones a la que quedó obligada durante toda la fase de fertilización, posterior gestación, regulación de los supuestos en los que excepcionalmente se podrá interrumpir el embarazo, nacimiento, entrega posterior del niño, renuncia a cualquier tipo de contactos con el niño en el futuro y la compensación económica que recibirá.

Además de ello, en la Sentencia también se hace referencia, entre otras llamadas a disposiciones internacionales al art. 35 de la Convención sobre los Derechos del Niño, donde se sostiene que la gestación por sustitución no supone una excepción a la prohibición de venta de niños establecida en dicha norma. Y que la gestación por sustitución comercial entra de lleno en la definición de «venta de niños».

Igualmente habla de que la madre gestante y el niño son tratados como meros objetos; se queja tanto de la libertad con la que actúan las agencias que se dedican a esta actividad, como de que se publiquen noticias sobre personas famosas que anuncian la traída a España de niños nacidos por gestación subrogada y en fin, hace suyo el informe del Comité de Bioética de España en cuanto que destaca la lógica perversa de un mercado que tenga por objeto la gestación subrogada de niños favorece que estos contratos se celebren y ejecuten cada vez con más frecuencia en aquellos Estados en los que se otorgan mayores prerrogativas a los comitentes y, correlativamente, se acentúe la vulneración de la autonomía personal, la integridad física y moral y, en definitiva, la dignidad de la mujer gestante.

b) Remisión a la doctrina y argumentación declarada ya en la Sentencia de 6 de febrero de 2014

Se parte de la afirmación de que el art. 8 del CEDH (respeto de la vida familiar) no protege el simple deseo de fundar una familia (sentencia de 24 de enero de 2017, caso Paradiso y Campanelli, apartado 141). Es que, «como concluye el Informe del Comité de Bioética de España de 2017, el deseo de una persona de tener un hijo, por muy noble que sea, no puede realizarse a costa de los derechos de otras personas. Un contrato de gestación por sustitución como el que es objeto de este recurso entraña una explotación de la mujer y un daño a los intereses superiores del menor y, por tanto, no puede aceptarse por principio».

Igualmente se argumenta sobre la necesidad del respeto del principio del interés superior de menor, lo cual lleva a que de acuerdo con la jurisprudencia del TS y del Tribunal Europeo de Derechos Humanos, debe ser tenida en cuenta la existencia de una vida familiar *de facto* incluso en ausencia de lazos biológicos o de un lazo jurídicamente reconocido, y siempre que existan tales lazos personales afectivos y los mismos tengan una duración relevante debe de llevarnos a ponderar todo ello para la determinación de su filiación y su integración en un determinado núcleo familiar.

c) Facilitación de la adopción

Como un paso más respecto de la sentencia anterior, se realizan dos afirmaciones tendentes a evitar una excesiva dilación y a facilitar la adopción:

a) Las pruebas ya aportadas y valoradas en el procedimiento, se afirma que pueden contribuir a cumplir el requisito de prontitud en la acreditación de dicha idoneidad (material, afectiva, etc.), junto con la aplicación, en su caso, de la previsión contenida en el art. 176.2.3.º del CC (llevar más de un año en guarda o haber estado bajo la tutela del adoptante por el mismo tiempo).

b) La cuestión de la diferencia de edad entre el menor y la madre comitente no se revela como un obstáculo excesivo, habida cuenta de que la diferencia máxima de 45 años entre adoptante y adoptado prevista en la normativa reguladora de la adopción no tiene un carácter absoluto (art. 176.2.3.º en relación al 237, ambos del CC), tanto más cuando los hechos fijados por la Audiencia Provincial revelan la integración del menor en el núcleo familiar y los cuidados de que es objeto desde hace varios años.

XV. Sentencia del Tribunal Constitucional 28/2024, de 27 de febrero de 2024 (Pleno). Recurso de amparo 5067-2019

La crónica que estamos exponiendo no había terminado. En el momento de mandar a la imprenta este discurso apareció la sentencia del TC que encabeza este apartado[27].

27 Pleno. Sentencia 28/2024, de 27 de febrero de 2024. Recurso de amparo 5067-2019. *Vid.* nota 1.

Ante todo, hemos de decir que no aborda la cuestión directamente sino que tan solo lo hace de una manera parcial, para conceder el amparo y sin entrar en ningún momento en el fondo de la cuestión de manera general.

15.1. Supuesto de hecho

Se produce el nacimiento de un menor en Ucrania mediante contrato de gestación subrogada. Es inscrito en el R. Consular de Kiev como hijo de padre español y de la madre gestante. Una vez en España se solicita por la esposa del padre la constitución del vínculo de adopción entre ella y el menor. Su pretensión fue aceptada por el Juzgado de Primera Instancia correspondiente. Dicha decisión fue revocada en apelación por la Audiencia Provincial de Madrid tras la interposición del correspondiente recurso por el Ministerio Fiscal. La misma Audiencia en su momento inadmitió a trámite el incidente de nulidad de actuaciones formulado por la solicitante de amparo (la madre adoptiva). Se da también la particularidad que el esposo tuvo otro hijo (menor) por este procedimiento respecto del que también se solicitó y constituyó la adopción por la esposa del mismo quedando firme la sentencia en este segundo caso por no haberse producido impugnación.

La Sentencia del Tribunal Constitucional tiene también un voto particular, que no realiza ningún tipo de argumentación que desvirtúe lo dicho en sus Fundamentos Jurídicos, sino que se limita a hacer reflexiones sobre la necesidad de tener en cuenta tanto el interés superior del menor como la dignidad y los derechos de la madre biológica para terminar diciendo que « ...hubiera sido oportuno que el Tribunal Constitucional estableciese los argumentos básicos para extraer del ordenamiento constitucional la definición del orden público en los supuestos de control de la gestación por substitución materializada fuera de nuestras fronteras, intentando un equilibrio de los valores constitucionales en juego».

El recurso es interpuesto, como decimos, únicamente por la madre adoptante, interviniendo el padre biológico solamente como coadyuvante. Como cuestión previa el TC considera que la madre adoptante tiene legitimación (ha sido parte en los procesos judiciales previos) e interés legítimo para recurrir en amparo.

15.2. Indefensión alegada

a) No existencia de indefensión

En el recurso se alega la existencia de indefensión por lesión de la integridad moral de la demandante, por vulneración del derecho a la igualdad y a no ser discriminado en la aplicación del Derecho entre los dos hermanos (recordemos que la adopción de uno de ellos quedó firme al no ser recurrida) y por lesión del derecho a la intimidad personal y familiar.

Especialmente es interesante la argumentación respecto a la alegación de lesión del derecho a la intimidad personal y familiar. El TC considera que, aunque la resolución impugnada plantea un claro problema de determinación de la filiación del menor, ello no significa que nos encontremos en el ámbito del derecho a la intimidad personal y familiar. Y especialmente enfatiza que no obsta a esta conclusión el que el TEDH (con cita de la jurisprudencia del mismo)[28], haya examinado desde la óptica del art. 8 del CEDH el contenido del derecho a la vida privada (lo que incluye la filiación) reconociendo en varios supuestos el vínculo de filiación legalmente constituido en otro Estado entre padres de intención y los niños nacidos mediante gestación por sustitución.

b) Canon reforzado de motivación

Es el camino que encuentra el TC para llegar a admitir el recurso de amparo. Nos recuerda que como ha manifestado en numerosas ocasiones, cuando lo que está en juego son los valores superiores del ordenamiento constitucional o los derechos fundamentales sustantivos, el canon de motivación de las resoluciones judiciales que se deriva del art. 24.1 CE no se reduce a la mera expresión de las razones que permitan conocer cuáles han sido los criterios jurídicos esenciales fundamentadores de la decisión sin incurrir en arbitrariedad, irrazonabilidad o error patente. El estándar de las exigencias derivadas del deber de motivación es más riguroso en estos casos, de modo que nuestra jurisprudencia exige motivaciones concordantes con los supuestos en los que la Constitución permite la afectación del valor o derecho en liza.

Centrada así la cuestión el TC recuerda también que desde la perspectiva de nuestro ordenamiento constitucional, la determinación de la filiación no solo permite al individuo establecer su propia identidad y desarrollar libremente su personalidad (art. 10.1 CE), sino que sirve también al fin de garantizar la efectividad de la obligación que incumbe a los poderes públicos de asegurar la protección integral de los hijos (art. 39.2 CE), así como de la obligación que incumbe a los padres de prestar asistencia de todo orden a sus hijos durante su minoría de edad y en los demás casos que legalmente proceda (art. 39.3 CE); en tanto se orienta a constituir, entre los sujetos afectados, un vínculo jurídico comprensivo de derechos y obligaciones recíprocos, integrante de la denominada relación paterno-filial.

Como contrapeso a estos argumentos, recuerda también que ningún precepto constitucional reconoce un derecho fundamental a adoptar: «Tal y como ha subrayado este tribunal, siguiendo la jurisprudencia del Tribunal Europeo de Derechos Humanos, "la adopción es 'dar una familia a un niño, y no un niño a una familia'" y "el Estado debe asegurarse de que las personas elegidas como adoptantes sean las que puedan ofrecerle, desde todos los puntos de vista, las condiciones de acogida más favorables"». Y en lo que se refiere a la familia también nos recuerda (aunque no era necesario) que el

---

28 En parte, las SSTEDH que se citan en este trabajo.

canon constitucional de familia del art. 39 de la CE incluye a familias más allá del matrimonio, protegiéndose también las relaciones de afectividad o, de hecho, con o sin descendencia, y por supuesto las relaciones paternofiliales no solo por naturaleza sino también por adopción.

Nos dice (anticipando su decisión) que la resolución judicial impugnada incurrió en quiebras lógicas en su razonamiento que impiden las conclusiones alcanzadas y, por otro lado, no justificó suficientemente la solución alcanzada a la luz de los intereses del menor concernido y de los valores constitucionales en liza:

15.3. Admisión del recurso

Para evitar cualquier posible obstáculo a la decisión que va a tomar (admisión del amparo), el TC centra la cuestión desde una perspectiva puramente registral: reconocimiento de una filiación (la paterna) que ya consta inscrita en el Registro Civil español.

Nos dice expresamente:

> «No nos encontramos, por tanto, ante un supuesto de:
>
> - denegación de inscripción en el registro civil español del nacimiento y filiación de un menor basado en certificaciones de un registro extranjero,
>
> - ni tampoco ante una denegación de inscripción de relaciones de filiación declaradas por un tribunal extranjero. El menor B.R.K., figura inscrito en el registro civil español como hijo de don D.J.R.G., esposo de la demandante en amparo, y doña K.K., la gestante. La demandante de amparo promovió la creación del vínculo adoptivo con el menor B.R.K., utilizando la vía privilegiada que prevé el art. 176.2.2 del CC para el cónyuge o la persona unida por análoga relación de afectividad al progenitor del adoptando».

Y en cuanto al obstáculo del orden público internacional, hace suya la argumentación del Juzgado de tal manera que:

> «a fin de evitar la situación de desprotección de los menores nacidos mediante gestación por sustitución y reconocer los lazos familiares forjados con los padres de intención, cabe regularizar la situación familiar mediante la reclamación de la paternidad respecto del padre biológico y de figuras tales como la adopción o el acogimiento».

Centrada la cuestión en una perspectiva puramente registral, la sentencia encuentra el camino de salida para resolver favorablemente la cuestión:

> «El tribunal de apelación obviaba así que, conforme al art. 113 del CC, la filiación se acredita, entre otras vías, por la inscripción en el registro civil y que los datos inscritos gozan de presunción de exactitud e integridad (arts. 16 y 19 de la Ley 20/2011, de 21 de julio, del registro civil). Los asientos registrales de filiación

pueden ser rectificados cuando exista una discordancia entre lo inscrito y la realidad extrarregistral, bien conforme a lo previsto en la Ley del registro civil, bien en ejercicio de las acciones de impugnación de la filiación previstas en los arts. 136 y ss. del CC. Sin embargo, en el caso objeto de análisis, no se había ejercitado acción alguna dirigida a impugnar la filiación paterna, que constaba y consta inscrita en el registro civil, de modo que al verter dudas sobre la misma y derivar de esas dudas la denegación de la adopción, la Audiencia Provincial de Madrid incurrió en una motivación manifiestamente irrazonable».

Consecuencia de lo anterior es la vulneración del derecho fundamental que consagra el art. 24.1 CE, pues su fundamentación no puede considerarse respetuosa de las exigencias constitucionales de motivación por la insuficiencia de la argumentación que las sustenta, carente del rigor lógico reclamable a una resolución judicial, máxime estando en juego la construcción de la identidad del menor B.R.K. (art. 10.1 CE), así como la protección de los lazos familiares creados con la recurrente (art. 39 CE).

Conclusión: la parca valoración del tribunal de apelación en relación con la adecuación de la decisión adoptada al interés superior del menor B.R.K., no satisface el canon de motivación especialmente reforzado que impone nuestra jurisprudencia en los casos en que la esfera personal y familiar de un menor se ve afectada.

Vemos que se llega, en la práctica a la misma doctrina que establece el TS: el orden público internacional no impide la práctica de la inscripción de la paternidad y ello a la vez nos lleva a la facilitación de la adopción por parte de la madre de intención.

XVI. Conclusiones y predicciones de futuro

De todo lo expuesto hasta ahora podemos intentar realizar una síntesis final a modo de conclusiones.

16.1. Necesidad de distinguir entre la protección de la madre gestante y la protección del menor nacido

Es la primera y más obvia afirmación que ha de realizarse. Se encuentran en ámbitos y necesidades distintas de protección.

a) Respecto de la mujer gestante

Como ha dicho el TS en su Sentencia de 31 de marzo de 2022 (f.j. tercero. 8): «No es preciso un gran esfuerzo de imaginación para hacerse una cabal idea de la situación económica y social de vulnerabilidad en la que se encuentra una mujer que acepta someterse a ese trato inhumano y degradante que vulnera sus más elementales derechos a la intimidad, a la integridad física y moral, a ser tratada como una persona libre y autónoma dotada de la dignidad propia de todo ser humano. Y, como ocurre en estos casos, aparece en el contrato la agencia intermediadora cuyo negocio lo constituye este tipo de prácticas vulneradoras de los derechos fundamentales».

De todo lo que anteriormente se ha expuesto (tanto de decisiones administrativas, judiciales o de instrumentos internacionales) la conclusión más evidente, es que nunca sería admisible la gestación retribuida (o con fines comerciales). Solamente sería admisible una gestación altruista.

Pero el altruismo por sí mismo no es suficiente. El consentimiento de la madre gestante ha de ser prestado de una manera totalmente informada y libre. Y no solamente ha de tenerse libertad en el momento inicial sino también mantenerse durante la gestación y después del alumbramiento, lo que implicará admitir un derecho de arrepentimiento durante un plazo razonable.

b) La protección del menor

Cuando se ha producido el nacimiento de un menor por este procedimiento ¿pueden establecerse medidas que supongan algún tipo de discriminación respecto de menor? Evidentemente no. El art. 8 del Convenio de Roma (vinculante dentro del ámbito del Consejo de Europa) ya hemos visto que exige el respeto a la vida familiar, lo que incluye también (Sentencia del TEDH de 1979) el ámbito de la filiación, debiendo rechazarse cualquier tipo de discriminación por razón de nacimiento (art. 14 de dicho Convenio).

En este mismo sentido podemos citar a nuestro TC en la Sentencia que hemos comentado.

16.2. El principio general de protección del menor como principal referencia a considerar, una vez que ya se ha producido el nacimiento

Una vez que se ha producido el nacimiento el principio de protección del menor obliga a que no pueda sufrir ningún tipo de discriminación o efectos negativos derivados de su peculiar filiación. No es posible alegar ninguna excepción del orden público, pues como ya hemos expuesto anteriormente el orden público es un remedio de carácter extraordinario. Y el orden público internacional es un concepto más restringido que el del orden público interno pues comprende únicamente aquel sector del Derecho imperativo del foro que resulta absolutamente irrenunciable. Y esto ocurre precisamente en este supuesto. El Tribunal Supremo tiene que reconocer que se trata de un «orden público atenuado», si bien se decanta por la aplicación del mismo dada la intensidad de los vínculos de la situación jurídica con España. Pero lo cierto es que el art. 10.3 de la LTRAHH no puede decirse que por sí solo sea determinante de la aplicación del orden público internacional. Es una prohibición del orden interno, que no puede impedir la aplicación del art. 8 del Convenio Europeo de Derechos Humanos, como el mismo TEDH ha determinado. El orden público en esta materia no debe valorarse desde la perspectiva de la contrariedad con la normativa interna, sino desde la consideración que merezca la tutela del interés del menor, cuya normativa reguladora tiene también características de orden público y debe ser observada necesariamente por los jueces y tribunales[29].

16.3. Aplicación de tales presupuestos a los casos planteados en España

a) Respecto de la inscripción de la paternidad biológica

De todo lo anteriormente expuesto tenemos dos criterios establecidos:

- No puede impedirse el acceso al Registro Civil el nacimiento respecto del padre biológico y
- Las autoridades del país que ha de reconocer la gestación ocurrida en el extranjero, pueden establecer procedimientos y controles de comprobaciones legales.

Pero hemos de añadir otro criterio más: ha de evitarse una tramitación excesiva en el tiempo de duración, tal y como se desprende en la Sentencia de 31 de agosto de 2023 *(C c. Italia Vid. Supra).*

Partiendo de estos puntos mínimos podemos examinar si se cumplen dentro de nuestro Ordenamiento.

b) Título para la inscripción de la paternidad

Acabamos de ver cómo el TEDH habla de llevar a cabo la inscripción de la paternidad en el país de los comitentes partiendo de la certificación del Registro Civil donde se ha llevado a cabo la inscripción del nacimiento por gestación subrogada.

Respecto de nuestro Tribunal Supremo poco podemos concluir al respecto. La primera de la Sentencias (la de 2014) parte de una inscripción que ya se ha practicado en Registro Consular español mediante la certificación del Registro del nacimiento (recordemos que la primera de las Resoluciones, la de 18 de febrero de 2009, considera inscribibles las certificaciones del Registro extranjero en materia de gestación subrogada, siempre y cuando cumplan los requisitos formales al amparo de los arts. 23 de la LRC de 1957, 28 y 30 de la LRC de 2011. Respecto de la segunda de las Sentencias (la de marzo de 2022), tampoco encontramos directrices sobre el título inscribible ya que admitiendo que lo que se plantea es una reclamación de la filiación (de una madre que no ha aportado material genético) por posesión de estado.

---

29 *Vid*. voto particular de la STS de 2014.

Para la DGRN (hoy DGSJFP) la postura inicial (resolución de 2009) fue admitir la certificación extranjera como título de inscripción, pero ello cambió pronto puesto que en la Instrucción de 5 de octubre de 2010 ya se establece el principio de que la inscripción del nacimiento del menor en los casos de gestación subrogada exige en todo caso resolución judicial dictada por Tribunal competente en la que se determine la filiación del nacido. De una manera constante ha venido pidiéndose que se cumpla este requisito. En el trabajo ya hemos criticado esta exigencia puesto que la LRC (arts. 28 y 30 antes citado) permite la inscripción de certificaciones de Registros Extranjeros y a su vez la Ley de Cooperación Jurídica Internacional en materia de jurisdicción voluntaria, se remite a la Ley 15/2015 de 2 de Julio, de Jurisdicción Voluntaria (Disposición Adicional primera). Y esta Ley 15/2015, establece en su art. 11 que las resoluciones definitivas extranjeras de jurisdicción voluntaria emanadas de un órgano judicial podrán ser inscritas en los registros públicos españoles por dos vías: a) mediante el exequatur; b) mediante decisión del Encargado del registro correspondiente, siempre que verifique la concurrencia de los requisitos exigidos para ello.

c) Exigencia de un control especial de la documentación que es aportada en los casos de gestación subrogada

En principio, la imposición de requisitos especiales de control el TEDH, hemos visto que lo considera admisible dentro de la libertad de actuación y de discrecionalidad de los distintos países, siempre y cuando no se vaya a producir una dilación excesiva.

d) Ofrecimiento de soluciones alternativas a la no inscripción directa de la maternidad de intención

La postura inicial del TS del ofrecimiento de la adopción, ha terminado recogiéndose en la jurisprudencia de otros países y también en la del TEDH. En nuestro país, hemos visto anteriormente la STC de 27 de febrero de 2024; y también la DG en determinadas Resoluciones, para mitigar el rigor de sus negativas, recuerda la posibilidad de que la madre no gestante acuda con posterioridad al mecanismo de la adopción.

Esto nos lleva a tocar un último punto:

16.4. El rigorismo formal en la solicitud de que se traslade la inscripción del nacimiento desde el Registro Central al del domicilio familiar sin que conste referencia ni a la gestación subrogada ni a la adopción

Existe un excesivo rigor en la aplicación de los preceptos del Registro Civil en los casos en los que los interesados solicitan que una vez que consta la paternidad biológica y después se ha realizado la adopción por la madre comitente, se practique una nueva inscripción con el resultado final de la filiación sin que conste ya dato alguno ni a la adopción ni al origen de la filiación en una gestación subrogada.

En varias Resoluciones[30] en las que los recurrentes solicitan que, en la inscripción de nacimiento, trasladada desde el Registro Civil Central (donde constaba practicada por haber nacido el menor en el extranjero), se haga constar como lugar de nacimiento el del domicilio familiar. La negativa del Encargado del Registro Civil se basa en que dicha posibilidad solo está prevista para el caso de las adopciones internacionales.

Queda claro —dicen estas Resoluciones citadas en nota inferior— que los actuales arts. 77 y 307 RRC son aplicables a todas las adopciones, ya sean nacionales o internacionales, pero la posibilidad de modificar el lugar de nacimiento del adoptado por el del domicilio de los padres adoptantes queda circunscrita, como ya lo estaba a partir de la instrucción de 1999 y antes de que se materializara la reforma legal, a las adopciones internacionales (*cfr.* arts. 16.3 y 20.1.º LRC) y así lo tiene también establecido la doctrina de este Centro.

Y la decisión que se toma es denegar la petición por entender que estamos ante una adopción nacional puesto que se ha realizado en España.

Este tipo de argumentación basada en el estricto tenor literal de la norma parece que está condicionada más que por evitar una reacción del Ministerio similar a lo que pasó con las Instrucciones de 14 y 19 de febrero de 2019, que en atender en verdad a un problema inicialmente no previsto por la regulación. En la actualidad no puede sostenerse:

- Desde la entrada en vigor de la Ley de 2011 (en su mayor parte el 30 de abril de 2021) la estructura organizativa del Registro Civil ha cambiado: las inscripciones pueden practicarse en cualquiera de las oficinas Generales del Registro Civil a petición de los ciudadanos (*cfr.* art. 10), por lo que carece de sentido regular el traslado de las mismas.
- Por lo que se refiere a las normas del Reglamento que aún puedan ser de aplicación, hemos de advertir que el art. 307, al que se refiere la DG, habla en términos generales de que también procede atender a la solicitud de que se practique una nueva inscripción en la que solamente consten los datos finales sin hacer referencia los anteriores, para todo supuesto de «rectificación de la filiación».
- Sostener lo que hace la DG supone una clara discriminación de la filiación por gestación subrogada, ya que con independencia de su prohibición con ello se está vulnerando el principio de protección de los derechos del menor.

---

30 Al menos en Resoluciones de 30-23.ª de junio de 2017, 7-6.ª de enero y 2-21.ª y 26.ª, 8-16.ª y 10-15.ª y 20.ª de febrero de 2021, 4 de mayo (51.ª), 1 de junio (3.ª) y (5.ª) y 25 de agosto (3.ª) de 2021, ésta última del Registro Civil de Sevilla.

- También hay que señalar como argumento legal que la LRC de 2011 en los arts. 44.5 y 83 1.a) se establece que la filiación adoptiva es un dato de publicidad restringida, lo que ya de por sí obliga a que los asientos al contener dicha adopción han de ser efectuados del modo que reglamentariamente se determine con el fin de que, salvo el propio inscrito, solo se pueda acceder a ellos con la autorización que se regula especialmente en el art. 84 LRC.
- Por último, podemos acudir a la jurisprudencia del TEDH. La STEDH de 20 de abril de 2015 (*caso Affaire Gözüm contra Turquía.* Número 4789/10)[31]. El TEDH reitera que el art. 8 no sólo obliga al Estado a abstenerse de injerencias arbitrarias por parte de las autoridades públicas; a este compromiso más bien negativo pueden agregarse obligaciones positivas que implican la adopción de medidas tendentes al respeto de la vida privada y/o familiar. Esta obligación positiva del Estado puede implicar la creación de un marco legislativo que establezca un mecanismo judicial y de ejecución destinado a proteger tanto los derechos de las personas como la implementación de medidas específicas. Es verdad, se nos dice que, en la búsqueda de un equilibrio entre estos diferentes intereses, el Estado goza de un cierto margen de apreciación, pero cabe señalar que, en todos los casos, debe primar el interés superior del niño. A su juicio, el equilibrio que el legislador turco debía lograr entre los intereses de los niños, los de sus padres naturales y los de los adoptantes solteros requería que se otorgara una importancia específica a las obligaciones positivas derivadas del art. 8, de modo que estuviera incluido en un marco claramente establecido en el ordenamiento jurídico interno, a fin de permitir evaluar la proporcionalidad de las restricciones impuestas a los derechos fundamentales. En resumen, el TEDH declara que se ha violado el art. 8 CEDH. Concretamente, «se señala que se había producido un vacío en el derecho civil turco en relación a la adopción mono parental, ya que en el momento en que la demandante había formulado su demanda, no existía un marco reglamentario claro que permitiera a la adoptante imponer su apellido al hijo, con exclusión del de la madre natural».

Y sin duda que esta obligación de actuación positiva es aplicable a la adopción de medidas que tiendan a que públicamente no conste el origen de la filiación en los casos de gestación subrogada, máxime en un sistema registral como el implantado en la Ley de 2011 en el que cada persona tendrá un regis-

31 *Vid.* De La Iglesia Monje, M. I., ob. cit. pág 2865 y ss. La Sentencia estudia el supuesto de la denegación de la solicitud de una madre adoptiva única, para que apareciera su propio nombre en los documentos personales de su hijo adoptado, en lugar del de la madre biológica del niño. En particular, la demandante alega que las normas de derecho civil turco, tal como se le aplicaron en el momento de presentar la solicitud, habían infringido su derecho a respeto por la vida privada y familiar.

tro individual en el que constarán los hechos y actos relativos a la identidad, estado civil y demás circunstancias; este registro individual se abrirá con la inscripción de nacimiento o con el primer asiento que se practique y en dicho registro se inscribirán o anotarán, continuada, sucesiva y cronológicamente, todos los hechos y actos que tengan acceso al Registro Civil (v art. 5).

Es el argumento que está detrás de la STC de 2024 cuando nos recuerda que «... en lo que se refiere a la alegada lesión del derecho a la intimidad personal y familiar (art. 18.1 CE), hemos afirmado que la filiación forma parte del ámbito propio y reservado de lo íntimo protegido por ese derecho y que la revelación o divulgación indebida de datos, reales o supuestos, sobre la filiación de una persona afecta no solo al derecho a la intimidad de esta, sino también de sus progenitores (SSTC 197/1991, de 17 de octubre, FJ 3, y 190/2013, de 18 de noviembre, FJ 2)».

La última frase debe ser para volver a algo que hemos dicho al principio: al leer la Sentencia del TC, la jurisprudencia del TEDH y la de nuestro TS, parece haberse llegado a un lugar donde puede existir acuerdo en admitir como solución la situación de hecho que de manera indirecta se propone en la práctica: inscripción en el Registro Civil de la paternidad biológica y posterior tramitación de la adopción por la madre no gestante.

CAPÍTULO 2

REFLEXIONES SOBRE LA MATERNIDAD SUBROGADA A RAÍZ DE LA JURISPRUDENCIA DEL TRIBUNAL SUPREMO

José Ramón de Verda y Beamonte
Catedrático de Derecho Civil
Universidad de Valencia

I. La posición del ordenamiento jurídico español: la nulidad del contrato y la atribución legal de la maternidad a la gestante

El art. 10.1 de la Ley 4/2006, de 26 de mayo, sobre técnicas de reproducción humana asistida, prevé que «Será nulo de pleno derecho el contrato por el que se convenga la gestación, con o sin precio, a cargo de una mujer que renuncia a la filiación materna a favor del contratante o de un tercero»[1].

Por consiguiente, es nulo el contrato que se celebra, cuando una pareja es fértil, pero la mujer no puede o no quiere llevar a cabo el proceso de gestación, razón por la cual se acuerda realizar una fecundación *in vitro* con gametos de la propia pareja e implantar el embrión obtenido en el útero de otra mujer. Es igualmente nulo el contrato que se celebra cuando la mujer de una pareja es estéril, por lo que se acuerda inseminar artificialmente a otra mujer o fecundar *in vitro* un óvulo de ésta con gametos del varón, para, posteriormente, implantar en su útero el embrión resultante: en este caso, la mujer que acepta asumir el proceso de gestación será madre gestante y madre biológica.

El contrato de gestación por sustitución se opone al principio de indisponibilidad del cuerpo humano, ya que recae sobre las facultades reproductivas y de gestación de la madre, haciendo objeto del comercio una función de la mujer, tan elevada, como es la maternidad, la cual no puede ser objeto de tráfico jurídico. Se opone también al principio de indisponibilidad del estado civil, ya que trata de modificar las normas que determinan la constitución de la relación jurídica paterno-filial y la atribución de la condición jurídica de madre y de hijo[2].

---

1 A mi parecer la nulidad lo es por ilicitud de la causa, por lo que, por aplicación del art. 1306 CC, ninguna de las partes del contrato de gestación por sustitución tendrá acción para reclamar la restitución de las prestaciones ejecutadas, de modo que los comitentes no podrían pedir la devolución de las cantidades que hubieran pagado a la que se había comprometido a ser madre portadora. En contra, sin embargo, Pantaleón Prieto, F., «Contra la Ley sobre Técnicas de Reproducción Asistida», en *Jueces para la democracia*, núm. 5, 1988, pág. 27 y 28, quien considera que la nulidad procede de la ilicitud del objeto.

2 Un sector de la doctrina científica actual sigue defendiendo la nulidad del contrato de gestación con apoyo en dichos argumentos y en el principio constitucional de dignidad de la persona humana, consagrado en el art. 10.1 CE, haciendo especial hincapié en el riesgo de vulnerabilidad de las madres portadoras, que pueden verse abocadas a acudir a esta práctica para hacer frente a situaciones de pobreza o marginación social. *Cfr.*, así, Aparisi Miralles, Á, «Maternidad subrogada y dignidad de la mujer», en *Cuadernos de Bioética*, XXVIII, 2017/2.ª, págs. 163-175; Bellver Capella, V., «¿Nuevas tecnologías? Viejas explotaciones. El caso de la maternidad subrogada internacional», en *SCIO. Revista de Filosofía*, núm. 11, noviembre de 2015, págs. 19-52; *Idem*, «Tomarse en serio la maternidad subrogada altruista», en *Cuadernos de Bioética*, XXVIII, 2017/2.ª, págs. 229-243; Corral García, E., «El derecho a la reproducción humana. ¿Debe permitirse la maternidad subrogada?», en *Revista de Derecho y Genoma Humano,* 38/2013, pág. 69; Estellés Peralta, P.M., «Gestación por sustitución: Desafíos jurídicos y éticos», en *Actualidad Jurídica Iberoamericana*, núm. 9, 2018, págs. 330-357; López Guzmán, J. y Aparisi Miralles, A., «Aproximación a la problemática ética y jurídica de la maternidad subrogada», en *Cuadernos de Bioética*, XXIII, 2012/2.ª, págs. 253-267; Serrano Ruíz-Calderón, J. M., «Manipulación del lenguaje, maternidad subrogada y altruismo», *Ibidem*, XXVIII, 2017/2.ª, págs. 219-228; o Valero Heredia, A., «La maternidad subrogada: un asunto de derechos fundamentales», en *Teoría y realidad constitucional* (UNED), núm. 49, 2019, págs. 421-440.

Ciertamente, es evidente la conexión entre procreación y el libre desarrollo de la personalidad, consagrado en el art. 10.1 CE, entendido éste, como un principio constitucional, que significa la autonomía de la persona para elegir, libre y responsablemente, entre las diversas opciones vitales, la que sea más acorde con las propias preferencias. En este caso, la opción vital es concebir, o no, un hijo, decisión personalísima, en la que el Estado no puede inmiscuirse, ni imponiéndola, ni prohibiéndola, debiendo respetar lo que resulte del ejercicio de la libertad de cada ciudadano. La libertad de procreación significa el reconocimiento a la persona de un ámbito de decisión (concebir, o no un hijo) sustraído a la injerencia estatal, pero de esta libertad no se desprende un derecho a exigir a los poderes públicos que éstos hagan efectiva la pretensión de tener hijos. Concretamente, no existe un derecho a exigir al Estado que permita el acceso a las técnicas de reproducción asistida a cualquier persona, en cualquier circunstancia, de cualquier modo. Es, por ello, legítimo que se limite el acceso a dichas técnicas con el fin de proteger intereses distintos a los de sus potenciales usuarios, como son la dignidad,

---

Otro sector de la doctrina se muestra favorable a la admisión de la validez del contrato, invocando el principio constitucional de libre desarrollo de la personalidad e incluso un pretendido derecho a la reproducción, además de la conveniencia de frenar el llamado *turismo reproductivo*, aunque procediendo siempre con cautelas, para asegurar que el consentimiento de las madres portadoras sea libre y evitar un posible tráfico internacional de niños. *Vid.* en este sentido ÁLVAREZ DE TOLEDO QUINTANA, L: «El futuro de la maternidad subrogada en España: entre el fraude de Ley y el correctivo del orden público internacional», en *Cuadernos de Derecho Transaccional* (octubre 2014), vol. 6, núm. 2, pág. 39; ÁVILA HERNÁNDEZ, C. J., «La maternidad subrogada en el Derecho comparado», en *Cadernos de Dereito Actual*, núm. 6 (2017), págs. 313-344; GARCÍA ABURUZA, M.ª P., «A vueltas con los efectos civiles de la maternidad subrogada», en *Revista Aranzadi Doctrinal*, núm. 8/2015 (BIB 2015\4006); IGAREDA GONZÁLEZ, N., «La inmutabilidad del principio *mater semper certa est* y los debates actuales sobre la gestación por substitución en España» en *Universitas. Revista de Filosofía, Derecho y Política*, núm. 21, enero 2015, págs. 6-7; ROMÁN MAESTRE, B., «Gestación por sustitución: cuestiones de legitimidad», en *Folia Humanística*, núm. 8, febrero-marzo 2018, págs. 24-41; ROMEO CASABONA, C. M., «Las múltiples caras de la maternidad subrogada: ¿aceptamos el caos jurídico actual o buscamos una solución?», *Ibidem*, págs. 1-23; SÁNCHEZ HERNÁNDEZ, C., «Gestación por sustitución: una realidad y dos soluciones en la experiencia jurídica española», en *InDret* 4/2018; VELA SÁNCHEZ, A. J., «Propuesta de regulación del convenio de gestación por sustitución o de maternidad subrogada en España», en *Diario La Ley*, núm. 7621, 3 mayo 2013; *Idem*, «Crimen en el bar. Regulemos ya en España el convenio de gestación por sustitución», Ibidem, núm. 9056, 6 octubre 2017; o VILA-CORO VÁZQUEZ, A., «Hacia una regulación de la gestación por sustitución como técnica de reproducción asistida», en *Treinta años de reproducción asistida en España: una mirada interdisciplinaria a un fenómeno global y actual*, obra colectiva, coordinadores P. BENAVENTE MOREDA Y E. FARNÓS AMORÓS, Madrid, 2015, págs. 283 y ss. Últimamente MÚRTULA LAFUENTE, V., «El difícil equilibrio en el tratamiento jurídico de la gestación por sustitución: una propuesta de regulación desde los derechos de la mujer gestante», en *El Derecho civil ante los nuevos retos planteados por las técnicas de reproducción asistida*, obra colectiva, directoras Y. BUSTOS MORENO y V. MÚRTULA LAFUENTE, Dykinson, Madrid, 2021, págs. 370-372, en un documentado trabajo, se ha pronunciado en favor de la regulación de la maternidad subrogada con grandes cautelas, que van más allá de la mera exigencia de su carácter altruista.

tanto de las madres portadoras, como de los hijos concebidos mediante gestación por sustitución[3].

La nulidad del contrato de gestación por sustitución hace que, a efectos legales, haya que considerar siempre como madre a la gestante, y no, a la biológica (en el caso de que ésta sea distinta de aquélla)[4]. El art. 10.2 de la Ley 14/2006, dice, así, que «La filiación de los hijos nacidos por gestación de sustitución será determinada por el parto»[5]. Sin embargo, el art. 10.3 de la Ley 14/2006, añade que «Queda a salvo la posible acción de reclamación de

---

3 Concuerdo, pues, con PANTALEÓN PRIETO, F., «Técnicas de reproducción asistida y Constitución», en *Revista del Centro de Estudios Constitucionales*, núm. 15, 1993, mayo-agosto, págs. 130-131, cuando afirma que «no existe un derecho fundamental de todos a procrear, también por medio de técnicas de reproducción asistida, que vincule al legislador ordinario»; y ello, sin perjuicio de que no comparta sus posteriores consideraciones, realizadas en la pág. 133, a propósito de la maternidad subrogada.
De cualquier modo, me parece que la respuesta legal ha de estar basada en un juicio de valores, y no en razonamientos de carácter económico, como son los que, en parte, esgrime en uno de sus numerosos y originales trabajos VELA SÁNCHEZ, A. J., «La gestación por encargo desde el análisis económico del Derecho», en *Diario La Ley*, núm. 8055, 4 abril 2013, en donde se refiere al considerable ahorro de costes que para los españoles supondría el no tener que viajar al extranjero para realizar la gestación por sustitución y a los ingresos que para la economía nacional supondría la práctica en España de la maternidad subrogada.

4 No obstante, las SSTS (Pleno, Sala 4.ª) núm. 881/2016, de 25 de octubre (ECLI:ES:TS:2016:5375), y núm. 953/2016, de 16 noviembre (ECLI:ES:TS:2016:5283) (seguidas de otras posteriores), ha entendido que el nacimiento de un hijo mediante maternidad subrogada (realizada en el extranjero) puede dar lugar a baja laboral y a las correspondientes prestaciones por maternidad, considerando que existe analogía entre la maternidad subrogada y la adopción o el acogimiento. Especialmente curioso es el caso resuelto por la primera de las sentencias: un varón español acudió a la maternidad subrogada en la India, utilizándose en la reproducción asistida su material genético. La madre gestante alumbró dos niñas y aceptó que el varón español asumiera, en exclusiva, «todas las funciones y obligaciones que se derivan de la patria potestad». Las menores fueron inscritas en el Registro Consular como hijas del padre biológico, siendo trasladadas a España por aquél. La Seguridad Social española denegó las prestaciones «por maternidad» solicitadas por el padre biológico de las menores, argumentando que la legislación española considera nulo el contrato de maternidad por sustitución. El Tribunal Supremo, sin embargo, entiende fundada la pretensión del solicitante, afirmando que las prestaciones por maternidad también cubren supuestos de adopción o acogimiento, que la madre puede transferir al padre una parte de ellas y que, en ciertos casos, cuando la madre biológica no puede disfrutarlas (muerte, ausencia de protección) se transfieren al padre. Sobre el argumento *vid.* TALENS VISCONTI, E., «La prestación de maternidad en los supuestos de gestación subrogada», en *Actualidad Jurídica Iberoamericana*, núm. 9, 2018, págs. 438-453.

5 Esta es la consecuencia natural de la nulidad de contrato con causa ilícita, que pretende alterar los modos legales de determinación de la filiación, sin que me parezcan convincentes los argumentos en contrario esgrimidos por parte de NÚÑEZ BOLAÑOS, M.ª, NICASIO JARAMILLO, I. M.ª Y PIZARRO MORENO, E., «El interés del menor y los supuestos de discriminación en la maternidad subrogada, entre la realidad jurídica y la ficción», en *Derecho Privado y Constitución*, núm. 29, 2015, págs. 259-260, en favor de la disociación entre la prohibición de gestación por sustitución y la determinación de la filiación por el parto.

paternidad respecto del padre biológico, conforme a las reglas generales». Cabría, pues, que el padre biológico ejercitara la acción de reclamación de paternidad y que posteriormente, previo consentimiento de la madre gestante, el hijo fuera adoptado por la mujer de aquél, sin necesidad de mediar la propuesta previa de la entidad pública prevista en el art. 176 CC[6].

II. La posición de la jurisprudencia ante las gestaciones por substitución realizadas en países extranjeros, donde esta práctica es legal

En la práctica, sucede que parejas estériles (o formadas por miembros del mismo sexo) acuden a países donde está permitida la gestación por sustitución, donde conciertan un contrato de útero de alquiler; y, una vez que nace el niño, lo inscriben en el Registro Consular, como si fuera hijo suyo[7]. Se trata de una práctica que se opone a lo establecido en el art. 10.1 de la Ley 14/2006, precepto que tiene un claro carácter imperativo y determina la formación del orden público español[8].

---

6 Esta posibilidad es sugerida por la STS (Pleno, Sala 1.ª) núm. 835/2013, de 6 febrero (ECLI:ES:TS:2014:247) y por el ATS (Sala 1.ª) de 2 de febrero de 2015, rec. núm. 245/2012, en interés del menor concebido por gestación por sustitución en California a iniciativa de un matrimonio de varones españoles.

7 Véase un interesante panorama de Derecho Comparado en ROCA TRÍAS, E., «*Dura lex sed lex.* O de cómo integrar el interés del menor y la prohibición de la maternidad subrogada», en *Treinta años de reproducción asistida en España: una mirada interdisciplinaria a un fenómeno global y actual*, obra colectiva, coordinadores P. BENAVENTE MOREDA y E. FARNÓS AMORÓS, Madrid, 2015, págs. 317 y ss.; como también en ÁVILA HERNÁNDEZ, C. J., «La maternidad», cit., págs. 313-344.

8 En su momento se aprobó en Portugal una reforma legal que ha permitido la maternidad subrogada, si bien con requisitos bastante rigurosos. El art. 1 de la Ley 25/2016, de 22 de agosto, regula, así, el acceso a la gestación por sustitución en ciertos supuestos, para lo cual ha reformado diversos preceptos de la Ley 32/2006, de 26 de julio, de procreación médica asistida, concretamente, el art. 8 de la misma. El precepto define la gestación por sustitución como cualquier situación en que la mujer se obligue a llevar a cabo un embarazo por cuenta ajena y a entregar el niño después del parto, renunciando a los derechos y deberes propios de la maternidad (1.º). Sólo la permite, a título excepcional y con carácter gratuito, en los casos de ausencia de útero o de lesión o enfermedad del mismo que impida de manera absoluta y definitiva el embarazo de la mujer o en situaciones clínicas que lo justifiquen (2.º), exigiendo, además, que se realice con, al menos, el gameto de uno de los beneficiarios (3.º). Por lo tanto, la maternidad por sustitución se regula como una medida de carácter terapéutico, es decir, como una técnica extraordinaria que tiene como finalidad remediar la imposibilidad de procrear de una mujer (lo que, por definición, excluye que puedan acceder a ella una pareja de varones) y que ha tener siempre carácter gratuito. Se prohíbe, así, que los beneficiarios paguen a la gestante cualquier tipo de compensación económica como contraprestación por la gestación del niño, aunque se permite el pago de gastos médicos (incluidos los de transporte) debidamente acreditados (5.º); y, para garantizar la libertad de la gestante, se prohíbe que pueda celebrarse el con-

trato cuando entre las partes exista una relación de dependencia económica, en particular, de naturaleza laboral o de prestación de servicios (6.º). Cumplidos estos requisitos, el niño que nazca será hijo de los respectivos beneficiarios (7.º). En cambio, todos los negocios de gestación por sustitución que sean onerosos o que, siendo gratuitos, no se ajusten a los requisitos legales serán nulos (12.º), previéndose, además, sanciones penales para quienes los celebren (nuevo art. 34 Ley 32/2006, de 26 de julio, tras la reforma de 2016).

Se trata, pues, de una regulación, que solamente admite la maternidad subrogada gratuita y con requisitos bastante rigurosos, pero, como siempre que se regula la gestación por sustitución, surge el problema de determinar la filiación de los hijos nacidos fuera de los casos legalmente admitidos. Sobre la cuestión *vid.* en general, DIAS PEREIRA, A.G., «Gestação de substituição e acesso de todas as mulheres à procriação medicamente assistida em Portugal: as leis de 2016 e as profundas transformações no direito da filiação», en *Actualidad Jurídica Iberoamericana*, núm. 8, 2018, pág, 32-47.

A este respecto, se pronunció el Consejo Nacional de Procreación Médica Asistida de Portugal en una polémica Declaración Interpretativa de Ley 25/2016, según la cual el legislador quiere y quiso que, en todos los casos, incluso cuando los contratos de gestación sean nulos, los niños que nazcan como consecuencia del recurso a la gestión por sustitución sean hijos de los respectivos beneficiarios.

Esta Declaración interpretativa fue literalmente seguida por el art. 3.5 del Proyecto de Decreto destinado a establecer el Reglamento de la Ley, lo que mereció fuertes críticas por parte de un significativo sector de la doctrina, motivando un valoración negativa por parte del Consejo Nacional Portugués de Ética para las Ciencias de la Vida, que en un contundente Informe de enero de 2017 afirmó que no era comprensible que una norma reglamentaria atribuyera a un contrato nulo efectos idénticos a los de un contrato válido; argumentó que no era aceptable, desde un punto de vista ético, que alguien pudiera obtener, por medio de un contrato de gestación contrario a la Ley, los mismos efectos que alcanzaría con la celebración de un contrato que se ajustase a las prescripciones legales; y concluyó observando que tal solución no disuadiría de realizar prácticas ilegales y proporcionaría ocasiones de explotación de las mujeres gestantes (contradiciéndose, así, el carácter gratuito que, según la Ley, debe tener la maternidad subrogada).

A este respecto, se ha pronunciado el Consejo Nacional de Procreación Médica Asistida de Portugal en una polémica Declaración Interpretativa de Ley 25/2016, según la cual el legislador quiere y quiso que, en todos los casos, incluso cuando los contratos de gestación sean nulos, los niños que nazcan como consecuencia del recurso a la gestión por sustitución sean hijos de los respectivos beneficiarios. Esta Declaración interpretativa es literalmente seguida por el art. 3.5 del Proyecto de Decreto destinado a establecer el Reglamente de la Ley, que se encuentra en fase de tramitación, pero que ha merecido una contundente valoración negativa por parte del Consejo Nacional de Ética para las Ciencias de la Vida, que en un Informe de enero de 2017 afirma que no es comprensible que una norma reglamentaria atribuya a un contrato nulo efectos idénticos a los de un contrato válido; dice, así, que no es aceptable, desde un punto de vista ético, que alguien pueda obtener, por medio de un contrato de gestación contrario a la Ley, los mismos efectos que alcanzaría con la celebración de un contrato que se ajustara a las prescripciones legales; y concluye observando que tal solución no disuadiría de realizar prácticas ilegales y proporcionaría ocasiones de explotación de las mujeres gestantes.

Sin embargo, felizmente, el Legislador luso no ha acogido la solución seguida por el art. 3.5 del Proyecto, de la que no hay rastro en el Decreto Reglamentario 6/2017, de 31 de julio.

Posteriormente la Sentencia del Tribunal Constitucional Portugués, de 24 de abril de 2018, núm. 225, causa núm. 95/2017, en *Data Juris,* 381503, ha declarado inconstitucionales diversos aspectos de la regulación lusa de la maternidad subrogada. Así, entre otras disposiciones, el 8, 8.º de la Ley 32/2006, en relación con el artículo 14, 5.º de la misma, en la medida en que no consiente a la gestante subrogada revocar el consentimiento inicialmente prestado, cosa

2.1. Imposibilidad de inscribir la filiación (interés superior del menor y mercantilización de la gestación y de la filiación)

El Tribunal Supremo, en una célebre sentencia[9], confirmó la cancelación de la inscripción de la filiación, que había sido realizada en el Registro Civil Consular de los Ángeles, con apoyo en una certificación registral californiana, en favor de dos varones, que habían acudido a la gestación por sustitución. Consideró que tal inscripción iba contra el orden público español, pues en «nuestro ordenamiento jurídico y en el de la mayoría de los países con ordenamientos basados en similares principios y valores, no se acepta que la generalización de la adopción, incluso internacional, y los avances en las técnicas de reproducción humana asistida vulneren la dignidad de la mujer gestante y del niño, mercantilizando la gestación y la filiación, "cosificando" a la mujer gestante y al niño, permitiendo a determinados intermediarios realizar negocio con ellos, posibilitando la explotación del estado de necesidad en que se encuentran mujeres jóvenes en situación de pobreza y creando una especie de "ciudadanía censitaria" en la que solo quienes disponen de elevados recursos económicos pueden establecer relaciones paterno-filiales vedadas a la mayoría de la población».

En mi opinión, no puede considerarse la posición de la legislación española *per se* sea contraria al interés superior del menor, pues no está dicho que, en principio, lo mejor para éste sea que se le reconozca la filiación, siempre respecto de los comitentes, en vez de respecto de la madre gestante, sin examinar las circunstancias del caso concreto, lo que, además, supondría

---

que debiera poder hacer hasta la completa ejecución del contrato, es decir, hasta el momento en que debiera entregar a los comitentes el hijo nacido de ella, comportando dicha disposición una violación del derecho al desarrollo de la personalidad, interpretado de conformidad con el principio de la dignidad humana y del derecho a formar una familia. También ha declarado inconstitucional el art. 15, 1.° de la Ley 32/2006, en relación con el núm. 4 del mismo precepto, en la medida en que prevé una obligación de silencio absoluto en relación a la identidad de los donantes de gametos y de embriones (en la fecundación heteróloga), además de respecto a la gestante subrogada (en caso de subrogación de maternidad), pues tal disposición implica un restricción innecesaria de los derechos a la identidad personal y al desarrollo de la personalidad de los sujetos nacidos como consecuencia de las técnicas de reproducción asistida.

9 La STS (Pleno, Sala 1.ª) núm. 835/2013, de 6 febrero (ECLI:ES:TS:2014:247). Puede también verse el fallo en *Revista Boliviana de Derecho*, núm. 18, 2014, pág. 400-419, con nota de Jiménez Muñoz, F.J., «Denegación de la inscripción de la filiación determinada por la celebración de un contrato de gestación por sustitución». *Vid.* al respecto las opiniones contrastantes de Vázquez Muiña, T., «No se puede inscribir en el Registro Civil español la filiación surgida en el extranjero mediante gestación por sustitución. Comentario a la STS de 6 de febrero de 2014», en *Actualidad Jurídica Iberoamericana*, núm. 8, 2018, págs. 80-96; y Vela Sánchez, A.J., «Los hijos nacidos de convenio de gestación por sustitución no pueden ser inscritos en el Registro Civil español (A propósito de la Sentencia del Tribunal Supremo de 6 de febrero de 2014)», en *Diario La Ley*, núm. 8279, 26 marzo 2014.

posibilitar que los jueces crearan una regla general de atribución de la filiación, contraria a la claramente establecida por el legislador, en una aplicación discutible de un concepto jurídico indeterminado, como es el interés del menor, respecto del cual no existe unanimidad.

La mencionada sentencia del Tribunal Supremo realiza interesantes consideraciones a este respecto. Dice, así, que «La cláusula general de la consideración primordial del interés superior del menor contenida en la legislación no permite al juez alcanzar cualquier resultado en la aplicación de la misma. La concreción de dicho interés del menor no debe hacerse conforme a sus personales puntos de vista, sino tomando en consideración los valores asumidos por la sociedad como propios, contenidos tanto en las reglas legales como en los principios que inspiran la legislación nacional y las convenciones internacionales»; y continúa: «La aplicación del principio de la consideración primordial del interés superior del menor ha de hacerse para interpretar y aplicar la ley y colmar sus lagunas, pero no para contrariar lo expresamente previsto en la misma. No hacerlo así podría llevar a la desvinculación del juez respecto del sistema de fuentes, que es contraria al principio de sujeción al imperio de la ley que establece el art. 117.1 de la Constitución. Hay cambios en el ordenamiento jurídico que, de ser procedentes, debe realizar el parlamento como depositario de la soberanía nacional, con un adecuado debate social y legislativo, sin que el juez pueda ni deba suplirlo».

Observa, además, que, si bien, a tenor del art. 3 de la Convención sobre los Derechos del Niño, el interés superior del menor tiene «una consideración primordial, a la que han de atender los tribunales y demás instituciones públicas y privadas en todas las medidas concernientes a los niños», ello no significa que no haya que realizar una ponderación con otros bienes jurídicos, como «el respeto a la dignidad e integridad moral de la mujer gestante, evitar la explotación del estado de necesidad en que pueden encontrarse mujeres jóvenes en situación de pobreza, o impedir la mercantilización de la gestación y de la filiación», afirmando que «la mercantilización que supone que la filiación de un menor resulte determinada, a favor de quien realiza el encargo, por la celebración de un contrato para su gestación, atenta contra la dignidad del menor al convertirlo en objeto del tráfico mercantil».

Por otro lado, hay que insistir en que, conforme al art. 10.3 de la Ley 14/2006, cabe que, siendo uno de los comitentes el padre biológico reclame la paternidad y, posteriormente su cónyuge (cualquiera que sea su sexo) lo adopte, sin necesidad de propuesta previa de la entidad pública (art. 176.2.° 2. CC), como también que pueda constituirse un acogimiento en favor de los comitentes, si existe una situación de desamparo por no ocuparse la madre gestante de su hijo.

2.2. Ajuste de la jurisprudencia interna a la emanada del Tribunal Europeo de Derechos Humanos

Con posterioridad a la sentencia comentada, el Tribunal Supremo dictó un auto[10], desestimando un incidente de nulidad de actuaciones, y en que ha considerado que la solución por él consagrada no es contraria a la jurisprudencia del Tribunal Europeos de Derechos Humanos[11], que condenó a Francia, por no permitir la inscripción en el Registro civil francés de hijos nacidos en Estados Unidos mediante gestación por sustitución con gametos del varón integrante de la pareja heterosexual comitente[12]. Observa el Tribunal Supremo que la condena al país galo se fundamenta en «la absoluta imposibilidad de que el ordenamiento jurídico francés reconozca cualquier vínculo de filiación entre los comitentes y el niño, no solamente por la imposibilidad de transcribir el acta de nacimiento norteamericana, sino también por la imposibilidad de que se reconozca la filiación biológica paterna (lo que el Tribunal de Estrasburgo considera injustificable), la filiación derivada de la posesión de estado, o la filiación por adopción por parte de los comitentes», «lo que supone una situación de incertidumbre jurídica incompatible con las exigencias del art. 8 del Convenio» de Roma [que consagra el derecho al respeto de la vida familiar, del que forma parte el derecho a la identidad].

El Tribunal de Estrasburgo —añade— «no afirma que la negativa a transcribir al Registro Civil francés las actas de nacimiento de los niños nacidos en el extranjero por gestación por subrogación infrinja el derecho al respeto de la vida privada de esos menores. Lo que afirma es que a esos niños hay que reconocerles un estatus definido, una identidad cierta en el país en el que normalmente van a vivir [...]. En el caso de España, ese estatus puede proceder del reconocimiento o establecimiento de la filiación biológica con respecto a quienes hayan proporcionado sus propios gametos para la fecun-

10 ATS (Sala 1.ª) de 2 de febrero de 2015, rec. núm. 245/2012. *Vid.* a este respecto la opinión contraria de VELA SÁNCHEZ, A.J., «Erre que erre: el Tribunal Supremo niega la inscripción de la filiación de los hijos nacidos de convenio de gestación por sustitución. A propósito del Auto del Tribunal Supremo de 2 de febrero de 2015», en *Diario La Ley*, núm. 8600, 8 septiembre 2015.

11 Sobre la materia *vid.* SÁNCHEZ HERNÁNDEZ, C., «La reproducción médica asistida en la jurisprudencia del Tribunal Europeo de Derechos Humanos: especial consideración desde la perspectiva de la seguridad jurídica», en *Revista de Derecho Privado*, núm. 4, julio-agosto 2018, pág. 39-92.

12 *Vid.* SSTEDH de 26 de junio de 2014, caso Mennesson c. Francia, rec. núm. 65192/11, y caso Labassee, rec. núm. 65941/11. La doctrina establecida por estas sentencias fue posteriormente confirmada por la STEDH de 21 de julio de 2016, caso Foulon y Bouvet c. Francia, rec. núm. 9063/14 y 10410/14, que condena a Francia por impedir sus tribunales inscribir en el Registro Civil del país las declaraciones de reconocimiento formuladas por los padres biológicos, que habían acudido a la India para poder concebir hijos, eludiendo la prohibición de la utilización de la maternidad subrogada establecida en el art. 47 del Código Civil galo.

dación, puede proceder de la adopción, y, en determinados casos, puede proceder de la posesión de estado civil, que son los criterios de determinación de la filiación que nuestro ordenamiento jurídico vigente ha considerado idóneos para proteger el interés del menor»[13].

En la actualidad, no cabe dudar de que la jurisprudencia del Tribunal Supremo se ajusta al Dictamen Consultivo del Tribunal Europeo de Derechos Humanos[14], el cual ha señalado que, reconocida la paternidad legal del padre

---

13 En cualquier caso, hay que tener en cuenta el cambio jurisprudencial sobre la materia protagonizado por el Tribunal de Estrasburgo, al resolver de manera definitiva el caso Paradiso y Campanelli c. Italia. Dicho caso tiene su origen en el nacimiento de un hijo en Rusia mediante un contrato de útero de alquiler celebrado entre la pareja comitente (los demandantes) y la sociedad Rosjurconsulting. Una vez nacido el niño, la madre gestante dio su consentimiento para que aquél fuera inscrito a nombre de los demandantes, como, efectivamente, tuvo lugar en el Registro Civil de Moscú. Los problemas surgieron cuando los «padres» pretendieron la inscripción del certificado ruso de nacimiento de su «hijo» en el Registro Civil italiano. Las autoridades administrativas y judiciales se negaron a practicar la inscripción solicitada, argumentando que el certificado era falso, pues no había vínculo de filiación alguno entre los demandantes, ya que el niño había sido concebido mediante gestación subrogada, la cual (al igual que la reproducción artificial heteróloga) es prohibida por el Derecho Italiano. Como consecuencia de ello, el niño fue puesto a cargo de los servicios sociales, considerado en estado de abandono y confiado en acogimiento, siendo declarado idóneo para la adopción.

En Sentencia de 27 de enero de 2015 la Sección 2.ª del TEDH había condenado a Italia por considerar que las actuaciones descritas atentaban contra el art. 8 del Convenio de Roma. Sin embargo, tal fallo fue revocado por la *Grande Chambre* en Sentencia de 24 de enero de 2017, rec. núm. 25358/12, que entendió que no había existido vulneración del derecho al respeto a la vida privada y familiar, con los siguientes argumentos: 1.º Consideró que no hubo violación del derecho al respecto a la «vida familiar», por entender que, en rigor, no puede entenderse que en el supuesto enjuiciado existiese una verdadera «vida familiar», teniendo en cuenta, tanto la ausencia de un vínculo biológico entre el niño y los demandantes, como la corta duración de las relaciones entre ellos: la convivencia con el hijo en Italia había sido de 6 meses, si bien la Señora Campanelli había además convivido con el niño dos meses más en Rusia. 2.º Consideró también que, si bien, las medidas denunciadas inciden sobre el derecho a la vida privada de los demandantes, no obstante, esta incidencia no constituía una injerencia ilegítima en dicho derecho, obedeciendo a una finalidad legítima, cual es el deseo de las autoridades italianas de reafirmar la exclusiva competencia del Estado para reconocer la existencia de relaciones paterno-filiales, exclusivamente, en el caso de relación biológica o de adopción legal, con el objetivo de proteger a los niños. Afirmo, además, que los Tribunales italianos había realizado una justa ponderación entre los diferentes intereses en juego, que entraba dentro del margen de apreciación de cada Estado, al constatar que la separación del niño de los demandantes no provoca a aquél daños graves o irreparables.

14 Dictamen Consultivo TEDH *(Grande Chambre)* de 10 de abril de 2019 (demanda núm. P16-2018-001).

Para la correcta comprensión de este Dictamen hay que tener en cuenta que la Sala Primera de la Corte de Casación francesa, actualmente (como consecuencia de las repetidas condenas de Francia por parte del TEDH) en cuatro sentencias de la misma fecha, permite la inscripción de la filiación paterna en el Registro Civil francés en favor del padre de intención, que, a su vez, sea padre biológico del niño y sea designado como padre legal en el certificado de nacimiento expedido en el país extranjero en el que haya tenido lugar la

de intención, que, a su vez, sea padre biológico del niño[15], el derecho al respeto a la vida privada de este último exige que el Derecho interno ofrezca también la posibilidad de establecer un vínculo de filiación respecto de la «madre de intención», que, aunque no sea la madre biológica, sin embargo, sea designada como madre legal en un certificado de nacimiento extranjero, legalmente expedido. Ahora bien, precisa que el establecimiento de la maternidad no tiene porqué realizarse a través de la inscripción en el Registro Civil nacional en base al certificado de nacimiento extranjero, sino que se puede acudir a otras vías, como es la de la adopción, siempre que se garantice la efectividad y celeridad de las mismas, de acuerdo con el interés superior del niño[16].

---

gestación subrogada. Sin embargo, no permite la inscripción de la maternidad en favor de la madre de intención, que figure como madre legal en el certificado de nacimiento extranjero, pero sí que la misma pueda adoptar al niño, siempre que esté casada con el padre biológico, se cumplan los requisitos legalmente exigidos para la adopción y la misma sea conforme al interés del menor (Corte de Casación francesa de 5 de julio de 2017, rec. núm. 15-28597, *Bull.*, 2017, I, núm. 163; rec. núm. 16-16901, *ibidem*, I, núm. 164; rec. núm. 16-50025, *ibidem*, I, núm. 164; rec. núm. 16-16455, *ibidem*, I, n. 165).

Además, hay que tener en cuenta que el Dictamen se realiza en relación al conocido caso Mennesson c. Francia, en el que el padre de intención era el padre biológico, lo que no sucedía respecto de la madre de intención. De ahí que el TEDH precise que el Dictamen, al permitir la adopción como cauce alternativo (al de la inscripción con base en el certificado extranjero de nacimiento) para el establecimiento de la maternidad, se refiere, exclusivamente, al supuesto en que la madre de intención no sea la madre biológica, sin prejuzgar cuál debiera ser la solución en el caso de que sí lo fuera.

En cualquier caso, con apoyo en el Dictamen del TEDH, el Pleno de la Corte de Casación francesa de 4 de octubre de 2019 (núm. recurso 10-19.053) ha considerado que no procede la anulación de la inscripción de nacimiento realizada en el Registro Civil francés en base a la certificación extranjera, en la que figuraba como madre legal la madre de intención (mujer del padre legal y biológico), que no era la madre biológica de las dos niñas nacidas en California mediante gestación subrogada. El argumento ha sido que, dado que el litigio planteado por el caso Mennesson se prolongaba durante 15 años, no existían otras vías que permitiesen reconocer la filiación materna en condiciones que no supusiesen una injerencia desproporcionada en el derecho al respeto a la vida privada de las menores.

Sobre la aplicación práctica de la Instrucción por parte de la DGRN, *vid*. DÍAZ FRAILE, J. M.ª, «La gestación por sustitución ante el Registro Civil Español. Evolución de la doctrina de la DGRN y de la jurisprudencia española y europea», en *Revista de Derecho civil*, vol. VI, núm. 1 (enero-marzo 2019), pág. 96-110.

15 Posibilidad ésta, claramente reconocida en el art. 10.3 de la Ley 14/2006.

16 El Dictamen ha servido de fundamento a la decisión adoptada por la STEDH (Sección 3.º) de 18 de mayo de 2021, caso Valdís Fjölnisdóttir y otros contra Islandia, demanda n. 71552/2017, que conoció del caso de dos mujeres casadas, que habían acudido a una gestación subrogada, realizada con gametos de terceros en California, como consecuencia de la cual nació un niño, que fue Registrado en el extranjero como hijo de aquellas, emitiéndose un certificado de nacimiento y un pasaporte estadounidense a su favor.

Consideró, así, legítima la denegación por parte de las autoridades islandesas de la inscripción de filiación respecto de las comitentes, solicitada con base en el certificado de nacimiento californiano, por ser posible la adopción conjunta del niño y haber existido un acogimiento provisional del mismo, que pasó a ser permanente, por lo que no existían

2.3. La posición contraria a la Ley de la Dirección General de los Registros y del Notariado: admisión de la inscripción, cuando se acompañe una resolución judicial extranjera en la que se determine la filiación del nacido

La posición contraria a la Ley de la Dirección General de los Registros y del Notariado (hoy Dirección General de Seguridad Jurídica y Fe Pública): admisión de la inscripción, cuando se acompañe una resolución judicial extranjera en la que se determine la filiación del nacido.

---

obstáculos reales y efectivos al disfrute de la vida familiar, llegándose a una solución que suponía una ponderación adecuada de aquella con la prohibición islandesa de maternidad subrogada.

También el Dictamen ha servido de fundamento a la STEDH (Sección 1.ª) de 31 de agosto de 2023, caso C. contra Italia, demanda núm. 47196/2021. En el origen del litigio se halla la decisión de las autoridades italianas de no reconocer la filiación de un niño nacido en Ucrania a través de maternidad subrogada. En este caso, no obstante, se había denegado la inscripción de la filiación, tanto respecto del padre de intención, que también lo era biológicamente, como respecto de la madre de intención, que no lo era biológicamente.

La sentencia recuerda la doctrina de que el art. 8 del Convenio de Roma exige que el Derecho interno ofrezca la posibilidad del reconocimiento de la relación de filiación, cuando el padre de intención también sea el padre biológico, motivo por el que condena a Italia, constatando que el niño había estado durante cuatros años sin relación de filiación alguna y sin la nacionalidad italiana (en situación de apátrida). Sin embargo, recuerda igualmente que la elección de los medios para permitir el reconocimiento de la relación entre un niño y un padre de intención (no biológico) entra dentro del margen de apreciación del Estado, siempre que no tenga lugar en un plazo de tiempo excesivo, considerando que la negativa de Italia a inscribir automáticamente la filiación respecto de la madre de intención, que no era madre biológica, no vulneraba el art. 8 del Convenio, en tanto que el Estado posibilitaba el establecimiento de la filiación a través de la adopción.

Desde otra perspectiva, el Dictamen ha servido de base a la STEDH (Sección 3.ª) de 22 de noviembre de 2022, caso D.B. y otros contra Suiza, demanda núm. 58817/2015, la cual ha condenado al estado suizo por violación del derecho a la vida familiar de un niño nacido en California mediante maternidad subrogada. En este caso, se trataba de un niño concebido con los gametos de uno de los integrantes de la pareja comitente, que formaban una unión de hecho registrada de personas del mismo sexo. El Estado reconoció la paternidad del padre biológico, pero no la del padre de intención, al estar prohibida en Suiza la gestación por sustitución. Se daba, además, la circunstancia de que hasta 2018 el estado suizo sólo permitía la adopción por parejas casadas, no por integrantes de uniones de hecho registradas. La sentencia observa que durante casi 7 años y ocho meses (la adopción tendría lugar en 2018, mientras que la pretensión de reconocimiento de la filiación se había planteado en 2011) el niño no había tenido ninguna posibilidad de establecer un relación de filiación con el padre de intención, de manera definitiva, y que tal lapso de tiempo no es compatible con el interés superior del menor, en la medida en que puede situarle en una situación de incertidumbre jurídica en cuanto a su identidad en la sociedad y privarle de la posibilidad de vivir y desarrollarse en un entorno estable.

No obstante lo dicho, la Instrucción de la DGRN de 5 de octubre de 2010 mantiene una discutible posición sobre la materia[17].

a) En su directriz segunda, afirma que: «En ningún caso se admitirá como título apto para la inscripción del nacimiento y filiación del nacido, una certificación registral extranjera o la simple declaración, acompañada de certificación médica relativa al nacimiento del menor en la que no conste la identidad de la madre gestante».

Por lo tanto, se abandona la posición mantenida por la RDGRN 18 febrero 2009, que, en el supuesto anteriormente mencionado (los dos varones que habían viajado a California para poder acceder a la gestación por sustitución), había admitido la posibilidad de inscribir la filiación de los hijos nacidos mediante gestación por sustitución a través de un mero certificado registral de nacimiento (expedido por las autoridades californianas), lo que, por lo tanto, ya no será posible.

b) Por el contrario, sí que admite la inscripción en los Registros civiles consulares de los hijos nacidos mediante gestación por sustitución, cuando, al menos, uno de los solicitantes sea español y se presente ante el encargado del Registro una resolución judicial, dictada en el país de origen.

En su directriz primera dice, así, que: «La inscripción de nacimiento de un menor, nacido en el extranjero como consecuencia de técnicas de gestación por sustitución, sólo podrá realizarse presentando, junto a la solicitud de ins-

17 La Instrucción de 5 de octubre de 2010 sigue en vigor, en toda su extensión. La DGRN dictó la Instrucción de 14 de febrero de 2019, sobre actualización del régimen registral de la filiación de los nacidos mediante gestación por sustitución, que pretendía solucionar el problema que surge cuando en el país extranjero en el que se realiza la gestación subrogada no queda determinada por sentencia judicial la filiación del hijo respecto de los comitentes. Admitía, así (siempre que en la certificación registral extranjera o en la declaración y certificación médica del nacimiento del menor constara la identidad de la gestante), la determinación de la filiación paterna mediante el reconocimiento legal por parte del padre español comitente, acompañada de prueba biológica de su paternidad (ADN), y que, posteriormente, la madre comitente adoptara al menor (siempre que hubiera existido renuncia de la madre gestante, después del nacimiento). No obstante, la Instrucción, ni siquiera fue publicada en el BOE, siendo dejada sin efecto, cuatro días después, por la posterior Instrucción DGRN de 18 de febrero de 2019. Vid. sobre la cuestión Andreu Martínez, M.ª B., «Una nueva vuelta de tuerca en la inscripción de los hijos nacidos mediante gestación subrogada en el extranjero: la Instrucción de la DGRN de 18 de febrero de 2019», en *Actualidad Jurídica Iberoamericana*, núm. 10 bis, junio 2019, págs. 64-85; Muñoz Rodrigo, G., «La filiación y la gestación por sustitución: a propósito de las Instrucciones de la DGRN de 14 y 18 de febrero de 2019», *Ibidem*, núm. 10 bis, junio 2019, págs. 722-735; Vela Sánchez, A.J., «Análisis estupefacto de la Instrucción de la DGRN de 18 de febrero de 2019, sobre actualización del régimen registral de la filiación de los nacidos mediante gestación por sustitución», en *Diario La Ley*, núm. 9453, 10 julio 2019.

cripción, la resolución judicial dictada por Tribunal competente en la que se determine la filiación del nacido» (párrafo primero)[18].

Por consiguiente, la atribución de la filiación de los nacidos mediante gestación por sustitución debe basarse en una previa resolución judicial, que (salvo que resulte de aplicación un Convenio Internacional) habrá de ser objeto de exequátur, conforme al procedimiento establecido en los arts. 52 y ss. de la Ley 29/2015, de 30 de julio, de cooperación jurídica internacional en materia civil)[19].

A mi parecer, la solución propuesta por la Instrucción no es correcta[20], porque, en definitiva, está creando una regla general que presta cobertura admi-

18 La razón de este requisito se explica de la siguiente manera: «La exigencia de resolución judicial en el país de origen tiene la finalidad de controlar el cumplimiento de los requisitos de perfección y contenido del contrato respecto del marco legal del país donde se ha formalizado, así como la protección de los intereses del menor y de la madre gestante. En especial, permite constatar la plena capacidad jurídica y de obrar de la mujer gestante, la eficacia legal del consentimiento prestado por no haber incurrido en error sobre las consecuencias y alcance del mismo, ni haber sido sometida a engaño, violencia o coacción o la eventual previsión y/o posterior respeto a la facultad de revocación del consentimiento o cualesquiera otros requisitos previstos en la normativa legal del país de origen. Igualmente, permite verificar que no existe simulación en el contrato de gestación por sustitución que encubra el tráfico internacional de menores».

19 Así lo exige, como regla general, la directriz primera de la Instrucción, según la cual: «Para proceder a la inscripción de nacimiento deberá presentarse ante el Registro Civil español, la solicitud de la inscripción y el auto judicial que ponga fin al mencionado procedimiento de exequátur» (párrafo segundo).
Sin embargo, la misma directriz, en su párrafo tercero, establece que no será necesario acudir al procedimiento de exequátur, cuando la resolución judicial extranjera «tuviera su origen en un procedimiento análogo a uno español de jurisdicción voluntaria», disponiendo que, en tal caso, «el encargado del Registro Civil controlará incidentalmente, como requisito previo a su inscripción, si tal resolución judicial puede ser reconocida en España».
En este mero control incidental —continúa la Instrucción— el encargado «deberá constatar: a) La regularidad y autenticidad formal de la resolución judicial extranjera y de cualesquiera otros documentos que se hubieran presentado. b) Que el Tribunal de origen hubiera basado su competencia judicial internacional en criterios equivalentes a los contemplados en la legislación española. c) Que se hubiesen garantizado los derechos procesales de las partes, en particular, de la madre gestante. d) Que no se ha producido una vulneración del interés superior del menor y de los derechos de la madre gestante. En especial, deberá verificar que el consentimiento de esta última se ha obtenido de forma libre y voluntaria, sin incurrir en error, dolo o violencia y que tiene capacidad natural suficiente. e) Que la resolución judicial es firme y que los consentimientos prestados son irrevocables, o bien, si estuvieran sujetos a un plazo de revocabilidad conforme a la legislación extranjera aplicable, que éste hubiera transcurrido, sin que quien tenga reconocida facultad de revocación, la hubiera ejercitado».

20 La doctrina de la Dirección General de los Registros y del Notariado ha sido objeto de críticas generalizadas por parte de los civilistas; y no sólo de los que están claramente en contra de la admisión de la validez del contrato de maternidad subrogada, como es el caso de Corral García, E., «El derecho», cit., págs. 48-49, sino también de los que están en favor de admitir su validez legal, negando que el recurso al principio del interés superior del

nistrativa a un «turismo reproductivo», el cual trata de eludir la aplicación de un precepto legal (el art. 10.1 de la Ley Orgánica 14/2006), que, claramente, establece la nulidad del contrato de gestación por sustitución, norma ésta, que creo que debe ser considerada de orden público; y ello, en la medida en que responde al principio, común en los países de la Europa continental, de que no pueden ser objeto de tráfico jurídico las facultades reproductivas y de gestación de la mujer.

Podría replicarse que en la actualidad la idea de «orden público atenuado» permite reconocer ciertos efectos jurídicos en España a instituciones desconocidas en nuestro Derecho. Esta idea ha posibilitado, por ejemplo, que, existiendo varias mujeres unidas a un único varón, el matrimonio pueda ser tenido en cuenta en orden a la percepción de una pensión de viudedad; o que un acogimiento constituido judicialmente en un país islámico pueda dar lugar a un reagrupamiento familiar (siendo equiparado a una tutela dativa). Sin embargo, en estos casos, no se admite la recepción sustantiva de la institución misma, es decir, no se permite la inscripción de un matrimonio en el que los cónyuges sean más de dos personas, como tampoco la inscripción como adopción de un acogimiento de carácter islámico (que en el país de origen no genera una relación de filiación). Creo que en el supuesto que nos ocupa, sucede algo semejante: no es que la Instrucción pretenda atribuir ciertos efectos jurídicos a una institución prohibida por el Derecho español, sino que está proponiendo la recepción sustantiva de la misma, lo que no parece admisible[21].

III. La reiteración por parte del Tribunal Supremo de la contrariedad al orden público de la gestación por sustitución de carácter comercial

El Tribual Supremo[22] ha ratificado la doctrina de que la gestación por sustitución comercial (que era la contemplada en el caso enjuiciado) es contraria

---

menor puede llevar a soluciones contrarias al orden público español y propiciar un claro fraude de ley. *Vid.* así Vela Sánchez, A.J., «El interés superior del menor como fundamento de la incorporación de la filiación derivada del convenio de gestación por encargo», en *Diario La Ley*, núm. 8162, 3 octubre 2013. A favor, en cambio, se muestra un sector de la doctrina iusinternacionalista, de la que, por ejemplo, son exponentes Calvo Caravaca, A. L. y Carrascosa González, J., «Gestación por sustitución y Derecho Internacional Privado: consideraciones en torno a la Resolución de la Dirección General de los Registros y del Notariado de 18 de febrero de 2009», en *Cuadernos de Derecho Transaccional* (octubre 2009), vol. 1, núm. 2, pág. 319.

21 La situación creada por la Instrucción de la DGRN de 5 de octubre de 2010, en total oposición a la jurisprudencia del TS es calificada, con razón, por Cervilla Garzón, M.ª D., «Gestación subrogada y dignidad de la mujer», en *Actualidad Jurídica Iberoamericana*, núm. 9, 2019, pág. 35, como «esquizofrénica».

22 STS (Pleno, Sala 1.ª) núm. 277/2022, de 31 de marzo (ECLI:ES:TS:2022:1153).

al orden público, «vulnerando gravemente los derechos fundamentales reconocidos en nuestra Constitución y en los convenios internacionales sobre derechos humanos en los que España es parte»[23]. Dice, así, que, «Tanto la madre gestante como el niño a gestar son tratados como meros objetos, no como personas dotadas de la dignidad propia de su condición de seres humanos y de los derechos fundamentales inherentes a esa dignidad», y más adelante: «En definitiva, el futuro niño, al que se priva del derecho a conocer sus orígenes, se cosifica pues se le concibe como el objeto del contrato, que la gestante se obliga a entregar a la comitente»[24]; e, igualmente, constata

23 Invoca, en particular, el art. 2 a) del Protocolo Facultativo de la Convención sobre los Derechos del Niño, en el que se define la venta de niños (proscrita por el art. 35 de la Convención) como «todo acto o transacción en virtud del cual un niño es transferido por una persona o grupo de personas a otra a cambio de remuneración o de cualquier otra retribución», así como el Informe de la Relatora Especial ante la Asamblea General de la ONU, de 15 de enero de 2018, según el cual «la gestación por sustitución comercial entra de lleno» en dicha definición, cuando concurren tres elementos: a) la «remuneración o cualquier otra retribución»; b) «el traslado del niño (de la mujer que lo ha gestado y parido a los comitentes)»; y c) «el intercambio de a) por b) (pago por la entrega del niño)»; precisando que «La entrega a que se obliga la madre gestante no tiene que ser necesariamente actual (esto es, de un niño ya nacido), puede ser futura, como ocurre en el contrato de gestación por sustitución».

24 Estoy de acuerdo con el perjuicio que para el niño nacido como consecuencia de una maternidad subrogada supone no poder conocer sus orígenes biológicos, pero, en realidad, este daño lo sufre en toda reproducción asistida realizada conforme a la legislación española, que no tenga carácter homólogo.
Conforme a la Ley 14/2006, «La donación será anónima y deberá garantizarse la confidencialidad de los datos de identidad de los donantes» (art. 5.5.I), si bien los hijos nacidos mediante el uso de estas técnicas, así como también las usuarias de las mismas, tendrán derecho «a obtener información general de los donantes que no incluya su identidad», lo que se explica por motivos terapéuticos (art. 5.5.II). «Solo excepcionalmente, en circunstancias extraordinarias que comporten un peligro cierto para la vida o la salud del hijo o cuando proceda con arreglo a las Leyes procesales penales, podrá revelarse la identidad de los donantes, siempre que dicha revelación sea indispensable para evitar el peligro o para conseguir el fin legal propuesto. Dicha revelación tendrá carácter restringido y no implicará en ningún caso publicidad de la identidad de los donantes» (art. 5.5.III).
La STC 116/1999, de 17 de junio (RTC 1999,116), ha considerado que el carácter anónimo de la donación no es contrario al principio de libre investigación de la paternidad, que consagra el art. 39 CE. Dice, así, que «la Constitución ordena al legislador que "posibilite" la investigación de la paternidad, lo que no significa la existencia de un derecho incondicionado de los ciudadanos que tenga por objeto la averiguación, en todo caso, y al margen de la concurrencia de causas justificativas que lo desaconsejen, de la identidad de su progenitor». Añade que «la acción de reclamación o de investigación de la paternidad se orienta a constituir, entre los sujetos afectados, un vínculo jurídico comprensivo de derechos y obligaciones recíprocos, integrantes de la denominada relación paterno-filial, siendo así que la revelación de la identidad de quién es progenitor a través de las técnicas de procreación artificial no se ordena en modo alguno a la constitución de tal vínculo jurídico, sino a una mera determinación identificativa del sujeto donante de los gametos origen de la donación, lo que sitúa la eventual reclamación, con este concepto y limitado, alcance en un ámbito distinto al de la acción investigadora que trae causa de lo dispuesto en el art. 39.2 de la Constitución». Por último, el Tribunal Constitucional se refiere a la

que, «Para que el contrato llegue a buen término, se imponen a la gestante unas limitaciones de su autonomía personal y de su integridad física y moral incompatibles con la dignidad de todo ser humano»[25].

---

necesidad de asegurar el derecho a la intimidad del donante, a fin de «favorecer el acceso a estas técnicas de reproducción humana artificial» y a que, en caso de no existir el anonimato, «puede resultar especialmente dificultoso obtener el material genético para llevarlas a cabo».

En mi opinión, el alcance que el Tribunal Constitucional atribuye a la acción de investigación de la paternidad es excesivamente restringido, al considerarla, exclusivamente, como un medio para determinar la relación paterno-filial, ignorando la extraordinaria importancia que el conocimiento de los orígenes biológicos de una persona puede tener en orden a la determinación de su identidad como ser humano individual; y parece conciliarse mal con el tenor del artículo 7 del Convenio internacional relativo a los derechos del niño, de 20 de noviembre de 1989, conforme al cual aquel, desde el momento de su nacimiento, tiene derecho, en la medida de lo posible, a conocer a sus padres.

Consagra, además, una solución que parece discordante con el vigente art. 180.6 CC (su redacción actual se debe a la Ley 19/2015, de 13 de julio), «Las personas adoptadas, alcanzada la mayoría de edad o durante su minoría de edad a través de sus representantes legales, tendrán derecho a conocer los datos sobre sus orígenes biológicos».

Me parece, en definitiva que los poderes públicos debieran posibilitar que los hijos nacidos mediante el uso de las técnicas de reproducción asistida, al llegar a la mayoría de edad, pudieran identificar a sus padres biológicos, lo que, ciertamente, acabaría con el anonimato del donante, pero no tendría por qué implicar el establecimiento de una nueva relación paterno-filial, ya que se trataría, tan solo, de permitir que una persona pudiera llegar a conocer un aspecto tan esencial de su propia vida privada, como son sus orígenes biológicos.

25 Pese a su longitud, me parece conveniente trascribir las consideraciones que realiza la sentencia, recogiendo algunas cláusulas del contrato de gestación subrogada firmado por la comitente con una sociedad mexicana: «La madre gestante se obliga desde el principio a entregar al niño que va a gestar y renuncia antes del parto, incluso antes de la concepción, a cualquier derecho derivado de su maternidad. Se obliga a someterse a tratamientos médicos que ponen en riesgo su salud y que entrañan riesgos adicionales a las gestaciones resultantes de una relación sexual ("tantas transferencias embrionarias como sean necesarias", "llevar a cabo hasta las transferencias de 3 (tres) embriones por cada ciclo de reproducción asistida", "tomar medicamentos para el ciclo de transferencia de embriones por vía oral, por inyección o intravaginal en horarios específicos durante periodos prolongados de tiempo"). La madre gestante renuncia a su derecho a la intimidad y confidencialidad médica ("la gestante sustituta, mediante la firma del presente contrato, renuncia a todos los derechos de confidencialidad médica y psicológica, permitiendo a los especialistas que la evaluarán, compartir dichos resultados con la futura madre" "la gestante sustituta acepta que la futura madre o un representante que la sociedad mercantil México Subrogacy S. de R.L. de C.V. designe, esté presente en todas las citas médicas relacionadas con el embarazo", 'la futura madre puede estar presente en el momento del nacimiento del niño"). Se regulan por contrato cuestiones como la interrupción del embarazo o la reducción embrionaria, cómo será el parto (por cesárea, "salvo que el médico tratante recomiende que sea un parto vaginal"), qué puede comer o beber la gestante, se fijan sus hábitos de vida, se le prohíben las relaciones sexuales, se le restringe la libertad de movimiento y de residencia, de modo más intenso según avanza el embarazo, prohibiéndole salir de la ciudad donde reside o cambiar de domicilio salvo autorización expresa de la futura madre, hasta recluirla en una concreta localidad distinta de la de su residencia en la última fase del embarazo. La madre gestante se obliga "a someterse a

Hay que observar que, en el caso resuelto, no se pretendía[26] el reconocimiento en España de un acto de una autoridad extranjera. La demanda origen del procedimiento había sido interpuesta por el padre de una mujer, que había sido reconocida en México como madre legal de un niño nacido mediante sustitución por gestación. En ella, con apoyo en el art. 131.I CC, se pretendía que se reconociera la maternidad de la hija por posesión de estado, ya que el niño había convivido dos años con ella, habiéndolo tratado como hijo durante este período, argumentándose, además, que no era posible acudir a la adopción, por existir una diferencia de edad superior a los 45 años entre ellos.

El Tribunal Supremo pone de manifiesto la falta de legitimación activa del padre del comitente para ejercitar la acción, pues la filiación reclamada se oponía a otra legalmente determinada, esto es, a la de la madre gestante, a tenor del art. 10.2 de la Ley 14/2016 (aplicable, conforme al art. 9.4 CC). Pero su argumentación va más allá, puesto que en la demanda se había invocado también el interés superior del menor y en la sentencia recurrida se había estimado aquélla, haciéndose referencia al interés del niño a «no mudar la naturaleza del modelo familiar en que vive».

Toma en consideración el interés superior del niño, pero niega que el mismo deba llevar a un reconocimiento directo de la relación de filiación en un proceso iniciado por quien carecía de legitimación activa para instarlo. Indica que la vía por la que debe tener lugar el establecimiento de la relación de filiación es la de la adopción; y es en este ámbito, en el que debe apreciarse el interés superior del niño, dándose relevancia a la relación familiar de hecho que mantiene con la comitente, en orden a acreditar con «prontitud» el requisito de su idoneidad para la adopción, e, incluso, suprimiéndose dicho requisito por aplicación del núm. 3.º del art. 176.2 CC (al haber existido una guarda de hecho por un tiempo superior a 1 año). Respecto de la cuestión de la diferencia de edad entre el menor y comitente, afirma que no se trata de un «obstáculo excesivo, habida cuenta de que la diferencia máxima de 45 años entre adoptante y adoptado prevista en la normativa reguladora de la adopción no tiene un carácter absoluto» (no es necesario, según el art. 175.1 CC, en los casos previstos en el artículo 176.2 CC), «tanto más cuando los hechos fijados por la Audiencia Provincial revelan la integración del menor en el núcleo familiar y los cuidados de que es objeto desde hace varios años».

---

pruebas al azar sin aviso previo de detección de drogas, alcoholo tabaco según la petición de la futura madre". Y, finalmente, se atribuye a la comitente la decisión sobre si la madre gestante debe seguir o no con vida en caso de que sufriera alguna enfermedad o lesión potencialmente mortal».

26 A diferencia del contemplado en la ya citada STS (Pleno, Sala 1.ª) núm. 835/2013, de 6 febrero (ECLI:ES:TS:2014:247)

Concluye, afirmando que «Esta solución satisface el interés superior del menor, valorado in concreto», «pero a la vez intenta salvaguardar los derechos fundamentales», «como son los derechos de las madres gestantes y de los niños en general», «que resultarían gravemente lesionados si se potenciara la práctica de la gestación subrogada comercial porque se facilitara la actuación de las agencias de intermediación en la gestación por sustitución, en caso de que estas pudieran asegurar a sus potenciales clientes el reconocimiento casi automático en España de la filiación resultante del contrato de gestación subrogada, pese a la vulneración de los derechos de las madres gestantes y de los propios niños, tratados como simples mercancías y sin siquiera comprobarse la idoneidad de los comitentes para ser reconocidos como titulares de la patria potestad del menor nacido de este tipo de gestaciones»[27].

IV. Maternidad subrogada y posesión de estado

Recientemente, el Tribunal Supremo[28] ha abordado la relación entre la maternidad subrogada y la posesión de estado.

Se trata de un conocido caso mediático que enfrentaba a un popular cantante, con quien había sido su pareja sentimental. Ambos habían acudido a la maternidad subrogada, aunque, en procesos de reproducción asistida diversos, como consecuencia de los cuales habían nacido, con siete meses de diferencia, dos niños con material biológico del cantante, y otros dos, con material biológico de su expareja. La filiación de los hijos se había inscrito, exclusivamente, respecto de sus respectivos padres biológicos.

27 Esta sentencia, que esperemos sirva para hacer reflexionar a la DGSJFP, se encuentra en la línea marcada por el citado Dictamen Consultivo TEDH *(Grande Chambre)*, de 10 de abril de 2019 (demanda núm. P16-2018-001), que —como he dicho— ha señalado que el establecimiento de la maternidad no tiene porqué realizarse a través de la inscripción en el Registro Civil nacional en base al certificado de nacimiento extranjero, sino que se puede acudir a otras vías, como es la de la adopción, siempre que se garantice la efectividad y celeridad de las mismas, de acuerdo con el interés superior del niño.
Esta es precisamente, la vía seguida por la reciente STC (Pleno) núm. 28/2024 de 27 febrero (ECLI:ES:TC:2024:28), en relación con un menor nacido en Ucrania, que figuraba en la inscripción de nacimiento del Registro Civil Consular de la Embajada de España en Kiev como hijo del padre comitente, revocando la resolución recurrida, que, contra el parecer del juzgado de primera instancia, había denegado la adopción del menor por parte de la mujer del padre. El TC afirma que la prolongación de la situación de inseguridad jurídica a la que se ha visto sometido el menor obliga a anular la resolución impugnada, «quedando firme la dictada por el juzgado de primera instancia [...], que acordó constituir el vínculo adoptivo entre la demandante de amparo y el menor [...], tras realizar una ponderación constitucionalmente adecuada de los intereses en litigio y verificar el cumplimiento de los requisitos legalmente exigidos para la adopción».

28 STS (Sala 1.ª) núm. 754/2023, de 16 de mayo (ECLI:ES:TS:2023:1958).

En el origen del litigio se encuentra una doble acción de paternidad, ejercitada por la expareja del artista, para que se determinase: de una parte, que el propio demandante «es el padre no matrimonial de los dos hijos biológicos de quien fue su pareja masculina, y cuya paternidad está inscrita en el Registro Civil»; de otra que «su expareja es el padre no matrimonial de los dos hijos biológicos del propio demandante, cuya paternidad está inscrita en el Registro Civil».

La demanda fue desestimada en las dos instancias, así como el recurso de casación[29].

En el recurso, el demandante-recurrente pretendía que se declarase la paternidad de cada uno de los litigantes respecto de los hijos biológicos del otro, por posesión de estado, sosteniendo que «de la convivencia como hermanos de los hijos de los litigantes, que nacieron con siete meses de diferencia, resulta una posesión de estado que debería consolidarse mediante la determinación judicial de las paternidades que se reclaman y, de esta forma mantener, en interés de los niños, la situación fáctica creada de equiparación de todos los niños».

---

29 La sentencia recurrida había confirmado la desestimación de la demanda con los siguientes argumentos, sintetizados por el TS: «La Audiencia, sintéticamente, ha partido de que, de haberlo querido las partes, hubieran accedido conjuntamente a la gestación de sustitución, de modo que conforme al derecho del país en el que se contrató la gestación y tuvo lugar el nacimiento, se hubiera obtenido un certificado y/o una resolución judicial que declarara la doble paternidad; cabe pensar que, puesto que el nacimiento de los niños tuvo lugar después de la publicación de la Instrucción de la Dirección General de los Registros y del Notariado de 5 de octubre de 2010 (a pesar de su dudoso valor normativo y su manifiesta contradicción con la jurisprudencia de esta sala) se hubiera podido lograr en la práctica la inscripción de los niños como hijos de los dos comitentes. De acuerdo con la sentencia de esta sala 835/2013, de 6 de febrero de 2014, en casos semejantes, tal resultado se hubiera podido alcanzar mediante los mecanismos legalmente establecidos (tras la reclamación de la paternidad por el padre biológico, la adopción por el otro permitiría la formalización jurídica de la integración real de los menores en el núcleo familiar). La sentencia recurrida también apunta a que tampoco se instó la adopción».
Para entender este razonamiento, hay que recordar dos cosas.
En primer lugar, que, como ya se ha dicho, a pesar de la clara contradicción de la maternidad subrogada con el orden público, del que es expresión el art. 10.1 de la Ley 4/2006, de 26 de mayo, sobre técnicas de reproducción humana asistida, («Será nulo de pleno derecho el contrato por el que se convenga la gestación, con o sin precio, a cargo de una mujer que renuncia a la filiación materna a favor del contratante o de un tercero»), la Instrucción de la (anteriormente denominada) Dirección General de los Registros y del Notariado de 5 de octubre de 2010, mantiene una discutible posición sobre la materia, que la propia sentencia comentada considera de «dudoso valor normativo» y en «manifiesta contradicción con la jurisprudencia», permitiendo «La inscripción de nacimiento de un menor, nacido en el extranjero como consecuencia de técnicas de gestación por sustitución», «presentando, junto a la solicitud de inscripción, la resolución judicial dictada por Tribunal competente en la que se determine la filiación del nacido».

Esta pretensión hay que enmarcarla en el contexto de una doctrina jurisprudencial, que ha atribuido a la posesión de estado una función, que nunca debió de habérsele asignado.

Dicha doctrina jurisprudencial se explica porque, en orden a la determinación de la filiación, la Ley 14/2006 no contempla el supuesto de que la mujer que conviva de hecho con la usuaria de las técnicas hubiera consentido, previamente, que ésta se sometiera a las técnicas de reproducción asistida. No contiene, en efecto, una previsión semejante a la recogida en el art. 8.2 de la Ley, respecto del conviviente varón, a tenor del cual «Se considera escrito indubitado a los efectos previstos en el apartado 8 del artículo 44 de la Ley 20/2011, de 21 de julio, del Registro Civil el documento extendido ante el centro o servicio autorizado en el que se refleje el consentimiento a la fecundación con contribución de donante prestado por varón no casado con anterioridad a la utilización de las técnicas».

La ausencia de previsión legal ha querido ser compensada por la jurisprudencia, reconociendo que el consentimiento de la conviviente (de darse) pueda ser considerado como un indicio de posesión de estado, en orden a la reclamación de la maternidad, *ex* art. 131, lo que, a mi parecer, desnaturaliza la figura de la posesión de estado, que es una situación de hecho, dada la cual es posible presumir que quien es tratado como hijo, biológicamente, lo es; y, de ahí que el art. 113 CC le atribuya el carácter de título de determinación subsidiario de una filiación que se considera probable. Por ello, por definición, no existe posesión de estado (en el sentido del art. 113 CC), cuando, como sucede en el caso de uniones del mismo sexo, la filiación que se reclama es claramente contradicha por la verdad biológica, la cual permite establecer, con absoluta certeza, que quien pretende ser progenitor, claramente, no lo es.

En segundo lugar, que, como también se ha expuesto, según consolidada jurisprudencia del TS, con apoyo en el art. 10 de la Ley 4/2006, si bien no es posible la inscripción automática de la filiación que tenga su origen en una maternidad subrogada en un país extranjero donde dicha práctica sea legal, una vez reconocida en España la paternidad del padre biológico, cabe que el otro progenitor de intención (pareja de aquél) pueda adoptar al menor, sin necesidad de propuesta previa de la administración pública [SSTS núm. 835/2013, de 6 febrero (ECLI:ES:TS:2014:247), y núm. 277/2022, de 31 de marzo (ECLI:ES:TS:2022:1153)].

En el presente caso, no se acudió a ninguno de los dos expedientes (solicitud de la inscripción registral, aunque parece que no existía sentencia extranjera de reconocimiento de la filiación, ni a la adopción), con el fin de constituir una relación de filiación entre los hijos y el compañero sentimental del respectivo padre biológico.

En cualquier caso, es posible distinguir una clara evolución en esta doctrina jurisprudencial (de expansiva a restrictiva), que ha ido progresivamente reduciendo su alcance[30].

30 Podemos hablar de una primera fase expansiva, iniciada por la STS (Sala 1.ª) núm. 740/2013, de 5 de diciembre (ECLI:ES:TS:2013:5765), que admitió que el consentimiento de la conviviente pudiera ser considerado como un indicio de posesión de estado, en orden a la reclamación de la maternidad, ex art. 131 CC. Concretamente, confirmó una sentencia, que había admitido la reclamación de filiación por posesión de estado presentada por el excónyuge de la madre (contra la oposición de esta), entendiendo que el consentimiento prestado a la inseminación artificial por las entonces convivientes (antes de casarse) era «de particular significación porque constituye la voluntad libre y manifestada por ambas litigantes del deseo de ser progenitoras mediante consentimiento expreso, hasta el punto de que en casos como este dicho consentimiento debe ser apreciado aunque la posesión de estado hubiera sido escasa o no suficientemente acreditada como de ordinario se exige». En cualquier caso, la sentencia recurrida había afirmado que la posesión de estado se deducía también de las actuaciones judiciales llevadas a cabo por la demandante para mantener contacto con las menores (había pedido el establecimiento de un régimen de vistas a su favor y había iniciado un procedimiento de adopción). Había valorado también declaraciones testificales en las que se afirmaba que durante un año la demandante había compartido su vida con las menores «en calidad de madre, hasta que la ruptura de la pareja produce también la ruptura de la relación con las niñas».
Posteriormente, la STS (Pleno, Sala 1.ª) núm. 836/2013, de 15 de enero (ECLI:ES:TS:2014:608), confirmó la posibilidad de que pudiera prosperar la acción de reclamación de la maternidad del hijo concebido con el consentimiento de la conviviente de la usuaria, basada en la posesión de estado. Dice, así, que «los consentimientos prestados con ocasión del empleo de las técnicas de reproducción asistida, claramente acreditados de los hechos obrantes y que llevó a la madre biológica a poner como segundo nombre del niño el primer apellido de su pareja, como antecedente o causa de la filiación reclamada, integran y refuerzan la posesión de estado de la mujer homosexual tanto en el plano de su función legitimadora del ejercicio de la acción, como en su faceta de medio de prueba de la filiación reclamada». Más adelante, añade: «En efecto, en el presente caso, probado el propósito común de ambas mujeres para recurrir a la técnica de reproducción asistida, así como la existencia de una posterior unidad familiar entre las dos convivientes y el hijo biológico de una de ellas, el consentimiento prestado en su momento, por la conviviente que no es la madre biológica del menor, vino investido por un claro interés moral o familiar plenamente legitimado en su aspiración de ser madre, cuya efectividad depende, precisamente, del éxito de la acción entablada».
Sin embargo, la STS (Sala 1.ª) núm. 45/2022, de 27 de enero (ECLI:ES:TS:2022:243), vino a matizar el alcance de esta orientación jurisprudencial. En el caso por ella resuelto, había mediado también el consentimiento de la conviviente de la usuaria para que esta se sometiera a una inseminación artificial, como consecuencia de la cual nació un niño, que fue inscrito como hijo extramatrimonial de la madre. Posteriormente, ambas se casaron, pero se separaron en el mismo año de la celebración del matrimonio, marchándose la madre con su hijo a casa de sus padres. Un año después de la separación de hecho se divorciaron, mediante una sentencia que fue dictada en rebeldía de la cónyuge de la madre, quien dos años después interpuso demanda de reclamación de maternidad por posesión de estado, la cual fue estimada en las dos instancias.
No obstante, interpuesto recurso de casación por la madre, el mismo fue estimado por el TS, que realiza dos importantes precisiones.
La primera, que la mera «prestación de consentimiento en la clínica» no determina la posesión de estado, pues la misma exige «hechos públicos repetidos y encadenados de los

La sentencia comentada se enmarca en la última tendencia restrictiva de

que resulte el goce público de una relación de filiación», lo que no acontecía en el caso examinado: constata, así, la brevedad del «tiempo de convivencia transcurrido desde el nacimiento del niño hasta la separación de las dos mujeres», lo que, unido «a las circunstancias concurrentes», hace que no pueda considerarse que dicha convivencia tenga «entidad suficiente para conformar una relación de maternidad vivida»; se refiere también a los actos posteriores a la ruptura, afirmando que, tras «la separación, la relación se ha limitado a contactos esporádicos, más propios de la amistad con la madre, con quien tiempo después del divorcio la demandante quiso recuperar la relación a la que había puesto fin, que con una relación de maternidad con el niño»; además, no intentó «solicitar medidas personales y patrimoniales respecto del niño en el procedimiento de divorcio, lo que permite cuestionar la constancia y continuidad en la relación».

La segunda de las precisiones tiene que ver con el principio del interés superior del menor. Dice, así, que la sentencia recurrida «da por supuesto que el superior interés del menor queda tutelado por el hecho de que, como consecuencia de la estimación de la demanda, el cumplimiento de los deberes inherentes a la patria potestad recaería en dos personas». «Sin embargo —añade—, no es esa una valoración correcta del interés del menor que conduzca a la estimación de una reclamación de maternidad, porque desde ese punto de vista todas las acciones de reclamación de paternidad y maternidad respecto de menores deberían ser estimadas, aunque no se dieran sus presupuestos legales y jurisprudenciales». Afirma que el mencionado principio solo puede invocarse para «preservar la unidad y estabilidad familiar derivadas de una relación materno filial»; y, que, «En el presente caso no se da esa situación ni se ve el beneficio que reportaría para la estabilidad personal y familiar del niño la creación por sentencia de una relación jurídica que no se basa en un vínculo biológico y que no preserva una continuada y vivida relación materno filial de la demandante con el niño, que desde hace años es cuidado exclusivamente por su madre».

Es también restrictiva la STS (Sala 1.ª), núm. 558/2022, de 11 julio (ECLI:ES:TS:2022:3002), que, revocando la recurrida, ha desestimado la demanda de reconocimiento de la maternidad de la antigua conviviente de la usuaria, basada en una pretendida posesión de estado. En este caso, la demandante no había prestado el consentimiento para que su compañera acudiera a las técnicas de reproducción asistida, se había interrumpido la convivencia entre ellas cuando el niño tenía ocho meses y, aunque posteriormente tuvieron una relación no continuada, la misma se rompió al alcanzar el menor los tres años de edad. No obstante, la antigua pareja de la madre le había ayudado a cuidar del niño en semanas alternas, debida a las necesidades laborales de aquella, hasta el momento en el que hijo se había negado a convivir con la expareja, manifestando un «rechazo frontal» hacia ella.

El Tribunal Supremo estima el recurso de la madre biológica. Admite la existencia de una relación sentimental entre las partes y el hecho de que «la demandante sintiera afecto y cariño por el hijo de su compañera, incluso después de su ruptura como pareja, pero ello —afirma— no determina que sea su madre».

Niega que la demandante formara parte de la unidad familiar constituida por la madre biológica y el hijo, constatando la titularidad de una tarjeta de familia monoparental y la existencia de carnets individuales, lo que reflejaba el modelo de familia; que la tarjeta sanitaria del hijo llevaba los apellidos de su madre biológica, y que el niño llamaba «papá» a la actual pareja de la demandada. Observa que la demandante incurría en una contradicción, al postularse como madre, «pues no solo no consintió la inseminación ni realizó intento alguno de que posteriormente quedara determinada la filiación por las vías legales disponibles», sino que no había asumido gastos en favor del menor, afirmando que «Ello, evidentemente, no comporta una realidad integradora de la posesión de estado de quien como madre asume las necesidades ordinarias y diarias de sus hijos con los requisitos de constancia y exteriorización que se precisan».

Respecto al interés superior del menor, vuelva a reproducir las consideraciones expuestas por la sentencia anteriormente citada, pero, además, presta una especial atención a la la consideración de la posesión de estado como título de determinación de la filiación, aunque, respecto de los casos resueltos, hay una importante diferencia (aparte de la resultante de haber mediado la maternidad subrogada, como consecuencia del sexo masculino de los integrantes de la expareja de hecho): en los anteriores, quien invocaba la posesión de estado, pretendía que, con apoyo en ella, se le reconociera como madre; en el presente, quien acude a la posesión de estado pide, no sólo que se declare su paternidad respecto de los hijos biológicos de su antiguo compañero sentimental, sino también la paternidad de este último (en contra de su voluntad) respecto de los de aquél (los del demandante).

El salto cualitativo es, pues, evidente, porque el recurso se basa en un argumento, que, desarrollado hasta sus últimas consecuencias, lleva a afirmar que la mera circunstancia de que el demandando hubiera tratado con un afecto cuasi paternal a los hijos de su compañero hace que, legalmente, deba ser considerado como padre, como consecuencia de la aplicación de la posesión de estado (y ello, aunque, en este supuesto, como pone de manifiesto la sentencia que nos ocupa, ninguno de los litigantes pudiera ser considerado padre de intención de los hijos del otro, «pues es indiscutido que ninguno de ellos intervino ni prestó el consentimiento para la gestación de los niños que no eran hijos biológicos suyos»).

Frente a ello, con innegable sentido común, el TS afirma que «El vínculo socio afectivo de los niños entre sí y con quien fue pareja de su respectivo padre no es por sí título para el establecimiento de un vínculo legal de filiación»; y que, «Para este tipo de supuestos el ordenamiento establece el cauce de la adopción, que no se ha querido seguir»; y concluye «No es el ordenamiento español el que impedía la adopción, sino que fueron los litigantes quienes, pudiendo hacerlo, no quisieron adoptar, sin que el hecho de que ahora no sea viable la adopción por la ruptura determine que deba establecerse un vínculo legal de filiación al margen de las causas previstas por el legislador». En realidad, como observa el TS, la desestimación de pretensión no discrimina a los menores, «por el hecho de haber sido concebidos mediante técnicas de reproducción asistida», pues la solución sería la misma «en cualquier caso en el que se hubiera creado una convivencia estable con efectivas relaciones personales entre dos progenitores y sus respectivos hijos, con independencia tanto de las circunstancias de su nacimiento (mediante el empleo de técnicas

voluntad del hijo, para la determinación de dicho interés superior en el caso concreto, y, en particular, al informe psicosocial en el que se manifestaba el rechazo frontal de aquel, ya de 13 años, hacia la demandante. Concluye, así, que «Es improcedente y contrario al interés del menor que, tras no haber quedado determinada la filiación por el cauce legal previsto para ello se fije judicialmente cuando no solo no resulta de una constante relación de maternidad vivida, sino que además es contraria a la voluntad, los deseos, sentimientos y opiniones de un menor ya adolescente, a quien debe reconocerse su derecho a participar en las decisiones progresivamente, en función de su edad, madurez, desarrollo y evolución personal, en una etapa tan fundamental para su vida».

de reproducción asistida o no, por naturaleza o filiación adoptiva) como del sexo de los progenitores»[31].

---

31 La sentencia comentada, siguiendo lo afirmado anteriormente por la ya citada STS (Sala 1.ª) núm. 45/2022, de 27 de enero (ECLI:ES:TS:2022:243), descarta también que la filiación respecto de quienes no se es padre biológico, pueda quedar determinada, por una genérica invocación al principio del interés superior del menor. Dice, así, que «ni una anterior convivencia establecida voluntariamente y amparada por acuerdos alcanzados por las partes, ni una invocación genérica e interesada del principio del interés del menor, justifican que se puedan establecer unas paternidades, con el conjunto de derechos y obligaciones que ello comporta, que carecen de cobertura legal».
Precisa que «El respeto a la vida familiar con independencia de los lazos biológicos entre personas que han vivido juntas con cierta estabilidad, protegido por el art. 8 del Convenio Europeo para la Protección de los Derechos Humanos y Libertades, no exige que en este caso deba establecerse la filiación que se reclama. Los menores tienen su identidad jurídica atribuida por la determinación de la filiación respecto de sus respectivos padres, cuyos apellidos llevan, y desde la separación por voluntad de sus progenitores están integrados en sus respectivas familias»; y añade: «no se trata siquiera de mantener una unidad familiar que ya está rota, y tampoco se alcanza a comprender el beneficio que podría reportar la declaración de la filiación pretendida, que conllevaría la cotitularidad de la patria potestad por dos personas, cuyas vidas, intereses y opiniones no transcurren paralelas, con la fuente de conflictos que pueden derivarse de tomar cada uno parte en las decisiones que afectan a los hijos del otro hasta que alcancen la mayoría de edad».
Para entender este razonamiento, hay que recordar que TEDH, en ocasiones, al conocer de casos de maternidad subrogada realizada en países extranjeros, ha acudido al art. 8 del Convenio de Roma, que consagra el derecho al respeto a la vida privada y familiar, para justificar la necesidad de reconocer una relación jurídica de filiación entre los menores y los padres de intención; y ello, con dos finalidades diversas: una, evitar que el menor que nazca carezca de padres, quedando en una especie de «limbo jurídico»; la otra, para juridificar una relación familiar de hecho consolidada, cuya continuación beneficia al menor.
A mi parecer, tiene razón el TS cuando niega que el recurso al principio del interés superior del menor pueda llevar, sin más, al establecimiento de una relación de filiación con quien no se es padre biológico, porque dicho interés superior debe ser apreciado en atención al caso concreto; y, desde luego, no es lo mismo, juridificar una relación de hecho consolidada, en el seno de una familia armónica en la que se desarrolla positivamente la personalidad del menor, que crear legalmente una relación de filiación con una persona con la que no se tiene vínculos genéticos y que, además, mantiene una relación conflictiva con el padre biológico.
Por lo demás, hay que tener en cuenta que la protección de interés del menor no tiene porqué encauzarse, necesariamente, con la creación legal de una relación familiar, donde, en sentido estricto, no la hay.
En la sentencia comentada, el TS afirma, así, que «La opción mejor y más adecuada, en atención a todas las circunstancias concurrentes, es la que acogió la sentencia de primera instancia, mantenida en la apelación, que garantiza el derecho efectivo de los menores a mantener vínculos y relacionarse con aquellas personas con las que les une una relación afectiva, y que consiste en un generoso sistema que regula estas relaciones, que ha sido admitido por ambas partes, mediante un amplio régimen de estancias y relaciones que va más allá de las que se fijan para meros allegados, y que permite a los chicos compartir juntos todos los periodos vacacionales» (la mitad con un litigante y la otra mitad con el otro), «sistema que se viene ejecutando sin que conste se hayan producido incidentes y lo más importante, al que los hijos de las dos partes se han adaptado sin dificultad».

CAPÍTULO 3

UNA GESTACIÓN POR SUSTITUCIÓN RAZONABLE NO VULNERA DERECHOS FUNDAMENTALES

Antonio J. Vela Sánchez
Profesor Titular (acreditado como Catedrático) de Derecho Civil
Universidad Pablo de Olavide (Sevilla)

Sumario:

I. Introducción

Durante muchos años he venido manteniendo que para solucionar legítimamente problemas de infertilidad no superables mediante los mecanismos de la Ley 14/2006, de 26 de mayo, sobre Técnicas de Reproducción Humana Asistida —LTRHA— y favorecer el tutelable anhelo de paternidad o maternidad biológica, debería abordarse por el legislador patrio una razonable regulación del convenio de gestación por sustitución en nuestro Derecho[1]. Dicha

1 *Vid.* VELA SÁNCHEZ, A. J.: «La gestación por sustitución o maternidad subrogada: el derecho a recurrir a las madres de alquiler. Cuestiones que suscita la Instrucción de la DGRN de 5 de octubre de 2010, sobre régimen registral de la filiación de los nacidos mediante

regulación jurídica podría realizarse de acuerdo con las premisas extraíbles

gestación por sustitución», en *Diario La Ley*, núm. 7608, 11 de abril de 2011, pp. 1 y ss.; «Propuesta de regulación del convenio de gestación por sustitución o de maternidad subrogada en España. El recurso a las madres de alquiler: a propósito de la Instrucción de la DGRN de 5 de octubre de 2010», en *Diario La Ley*, núm. 7621, 3 de mayo de 2011, pp. 1 y ss.; «Problemas prácticos del convenio de gestación por sustitución o de maternidad subrogada en nuestro ordenamiento jurídico», en *Revista de Derecho de Familia*, núm. 53, 2011, pp. 67 y ss.; «De nuevo sobre la regulación del convenio de gestación por sustitución o de maternidad subrogada en España. A propósito de la Sentencia de la Audiencia Provincial de Valencia de 23 de noviembre de 2011», en *Diario La Ley*, núm. 7815, 9 de marzo de 2012, pp. 8 y ss.; *La maternidad subrogada: estudio ante un reto normativo*, Comares, Granada, 2012; «La gestación por encargo desde el análisis económico del derecho: medidas anticrisis desde el Derecho de Familia», en *Diario La Ley*, núm. 8055, 8 al 14 de abril de 2013, pp. 8 y ss.; «El interés superior del menor como fundamento de la inscripción de la filiación derivada del convenio de gestación por encargo», en *Diario La Ley*, núm. 8162, 3 de octubre de 2013, pp. 1 y ss.; «Los hijos nacidos de convenio de gestación por sustitución no pueden ser inscritos en el Registro Civil español. A propósito de la Sentencia del Tribunal Supremo de 6 de febrero de 2014», en *Diario La Ley*, núm. 8279, 26 de marzo de 2014, pp. 1 y ss.; «Soluciones prácticas para la eficacia en España de un convenio de gestación por encargo. De nuevo a propósito de la Sentencia del Tribunal Supremo de 6 de febrero de 2014», en *Diario La Ley*, núm. 8309, 13 de mayo de 2014, pp. 14 y ss.; «Los hijos nacidos de convenio de gestación por sustitución pueden ser inscritos en el Registro Civil español. A propósito de las Sentencias del Tribunal Europeo de Derechos Humanos de 26 de junio de 2014», en *Diario La Ley*, núm. 8415, 6 de noviembre de 2014, pp. 9 y ss.; *Técnicas de gestación por encargo: tratamiento judicial y soluciones prácticas para su eficacia en España*, Reus, Madrid, 2015; «Comentario a la Iniciativa Legislativa Popular para la regulación de la Gestación por Subrogación en España», en *Diario La Ley*, núm. 8457, 13 de enero de 2015, pp. 9 y ss.; «Erre que erre: el Tribunal Supremo niega la inscripción de la filiación de los hijos nacidos de convenio de gestación por sustitución. A propósito del Auto del Tribunal Supremo de 2 de febrero de 2015», en *Diario La Ley*, núm. 8600, 8 de septiembre de 2015, pp. 9 y ss.; «La gestación por sustitución en las Salas de lo Social del Tribunal Supremo y de los Tribunales Superiores de Justicia. A propósito de la prestación por maternidad en los casos de nacimientos derivados de convenio gestacional», en *Diario La Ley*, núm. 8927, de 22 de febrero de 2017, pp. 1 y ss.; «¿Ha variado el TEDH su doctrina favorable a los convenios de gestación por sustitución realizados en países que legalmente los permiten? A propósito de la Sentencia de la Gran Sala del TEDH de 24 de enero de 2017», en *Diario La Ley*, núm. 8953, 3 de abril de 2017, pp. 1 y ss.; «¿En serio? Yo alucino con el Comité. A propósito del "Informe del Comité de Bioética de España sobre los aspectos éticos y jurídicos de la maternidad subrogada" de 19 de mayo de 2017», en *Diario La Ley*, núm. 9035, 6 de septiembre de 2017, pp. 1 y ss.; «Crimen en el bar. Regulemos ya en España el convenio de gestación por sustitución», en *Diario La Ley*, núm. 9056, 6 de octubre de 2017, pp. 1 y ss.; «Mecanismos o argumentos, en la situación jurídica actual, para inscribir la filiación derivada de convenio gestacional hecho en país extranjero. A propósito de la pesadilla de Kiev y de la malograda Instrucción de la DGRN de 14 de febrero de 2019», en *Diario La Ley*, núm. 9396, 12 de abril de 2019, pp. 1 y ss.; «Análisis estupefacto de la Instrucción de la DGRN de 18 de febrero de 2019, sobre actualización del régimen registral de la filiación de los nacidos mediante gestación por sustitución», en *Diario La Ley*, núm. 9453, 10 de julio de 2019, pp. 1 y ss.; «Gestación por sustitución y adopción. A propósito de la Opinión Consultiva del Protocolo Núm. 16 al Convenio Europeo de Derechos Humanos del Tribunal Europeo de Derechos Humanos, de 10 de abril de 2019, y de varias Sentencias de Audiencias Provinciales», en *Diario La Ley*, núm. 9609, 7 de abril de 2020, pp. 1 y ss.; «Aborto y gestación por sustitución. A propósito de la Ley Orgánica 1/2023, de 28 de febrero, por la que se modifica la Ley Orgánica

de la significativa Instrucción 5 octubre 2010 de la antigua Dirección General de los Registros y del Notariado —DGRN—[2] y de algunas acertadas regulaciones extranjeras sobre convenio gestacional que, no se olvide, tiene como finalidad fundamental y plausible la generación de una vida humana. En efecto, dicha Instrucción, sobre régimen registral de la filiación de los nacidos mediante gestación por sustitución, permite la inscripción en el Registro Civil de la filiación derivada de un convenio gestacional, realizado por españoles en países en los que está legalmente permitido, mediante el cumplimiento de una serie de requisitos fijados taxativamente. Así, según su clarividente Exposición de Motivos y sus claras directrices, podríamos configurar la estructura básica de un convenio gestacional en nuestro Derecho con estas claves fundamentales: 1.ª Fecundación de la mujer gestante con la aportación de material genético de, al menos, uno de los comitentes españoles; 2.ª Pleno ejercicio de la capacidad jurídica —en terminología adaptada a la reforma del Código Civil en materia de discapacidad en 2021—, y consentimiento voluntario de las partes contratantes; 3.ª Irrevocabilidad *ab initio* del consentimiento prestado por los intervinientes en el convenio de gestación por sustitución; 4.ª Posibilidad de que el hijo así nacido pudiera conocer su origen biológico.

2/2010, de 3 de marzo, de salud sexual y reproductiva y de la interrupción voluntaria del embarazo», en *Diario La Ley*, núm. 10264, 11 de abril de 2023, pp. 1 y ss.; «El TEDH vuelve a confirmar la admisibilidad y eficacia de los convenios de gestación por sustitución legalmente realizados. A propósito de la Sentencia del TEDH (Sección Primera) de 31 de agosto de 2023, *asunto C. contra Italia*», en *Diario La Ley*, núm. 10369, 17 de octubre de 2023, pp. 1 y ss.; «Cuestiones registrales de la gestación por sustitución», en *Liber amicorum en Homenaje al Profesor Carlos Lasarte Álvarez*, Tomo I, Dykinson, Madrid, 2023, pp. 923 y ss.; y «El derecho a la identidad en el convenio de gestación por sustitución», en *Distintos enfoques de la gestación por sustitución como técnica de reproducción humana asistida*, Dykinson, Madrid, 2023, pp. 343 y ss.

Respecto del convenio de gestación por sustitución en el Derecho portugués, pueden consultarse también los siguientes artículos de este mismo autor: «La gestación por sustitución se permite en Portugal. A propósito de la Ley portuguesa núm. 25/2016, de 22 de agosto», en *Diario La Ley*, núm. 8868, 22 de noviembre de 2016, pp. 1 y ss.; «La gestación por sustitución ya es efectiva en Portugal. A propósito del Reglamento portugués núm. 6/2017, de 31 de julio», en *Diario La Ley*, núm. 9091, 29 de noviembre de 2017, pp. 1 y ss.; «Y el sueño se convirtió en pesadilla: el Tribunal Constitucional portugués declara la inconstitucionalidad de la legislación sobre gestación por sustitución (I). A propósito de la STC portugués núm. 225/2018, de 24 de abril», en *Diario La Ley*, núm. 9237, 12 de julio de 2018, pp. 1 y ss.; «Y el sueño se convirtió en pesadilla: el Tribunal Constitucional portugués declara la inconstitucionalidad de la legislación sobre gestación por sustitución (II). A propósito de la STC portugués núm. 225/2018, de 24 de abril», en *Diario La Ley*, núm. 9250, 3 de septiembre de 2018, pp. 1 y ss.; y «Régimen jurídico definitivo de la gestación por sustitución en Portugal. A propósito de la Ley portuguesa núm. 90/2021, de 16 de diciembre, que contiene el certificado de defunción del convenio gestacional luso», en *Diario La Ley*, núm. 10003, de 4 de febrero de 2022, pp. 1 y ss.

2 La DGRN ha cambiado de denominación tras el RD 139/2020, de 28 de enero, pasando a llamarse Dirección General de Seguridad Jurídica y Fe Pública —DGSJFP—.

Mientras en nuestro Derecho se elude la regulación del convenio gestacional, por ejemplo, la Gran Sala del Tribunal Europeo de Derechos Humanos —TEDH—, en una relevante Opinión Consultiva del Protocolo Núm. 16 al Convenio Europeo de Derechos Humanos —CEDH— 10 abril 2019, estableció la virtualidad del vínculo jurídico filial en relación con el problema del reconocimiento en el Derecho interno de una relación jurídica materno-filial entre un niño nacido mediante convenio de gestación por sustitución —realizado en país extranjero cuya legislación lo permitía— y la madre comitente, y ello a pesar de la existencia en el ordenamiento jurídico estatal del principio clásico *mater semper certa est* —que también rige en nuestro Derecho español—, postulado esencial que, en principio, impediría una filiación jurídica directa respecto de la madre comitente. Quiero subrayar, además, en este punto, que el TEDH parte de la validez intrínseca del convenio gestacional como instrumento generador de filiación jurídica en el país de origen de los comitentes —aunque tal convenio esté prohibido por la legislación nacional— criterio que ha asumido la reciente STC 28/2024, de 27 de febrero de 2024, rec. 5067/2019 (ECLI:ES:TC:2024:28). En efecto, nuestro Tribunal Constitucional concluye que a «fin de evitar la prolongación de la situación de inseguridad jurídica» respecto de la filiación jurídica derivada de un convenio gestacional, procede «declarar firme la decisión del juzgado que acordó constituir el vínculo afectivo entre la demandante de amparo y el menor, tras realizar una ponderación de los intereses en litigio y verificar el cumplimiento de los requisitos legalmente exigidos para la adopción». Como puede comprobarse, este razonamiento no es más que un trasunto del asumido explícitamente por la analizada y relevante Opinión Consultiva del Protocolo Núm. 16 al Convenio Europeo de Derechos Humanos de 10 de abril de 2019, cuando exigía que el «procedimiento establecido por la legislación nacional (que podría ser el de la institución jurídica de la adopción) garantice que pueda ser aplicado con prontitud y eficacia, de conformidad con el interés superior del niño».

En definitiva, a mi entender, criterio compartido por cada vez más autores, la revisión de la radical prohibición de la gestación por sustitución es el problema de fondo que ha de ser afrontado adecuadamente en nuestro Derecho, a través de una legislación razonable[3], que no vulneraría derechos fundamentales. En efecto, conseguida técnica y científicamente la fecundación *in*

---

3 P.e., ÁLVAREZ GONZÁLEZ, S., «Reconocimiento de la filiación derivada de gestación por sustitución», en *Entre Bruselas y La Haya: Estudios sobre la unificación internacional y regional del Derecho internacional privado. Liber amicorum Alegría Borrás,* J. J. FORNER I DELAYGUA Y OTROS (Coords.), Marcial Pons, Madrid, 2013, p. 90, que defiende que aunque «todos sabemos que legislar sobre un tema no es garantía de seguridad jurídica, urge la adopción de soluciones positivas sobre la problemática analizada, puesto que la actual situación sí es garantía de un grado insoportable de inseguridad»; FLORES RODRÍGUEZ, J., «Vientres de alquiler: más cerca de su reconocimiento legal en Europa», en *Diario La Ley*, núm. 8363, 28 julio 2014, p. 5; LASARTE ÁLVAREZ, C., «La reproducción asistida y la prohibición legal de maternidad subrogada admitida de hecho por vía reglamentaria», en *Diario La Ley*, núm. 7777, 17 enero 2012, pp. 17-18, quien advierte que no caben «ocurrencias coyunturales e

vitro, probablemente sea más acertado admitir el convenio gestacional y que quienes deseen tener descendencia, superando los problemas de infertilidad no resueltos por la LTRHA, puedan recurrir a dicha técnica reproductiva, al menos cuando puedan —en aras del interés superior del menor— ofrecer a los futuros nacidos un entorno familiar que resulte adecuado y se considere tal por el legislador ayudado de los tribunales.

II. La virtualidad de los convenios gestacionales en nuestro ordenamiento jurídico

2.1. Convenios de gestación por sustitución realizados en España

2.1.1. Supuestos en los que el comitente o uno de los comitentes es aportante de material genético

La prohibición del convenio gestacional en nuestro Derecho, derivada del artículo 10.1.º LTRHA, parece infranqueable por su contundencia e imperatividad: «Será nulo de pleno derecho el contrato por el que se convenga la gestación, con o sin precio, a cargo de una mujer que renuncia a la filiación materna a favor del contratante o de un tercero». No obstante, si se observa detenidamente este artículo 10 LTRHA, el convenio gestacional no sería totalmente ineficaz, si al menos uno de los comitentes fuera aportante de material genético[4], pues «queda a salvo la posible acción de reclamación de la paternidad respecto del padre biológico, conforme a las reglas generales» (art. 10.3.º LTRHA), esto es, las contenidas en los artículos 764 y siguientes de la Ley 1/2000, de 7 de enero, de Enjuiciamiento Civil —LEC—.

Ahora bien, y aquí estaría el mayor obstáculo jurídico en este punto, si la mujer gestante fuera la aportante del material genético se requiere que aquélla quiera voluntariamente dar al hijo en adopción, previa renuncia a su maternidad jurídica una vez transcurridas seis semanas desde el parto (*ex* art. 177.2.º, tercer inciso, CC), de manera que, si se arrepiente del convenio

irreflexivas de incierto futuro, por mucho que la apariencia del poder político del momento pretenda revestirlas de un fundamento del que, a todas luces, carecen...»; etc.

4 Camarero González, G. J., «Notas sobre la Resolución de la Dirección General de los Registros y del Notariado de 18 de febrero de 2009, en un caso de gestación por sustitución», en *Diario La Ley*, núm. 7910, 26 julio 2012, p. 1, destaca que en la RDGRN 18 febrero 2009 «no se menciona un hecho relevante desde el punto de vista del ordenamiento jurídico español, a saber, si uno de los miembros del matrimonio fue donante de esperma para la concepción».

gestacional realizado, no se le podrá obligar judicialmente a que entregue al hijo así concebido y nacido, cualquiera que fuere la forma jurídica que se emplee para determinar la filiación jurídica.

Obsérvese, además, que el artículo 10.3.° LTRHA omite el caso de que también la mujer comitente hubiese aportado su material genético. La razón de esta omisión radica en la declaración del artículo 10.2.° LTRHA que considera siempre como madre a la mujer que da a luz, a virtud del axioma clásico *mater semper certa est*. No obstante, procedería, a mi juicio, una interpretación sociológica y correctora del precepto (*ex* art. 3.1.° CC)[5], pues la verdad biológica debería prevalecer sobre la presunción, que quiere ser *iuris et de iure*, pero que no concuerda con el principio de la preponderancia de la verdad biológica, postulado contenido en el artículo 39.2. CE: «La ley posibilitará la investigación de la paternidad». En este punto, la ya citada Opinión Consultiva del TEDH 10 abril 2019 concluía que tratándose «de un niño nacido en el extranjero mediante un acuerdo de gestación subrogada y concebido con óvulos de la madre comitente,...en tal caso se ejerce con más razón la exigencia de prever la posibilidad de reconocer la relación jurídica entre el niño y la madre comitente», por el principio fundamental del adecuado vínculo entre la filiación biológica y la filiación jurídica[6].

2.1.2. Casos en los que ni el comitente ni ninguno de los comitentes fuera aportante de material reproductor

Tampoco estaría todo perdido jurídicamente aun en el supuesto de que ni el comitente —de ser persona sola—, ni ninguno de los comitentes hubiera aportado su material reproductor en la concepción del hijo nacido de un con-

5 También Cerdeira Bravo de Mansilla, G., «Copaternidad y matrimonio entre hombres: la derogación tácita y parcial de la proscrita gestación por sustitución, fundada en razones de igualdad», en *Revista de Derecho Privado*, núm. 4, 2014, p. 20, recuerda que hoy la verdad biológica ha quedado atenuada, de modo que las técnicas de reproducción asistida suponen «un sistema alternativo —no subsidiario— que, fundado sobre todo en la voluntad de los intervinientes, no siempre responde a verdades naturales o biológicas (no sólo ya en cuanto a la paternidad..., sino también hoy en la determinación de la propia maternidad)».

6 Así, p.e., Nuñez Bolaños, M.ª, Nicasio Jaramillo, I. M.ª y Pizarro Moreno, E., «El interés del menor y los supuestos de discriminación en la maternidad subrogada, entre la realidad jurídica y la ficción», en *Derecho Privado y Constitución*, núm. 29, 2015, p. 256, manifiestan que no «hay justificación para que no se permita igualmente la investigación y reclamación de la filiación materna en estos supuestos, con lo que la diferencia de trato normativo tiene un carácter sancionador en todo caso a la mujer, pudiendo conllevar una diversidad de trato contraria al mandato igualitario del art. 14 de la CE y al principio de no discriminación».

venio gestacional[7], pero formaran ya una familia, renunciando expresamente la mujer gestante a la filiación. En efecto, aunque no cupiera la acción de reclamación de la filiación *ex* artículo 10.3.° LTRHA, la propia STS (Sala 1.ª) de 6 de febrero de 2014 rec. 245/2012 (ECLI:ES:TS:2014:247) —criterio confirmado por la STS (Sala 1.ª) de 31 de marzo de 2022, rec. 277/2022 (ECLI: ES:TS:2022:1153)—, reconoce que de «acuerdo con la jurisprudencia de este Tribunal y del Tribunal Europeo de Derechos Humanos, si tal núcleo familiar existe actualmente, ... (habría que) permitir el desarrollo y la protección de estos vínculos»; esto es, «figuras jurídicas como el acogimiento familiar o la adopción permiten la formalización jurídica de la integración real de los menores en tal núcleo familiar». El principio esencial del interés superior del menor, contenido y destacado en la legislación española e internacional, encontraría, así, virtualidad jurídica. En este sentido, también la aludida Opinión Consultiva del TEDH de 10 de abril de 2019 manifiesta que «debería existir un mecanismo eficaz que permita reconocer la relación entre el niño y (los comitentes)..., lo antes posible y en todo caso cuando dicha relación se haya convertido en una realidad práctica...».

2.2. Convenios de gestación por sustitución celebrados por españoles en países extranjeros cuya legislación los permitan

2.2.1. Inscripción de filiación jurídica reflejada en previa resolución judicial extranjera

El vigente artículo 98.2.° LRC dice que: «En el caso de que la certificación constituya mero reflejo registral de una resolución judicial previa, será ésta el título que tenga acceso al Registro. Con tal fin, deberá reconocerse la resolución judicial de acuerdo a alguno de los procedimientos contemplados en el artículo 96 de la presente Ley». Así, pues, se mantiene la vigencia del

7 Según Corral García, E., «Los menores nacidos mediante gestación por sustitución no pueden ser inscritos en el Registro Civil. Comentario a la STS de 6 de febrero de 2014», en *Revista Crítica de Derecho Inmobiliario*, núm. 744, 2014, p. 1914, «en los casos en los que ninguno de los miembros de la pareja —sean del mismo sexo o de sexo contrario— haya proporcionado gametos para el proceso de reproducción artificial, no podrán obtener la determinación de su paternidad ni la inscripción del niño como hijo suyo de ninguna de las maneras admitidas por nuestro Derecho». De Torres Perea, J. M., «Comentario de la STS de 6 de febrero de 2014 sobre maternidad por sustitución desde la perspectiva del interés del menor», en *Diario La Ley*, núm. 8281, 28 marzo 2014, p. 10, señala que la «única fórmula viable para regularizar la situación de los menores sería el ejercicio de la acción de filiación por el comitente biológico y la adopción por su cónyuge (cuando no sea progenitor biológico), quedando los niños en el limbo jurídico cuando ninguno de los comitentes fuera progenitor biológico».

criterio fijado por la Instrucción DGRN de 5 de octubre de 2010 que, como observa la doctrina, es idéntico en este punto[8]. Además, la Resolución de Consulta DGRN de 11 de julio de 2014 concluyó que en «el estado legislativo y jurisprudencial actual, la Instrucción de 5 de octubre de 2010... está plenamente vigente, por lo que debe seguir siendo aplicada por los Registros Civiles españoles a fin de determinar la inscribibilidad del nacimiento y filiación en los casos que entran en su ámbito de aplicación, sin que la (STS (Sala 1.ª) 6 febrero 2014)..., constituya un obstáculo legal para ello».

Igualmente, tras la última Instrucción DGRN de 18 de febrero de 2019, la de 5 de octubre de 2010 mantiene su eficacia jurídica, dotando de plena protección jurídica el interés superior del menor y su filiación jurídica, en el caso de la realización por españoles de un convenio gestacional en país extranjero cuya legislación lo permita y regule, protegiendo sus derechos a la identidad y a la vida privada y familiar (*ex* art. 8 CEDH).

Por otra parte, la RDGRN de 19 de diciembre de 2014 recogió las condiciones necesarias a las que la Instrucción DGRN de 5 de octubre de 2010 «somete la inscripción del nacimiento del menor» producido mediante convenio gestacional:

> «1. ... (La) presentación ante el Encargado del Registro Civil de una resolución judicial dictada por Tribunal competente...
>
> 2. ... (Que la) resolución extranjera tiene su origen en un procedimiento equiparable a uno español de Jurisdicción voluntaria..., por lo que el Encargado del Registro civil español está habilitado para reconocer la resolución judicial... con carácter previo a la inscripción...
>
> 3. ... (Que) el órgano jurisdiccional... haya basado su competencia judicial internacional en criterios equivalentes a los contemplados en la legislación española...
>
> 4. Debe valorarse especialmente en el reconocimiento de la resolución judicial... que se ha respetado el interés superior (del menor)... Asimismo, la ruptura absoluta del vínculo (del menor)... con la madre gestante... garantiza el derecho del menor a disponer de una filiación única, válida para todos los países».

Estos presupuestos han sido también asumidos y sistematizados por Resoluciones de la nueva DGSJFP (p.e., de 18 y de 23 de octubre de 2021) y por numerosas Sentencias de Tribunales Superiores de Justicia de distintas Comunidades Autónomas [p.e., SSTSJ de Madrid (Sala de lo Social) de 18 de octubre de 2012, rec. 1875/2012 (ECLI:ES:TSJM:2012:13355) y de 13 de marzo de 2013, rec. 3783/2012 (ECLI:ES:TSJM:2013:8633)][9].

---

8 *Vid.*, p.e., Díaz Fraile, J. M.ª, «La gestación por sustitución ante el Registro Civil español. Evolución de la doctrina de la DGRN y de la jurisprudencia española y europea», en *Revista de Derecho Civil*, vol. VI, núm. 1, 2019, p. 102, quien advierte que el artículo 98.2.º LRC «se inspira claramente en la Instrucción de 2010, confirmando su criterio...».

9 Confirma Cabezudo Bajo, M.ª J., «Avances hacia una regulación de la gestación por sustitución en España en base al modelo regulado en el Estado de California», en *Revista de*

Por tanto, este artículo 98.1.º LRC permite la inscripción de la filiación derivada de simple certificación registral extranjera —no fundada en previa resolución judicial—, lo que iría en evidente beneficio del principio del interés superior del menor[10].

Pero, además, resulta evidente que, en cualquier caso, ese control preciso de oficio se llevará a cabo conforme a la legalidad del Derecho interno del Estado al que pertenezca el Registro del que proviene la certificación a inscribir en nuestro Registro Civil, ya que el hecho a inscribir será válido «conforme al ordenamiento designado por las normas de Derecho Internacional Privado». Pues bien, según la redacción dada al párrafo primero del artículo 9.4.º CC por la Ley 26/2015, de 28 de julio, de modificación del sistema de protección a la infancia y a la adolescencia, la «determinación y el carácter de la filiación por naturaleza se regirán por la ley de la residencia habitual del hijo en el momento del establecimiento de la filiación...». Por consiguiente, y como reconocía la Instrucción DGRN de 14 de febrero de 2019, «el primer criterio aplicable (en estas hipótesis) es el de la residencia habitual del hijo en el momento del establecimiento de la filiación jurídica. Resulta, pues, aplicable —continúa exponiendo la indicada Instrucción— la ley de la residencia habitual del nacido/a en el momento de solicitarse la inscripción de su nacimiento (vid. art. 120 CC), y en consecuencia la ley del país en que se ha producido el nacimiento en los supuestos más frecuentes en que el nacido/a ha permanecido desde su nacimiento en el territorio del mismo país en que nació. Y por ello, sin perjuicio de las exigencias y límites impuestos por el orden público internacional español, se han de aplicar los requisitos que para la eficacia y validez de la determinación de la filiación fijen las leyes de dicho Estado». Esta interpretación expuesta, plena y jurídicamente fundada pues, excluiría de nuevo la entrada en juego del fatídico y aparentemente infranqueable artículo 10.1.º LTRHA —anulatorio del convenio gestacional en nuestro Derecho y de la filiación jurídica que de él surgiría—, y permitiría la aplicación de las especiales normas respecto a la filiación del país donde se hubiera celebrado el correspondiente contrato de gestación por sustitución que, lógicamente, considerarán factible la filiación jurídica derivada del mismo respecto de los comitentes, en estos casos, españoles.

Derecho y Genoma Humano: genética, biotecnología y medicina avanzada, núm. 46, 2017, p. 112, que un gran «hito en el acercamiento hacia una regulación de la GS en España... es que nuestro TS ha dictado jurisprudencia reconociendo la prestación por maternidad a los padres de intención cuya filiación ya esté reconocida en España tras haber realizado un proceso de gestación por sustitución en un Estado donde está autorizado legalmente».

10 Como indican Ortega Giménez, A., Cobas Cobiella, M.ª E. y Heredia Sánchez, L. S., «Los contratos de gestación subrogada en España», en *Diario La Ley*, núm. 9281, 18 octubre 2018, p. 12, «la protección del menor y su derecho a dotarle de una identidad, de una filiación y de una nacionalidad... en todo caso, ha de prevalecer. Así que el juzgador español se equivoca cuando desconoce la aplicación de este principio para denegar su inscripción a favor de los dos padres...».

2.2.2. La registración de filiación jurídica no derivada de resolución judicial previa sino de certificación registral extranjera

Aunque la Instrucción DGRN de 18 de febrero de 2019 dejó sin efecto, drásticamente, la de 14 de ese mismo mes y año, no cabe duda de que debe seguir vigente la posibilidad de inscribir una filiación jurídica derivada de convenio de gestación por sustitución hecho por españoles en país extranjero que legalmente lo permita y regule, aunque falte una previa resolución judicial extranjera que determine tal filiación, bastando el reconocimiento del padre progenitor que demuestre su vínculo biológico con el nacido, esencialmente, mediante la prueba de ADN, reconocimiento en el que se incluya también la identidad de la mujer gestante por exigencias de la Instrucción DGRN de 5 de octubre de 2010.

La primera razón para apoyar la premisa anterior, que se explica en la mencionada Instrucción DGRN de 14 de febrero de 2019, no se basa en que se contenga expresamente en tal Instrucción que ya quedó malograda injustamente, sino que es el criterio fijado por el mismísimo TEDH, por lo que debe obligar en nuestro Derecho, en particular y respecto de lo que nos interesa, al funcionariado consular español. Así, esta Instrucción DGRN de 14 de febrero de 2019 decía que: «Ahora bien, en el caso de que no exista duda alguna sobre la realidad de la filiación paterna, cabe entender, conforme a la doctrina más arriba reseñada del Tribunal Europeo de Derechos Humanos, que no existirá inconveniente en acceder a la inscripción de la filiación paterna resultante del reconocimiento de paternidad hecho de conformidad con los requisitos exigidos por la ley aplicable para su plena validez y eficacia. Para obtener dicha certeza sobre el vínculo biológico del padre con el nacido/a reconocido en grado suficiente para permitir la inscripción directa de dicha filiación paterna, sin necesidad de una previa sentencia obtenida en un procedimiento judicial de reclamación de filiación, es preciso, como se ha indicado, aportar pruebas adicionales que a juicio del cónsul encargado del Registro Civil sean suficientes para dejar inequívocamente acreditada dicha filiación paterna, pudiendo a tal efecto aportarse, por cuando por sí mismas resultarían bastantes, unas pruebas médicas y analíticas inequívocas (de ADN) obtenidas en condiciones de plenas garantías científicas y jurídicas, tanto en cuanto a los centros o laboratorios que realicen las correspondientes pruebas y análisis, como en cuanto al procedimiento seguido y la cadena de custodia de las muestras de ADN». Por tanto, de acuerdo con lo dispuesto en la STEDH de 24 de enero de 2017 (núm. 25358/12), caso Paradiso y Campanelli contra Italia, la Instrucción DGRN de 14 de febrero de 2019 admitía que, en estas hipótesis, la inscripción se debía permitir «con arreglo al principio de veracidad biológica, y a fin de garantizar al nacido/a su derecho al conocimiento de sus orígenes e identidad biológica», sin olvidar la protección de su derecho a la vida privada y familiar (ex art. 8 CEDH). Es más, este criterio ha quedado confirmado en la referida Opinión Consultiva del

TEDH 10 abril 2019 cuando dice que, según «la jurisprudencia del Tribunal, el artículo 8 CEDH exige que la legislación nacional prevea la posibilidad de reconocer la relación jurídica entre un niño nacido mediante un acuerdo de gestación subrogada en el extranjero y el padre comitente en el caso de que sea el padre biológico... el Tribunal declaró expresamente en Mennesson... que la falta de esa posibilidad entrañaba una violación del derecho del niño al respeto de su vida privada garantizado por el art. 8 (véase Mennesson c. Francia n.º *65192/11, de 26 de junio de 2014;... véase también Labassee c. Francia, n.º 65941/11, de 26 de junio de 2014; Foulon y Bouvet c. Francia, n.º 9063/14 y n.º 10410/14, de 21 de julio de 2016; y Laborie c. Francia, n.º 44024/13, de 19 de enero de 2017)*». También puede confirmarse este razonamiento en la citada y reciente STC 28/2024, de 27 de febrero de 2024, rec. 5067/2019 (ECLI:ES:TC:2024:28).

La posible inscripción de la filiación jurídica en estas hipótesis se funda, además, en el propio artículo 17.1.º a) CC que establece expresamente que: «1. Son españoles de origen: a) Los nacidos de padre o madre españoles...»; de manera que, demostrado por cualquier medio de prueba admisible en nuestro ordenamiento jurídico —valdría aquí, igualmente, la prueba de ADN como se ha dicho y reconocido por la citada Instrucción DGRN de 14 de febrero de 2019—, el vínculo genético entre el nacido y el comitente español, no sólo no debería existir inconveniente alguno, sino que debería deducirse, necesariamente, la inscribilidad de la filiación jurídica de ciudadanos españoles en el Registro Civil español. En efecto, los nacidos de progenitor español son españoles de origen, con independencia de que el nacimiento se produzca a través de un convenio de gestación por sustitución o por cualquier otro medio natural o de reproducción humana asistida, de acuerdo con el mencionado artículo 17.1.º a) CC y, por supuesto, conforme al artículo 11.1.º y 2.º de la CE: «1. La nacionalidad española se adquiere, se conserva y se pierde de acuerdo con lo establecido por la ley. 2. Ningún español de origen podrá ser privado de su nacionalidad». Ello se confirma en la Declaración Universal de Derechos Humanos[11], en cuyo artículo 15 se dice que: «1. Toda persona tiene derecho a una nacionalidad. 2. A nadie se privará arbitrariamente de su nacionalidad...».

Por otra parte, y respecto de la existencia de certificación registral extranjera, el vigente artículo 98.1.º LRC establece ya, explícitamente, que la «certificación de asientos extendidos en Registros extranjeros es título para la inscripción en el Registro Civil español». Esta última registración exige el cumplimiento de una serie de condiciones legales que se darán, como se razonó con anterioridad, en los supuestos de filiación derivada de convenio gestacional realizado por españoles en país extranjero que lo permita, pero

11 Adoptada y proclamada por la Asamblea General de la ONU en su resolución 217 A (III), de 10 de diciembre de 1948.

que no conceda la posibilidad de obtener una resolución judicial previa determinante de la filiación respecto de los comitentes españoles.

Es más, a falta de certificación registral extranjera, la simple declaración de nacimiento acompañada del correspondiente certificado facultativo en el que conste la identidad de la mujer gestante y la prueba de ADN del progenitor español también sería inscribible «conforme al principio constitucional y europeo de plena protección del menor, principio de orden público e inderogable», como recordaba la invalidada Instrucción DGRN de 14 de febrero de 2019 en relación con la doctrina jurisprudencial del TEDH, y ahora se confirma por la citada Opinión Consultiva del TEDH 10 abril 2019. Igualmente, el artículo 24 de la Carta de los Derechos Fundamentales de la Unión Europea (CDFUE)[12], titulado «Derechos del menor», indica que: «1. Los menores tienen derecho a la protección... 2. En todos los actos relativos a los menores llevados a cabo por autoridades públicas o instituciones privadas, el interés superior del menor constituirá una consideración primordial...».

III. Las posibles objeciones que pueden realizarse al convenio de gestación por sustitución

La relevante y crítica STS (Sala 1.ª) de 31 de marzo de 2022, rec. 277/2022 (ECLI: ES:TS:2022:1153), manifestó que la inadmisibilidad del convenio de gestación por sustitución en nuestro ordenamiento jurídico «deriva no solamente de que el art. 10 de la Ley de Técnicas de Reproducción Humana Asistida establezca la nulidad de pleno derecho de estos contratos y que la filiación materna del niño nacido por gestación por sustitución será determinada por el parto. Deriva también de que el contrato de gestación por sustitución vulnera gravemente los derechos fundamentales reconocidos en nuestra Constitución y en los convenios internacionales sobre derechos humanos en los que España es parte»[13].

---

12 Carta de los Derechos Fundamentales de la Unión Europea (DOUE-Z-2007-70004), publicada en el *DOUE* núm. 303, 14 diciembre 2007, y con entrada en vigor el 1 diciembre 2009.

13 Jiménez Mancha, J. C., «Comentario de la Sentencia del Tribunal Supremo de 31 de marzo de 2022 (1153/2022)», en *Comentarios a las Sentencias de Unificación de Doctrina (Civil y Mercantil)*, Yzquierdo Tolsada, Mariano (Director), Volumen 14.°, Dykinson, Madrid, 2022, p. 173, critica esta Sentencia: «Por nuestra parte, desde un punto de vista respetuosamente crítico, entendemos que la solución de la sentencia de denegar la filiación en modo alguno satisface el interés superior del menor y vulnera el respeto a la vida privada, porque, siendo el menor ajeno a la conducta, contrato y acto generativo que se reputa practicado en vulneración del orden público, lo sitúa en un limbo jurídico, sin que la adopción (y especialmente en el caso de autos) constituya un procedimiento que *rápida y efectivamente* permita determinar la filiación del niño y, en definitiva, su identidad (Dictamen TEDH 2019), que es un aspecto que pertenece al respeto a la vida privada (art. 8 CEDH) y al derecho del niño a preservar su identidad (art. 8 CEDH y art. 8 CDN). Por ello, en aras de preservar el interés superior del menor y, habida cuenta el carácter *primordial* de este, en

3.1. El convenio gestacional plantearía graves problemas éticos

La doctrina contraria a la regulación del convenio de gestación por sustitución en nuestro ordenamiento jurídico parte de que un tal negocio gestacional suscita graves problemas éticos[14]. A ello podría oponerse, por ejemplo, que también las figuras del aborto —o interrupción voluntaria del embarazo— y de la eutanasia implican arduos debates éticos y, sin embargo, están admitidas y reguladas expresamente en nuestro Derecho[15].

Es más, respecto del aborto, el legislador parece incurrir en una flagrante contradicción. En efecto, el «respeto a los derechos de las demás personas» (art. 3.1.° a, inciso segundo de la LO 1/2023) se establece señaladamente como un límite que no puede traspasarse en orden a permitir el ejercicio de la libertad sexual y reproductiva de las mujeres o progenitores gestantes. Obsérvese que si se permite a la mujer o progenitor gestante la interrupción voluntaria del embarazo frente a la posible posición contraria del padre o progenitor no gestante, ¿no supondría ello una decisión que vulnera «los derechos de las demás personas» interesadas en la gestación?, en particular, ¿no infringiría esa libertad reproductiva el derecho a la reproducción de los padres o progenitores no gestantes?, o ¿es que el derecho reproductivo de las mujeres o progenitores gestantes debe anteponerse siempre al de los padres o progenitores no gestantes? No se olvide que, además de preservar el «respeto a los derechos de las demás personas», el legislador establece expresamente que «todas las personas» (no sólo las mujeres o progenito-

---

colisión con otros intereses, debería en todo caso aplicarse la *doctrina del orden público atenuado* reconociendo y permitiendo la inscripción de la filiación de los nacidos por este procedimiento».

14 Por ejemplo, Aguirre Fernández, B. J., «A vueltas con la gestación subrogada: comentario de la Sentencia del Tribunal Supremo de 31 de marzo de 2022», en *Fortalezas y debilidades del Derecho de Familia contemporáneo: liber amicorum en homenaje al profesor Carlos Lasarte Álvarez,* F. Yáñez Vivero y otros (Dir.), Dykinson, Madrid, 2023, p. 562, expresa que: «Como se puede imaginar fácilmente,... el propio hecho de que se trate de una situación en la que la maternidad física se desvincula después del nacimiento de la maternidad jurídica, dan lugar a múltiples dilemas morales, éticos y jurídicos».

15 La primera se encuentra normada en la Ley Orgánica 1/2023, de 28 de febrero, por la que se modifica la primitiva Ley Orgánica 2/2010, de 3 de marzo, de salud sexual y reproductiva y de la interrupción voluntaria del embarazo (cuyo art. 14 indica que podrá «interrumpirse el embarazo dentro de las primeras catorce semanas de gestación a petición de la mujer embarazada»); y la segunda se recoge en la Ley Orgánica 3/2021, de 24 de marzo, de regulación de la eutanasia (cuyo art. 1.1.° indica que: «El objeto de esta Ley es regular el derecho que corresponde a toda persona que cumpla las condiciones exigidas a solicitar y recibir la ayuda necesaria para morir, el procedimiento que ha de seguirse y las garantías que han de observarse»).

res gestantes) tienen derecho a la equivalente protección de sus libertades sexuales y reproductivas (ex art. 3.1.º a, inciso segundo, LO 1/2023)[16].

Por otra parte, para evitar posibles dilemas éticos, en una futura regulación del convenio de gestación por sustitución en nuestro Derecho debería prohibirse la posibilidad de realizarlo a quienes estén impedidos para contraer matrimonio entre sí, esto es, conforme al artículo 47 CC, los «parientes en línea recta por consanguinidad o adopción» y los «colaterales por consanguinidad hasta el tercer grado», aunque debe recordarse que este último impedimento del tercer grado de parentesco colateral es dispensable judicialmente conforme al artículo 48 CC.

3.2. El convenio de gestación por sustitución sería contrario a la dignidad de la mujer gestante

Se alega también contra el convenio de gestación por sustitución que su realización implica, necesariamente, una vulneración de la dignidad de la mujer gestante[17]. Como destaca algún autor[18], la citada y relevante STS (Sala 1.ª) de 31 de marzo de 2022, rec. 277/2022 (ECLI: ES:TS:2022:1153), parte del rechazo a la realización de estos llamados convenios gestacionales, pues, en «nuestro ordenamiento jurídico y en el de la mayoría de los países con ordenamientos basados en similares principios y valores, no se acepta que la generalización de la adopción, incluso internacional, y los avances en las técnicas de reproducción humana asistida vulneren la dignidad de la mujer gestante y del niño, mercantilizando la gestación y la filiación, "cosificando" a la mujer gestante y al niño, permitiendo a determinados intermediarios realizar negocio con ellos, posibilitando la explotación del estado de necesidad

---

16 Vela Sánchez, A. J., «Aborto y gestación por sustitución...», *cit.,* p. 11.

17 También en el Derecho portugués se alude a esta lesión de la dignidad de la mujer que interviene en estos convenios gestacionales, así, por ejemplo, Proença Xavier, J., Girão, F. y Frias Borges, M., «A Procriação Medicamente Assistida no Ordenamento Jurídico Português: reflexão bioética», en *Cadernos de Dereito Actual*, núm. 9, 2018, p. 498, advierten que: «Como se compreende, a consagração legal da gestação de substituição suscita importantes questões éticas, que exigem a conciliação entre o "desejo de ter um filho", os direitos da criança que virá a nascer fruto deste negócio jurídico e a dignidade da mulher que se disponibiliza a suportar a gestação e abdicar dessa maternidade».

18 Barrón López, M.ª C., («Análisis de la protección del interés superior del nacido en la gestación por sustitución a propósito de la Sentencia del Tribunal Supremo, Sala de lo Civil, Sección de Pleno 277/2022, de 31 de marzo», en *Diario La Ley,* núm. 10246, marzo de 2023, pp. 1 y ss., quien añade que nos «encontramos ante un contrato nulo por ilicitud de la causa, conforme al artículo 1275 del Código Civil que sanciona los contratos sin causa, o con causa ilícita, que no producen efecto alguno. Asimismo, se trata de un contrato que sobrepasa los límites que puede alcanzar la autonomía de voluntad de las partes, marcado por el artículo 1255 del Código Civil consistentes en ir en contra de la Ley, la moral y el orden público».

en que se encuentran mujeres jóvenes en situación de pobreza y creando una especie de "ciudadanía censitaria" en la que solo quienes disponen de elevados recursos económicos pueden establecer relaciones paterno-filiales vedadas a la mayoría de la población».

A mi juicio, ello no sucederá si la intervención de la mujer gestante en el convenio de gestación por sustitución es completamente voluntaria, con la misma voluntariedad con la que una mujer decide, sin coacción de ningún tipo, interrumpir su embarazo conforme a la legislación vigente. Aquí radica la clave en esta materia, pues la cuestión no debe ser si el convenio gestacional debe ser siempre altruista o puede ser remunerado, sino si se garantiza por el legislador la participación voluntaria de la mujer gestante, de manera que ésta, bien por consideración desinteresada respecto del comitente o comitentes, o bien por una retribución pactada —que no sea imprescindible para su sustento, lo que evitaría la explotación económica—, quiere realizar este convenio de gestación por sustitución para facilitar la paternidad o maternidad biológica de los padres o madres de intención.

3.3. El convenio gestacional vulneraría la dignidad del así nacido

Igualmente se objeta por la doctrina opuesta a la regulación del convenio de gestación por sustitución en nuestro ordenamiento jurídico que tal negocio gestacional es contrario a la dignidad del así nacido[19]. El argumento se basa en que se trata al niño como una mera mercancía, lo que es contrario a su dignidad como persona (*ex* art. 10.1.º CE). A mi juicio, esta postura es muy discutible, pues puede contestarse que, en realidad, no se comercializa al niño así engendrado y nacido, sino simplemente la capacidad generativa de una mujer —que tiene derecho a disponer libremente de su cuerpo en ocasiones tasadas por el Derecho, como sucede respecto del aborto—, a fin de satisfacer el legítimo deseo de tener un hijo de la persona individual o de la pareja matrimonial o de hecho comitente[20].

---

19 IRRÁZABAL, G. Y JOHNSON, M.ª C., «Reproducción asistida, gestación por sustitución y creencias. Un análisis desde las usuarias de tecnologías, los expertos religiosos y las regulaciones estatales en Argentina», en *Política y Sociedad,* núm. 56 (2), 2019, p. 328, explican que los «expertos religiosos muestran comprensión ante el deseo de los matrimonios de tener un hijo y muestran en línea con las posiciones doctrinarias (GODOY VÁZQUEZ, 2014) que no existe el «derecho a tener un hijo». Según PÁEZ (2012), «esta actitud lleva a perder de vista que el hijo también es una persona, con su dignidad propia. Afirmar el derecho al hijo presupone considerarlo como una cosa, un objeto material del cual somos propietarios».

20 *Vid.* PANTALEÓN PRIETO, F., «Técnicas de Reproducción Asistida y Constitución», en *Revista del Centro de Estudios Constitucionales*, núm. 15, mayo-agosto, 1993, p. 133, quien añade que, no obstante y desde «luego, habrían de prohibirse (no sólo civil, sino) penalmente las actividades de mediación empresarial en la materia»; y, en el mismo sentido, SOUTO GAL-

Además, entiendo que, evidentemente, el aborto es más perjudicial para el *nasciturus* que el convenio gestacional que le permite nacer, aunque se alegue que ello ha sido así por ser el objeto de un negocio jurídico. Además, respecto de la consideración doctrinal de que el convenio de gestación por sustitución impedirá que el nacido sea criado por su madre gestante, esto es, por su propia familia de origen, baste alegar que también en la permitida y regulada figura jurídica de la adopción, el adoptado formará parte de una familia que no es la biológica.

3.4. El convenio de gestación por sustitución infringiría nuestro orden público

Por otra parte, según el vigente artículo 98.1.º, cuarto inciso, LRC, se establece la obligación de respetar una difusa exigencia de que «la inscripción de la certificación registral extranjera no resulta manifiestamente incompatible con el orden público español». Teniendo esto presente, cabría argumentar que la filiación jurídica derivada de un convenio de gestación por sustitución no entrañaría abierta contradicción con nuestro orden público, de manera que la incorporación de esta certificación registral extranjera a nuestro ordenamiento jurídico no alteraría, en absoluto, los valores y principios fundamentales del mismo, esto es, no vulneraría el correcto y pacífico funcionamiento de la sociedad española, pues se permite en nuestro Derecho la inscripción de la filiación jurídica derivada de un convenio gestacional si existe previa resolución judicial extranjera que la determine respecto de padres o madres españoles. Obsérvese, por consiguiente, que no es contraria a nuestro orden público la filiación jurídica que derive de un convenio de gestación por sustitución realizado en país extranjero que lo permita y regule, pues se permite su registración en ciertas condiciones y, no se olvide, la Sala de lo Social de nuestro Tribunal Supremo parte, reiteradamente, de la validez intrínseca de la filiación jurídica derivada de un convenio gestacional [p.e., SS 14 de diciembre de 2017, rec. 2859/2016 (ECLI:ES:TS:2017:4770) y de 22 de marzo de 2018, rec. 2770/2016 (ECLI:ES:TS:2018:1242)], y así también lo ha hecho la mencionada STC 28/2024, de 27 de febrero de 2024, rec. 5067/2019 (ECLI:ES:TC:2024:28). De ser contraria a nuestro orden público, jamás se per-

VÁN, B. «Aproximación al estudio de la gestación de sustitución desde la perspectiva del bioderecho», en *Foro. Revista de ciencias jurídicas y sociales*, núm. 1, 2005, pp. 290-291. Por el contrario, CANO, M.ª E., *Breve aproximación en torno a la problemática de la maternidad subrogada*, http://www.revistapersona.com.ar/cano.htm, p. 19 (—Última consulta: 3-4-2024—), indica que la «maternidad por sustitución importa una falta a la dignidad de la persona por nacer en cuanto conlleva un quebrantamiento a la libertad del individuo de *ser* y *existir* de acuerdo a un orden natural dado (presupuesto hereditario, estructuras innatas, etc.), libre de injerencias que hayan predeterminado su no identidad (si no puede establecerse su origen genético), su derecho a ser traído al mundo por su madre biológica, a no ser separado de quien lo gestó».

mitiría la inscripción de una filiación jurídica derivada de convenio gestacional, aun constando en previa resolución judicial extranjera, como tampoco se admitiría, por ejemplo, la constancia en nuestro Registro Civil español de la filiación jurídica de un *nasciturus* (*ex* art. 30 CC), aunque lo permitiese una tal resolución judicial extranjera.

CAPÍTULO 4

DERECHOS Y DEBERES DE LOS ABUELOS POR GESTACIÓN SUBROGADA NO CONSENTIDA

Federico Arnau Moya
Profesor Contratado Doctor de Derecho Civil
Universitat Jaume I Castellón

Sumario:

I. Introducción[1]

La gestación por sustitución (en adelante GS) es una figura de la que han corrido ríos de tinta en los últimos años, si bien en el estricto ámbito jurídico. No obstante, en el pasado año 2023 dos hechos provocaron que esta mate-

1 El presente trabajo se enmarca en el Grupo de investigación *Derecho y vulnerabilidad: menores de edad, personas con discapacidad y animales de compañía (DERVUL)*, inscrito en el Registro de Estructuras de Investigación de la Universitat de València (REIUV) con la referencia GIUV2022-532, del que es director el profesor Pedro Chaparro Matamoros

ria saltara desde las publicaciones jurídicas hasta la prensa del corazón y a los programas prime time de las cadenas privadas de televisión. El primer supuesto, que despierta el interés popular por esta figura lo protagonizó la muy conocida Ana Obregón (en adelante AO), presentadora de televisión, actriz, modelo, guionista y bióloga[2]. Esta señora impulsó en el extranjero un proceso de gestación por subrogación con el material genético congelado de su hijo que había fallecido unos años antes tras una cruel enfermedad. A resultas de este procedimiento reproductivo nació una niña, de la que se ha dicho la presentadora ostenta a un mismo tiempo la doble condición de madre legal por haber instado el proceso de GS y el de abuela biológica por ser la madre genética del varón que aportó sus gametos[3]. Otro aspecto que también cuenta con relevancia jurídica es el de la utilización post mortem del material genético de su hijo, con un posible incumplimiento de los requisitos que en la Ley 14/2006, de 26 de mayo, sobre técnicas de reproducción humana asistida (en lo sucesivo, LTRHA) se establecen para la utilización post mortem del esperma congelado de una persona fallecida. Finalmente, por encima de todos los anteriores datos está el hecho de que la gestación por subrogación está prohibida España.

En el ámbito jurídico ha sorprendido la gran publicidad, rayana con el exhibicionismo, que ha rodeado al caso Obregón. La niña a la que se le ha impuesto como nombre y apellidos Ana Sandra Lequio García Obregón fue presentada por su abuela a la sociedad española a través de la primera página de la Revista Hola en abril de 2023[4]. Por el contrario, la más absoluta discreción ha rodeado el nacimiento de los hijos concebidos por esta misma técnica de otros artistas igual o más famosos que la citada presentadora. No podemos olvidar que se

2 En los últimos años, tanto en las sentencias como en cualquier tipo de trabajo jurídico como consecuencia de la protección de datos no se proporcionan la identidad de las personas a las que se refiere una resolución jurídica o incluso una noticia con derivaciones jurídicas. Sin embargo, en los dos casos que vamos a citar, no cabría hablar de vulneración del derecho a la privacidad puesto que han sido los propios protagonistas han comparecido en prensa y televisión comentando estos asuntos. De modo que carece de sentido que utilicemos las consabidas fórmulas de una conocida actriz o de un famoso cantante y su pareja como sucede en el otro caso al que también nos referimos.

3 Al respecto puede consultarse: Vilar González, S.: *Madre legal, abuela biológica. Sobre la filiación, la fecundación post mortem y otras cuestiones jurídicas,* Tirant Lo Blanch, Valencia, 2023.

4 En *La Vanguardia*, 5-04-2023, «Esto es los que habría costado la exclusiva de la nieta de Ana Obregón», se especula que la artista habría percibido 100.000 euros por las fotografías saliendo del hospital de Miami con su nieta en brazos, así como la suma de un millón de euros por la exclusiva en la revista Hola. Por otro lado, se cita a la revista Lectura que manifiesta que se habrían pagado 170.000 euros para traer a la pequeña al mundo, de los cuales la madre gestante habría recibido 35.000. Disponible en: https://www.lavanguardia.com/television/20230405/8879044/esto-costado-exclusiva-nieta-ana-obregon-millon-mmn.html#:~:text=Seg%C3%BAn%20Lecturas%2C%20Ana%20Obreg%C3%B3n%20habr%C3%ADa,la%20peque%C3%B1a%20habr%C3%ADa%20recibido%20 35.000.. Consultado: 02-08-2023.

trata de una práctica reproductiva que está prohibida en nuestro país y por eso la gran mayoría de usuarios de esta práctica han preferido pasar desapercibidos. Todavía se encontraba esta noticia en el candelero cuando otra relacionada con este mismo mecanismo de reproducción asistida volvió a recuperar el interés en esta temática. En la prensa española a mediados de mayo de 2023 aparece como noticia de primera plana que «El Supremo da la razón a Miguel Bosé y rechaza declarar su paternidad sobre los dos hijos biológicos de su ex pareja Nacho Palau»[5]. La sentencia a la que se refiere el diario ABC es la STS 18 mayo 2023, que constituye la tercera sentencia del Alto Tribunal relacionada con el fenómeno de la gestación por subrogación, y nuevamente tiene como protagonistas a artistas famosos, como sucede con el conocidísimo cantante español Miguel Bosé en calidad de demandado y a su ex pareja de hecho, Nacho Palau en calidad de demandante y recurrente[6]. Ambos litigantes, en un momento dado de su convivencia como pareja de hecho decidieron tener hijos por subrogación, con la particularidad de que cada miembro de la pareja utilizó este mecanismo gestacional por separado. En consecuencia, cada uno de ellos fue padre biológico por separado de dos niños nacidos mediante esta técnica (cuatro niños en total). Cada uno de estos padres tenía inscrita su paternidad en el Registro Civil respecto de sus hijos biológicos. Por todo lo anterior, estos menores no son hermanos biológicos, puesto que fueron gestados por madres de alquiler diferentes a las que se les implantaron embriones que fueron fecundadas in vitro con el material genético de diferentes mujeres donantes y el de sus respectivos padres biológicos. Es de destacar, que a pesar del hecho de la concepción por separado todo se hizo con la intención absoluta de que los cuatro niños crecieran juntos como hermanos, así se deduce de un convenio privado firmado por ambos convivientes en el año 2016 al que se hace referencia en la mencionada sentencia. Terminada la relación sentimental cada miembro de la pareja se fue a vivir por separado con sus respectivos hijos biológicos. Más adelante uno de los dos ex convivientes presentó una doble acción de filiación para que, por una parte, se reconociese su paternidad respecto de los hijos biológicos de su expareja. Por otro lado, también solicitó que su expareja (Bosé) fuese reconocido padre de los hijos biológicos del propio demandante (Palau). Esta demanda se fundamentaba en la existencia de una situación de posesión de estado *ex* art. 131 CC, así como en el interés superior de los menores. Realmente, entendemos que lo que se pretendía era la determinación de la filiación de cada uno de los menores respecto de la persona que ni es su padre biológico ni encargó su gestación por subrogación. El alto tribunal desestimó la demanda por entender que los lazos afectivos no son suficientes para reconocer la paternidad de los dos litigantes sobre los cuatro menores; además aclaran que el ordenamiento español permite que en

5 CALLEJA, L.G.: «El Supremo da la razón a Miguel Bosé y rechaza declarar su paternidad sobre los dos hijos biológicos de su ex pareja Nacho Palau», *ABC*, 18-05-2023. Disponible en: https://www.abc.es/gente/supremo-razon-miguel-bose-rechaza-declarar-paternidad-20230518142359-nt.html. Consultado: 01-06-2023.

6 STS 16 mayo 2023 *(Tol 8898029)*.

este tipo de situaciones se pueda optar por la adopción pero que una vez se haya roto la pareja, aquella posibilidad deviene inviable. Es de señalar que en el caso Bosé-Palau, a diferencia de lo sucedido con el caso Obregón, la discreción ha sido la nota dominante desde el nacimiento de aquellos niños mediante gestación subrogada, hasta el punto de que, si bien se sabía que el artista tenía hijos concebidos por este mecanismo, apenas se habían visto fotografías de los niños en la prensa española. Por el contrario, el caso de la presentadora ha llegado a adquirir los tintes de un culebrón: por una parte ha servido para blanquear esta práctica prohibida práctica reproductiva, en nuestros medios de comunicación. En ninguna de las tertulias televisivas relativas a este tema se debatió sobre las objeciones éticas o jurídicas de esta práctica jurídica. La atención mediática, dando por buena la utilización de esta ilegal técnica, se centró únicamente en los aspectos más mórbidos del caso, entre otros si la gestación se había realizado sin contar con el consentimiento expreso del fallecido hijo. También si se había realizado con la oposición del abuelo biológico. Asimismo, se especuló sobre las cantidades que se habían pagado para realizar esta práctica en los Estados Unidos tanto a la clínica como a la madre gestante. Finalmente, hasta se investigó y averiguó quien había sido la madre de alquiler e incluso se publicaron fotografías suyas en la prensa. No obstante, sería injusto no reconocer que este caso ha vuelto poner de moda este tema entre la doctrina habida cuenta que permanece cerrado en falso desde hace años.

II. La regulación de la gestación por sustitución en España

En nuestro trabajo nos vamos a inspirar en el caso de AO, puesto que nos proporciona el material suficiente para plantearnos tres hipotéticos escenarios ante los cuales pueden encontrarse quienes vamos a denominar como abuelos por subrogación: la posibilidad de oponerse a un proceso de GS; la obligatoriedad del pago de un derecho de alimentos y finalmente si tienen un derecho de visitas respecto de sus nietos. Se trata en esencia de determinar si el hecho de que el nacimiento de sus nietos se haya producido por esta técnica reproductiva va a configurar derechos y deberes especiales a estos abuelos que se aparten de los que tienen el resto de abuelos, a los que vamos a denominar abuelos ordinarios.

Antes de manifestarnos sobre cualquiera de las tres hipótesis anteriores se hace necesario indagar sobre la situación legal de la gestación por subrogación en España. En nuestro país la gestación subrogada, en cualquiera de sus modalidades altruista o comercial, está prohibida expresamente por el artículo 10 LTRHA (Gestación por sustitución)[7] al establecer que: «1. Será

7 De Verda y Beamonte, J.R.: «La filiación derivada de las técnicas de reproducción asistida», en AA. VV.: *Las crisis familiares; tratado práctico e interdisciplinar*, Tirant Lo Blanch, Valencia, 2022, p. 10, estima que la Ley 14/2006 no pretendió crear un nuevo título constitutivo en

nulo de pleno derecho el contrato por el que se convenga la gestación, con o sin precio, a cargo de una mujer que renuncia a la filiación materna a favor del contratante o de un tercero. 2. La filiación de los hijos nacidos por gestación de sustitución será determinada por el parto. 3. Queda a salvo la posible acción de reclamación de la paternidad respecto del padre biológico, conforme a las reglas generales»[8]. Como quiera que la LTRHA prohíbe la GS la única alternativa que les queda a los ciudadanos españoles para tener hijos utilizando esta técnica consiste en viajar a países donde sí que esté permitida. Así pues, en los dos casos de los que se ha hecho eco la prensa española en 2023 los hijos fueron concebidos en los EEUU. Uno de los problemas que genera para quienes acuden a esta técnica reproductiva en el extranjero es que el art. 10.2 LTRHA aplica el principio del Derecho romano mater semper certa est al establecer que «la filiación materna de los hijos nacidos por gestación de sustitución será determinada por el parto»[9]. De modo que el criterio de la vinculación genética, en el caso de la madre, pasa a un segundo lugar y será tenida como madre la que dio a luz al hijo aun cuando no exista vínculo biológico alguno entre ellos[10]. Así pues, en un caso de GS realizado en el extranjero será tenida por madre la que gestó al niño en su útero incluso

materia de filiación derivada de la reproducción asistida basado en la voluntad de procrear. Ese texto legal se limitó a regular ciertas peculiaridades para cuando la generación se produjera usando estas técnicas, presuponiendo que nos encontramos ante una filiación por naturaleza si bien sui generis. Tampoco se propuso la creación de nuevos títulos de determinación de la filiación puesto que el art. 7.1 LTRHA remite a los títulos del Código civil.

8 De Verda y Beamonte, J.R.: «La filiación derivada», cit., p. 23, estima que el contenido del art. 10 LTRHA es conforme con el principio constitucional de dignidad de la persona humana (art. 10.1 CE). Se evita así el riesgo de vulnerabilidad de las madres portadoras que en ocasiones acuden a esta práctica por encontrarse en situaciones de pobreza o marginación social.

9 Tamés Noriega, R.: *Gestación por sustitución en derecho internacional privado y comparado*, Unam/Cide, México, 2020, p. 304, estima que la gestación por subrogación rompe que la manera tradicional de estudiar el derecho de familia, puesto que siempre se había presumido la maternidad de la mujer que tiene el embarazo y el parto. No obstante, como el art. 10 LTRHA establece la nulidad del contrato de GS en España se mantiene aquel principio. De ahí, que tal como manifiesta De Verda y Beamonte, J.R.: «La filiación», cit., p. 24, haya que considerar siempre como madre a la gestante, y no, en su caso, a la biológica, porque que la filiación de los hijos nacidos por GS estará determinada por el parto (art. 10.2 LTRHA). De modo similar Vilar González, S.: *La gestación subrogada en España y en el derecho comparado,* Bosch Wolters Kluver, Madrid, 2018, p. 34, mantiene que no debería usarse la expresión de madre gestante, subrogada o sustituta, puesto que solo debería de considerarse madre en el caso de que la gestante aportara su propio material genético.

10 Dias Pereira, A. G.: «Gestação de substituição e acesso de todas as mulheres à procriação medicamente assistida em Portugal: as leis de 2016 e as profundas transformações no direito da filiação». *Actualidad Jurídica Iberoamericana*, 8, p. 35, entiende que el principio general del establecimiento de la maternidad por el parto entra en crisis con la GS; en especial en aquellos casos en los que la mujer que quiere el hijo suministra su propio óvulo para que el embrión sea gestado por la madre sustituta.

en el caso de que la madre comitente aportara su propio óvulo. De modo que nos encontraríamos ante la paradoja de que a pesar de que esta sería la madre biológica, sin embargo, no sería la madre legal. Por el contrario, del art. 10.3 LTRHA se desprende que no habrá ningún problema para determinar la paternidad del padre comitente cuando este aporta su propio material biológico. Puesto que este puede acudir las reglas de determinación legal de la filiación de los arts. 764 y siguientes de la LEC. En consecuencia, se deja a salvo, pese la nulidad proclamada en el apartado 1.º la acción de reclamación de la paternidad respecto del padre biológico[11]. Por el contrario, la madre comitente genética, la que aporta sus óvulos para la GS, es tratada por la Ley como si fuese una donante incluso cuando su voluntad fuera la de ser considerada como madre tanto legal como biológica[12]. Así pues, en España el interés del menor gestado al amparo de un contrato de gestación por subrogación está cubierto por la remisión a las normas generales que permiten que los padres de intención puedan ser reconocidos como los progenitores del menor siempre que al menos en uno de ellos tenga vínculos biológicos con el menor y además sea varón[13]. En el caso AO la niña nacida por GS solo tiene la carga genética del finado hijo de la actriz puesto que la madre sustituta no aportó su óvulo, sino que este pertenecía a una donante anónima[14]. De modo que aun a pesar del cúmulo de complicaciones legales

---

11 SÁNCHEZ MARTÍNEZ, M.O.: «La gestación por sustitución: Una consecuencia lógica de la libertad reproductiva o un caso dramático de las reproducciones asistidas», *Derechos y libertades*, n. 36, enero 2017, p. 119.

12 SÁNCHEZ MARTÍNEZ, M.O.: «La gestación», cit., pp. 102 y 106, estima también que mientras que en el caso del varón si este aporta su material genético es posible determinar la filiación natural a su favor, en el caso de la mujer eso no sucederá, puesto que para ella solo cabe optar por la filiación adoptiva haya aportado o no material genético en un proceso de GS.

13 CERVILLA GARZÓN, M. D.: «Prólogo», en *Maternidad subrogada: la nueva esclavitud del siglo XXI*, (dir. P.M. ESTELLÉS PERALTA, coord. M. J. SALAR SOTILLOS), Tirant Lo Blanch, Valencia, 2023, pp. 20-22, estima nuestro ordenamiento jurídico por una parte rechaza la gestación por sustitución, pero al mismo tiempo facilita la inscripción de la filiación de los hijos concebidos países extranjeros con legislaciones permisivas, aunque garantistas en las que no pueden producirse prácticas como las denominadas «granjas de mujeres».

14 MARRÓN, M.: «Qué tiene la nieta de Ana Obregón de su madre gestante, según la ciencia», *NiusDiario*, Madrid, 11/04/2023. Disponible en: https://www.niusdiario.es/vida/visto-oido/20230411/ana-obregon-bebe-que-tiene-madre-gestante-ciencia-epigenetica_18_09228482.html Consultado el: 10-08-2023. La pecueña, nacida el 20 de marzo en Miami, solo tiene carga genética de Aless Lequio [hijo de Ana Obregón y premuerto por un cáncer], el donante de esperma, y de su madre biológica, la donante de óvulo cuya identidad es secreta. De forma que, en un futuro, Ana Sandra solo heredará rasgos físicos de sus padres biológicos. Como ya hemos explicado, en las agencias de gestación subrogada de Estados Unidos no se permite que la madre gestante sea a su vez la donante de óvulo, para evitar cualquier apego emocional con el bebé a la hora de entregarlo a su madre adoptiva (sic.), en este caso, Ana Obregón.

que presenta este caso en última instancia siempre prevalecerá la verdad biológica que no es otra que la niña es hija del hijo de AO.

Como ya hemos dicho los mandatos del art. 10 LTRHA no han constituido impedimento suficiente para que los nacionales de este país dejen de viajar a otros países para realizar contratos de gestación por subrogación. Por otro lado, en nuestro país, sin embargo, existe un vacío legal que permite a las parejas recurrir a esta técnica prohibida viajando al extranjero a países como Ucrania, o a los Estados Unidos (estados de California y Florida principalmente) y volver a nuestro país con el bebé sin ningún tipo de impedimento[15]. Esto ha sido posible gracias la Instrucción de 5 de octubre de 2010, de la Dirección General de los Registros y del Notariado, sobre régimen registral de la filiación de los nacidos mediante gestación por sustitución[16]. Esta instrucción permite la inscripción de aquellos menores nacidos en el extranjero cuando existe una resolución judicial que determine su filiación en el país de origen. En la instrucción se explicita que no se permite la inscripción cuando el documento emitido en el extranjero sólo se trate de una certificación registral (la conocida como partida de nacimiento)[17]. Una de las dificultades de legislar en este ámbito lo demuestra el hecho de que la DGRN en un intervalo de cuatro días llegó dictar dos Instrucciones una de 14 de febrero de 2019 que fue dejada sin efecto por otra de 19 de febrero (BOE 21 de febrero de 2019). En esta última se establece que sólo se estimaran las solicitudes de inscripción en el Registro Civil consular de los niños nacidos mediante GS cuando «exista una sentencia de las autoridades judiciales del país correspondiente que sea firme y dotada de exequatur, u objeto del debido control

15 Sánchez Martínez, M.O.: «La gestación», cit., p. 120, entiende que a pesar de la nulidad de pleno derecho de los contratos de gestación por subrogación es posible la realización de esta práctica en el extranjero para quienes cuenten con recursos económicos. De modo que una vez nacido el niño, y determinada su filiación en el extranjero, regresan con el bebé a España e intentan la inscripción del menor en el RC español. La propia legislación mitiga los efectos de aquella nulidad, puesto que no prevé ninguna sanción los que intervienen en estas prácticas en el extranjero y deja a salvo la acción de paternidad del padre biológico, pudiendo el otro miembro de la pareja, en su caso, adoptar al nacido en al amparo de un contrato de gestación por sustitución.

16 *BOE*, 7 de octubre de 2010 (Núm. 243). Sec. I. Pág. 84803.

17 En la citada instrucción se establecen dos directrices para la inscripción de menores nacidos en el extranjero mediante la técnica de la gestación por sustitución. En la primera se establece: 1.ª) La inscripción del menor solo podrá realizarse aportando junto a la solicitud la resolución judicial dictada por Tribunal extranjero que determine su filiación. 2.ª) La resolución judicial extranjera deberá ser objeto de exequátur. El auto judicial que ponga fin al exequátur se acompañará a la solicitud de inscripción. 3.ª) Si la resolución extranjera se dictó un procedimiento de jurisdicción voluntaria, similar al español, el encargado del Registro Civil controlará incidentalmente si la resolución judicial extranjera puede ser reconocida en España. En la segunda directriz se dice que: En ningún caso se admitirá como título apto para la inscripción del nacimiento y filiación del nacido, una certificación registral extranjera o la simple declaración, acompañada de certificación médica relativa al nacimiento del menor en la que no conste la identidad de la madre gestante.

incidental cuando proceda, de conformidad con la Instrucción de 5 de octubre de 2010». En el resto de casos se deberá suspender la inscripción y el encargado del RC consular notificará dicha suspensión al Ministerio Fiscal[18]. Finalmente, la entrada en vigor en el año 2021 la «nueva» Ley del Registro Civil (Ley 20/2011, de 21 de julio), permite la inscripción no sólo de resoluciones judiciales extranjeras (art. 96 LRC) sino también documentos extranjeros extrajudiciales que cumplan una serie de estrictos requisitos (art. 97 LRC) como el previsto en el apartado 4.º: «Que la inscripción del documento extranjero no resulte manifiestamente incompatible con el orden público español».

El problema que se les plantea a los padres comitentes es que no en todos los países en los que es legal la GS es posible obtener una resolución judicial que confirme la paternidad de los futuros padres. En estos casos, la inscripción del menor en el RC español deberá realizarse siguiendo las reglas generales de determinación de la filiación, reguladas en los artículos 764 y siguientes de la Ley de Enjuiciamiento Civil (LEC).

Los países en los que se realizan los procesos de gestación por subrogación emiten dos tipos de documento de filiación: A) Sentencia judicial que solo es posible obtener en EEUU, entre otros en California y Florida. En Grecia, Canadá y ahora también en México. En este caso el niño es inscrito en el RC consular o en el RC central de Madrid. No hacen falta adopciones posteriores. B) Partida o certificado de nacimiento a nombre de los dos padres de intención. Este es el caso de otros países donde los españoles suelen acudir como son Ucrania, Rusia, Georgia y Kazajistan. En estos casos el niño es inscrito en el RC consular, con los datos de la madre de gestación y los datos del padre que sí que cuenta con la carga genética (previa prueba de ADN). Luego la madre de gestación renuncia a la filiación. Una vez en España se inicia un proceso de adopción en favor de la madre comitente o del otro padre comitente que no ha aportado carga genética dependiendo del país en el que se haya practicado la gestación por sustitución[19].

---

18 Andreu Martínez, M.B.: «Una nueva vuelta de tuerca en la inscripción de menores nacidos mediante gestación subrogada en el extranjero: la instrucción de la DGRN de 18 de febrero de 2019», *Actualidad Jurídica Iberoamericana*, núm 10 bis, junio 2019, pp. 64-85, ofrece una interesante explicación sobre este cambio de orientación de la RDGRN en solo cuatro días. Asimismo, en la p. 83 recomienda tener especial cuidado en la aplicación de la nueva Instrucción de 18 de febrero de 2019 para evitar que se alargue innecesariamente la incertidumbre del menor en cuanto a la determinación de su filiación. Especialmente porque el TEDH ya había advertido en esa época sobre la necesidad de contar con procedimientos efectivos y ágiles para la determinación de la filiación en los supuestos de gestación por sustitución.

19 Múrtula Lafuente, V.: «A vueltas con la gestación por sustitución y la filiación de los menores nacidos por este procedimiento. Algunas reflexiones tras la STS, 1.ª (Pleno), de 31 de marzo de 2022», *Derecho Privado y Constitución*, N.º 42, 2023, p. 5, señala que este reconocimiento de los certificados extranjeros de nacimiento cuando vienen acompañados de por una resolución judicial que reconoce la filiación a favor de los padres de intención se aparta de la línea marcada por el TS. No obstante, esta postura se ha matizado en recientes resoluciones de DGSJFP n.º 1/2021, de 29 septiembre 2021 (JUR 2022, 275312)

Para intentar frenar la práctica de la GS de ciudadanos españoles en el extranjero se dictó la Ley Orgánica 1/2023, de 28 de febrero, por la que se modifica la Ley Orgánica 2/2010, de 3 de marzo, de salud sexual y reproductiva y de la interrupción voluntaria del embarazo (en adelante LSSRIVE), la también conocida como ley del aborto. Con esta modificación se intenta reforzar la ilegalidad de la GS establecida en la Ley 14/2006, de 26 de mayo, sobre técnicas de reproducción humana asistida, mediante dos medidas: la primera consiste en la prevención de la gestación por subrogación o sustitución en los términos del nuevo art. 32 LSSRIVE que prevé campañas de información para prevenir sobre la ilegalidad de la gestación por sustitución[20]. La segunda consiste en la prohibición de la publicidad de las agencias de intermediación en el nuevo art. 33 LSSRIVE. Sin embargo, estas agencias siguen manteniendo activas sus páginas web en las que ofertan sus servicios[21]. La disposición final primera modifica la Ley 34/1988, de 11 de noviembre, General de Publicidad, para incluir como publicidad ilícita aquella que promueva las prácticas comerciales para la gestación por sustitución. En la doctrina se estima la conveniencia de aplicar una de las propuestas del Informe del Comité de Bioética de España sobre aspectos éticos y jurídicos de la maternidad subrogada, de 16 de mayo de 2017[22]. En concreto la que la que estima que la nulidad de los contratos de GS debería ser aplicable también a los celebrados en el extranjero, así como sancionar a las agencias de intermediación que se dedican a esta actividad[23].

III. Oposición de uno de los abuelos a la gestación por subrogación

3.1. Utilización de algunos elementos fácticos del caso Obregón para plantear hipótesis de trabajo

Partiendo del caso de la conocida presentadora, vamos a elaborar dos supuestos de hecho en los que se podría utilizar el material genético del hijo

---

y n.° 81/2021, de 4 octubre de 2021 (JUR 2022, 274924). En ambos supuestos se deniega la inscripción de nacimiento de un niño nacido en Toronto (Canadá) solicitada por su madre de intención, con la que no comparte vinculación biológica, a pesar de contar con una resolución dictada por un tribunal de Toronto en la que se la declaraba a la solicitante como madre legal del menor.

20 En el apartado 2.° del art. 32 LSSRIVE se establece que: «Se promoverá la información, a través de campañas institucionales, de la ilegalidad de estas conductas, así como la nulidad de pleno derecho del contrato por el que se convenga la gestación, con o sin precio, a cargo de una mujer que renuncia a la filiación materna a favor del contratante o de un tercero».

21 En el momento de redactar este trabajo con una simple búsqueda en Google introduciendo la expresión «maternidad subrogada agencias» hemos logrado encontrar unas 10 agencias de gestación subrogada que operan desde España.

22 Disponible en: https://docta.ucm.es/entities/publication/5b2c45cd-214a-4b73-9516-f254b-0b32a1f

23 MÚRTULA LAFUENTE, V.: «A vueltas»; cit., p. 99.

común fallecido. Para lo anterior nos vemos en la necesidad de alterar algunos de los hechos del caso Obregón, que suponemos que aconsejada por sus letrados, han quedado oscurecidos o incluso se han ofrecido distintas versiones: en primer lugar, está la cuestión relativa a la que el finado hijo manifestó su voluntad de ser padre póstumo. En segundo lugar, está la cuestión de si se contó (o no) con el consentimiento del ex marido de Ana Obregón, Alessandro Lequio (el abuelo biológico), para que se utilizara el material de su fallecido hijo común para concebir un bebé mediante la técnica de la gestación por subrogación[24]. Así pues, vamos a rellenar estos vacíos fácticos de esta historia, para a partir de la misma formular dos hipótesis de trabajo respecto de los derechos y obligaciones de los abuelos por subrogación. En la primera de ellas, una mujer a la que denominaremos la abuela potencial le comunica a su exesposo que se ha puesto en contacto (y de acuerdo) con la que fue novia de su fallecido hijo para que, con el material genético congelado de aquel, se insemine a esta. De ese modo ellos tendrían un nieto y la otra un hijo. En la segunda hipótesis la exmujer le plantea a su exmarido la utilización del esperma congelado de su hijo para tener un nieto por gestación subrogada en el extranjero. Tomaremos también del caso Obregón la inexistencia de documento escrito alguno en el que se hubiera hecho constar el consentimiento del fallecido para la utilización de su esperma congelado. No obstante, la madre del fallecido manifestó que su hijo le había manifestado oralmente su consentimiento, de modo que existía un testamento ológrafo oral. De modo similar al caso Obregón, en nuestro caso la utilización de los gametos del hijo fallecido se plantea habiendo transcurrido ya más de un año de la muerte de aquel.

3.2. Oposición a la utilización del material reproductor congelado de un varón fallecido para fecundar a su mujer

La exmujer y la antigua novia plantean al padre biológico del hijo biológico la utilización del esperma criogenizado que está depositado en una clínica de fertilidad para engendrar un hijo. Alegan ambas mujeres que esta técnica, a diferencia de la GS que está prohibida en nuestro país, sí que está permitida al amparo del art. 9 LTRHA. Por otro lado, la abuela potencial alega la exis-

24 Una vez más tenemos que recurrir a la denominada prensa rosa para intentar averiguar alguno de los entresijos de esta historia. Nos parece que la gestación por subrogación se realizó o bien con la oposición del abuelo biológico o a sus espaldas, es decir sin tan siquiera haberle comunicado que se iba a concebir una nieta utilizando esta técnica reproductiva. En este sentido vid. Rapado, S.: «Ana Obregón revela, por fin, si Alessandro Lequio conocía todo sobre su nieta, Ana Sandra», *Lecturas,* 20-04-2024. Disponible: https://www.lecturas.com/actualidad/ana-obregon-revela-por-fin-si-alessandro-lequio-conocia-todo-sobre-su-nieta-ana-sandra_155458. Consultado: 01-05-2024.

tencia de un testamento ológrafo verbal en la que el hijo habría manifestado su voluntad para que su material genético fuese utilizado para que su exnovia quedara embaraza si esta manifestaba su consentimiento.

Nuestro abuelo potencial no quiere que se utilice el material genético de su hijo, ni tan siquiera para una legal fecundación artificial post mortem. Por un lado, entiende que no existe constancia indubitada de la voluntad de su finado hijo en ese sentido y por otro, la *ex* novia meses antes del fallecimiento había roto su relación con el hijo. Así pues, el potencial abuelo tendría que comprobar si la propuesta de su exmujer y de la antigua novia de su hijo cumple con los requisitos del art. 9 LTRHA. Este precepto en principio está pensado para la concepción de hijos póstumos cuando el marido (o la pareja de hecho) de la potencial madre ha fallecido antes de la utilización de esta técnica.

En nuestro caso, que vamos a acercar al máximo al de AO, en primer lugar, no hay constancia de que el fallecido hubiera autorizado de modo fehaciente la utilización de su material reproductor tras su muerte en alguno de los documente mencionados en el art. 9.2 LTRHA tales como la escritura pública, testamento o el documento de instrucciones previas. En el mediático caso que estamos tomando como modelo, se ha alegado la existencia de un supuesto testamento ológrafo oral, en el que el finado hijo le habría transmitido a su madre su voluntad de utilizar su material genético congelado para después de su muerte. Sin embargo, la expresión testamento ológrafo oral constituye un oxímoron jurídico, puesto que el art. 688 CC exige para la validez de este tipo de testamento que se otorgue por personas mayores de edad, además deberá de estar escrito podo él y firmado por el testador, con expresión del año, mes y día en que se otorgue. La doctrina y la jurisprudencia interpretan este precepto en el sentido de que la escritura ha de ser toda ella de puño y letra del causante. Finalmente, para la validez de este tipo de documento se exige su adveración y protocolización ante Notario antes del plazo de cinco años desde la fecha del fallecimiento del testador (arts. 689 a 693 CC). En el caso al que nos referimos, parece ser que no consta de la existencia de documento escrito, de modo que el requisito de la protocolización cae por su propio peso. De modo que no existiendo este testamento ológrafo al que se ha hecho referencia no podrá utilizarse el material genético del varón fallecido ni con su propia esposa o pareja de hecho supérstite. De modo que no existiendo consentimiento escrito carecería de sentido indagar en si se ajusta a Derecho la utilización del material genético con una persona con la que ya no se mantenía una relación afectiva en el momento del fallecimiento del donante de los gametos. No obstante, entendemos que en vez del burdo recurso al testamento ológrafo oral podría haberse intentado otra vía como la del testamento en peligro de muerte otorgado ante cinco testigos idóneos sin necesidad de Notario tal como se prevé en el art. 700 CC[25].

25 En este sentido se manifiesta VILAR GONZÁLEZ, S.: *Madre legal*, cit., pp. 79-84. Esta autora destaca la existencia de distintas versiones ofrecidas por Ana Obregón respecto a cómo

En segundo lugar, este material genético, aun en el caso de que sí que hubiese concurrido el consentimiento por escrito del finado, todavía sería necesario un segundo requisito: que el material reproductor se hubiera utilizado dentro de los doce meses siguientes al fallecimiento del varón. En la prensa española hay constancia de que el deceso del hijo de la mediática abuela tuvo lugar el 13 de mayo de 2020. De modo que el material genético congelado sólo podría haber sido utilizado dentro de los 12 meses siguientes al fallecimiento del donante. Sobrepasado este plazo de garantía ya no sería posible solicitar la fecundación post mortem[26]. En tercer lugar, aun habiendo concurrido los requisitos de la voluntad manifestada por escrito en alguno de los documentos mencionados en el art. 9 LTRHA, todavía faltaría el requisito relativo a que la mujer que fuese a utilizar el material genético fuese la esposa supérstite del fallecido, aunque también se podría haber fecundado a la pareja de hecho del varón fallecido como se colige del apartado 3 del art. 9 LTRHA[27]. Finalmente, ante la inexistencia de documento escrito del fallecido podría haberse hubiera presumido la existencia de su consentimiento el caso de que el cónyuge supérstite (o la pareja de hecho) hubiera estado sometido a un proceso de reproducción asistida ya iniciado para la transferencia de preembriones constituidos con anterioridad al fallecimiento del marido (o ex pareja). Sin embargo, el mero hecho de la existencia de material congelado por sí solo no puede ser considerando como presunción de un consentimiento. Parece ser que en el caso Obregón la existencia del material genético congelado se debió a que el finado hijo mientras tuvo una pareja sentimental sí que se planteó tener un hijo póstumo con aquella una vez conocido el alcance de su grave enfermedad. No obstante, como aquella relación se rompió antes del fallecimiento tampoco se podrían haber utilizado los gametos congelados aun el caso de que se hubiera pretendido emplearlos dentro del plazo de 12 meses. En síntesis, el potencial abuelo podrá oponerse a la utilización del material genético de su hijo fallecido cuando no concurran los requisitos del art. 9 LTRHA.

---

su hijo manifestó su voluntad de realizar una fecundación post mortem. Asimismo, señala como en una de las últimas manifestaciones de la presentadora esta ha manifestado que su hijo otorgó testamento válido ante Notario en el que otorgaba su consentimiento para la utilización de su material genético congelado tras su fallecimiento.

26 Señala Vilar González, S.: *Madre legal,* cit., pp. 89 que, en España, con carácter excepcional, se ha reconocido la declaración de la filiación de los nacidos en casos de fecundación post mortem en los que se había excedido el plazo marcado por el art. 9 LTRHA. Señala el caso contemplado por la SAP Barcelona (Sección 18.ª) 23 septiembre 2020 (ECLI:ES:APB:2020:8778). No obstante, destaca que en el caso de la nieta de Ana Obregón no se puede aplicar la LTRHA por tratarse de una gestación por subrogación prohibida en España y además realizada en el extranjero.

27 El art. 9.3 LTRHA establece que: «El varón no unido por vínculo matrimonial podrá hacer uso de la posibilidad prevista en el apartado anterior [...]».

3.3. Oposición a la utilización del material reproductor congelado de un varón fallecido para fecundar a una madre de alquiler

Para nuestro abuelo potencial la posibilidad de impedir la utilización del material genético de su hijo para una gestación por subrogación en el extranjero es muy difícil[28]. En primer lugar, por el hecho de que al estar prohibida esta práctica en nuestro ordenamiento jurídico, cuando vaya a realizarse en el extranjero su práctica estará rodeada del máximo secretismo hasta que se produzca el nacimiento del bebé. Estimamos que únicamente sería posible la oposición por parte del abuelo potencial se le hubiera indicado en que clínica de los Estado Unidos se iba a utilizar esta técnica de reproducción. Por otro lado, las causas de oposición tendrían que ser aquellos que permitiese la legislación de aquel país. Finalmente, habría que litigar en los tribunales del estado en que se fuera a prácticar la gestación por sustitución.

En los casos de gestación subrogada realizada en el extranjero la justicia española puede solo intervenir ante una serie de hechos consumados cuando el bebé entre en territorio nacional. En consecuencia, presuponiendo que el abuelo no hubiese estado de acuerdo con la utilización de esta técnica (hecho que desconocemos) es evidente que la abuela habría iniciado por su cuenta y riesgo todo este procedimiento, de modo que las primeras noticias que habría tenido el abuelo potencial de su nieto habrían sido tras el nacimiento de este, cuando su condición de potencial ya habría desaparecido. De modo que su oposición al empleo de esta técnica sería ya totalmente irrelevante. Puesto que aun cuando se hubiese violado la legislación del estado en que se hubiese realizado la gestación subrogada lo cierto es que su nieto, ya habría nacido. Así pues, la posible ilicitud de la vía utilizada para su concepción y nacimiento ya sería del todo irrelevante.

IV. La obligación del abuelo por subrogación a contribuir al pago de los alimentos del nieto

Nuestro potencial abuelo ya se ha convertido en un abuelo real, bien porque no pudo evitar el embarazo de la antigua novia de su hijo por la vía del art. 9 LTRHA o bien porque se realizó una técnica de gestación subrogada en el extranjero aun a pesar de su oposición expresa. En este caso la nueva cuestión que se le plantea al abuelo que manifestó su oposición a la utilización del material genético de su fallecido hijo consiste en averiguar si podrá ser obligado a pagar alimentos en favor de su nieto.

28 VILAR GONZÁLEZ, S.: *Madre legal,* cit., p. 149, pone de manifiesto que el hijo de Ana Obregón no sólo tenía material genético criogenizado en España desde 2018 sino que más tarde también había depositado sus gametos en un hospital de New York.

La obligación de alimentos entre parientes está regulada en los arts. 142 a 153 CC. Con este término se está haciendo referencia al derecho que detenta una persona que se encuentra en estado de necesidad para reclamar a determinados parientes que le proporcionen los recursos económicos necesario para poder atender a la satisfacción de sus necesidades vitales[29]. En el caso de existir progenitores estos son «deudores alimentistas» del hijo al que se le denomina «acreedor alimentario». Esta obligación se fundamenta en el principio de la «solidaridad familiar» tal como se manifiesta por la STS 1 marzo 2001 (Tol 25272) que tiene como objetivo garantizar el derecho a la supervivencia de quien los reclama cuando carece este de recursos para garantizar su subsistencia personal.

En nuestra opinión, hasta el momento de engendrarse el nieto el abuelo podía oponerse a la utilización del material genético de su hijo en aquellos casos de no existir constancia fehaciente de la voluntad de hijo en sentido contrario. Pero una vez ya ha nacido el nieto, es indiferente que se haya concebido o no con su consentimiento, tal como sucede con los nietos que han sido generados sin recurrir a ninguna técnica de reproducción asistida. Así pues, los derechos y obligaciones de los abuelos por subrogación son idénticos a los del resto de los abuelos.

En aquellos casos en los que el nieto nacido en el extranjero ha sido inscrito en el Registro Civil español, bien en el consular o bien en el que le corresponda dentro del territorio español el abuelo podría verse compelido a pagar alimentos en favor de su nieto no deseado. El art. 143 CC es tajante al respecto al establecer que están obligados a darse alimentos en toda su extensión «los ascendientes y descendientes»[30]. La principal obligación a la que se

29 De Verda y Beamonte, J.R. y Chaparro Matamoros, P.: «Derecho de familia y obligación de alimentos» en AA. VV.: *Derecho Civil IV. Derecho de Familia* (coord. J.R. de Verda y Beamonte) 6.ª ed., Tirant lo Blanch, Valencia, 2023, pp. 19 y 20. Estos autores se basan en la STS 23 febrero 2000 (Tol 2418) que se refirió a la obligación de alimentos con el término «deuda alimentaria», a la que define como «la que afecta a una persona, llamada alimentante, que resulta obligada a prestar a otra, llamada asimismo alimentista, lo indispensable para cubrir todas sus necesidades perentorias, o dicho con palabras legales, las necesidades mínimas para subsistir».

30 En la STS 2 marzo 2016 (ECLI:ES:TS:2016:769) se declara el derecho de una menor a percibir alimentos de sus cuatro abuelos y paternos por insolvencia de sus progenitores. Se establece que las cuantías en las que se fijan los alimentos son proporcionadas a la capacidad del que las da y necesidades del que recibe, en cuanto en la sentencia recurrida se tiene en cuenta que los abuelos paternos pese a percibir mejor pensión que los maternos y poseer mayor patrimonio, también deben afrontar el mantenimiento de hijos mayores, uno de los cuales (el padre de la menor) reside con ellos, lo que limita su capacidad económica, por lo que el principio de proporcionalidad queda perfectamente respetado. Se desestima la petición de la madre respecto del pago de gastos extraordinarios (clases de música y apoyo). Se declara que el concepto de gastos extraordinarios que solo recoge el art. 93 CC, en las relaciones entre padres e hijos: los gastos reclamados de clases de música y de apoyo no son estrictamente parte de los derivados de la educación de la menor asistente a un Colegio público y gratuito. De modo que solo proceden entre abuelos

puede ver sometido un abuelo por subrogación, cuando el nieto carece de progenitores —como sucede en el caso que estamos comentando— o también cuando estos carecen de capacidad económica), es la relativa al pago de una prestación por alimentos. De todos es sabido que la GS en el extranjero solo está al alcance para personas con una alta capacidad económica, pero incluso estas en un momento de su vida pueden verse abocados a una situación de incapacidad económica, situación esta que provocaría que los abuelos del menor tuviesen que asumir su mantenimiento. Si volvemos al mediático caso que hemos tomado como ejemplo, cualquier lector no jurista de la revista Hola, podría pensar que como el nacimiento de la nieta ha sido una decisión de la abuela, y como esta disfruta de una acomodada posición económica que sólo a ella correspondería sufragar el mantenimiento de la nieta. Sin embargo, estimamos que el abuelo por subrogación está sometido exactamente a las mismas obligaciones alimenticias que un abuelo cuyo nieto ha sido concebido por cualquier otra modalidad de gestación, natural o artificial de las legalmente permitidas.

La obligación de alimentos, con independencia de quien tenga la obligación de pagarlos o satisfacerlos, progenitores o abuelos, presenta toda una serie de caracteres comunes: en primer lugar, se trata de una obligación de origen legal, regulada en los arts. 142 a 153 CC. De modo que en la misma tiene escasa aplicación el principio de autonomía de la voluntad ex art. 1255 CC. En consecuencia, si el abuelo por subrogación se encuentra dentro de los supuestos allí regulados tendrá que pechar con las obligaciones que legalmente se le impongan. En segundo lugar, se trata de una obligación personalísima, de modo que tanto la condición de alimentante como la de alimentista son irrenunciables e intransmisibles. En el art. 143 CC se establecen todas las personas que están obligadas a prestarse alimentos. El art. 143 CC señala que están obligaciones a darse recíprocamente alimentos: 1.º los cónyuges 2.º los ascendientes y descendientes. En el art. 144 CC se establece el orden de los obligados a prestarlos: 1.º el cónyuge. 2.º los descendientes de grado más próximo. 3.º los ascendientes, también de grado más próximo. Lo anterior supone que de no haber fallecido el padre biológico de la menor nacida por subrogación sería este el obligado a prestar los alimentos de su hija. Sin embargo, la obligación de alimentos también se tiene que satisfacer por los abuelos aun viviendo los padres si estos carecen de medios para cumplir con aquella prestación. En este sentido se ha manifestado la jurisprudencia en varias ocasiones[31]. No obstante, en la doctrina se ha manifestado al respecto

---

y nietos los gastos extraordinarios relacionados con los conceptos recogidos en el art. 142 CC. Concluye que «los abuelos tienen obligación de afrontar los gastos que generen sus nietos, ante la insolvencia de los padres, de acuerdo con lo establecido en el art. 142 del C. Civil y con respeto estricto del principio de proporcionalidad» (arts. 145 y 146 C. Civil), (STS 21 octubre 2015 (ECLI:ES:TS:2015:4291) y 27 octubre 2015 (ECLI:ES:TS:2015:4452).

31 La STS 2 marzo 2015 (Tol 4748228) afirma que «La falta de medios determina otro mínimo vital, el de un alimentante absolutamente insolvente, cuyas necesidades, como en este

diciendo que en el caso de los abuelos hay que «tener en cuenta que, dado que en este caso nos ceñimos al régimen general, en virtud del art. 152.2 CC, esta obligación cesará cuando la fortuna del obligado a darlos se hubiere reducido hasta el punto de no poder satisfacerlos sin desatender sus propias necesidades y las de su familia. Esto es, que los nietos podrán accionar contra los abuelos, pero en este caso, no existirá un deber incondicional de prestar alimentos de los segundos respecto de los primeros, sino que habrá que estar al criterio de proporcionalidad entre las necesidades de los nietos y el caudal y patrimonio de los abuelos»[32].

En tercer lugar, la obligación de prestar alimentos es una obligación recíproca, de modo que los sujetos a los que se refiere la ley pueden ser potenciales acreedores o deudores según quien sea el que los necesite en un determinado momento[33]. De modo que el abuelo por subrogación, con el transcurso de los años si viese empeorada su situación económica podría solicitar alimentos a su nieto. La obligación de prestar alimentos a los nietos mayores de edad estaría sujeta a otro régimen y podría extinguirse en el caso de falta de relación afectiva entre los nietos y sus abuelos[34].

En cuarto lugar, se trata de una obligación imprescriptible. No obstante, las pensiones alimentarias ya vencidas y no reclamadas prescriben a los 5 años (art. 1966. I CC). En quinto lugar, se trata de obligaciones parciarias, en

---

caso, son cubiertas por aquellas personas que, por disposición legal, están obligados a hacerlo, conforme a los artículos 142 y siguientes del Código Civil, las mismas contra los que los hijos pueden accionar para imponerles tal obligación, supuesta la carencia de medios de ambos padres». Resaltar la STS 2 marzo 2016 (RJ 2016, 638). donde se establece la obligación de los abuelos de atender los gastos que generen sus nietos, habida cuenta la insolvencia de ambos padres. En la STS 2 diciembre 1983 (RJ 1983, 6816). se establece que sean los abuelos los que se hagan cargo de la obligación alimenticia, dado que el padre se encontraba en paradero desconocido y la madre no disponía de ingresos suficientes para el mantenimiento del menor. Para el caso de que fuera imposible que los obligados en primer lugar estuvieran en condiciones de afrontar el pago de la pensión, se habrá de probar ya no sólo la situación de necesidad, sino también aquél extremo. Lo que encontramos en sentencias en las que, siendo imposible que el padre afronte el pago de la pensión del hijo, se dirige la demanda contra la abuela paterna. Con razón estima el tribunal que, de existir otros ascendientes del mismo grado, esto es, abuelos maternos, también estos han de ser demandados para que se determine cuál ha de ser su participación en dicha obligación. (SAP León 12 junio 2002 [JUR 2002, 211076]).

32 De Verda y Beamonte, J.R. y Bueno Biot, A.: «Los alimentos debidos a los hijos menores de edad: Un estudio jurisprudencial», *Actualidad Jurídica Iberoamericana* N.° 13, agosto 2020, p. 469:

33 Sierra Pérez, I.: «Comentario del art. 143», en AA. VV.: *Código Civil comentado* (dir. A. Cañizares Laso), Vol. I, 2011, pp-730-735.

34 Entendemos que en este caso sería de aplicación cuanto se ha dicho respecto de la falta de relación entre padres e hijos. *Vid.* Ribera Blanes, B.: «La falta de relación afectiva entre padres e hijos mayores de edad como causa de extinción de la pensión de alimentos», *Actualidad jurídica iberoamericana*, N.°. 13, 2020 (Ejemplar dedicado a: El interés superior del menor en la experiencia jurídica latina), pp. 482-529.

el sentido de que cuando las personas obligadas a prestar alimentos sean varias la obligación se dividirá entre ellas en proporción a sus respectivos caudales.

En quinto lugar, está el momento de la obligación de alimentos es exigible desde que los necesitare para subsistir la persona que tenga derecho a percibirlos (art. 148.I CC). Entendemos, que desde el minuto cero del nacimiento del nieto por subrogación el abuelo tiene la obligación de satisfacer la parte del derecho al pago de alimentos que le corresponda. La diferencia de caudal económico entre los patrimonios de abuelo o la abuela será la que marcará la proporción en la que han de colaborar ambos antecesores del niño (art.146 CC). Si bien, el pago de la pensión alimenticia se repartirá en proporción a su caudal respectivo (145 CC). El art. 142. I CC engloba dentro del concepto de alimentos «todo lo que es indispensable para el sustento, habitación, vestido y asistencia médica». Asimismo, «los alimentos comprenden también la educación e instrucción del alimentista mientras sea menor de edad y aun después cuando no haya terminado su formación por causa que no le sea imputable» (art. 142.II CC). Finalmente, se señala que «entre los alimentos se incluirán los gastos de embarazo y parto, en cuanto no estén cubiertos de otro modo» (art. 142.III CC). Al respecto, se ha dicho por la doctrina que «los gastos de embarazo y parto, el alimentista es el hijo, aun antes de nacer, de forma que debiera satisfacer tales gastos quien le deba alimentos a este, generalmente, el padre no casado»[35]. Respecto a la obligación del abuelo por subrogación de pagar los gastos de embarazo y parto. Estaríamos hablando de una importante suma económica, habida cuenta de altísimo coste de la gestación por subrogación[36]. Las agencias intermediarias que ofrecen programas de gestación subrogada en el extranjero cifran estos gastos entre 50.000 y 200.000 €. Entre las variables que hacen variar esta suma se encuentran los pagos a las agencias de intermediación que se encargan de gestionar todo el proceso, lo que incluye desde la clínica en la que se realiza el tratamiento, los pagos a la mujer gestante, los viajes y estancias en el país extranjero en el que se realiza el proceso[37]. En este caso al tratarse

35 De Verda y Beamonte , J.R. y Chaparro Matamoros, P.: «Derecho de familia», cit., p. 25.

36 Se estima que la cifra gastada por Ana Obregón en Estados Unidos para la concepción de su nieta estaría entre los 150.000 y los 170.000 euros. *Vid.* Ariaza, H.: «¿Cuánto dinero se habría gastado Ana Obregón en la gestación subrogada para tener una hija de Álex Lequio?», *Lecturas*, 5 abril 2024. Disponible en https://www.lecturas.com/actualidad/cuanto-dinero-se-habria-gastado-ana-obregon-gestacion-subrogada-para-tener-hija-alex-lequio_136904. Consultado: 24-07-2024.

37 En algunas páginas web se ofertan los precios de los programas de gestación por subrogación. En el caso de la compañía Gestlife esta desglosa las diferentes partidas de gastos que incluye su programa de gestación subrogada. Estas se refieren al tratamiento de reproducción asistida. La compensación de la gestante. Pruebas adicionales. Diagnóstico genético preimplantacional. Sí se necesita o no donante de óvulos. Número de Fivs o intentos necesarios. Gastos de gestión o gastos legales (según el país de destino). Desplazamientos y hospedajes en el país de destino. Gastos médicos del propio embarazo (según

de una práctica prohibida por el ordenamiento jurídico español, entendemos que su reclamación no prosperaría por tratarse de un negocio jurídico cuyo objeto es ilícito. Se trataría de un supuesto de nulidad absoluta contemplado en el art. 1261 CC que haría inviable su reclamación. Por el contrario, en el caso de que se hubiera tratado de una fecundación post mortem cumpliendo los requisitos del art. 9 LTRHA estimamos que sí que le podrían reclamar estos gastos al abuelo cuando la madre fecundada careciese de medios suficientes para sufragar aquellos gastos. Asimismo, en el caso de existir otros abuelos se tendría que sufragar por todos en proporción a sus posibilidades económicas.

Cuestión diferente son aquellos casos en los que en la gestación subrogada se lleva a cabo sin aportación de material genético por parte de los contratantes. Este es el caso en el que una mujer que carece de capacidad para concebir recurre a esta técnica sin aportar el material genético de varón conocido alguno. Este sería el caso de aquellas mujeres que quieren tener hijos sin la aportación de ningún varón, bien por tratarse de parejas homosexuales femeninas o mujeres solas infértiles. Uno de estos supuestos con material genético anónimo, tanto de varón como de mujer, es el contemplado por la STS 31 marzo 2022[38]. En este caso una mujer sola realiza un contrato de gestación subrogada en el extranjero. Por imposibilidad médica no pudo aportar sus propios gametos de modo que el bebé fue concebido con aportación genética de donantes anónimos. La madre comitente se traslada con el niño a España donde no se le permite la inscripción registral por no cumplirse los requisitos de la Instrucción de la RDGRN 2010. El padre de la madre de intención, presenta una demanda para que se reconozca por la vía de posesión de estado ex art. 131 CC la maternidad de su hija. El Tribunal Supremo establece que, en el ordenamiento jurídico español, el reconocimiento de esa relación puede realizarse, respecto del padre biológico, mediante el ejercicio de la acción de reclamación de paternidad de acuerdo con la previsión del art. 10. 3 LTRHA. Por el contrario, cuando quien solicita el reconocimiento de la relación de filiación es la madre comitente, la vía por la que debe obtenerse la determinación de la filiación es la de la adopción. Así pues, según el TS el cauce adecuado para dar respuesta al menor gestado en México ha de ser la adopción y no la posesión de estado[39]. En casos como este, el abuelo por subrogación no podría ser obligado a pagar alimentos a su nieto por la inexistencia de parentesco biológico. Cuestión diferente será el caso en el

tenga o no Seguridad social el país de destino). Causas ajenas a la voluntad de las partes, como pandemias, guerras, motivos de fuerza mayor. Disponible en: https://www.gestlifesurrogacy.com/precio-gestacion-subrogada-espana.php?gclid=Cj0KCQjwxqayBhDFARIsAANWRnT1n6GRxwYMIreMOKbbjCL3Qvnoemx0S6GJ5cSZ1v-quwRzutD6oW8aAmjsEALw_wcB. Consultado: 1-10-2024.

38 STS 31 marzo 2022 *(Tol 8898029)*

39 No obstante, algún autor ha criticado la laxitud con la que el TS ha abrazado la adopción y la rigidez con la que desprecia la posesión de estado. Vid. Lázaro González, I.E.: «Filiación y Gestación», cit., p. 17.

que el niño producto de una gestación por subrogación finalmente sea declarado hijo de su hija al finalizar el expediente de adopción. No obstante, este menor —igual que todos los niños concebidos por gestación por subrogación sin aportación genética por un varón conocido— durante la tramitación de este expediente se encontrará ante un limbo jurídico. Motivo este por el que nuestro legislador debería poner fin a esta situación que constituye una conculcación al derecho a la vida privada reconocido en el art. 8 CEDH, que de acuerdo con la jurisprudencia del TEDH incluye el derecho a la identidad, dentro de la cual tiene gran importancia la determinación de su filiación y su integración en un determinado núcleo familiar.

En consecuencia, con todo lo anterior, aquellos a los que nos hemos atrevido a denominar abuelos por gestación subrogada podrían verse obligados a pagar una pensión alimenticia para su nieto a cuya concepción se opuso si concurren las circunstancias exigidas en los arts. arts. 142 a 153 CC.

V. Derecho de visitas de los abuelos por subrogación

El abuelo por GS, incluso el que inicialmente se opuso a la utilización de esta técnica reproductiva, dispone del mismo derecho de visitas que tiene el abuelo cuyo nieto ha sido concebido por cualquier otra vía. Estimamos que todos los abuelos sin distinción tienen derecho régimen de visitas con sus nietos al que se refiere el art. 160.2 CC. Ese precepto fue expresamente introducido en el Código Civil por la Ley 42/2003, de 21 de noviembre, de modificación del Código Civil y de la Ley de Enjuiciamiento Civil en materia de relaciones familiares de los nietos con los abuelos. En la Exposición de Motivos de esta ley se mantiene que para el menor el mantenimiento de relaciones familiares con sus abuelos incide positivamente en la estabilidad afectiva y personal del menor. De ahí que como consecuencia de esta ley se introducen varias modificaciones en el Código civil para reconocer este derecho tanto en favor de los nietos como de los abuelos. Posteriormente, como consecuencia de otros cambios legislativos, este derecho en favor de los abuelos (y de los menores) también se extiende a otras personas relacionadas con el menor como sus hermanos, otros familiares y allegados. En la doctrina se ha mantenido que cuando el legislador establece un régimen de comunicación y estancia de los abuelos con los nietos (o viceversa) está pensando en aquellos casos en los que no es posible la existencia de relaciones entre ambos a través de la guarda y custodia o el derecho de visita de sus progenitores. En consecuencia, la falta de relación o incluso hostilidad entre los abuelos y progenitores no son contempladas por los Tribunales como causa suficiente para denegar las relaciones abuelos-nietos; cuestión diferente es que la situación conflictiva afecte al propio menor y a su estabilidad emocional[40]. En el caso que nos afecta, no existiendo progenitor de la

40 MÚRTULA LAFUENTE, V.: *El interés superior del menor y las medidas civiles a adoptar en supuestos de violencia de género*, Dykinson, Madrid, 2016, pp. 258-259.

nieta común habría que pensar en una situación de inexistencia de relaciones entre abuelos o de haberlas que tuvieren el carácter de conflictivas.

En la actualidad la regulación del derecho de relación entre el menor y sus abuelos, hermanos y otros allegados es la siguiente: en el art. 90.1 b) CC se establece que el convenio regulador podrá contemplar, si se considera necesario, el régimen de comunicación y estancia de los hijos con sus abuelos. Si bien en el caso al que nos referimos, al no existir progenitores no sería de posible aplicación este precepto, sí que lo sería en el caso de parejas casadas que han acudido a la GS, bien por tratarse de parejas homosexuales o de parejas heterosexuales en los cuales uno de los miembros de la pareja no tiene capacidad reproductora. De la redacción del precepto art. 90. 1.b) cabe concluir que se trata de un extremo que si bien puede incluirse en el convenio regulador no tiene la condición de obligatorio. Tampoco puede inferirse que se trate de un derecho en favor de los hijos ni de los abuelos. Nuevamente en el art. 90.2.III CC se establece con carácter potestativo que las partes puedan proponer un régimen de visitas y comunicación de los nietos con los abuelos. En este caso, el juez podrá aprobarlo previa audiencia de los abuelos en la que estos presten su consentimiento. La denegación de los acuerdos tendrá que hacerse mediante resolución motivada y en este caso los cónyuges deberán someter, a la consideración del juez, nueva propuesta para su aprobación, si procede. En el art. 94.VI CC, reformado por la Ley 8/2021, sí que se refiere al reconocimiento del derecho de comunicación y visita, previsto en el art. 160.2 CC, en favor de hermano, abuelo, pariente o allegado del hijo menor o de aquel mayor con discapacidad. Para que la autoridad judicial adopte esta medida definitiva se exige la previa audiencia de los progenitores y de quien lo hubiera solicitado. De este artículo cabe destacar que en su nueva redacción se amplía el número de titulares de este derecho que ahora, además de los abuelos, incluye a los hermanos, parientes y allegados. Además, ahora también se aplica ese derecho en favor de los hijos mayores con discapacidad que precisen de apoyo para tomar la decisión. La resolución judicial estableciendo esta medida tendrá presente el interés del menor y la voluntad, deseos y preferencias del mayor con discapacidad. En el art. 160.2 CC (redactado por la Ley 26/2015) se establece que «No podrán impedirse sin justa causa las relaciones personales del menor con sus hermanos, abuelos y otros parientes y allegados»[41]. En el párrafo II, del apartado 2 del art. 160 CC, se establece que en caso de oposición (enten-

41 Chaparro Matamoros, P.: «El derecho de relación», cit., p. 203-204, estima que la «justa causa» para que proceda la denegación del régimen de visitas de los abuelos ha de tratarse de un motivo que pueda causar un perjuicio grave que pueda poner en peligro el libre desarrollo de la personalidad del menor. Dice este autor, que así sucede cuando los abuelos intenten enfrentar al menor con el progenitor custodio, tal como sucede con las SSTS 20 febrero 2015 (RJ 2015,583) y 18 marzo 2015 (RJ 2015,1152). A estas resoluciones pueden añadirse las más recientes SSTS 27 septiembre 2018 (Tol 6830516), 5 noviembre 2019 (Tol 7586554) y 25 de noviembre de 2019 (Tol 7615683).

demos que de alguno de los progenitores o del propio menor o mayor con discapacidad) «el Juez, a petición del menor, hermanos, abuelos, parientes o allegados, resolverá, atendidas las circunstancias». En este párrafo este tipo de visitas se configuran no sólo como un derecho en favor de abuelos y otros parientes, sino también del menor. En el inciso final de este párrafo se dice que el Juez «Especialmente deberá asegurar que las medidas que se puedan fijar para favorecer las relaciones entre hermanos, y entre abuelos y nietos, no faculten la infracción de las resoluciones judiciales que restrinjan o suspendan las relaciones de los menores con alguno de sus progenitores»[42].

En la Exposición de Motivos de la Ley 42/2003, se hace constar que la aplicación del derecho de visita en favor de los abuelos (ahora también en favor de hermanos, otros parientes y allegados) no sólo se circunscribe al caso de las rupturas matrimoniales, sino que también pretende articular una salvaguarda frente a otras situaciones como el mero desinterés de los progenitores o la ausencia de uno de ellos que en tales circunstancias perjudicase las relaciones de los nietos con sus abuelos. De ahí que en el art. 161 CC (redactado por la Ley 26/2015), se hace explícito y singular el régimen de visitas y relaciones de los abuelos con los nietos sometidos a acogimiento. Aunque también se refiere a los progenitores, hermanos, demás parientes y allegados. De modo que la Entidad Pública (y no la autoridad judicial) será la que regule las visitas y comunicaciones que correspondan a los progenitores, abuelos, hermanos y demás parientes y allegados respecto a los menores que ha sido declarados en situación de desamparo. También podrá acordar motivadamente, en interés del menor, la suspensión temporal de aquellas, previa audiencia de los afectados y del menor si tuviere suficiente madurez y, en todo caso, si fuera mayor de doce años, con inmediata notificación al Ministerio Fiscal.

En el Tribunal Supremo existe una consolidada línea jurisprudencial reconociendo el derecho de los abuelos a relacionarse con sus nietos[43]. La juris-

---

42 Herrero Oviedo, M.: «Comentario del art. 160», cit., p. 1300, estima que, en este caso, el legislador se está permitiendo que el Juez pueda establecer las medidas necesarias para impedir que el ejercicio del derecho a relacionarse personalmente del menor con sus parientes y allegados, pueda ser utilizado como como subterfugio para infringir aquellas resoluciones judiciales que limitan o suspenden las relaciones de los menores con alguno de sus progenitores.

43 En ese sentido la STS 15 de enero 2018 (ECLI:ES:TS:2018:41)señala que «Esta Sala tiene sentado un cuerpo de doctrina respecto del régimen de visitas y comunicación entre abuelos y nietos, que recuerda la sentencia de 27 de julio de 2009 y la 90/2015, de 20 de febrero. Rige en la materia un criterio de evidente flexibilidad en orden a que el Juez pueda emitir un juicio prudente y ponderado, en atención a las particularidades del caso, el cual deben tener siempre como guía fundamental el «interés superior del menor» (STS 28 de junio de 2004), si bien, y en aras de ese interés, se prevé la posibilidad de suspensión o limitación del régimen de visitas, como señala la sentencia de 20 de septiembre de 2002, cuando se advierta en los abuelos una influencia sobre el nieto de animadversión hacia un progenitor. Tal interés, guía de la interpretación jurisprudencial deriva de lo esta-

prudencia menor se ha pronunciado en diversas ocasiones sobre el derecho de los abuelos y otros parientes a tener un derecho de visitas con sus nietos. Incluso en situaciones en las que existe mala relación con alguno de los progenitores, lo que en el caso que nos afecta al tratarse de un supuesto de GS en el que no hay progenitores se tendrá que aplicar para las relaciones entre abuelos[44]. También existen pronunciamientos del Tribunal Supremo en los que otros miembros de la familia extensa amparándose en el 160.2.º CC han solicitado un régimen de visitas con el menor[45]. El derecho de los menores a relacionarse con sus abuelos en ocasiones también puede incluir la pernocta con éstos[46]. De modo que nuestros abuelos por subrogación podrán solicitar no sólo el derecho de visita de sus nietos sino incluso el derecho de pernocta.

Otra referencia a los abuelos la encontramos en el art. 103.1.ª II CC, relativo a las medias provisionales derivadas de la interposición de la demanda

blecido en el artículo 8.1 de la Convención de Nueva York sobre los Derechos del Niño, que establece que «Los Estados Parte se comprometen a respetar el derecho del niño a preservar su identidad, incluidos [...] Las relaciones familiares de conformidad con la Ley [...]». Así se contempla no solo en el artículo 160 del Código Civil sino también en las legislaciones autonómicas. No es posible, pues, impedir o limitar el derecho de los niños al contacto con sus abuelos, únicamente por la falta de entendimiento de éstos con sus progenitores (SSTS 20 octubre 2011 y 13 febrero 2015). Como recoge la STS 28 julio 2009 (ECLI:ES:TS:2009:5382), la relación del nieto con los abuelos es siempre enriquecedora (STS 20 septiembre 2002) y no cabe desconocer el legítimo derecho de los abuelos a tener un estrecho contacto personal con quien les une una relación de parentesco tan próximo que justifica un especial afecto. Los abuelos ocupan una situación respecto de los nietos de carácter singular y, sin perjuicio de tener en cuenta las circunstancias específicas del supuesto que determinan que aquélla pueda presentarse con múltiples aspectos y matices, en principio no cabe reducir la relación personal a un mero contacto durante un breve tiempo. Pero añade que «todo ello debe entenderse sin perjuicio de tomar en cuenta la voluntad del menor que deberá ser oído al respecto».

44 En la SAP Alicante 162/2023, 8 mayo 2023, se establece un régimen de visitas a favor de la abuela y el hermano de un menor. Consistente en dos horas un día al mes para cada uno, al considerar, por un lado, que resultaba necesario mantener la relación del menor con sus familiares paternos; pero por otro, que dada la conflictividad existente entre la madre del menor y la familia paterna, resultaba necesario establecer periodos cortos de duración para permitir la adaptación del menor y evitarle situaciones de estrés. Se acuerda, además, que las entregas y recogidas del menor se realicen en el PEF. No se admite ni el aumento de visitas a un fin de semana solicitados por la abuela y hermano ni tampoco la reducción de las visitas a una hora como solicita la madre.

45 En el supuesto contemplado por la STS 16 septiembre 2015 (ECLI:ES:TS:2015:3831) una tía paterna del menor solicita el establecimiento de un régimen de visitas que se considera improcedente habida cuenta que aquella carecía de vínculo afectivo con el menor.

46 Herrero Oviedo, M.: «Comentario del art. 160», en Ana Cañizares Laso, dir, *Comentarios al Código civil*, Tirant Lo Blanch, Valencia, 2023, p. 1303, admite esta posibilidad apoyándose en la STS 14 noviembre 2013 (Tol 4023577), de modo que serán las circunstancias concurrentes las que permitan al Tribunal establecer un derecho de visitas que incluya la pernoctación con los abuelos, por lo que esta posibilidad no se puede reconocer de forma generalizada, pero tampoco es viable impedirlo de forma indiscriminada.

(art. 773 LEC) en el que se prevé, que «excepcionalmente, los hijos podrán ser encomendados a los abuelos, parientes u otras personas que así lo consintieren y, de no haberlos, a una institución idónea, confiriéndoseles las funciones tutelares que ejercerán bajo la autoridad del juez»[47]. Se trata de situaciones extremas, como progenitores prisión drogadictos, alcohólicos, que han abandonado a sus hijos o incluso están en paradero desconocido habiéndose llevado consigo a sus hijos menores. Se trata de situaciones cercanas o incluso constitutivas de desamparo. Esta misma situación podría aplicarse en el caso de existir sólo abuelos de modo que uno de ellos podría solicitar que se le encomendase a su nieto si el otro por circunstancias, vamos a pensar, por ejemplo, en una enfermedad mental, ya no pudiese hacerse cargo del menor.

En ocasiones los abuelos u otros miembros de la familia extensa litigan con uno o incluso con ambos progenitores para sustituir o modular el régimen de la patria potestad. Estos familiares pretenden que la autoridad judicial les otorgue el cuidado de los menores[48]. El Tribunal Supremo en varias ocasiones ha reconocido este derecho a abuelos o tíos de los menores[49]. En el apartado III del art. 103.1.ª CC se establecen medidas que puede adoptar la autoridad judicial para minimizar el riesgo de que los hijos menores puedan

47 Arrébola Blanco, A.: «Las cargas del matrimonio: un concepto jurídico (in)determinado», *Revista Crítica de Derecho Inmobiliario*, n.° 794, año, 2022, pp. 3004 y 3005, estima: «Los nietos ocupan el lugar de los hijos cuando los abuelos asumen la tutela la de los mismos como consecuencia de la obligación de alimentos que media entre ascendientes y descendientes por razón de parentesco (*cfr.* arts. 103.1 II, 143.2, 213, 218.1 y 218.3 CC). Este hace que, en muchas ocasiones, su deber no solo consista en procurarlos —como en principio corresponde a cualesquiera otros tutores por razón del cargo—, sino en prestarlos» (cfr. arts. 172 ter 4, 228.1, 229 III y 1894 I CC).

48 Díaz Martínez, A.: «La familia extensa», cit., 3.

49 En el caso previsto por la STS 20 junio 2023 (ECLI:ES:TS:2023:2727) el padre se encuentra inmerso en dos procesos de violencia de género. En el caso de la madre también cuenta con imposibilidad para ejercer las funciones de custodia por haber obstaculizado, desde el divorcio, toda clase de contacto y comunicación del padre con su hija, incumpliendo todas las resoluciones judiciales que así lo habían acordado; la madre además se encuentra en paradero desconocido al haber huido con la niña. Como alternativa a la custodia de cualquiera de los progenitores se considera que la tía paterna de la menor es la persona más idónea para proporcionar a la menor un entorno estable, y se le confía temporalmente la custodia de la niña. Medida que se materializará una vez que la madre y la hija sean localizadas y restituidas a la acción de la justicia. El TS se ha pronunciado en otras ocasiones sobre la aplicación del art. 103.1 II del CC, que prevé la atribución provisional de la custodia a los parientes u otras personas que así lo consintieren. Así en las SSTS 14 de septiembre 2018 (ECLI:ES:TS:2018:3154) y 13 de febrero 2015 (ECLI:ES:TS:2015:253) se atribuye la custodia a una tía de la menor. En la STS 27 de octubre 2014 (ECLI:ES:TS:2014:4243), se atribuye la custodia al abuelo paterno. En la STS 20 noviembre 2013 (ECLI:ES:TS:2013:5713) se atribuye la guarda y custodia de la hija menor al exmarido de la madre, aun a pesar de que había impugnado su filiación paterna. Se tiene en cuenta las especiales relaciones que la menor ha tenido con aquel que sí que es padre biológico de otros dos hermanos de la menor, hijos comunes de este con su madre biológica.

ser trasladados de manera ilícita dentro del territorio nacional o al extranjero[50]. También puede atribuirse la custodia, con carácter subsidiario, a una institución pública (art. 172 ter CC)[51].

El régimen de visitas y estancia también puede suspenderse por decisión administrativa, como consecuencia de la reforma operada por la Ley 26/2015[52]. Este es el caso del art. 161 CC que establece que la Entidad Pública a la que esté encomendada la protección de menores «regulará las visitas y comunicaciones que correspondan a los progenitores, abuelos, hermanos y demás parientes y allegados respecto a los menores en situación de desamparo, pudiendo acordar motivadamente, en interés del menor, la suspensión temporal de las mismas previa audiencia de los afectados y del menor si tuviere suficiente madurez y, en todo caso, si fuera mayor de doce años». Como ya hemos dicho anteriormente, existe una creencia generalizada de que los niños concebidos por GS van a vivir entre algodones, pero si bien la situación de bonanza económica puede coincidir con el momento de su concepción, nada impide que con el devenir del tiempo que los progenitores o los abuelos cuando no existieran los primeros pudieran empeorar drásticamente su situación económica o incluso mental y el menor llegar a verse en situación de desamparo.

También se regula por vía administrativa el régimen de visitas en el caso de los menores en régimen de guarda mediante acogimiento familiar o residencial en el art. 172 ter 2. En el art. 172.2 CC se permite que, en vía administrativa, que cuando se haya declarado un situación de desamparo (y no hayan transcurrido dos años desde la notificación de la resolución administrativa), en la que los progenitores continúen ostentando la patria potestad pero la tengan suspendida, así como los tutores que también tengan suspendida la tutela que soliciten a la Entidad Pública que cese la suspensión y quede revocada la situación de desamparo del menor, si «por cambio de las circunstancias que la motivaron, entienden que se encuentran en condiciones de asumir nuevamente la patria potestad o la tutela».

---

50 López de la Cruz, L.: «Comentario al art. 103», en Ana Cañizares Laso, dir, *Comentarios al Código civil*, Tirant Lo Blanch, Valencia, 2023, cit., p. 1007, que hace referencia al supuesto contemplado por la SAP Madrid (secc. 22.ª), de 27 de mayo (Tol 7097440).

51 López de la Cruz, L.: «Comentario al art. 103», cit., p. 1007, señala que el legislador prefiere el acogimiento familiar antes que el residencial. De ahí que este último tenga carácter subsidiario respecto del familiar.

52 López de la Cruz, L.: «Comentario del art. 94 CC», cit., p. 965.

AUTONOMÍA PRIVADA Y HERENCIA: ENTRE LA LIBERTAD DE TESTAR Y LAS LEGÍTIMAS

CAPÍTULO 5

¿FUNDAMENTA LA SOLIDARIDAD FAMILIAR LA LEGÍTIMA EN LA INTERPRETACIÓN DEL TRIBUNAL SUPREMO?

Isabel María Nicasio Jaramillo
Magistrada de la Audiencia Provincial de Huelva
Profesora asociada
Universidad Pablo de Olavide

Sumario:

I. Cuestionamiento de los fundamentos de la legítima

El hecho de cuestionar la fundamentación de la institución de la legítima hereditaria[1] plantea abordar el dilema de su mantenimiento o de su supresión, debate recurrente, muy actualizado en los últimos tiempos, por la trascendencia que en la interpretación jurídica de la institución ha tenido la modificación de algunos de los derechos forales coexistentes con el derecho común, particularmente el CC catalán, en cuanto a la introducción como causa de desheredación «la ausencia manifiesta y continuada de relación familiar entre el causante y el legitimario, si es por causa exclusivamente imputable al legitimario» (art. 451-17-e); modificación que no es ajena al derecho comparado en los países de nuestro entorno cultural más cercano: reformas legislativas acometidas en Francia desde 2006, para convertir la legítima en un derecho de crédito, supresión de la legítima de ascendentes, fundamento de la legítima en el interés de familia como objeto de protección a través de esta institución[2]. Como tampoco lo es el debate sobre su constitucionalidad surgido en Alemania, que ha culminado con la Sentencia del Tribunal Constitucional Alemán de 19 de abril de 2005, que considera que la legítima goza de garantía constitucional en Alemania[3].

Pero especialmente el debate sobre la subsistencia y justificación de la legítima se sustenta en los cambios del modelo de familia actual frente a los imperantes al momento de la positivación de la institución: el modelo de familia extensa se ha superado en pro de la familia nuclear compuesta únicamente por los cónyuges e hijos, cuestionando la subsistencia de la legítima de los ascendientes, especialmente cuando concurren con el cónyuge viudo; las relaciones familiares se articulan en función de los afectos, más que del vínculo de sangre (por ejemplo, familias reconstituidas); el concepto de transmisión o herencia se vincula actualmente más a la facultad de generar ingresos de los descendientes, a través de la formación, que al traspaso de bienes raíces con la herencia; ello sin perjuicio de la importancia de los

1 Nos referimos a la fundamentación última que sostiene la legítima en nuestro ordenamiento jurídico común, y pretendemos indagar las manifestaciones de esta fundamentación en la interpretación que el Tribunal Supremo está realizando de la legítima a través de la interpretación extensiva de las causas de desheredación. Algo ajeno a la naturaleza jurídica de la institución, como se sabe pivotando entre quienes la consideran como *pars bonorum*, y quienes la conciben como un derecho de crédito, *pars valoris*, concepción hoy vinculada a la relajación de los límites a la libertad de testar que supone la legítima.

2 Vaquer Aloy, A., «Acerca del funcionamiento de la legítima», en *InDret, Revista para el análisis del derecho*, núm. 4, 2017, pp. 1-28.

3 Nuestra doctrina se inclina de manera mayoritaria por estimar que la legítima no tiene carácter constitucional, aunque, en palabras Martín Santisteban, Sonia «parece indudable es que no se puede mantener tan importante limitación a la libertad individual si la legítima no se adecúa a una finalidad de interés social» (2023, p. 398).

bienes muebles en la actualidad en relación a los bienes inmuebles. Pero especialmente tiene singular relevancia en la propia concepción social de la legítima, la prolongación de la expectativa de vida de los causantes y la situación de vulnerabilidad o dependencia que al final de la vida, en muchos casos, viene reflejando la realidad social[4].

Como explica VAQUER ALOY[5] dos pueden ser los fundamentos jurídicos que amparan el mantenimiento de la legítima:

1.- **Se trata de un deber económico** cuyo fundamento se encuentra en la familia.

2.- **Se trata de una institución** cuyo fundamento es la solidaridad intergeneracional, lo que conduce a un principio de reciprocidad en su interpretación.

La legítima prácticamente existe como limitación a la libertad absoluta de disposición de sus bienes por el testador en todos los países de nuestro entorno jurídico[6]. Sin duda puede añadirse a la anterior dicotomía la conside-

---

4 Sobre dichas causas, con estudio estadístico del reflejo social de la legítima en nuestro país, véase MÉNDES MARTOS, Juan Ramón, «La desheredación en el ordenamiento jurídico español y la flexibilización de sus causas», en *Revista de estudios jurídicos y criminológicos,* núm. 3, enero-junio 2021, pp. 19-64. La vulnerabilidad del testador es a nuestro juicio, en muchos casos, el trasunto de los pronunciamientos jurisprudenciales sobre la cuestión especialmente de la interpretación extensiva de las causas de desheredación de los descendientes. La necesidad del cuidador, el concepto de afecto o apoyo emocional del testador anciano y dependiente y los subsiguientes litigios referentes a la capacidad testamentaria, la colación de las donaciones del cónyuge viudo o la desheredación son, a nuestro juicio, manifestaciones de una misma realidad: la vulnerabilidad asociada a la edad del testador.

5 VAQUER ALOY, A., *Op. Cit.*, pp. 6 y ss.

6 CAÑIZARES LASO afirma que en el momento actual no existe en Europa ningún sistema en el que se admita la libertad de testar sin limitaciones, puesto que donde existía como en Inglaterra y Gales se limitó introduciendo mediante la *Inheritance Act* las llamadas *familly provisions*. En estos sistemas en los que se regula *la familiy provision* existe libertad de testar, pero sometida a un control judicial. En este sistema no existe una clase concreta de parientes que tengan derecho a recibir una porción de bienes hereditarios, pero el juez puede, discrecionalmente, y a favor de los dependientes del causante, disponer la provisión de bienes necesarios para sobrevivir o para llevar un nivel de vida semejante al que llevaban anteriormente.
En cambio, en los sistemas europeos continentales donde rige el sistema de legítimas de cuotas fijas, se han producido modificaciones recientes, y estas reformas se han dirigido a flexibilizar el sistema de legítimas, no obstante, sin un cambio absolutamente radical que suponga su supresión, conduciendo a la más absoluta libertad de disponer. CAÑIZARES LASO, A., «Legítimas y libertad de testar», en DOMÍNGUEZ LUELMO, A. Y GARCÍA RUBIO, M. P. (dirs.), *Estudios de derecho de sucesiones. Liber Amicorum Teodora F. Torres García,* La Ley, Madrid, 2014, p. 255.
Como explica Pizarro Moreno, en los países pertenecientes a la familia jurídica anglosajona pura, no hay legítimas, sino simplemente derechos similares a los alimentos *(family provisions)*. Los órganos judiciales, a instancia de parte, pueden reconocer a los familiares más próximos del causante (por lo general, al cónyuge y a los hijos) una provisión financiera razonable si estos no hubieran sido «tenidos en cuenta», o al menos de manera

ración de la legítima como una opción del legislador, sin amparo constitucional o ético, cuya única fundamentación es la legislación positiva[7].

La fundamentación de la legítima en la protección de la familia como institución vertebradora de la sociedad civil, sin más fundamento que los vínculos de filiación o conyugales, ha sido cuestionada doctrinalmente. En la actualidad esta fundamentación sostiene una concepción individualista y egoísta del derecho de los legitimarios, que gozan de la participación en los bienes del causante sin una contraprestación o deber, particularmente el deber de atender o dispensar cuidados personales o afectivos al mismo[8].

---

suficiente, por el testador. EL juez puede ordenar a favor de aquellos una prestación pecuniaria (como pago único o en rentas periódicas), pero también la transmisión de determinados elementos patrimoniales (incluso inmuebles) del causante. Se persigue, como objetivo, el mero sostenimiento de dichos familiares, de acuerdo con la posición social y económica del causante. La Ley no establece, como «provisión razonable», un porcentaje fijo de la herencia; será la autoridad judicial quien determine aquella, ponderando el valor del caudal relicto y el patrimonio y los ingresos del derechohabiente

Pizarro Moreno, E., *Instituciones de derecho comparado, público y privado*, Madrid, Dykinson, 2020, p. 568.

El mismo autor, citando a Cámara Lapuente, contrapone las diferencias entre la family provisions y la legítima continental, en tanto aquella no es un derecho automático reconocido a sus titulares, sino *ad cassum, intervinie* la discreción judicial en su fijación, permite muchas fórmulas de pago, parte del montante está ligado a la necesidad de quien lo reclama, en concordancia con los deberes alimenticios que le sirven de base Pizarro moreno, e., ob. cit., p. 553.

7 Así ROCA TRÍAS descarta un derecho moral a la herencia: existe un deber impuesto a los padres, que no tiene correspondencia con un derecho de los hijos, ni nada que ver con la dignidad de la persona. Y ello por varias razones: i) la herencia en sí misma considerada no deriva de un principio moral previo; existen muchas formas de organizar los efectos del fallecimiento del titular y el derecho sucesorio occidental es solo una de ellas; ii) tomando la definición de Eekelar, la legítima podrá ser considerada un derecho legal, pero no moral porque nadie está legitimado para reclamar la titularidad de unos bienes en cuya adquisición no ha participado; iii) la legítima será una obligación, pero esta obligación no es el resultado de la existencia de un derecho de otro. Roca Trías, E., «Una reflexión sobre la libertad de testar», en Domínguez Luelmo, A. Y García Rubio, M. P. (dirs.), *Estudios de derecho de sucesiones. Liber Amicorum Teodora F. Torres García,* La Ley, Madrid, 2014, p. 1263.

8 Históricamente la institución de la sucesión forzosa a partir del proceso codificador se anuda a la supresión de los mayorazgos. Cañizares Laso, A., ob. cit., p. 253 explica que el sistema de legítimas es absolutamente contrario a la propiedad vinculada, y coherente con la línea seguida por la codificación, de modo que tras la publicación del Código el debate acerca de la mayor o menor libertad de testar y sobre las legítimas prácticamente desaparece. Remontándonos al derecho romano, observa Magariños Blanco, V., *Libertad para ordenar la sucesión. Libertad de testar*, Madrid, Dykinson, 2022, pp. 28 y 29, que el antecedente de la legítima se sitúa en el *officium pietatis*, frente a la absoluta libertad del testador de ordenar su sucesión en el derecho romano de la época republicana. El testador sólo tenía que nombrar al *suis* a fin de que no resultara preterido, pero podía desheredarlo, sin que anulara el testamento la desheredación injusta. Los abusos cometidos propiciaron que a través de la querella *inofficiosi testamenti*, a partir del s. I AC, sin principios fijos, se extendiera la práctica de que los hijos llamados a heredar abintestato debían

Por ello, parece imperar en la doctrina como fundamentación última de la legítima la solidaridad intergeneracional, que trasciende además otras instituciones familiares, particularmente, como veremos, la obligación alimenticia entre parientes o la revocación de las donaciones por ingratitud. Para PÉREZ ESCOLAR, el «fundamento de la legítima es el principio de solidaridad familiar imperante en la sociedad actual»[9]; Miquel GONZÁLEZ DE AUDICANA justifica el mantenimiento de la institución de la legitima en «la solidaridad familiar, su efecto distributivo de riqueza y cierta dosis de igualdad entre los hijos»[10], entre otros.

Incluso varios de los pronunciamientos jurisprudenciales de nuestro Tribunal Supremo más trascendentes en la materia se han alineado con esta justificación última de la protección del heredero legitimario. En su STS de 19 de febrero de 2019, sobre la que volveremos, referida no a la legítima o desheredación *stricto sensu*, sino a la extinción de la obligación alimenticia a favor de los hijos mayores de edad por ausencia continuada de relación con el padre alimentante, de acuerdo con el contenido del artículo 152.4 CC, el Alto Tribunal fundamenta la obligación alimenticia a los hijos mayores de edad en el principio de solidaridad familiar, con amparo en los artículos 39 CE y 3.1 CC. O la STS de 23 de abril de 2018 (referida a un supuesto de indignidad para suceder del progenitor basada en las causas del art. 756.1 CC y 7 CC, en relación con el artículo 154 CC), al analizar los deberes inherentes a la patria potestad, donde se declara la obligación legal que pesa sobre los progenitores, que está basada en un principio de solidaridad «familiar y que tiene un fundamento constitucional en el artículo 39.1 y 3 CE, y que es de la de mayor contenido ético del ordenamiento jurídico» (SSTS de 5 de octubre de 1993 y 8 de noviembre de 2013)[11].

---

recibir, si no habían dado causa que pareciere suficiente para desheredarlos, una porción de bienes suficiente que se fijó en la cuarta parte de lo que les correspondería abintestato. Junto a esta regulación los derechos germánicos previeron una situación de comunidad familiar que se extendía a la propiedad de los bienes, sistema de reservas sin posibilidad de disponer por el testador.

9 PÉREZ ESCOLAR, M., «Causas de desheredación y flexibilización de la legítima», en A. DOMÍNGUEZ LUELMO Y GARCÍA RUBIO, M.P. (dirs.), *Estudios de derecho de sucesiones. Liber Amicorum Teodora F. Torres García,* La Ley, Madrid, 2014, p. 1137.

10 MIQUEL GONZÁLEZ DE AUDICANA, J. M., «Reflexiones sobre la legítima», en A. DOMÍNGUEZ LUELMO, María Paz GARCÍA RUBIO (dirs.), *Estudios de derecho de sucesiones. Liber Amicorum Teodora F. Torres García,* La Ley, Madrid, 2014, p. 987.

11 La sentencia afronta el tema de la legítima de ascendientes a través de la causa de indignidad expresada, dado que no existía testamento, al tratarse del fallecimiento de un hijo menor de edad. El menor sufrió una grave enfermedad a los 15 meses que le produjo parálisis cerebral, promoviendo la madre la declaración de indignidad del padre, pues había desatendido completamente al menor, e incumplido sustancialmente la obligación de alimentos impuesta, sin preocuparse de su estado o cuidados. Para el TS que es grave y digno de reproche que el menor desde el año 2007 hasta su fallecimiento en el año 2013 careciese de una referencia paterna, de un padre que comunicase con él, le visitase y le

La sentencia que hemos citado del Tribunal Constitucional alemán de 19 de abril de 2005, al resolver sobre la garantía constitucional en dicho estado de la legítima, fundamentó la institución igualmente en el principio de solidaridad intergeneracional[12].

Si ello es así, esto es, ante el consenso más que generalizado de la causa última del mantenimiento de la legítima, pese a sus críticas y los postulamientos para su revisión, ¿qué justificación tiene que planteemos la pregunta que da título a esta intervención? O más exactamente la pregunta que debemos formularnos es ¿qué consecuencias son extraíbles de esta fundamentación de la legítima en el principio de solidaridad intergeneracional o familiar, y si podemos utilizar este principio como método de exégesis o interpretativo de las causas de privación de la legítima, en muchos casos censuradas por su concepción desfasada de la realidad social y familiar?[13].

---

proporcionase cariño, afectos y cuidados, obligaciones familiares de naturaleza personal de indudable trascendencia en las relaciones paternofiliales, y todo ello sin causa que lo justificase.

Iriarte Ángel considera que la incidencia de la modificación del artículo 756 CC por la Ley de la Jurisdicción Voluntaria, exigiendo ahora como causa de indignidad para suceder la concurrencia de sentencia por la que se prive al progenitor de la patria potestad, respecto de la primitiva redacción del artículo 756.1 CC, que incluía como causa de indignidad del padre el abandono, prostitución o corrupción de lo hijos, respecto de la sentencia que analizamos plantea importantes problemas sobre la interpretación extensiva que contiene la sentencia. Iriarte Ángel, F., «Indignidad para suceder, causas de desheredación, revocación de donaciones ¿está el Tribunal Supremo adecuando nuestro sistema sucesorio a la realidad social?», en *Actualidad Civil*, núm. 11, 2018

12 Vaquer Aloy, a., ob. cit., p. 7. Igualmente, Roca Trías, comentando la sentencia, explica que el Tribunal Constitucional alemán declaró que la libertad de testar tiene en principio un carácter irrevocable; de acuerdo con el art. 14 de la Constitución alemana, el Tribunal entiende que la garantía establecida en ella salvaguarda los derechos de los hijos a una participación imperativa en la herencia de sus padres y ello con independencia de que existan o no necesidades que cubrir. El Tribunal alemán utiliza el argumento histórico y además, el de la solidaridad familiar aceptado por la doctrina mayoritaria alemana. Roca Trías, E., ob. cit., p. 1257.

13 En la STS de 19 de febrero de 2019 el Tribunal Supremo, en sus propias palabras, se hace eco de las tesis revisionistas de la legítima. Entre las iniciativas que propugnan la revisión de la legítima, una de ellas es la tendente a que se extiendan y modernicen los casos legales de desheredación de los legitimarios, pues las modernas estructuras familiares propician e incluso no hacen extrañas, situaciones en las que los progenitores han perdido contacto con alguno o todos de sus hijos. Otras veces ya no es tanto la pérdida de contacto, sino relaciones entre progenitor e hijo francamente malas. Estas tensiones no son nuevas, pero hoy día pueden haberse incrementado, pues, con frecuencia, existen sucesivos matrimonios, que conlleva sucesivos núcleos familiares, con hijos de un vínculo anterior y otros del posterior, con intereses no siempre uniformes.

Cañizares Laso, para adecuar la legítima al principio de protección de la familia y de solidaridad intergeneracional propone algunas modificaciones: la supresión de la legítima de lo ascendientes cuando concurran con el cónyuge viudo; la disminución de la legítima de los descendientes en una tendencia que conduce a su aumento en favor del cónyuge en especial respecto de la vivienda familiar; la sustitución de la legítima in natura por un derecho de

II. La reciprocidad como trasunto de la solidaridad intergeneracional o familiar

Explica PARRA LUCÁN[14] que en el ámbito de las relaciones paterno filiales en Derecho convierte en derechos subjetivos, exigibles con el apoyo del Estado a través de los jueces, el contenido de prestaciones que de manera espontánea y natural se prestan de manera natural por la mayoría.

El hecho de concebir la legítima como expresión del principio de solidaridad familiar e intergeneracional supone dar un plus jurídico al contenido de esta solidaridad y que doctrina y jurisprudencia han caracterizado como reciprocidad[15].

Si bien es cierto que la legítima no depende de la necesidad actual o potencial del legitimario (incluso en el momento en que se produce el deceso, por el alargamiento de la esperanza de vida, el legitimario descendiente habitualmente será independiente del padre causante), el contenido ético que propugna la solidaridad intrafamiliar obliga a considerar que junto con el deber del testador de reservar una parte de sus bienes a sus herederos legitimarios, existe el recíproco deber del legitimario de mantenimiento de los afectos, cuidados, contacto o relaciones con el causante, de modo que repugna al concepto moral y ético de la institución la atribución de bienes al legitimario que se ha desentendido por completo del causante, dejándolo en situación de abandono emocional y demostrando una total indiferencia a los cuidados personales, materiales o afectivos que pudiere necesitar, especialmente al final de su vida, y más particularmente si se encuentra en una situación de dependencia o vulnerabilidad[16].

---

crédito; la flexibilidad de la desheredación; una mayor protección de las donaciones frente a las pretensiones de los legitimarios y una limitación temporal de su computación para el cálculo de las legítimas, entre otras. CAÑIZARES LASO, A., ob. cit., p. 268.

14 PARRA LUCÁN, M. A., «La solidaridad familiar en el ámbito de las relaciones paternofiliales en la jurisprudencia de la Sala Primera del Tribunal Supremo», en *Encuentro de la Sala Primera del Tribunal Supremo con miembros de la carrera judicial con destino en órganos de primera instancia,* Cuadernos Digitales de Formación, volumen 21, CGPJ, Madrid, 2023.

15 El debate de la naturaleza jurídica de la legítima ha tenido un importante anclaje en el derecho natural. El testador tiene una obligación moral frente a los herederos familiares, que conecta con la obligación de alimentos. Es cierto, como se denuncia la doctrina, que legítima y alimentos no son sinónimos, pues mientras la primera atiende sólo a los vínculos familiares, la segunda se inspira en la situación de necesidad del alimentista.
El concepto de solidaridad intrafamiliar —más que intergeneracional, porque comprendería también al cónyuge, aunque como veremos sin eficacia práctica por el actual contenido del artículo 834 CC—, que analizaremos, no se incluye propiamente en el contenido moral o natural de la obligación de alimentos o asistencia del de *cuius*, pues analiza el comportamiento del heredero, su conducta frente al testador, como justificación de la legítima o de su privación, a través de la causa de desheredación o de indignidad correspondiente. Es en este sentido en el que nos referimos a la reciprocidad.

16 En palabras de MARTÍN SANTIESTEBAN: creemos que la legítima puede seguir actuando como instrumento de protección de la familia si reinterpretamos su fundamento y reivindicamos,

A esta concepción amplia de la solidaridad intergeneracional o intrafamiliar responde la reforma que ya hemos citado del Código Civil catalán al introducir como causa de desheredación en 2008 en el art. 451.17.2 e) la ausencia manifiesta y continuada de relación familiar entre el causante y legitimario, si es por una causa exclusivamente imputable al legitimario. Causa que se introduce asimismo para la extinción de la obligación de alimentos entre mayores de edad, por su remisión a las causas de desheredación.

Se trata de una ausencia manifiesta y continuada, lo que denota gravedad, con las notas de persistencia en el tiempo y continuidad, como hechos objetivos. Estableciéndose la exigencia legal de que sea imputable exclusivamente al legitimario, lo que Farnós Amorós[17], interpreta como cautela o salvaguarda legal a favor del legitimario, que refleja a su vez el carácter sancionador de la desheredación.

La asunción de esta causa de privación de la legitima conduce a la superación de la concepción de las causas de desheredación como sanción civil a los actos más graves contra el testador, lo que configura de hecho a la legítima como un deber del testador, difícilmente eludible (recuérdese la regulación del art. 850 CC sobre la carga de la prueba de la realidad de la causa de desheredación), para llevar al centro de la cuestión la conducta del legitimario con el causante, en relación con unos deberes éticos o familiares exigibles más allá de la regulación expresa de la desheredación.

---

frente al ámbito estrictamente patrimonial, el de los cuidados personales, y frente a la protección exclusiva de los familiares supérstites, la del propio testador. Se ha constatado que la soledad es un problema de salud pública y que, más que un sentimiento, puede tener impactos reales en la salud. Es cierto que no se puede obligar a padres e hijos a quererse ni a llevarse bien, pero sí a relacionarse y a prestarse las atenciones debidas entre padres e hijos. Si los cuidados personales y afectivos no son siempre espontáneos y desinteresados, utilicemos la legítima como instrumento de cohesión de los vínculos familiares. Ello requiere dejar de considerar la legítima como un derecho de los legitimarios y verla como una compensación por los cuidados proporcionados al causante a lo largo de su vida y durante su vejez. Si estos cuidados fueran los estrictamente económicos, tenemos ya instrumentos jurídicos al alcance del causante, como el contrato de renta vitalicia, el contrato de alimentos, o la hipoteca inversa, pero carecemos de instrumentos que estimulen a los familiares a proporcionar los cuidados personales y afectivos tan difíciles de exigir por parte de quien los necesita y tan difíciles de prestar fuera del ámbito familiar. Martín Santisteban, S., «Fundamento de la legítima. De la solidaridad patrimonial a la solidaridad en los cuidados personales», en *InDret. Revista para el análisis del derecho*, núm. 3, 2023, pp. 400-401.

17 Farnós Amorós, E., «Desheredación por ausencia de relación familiar ¿hacia la debilitación de la legítima?», en Domínguez Luelmo, A. y García Rubio, M. P. (dirs.), *Estudios de derecho de sucesiones. Liber Amicorum Teodora F. Torres García,* Madrid, 2014, pp. 451-478, p. 467. Vaquer aloy por su parte considera que «una causa similar era la analizada por el Tribunal Constitucional alemán que la consideró contraria al principio de protección de la familia y de seguridad jurídica, declarando que sólo es posible la privación de la legítima por causas muy graves, porque el derecho de los legitimarios no depende ni de su necesidad ni de la del causante», Vaquer aloy, A., ob. cit., p. 11).

La cuestión que venimos analizando afecta esencialmente a la legítima de los descendientes. En relación con la legítima de los ascendientes, las causas de desheredación previstas en el artículo 854 CC, 756.2 y 170 CC, al menos en lo que se refiere a los hijos menores de edad, ya causalizan el incumplimiento de los deberes derivados de la patria potestad como causa de desheredación en los términos previstos en la norma, como razonaba la STS de 23 de abril de 2018. La amplitud de la definición de la patria potestad en el artículo 154 CC, concebida «como deberes insoslayables inherentes a la filiación, que resultan incondicionales de inicio con independencia de la mayor o menor dificultad que se tenga para darle cumplimiento o del grado de reprochabilidad en su falta de atención»[18], con base constitucional en el artículo 39 CE, impedirá normalmente analizar la falta de relación con el causante del padre legitimario fuera de la causa de indignidad para suceder o de desheredación. Ello sin perjuicio de la notoria menor incidencia en la casuística, por razones de diferencia de edad.

Tampoco la cuestión presenta especial relevancia respecto de la legítima del cónyuge viudo, pues la separación judicial o de hecho al tiempo del fallecimiento, de acuerdo con el contenido del artículo 834 CC, le excluye de la herencia[19].

III. Los primeros pronunciamientos del Tribunal Supremo sobre la cuestión expresada

Es sitio común en los artículos doctrinales sobre la cuestión analizada comenzar con la cita de la STS de 28 de junio de 1993, sentencia en la cual, tras recordar que las causas de desheredación exigen una interpretación restrictiva, orientada a la defensa de la sucesión legitimaria, sin que pueda admitirse ni la analogía, ni la interpretación extensiva, ni siquiera la argumentación de *minoris ad maiorem*, concluía con la siguiente argumentación: «la falta de relación afectiva y comunicación entre la hija y el padre, el abandono sentimental sufrido por este durante su última enfermedad, la ausencia de interés, demostrado por la hija en relación con los problemas del padre, etc. son circunstancias y hechos que de ser ciertos, corresponden al campo de la moral, que escapan a la apreciación y a la valoración jurídica, y que, en definitiva, sólo están sometidos al tribunal por la conciencia».

La rigidez de esta interpretación, apoyada en la literalidad de la ley, pero también, como se ha indicado, en el espíritu de la institución, concebida como intangible por el legislador (STS 9 de julio de 1974), se ha reproducido

---

18 STS 23 de abril de 2018.

19 PÉREZ ESCOLAR, M., ob. cit., p. 1140: «la ausencia del derecho a la legitima determina la improcedencia de la desheredación del cónyuge separado».

por los juzgados y tribunales, rechazando desde el inicio, que una ruptura de la relación de los hijos con su progenitor o ascendiente causante, por sí misma, en tanto no se incardinaran los hechos en alguna de las causas de desheredación, pudieran sustentar la privación de la legítima. Una sola excepción conocemos, la STS de 26 de junio de 1995, antes del revulsivo que supuso en la interpretación jurisprudencia de la causa de desheredación por maltrato de obra (art. 853.2 CC) la STS de 3 de junio de 2014.

Los hechos de la sentencia son también muy conocidos: la esposa del heredero legitimario desheredado expulsó a la madre de este de la vivienda, sin que el hijo adoptara ninguna medida para remediar este hecho, al que siguió que la madre hubo de ocupar una vivienda cercana en estado ruinoso, sin recibir hasta el fallecimiento apoyo o atención alguna por parte del legitimario, sino exclusivamente la ayuda de una sobrina. Lo que el Alto Tribunal resuelve en realidad es la existencia de maltrato de obra sin fuerza física, pero realiza las siguientes valoraciones, que exceden de la configuración legal de la causa de desheredación: la conducta merece la descalificación moral y física que tanto en la sentencia de primera instancia como en la de apelación declaran ser constitutivas del maltrato que, como causa de desheredación prevé el núm. 2 del art. 853 del Código Civil, ya que, como con acierto puntualiza el Tribunal a quo, no es necesario que la expulsión del domicilio por el hijo o por su esposa pero aceptada por él, sea mediante el empleo de fuerza física para que en la conducta de éste deba reputarse existente el maltrato de obra que la norma del art. 853-2 del Código recoge como causa de desheredación, máxime cuando el estado de cosas que sigue a la salida de la casa de la madre, continúa durante años en los que ésta, vive precariamente sin ser mínimamente atendida en modo alguno por el descendiente cuya desheredación.

La apertura que la STS de 26 de junio de 1995 realizaba al abandono, desatención e incluso maltrato psicológico de la causa de desheredación del art. 853.2 CC, no tuvo en la jurisprudencia del Alto Tribunal continuación hasta casi 10 años después, en que la STS de 3 de junio de 2014, siendo Javier Orduña su ponente, se ocupa de la inclusión del maltrato psicológico en el concepto de maltrato de obra del artículo 853.2 CC. Los hechos de la sentencia son los siguientes: se trata de una familia desestructurada como consecuencia de la mala relación de los progenitores, en que los hijos toman partido en la separación por su madre, y durante el tiempo en que el causante vivió con ellas en Alemania, fue objeto de absoluta marginación, con un episodio de injuria de la hija al padre y otro de leve agresión por el hijo. El causante regresó a España en 1996, falleciendo en 2003, período en el que no tuvo contacto alguno con sus hijos, que desconocían su enfermedad y no le visitaron, acudiendo únicamente tras su muerte a interesarse por el testamento.

La primera innovación que realiza la sentencia es admitir una interpretación flexible de las causas de desheredación conforme a la realidad social, signo actual y los valores del momento en que se produce. Se aleja por tanto del canino sumamente restrictivo de su anterior jurisprudencia sobre la interpretación de las causas de desheredación[20].

Tras ello, y, en segundo lugar, aborda el núcleo de la cuestión: la inclusión de la ausencia de relación del legitimario con el causante en la causa de desheredación del art. 853.2 CC como maltrato de obra, a través de la extensión al maltrato de obra del maltrato psicológico que va a comprender el desinterés y desatención continuado del causante por parte del heredero. La doctrina contenida en la sentencia va a ser extendida y continuada en otras del mismo ponente de 30 de enero de 2015 y 20 de julio de 2015; pero como razonaremos, a partir de la STS de 27 de junio de 2018, y claramente desde la STS de 24 de mayo de 2022 (en ambas la ponente fue PARRA LUCÁN), el Tribunal, circunscribirá el debate a la extensión de la causa de desheredación al maltrato psicológico, con el efecto, ya lo adelantamos, de descartar el fundamento de la solidaridad como causa de privación de la legítima, apoyándose de forma exclusiva en la positividad de la causa.

Las razones por las que el Tribunal Supremo incluye el maltrato psicológico en la causa de desheredación del artículo 853.2 CC se condensan en las siguientes:

> «el maltrato psicológico, como acción que determina un menoscabo o lesión de la salud mental de la víctima, debe considerarse comprendido en la expresión o dinamismo conceptual que encierra el maltrato de obra». Y más adelante justifica la equiparación en «nuestro propio sistema de valores referenciado, principalmente, en la dignidad de la persona como germen o núcleo fundamental de los derechos constitucionales (art. 10 CE) y si proyección en el marco del Derecho de familia como cauce de reconocimiento de los derechos sucesorios, especialmente de los derechos hereditarios de los legitimarios del causante, así como el propio reconocimiento de la figura en el campo de la Ley especial (con cita en la LO de Violencia de Género)».

Es cierto, sin embargo, que la aplicación de la doctrina anteriormente expuesta al caso en concreto evidencia que lo que el Tribunal Supremo hace es identificar la falta de relación afectiva continuada y grave de los hijos con su padre con el maltrato psicológico, y ello, a pesar de que no resulta del relato de hechos contenido en la sentencia, afectación alguna de la salud mental del causante, conectada con estos hechos[21]:

---

20 El Tribunal Supremo va a mantener a partir de este momento un doble plano en la interpretación de las causas de desheredación: una interpretación flexible de las causas tasadas, que a través de a una interpretación analógica o extensiva, adapte el contenido de la causa a la realidad social y a los principios y valores imperantes. Pero respecto de la causa en concreto aplicada al caso, una interpretación restrictiva con relación a la concurrencia de sus requisitos y de su prueba.

21 En palabras de PÉREZ ESCOLAR, M., ob. cit., p. 1144: «Maltratar es tratar mal, incurrir en conductas que causan sufrimiento por afectar a la dignidad del testador, pero no compren-

Fuera de un pretendido «abandono emocional», como expresión de la libre ruptura de un vínculo afectivo o sentimental, los hijos aquí recurrentes, incurrieron en un maltrato psíquico y reiterado contra su padre del todo incompatible con los deberes elementales de respeto y consideración que se derivan de la relación jurídica de filiación, con una conducta de menosprecio y abandono familiar que quedó evidenciada en los últimos siete años de vida del causante, en donde ya enfermo, quedó bajo el amparo de su hermana, sin que sus hijos se interesaran por él o tuvieran contacto alguno[22].

---

den los casos de ausencia de relación familiar por causas no imputables al legitimario». Por su parte, Echevarría de Rada afirma que «el desapego es algo distinto del maltrato» ECHEVARRÍA DE RADA, Teresa, *La desheredación de hijos y descendientes: interpretación actual de las causas del artículo 853 del Código Civil,* Ed. Reus, Madrid, 2018, p. 11.

22 Una interesante crítica de la sentencia se contiene en ARROYO AMAYUELAS Y FARNÓS AMORÓS, (2015), con referencia a una de las declaraciones más sorprendentes de la sentencia, que claramente se va a alinear con las tesis supresoras de la legítima. Para la sentencia la inclusión del maltrato psicológico, como una modalidad del maltrato de obra, en la línea de la voluntad manifestada por el testador, esto es, de privar de su legítima a quien en principio tiene derecho a ella por una causa justificada y prevista en la norma, viene también reforzada por el criterio de conservación de los actos y negocios jurídicos que esta Sala tiene reconocido no sólo como canon interpretativo, sino también como principio general del derecho, con una clara proyección en el marco del Derecho de sucesiones, en relación con el principio del *favor testamenti* entre otras.

Con razón las autoras califican el argumento de sorprendente pues «parece que el hecho de que el testador, subjetivamente, se considere maltratado, es suficiente para dar por cierta y válida la cláusula y, en definitiva, para forzar la interpretación —o, si se prefiere, para precisar el contenido— del art. 853.2 CC. Si así fuera, sería necesario modificar las reglas sobre la carga de la prueba del CC (art. 850 CC)». ARROYO AMAYUELAS, E. Y FARNÓS AMORÓS, E., «Entre el testador abandonado y el legitimario desheredado ¿a quién prefieren los tribunales», *InDret*, núm. 2, 2015, p. 8.

En sentido contrario se pronuncia BERROCAL LANZAROT, para quien, al contrario, junto con los valores de dignidad y respeto que trascienden la interpretación de la causa de desheredación, la voluntad del causante y el *favor testamenti* abogan por la interpretación extensiva realizada en la sentencia: «el juego del maltrato psicológico como causa de desheredación está condicionado a que solamente concurra en la conducta de los hijos o descendientes respecto de sus padres o ascendientes y que no sean recíprocas tales situaciones de desafecto y distanciamiento. Además de exigirse al menos una cierta reiteración y continuidad en el tiempo de tal falta de relaciones familiares, pues, de no ser así puede haber mediado reconciliación o perdón. En todo caso, el abandono, el desafecto, la desatención o, en fin, la falta de relaciones afectivas son causas de desheredación subsumibles en el artículo 853.2 como un claro maltrato de obra psicológico, en tanto constituyen causa directa de la angustia y sufrimiento para el padre o ascendiente, que, en ocasiones, viene acompañado también de su vertiente física. Y, en todo caso, no constituye razón de peso suficiente ni la vinculación familiar, ni la aplicación automática del sistema legitimario, ni, asimismo, una falta de jurisprudencia precisa que apoye la desheredación en estos términos amplios, pues, además de representar un valor supremo la dignidad de la persona en el ámbito del derecho de familia y derecho de sucesiones; debe primar la voluntad del testador que, en este caso opera sobre el dato objetivo del maltrato en sus manifestaciones de desafección, menosprecio o desatención, y la ausencia de relaciones familiares, desechando con ello la concepción de sanción de la desheredación; y, en fin, en el principio de conservación del negocio jurídico sucesorio, que se traduce en

Como hemos dicho la sentencia tiene una continuidad en la línea interpretativa del Tribunal Supremo hasta la tímida ruptura de la STS de 27 de junio de 2018, y más claramente a partir de la STS de 24 de mayo de 2023, hasta la actualidad. Pero esta línea que inicia la sentencia de 2014 no se limita a reflejar la trascendencia de la conducta del hijo en orden a sus derechos legitimarios de la herencia de su padre, sino que extiende su interpretación a la revocación de las donaciones por ingratitud, en la STS 20 de julio de 2015 (posteriormente refrenada nuevamente en STS 18 de enero de 2013) y a la extinción de la obligación de alimentos de los hijos mayores de edad, en la STS 19 de febrero de 2019, ya citada.

IV. La continuación de la línea jurisprudencial

Tras la sentencia de 2014, dicta el Tribunal Supremo su conocida STS de 30 de enero de 2015[23]. La gravedad de los hechos de la sentencia justifica que se incluyan en la causa de desheredación por maltrato de obra del art. 853.2 CC pues en palabras del Tribunal, «solo de este modo se puede calificar el estado de zozobra y afectación profunda que acompañó los últimos años de la vida de la causante». Volverá el mismo ponente, pese al giro interpretativo de la STS de 27 de junio de 2018 al que nos hemos referido anteriormente, a ratificar la inclusión de la falta de relación y desafecto en el maltrato psíquico, en su STS de 13 de mayo de 2019. La testadora desheredó a uno de sus hijos por injurias graves y abandono pese a su enfermedad, que la obligó a utilizar una silla de ruedas al final de su vida, así como al otro por injurias y por negarle expresamente la condición de madre.

Esta interpretación, como hemos expuesto arriba, se extiende a la revocación de donaciones por causa de ingratitud del donatario en la STS de 20 de julio de 2015[24]. En la sentencia de instaba la revocación de las donaciones

---

el *favor testamenti* . Ciertamente, el testamento es un negocio jurídico que va a alcanzar plena eficacia cuando el testador ya no existe, y, por tanto, se debe potenciar no solo la conservación del tenor literal del testamento, salvo que vulnere norma imperativa, sino también respetar al máximo la voluntad del testador». BERROCAL LANZAROT, A., Isabel, «El maltrato de obra o psicológico como causa de revocación de la donación por ingratitud», en *Revista Aranzadi Doctrinal* núm. 1, 2016, pp. 149-184.

23 Los hechos son también muy conocido: el hijo desheredado, mediante engaño y coacciones, consigue que la causante, su madre, le done a él y a sus hijos la práctica totalidad de su patrimonio, no restándole bienes para terminar su vida dignamente. Ello da lugar incluso a un procedimiento de revocación de las donaciones, que el Tribunal ampara, aun cuando la causante fallece con anterioridad.

24 Así ESTÉVEZ ABELAIRA considera que las donaciones que hubiera otorgado el desheredante al desheredado no quedan revocadas por la posterior desheredación porque las liberalidades inter vivos solo pueden revocarse ejercitando la acción de revocación por ingratitud por las causas previstas a tal efecto en el Código Civil español en el art. 648. Actualmente, no obstante, tras la STS de 20 de julio de 2015, que conecta los arts. 853.2

efectuadas de los padres a su hija, pues tras las donaciones y desde finales de 2008, la hija había sometido a los padres a desconsideraciones y maltrato, que culminan cuando la donataria propina una bofetada a su padre, insultando gravemente a este y a su madre. Ellos modifican el testamento desheredándola e instan el procedimiento de revocación de la donación por ingratitud. La cuestión a resolver es, según el Alto Tribunal, la inclusión del maltrato psicológico en la causa de revocación de las donaciones prevista en el artículo 648.1 CC: «Si el donatario cometiere algún delito contra la persona, el honor y los bienes del donante»[25].

La sentencia concluye que:

1.- Basta la conducta del donatario socialmente reprobable que, revistiendo caracteres delictivos, aunque no estén formalmente declarados como tales, resulten ofensivos para el donante.

2.- En relación con el maltrato psicológico «de acuerdo con criterios interpretativos de la realidad social del donatario, como conducta socialmente reprobable, resiste o proyecta caracteres delictivos que resultan necesariamente ofensivos para el causante. Del mismo modo que su comisión atenta a los más elementales deberes de consideración y gratitud hacia el donante, dotando de fundamento a la revocación de la donación por ingratitud como sanción impuesta a los donatarios que infringen el deber básico de consideración hacia el donante».

La sentencia declara como doctrina jurisprudencial que el maltrato de obra o psicológico por el donatario al donante queda calificado como causa de ingratitud del art. 648.1 CC[26].

---

y 648.1 CC, el maltrato psicológico sufrido por un ascendiente le faculta para recuperar los bienes donados o su valor, y, asimismo, con fundamento en los mismos hechos, para excluirle de toda participación en la herencia, porque estima que «el maltrato de obra o psicológico como hecho está integrado en la causa de ingratitud del art. 648.1 CC». Estévez Abelaira, T., «Interpretación del maltrato de obra del art. 853.2 del Código Civil: líneas jurisprudenciales», en Justo García Sánchez (dir.), *Fundamentos romanísticos del derecho contemporáneo, Vol. 8, Derecho de sucesiones,* Madrid, BOE, 2021, p. 816.

25 Nuevamente la sentencia se decanta por una interpretación sistemática y flexible del art. 648.1 CC: aunque las causas de revocación de la donación sean únicamente las que expresamente contempla la norma y ello suponga una enumeración taxativa, sin posibilidad de aplicación analógica, ni de interpretación extensiva, esto no significa que los elementos conceptuales contemplados por la norma deban ser, asimismo, objeto de interpretación rígida o sumamente restrictiva.

26 La sentencia tiene un efecto mayor que la mera incorporación del concepto de maltrato psicológico a las causas de ingratitud del artículo 648.1 CC, y así ha sido puesto de relieve por la doctrina. Para Cabezuelo Arenas, A. L., partiendo de la similar fundamentación entre los artículos 648.1 y 853.2 CC, no favorecer a quien por su comportamiento no se ha hecho acreedor de beneficio alguno, la discordancia entre ambos preceptos en orden a la inclusión del maltrato psicológico producía efectos indeseados para el donante-causante (ascendiente): con anterioridad al dictado de la STS de 20 de julio de 2015, si la donación no podía ser revocada por ingratitud ex art. 648.1 CC apelando al maltrato psicológico, pero

Vamos a referirnos en último lugar en este apartado a la importante sentencia de 19 de febrero de 2019 (ponente Eduardo Baena), que aborda en un procedimiento de modificación de medidas, la extinción de la pensión alimenticia fijada en el procedimiento matrimonial, a favor de dos hijos mayores de edad que, en una decisión libre, tal como declara probado el Tribunal, deciden no tener relación alguna con el padre alimentante. El padre instaba la supresión de la pensión alimenticia con base en tres motivos: disminución de su capacidad económica, falta de aprovechamiento de los estudios de sus hijos (estos dos primeros motivos desestimados) y mala relación personal de sus hijos con él. El artículo 152.4 CC declara que cesará la obligación de alimentos cuando el alimentista, sea o no heredero forzoso, hubiere cometido alguna falta de las que dan lugar a la desheredación. Apoyándose en la interpretación flexible de los artículos 853 y 756 LEC, en las tesis revisionistas de la legítima, en el ya citado artículo 451.7. e) del CC catalán y en la que considera punto de inflexión en la jurisprudencia del Tribunal Supremo al calificar el maltrato psicológico como causa de desheredación, la STS de 3 de junio de 2014, el Tribunal ubica la cuestión a decidir en los siguientes términos: «si la conducta de un hijo mayor de edad hacia su progenitor puede, en función de su intensidad, amparar que se extinga la pensión alimenticia que recibe de él».

La sentencia considera que si la conducta constituye una de las causas de desheredación no cabe duda de que ello es así. Y fundamentada la obligación alimenticia a los hijos mayores de edad en la solidaridad familiar, con amparo en el art. 39 CE y 3.1 CC, considera que la interpretación flexible de las causas de desheredación apoya la extinción de la pensión alimenticia de los hijos, atendidas dos circunstancias fundamentales: que la falta de relación de los hijos con su padre es manifiesta, y la imputación principal y relevante a los hijos de esta falta de relación[27].

---

se desheredaba al descendiente, éste perdía derecho a la legítima, por supuesto, más conservaba lo recibido por el testador. Las donaciones recibidas en vida del causante se imputarían entonces al tercio de libre disposición y podrían ser reducidas, en su caso, en cuanto sobrepasasen ese límite y resultaran lesivas para los restantes legitimarios que conservaban sus derechos en la herencia del testador. Evidentemente, nos representamos una hipótesis en la que el desheredado careciera de descendientes propios que vivieran al tiempo de la apertura de la sucesión del desheredante. Porque, de tenerlos, aquéllos ocuparían su lugar y conservarían los derechos que corresponderían al desheredado en cuanto a la legítima (art. 857 CC). En síntesis, con anterioridad al dictado de esta sentencia, los ascendientes que eran víctimas de un maltrato psicológico no tenían posibilidad alguna de recuperar materialmente los bienes de los que se desprendieron generosamente a favor de sus ofensores, o su valor. Salvo que pudieran ser invocadas otras causas revocatorias de la donación previstas en el art. 648 CC, el descendiente incurso en maltrato psíquico conservaba en su poder los bienes donados. Por ello considera que la sentencia establece un puente entre ambas instituciones. Cabezuelo Arenas, A. L. «Revocación de la donación y desheredación por maltrato psicológico: ¿Y si los maltratados psicológicamente fueran los ascendientes?», en *Revista Aranzadi Doctrinal*, núm. 5, 2016, pp. 103-112.

27 La sentencia, para alcanzar esta conclusión, analiza la distinta fundamentación de la obligación de alimentos cuando los hijos son menores de edad, y cuando los hijos son

V. El cambio jurisprudencial: el maltrato psicológico. El maltrato psicológico como causa de desheredación exige la imputabilidad del heredero y la afectación de la salud física o psicológica del causante

Dijimos que un cambio de tendencia en la jurisprudencia del Tribunal Supremo aparecía en la STS de 27 de junio de 2018 en la que, frente a la tendencia de equiparación de la falta de relación con el maltrato psicológico anteriormente expuesta, que acercaba la interpretación jurisprudencial a la regulación del derecho civil catalán tan citada, realiza dos importantes matizaciones, que luego serán confirmadas por los últimos pronunciamientos de la Sala, tanto en materia de sucesiones como de donaciones, sobre la cuestión que abordamos:

1.- Explica que la inserción que las SSTS de 3 de junio de 2014 y 30 de enero de 2015 realizan del maltrato psicológico en el maltrato de obra a los efectos del art. 853.2 CC, atiende a que es una acción que puede lesionar la salud mental de la víctima. Es decir, no se limita únicamente a constatar una falta de relación afectiva y personal, y a valorar ello a través del principio de la solidaridad familiar, entendida como una suerte de reciprocidad, sino que relaciona el término del maltrato con su ámbito de salud originario[28], el menoscabo de la salud psíquica del causante, como consecuencia de la actuación de los herederos legitimarios.

2.- E introduce el elemento de la imputabilidad de la falta de relación al heredero, como requisito necesario para la concurrencia de la causa de desheredación, como ya hiciera la legislación catalana:

Si atendemos a la falta de relación familiar afectiva, con independencia de que la sentencia considera probada la reconciliación, lo cierto es que sólo

---

mayores de edad. La primera obligación deriva de la filiación, estos alimentos son incondicionales e insoslayables, con independencia de la mayor o menor dificultad que tenga el alimentante para su cumplimiento o del grado de reprochabilidad en su falta de atención; en cambio, los alimentos de los hijos mayores de edad encuentran su fundamento en la solidaridad familiar, que, a su vez, en palabras de la sentencia «debe ponerse en relación con la actitud personal de quien se considere necesitado (art. 152 CC)».

28 Es la razón de la crítica realizada por Arroyo y Farnós a la línea interpretativa abierta por la STS de 3 de junio de 2014: «En realidad, si bien se mira, no hay nada más alejado del maltrato psicológico que la falta de trato, que es precisamente, lo que parece que sucede en el caso enjuiciado en la STS de 3 de junio de 2014. La impresión es que, a la hora de enjuiciar los hechos, el TS pone más el acento en la soledad del padre en sus últimos siete años de vida que, en los insultos proferidos por ambos hijos con anterioridad, o en la agresión física sufrida a manos de uno de ellos mientras convivían. Lo espectacular de la decisión radicaría entonces en que el TS aunque no lo expresa con estas mismas palabras, habría dicho que la ausencia de trato familiar es causa de desheredación, y, esto es lo más trascendentes, sin necesidad de averiguar a quien es imputable la ruptura», ARROYO AMAYUELAS, E. Y FARNÓS AMORÓS, E., ob. cit., p. 10.

una falta de relación continuada e imputable al desheredado podría ser valorada como causante de unos daños psicológico.

En el caso que se enjuiciaba, y a los efectos del tema que abordamos (existían otros motivos de impugnación de la causa de desheredación introducida por el testador en su testamento), la mala relación del causante y su hija se enraíza en el procedimiento de divorcio con su madre, que impidió una relación con la hija, incluso llegando a acordarse judicialmente la suspensión del régimen de visitas. Esta situación, como dice el Tribunal, se inicia cuando la hija tenía 9 años, por lo que no puede imputársele la falta de relación familiar, dado que era una niña[29].

El giro interpretativo que venimos narrando se consolida, a nuestro juicio, con las dos últimas sentencias conocidas del Tribunal Supremo sobre esta cuestión, ambas de la misma ponente: la STS de 24 de mayo de 2022, y en menor medida, como línea de consolidación jurisprudencial, la STS de 19 de abril de 2023.

En el procedimiento que dio lugar al primero de los pronunciamientos, la testadora desheredaba a las dos nietas nacidas de su hijo premuerto, por haberla maltratado de obra, imputándole una ausencia de relación con ella. Los hechos se enmarcaban en el ámbito de relaciones muy enrarecidas, como declaraba probado la sentencia de primera instancia, provocadas por el divorcio de los padres de las nietas desheredadas y la litigiosa liquidación del régimen de gananciales del divorcio, habiéndose roto las relaciones de las hijas con su padre, ruptura que estas hicieron extensiva a la abuela y al resto de la familia paterna. El juzgado de Primera Instancia estimó la demanda, declarando la nulidad de la causa de desheredación considerando que no había existido «por parte de las actoras maltrato de obra en sentido jurídico estricto hacia su abuela, ni tampoco maltrato psicológico, al no constituir las relaciones familiares distantes o enrarecidas la causa de desheredación segunda del art. 853 CC».

La Audiencia Provincial de Burgos, al resolver el recurso de apelación, desestimaba el recurso de apelación con los siguientes argumentos:

i) A pesar de que la jurisprudencia extiende el ámbito de aplicación de la causa segunda del art. 853 CC a situaciones nuevas que no son constitutivas de maltrato de obra y que por eso se llaman «maltrato psicológico», el Tribunal Supremo y la mayor parte de la jurisprudencia menor no han incluido

29 La doctrina ha puesto de relieve la complejidad de indagar la causa o imputabilidad de la ausencia de relación en el núcleo familiar, máxime en supuestos como el enjuiciado en los autos, donde la crisis matrimonial acaba condicionando la relación de los hijos con sus progenitores. La propia sentencia, en el caso analizado, considera a la hija víctima de la conflictiva separación de sus padres, y no es ajena a la suspensión judicial del régimen de visitas acordada. Farnós Amorós advierte de «las dificultades asociadas a la prueba de la imputabilidad de la ausencia de relación familiar y plantean la delicada cuestión de si el derecho debe entrar a valorar situaciones que pertenecen a la esfera íntima de los individuos» Arroyo Amayuelas, E. y Farnós Amorós, E., ob. cit., p. 476.

dentro del maltrato psicológico lo que puede calificase como ausencia manifiesta y continuada de relación familiar entre el causante y el legitimario por causa exclusivamente imputable a este último; esta causa, por el contrario, sí es causa de desheredación en el derecho catalán después de la aprobación del Libro cuarto CC de Cataluña, relativo a las sucesiones por la Ley 10/2008, lo que el legislador catalán en el preámbulo de la ley que la introdujo presenta como una novedad no incluida en las causas existentes, que incluían el maltrato.

ii) La ausencia manifiesta y continuada de relación familiar entre el causante y el legitimario por causa exclusivamente imputable a este último puede causar en el primero la desazón y el sufrimiento moral que la parte apelante dice que sufrió Josefa con el distanciamiento de sus nietas. Sin embargo, por mucho dolor que cause en una persona el alejamiento de sus parientes más próximos no es maltrato de obra, y esta es la causa de privación de la legítima que permanece en el Código civil.

iii) Los hechos en que se basa la parte apelante para apoyar la desheredación no son tan graves como los que dieron lugar a la calificación de maltrato psicológico en las sentencias del Tribunal Supremo que tratan esta cuestión (sentencias de 3 de junio de 2014 y 30 de enero de 2015). En estas se había dado, bien la falta de relación con uno de los padres, que era el testador, durante los siete años en que estuvo enfermo, en que quedó al cuidado de una de sus hermanas, bien el vaciamiento del patrimonio del causante forzando a que este realizara donaciones en favor del heredero. Por el contrario, en el supuesto de autos lo que hay es una falta de relación de las actoras con su padre y con su abuela, sin ningún episodio de maltrato de obra ni de palabra. En el Código civil no procede incluir el mero distanciamiento familiar dentro del maltrato psicológico constitutivo del maltrato de obra.

El Tribunal Supremo, desestimando el recurso de casación, concluye que en el sistema legal vigente no toda falta de relación afectiva o de trato familiar puede ser enmarcada, por vía interpretativa, en las causas de desheredación establecidas de modo tasado por el legislador. Es preciso valorar si, en atención a las circunstancias del caso, el distanciamiento y la falta de relación son imputables al legitimario, y además han causado un menoscabo físico o psíquico con entidad como para poder reconducirlo a la causa de maltrato de obra prevista en el artículo 853.2 CC (el subrayado es nuestro).

Y termina incidiendo, con cita de su STS de 27 de junio de 2018, que por vía interpretativa no puede configurarse una nueva causa de desheredación basada en exclusiva en la indiferencia y falta de relación familiar con el causante, pues la ley no lo contempla: «lo contrario, en la práctica, equivaldría a dejar en manos del testador la exigibilidad de la legítima, privando de ella a los legitimarios con los que hubiera perdido relación con independencia del origen y los motivos de esta situación y de la influencia que la misma hubiera provocado en la salud física o psicológica del causante».

La doctrina se consolida, como hemos indicado, con la última sentencia hasta la fecha del Tribunal Supremo en esta materia, STS de 19 de abril de 2023. El testador desheredaba a su hija por falta de relación de más de dieciséis años, en el contexto igualmente de la ruptura sentimental con la madre del desheredado, aduciendo como causa de desheredación la existencia de maltrato de obra, injurias y falta de relación. Tras ello, instituía heredera a su compañera sentimental actual. El Tribunal Supremo casa la sentencia de la Audiencia Provincial, estimando injustificada la causa de desheredación, pues la falta de relación no era imputable a la hija exclusivamente, remontándose a la ruptura de las relaciones con su madre, sin que existiera situación emocional o afectiva que lesionara la salud mental del testador.

Como ya ocurriera con la STS de 20 de julio de 2015, anteriormente comentada, el cambio jurisprudencial es permeable a la causa de revocación de las donaciones por ingratitud. La STS de 18 de enero de 2023 aborda en causación un supuesto de revocación de donaciones por incumplimiento de carga modal e ingratitud. Tras donar los bienes a su hijo, los donantes impusieron como carga a los donatarios el tenerlos en su casa, acompañarlos, cuidarles y prestarles alimentos, en el más amplio sentido, sanos y enfermos y vitaliciamente, como un buen hijo de familia[30].

En una línea interpretativa que estimamos se aleja de la doctrina fijada en la STS de 20 de julio de 2015, el Tribunal Supremo interpreta con rigidez el artículo 648.1 CC, exigiendo que aun cuando no medie condena, el hecho imputado al donatario para revocar la donación, pueda ser subsumido aun de manera prejudicial, en una actuación delictiva: «la sentencia 422/2015, de 20 de julio, que sí se refiere a un caso de revocación de donación por ingratitud, en un caso en el que hubo por parte de la donataria "una bofetada al padre", e "insultos e injurias graves a la madre", admite la revocación de la donación hecha a la hija mediante una interpretación flexible del art. 648.1.°

30 La sentencia narra los hechos siguientes: Casiano (el padre) falleció el 24 de marzo de 2003. Eulogio (el hijo) contrajo matrimonio en junio de 2012. El 16 de julio de 2013, Juana (la madre) remite un burofax a Eulogio para que abandone con su familia la planta baja del caserío en la que habita. Invoca los «desencuentros y desagradables episodios» habidos con la esposa del hijo y la hija de esta, lo que a su juicio hace imposible la continuación de la convivencia en el caserío. Por el mismo medio, Eulogio contesta que no abandona su domicilio en el caserío, de cuya explotación además se obtienen los ingresos para atender al cumplimiento de las obligaciones asumidas, porque ello le impediría cumplir los deberes asumidos en la donación aceptada, y solicita llegar a un entendimiento amistoso que les permita vivir en el caserío como hasta entonces.
La donante inicia entonces un periplo judicial para instar el desahucio del hijo, así como denuncias penales cruzadas, de las que Eulogio resulta absuelto, hasta que, finalmente Juana comparece ante notario con sus hijos Fermina, Damaso e Hortensia y otorga escritura en la que manifiesta que, con el consentimiento de sus hijos y herederos abintestato de su esposo, revoca por incumplimiento e ingratitud la donación hecha a Eulogio. Relata insultos y coacciones de su hijo y manifiesta que lleva años sin cumplir las obligaciones de cuidar de ella y prestarle alimentos.

CC, pero no deja de mencionar, para apreciar causa de revocación por ingratitud, la exigencia de que la "conducta socialmente reprobable, reviste o proyecta caracteres delictivos que resultan necesariamente ofensivos para el donante"».

4. El caso que juzgamos, entre los hechos probados por la sentencia recurrida, y de los que debemos partir al resolver el recurso de casación, dada la función nomofiláctica de este recurso, no se identifica ningún hecho que, aunque no medie condena, pueda ser subsumido de manera prejudicial en alguna actuación delictiva, tal como exige el art. 648.1.° CC para la revocación de una transmisión efectuada por medio de donación, a diferencia de lo que para la desheredación sucede con el art. 853.2 CC, que considera justa causa para desheredar a los hijos y descendientes «haberle maltratado de obra o injuriado gravemente de palabra».

La recurrente basa el motivo de su impugnación de la sentencia recurrida en la cita de hechos que no tienen ningún reflejo en las sentencias penales en las que se apoya, como ya hemos dicho, absolutoria una por no quedar acreditados los hechos que se imputaban mutuamente todos los implicados y la otra por no mantener su acusación la actora en el acto del juicio; se apoya también en comunicaciones de su letrado al de la contraparte en las que se refieren hechos que son manifestaciones unilaterales que no han sido acogidas por la sentencia recurrida; se apoya igualmente en datos que han sido expresamente rechazados por la sentencia recurrida, como que el hijo impide a la madre disponer de agua caliente y calefacción, cuando a la vista del testimonio del técnico de la calefacción, la sentencia recurrida expresamente declara que no ha quedado acreditado que los problemas se hayan creado por el demandado para perjudicar a su madre[31].

---

31 La STS de 29 de julio de 2015 había sido objeto de críticas por la doctrina, pues ni el tenor del artículo 658.1 CC se asimilaba en las conductas descritas al maltrato de obra del artículo 853.2 CC, ni los efectos de ambas figuras era asimilables, pues la revocación de la donación tiene efectos restitutorios de una previa transmisión válida, no parangonables con la disposición mortis causa. Así Carrasco Perera, opina de la desheredación de hijos a la revocación de las donaciones a hijos por ingratitud *non valet argumentum*, como acredita sin más el contraste entre el tenor de los arts. 648.1.° y 853.2.ª CC, tan distintos en la descripción de las conductas reprochadas. El segundo deja espacio para la ponderación («injuriar», «maltratar»), el primero no. Y ello incluso dando por buena la interpretación atécnica del concepto de «delito» que se viene proponiendo pacíficamente en la interpretación del art. 648.1.°, y que permitiría al juez civil subsumir la conducta violenta del donatario en el tipo penal a modo de competencia civil prejudicial que no requeriría previa condena penal correspondiente. Vale, pero el juez civil habrá de hacer cuando menos el esfuerzo interpretativo, que la presente sentencia no hace, de subsumir prejudicialmente y correctamente la conducta probada de la hija («incluso abofeteó al padre») dentro del concepto penal de lesiones. Lo que no se puede postular es que al pairo del relajado enjuiciamiento prejudicial del tipo criminal, se llegue hasta el punto de despreciar incluso los rasgos del tipo penal y proponer una suerte de equivalencia universal de toda conducta más o menos ofensiva para el donante. CARRASCO PERERA, Ángel, «De la legítima suce-

Realmente la cuestión se traslada a qué tipo de conductas que integren el maltrato psicológico puedan tener cabida en las actuaciones ilícito-penales que contempla el artículo 648.1 CC, y que la sentencia vuelve a resaltar como justificación de la causa de revocación. Pero, en cualquier caso, muy alejadas de la mera ruptura de relaciones afectivas y de desapego o indiferencia que avanzaba, como forma de maltrato psicológico, la citada sentencia de 20 de julio de 2015.

VI. *Quid* respecto de la discapacidad

La STS de 2 de julio de 2019 (ponente Baena Ortiz), abordó en casación el alcance de la norma sobre indignidad para suceder introducida por la Ley de la Jurisdicción Voluntaria (2015) en el número 7 del artículo 756 CC: «Tratándose de la sucesión de una persona con discapacidad, las personas con derecho a la herencia que no le hubieren prestado las atenciones debidas, entendiendo por tales las reguladas en los artículos 142 y 146 del Código Civil».

En concreto el Tribunal analiza si la causa de indignidad indicada se limita a las atenciones de contenido patrimonial reguladas en los artículos 142 a 146 del CC, obligaciones alimentarias *stricto sensu*, o en su caso, si lo decidido por el Tribunal Supremo para la desheredación (sentencias n.º 258/2014, de 3 de junio, y n.º 59/2015, de 30 de enero de 2015) respecto a la interpretación del maltrato de obra, incluyendo en él el maltrato psicológico o emocional, es susceptible de ser trasladado a la causa 7.ª del art. 756 CC, incluyendo en «las atenciones debidas» obligaciones personales de cuidado, seguimiento y relación emocional y no solo las patrimoniales de los arts. 142 y 146 CC .

El caso que el Alto Tribunal conocía se refería, como explica la sentencia, a la causa de indignidad por falta de cualquier tipo de relación y asistencia respecto de dos personas ancianas, ya declaradas en situación de dependencia, en relación con su hija y nietas[32]. A los efectos que nos ocupa valora al

soria a la donación non valet argumentum», en *Actualidad Jurídica Aranzadi*, núm. 914, 2015, pp. 2-3.

32 Los hechos fijados en la sentencia de la Audiencia Provincial son los siguientes:
Son hechos acreditados y no discutidos en esta alzada, además de los que dieron lugar a la desheredación de D.ª Patricia —abandono y desatención total de sus padres e injuria grave y reiterada de palabra a los mismos—, que sus hijas Cándida, Elisabeth y Marta cortaron toda relación con sus abuelos a partir del año 2.004, a resultas de una discusión que su madre había tenido con ellos. Desde entonces no volvieron a tener comunicación o contacto con D. Dimas y D.ª Agustina y no se preocuparon en absoluto de los mismos hasta el punto de que, como su madre, tomaron conocimiento de la muerte de cada uno de ellos mucho después de haberse producido respectivamente en diciembre de 2.005 —la de D. Dimas— y agosto de 2.011 —la de D.ª Agustina—. También es un hecho acreditado que D. Dimas y D.ª Agustina eran dos personas dependientes, no ya en el momento de su muerte, sino también con anterioridad, situación de dependencia que si bien fue declarada expresamente con respecto a D.ª Agustina en 2.009 ya se daba en ambos en el año 2.000, en que contaban con 78

Tribunal la fecha de introducción de la norma, 2015, que impide realizar la interpretación conforme a la realidad social que ha fundamentado las SSTS de 3 de junio de 2014 y 30 de enero de 2015. Por ello atiende al tenor literal de la norma, sin que estime asumible la ampliación al maltrato psicológico de los causantes de la causa de indignidad indicada:

La realidad social, cultural y los valores del momento no son otros que los que contempla la Ley 41/2003, de 18 de noviembre, sobre protección patrimonial de personas con discapacidad, esto es, en respuesta a una demanda social de los valores del momento respecto de estas personas.

Por tanto, para acudir a la interpretación flexible de esta concreta causa no se pueden utilizar los motivos que proporcionaron la del maltrato de obra a efectos de desheredación.

Tal argumento se refuerza porque el art. 756 CC ha sido reformado por la Ley de Jurisdicción Voluntaria (Ley 15/2015), y en su Exposición de Motivos afirma que «se introduce, por considerarse necesario su adaptación a la nueva realidad social y desarrollo legislativo en el ámbito penal, una nueva regulación de las causas de indignidad para suceder».

Si la reforma tiene incidencia en el abandono, hubiese sido ocasión propicia a los valores del momento incluir en las «atenciones debidas» (art. 756. 7.ª CC) obligaciones de contenido personal.

Nada de esto se hizo y como sostiene la sentencia recurrida ese maltrato psicológico o emocional no puede considerarse como una negación de alimentos, que es en lo que se concreta las atenciones debidas. Que no cabe confundir una y otra atención se colige del art. 853 CC, que contempla la negación de alimentos y el maltrato de obra, en el que jurisprudencialmente se integraría el emocional o psicológico, como causas diferentes de desheredación en su n.º 1.º y 2.º.

El problema que se plantea con la causa de indignidad analizada en relación con los hechos de la sentencia se residencia en la capacidad para testar de los dos causantes. Como se aprecia del resumen de los hechos, la discapacidad que ambos sufrían se asocia a la dependencia derivada de la vejez. Es en este momento donde se denuncia la causa de indignidad. La propia sentencia de la Audiencia Provincial de Albacete, contra la que se interpone el recurso de casación, no duda en considerar que los hechos de abandono y desatención de ambos causantes por parte de las nietas, que cortaron toda relación con sus abuelos, eran constitutivos de maltrato psicológico, incardinable en la causa de desheredación del artículo 853.2 CC. Pero la literalidad de la norma 756.7 CC, tal como describe la sentencia, conlleva a que los

y 79 años, ello según reveló la testifical de D.ª Eva, asistente social, que puso de manifiesto que desde ese año 2.000 el matrimonio precisaba de ayuda para la casa, higiene personal, etc., teniendo distintas limitaciones por razón de la edad y que culminaron con el ingreso de ambos en una residencia de ancianos en el año 2.005

hechos que pueden justificar la desheredación no justifiquen la indignidad para suceder, pese a la imposibilidad tal vez, como parece deducirse de la sentencia del Tribunal Supremo, de testar del causante.

VII. ¿Fundamenta la solidaridad familiar la legítima en la interpretación del Tribunal Supremo?

Tras el análisis de los anteriores pronunciamientos de la Sala Primera del Tribunal Supremo, como conclusión final a la pregunta que planteábamos, entendida la solidaridad intergeneracional o intrafamiliar en las relaciones entra ascendientes y descendientes, como justificación de la legítima de los descendientes —a la que hemos acotado las reflexiones anteriores—, deberíamos responder que más allá de la justicia apegada al caso concreto (la mal llamada justicia material), no se justifica este trasfondo interpretativo en la jurisprudencia de nuestro Tribunal Supremo.

El amplio acogimiento de la doctrina contenida en la STS 3 de junio de 2014, amparado en las constantes peticiones de revisión de la legítima en el derecho común, y el impulso generado por los derechos autonómicos, finalmente no ha despegado la jurisprudencia del contenido positivista de las causas de desheredación, como por otra parte corresponde al ámbito de la función jurisdiccional. La razón de la desheredación, con independencia de la interpretación sociológica del concepto de maltrato de obra, para comprender realidades incardinables en el maltrato psicológico o abandono, no es sino la sanción legal a conductas muy graves, moralmente reprobables y seleccionadas por el legislador. No permite la ley derivar la desheredación de la voluntad del causante que valora los efectos en su patrimonio transmisible del abandono o falta de relación afectiva del heredero. La persistencia de un elenco tasado de causas de desheredación, la conceptuación punitiva de tales causas, y las rígidas reglas sobre la prueba, abogan por esta interpretación. Ello sin perjuicio de constatar, como seguramente subyace en las últimas resoluciones del Tribunal, la dificultad no ya probatoria en orden a indagar la imputabilidad de la conducta de desapego o desafección, sino el origen incluso de esta conducta y sus consecuencias en la salud mental del testador, que prácticamente anulan la incidencia real del maltrato psicológico como causa de desheredación.

La jurisprudencia del Tribunal Supremo desde la sentencia de 2014, ha ido replegando los efectos de la inclusión de la desatención y abandono emocional en el concepto de maltrato psíquico y su equiparación a la causa de maltrato de obra del artículo 853.2 CC, de un lado acotando los elementos fácticos que integran la causa de desheredación, a través de la imputabilidad exclusiva al legitimario y la relación causal con un daño psíquico en el causante, que limitan notoriamente los supuestos de acogimiento de la causa de desheredación. De otro, desligando el maltrato psíquico por abandono emocional de la revocación de las donaciones o de la indignidad para suceder. La interpretación extensiva de la causa de desheredación queda de momento circunscrita a los alimentos de los hijos mayores de edad, institución de mayor contenido ético y moral, vinculada positivamente a la conducta del alimentista.

Especialmente problemática se nos presenta la situación del causante anciano dependiente total o parcialmente por consecuencia de la vejez, y respecto del cual las conductas de desapego o abandono emocional se produzcan tras esta situación de dependencia y necesidad. Las posibles limitaciones, no ya de su capacidad para testar, sino de su vulnerabilidad y afectación de su voluntad, no quedan debidamente resueltas ni por las causas de desheredación (temporalmente), ni por las de indignidad, en la rígida interpretación jurisprudencial. Ello sin ahondar en otras cuestiones ciertamente litigiosas que suelen aparecer en torno a la impugnación de donaciones o testamentos a favor de cuidadores o cónyuges, en detrimento de los hijos y descendientes legitimarios. La definición que el IMSERSO en su publicación *Malos tratos a las personas mayores: Guía de actuación*[33], tomada de la definición de la OMS y de la Segunda Asamblea Mundial sobre Envejecimiento de Madrid, recogida en la Declaración de Toronto de prevención del maltrato contra las personas mayores (2002), puede situarnos en la realidad del problema que apenas enunciamos:

El maltrato a personas mayores en el ámbito familiar se define como la acción única o repetida, o la falta de respuesta apropiada, que causa daño o angustia a una persona mayor y que ocurre dentro de cualquier relación en el contexto de las relaciones familiares en las que exista una expectativa de confianza[34].

33 Moya Bernal, A. y Gutiérrez Barbero, J. (coords.), *Malos tratos a las personas mayores: guía de actuación*, Madrid, IMSERSO, 2025.

34 Citado por Gracia Ibáñez, J., «El maltrato familiar hacia las personas mayores: un análisis sociojurídico», en *Prensas de la Universidad de Zaragoza*, Zaragoza, 2012, p. 94.

CAPÍTULO 6

DEFENSA DE LA LIBERTAD DE TESTAR

Victorio Magariños Blanco
Notario
Vocal Permanente de la Comisión de Codificación

Sumario:

I. Introducción

Hace siglo y medio, insignes juristas de la Comisión de Codificación, como AZCÁRATE, GINER DE LOS RÍOS, DURAN Y BAS, JOAQUIN COSTA, razonaron con hondura, valentía y sólidos argumentos en favor de la libertad de testar.

No obstante, triunfó la opinión de ALONSO MARTÍNEZ, favorable a mantener la legítima en base a la protección de la familia[1].

1 Para una exposición más extensa del debate que precedió al Código Civil de España puede verse VALLET DE GOYTISOLO, *Limitaciones de Derecho Sucesorio a la facultad de disponer, t. I Las legítimas.* Instituto Nacional de Estudios Jurídicos. Madrid, 1974, pp. 24 a 49. MAGARIÑOS BLANCO, V., *Libertad para ordenar la sucesión.* Editorial Dykinson Madrid, 2022, pp. 153 a 160.

La controversia se resolvió con un «pacto» espurio, más bien imposición, esquivando el problema de justicia; mediante la renuncia a un Código Civil único para toda España, dejando la regulación sucesoria a la competencia de las regiones forales, que conservaron su Derecho civil propio, el cual acogía una amplia libertad para ordenar la sucesión. Primero a través de Apéndices, luego Compilaciones y hoy Leyes generales o Códigos de Derecho civil autonómico.

Error histórico, que, además, plantó las bases de la desintegración de España, dada la fuerte carga diferenciadora que supone la ley civil, reguladora de la vida de los ciudadanos en su ámbito privado. Y más, si tenemos en cuenta la fuerza de atracción de las legislaciones denominadas forales, más respetuosas con la libertad de las personas, y su evolución constante en el sentido de lo que anuncian o admiten en sus Exposiciones de Motivos como tendencia razonable y justa hacia la libertad para ordenar la sucesión.

Los juristas que defendieron la libertad de testar pusieron de relieve que su función era hallar la norma justa, y que el problema de la regulación sucesoria era esencialmente jurídico.

Observó Joaquin Costa que «no se trata de resolver problemas económicos, ni socio familiares, ni políticos. Interesa resolver el problema jurídico, de justicia, que plantea la legítima. Porque resuelto este adecuadamente, es decir lograda la norma justa, seguro que será beneficiosa para la economía y para la sociedad»[2].

Sánchez Román, veinte años después, entendió que el problema es esencialmente jurídico y sólo por motivos de Derecho ha de ser resuelto, siendo, por lo menos, subalternos, cuando no extraños e inadmisibles, todos los que se aduzcan de otra clase, morales, sociales, familiares, económicos y afectivos[3].

Muchos años más tarde, un economista y pensador como Hayek observó la tendencia de juristas civilistas a considerar la sociología y la economía con excesiva pleitesía, cuando lo que tienen que buscar son las que él denomina «reglas de recta conducta», es decir, las normas justas[4].

Sin embargo, los avances culturales, el mayor y mejor conocimiento de los cambios en la estructura del patrimonio y de la familia ayudan a desvelar la injusticia de una norma jurídica, y, de modo más nítido o claro, dejan a la vista su inconsistencia inicial para alcanzar la justicia.

Pese a ello, la regulación sucesoria sigue petrificada en el Código civil español. A diferencia de las Comunidades Autónomas, en continuo avance hacia la norma justa en este ámbito, el legislador estatal no se ha preocupado de solucionar el problema equitativamente.

---

2 Costa, Joaquín, *La libertad de tetar y las legítimas*. Madrid 1883, p. 521.

3 Sanchez Román, *Estudios de Derecho Civil*, Madrid, 1910, t. VI, v. 2.°, pp. 718 a 751.

4 Hayek, *Derecho, Legislación y Libertad*, 2.ª ed., Unidad Editorial, Madrid, 2014, pp. 94, 145 y 146.

Sólo la fuerza de la economía en relación con la empresa y la protección de los discapacitados han provocado pequeños cambios, que no resuelven los graves problemas que la legítima plantea.

Ya es hora de enfrentarse a su regulación equitativa.

II. En busca de un fundamento de la legítima

Después de publicado el Código Civil los civilistas se limitaron a estudiar los problemas técnicos que la legítima planteaba, despreocupándose de si era o no justa tal limitación a la autonomía de la voluntad, principio básico del Derecho privado.

Solamente SÁNCHEZ ROMÁN en 1910[5] y VALLET en 1974[6] se plantearon el problema de la legítima desde la justicia.

Hoy, después de un largo periodo de letargo, se ha intensificado el nuevo debate doctrinal que se inició a partir del año 1990. Cada vez son más los juristas que ven con claridad la inconsistencia de la legítima.

Sin embargo, a pesar de ello y del rechazo que los ciudadanos muestran hacia la restricción legitimaria, que los Notario observamos en primera línea, existe todavía un sector de la doctrina para el cual la supresión de la legítima es un cambio muy brusco. Y se inclinan por ir poco a poco, como si la justicia pudiera dividirse por tiempos.

Veamos los argumentos que aducen[7].

2.1. El carácter simbólico

Algún autor, aun reconociendo la pertinencia de la supresión de las legítimas o su reducción a un ámbito asistencial, considera que éste sería un sistema de *tabula rasa*, sin historia, sin tradición. Que, dada la inercia legal muy grande, una opción así podría generar rechazo. Y que la fuerte carga simbólica de las legítimas haría más fácilmente asumible una reforma que no cuestione el sistema.

De este modo la solución de un problema, que es de justicia, se pospone al criterio pragmático o imaginario de la facilidad de asumir una reforma que solamente aminore los efectos restrictivos de la legítima. Sin que se diga o aclare quién se opone y quien tiene que asumirla, si los juristas teóricos aferrados a la tradición o los destinatarios de la norma.

---

5 SANCHEZ ROMÁN, ob. cit., pp. 720 y 721.

6 VALLET, ob. cit. p. 25.

7 Una exposición detallada de los argumentos y su análisis MAGARIÑOS BLANCO, V., *Libertad para ordenar la sucesión,* Editorial Dykinson, Madrid, 2022, pp. 257 a 330.

Es a éstos a los que produce rechazo un sistema que les impide organizar su sucesión de modo eficaz y equitativo. ¿Se sabe de alguien que, razonablemente, prefiera una norma que ate su libertad para ordenar su sucesión, que el Estado le impida ejercer su libertad de disposición?

En el ámbito del Derecho privado un símbolo no puede ser el fundamento de una obligación y su correlativo derecho. Un símbolo es un mero subterfugio argumental.

2.2. La tradición

En toda regulación jurídica existe una carga cultural y una lógica tendencia a que no se produzcan cambios, por razones de seguridad jurídica. Pero de ahí a utilizar la tradición como dique de contención de cualquier reforma que suponga un avance y aproximación a la justicia, que el paso del tiempo hace más visible y evidente, existe una gran distancia.

Convendría distinguir la tradición legislativa legitimaria de la tendencia a dejar los bienes voluntariamente a los hijos o parientes próximos, que son dos fuerzas o fenómenos distintos. Aunque al confluir y seguir una dirección semejante puede inducir a su adición errónea, fortaleciendo la presencia aparente de la tradición.

En efecto, existe una tendencia natural de los padres a designar a sus hijos como sucesores. Esta tendencia natural pero voluntaria ha convivido en paralelo con la obligación legitimaria impuesta por la ley, que la ha solapado y oscurecido. Hasta tal punto que la tradición familiar de la herencia, a la que algunos autores acuden, es una certeza si se confunde con aquélla. Pero es ilusoria si se convierte per se en fundamento del sistema legitimario.

Una norma sin más base que la tradición, desprendida de otro fundamento, no es más que la manifestación de una apariencia de justicia avalada por la inercia. En tal caso la tradición no hace sino petrificar el Derecho.

La formulación justa salta el tiempo, tradiciones y símbolos. El Derecho verdadero es siempre nuevo, en el sentido de que está vivo, eficiente y adecuado para la convivencia.

La persistencia de la norma basada en su raigambre histórica se convierte en una momia jurídica cuando el avance cultural y los cambios sociales y económicos hacen visible su injusticia.

Pero es que, además, el análisis histórico nos indica que ni siquiera hay una verdadera tradición persistente respecto de la legítima. No la ha habido en Roma, ni en España en la que han convivido y conviven hoy sistemas de libertad absoluta de testar con el de legítimas de diversa amplitud. Tampoco se puede hablar de una tradición legitimaria castellana, pues en la mayoría de los patrimonios con entidad económica el mayorazgo eclipsó la legítima.

Es a partir del Código civil cuando se inicia la permanencia, que se podría calificar de tradición legislativa, de una legítima, limitada al territorio en el que rige.

Acompañada por la tendencia de los civilistas a conservar las normas que estudian desde los inicios de su carrera, tendencia que hemos padecido los que nos hemos «especializado» en Derecho privado, y limitada al sistema del CCE, con olvido ostentoso de las legislaciones forales.

Lo cual unido a la pereza legislativa estatal, en triple alianza constituye una barrera que está frenando la renovación.

Es pertinente recordar aquí la observación de IHERING «El Derecho sólo puede rejuvenecerse en tanto que rompe con su propio pasado... pues la idea del Derecho es un eterno devenir, y lo que ha llegado a ser tiene que ceder ante el nuevo cambio». «El derecho debe estudiar y buscar sin cesar el verdadero camino, y cuando lo ha encontrado, derribar los obstáculos que se oponen e impiden avanzar»[8].

2.3. Componente ideológico

También se ha dicho que en la supresión de la legítima existe un componente ideológico, el liberalismo, y que obedece al deseo de potenciar la libertad personal por razones estrictamente individualistas a las que se piensa que conduce el pensamiento liberal.

Nada tiene que ver la libertad para ordenar la sucesión con el movimiento liberal, que se inicia como reacción frente a la intolerancia religiosa y política en el siglo XVIII y alcanza su máximo apogeo con la Revolución francesa. La libertad de testar existió en Roma en la época en la que el Derecho privado era obra de los jurisprudentes, verdaderos científicos del Derecho, como señaló D´ORS. Y es precisamente el Código civil francés, resultante de la revolución liberal el que paradójicamente establece una rígida limitación legitimaria.

Por otra parte, el individualismo que se considera consecuencia del liberalismo, inspira más bien el sistema legitimario, pues favorece a personas al margen de su merecimiento o situación, y que esperan, sin esfuerzo alguno, que al fallecimiento del causante se arreglen sus problemas económicos o simplemente aumente su capacidad de ocio o nivel de gasto.

Se achaca a la libertad de testar que la preside el egoísmo del causante. Resulta paradójico tal razonamiento, pues ¿qué egoísmo puede tener una persona que ordena su sucesión para cuando ya no esté en este mundo, precisamente en el momento en el que normalmente piensa y desea que las

8 IHERING, *La lucha por el Derecho,* Editorial Temis, pp. 12 y 13.

personas más cercanas y con las que ha convivido continúen la gestión y utilización de su patrimonio?

El egoísmo e individualismo sí es claro que subyacen tras el sistema legitimario en las personas que, al amparo de una legislación ancestral, esperan resolver sus problemas económicos o acrecentar su patrimonio, y una vida regalada, sin más base que el parentesco con el causante.

2.4. Igualdad de los hijos

Algunos autores esgrimen que la legítima es un medio para proteger a los hijos de anterior matrimonio frente a una posible captación que favorezca a los habidos posteriormente con otros cónyuges o parejas de hecho. Se trata de evitar la desigualdad de los hijos de anteriores relaciones.

Pero la igualdad forzosa implica la más injusta desigualdad, al impedir ponderar y considerar las situaciones tan diversas en la que los hijos pueden encontrarse[9]. El legislador navarro, ha tenido que modificar la norma igualatoria de la ley 272 del Fuero Nuevo, que chocaba no solo con el principio de libertad navarra, sino con el de igualdad, al quedar fuera de la protección hijos de relaciones intermedias. Dicha norma se sustituyó recientemente por la más justa que establece el deber de alimentos.

Por otra parte, la presunción iuris et de iure de captación de voluntad que se pretende como fundamento para perpetuar la legítima, añadido al de la igualdad de los hijos de anterior pareja, supone una desproporción que la aleja de la justicia, como veremos a continuación.

2.5. Captación de voluntad

Uno de los argumentos más utilizados hoy para defender la persistencia de la legítima es que esta supone un dique protector frente conductas oportunistas y la captación de la voluntad, sobre todo de personas mayores, que se presumen vulnerables.

Pero la restricción generalizada de la libertad mediante la legítima, que se considera paraguas o antídoto compensatorio de la captación, resulta inconsistente. Por las siguientes razones:

1.º Se incurre en una injusta solución generalizadora. Para evitar un comportamiento irregular excepcional, quedarían afectados todos los testadores.

9 La igualdad legitimaria fue impuesta por el CC francés por razones ideológicas y prejuicios revolucionarios ante el temor, miedo a la libertad, de que se concentrase la riqueza en unos pocos, y volviese el régimen estamental o de clases, que la revolución «liberal» pretendía derribar.

El verdadero Derecho no puede establecer una norma general en base a lo que sucede excepcionalmente.

2.º El peligro de influencias afectivas existe en todos los actos de la vida, cualquiera que sea la edad y la situación en que una persona se encuentre. Baste recordar la posibilidad de otorgar testamento abierto a partir de los 14 años.

3.º El sistema de legítimas, y más con la reducción a la que tienden la mayoría de las legislaciones, es inadecuado para evitar la captación, pues siempre quedará un amplio margen de libertad que la facilite.

4.º Se pretende resolver un problema con un instrumento jurídico excesivo e inadecuado. Pues el Derecho tiene medios equilibradores apropiados para ello. El preventivo de la intervención asesora y controladora notarial y el decisorio judicial que determinará si la disposición deberá quedar sin efecto por falta de capacidad o por consentimiento viciado o influido.

Los problemas de «voluntad extravagante», «testador vulnerable», «limitada autonomía de personas de avanzada edad», que siempre han existido, son problemas de falta de capacidad o de voluntad viciada, y en base a ello tendrán que resolverse.

2.6. Solidaridad familiar

El argumento más utilizado hoy para defender la legítima es la solidaridad familiar. Pero una solidaridad vista de arriba abajo. Es decir, de los padres hacia los hijos, imponiendo a aquéllos la obligación de dejarles parte de su patrimonio, después de haber asistido a los hijos procurándoles formación y desviviéndose por ellos hasta que alcanzan autonomía.

La ley establece una doble imposición. Una justa y razonable derivada de la responsabilidad que contraen con la filiación, la de asistencia a los hijos. Otra, la legitimaria derivada de la solidaridad, sin fundamento consistente, pues la solidaridad exige la contrapartida de necesidad desde el punto de vista conceptual. La llamada a la solidaridad sin más convierte la legítima en un privilegio.

De ahí que los juristas que acuden al argumento de la solidaridad se dan cuenta de que es necesaria una respuesta compensatoria de los hijos. Y vuelven la vista a la reciprocidad como requisito para dar fortaleza a la solidaridad, exigiendo a los hijos, en compensación, afecto o simplemente relación con los padres[10].

10 Han influido en esta posición diversas sentencias del Tribunal Supremo que han asimilado el maltrato psicológico al físico (en especial STS de 3 de junio de 2014 y 27 de junio 2018) y el Código civil de Cataluña al establecer como causa de desheredación la falta de relación.

Pero se exige a los descendientes solamente una reciprocidad afectiva a cambio de una forzosa «solidaridad» económica de los padres y, por lo tanto, descompensada, asimétrica. La reciprocidad implica equivalencia, «amor con amor se paga», no amor o simple relación a cambio de patrimonio.

La solidaridad familiar «recíproca» no puede justificar la imposición legal legitimaria; pues rompe el equilibrio que la equidad exige, poniendo en la balanza elementos tan diversos e incomparables como el afecto y el patrimonio.

¿Qué clase de solidaridad es la que obliga a dejar a un hijo parte del patrimonio sin más exigencia que una relación respetuosa por parte de éste?

La pretendida solidaridad familiar ensancha, agranda, las consecuencias de la responsabilidad derivada de la procreación de modo desproporcionado y sin equivalencia. Hasta tal punto que la vara de medir la reciprocidad se descarta para los ascendientes, pues parte de los autores que acuden a aquel argumento los excluyen de la legítima.

Además, una sobreprotección legal indiscriminada y económica, a la que se pretende llegar a través de la solidaridad familiar, perjudica la formación de las nuevas generaciones y afecta al desarrollo de la personalidad de los hijos de modo negativo[11].

2.7. Desheredación

Algunos autores ven en la desheredación el último reducto para conservar la legítima ampliando sus causas con la falta de solidaridad.

En efecto, la solidaridad a la que se añade la reciprocidad, de forma asimétrica y descompensada (afecto a cambio de patrimonio), como hemos visto, necesita para su efectividad la vía tortuosa, difícil de aplicar, dolorosa e insegura de la desheredación.

Pero la desheredación es un paliativo que no resuelve la inequidad de la legítima. La desheredación, instrumento jurídico con el que se pretende activar la solidaridad recíproca, parte de la exigencia de un comportamiento desafectivo que habrá que probar, pues se articula en base a la desconfianza en la capacidad y equidad del causante.

Ninguna razón de justicia existe que exija al causante, para que pueda distribuir sus bienes sin restricción, que haya existido desafección de los legitimarios, y que, además, el causante o sus herederos tengan que acreditarlo,

11 Por otra parte, en base a una pretendida solidaridad se oculta y empequeñece la generosidad, que queda solapada, encubierta, transformándola en obligación legal «solidaria».

sometiéndole a un juicio moral sobre afectos y desatenciones que solo el que las sufre puede valorar[12].

El juicio sobre la desheredación implica un test de moralidad que afecta a la libertad y dignidad del testador, al exigir la exposición y acreditación de sus motivos. Lo que supone escarbar en cuestiones íntimas de las que el testador no tiene por qué dar cuenta, ni normalmente podrá hacerlo.

Olvidando que sólo él puede valorar libremente no sólo el desamparo y la intensidad del sufrimiento producido por el desafecto y falta de relación de sus parientes cercanos, sino también otros problemas familiares, como la armonía entre hermanos, su diversa necesidad económica y afectiva, que dependen de la situación, sensibilidad y carácter de cada uno.

2.8. Inconsistencia de la legítima

Un sector importante de civilistas se ha percatado ya de la escasa consistencia de los argumentos aducidos en favor de la persistencia de la legítima. Después de observar que la situación actual no es la misma que en el s. XIX, en el que la edad media de vida era mucho menor y la natalidad mayor; y que la composición del patrimonio, las fuentes de creación de la riqueza y la estructura de la familia han cambiado sustancialmente, se preguntan ¿qué razón de justicia puede haber para que un padre tenga que dejar parte de su patrimonio a sus hijos con unas edades en las que normalmente debieran tener sus necesidades vitales cubiertas?

Los avances culturales y los cambios sociales y económicos han permitido ver con más claridad la inconsistencia de la legítima, dejando al desnudo la falta de fundamento que la justifique. Y ya solo se defiende por algunos civilistas, a duras penas, en base a una difusa y desequilibrada solidaridad y al temor y desconfianza en la «aptitud» del causante. Sin percatarse que en un amplio territorio de España existe ya un régimen legal de amplia libertad, sin que nadie reclame su restricción en base a peligros o daños que pudiera provocar; pero que los defensores de la legítima imaginan o temen que pudieran producirse.

III. Fundamento de la libertad de testar[13]

Aunque después del análisis de los criterios utilizados para defender la legítima creo que ha quedado clara la inconsistencia de esta, procede concretar el fundamento de la libertad de testar.

---

12 Los Notarios comprobamos lo difícil que les resulta a los padres desheredar a los hijos a pesar de su mal comportamiento, así como una tendencia natural a perdonarles o pasar por alto actuaciones o conductas desleales.

13 Un análisis extenso del fundamento Magariños Blanco, V., ob. cit. pp. 207 a 257 y 348 a 388.

1.- La libertad de testar tiene su fundamento en la misma naturaleza de la herencia. Si ésta, como se reconoce mayoritariamente, es un derecho derivado de la propiedad, una exigencia social y jurídica de dar continuidad a la misma después de la muerte, la consecuencia lógica es que el titular pueda decidir libremente quienes serán sus continuadores.

El patrimonio deberá cumplir la misma función que ha tenido en vida de su titular, que es servir de soporte material de las obligaciones derivadas de su responsabilidad y posibilitar la realización de su proyecto vital. Lo que exige naturalmente la consiguiente libertad de gestión y disposición del mismo[14].

Tal exigencia se hace más visible en el caso del patrimonio dinámico o funcional. La doctrina ha visto con más claridad que si se trata de una empresa creada por el causante, es necesaria la libertad para elegir a la persona o personas que tengan las cualidades adecuadas para poder continuar y posibilitar la subsistencia de esa obra intelectual y vital, además de económica, que es la empresa[15].

La persona necesita independencia económica y libertad de disposición de sus bienes para poder desarrollar su proyecto de vida, en el cual está incluido el destino de su patrimonio para después de la muerte.

La herencia es una derivación del derecho de propiedad, derecho este que no se puede desnaturalizar suprimiendo una facultad esencial del mismo, como es el de disposición inter vivos o mortis causa, el derecho a causar la herencia, a nombrar sus sucesores.

La posibilidad que una persona tiene para organizar su vida con arreglo a un plan vocacional, económico o sentimental reclama libertad, que es derecho fundamental, al que se unen también la dignidad y desarrollo de la personalidad, que también lo son[16].

La imposición legitimaria, además del privilegio que supone al conceder derechos sin otra razón que el parentesco, deja traslucir una desconfianza hacia la persona del causante, un temor a que utilice su libertad para perjudicar a los favorecidos por el apoyo del legislador. Miedo a que desvíe su patrimonio hacia otras personas incluso más necesitadas. En definitiva, miedo a la libertad, a la autonomía de la voluntad, que es principio que inspira y preside el Derecho privado.

---

14 La propiedad no es limitada en el tiempo, vitalicia, sino que su transmisión por vía sucesoria es una exigencia de la esencia misma del derecho de propiedad, tal como la mayoría de las legislaciones lo han configurado desde el Derecho romano.

15 La participación de los trabajadores en la empresa no es una cuestión que deba resolverse por imposición estatal. Pero tampoco el Estado debe obstaculizar la voluntad del empresario individual con la imposición legitimaria, impidiendo con ello, en ocasiones, no solo la subsistencia de la empresa, sino también una distribución más equitativa y a la vez más eficiente del patrimonio.

16 Artículos 10 y 17 CE.

Libertad que permitirá al testador sopesar y decidir en función de merecimientos y atenciones, afectos correspondidos, o distanciamientos o desafectos, sin tener que justificar su decisión a través de un vía crucis judicial. Y que evita que los pretendidos beneficiarios de la imposición legitimaria, al contar con un inmerecido derecho o expectativa, se comporten con indiferencia o desinterés respecto a sus progenitores. O simplemente se limiten a esperar su fallecimiento, ralentizando el propio esfuerzo y, a veces, obviando su realización personal; lo cual afecta a la dignidad de los hijos.

2.- Por último, es preciso dejar claro el alcance de la función social de la herencia a la que se refiere el a. 33 CE conjuntamente con la propiedad, en relación con la familia[17]. La CE nos introduce en el laberinto que implica hallar el significado de la función social, concepto indeterminado que la doctrina y los tribunales tratan de descifrar[18].

Dejando al margen la posible referencia a la redistribución fiscal, interesa aquí su relación con la limitación legitimaria. Un sector de la doctrina ha considerado que dicha función social sería la protección de la familia. Sin embargo, las misma Constitución distingue dos ámbitos claramente deslindados. El de protección pública, referida genéricamente a la familia y personas de la tercera edad: los poderes públicos aseguran la protección social, económica y jurídica de la familia (a. 39.1); los poderes públicos promoverán bienestar de las personas de la tercera edad, en relación con las atenciones de salud, vivienda, cultura y ocio (a. 50). Y el de la protección familiar privada referida a los hijos y ascendientes. «los padres deben prestar asistencia de todo orden a los hijos...durante su minoría de edad y en los demás casos en los que legalmente proceda» (a. 39.3), y el de asistencia de los ascendientes, reconocido en el art. 50 CE cuando se refiere a la protección pública, con independencia de las obligaciones familiares.

Las obligaciones de asistencia subsisten si están pendientes de cumplimiento, como es natural, después de fallecido el obligado, y continúan como deudas de la herencia. Pero se mueven en campo distinto al de la legítima y nada tiene que ver con ella.

No es función de la herencia la protección de determinadas personas al margen de la necesidad, sino la de servir de soporte para atender obligaciones subsistentes derivadas de relaciones que las generan. La protección jurídica ha de tener un fundamento que justifique su carácter obligatorio y necesario, como el de atender a los hijos menores o discapacitados. Por el contrario, será improcedente cuando suponga un privilegio de los hijos ya

17 Art. 33 en relación con el art. 39 CE.

18 Más explícita es la Carta de la Unión Europea cuando dice que «Toda persona tiene derecho a disfrutar de la propiedad de sus bienes adquiridos legalmente, ...a disponer de ellos y a legarlos. El uso de los bienes podrá regularse por ley en la medida que resulte necesario para el interés general» (art. 17).

situados, impidiendo que los padres puedan disponer libremente de sus bienes para atender necesidades familiares o sociales y las propias derivadas de la vejez, o dándole el destino que consideren más adecuado.

La herencia forzosa en favor de ciertos parientes de modo indiferenciado, al margen de necesidad y por simple parentesco, constituye, además, una causa de desprotección familiar. La de los padres, que es la familia reducida que suele quedar después de que los hijos hayan formado la suya nueva e independiente. Familia en sentido estricto, riguroso, precisamente la más necesitada y generatriz, que no puede quedar subordinada en beneficio de personas que tienen su independencia, y con las que ya han cumplido sus deberes y no necesitan especial protección duplicada[19].

La herencia es el soporte económico que permite el cumplimiento de obligaciones derivadas de la responsabilidad del causante. Responsabilidad que no puede resultar ampliada con obligaciones impuestas por la ley en beneficio de ciertas personas por razón de parentesco. Se estaría inyectando a la herencia una función desviada, sin fundamento en una necesidad que exija protección y pudiera justificarla. Añadiendo una obligación sin contrapartida. Un enriquecimiento sin causa.

IV. Conclusión

En base a las reflexiones expuestas, al rechazo que los notarios observamos de modo generalizado en los testadores, a la constatación de la falta de un fundamento consistente de la legítima, a los cambios operados en la realidad social que hacen más visible su inequidad, habrá que concluir que se aproxima de manera clara a la justicia el sistema de libertad para ordenar la sucesión como manifestación de la libertad civil y consecuencia directa de la propia esencia y finalidad de la herencia.

La libertad de ordenar la sucesión es hoy el instrumento más idóneo para ajustar el patrimonio a la finalidad que debe cumplir, que es la de servir de soporte para continuar la obra social y económica del causante y atender las necesidades del que lo ha creado y también las obligaciones derivadas de su responsabilidad y pendientes de cumplimiento.

19 La legítima se impone legalmente sin tener en cuenta que, en la realidad, los auténticamente necesitados son hoy, la mayoría de las veces, los padres. Y es precisamente la libertad la que le que les permite organizar su patrimonio con el fin de proveer al sustento de sus últimos años de vida, con una larga ancianidad, a cuyo fin o función deben estar destinados sus bienes en primer lugar.
De ahí que cada vez sea más usual ordenar la sucesión a favor de las personas que les cuiden, o bajo tal condición, o se acuda a instrumentos jurídicos indirectos para esquivar la imposición legitimaria.

En efecto, es complemento necesario de la libertad sucesoria una regulación complementaria amplia de la obligación de asistencia y alimentos, derivada de la responsabilidad por filiación y de la justicia retributiva y compensatoria en relación con el cónyuge o pareja legalmente constituida, en un proceso de humanización de las relaciones jurídicas a la que una sociedad avanzada debe aspirar.

Es pues necesaria una modificación sustancial del sistema, en el que se recoja la libertad de ordenar la sucesión, suprimiendo el privilegio de adquirir bienes por razón de parentesco. Sin perjuicio de las repercusiones sucesorias que se deriven de los deberes de atención y alimentos.

Cuando un Estado protector vela por el descarrío de los ciudadanos imponiendo lo que deben hacer, con base en una pretendida solidaridad forzosa y descompensada que exigiría enriquecer a una persona al margen de una necesidad que lo justifique.

Cuando margina la voluntad de la persona para favorecer a otras sin fundamento razonable. Y no se respeta la libertad de decisión personal para designar sucesores o disponer libremente de lo que es producto del esfuerzo o capacidad de gestión.

Cuando el legislador mantiene un sistema jurídico que desconoce las reglas que presiden el orden natural de convivencia pacífica, como la libertad responsable.

Cuando se establecen normas restrictivas generales en base a presunciones y desconfianza en las personas.

Cuando todo esto sucede, el legislador debe tomar conciencia del problema, deshacerse del miedo y de la inercia y dictar las normas adecuadas. Que hagan efectiva la justicia respetando uno de sus ejes, la autonomía de la voluntad. Que en el ámbito sucesorio se concreta en la libertad para ordenar la sucesión, con el complemento de la obligación de asistencia en los casos en los que la responsabilidad lo exija, obligación que subsiste como deuda de la herencia si no se ha cumplido en vida del causante.

No se puede olvidar, además, que una regulación como la que se propone supone una mayor aproximación a la justicia, al provocar el acercamiento de los distintos sistemas sucesorios existentes en España, y, por lo tanto, una mayor igualdad de trato de todos los ciudadanos, cuya situación y circunstancias son hoy equivalentes en todo el territorio español. Cuanto más extenso sea el campo de acción de una norma justa, a la que se aproximan de modo más intenso las legislaciones autonómicas, mayor será el grado de paz social que se genere, que es, finalmente, a lo que debe tender el verdadero Derecho.

CAPÍTULO 7

LA LIBERTAD DE TESTAR Y LA FUNCIÓN DE LAS LEGÍTIMAS[1]

Manuel Espejo Lerdo de Tejada
Catedrático de Derecho Civil
Universidad de Sevilla

---

1 El presente estudio es parte del proyecto de I+D+i PID2020-118111GB-I00, *Sujetos e Instrumentos del Tráfico Privado VIII: Reforma del Derecho de sucesiones*, financiado por MCIN/ AEI/10.13039/501100011033; se ha realizado en el marco del Grupo de Investigación SEJ584: *Sociedad, Mercado y Derecho*. El contenido de este escrito fue expuesto en dos intervenciones que tuvieron lugar en la sede del Colegio Notarial de Andalucía en Sevilla: una mesa redonda del Congreso internacional *Autonomía privada, familia y herencia*, celebrada el 23 de noviembre de 2023, y una conferencia organizada por la Academia Sevillana del Notariado impartida el 26 de febrero de 2024. Muchas de las reflexiones sobre la preterición fueron realizadas en una conferencia que tuvo lugar el 22 de enero de 2024 en el Colegio Notarial de La Rioja. El presente texto se ha entregado para su publicación tanto en una obra colectiva resultado del referido Congreso como en los Anales de la mencionada Academia. Para un mayor detalle en las referencias bibliográficas debe acudirse a las obras aquí citadas, que se reducen a las indispensables en aras de la limitación de espacio.

IV. La profundización en los modelos comparados como tercer elemento para juzgar adecuadamente sobre nuestro sistema de legítimas y sus posibles reformas

I. La importancia de un debate sereno sobre una materia interesante, compleja y llena de matices

Considero muy necesario y enriquecedor el intercambio de pareceres entre el notariado y el mundo académico en todos los ámbitos jurídicos y, por su gran actualidad, muy especialmente en la materia que es hoy objeto de mi reflexión.

Tengo que confesarles que mi pensamiento sobre las legítimas se nutre continuamente, de una parte, de la escucha de los problemas prácticos, casi siempre notariales; de otra parte, de la reflexión sobre la jurisprudencia y la doctrina oficial y la científica (a veces también esta última de origen notarial muy especialmente en esta institución central del derecho de sucesiones); finalmente, de investigaciones que analizan la propia realidad social[2]. Mi insistencia en este tema tiene como propósito contribuir a aportar ideas a los responsables de las posibles propuestas de reformas y a los juristas en general en un tema que me parece importante, difícil y en el que, a veces, detecto opiniones un tanto superficiales y demasiado categóricas. Tengo el reto, qué duda cabe, de no repetirme demasiado en mis escritos, lo que está facilitado por la amplitud de la materia, aunque alguna reiteración de lo que ya he publicado anteriormente sea inevitable.

Para comenzar, no puedo estar más de acuerdo con la siguiente afirmación, que debe iluminar la elaboración de propuestas normativas en materia de legítimas, y que he parafraseado en el título de este epígrafe: «Este interesante y complejo debate, lleno de matices, no puede ser resuelto de manera precipitada. Más bien al contrario, la Sección Primera de la Comisión General de Codificación deberá profundizar lo que sea necesario en los pros y contras de las opciones expuestas y de todas cuantas puedan parecer merecedoras de estudio por los expertos»[3]. Estamos, por tanto, ante una

---

2 Entre estas destaca un reciente estudio sociológico titulado *Herencias en la sociedad digital. La gestión familiar de las transferencias intergeneracionales y el patrimonio en la España del siglo XXI*, culminado en el año 2023, del que es autor Ayuso Sánchez, L. catedrático de Sociología de la Universidad de Málaga. Puede encontrarse en la siguiente dirección: https://www.fbbva.es/noticias/espanoles-herencia-hijos-sin-importar-relacion/ (consultada por última vez el 27 de febrero de 2024).

3 Orden de 4 de febrero de 2019, por la que se encomienda a la sección de derecho civil de la comisión general de codificación el estudio de los regímenes de legítimas y de libertad de testar (ministra de Justicia). Se la puede encontrar en la siguiente dirección: https://www.mjusticia.gob.es/es/AreaTematica/ActividadLegislativa/Documents/1292430803576-Or-

materia a la que solamente el estudio y el diálogo pacientes pueden proyectar luz[4].

II. La necesidad de sintetizar los conflictos más frecuentes entre el dato normativo imperativo y las necesidades de la práctica, para poder reflexionar sobre las propuestas de cambios legales: algunos ejemplos

Hace cuatro años en una monografía pequeña en su tamaño, pero bastante densa y compacta en su contenido, de la Colección *Notariado Hoy*, dirigida por Ángel Serrano de Nicolás y editada por Bosch y el Colegio Notarial de Cataluña me refería en un capítulo a las reformas del derecho de familia y sucesiones de los últimos cuarenta años como muy valiosas para detectar los problemas observados en la regulación y aplicación del sistema de legítimas[5]. Ahí estaban presentes, entre otras cosas sobre las que me extenderé un poco a continuación, y otras que ni siquiera mencionaré, el pago en metálico de las legítimas, las medidas para mantener indivisa la empresa familiar, la protección de las personas con discapacidad, el contrato de alimentos, la desheredación y la indignidad, o el papel como fiduciario del cónyuge viudo. Partía en el análisis que entonces realicé de que una cosa es que la regulación concreta alcanzada en algunos de estos puntos nos parezca mejorable, y otra que la temática de esas reformas no sirva siquiera para determinar un elenco o índice de supuestos problemáticos sobre los que vale la pena seguir pensando. Porque una aproximación concreta y práctica a la materia de la sucesión forzosa resulta en mi opinión indispensable y para ello nada mejor que las enseñanzas que da la historia legislativa, incluso la reciente; y también la insustituible aportación notarial a este campo de estudio, porque el notariado está en óptimas condiciones de detectar las aspiraciones de los testadores y las dificultades que las normas puedan representar para lograrlo, y así puede sistematizar y concretar supuestos que ofrezcan elementos de reflexión a los académicos y al legislador posibles asuntos para su actuación.

den_de_4_de_febrero_de_2019__por_la_que_se_encomienda_a_la_seccion_de_derecho_civil_de_la_comisio.PDF (último acceso el 27 de febrero de 2024).

4 Mi última contribución, por ahora, está representada por «En defensa de la legítima del Código Civil», en *Retos del Derecho de sucesiones en el siglo XXI*, (Arrébola Blanco, A. dir.), Vol. 1, 2023, Reus, Madrid, 2023, pp. 97-148.

5 *Tendencias reformistas en el Derecho español de sucesiones Especial consideración al caso de las legítimas,* Bosch, Barcelona, 2020, esp. pp. 59 y ss.

No se me ocurre mejor modo de mejorar la legislación que estudiar con calma y profundidad los problemas y sus posibles soluciones normativas, en la línea sugerida a la Comisión General de Codificación por la Orden Ministerial antes citada. Por eso voy a citar algunos de esos problemas a mero título de ejemplo, porque el objeto principal de este estudio no es profundizar en esas cuestiones, sino aludir a las que puedan tener una relación más estrecha con el tema general de la función de las legítimas dentro de los sistemas de libertad de testar.

Un primer supuesto que puede generar ciertas tensiones entre la práctica y la norma imperativa, y sobre el que vale la pena reflexionar, es el caso de la persona que tiene un único descendiente, situación que resulta mucho más frecuente en los últimos tiempos que con anterioridad, y que, cuando se produce, recorta sustancialmente los márgenes de libertad que esa persona tiene como futuro causante de su herencia por tener impedido el ejercicio de la mejora. Estamos ante un problema real, susceptible de provocar cierta fricción con la exigencia normativa de una legítima relativamente extensa y, en ese caso, no flexible. La cuantificación de una legítima variable en función del número de hijos no es un asunto que se fuera a presentar como nuevo entre nosotros, porque era la solución de la Novela 18 de Justiniano y ya se tuvo en cuenta en la época de la Codificación por GARCÍA GOYENA para quien la cuota de legítima en este caso de descendiente único de cuatro quintos pasaba a ser de dos tercios, porque, explicaba, en estas circunstancias «queda embotada en manos del padre el arma» de la mejora[6]. Finalmente, su propuesta no se incorporó al Código Civil, pero otras legislaciones cercanas sí cuantifican todavía en la actualidad la legítima global de los descendientes en función de su número: sin ir más lejos, entre nosotros, en Baleares (arts. 42, 44 y 49 CDCIB); y fuera de nuestras fronteras en Italia (art. 537 *Codice civile*) y en Francia (art. 913 *Code civil*). Quizá sea hora de volver a pensar sobre esta solución del Proyecto de 1851, casi doscientos años más tarde de ser formulada. Se trataría, por ejemplo, de disminuir a la mitad o a un tercio la cuota de la legítima en este caso del descendiente único.

Y puedo citar otro supuesto práctico tantas veces repetido en la realidad. El legislador de 1981 fue consciente de la necesidad de proteger al cónyuge viudo estableciendo algunas medidas que permitieran la continuidad en sus manos del control de cierto patrimonio esencial de origen ganancial; en concreto, la vivienda y el inmueble en que desarrollara su trabajo. Lo hizo con una novedosa regulación de la liquidación de la sociedad de gananciales en los arts. 1406 y 1407 CC, que permite la adjudicación preferente de esos activos al cónyuge superviviente en dos posibles modalidades: en propiedad o en uso o habitación. No cabe duda del interés de esta previsión, que puede resultar suficiente en muchos casos; pero actualmente el envejecimiento de la pobla-

6 GARCÍA GOYENA, *Concordancias, motivos y comentarios del Código Civil español*, ed. Zaragoza, 1974, art. 642, p. 348.

ción comporta que en patrimonios pequeños las posibilidades brindadas por las normas acabadas de citar sean insuficientes, porque no se trata siempre o solamente de garantizar que la viuda (casi siempre precisamente ella) pueda seguir viviendo en el hogar familiar, sino que se percibe en ocasiones la imperiosa necesidad de que tenga que dejar de vivir en él para ingresar en un establecimiento especializado o residencia de mayores. Entonces el rendimiento que este inmueble estaría en condiciones de proporcionar, si fuera explotado en régimen de arrendamiento, sería muchas veces insuficiente para sufragar los gastos relativos a sus propios cuidados; pero incluso esa manera de realizar la explotación quedaría excluida si se ha adjudicado al superviviente simplemente el derecho de habitación por la imposibilidad económica de adjudicarla en propiedad. La práctica impondría, en esas circunstancias, la necesidad de contar con el valor en venta del inmueble y eso constituye un problema no siempre resoluble con la normativa vigente[7].

¿Requiere esta situación práctica de una solución que deba prestarse desde una reforma que haga más flexible el régimen de las legítimas o bastaría volver a pensar sobre este problema en sede de régimen económico matrimonial? La receta que muchos siguen sería la primera, pero no se puede olvidar que, de lo que estamos hablando es de resolver una necesidad económica que estaría dentro de lo que el Código denomina «atenciones de previsión» de la familia en el art. 1362.1.ª CC, en sede de cargas de la sociedad de gananciales. Muy probablemente, pues, no se haya reparado en que la previsión de gastos futuros de atención y cuidados pudiera recaer sobre cualquier activo ganancial (por ejemplo, la segunda vivienda) que, por tanto, quedaría excluido de la herencia en la medida en que se consumiera en ello. Entiendo que se debería reflexionar más sobre este carácter de deuda consorcial de las previsiones de atención de los cónyuges en la ancianidad, que directamente sobre la problemática sucesoria implicada. Y el contexto de la sociedad de gananciales no sería malo para abordar la solución de este asunto, incluso reflexionar sobre el hecho de que la libertad de disponer de un cónyuge a favor del otro no tendría que ser la misma en cuanto recaiga sobre la liquidación de los bienes gananciales que en cuanto lo hiciera sobre los privativos[8].

---

7 Me parece que conecta esta necesidad con el hecho de que sociológicamente «el 57 % ... se muestra en contra de que 'se deba de ahorrar para dejar un patrimonio a los hijos/familia'. Paradójicamente, la familia sigue siendo muy importante en todos los ámbitos, se siguen manteniendo las redes informales de apoyo, pero ante el aumento de la esperanza de vida y comportamientos más privados e individualistas en las nuevas generaciones, el sentido del ahorro tiene un carácter cada vez más personal que comunitario. El investigador considera que sería muy interesante ver la evolución de esta tendencia en el futuro»: Ayuso Sánchez, *Herencias en la sociedad digital. La gestión familiar de las transferencias intergeneracionales y el patrimonio en la España del siglo XXI*, cit.

8 Si hacemos caso al dato ofrecido por Ayuso Sánchez, *Herencias en la sociedad digital. La gestión familiar de las transferencias intergeneracionales y el patrimonio en la España*

Pero sin llegar siquiera a plantearse esto: lo que justificaría que la vivienda cuyo valor en venta es necesario para los cuidados en la vejez del cónyuge superviviente se sustrajera del activo de la masa hereditaria sería precisamente el carácter consorcial tanto del activo como de la deuda; si, en cambio, la vivienda fuera un activo personal del cónyuge causante, también consta en una norma de régimen matrimonial primario que los bienes de los cónyuges están sujetos a las cargas del matrimonio (art. 1318 CC). Es cierto, no obstante, que, si falta la titularidad conjunta, la libertad para disponer ya no puede residenciarse en las normas de liquidación del régimen matrimonial. En cualquier caso, ¿no sería una solución más sencilla la de extender el criterio que el art. 1321 CC dedica al ajuar familiar a la propia vivienda habitual, de modo que esta se pudiera adjudicar al cónyuge superviviente en propiedad, cuando medie la voluntad del causante o exista una situación de necesidad en el superviviente?[9] Porque así, requiriendo un acto explícito de disposición y no estando ante una adjudicación legal como sucede en el caso del ajuar, no quedaría impedido el juego de la reserva vidual sobre la vivienda para el caso de posteriores nupcias, reserva sobre cuyo mantenimiento futuro sería razonable reflexionar.

Para mí, de suyo, la constatación de la existencia de supuestos en los que el régimen de legítimas vigente puede resultar excesivamente rígido, como quizá sean los dos analizados, debe llevar a un análisis muy cuidadoso tanto de ellos como de los demás problemas que se plantean, para poder concretar reformas muy técnicas del régimen de legítimas o, en su caso, de la economía matrimonial. Estas reformas limitadas a la solución de problemas reales en los que las legítimas obligan a pagar un precio social quizá poco asumible también serían difíciles de realizar, pero tendrían, a mi juicio, más garantía de éxito que los vuelcos regulatorios en el derecho de legítimas que se proponen con frecuencia. En efecto, sin alterar la arquitectura fundamental del sistema sucesorio, se obtendrían grandes resultados prácticos. Me parece que en la detección y análisis de estos problemas prácticos es esencial la iniciativa del notariado: después se requiere también una reflexión muy cuidadosa sobre cuáles puedan ser las soluciones normativas más adecuadas.

Las reformas circunscritas y técnicas, tras de un análisis cuidadoso de los problemas prácticos más frecuentes, me parece, pues la opción preferible,

---

del siglo XXI, cit, en el gráfico 9 el activo principal de las herencias es la vivienda en una proporción significativa de casos.

9 Al tema general de las implicaciones en la sucesión de los gastos de atención y cuidado que se requieren en la vejez me he referido extensamente en: «Repercusiones sucesorias de las atribuciones patrimoniales realizadas por personas mayores que tengan causa alimenticia: en especial, el cálculo de las legítimas», en *Condiciones y negocios jurídicos* mortis causa, (Cañizares Laso, A., dir.), Tirant lo blanch, Valencia, 2023, pp. 309-358.

frente a las reformas radicales, que modifiquen sustancialmente el régimen de las legítimas[10].

Pienso, finalmente, que esta senda es aconsejable porque la práctica también aporta constataciones que recomiendan la estabilidad de los principios generales de la regulación de la legítima porque se utilizan escasamente los márgenes de libertad que el testador ya tiene concedidos actualmente: sería oportuno recordar que la frecuencia del uso de la mejora no es muy alta en la práctica. No me he encontrado muchos notarios que me aseguren que la institución se use con asiduidad, o con prevalencia absoluta, y menos todavía, que cuando se usa sea para agotar el tercio de mejora; tampoco me lo han acreditado los Registradores de la Propiedad, ni se advierte, finalmente, mucha litigiosidad sobre la figura de la mejora. Estos datos deben llevar a reflexionar: si esta importante forma de ampliar la libertad de disponer que es la mejora no se usa generalizadamente por los testadores es difícil afirmar con verdad que exista una necesidad social mayoritaria de ampliar la libertad de testar[11]. Muy probablemente, las previsiones imperativas actuales se adaptan bien a las necesidades del testador medio y mayoritario; cuando se proponen soluciones radicales como la desaparición de las legítimas proba-

---

10 Por tanto, me parece preferible la primera opción que menciona la Orden de 4 de febrero de 2019, por la que se encomienda a la sección de derecho civil de la comisión general de codificación el estudio de los regímenes de legítimas y de libertad de testar (Ministra de Justicia): «se puede partir de dos posiciones contrapuestas: la de mantenimiento del actual sistema legitimario del Código civil en sus líneas básicas, añadiendo los retoques que el paso del tiempo haya hecho convenientes o imprescindibles, por un lado, y la de la absoluta libertad de testar, por otro».

11 Es muy importante a este respecto tener presentes de nuevo las conclusiones de AYUSO SÁNCHEZ, *Herencias en la sociedad digital. La gestión familiar de las transferencias intergeneracionales y el patrimonio en la España del siglo XXI*, cit. A partir de ellas, si aventuramos una extrapolación jurídica de cierto estado de opinión que en él se menciona, podría apuntarse a que es posible que en los próximos tiempos crezca el uso de la mejora: «Prevalece la idea de que por el mero hecho de ser hijo una persona es merecedora de la herencia de sus padres (57 %), pero aproximadamente en dos de cada cinco casos (40 %) se enfatiza la idea de que deben demostrar que merecen esa herencia. Es decir, se comienzan a poner requisitos más allá de los de sangre para ser beneficiarios de esta herencia. Este aspecto se observa sobre todo en las generaciones con mayor nivel de estudios y menores de ochenta años». Pese a todo, en el mismo estudio se indica que, en relación con el reparto de los bienes hereditarios, «la opinión generalizada de los encuestados es que la herencia se debe repartir entre todos los hijos por igual (83 %), sólo un 14 % está a favor de diferenciar entre unos hijos y otros. Forma parte del pacto intergeneracional implícito que todo se reparta a partes iguales y también que todos los hijos ayuden por igual a los padres en la vejez. Estos resultados son bastantes consistentes, aunque se muestran más abiertos a diferenciar entre hijos las generaciones más jóvenes, aquellos que tienen más hijos y los que se sienten más solos. Por comunidades autónomas hay diferencias significativas en los residentes en Galicia y en País Vasco (Gráfico 3.). Las razones más importantes para diferenciar entre unos hijos y otros son: el tener más o menos apoyo o cercanía con alguno (34 %), el que unos tengan más o menos necesidad que otros (27,5 %), y el que alguno de los hijos le haya ayudado más en vida y quiera compensarle a su fallecimiento (21 %)».

blemente los juristas no estamos leyendo bien las aspiraciones sociales que sí que existen en algunos casos concretos en relación con dificultades que planteen algunas normas[12].

III. La función de la legítima, o de otras instituciones que tiendan a la protección de la familia, en el derecho comparado, es otro elemento necesario para la reflexión

Junto con los problemas concretos hasta ahora mencionados, debemos proseguir el análisis yendo ahora más derechamente a examinar la pregunta planteada en el título de la conferencia: la función de la legítima dentro de los sistemas de libertad de testar. Pienso que la racionalidad, el fundamento y la función que la norma general, en este caso las legítimas, están llamadas a desempeñar en el ordenamiento constituye el otro elemento indispensable de reflexión y juicio para el jurista teórico y para el práctico. Es muy iluminador, en este sentido, considerar las legítimas en su origen histórico y comparado, estudiar las instituciones alternativas que en algunos sistemas jurídicos han pretendido llenar su hueco o se pretende que lo rellenen (básicamente el derecho de alimentos), e incluso también atender al papel que juega la práctica de las ineficacias testamentarias en una mayor o menor prevalencia práctica de la sucesión intestada en un sistema determinado; y conocer las reflexiones que hace la doctrina comparada sobre toda esta materia (también sobre la peculiar solución de nuestro propio Código de unas legítimas de los descendientes flexibilizadas con la mejora)[13].

La conclusión a la que puede llegar el estudioso es que las instituciones de protección imperativa de la familia en el derecho de sucesiones, entre ellas las legítimas, pero no solo ellas, tienen una finalidad omnipresente en todos los sistemas, sea cual sea su carácter: el legislador no quiere privarse de mecanis-

12 De nuevo, AYUSO SÁNCHEZ, *Herencias en la sociedad digital. La gestión familiar de las transferencias intergeneracionales y el patrimonio en la España del siglo XXI*, cit.: «A pesar de las tendencias al individualismo familiar presente en otros ámbitos de la familia española, en lo concerniente a las herencias existe un importante consenso: independientemente de cómo sea la relación entre padres e hijos la herencia debe ser para ellos (88 %). La herencia sigue simbolizando a la propia familia, representa el esfuerzo intergeneracional de padres a hijos que asegura la continuidad familiar. No se interpreta de forma individual sino comunitaria. De ahí que el 73 % de los encuestados muestre su desacuerdo con la afirmación de que 'lo acumulado durante mi vida es sobre todo mío por lo que mis hijos/familia no deben esperar nada de mi herencia».

13 Una excelente aproximación comparativa a los diversos sistemas sucesorios en esta materia es la realizada por ZIMMERMANN, *Protección imperativa de la familia en el Derecho sucesorio,* Cizur Menor, 2023, por más que personalmente yo no coincida completamente con sus propuestas de reforma.

mos que, imperando más o menos sobre la voluntad del causante, y haciéndolo de un modo o de otro, permitan la represión de los posibles abusos de la libertad del testador cometidos sobre personas de su entorno familiar. Importa entonces mucho dar con una fórmula que, sin restringir en demasía la libertad del común de los testadores, permita reaccionar al ordenamiento solamente en los supuestos en que la libertad testamentaria haya sido excesiva.

No hay ningún sistema comparado en el que las consideraciones familiares no pesen de un modo fundamental en sus figuras sucesorias; aunque sea a veces a través de un mayor control de validez sobre el testamento, pues baste pensar en que los sistemas de sucesión intestada se basan en todos los lugares en el parentesco. Y no se olvide que la sucesión intestada, pensada como cierre del sistema, asume un papel mayor en tanto la exigencia del control de validez del testamento crezca en un ordenamiento determinado respecto de otros sistemas jurídicos.

Resulta por eso muy pertinente el estudio comparado de la intensidad del control legal y judicial de los testamentos que se hace tras la muerte del testador (la preterición, los requisitos de la voluntad testamentaria y los vicios de esta; el *color insaniae* del derecho romano sigue muy presente hoy en las regulaciones con más libertad de testar, o menos contrapesos materiales, en especial en los EE.UU.), porque un ordenamiento con una proclamada gran libertad de testar puede ser, a la vez y en función de la intensidad de ese control judicial sobre el testamento, un sistema con menos libertad de la que aparece consagrada en sus principios normativos. La inexistencia de los contrapesos materiales de orden familiar en un ordenamiento jurídico determinado hace crecer los contrapesos formales del testamento, elevando sus exigencias como negocio y, por tanto, aumenta la incidencia real y práctica de la sucesión intestada. Es por esta vía por la que la familia acaba teniendo protección; naturalmente es una vía que en esos casos cercena por completo la libertad de testar ya que la sucesión pasa a regirse completamente por la ley.

Así el sistema mundial con más libertad de testar, el de EE.UU., probablemente sea el que mayores riesgos presente para el testamento en el caso en que este no haya considerado a los hijos del testador. No solo por la existencia de un sistema fuerte de preterición, sino también por un desarrollo excesivo, para los niveles a los que estamos aquí acostumbrados, de las impugnaciones de los testamentos por vicios de la voluntad. De nuevo, otro factor normativo que tenemos demostrado que no propicia la buena prevención del conflicto familiar judicial con ocasión de la sucesión, sino que incrementa su posible incidencia. Y tampoco parece especialmente viable en ese sistema atenuar los efectos de la impugnación del testamento: el descendiente recibirá la totalidad de su cuota intestada porque el testamento se considera viciado.

En general, a diferencia de la excepción representada por el derecho de sucesiones norteamericano, todos los sistemas reconocen la libertad de testar, materialmente constreñida más o menos por los deberes familiares. Lo cual, si se acompaña de un adecuado asesoramiento notarial evita los litigios sobre la validez del testamento. Esto quizá explica la baja litigiosidad que se observa en relación con la mejora, pese a tener un carácter flexibilizador muy notable. Algunos ordenamientos han evolucionado en la senda de la codificación del derecho justinianeo controlando el contenido material de las disposiciones del causante con legítimas materiales (más o menos flexibles, según si reconocen o no unas legítimas colectivas o mejoras) y algunos otros prolongan o regulan tras la muerte del causante algunas instituciones familiares como el deber de alimentos (*family provision* en casi todos los derechos anglosajones, y obligaciones de alimentos en los estados centroamericanos, México y Navarra).

Esta parece ser la dicotomía actual en la que poder elegir, aunque haya otras regulaciones sobre legítimas que solo concedan cuotas materiales a los familiares necesitados, mezclando de algún modo ambas soluciones[14]. La elección realizada por una de las ponencias elaboradas por la Comisión General de Codificación (la encomendada a MAGARIÑOS, o propugnada principalmente por él, y de la que le hemos oído hablar en esta sede en otras ocasiones) es precisamente seguir la senda de suprimir las legítimas y reprimir los posibles abusos de la libertad de testar mediante los alimentos *post mortem*. Pero, entonces, una conclusión se impone, aunque sea de manera provisional: si los partidarios de las legítimas somos enemigos de la libertad, lo seríamos en parecida medida en que lo serían los que proponen restricciones sucesorias de naturaleza alimenticia. La única diferencia es que las segundas parecerían inmunes a ser juzgadas desde este punto de vista de la libertad, y las primeras no, lo que constituye una grave incoherencia en el uso del argumento de la libertad del testador. Pienso que hay que combatir esa falacia con cierta energía porque constituye una manera de hurtar el necesario debate sobre qué soluciones normativas pueden ser más funcionales.

Ante ese panorama comparado no parece que las opciones *de lege ferenda* disponibles en España, ni siquiera para los más fervientes partidarios de la libertad de testar, lleven a prescindir de la familia en el derecho de sucesiones, sino elegir los mecanismos para su protección más funcionales y operativos. Este punto de partida parece ineludible y está en la propia esencia del derecho de sucesiones, que es un derecho preponderadamente familiar según es universalmente reconocido.

Un elemento importante para decidir con buen juicio sobre esta materia es la amplitud del papel que el sistema conceda a la solución preventiva de los eventuales conflictos en el propio testamento mediante un asesoramiento notarial que garantice una buena planificación sucesoria. El notariado, a mi juicio, debe ser el operador jurídico que tenga el peso y la participación fundamental en esta materia, especialmente necesitada de instrumentos pre-

14 En el estado de Luisiana, Cuba, y otras regulaciones.

ventivos del conflicto y no propiciadores de él. El litigio judicial debe ser solamente el elemento de cierre del sistema, para aquellos pocos casos en que el testador haya pretendido burlar las disposiciones de la ley, cosa que será menos frecuente en el caso del testamento notarial. A mi juicio, en la comparación de los sistemas posibles, el de legítima material, por supuesto flexibilizada con la mejora, es el que mejor permite cumplir con este requerimiento, sobre todo frente a los sistemas alimenticios que en el momento de testar dejan necesariamente indeterminada la cuantía y los posibles reclamantes de los alimentos, abocando al conflicto judicial para su determinación. Por eso me extraña que, algunos sectores del notariado español, y el propio ponente de la propuesta de la Comisión General de Codificación antes mencionada aboguen, por el contrario, por la supresión de las legítimas, y su sustitución por sistemas alimenticios que hacen gravitar el control material de la sucesión siempre sobre la intervención judicial posterior, correctora del testamento. Sistema propio, en su gran mayoría, de las jurisdicciones de *common law* que desconocen las ventajas del notariado latino y quizá esto no sea una mera casualidad. Por lo dicho hasta ahora no creo que sea la mejor solución de política legislativa; y añado otro motivo: termina cargando los riesgos económicos y temporales que lleva consigo la litigación sobre las personas que pueden estar más necesitadas de protección.

Un ejemplo de las trampas argumentales que suelen reinar en esta materia, ocultando la realidad de las limitaciones a la libertad existentes en todos los sistemas, vendría representado por el ordenamiento civil navarro. Todos tendemos a pensar que Navarra es un sistema de gran, o incluso plena, libertad de testar, y negarlo parecería ir contra la evidencia. Pero no olvidemos que esa proclamación de principio tiene un importante contrapunto en sus legítimas formales, en su usufructo vidual universal imperativo y en las cargas de alimentos a favor de los descendientes, estas últimas muy acrecentadas y desarrolladas en la reforma de 2019 pues no solamente gravan al usufructo vidual, sino también a los herederos una vez que se extingue dicho usufructo o, en el caso de la pareja no casada, si no se le ha instituido en dicho usufructo; por ello, pese a pasar por ser un ordenamiento con libertad de testar, pensamos que restringe también intensamente la libertad de acción del testador, y condiciona a los propios herederos con la amenaza de litigios interpuestos por los posibles acreedores de alimentos. Y esta última reforma ha supuesto una apuesta más intensa que la precedente por soluciones que no funcionan bien en el derecho comparado, así, por ejemplo, en Inglaterra y Gales, Australia, Nueva Zelanda, Sudáfrica y Canadá.

En este sentido no estoy nada de acuerdo con el juicio apresurado y simplista que deduce de la constatación del hecho de que existen problemas en la aplicación de nuestra institución, tal como se encuentra regulada en el Código, la descalificación radical de la misma, y la conveniencia de prescindir de ella y volver a la libertad de testar cuyos excesos pretendió y pretende corregir cualquier sistema de legítimas; todo para terminar adoptando una alternativa funcional de control tan poco convincente como serían las prestaciones alimenticias *post mortem*. Esgrimir la libertad ya he dicho antes que tiene sus incoherencias, porque todos los sistemas sucesorios de un modo u otro tienen que limitar la libertad del testador. Creo que la labor del jurista es mucho más complicada que dar soluciones tan tajantes y maximalistas. Se trata, en cambio, de ajustar elementos que provienen de los principios y de las necesidades de la práctica. Por tanto, mucho más propiamente sería conveniente analizar las ventajas y los inconvenientes de los sistemas comparados para ver si convence o no seguir su ejemplo, o si resulta que el mejor camino para desarrollar una nueva política jurídica lo tenemos ya entre nosotros, aunque necesitara revisión.

Decía VALLET DE GOYTISOLO en el prólogo a su *Panorama del Derecho de sucesiones* que «la voluntad del difunto configura su propia sucesión», pero «dentro de los límites de la moral y del orden social vigente», por lo que «las instituciones del derecho de sucesiones...son un producto de la continuada labor de adecuación efectuada por los juristas», pues estos están llamados a mediar «entre el país legal y el país real...la ordenada libertad civil y la coerción del poder»[15]. Son palabras que el docto Notario refería a los juristas en general, que hago mías como académico, y que entiendo que también reflejan específicamente el modo de trabajar del notariado. Por otra parte, en nuestra materia, la razón de ser de algunas opiniones notariales contra las legítimas son las fricciones que la dimensión legal y la práctica necesariamente producen cuando hablamos de una institución de derecho imperativo.

Una reflexión más de VALLET, nos ayudaría a resumir la tarea abordada en este epígrafe: para la correcta comprensión del derecho de sucesiones es necesario captar «la evolución histórica de sus instituciones, y, a la par, (...) sus finalidades, siempre adaptables a las circunstancias de lugar, tiempo, costumbres, etc., así como a las familiares y personales de los sujetos de cada sucesión»[16]. Sinceramente, a esta luz no se ve cómo se puede mirar con tanta condescendencia la alternativa alimenticia y con tanto menosprecio nuestro sistema de legítimas como a veces se hace por alguna doctrina española.

La situación contemporánea aporta, por lo demás, a la función de las legítimas antes indicada, una constatación o dato práctico que se debe tener en consideración: no pocas veces las fricciones alrededor de las legítimas entre la práctica y la norma se refieren a supuestos en que los descendientes de una persona provienen de progenitores diferentes. No hay tantos conflictos reales en los casos de *unicidad* familiar, como en los de pluralidad, sucesiva o simultánea de familias o de relaciones de filiación. Este es un fenómeno muy delicado que pone a prueba, y en realidad desmiente, el equilibrio que

15 *Panorama del Derecho de sucesiones,* I, Madrid, 1982, pp. 15-16.

16 *Panorama del Derecho de sucesiones,* I, cit., p. 15.

puede aportar al ordenamiento el reconocimiento de una libertad de testar muy amplia, que en esas situaciones familiares podría favorecer un sesgo favorable a los descendientes de la última unión, matrimonial o no, del testador. Es un fenómeno que se ha manifestado desde los orígenes de la legítima en el derecho romano hasta la actualidad, porque las principales dificultades que pueden corregir las legítimas se producen todavía hoy en estas situaciones familiares, como saben perfectamente los notarios, que me podrán desmentir si me equivoco. Un dato relativamente sencillo de comprobar y muy significativo: en los últimos catorce años toda la jurisprudencia del Tribunal Supremo sobre la preterición se refiere a supuestos de este tipo; no está presente en ningún caso la superveniencia al testamento de hijos de la misma unión como supuesto de aplicación de la preterición, siempre se trata de uniones diferentes. Estas situaciones familiares prevalentes en la conflictividad legitimaria con una hipotética ausencia de mecanismos de control sobre el ejercicio de la libertad de testar no tendrían soluciones justas, ponderadas y adecuadas.

IV. La profundización en los modelos comparados como tercer elemento para juzgar adecuadamente sobre nuestro sistema de legítimas y sus posibles reformas

Para desarrollar algunas líneas de trabajo adicionales y favorecer la reflexión sobre nuestras propias instituciones se requiere ahora un examen más detallado de los modelos comparados alternativos que tendríamos disponibles a nuestro alcance.

4.1. Modelos de contrapesos formales: en especial, pero no sólo, la preterición

En primer lugar, estarían los sistemas de libertad de testar sin contrapesos sustanciales o materiales, sino solamente formales (en la línea de la legítima formal de origen romano, por tanto, con efectos ligados a la preterición testamentaria). En este caso están los EE. UU. Algunas advertencias es necesario hacer sobre el modo de funcionamiento de aquel sistema[17]:

En ningún estado los hijos u otros descendientes tienen protección legal contra la desheredación deliberada, excepto en Luisiana, en que funciona un sistema de legítima de cuota limitada temporalmente según la edad de los

17 En los sucesivos párrafos sigo fundamentalmente la exposición de ZIMMERMANN, *Protección imperativa de la familia en el Derecho sucesorio,* Cizur Menor, 2023, pp. 161 y ss. y a las obras allí referenciadas.

hijos; en principio hasta que cumplan 23 años, o más tarde, eventualmente, cuando se presenta en ellos una especial necesidad derivada de la enfermedad psíquica o física. Supuesto aparte, también, es el de Puerto Rico, que asimismo tiene un sistema legitimario.

Pese a la existencia de ese criterio general, para la doctrina estadounidense y comparada está constatado que un testamento en el que el testador deshereda a su hijo o hijos es un asunto arriesgado: ya nos hemos referido con anterioridad a esta materia, y no volvemos aquí sobre ella.

Con algún matiz adicional, que ya entra de lleno en lo material, interesa destacar que algunas decisiones jurisprudenciales norteamericanas, sin un fundamento legal explícito, prolongan más allá de la muerte del deudor las prestaciones a favor de los hijos menores adoptadas en procedimientos de divorcio. Esto nos llevaría a una reflexión que pudiera tener más largo alcance y resultarnos útil si comparamos, también en lo que se refiere a nuestro derecho vigente, dos situaciones diferentes: la de la muerte del causante con la de su divorcio: ¿es que la muerte del causante debería dar a un hijo menos protección que su divorcio? Si elimináramos las legítimas indudablemente la respuesta a esta pregunta requeriría una mayor atención. Y también la requeriría si el caso fuera el de una sustitución de las legítimas por el derecho de alimentos. Un simple cambio en el derecho sucesorio no parece suficiente a la luz de este problema, que se adentra por completo en las instituciones de las crisis matrimoniales.

Además, muchos de los estados de Norteamérica tienen previsiones sobre preterición siguiendo el modelo del § 2-302 del *Uniform Probate Code*. Según esta regulación, los hijos nacidos al testador después de otorgado el testamento, o los que en ese momento el testador creía muertos sin estarlo, pueden exigir su parte intestada; en algunos casos, el testamento queda invalidado por ese hecho. Incluso hay estados en los que se debe mencionar en el testamento a los hijos (y a veces a los nietos) ya nacidos en el momento de hacer el testamento, lo que supone un renacimiento de la idea romana del derecho hereditario forzoso formal. Además, a veces se ha dado por sentado que la desheredación expresa de un hijo no es efectiva si el testador no ha dispuesto al mismo tiempo de su patrimonio completo de otra manera (de nuevo, se observa aquí un cierto eco de discusiones clásicas sobre la preterición, cuyo desarrollo en derecho castellano se puede seguir en VALLET DE GOYTISOLO[18]); sin embargo, en varios Estados se reconocen expresamente los llamados «testamentos negativos».

Similar regulación sobre la preterición la podemos encontrar entre nosotros en Navarra (Ley 271 FN); y se afirma también que esta institución se mantendrá en la propuesta de reforma del Código Civil que está elaborando la Comisión General de Codificación y que suprimiría las legítimas materiales.

18 *Panorama del Derecho de sucesiones,* I, cit., pp. 449 y ss.

Pienso que, a la luz de estos modelos comparados, habría que plantearse diversas cuestiones respecto de cómo debiera funcionar la preterición, cambie o no nuestro sistema legitimario de un modo radical, o simplemente experimente mejoras técnicas. Por lo que sabemos no está en el pensamiento de la Comisión General de Codificación eliminar la regulación de la preterición si se suprimieran las legítimas.

¿En qué línea deben moverse las reflexiones sobre este tema para poder contribuir al debate sobre este aspecto de las legítimas al que se presta generalmente menor atención? Pienso que debe hacerse desde la perspectiva del fundamento y función de las legítimas, pero es curioso que no suelan desarrollar esta materia los autores que tratan críticamente de las legítimas, probablemente porque llegarían a conclusiones algo contradictorias con los presupuestos de los que parten, que muchas veces se refieren a la pérdida de sentido de las legítimas por el debilitamiento de los lazos familiares. Si una de las principales reacciones imperativas del ordenamiento para proteger la familia va a ser la preterición no debe olvidarse el efecto tan enérgico contra el testamento que produce la preterición no intencional; quizá no sea una solución absolutamente adaptada a los lazos familiares débiles o inexistentes desde el punto de vista afectivo, si se entendiera, como muchos, que las legítimas tienen ese fundamento. Que yo no lo creo, pero la coherencia obliga a todos: si se critica las legítimas por una determinada razón, no se puede cerrar los ojos a la concurrencia de esa misma razón en la preterición: esta última estaría tan falta de fundamento como las primeras.

Puede ayudar a entender esta última afirmación recordar la tipología de los supuestos en los que se desencadena una situación de preterición testamentaria y valorar su incidencia práctica, pues esto lleva a comprobar que la institución termina actuando en la mayoría de los casos en relación con parientes entre los que no existen relaciones familiares, no diría normales, sino de ningún tipo.

a) En primer lugar estarían los casos en los que no hay necesariamente un problema de estructura familiar compleja, sino que sólo se produce lo que *a posteriori* podíamos llamar «testamentos prematuros», es decir, aquellos que se realizan a la vista de una situación familiar que no es similar a la que va a existir en el momento de la muerte y, en consecuencia, ha existido una imprevisión que el ordenamiento considera invalidante. Esta denominación de testamento prematuro es simplemente académica y descriptiva, porque nunca se sabe en el momento de testar si el testamento va a ser «prematuro» en el sentido en que he utilizado este término; y también es claro que estos testamentos incurren en preterición de carácter no intencional, con lo que se produce una afección máxima de la validez testamentaria.

En la práctica de los últimos catorce años sucede que no hay ejemplos de este tipo en la Jurisprudencia del Tribunal Supremo para casos de *unicidad* familiar; es decir, se detectan relaciones familiares complejas en todos los litigios sobre la preterición analizados por nuestro Tribunal Supremo. Esto confirma de algún modo que hoy las legítimas, incluso la legítima formal, tienen su función preponderante precisamente en este tipo de supuestos de familias desestructuradas o recompuestas. En fin, que su finalidad o función jurídica se advierte precisamente en aquellos casos en los que las legítimas materiales nacieron en Roma para evitar la sobreprotección de unas líneas de parientes frente a otras.

b) En segundo lugar, por tanto, se constata que el ámbito de aplicación exclusivo de la preterición, a tenor de la jurisprudencia reciente, son los casos en que el testador ha mantenido relaciones íntimas con dos o más personas, unidas o no a una convivencia estable o no tanto, simultaneas o no entre sí, originadoras frecuentemente de dos o más líneas de descendientes, o, al menos de una descendencia no matrimonial que se oculta al cónyuge y a los parientes matrimoniales y con la que no hay convivencia ni relación de ningún tipo. Ante esto, quizá el dato de si el testamento es prematuro o no, y haya incurrido en imprevisión, tenga menos que decir en cuanto a los efectos de la preterición; aquí se revela fundamentalmente una cuestión relacionada con el que se entienda que deba ser el fundamento legal de la protección imperativa del familiar preterido.

El legislador debe prestar atención a si, en un escenario de supresión de las legítimas, o incluso en el escenario de reformas meramente técnicas, conserva coherencia con las razones o principios que sustenten esa misma supresión o reforma mantener, en la variada tipología de casos de preterición, los enérgicos efectos de la preterición no intencional.

Veamos, en primer lugar, los casos en que al testar ya viven todos los descendientes del testador que en el momento de su muerte le heredarían. ¿Tendrá aquí algo que decir sobre la preterición la indeterminación de la filiación en el preciso momento de testar? ¿No manifiesta esta situación la inexistencia real de relaciones familiares? ¿Ello debe tener algún peso en la respuesta del ordenamiento a la preterición? En definitiva, ¿quiénes son o deben ser los sujetos preteribles? ¿entre ellos, los sujetos preteribles, y el causante sólo debe existir un determinado parentesco o debe existir algo más?; en concreto, ¿debe haber una relación afectiva de cierta normalidad familiar? Parece que algunos de los argumentos contrarios a las legítimas, que suelen insistir en que el actual debilitamiento de los lazos familiares hace inconveniente el mantenimiento de las legítimas, revelan aquí su inconsistencia, si a la vez proponen mantener la preterición; y quizá eso explique que no haya mucho desarrollo doctrinal sobre la preterición entre los autores contrarios a las legítimas.

Si se recuerda el argumento de la existencia o no de unas relaciones de hecho entre los familiares implicados como fundamento de los derechos sucesorios forzosos, que se manifestó doctrinalmente en relación con la jurisprudencia que abordó las causas de desheredación, se entenderá mejor lo que quiero decir[19]. Pero volviendo a la preterición: si en casos como los analizados hasta ahora se va a imponer contra el testamento la sucesión intestada de personas que ningún trato de familiaridad normal, ni siquiera convivencia, tuvieron con el causante; sino que más bien el causante los excluyó implícitamente de ese *status*. ¿Cómo se concretaría técnicamente esa idea de la facticidad, de la importancia de los afectos y demás argumentos acerca de las relaciones familiares que se usan contra la legítima en cuanto afectan en este caso, a los llamamientos a la sucesión intestada que entran en acción contra la voluntad testamentaria en el supuesto de la preterición? ¿Es coherente que el sujeto preterido, sea cuales sean sus circunstancias o relaciones familiares reales, reciba toda su cuota intestada o hay que resucitar a estos efectos una cuota mínima inferior a la cuota intestada? ¿Y, fuera ya de la preterición, en el caso de los puros llamamientos intestados tiene algo que decir la situación de mayor o menor familiaridad del causante con el llamado a la herencia?

Algunas de estas tensiones que produce la preterición ya han asomado sutilmente en la jurisprudencia actual sobre la calificación de la preterición como intencional o no intencional. Esta distinción cabe pensar que será un tema crucial si se suprimen las legítimas, porque es presumible que entonces solamente tendrá relevancia la preterición no intencional, que es la que tiene efectos más graves sobre el testamento como que lo supone condicionado por una grave imprevisión. ¿Cómo calificar, en un régimen así, la preterición de un descendiente frente a otro descendiente no preterido, cuyos progenitores no coinciden, y cuando la filiación del preterido respecto del testador no está determinada en el momento de testar o ni siquiera en vida del causante? Parece que esta preterición debiera ser siempre no intencional, conllevar la nulidad del testamento y la apertura de la sucesión intestada, pero hay que hacer algunas precisiones al hilo de la jurisprudencia, porque esta ha deci-

19 Son muy interesantes las consideraciones de algunas recientes Sentencias que matizan alguna jurisprudencia anterior. En ese caso está la STS 24 mayo 2022 (Roj: STS 2068/2022. Ponente: M.ª Ángeles Parra Lucán) «la aplicación del sistema vigente no permite configurar por vía interpretativa una nueva causa autónoma de desheredación basada exclusivamente, sin más requisitos, en la indiferencia y en la falta de relación familiar, puesto que el legislador no la contempla. Lo contrario, en la práctica, equivaldría a dejar en manos del testador la exigibilidad de la legítima, privando de ella a los legitimarios con los que hubiera perdido la relación con independencia del origen y los motivos de esa situación y de la influencia que la misma hubiera provocado en la salud física o psicológica del causante»; y también la STS 19 abril 2023 (Roj: STS 1676/2023. Ponente: M.ª Ángeles Parra Lucán): «Aun cuando tras la separación de sus progenitores y posterior salida del domicilio familiar del padre, que inició otra vida familiar, la demandante no hubiera intentado contactar con él, la falta de relación no permite afirmar, salvo en el terreno especulativo, la existencia de un maltrato psicológico ni de un abandono injustificado, sobre lo que no existe prueba alguna, prueba que incumbía a la designada heredera, que no se ha personado en el procedimiento, desconociéndose igualmente si el padre realizó algún intento de ponerse en contacto o conocer la situación de su hija». Para un análisis de la jurisprudencia precedente me remito a lo expresado en estas dos resoluciones.

dido de manera divergente, ponderando probablemente la gravedad de los efectos sobre el testamento que la preterición no intencional produce.

Por la preterición no intencional se inclinó la STS 31 mayo 2010 (Roj: STS 2654/2010. Ponente: Xavier O'Callaghan Muñoz): «al tiempo de otorgarse el testamento, momento al que debe referirse la interpretación del testamento, el testador no tenía ni podía tener conocimiento de la existencia de su hija extramatrimonial, pues la prueba biológica y la sentencia de filiación fueron posteriores. En consecuencia, la preterición no pudo ser intencional».

Pero, en cambio, sigue la tesis opuesta, pues declara posible debatir el carácter de la preterición, y en el caso, además, estimó en el caso la intencionalidad de la preterición, la STS 23 junio 2020 (Roj: STS 2070/2020. Ponente: M.ª Ángeles Parra Lucán), en la que la determinación de la filiación fue no solo posterior al testamento sino incluso posterior al fallecimiento del testador: «es evidente que (...) no es imprescindible realizar una prueba biológica ni que haya una sentencia que reconozca la filiación para que un varón conozca su paternidad. Tampoco es contradictorio con la conclusión de la Audiencia [que la preterición fue intencional], finalmente, que el causante expresara en su testamento que no tenía hijos, pues precisamente la preterición intencional comprende el supuesto de que el testador deliberadamente no incluye en el testamento a un heredero forzoso por cualquier motivo, entre los que no se puede descartar el de no querer revelar una relación de paternidad extramatrimonial, precisamente en aras a esa clandestinidad con la que el causante llegó a tener en poco tiempo dos hijos con su prima hermana, estando ambos casados con terceras personas».

El hecho de que en este litigio el conocimiento de la filiación por el varón se diera por probado por la simple declaración de un testigo que afirmó que el causante le dijo que tenía hijos (cuando en realidad no tenía ninguna filiación determinada en ese momento), quizá abre la vía a debates judiciales muy turbios en un escenario futuro en el que la posibilidad de que haya preterición del hijo cuya filiación se haya determinado póstumamente dependa exclusivamente del carácter no intencional de esta. Indudablemente es lícito pensar que en la mente de la Sentencia pudo pesar el contrasentido de dotar de los efectos máximos a una preterición que no era seguro que fuera no intencional; bastaría entonces defender la legítima del preterido.

Similares dudas valorativas pudieran producirse en la preterición derivada de los testamentos simplemente «prematuros», pues, aun ocasionando en general una preterición no intencional, puede suceder que acaecida posteriormente al testamento la filiación imprevista en aquel, el causante no mantuviera relaciones de hecho con el hijo o descendiente, habiendo transcurrido tiempo suficiente de vida para haberlas tenido. Esas situaciones de falta de trato han estado continuamente presentes en la jurisprudencia sobre la preterición: ¿qué solución deben merecer en un escenario de reforma en que la idea más repetida contra las legítimas suele ser la de falta de trato con el testador? ¿Una solución que gravite sobre la existencia de relación de hecho, para entender que si falta esa relación no debiera tener lugar la preterición o tener efectos limitados? ¿U otra que insista en la exclusión testamentaria que el testador ordene sobre eventuales hijos sobrevenidos para evitar su preterición? Posibilidad esta, prevista actualmente en el párrafo final del art. 814 CC, pero aparentemente poco utilizada en la práctica notarial[20].

Las implicaciones que puedan tener las cláusulas testamentarias mitigadoras de los efectos de la preterición son un tema peliagudo, con dificultades diversas, de las que no serían menores las de orden constitucional en relación con el principio de igualdad, incluso en un escenario de libertad de testar en que el testador haya incluido en su testamento alguna cláusula sobre los efectos de la preterición. Realmente no sé qué juicio merecería actualmente a la Comisión General de Codificación el ejercicio de la libertad de testar que estas cláusulas pueden implicar y su conformidad con la Constitución, y me explico a continuación.

En la reciente propuesta actualizada de modernización del Código Civil en materia de obligaciones y contratos, el art. 1219.1 CC, bajo el rótulo paradójico de «libertad contractual», dice que «Cada persona es libre de contratar y de elegir a la otra u otras partes contratantes con los límites impuestos por el principio de no discriminación». Si leemos la norma en su contenido positivo desde el punto de vista del derecho privado, tendremos una conclusión nada deseable, en mi opinión: determinadas personas que aleguen su discriminación y convenzan al Juez de ello podrían imponer a la contraparte que contrate precisamente con ellas. Y, el segundo párrafo del mismo artículo añade una norma específica del mismo estilo, e igualmente preocupante, en cuanto afectaría incluso al contenido del contrato: «Las partes podrán establecer del modo que tengan por conveniente el contenido del contrato, siempre que no sea contrario a las normas imperativas o a los principios básicos del ordenamiento jurídico».

A la vista de esos criterios, no sería extraño imaginar que, en el ámbito testamentario, la Comisión General de Codificación fuera favorable a la introducción de normas limitadoras de la autonomía de la voluntad, que quisieran buscar su fundamento en los principios o los derechos constitucionales. No se olvide que en materia de legítimas adquieren mucha importancia los supuestos de los descendientes del testador que proceden de diversas uniones: ¿será dado al testador diferenciar entre ellos con fundamento en ese dato? ¿existirá entonces la posibilidad testamentaria de distinguir entre hijos matrimoniales o no matrimoniales? O, por el contrario, ¿ello debiera entenderse excluido por los principios constitucionales? ¿La legítima que se quiere expulsar por la puerta va a entrar en forma de sucesión intestada por

20 Pese a que en su momento VALLET planteó incluso varias interesantes cláusulas que pudieran usarse para regular los efectos de la preterición, evitando sus más intensos efectos sobre el testamento: *Panorama del Derecho de sucesiones,* I, cit., pp. 471-472.

la ventana de la anulación del testamento por discriminación cuando el testador haya distinguido entre hijos con filiación determinada y no determinada, entre hijos matrimoniales y no matrimoniales, entre hijos con los que se convive y se relaciona y con los que no?[21].

En la calificación de la preterición hay alguna otra cuestión complicada que se debe considerar. Actualmente se dice que la preterición: «En todo caso exige la omisión de todos o algunos legitimarios en el contenido patrimonial del testamento, sin haberles atribuido en el mismo o anteriormente ningún bien y que le sobrevivan. La intencional se produce cuando el testador sabía que existía el legitimario preterido, al tiempo de otorgar testamento y la no intencional o errónea, cuando el testador omitió la mención de legitimario hijo o descendiente ignorando su existencia, siempre al tiempo de otorgar testamento»: STS 31 mayo 2010 (Roj: STS 2654/2010. Ponente: Xavier O'Callaghan Muñoz). Acaso esta calificación de la preterición el tiempo de otorgar testamento no encaje mucho con la posibilidad de satisfacer la legítima por cualquier título. Pero, lógicamente, en un hipotético escenario de supresión de la legítima material, sería requerido modificar la definición de la preterición: pues no sería necesaria una atribución patrimonial sino la simple mención testamentaria.

Pero, además, en ese contexto asumiría un papel más importante responder a esta pregunta: ¿excluye la preterición no intencional la posible existencia de atribuciones extra testamentarias al preterido o a sus hermanos cuando estas se han realizado una vez conocida la existencia del preterido, aunque el testamento se otorgara sin ese conocimiento? Por ejemplo, si el testador conociendo ya al preterido, realiza entre todos sus hijos, incluido él, una serie de donaciones con carácter de reparto en vida tan frecuentes en la práctica: ¿sigue habiendo preterición? ¿La hay no intencional si en esa serie de donaciones sigue sin contemplarse al hijo preterido en el testamento? A mi juicio, todo depende del fundamento que las legítimas y la misma preterición tenga en ese hipotético sistema futuro. Por tanto, no se deben dar por supuestas las caracterizaciones de la preterición actualmente vigentes, sino que hay que ponderarlas con exquisito cuidado.

Con la mirada atenta a la posible supresión del sistema legitimario, afloraría un problema subjetivo adicional que hoy no existe entre nosotros: el del cónyuge sobrevenido a un testamento «prematuro». Hoy el viudo recibirá su legítima usufructuaria, sin alterar en lo restante el contenido del testamento.

21 Sobre el tema de la igualdad en la filiación: *vid.* mi estudio «Igualdad por razón de filiación y Derecho de Sucesiones», *Actualidad jurídica iberoamericana*, ISSN 2386-4567, n.° 10, 2019, pp. 336-365 y allí referencias. Y sobre la influencia de los principios constitucionales en la libertad testamentaria: «Sentencia del Tribunal Constitucional 9/2010, de 27 de abril de 2010 (testador y principios constitucionales)», *Comentarios a las Sentencias del Tribunal Constitucional en materia civil* (coord. Martínez Vázquez de Castro/Escribano Tortajada), Valencia, 2016 (Tirant lo Blanch), ISBN: 978-84-9086-921-5, pp. 621-664.

En un escenario sin legítimas hay que preguntarse qué hacer en este caso con el cónyuge; y, probablemente, qué hacer con los llamamientos intestados tal como están hoy concebidos. Es cierto que en los Estados Unidos son pocos los estados en que consideran la omisión del cónyuge como relevante a los efectos de la preterición, pero algunos hay. En otros, en realidad, la situación del cónyuge viene abordada por las normas del régimen económico, incluso para corregir los resultados excesivos de la aplicación de un régimen económico de separación de bienes.

4.2. Sistema de prestaciones alimenticias *post mortem*

En segundo lugar, existen sistemas de libertad de testar, pero contrarrestada con prestaciones de tipo alimenticio. Son los sistemas de *common law* (casi todos salvo EE.UU.), a los que podríamos añadir los estados centroamericanos y México y, entre nosotros, Navarra. Naturalmente debemos partir de que el sistema de prestaciones alimenticias no es incompatible con un sistema de legítimas: así sucede en Aragón, que tiene un sistema de legítima colectiva, pero también alimentos (art. 515 CDFA); así sucedía en el derecho histórico castellano en el caso de la fundación de mayorazgo, pues la sustracción de bienes de la legítima debía estar compensada, para obtener la aprobación regia, con la garantía de los alimentos, no meramente limitados a la subsistencia, de los otros legitimarios[22]; así sucedía en la versión originaria del Código Civil en relación con los hijos ilegítimos no naturales (art. 845 CC) y perdura hoy en algunas instituciones aisladas como el legado y la atribución del derecho de habitación del art. 822 CC, que significativamente no se computan a efectos del cálculo de las legítimas, o los alimentos a favor de la viuda encinta del art. 964 CC, y, probablemente, también es la necesidad de la persona con discapacidad la causa de justificación del misterioso gravamen de la legítima estricta de los otros legitimarios y a favor de esas personas regulado tan imperfectamente por el art. 808 CC; de algún modo también en la, poco estudiada en las implicaciones técnicas que presenta en relación con la sucesión, subsistencia de la pensión por desequilibrio tras la muerte del excónyuge (art. 101.2 CC). ¿No sería preferible seguir trabajando en esta misma línea de considerar que determinadas atenciones basadas en la necesidad son deudas de la herencia y que, por tanto, no computan en su cálculo, que hacer tabla rasa de las legítimas? Hay una autonomía institucional entre las legítimas y los alimentos que aconseja que se las trate como materias diferentes, aunque compatibles.

22 Rubio Garrido, *Fundamentos del Derecho de Sucesiones*, Fundación Notariado, Madrid, 2022, pp. 259 y ss.

En Derecho comparado, ZIMMERMANN ha examinado recientemente los sistemas o modelos que resultan posibles para proteger a la familia en el derecho sucesorio[23] y explica que la principal ventaja de la legítima con cuotas fijas es la previsibilidad del resultado, es decir, la seguridad jurídica; pero que su principal desventaja radica en su falta de flexibilidad: en la inexorable igualdad de trato entre los que lo merecen y los que no lo merecen, los ricos y los pobres, los viejos y los jóvenes, los fuertes y los débiles, los que tienen hijos pequeños y los que no los tienen. De ahí deduce, en primer lugar, su admiración al sistema español de mejoras (sistema español del que también considera positivamente otras medidas que introducen flexibilidad en las legítimas); y, en segundo lugar, que «en determinadas circunstancias» sería preferible el sistema alimenticio, aunque no ignora las graves disfunciones que precisamente han provocado y siguen provocando los sistemas anglosajones de las *family provisions*, que son algunos de los que se basan en esa idea y resultan mejor conocidos en su aplicación práctica. Por eso no constituyen para nuestro autor un modelo digno de ser emulado, aunque piensa que el sistema alemán estaría en condiciones de sortear las dificultades prácticas que en ellos se han planteado.

Para este autor la principal ventaja de la *family provision* según la discrecionalidad judicial es la flexibilidad de la decisión, que permite tener en cuenta todas las circunstancias imaginables del caso individual. La principal desventaja es la falta de previsibilidad acerca de quiénes puedan ganar un pleito de este tipo y cuáles puedan ser las consecuencias económicas sobre la herencia. Son todas ellas cuestiones sobre las que se lamenta la doctrina especializada en todas las jurisdicciones analizadas y, por tanto, suponen la ausencia casi total de seguridad jurídica. Esto da lugar a un número verdaderamente alto de conflictos judiciales intrafamiliares con altos costes emocionales y financieros. A la hora de decidir la cuestión de las circunstancias en las que un hijo mayor de edad merece una pensión alimenticia adecuada, la ley no ofrece ninguna orientación, ni ofrece criterios para su cálculo.

KERRIDGE afirma sobre el sistema de Inglaterra y Gales, comentando un célebre pronunciamiento judicial que: «Cualquiera que haya intentado leer los informes de todas las vistas de este caso es probable que, en algún momento, se haya parado a reflexionar sobre las ventajas potenciales de un sistema de legítimas»[24]; afirmación muy notable en un británico por lo que supone de crítica a su propio sistema y de admiración por otro que tiene la tacha o pecado original de ser «continental».

---

23 ZIMMERMANN, *Protección imperativa de la familia en el Derecho sucesorio,* Cizur Menor, 2023.

24 La cita se puede encontrar en ZIMMERMANN, *Protección imperativa de la familia en el Derecho sucesorio,* cit., p. 150.

La conclusión del análisis de la *family provision* en Nueva Zelanda y Australia es también muy reveladora para PEART/VINES: esta institución, que fue concebida en sus orígenes como una modesta restricción a la libertad de testar, hoy en día, mediante las reformas de las normas legales y su interpretación por los tribunales, ha llegado a producir efectos tan intensos que la libertad de testar se ha convertido en un mito en ambos países. Está claro que en ambos el testador queda sujeto a una restricción de gran alcance, pero no resulta claro dónde se sitúa exactamente la frontera de lo permitido o no[25]. Esto significa que, en general existe un nivel inaceptable de inseguridad jurídica. Y así se podrían poner ejemplos de otras jurisdicciones que han transitado por esas fórmulas de abordar el problema de la protección a los familiares en la sucesión.

Para ZIMMERMANN[26] solamente una solución que no funcione con cuotas fijas, pero que esté vinculada a un criterio que el operador jurídico haya aprendido a manejar con seguridad y sin incertidumbres, debería ser merecedora de ser examinada. Y la necesidad de alimentos cumpliría con esos parámetros en Alemania. Lo que no discuto que pueda valer para ese país tengo el convencimiento que no para nosotros: nuestro sistema no está preparado para suscribirse a esa alternativa en el momento actual teniendo en cuenta la escasa seguridad aplicativa que ofrecen nuestras normas relativas a los deberes de alimentos, en sentido amplio, tanto en general como las figuras e instituciones que regulan las crisis matrimoniales y que se inspiran en el desequilibrio o en las necesidades especiales de algunos de los cónyuges o sus descendientes. Aparte, de que un sistema de alimentos tiene un problema adicional que me temo que no se puede evitar ni siquiera en Alemania: ofrece poca seguridad a los herederos a la hora de aceptar, por la amenaza de futuros litigios en que se les reclamen unos alimentos de cuantía incierta por parte de los parientes del testador.

Quizá al término de nuestro recorrido podemos haber comprobado que nuestro sistema del Código civil permite soslayar perfectamente la rigidez de los sistemas legitimarios de cuotas, mediante la reconocida posibilidad de un amplio despliegue de la autonomía de la voluntad del causante, a partir, sobre todo, pero no únicamente, de la regulación de la mejora, pues también están ahí la distribución de bienes por el propio testador, el pago en metálico de las legítimas, la concesión de facultades fiduciarias al cónyuge o al progenitor superviviente, etc. En nuestra opinión es de esas fortalezas de nuestro sistema legitimario, en el que opera un amplio reconocimiento de libertad para el causante, muy notable en el derecho comparado, de las que tenemos que partir para reformar o ajustar mejor algunos aspectos de nuestra legislación que todavía puedan resultar inadecuados, no de la imitación de

25 La cita la tomo de ZIMMERMANN, *Protección imperativa de la familia en el Derecho sucesorio,* cit., p. 139.

26 *Protección imperativa de la familia en el Derecho sucesorio, passim.*

sistemas que han fracasado allí donde se han introducido y que tendrían casi total seguridad de llegar a ese negativo resultado entre nosotros, porque no han demostrado ser mejores que nuestro sistema.

Otra cosa es que no se deba ignorar que las funciones de los alimentos *post mortem* y de las legítimas son diferentes; y que, de suyo, no son instituciones incompatibles. Ahora, con carácter general, creo que es más funcional el sistema de legítimas flexible existente en España: sea por la voluntad del testador sea por las cuotas hereditarias imperativas muchas cuestiones de alimentos quedan solucionadas. Si no lo quedan en otras ocasiones, sería ocasión de que el legislador se replanteara precisamente las normas reguladoras del derecho de alimentos; especialmente, el art. 150 CC que dice que «La obligación de suministrar alimentos cesa con la muerte del obligado, aunque los prestase en cumplimiento de una sentencia firme», que, curiosamente, es una norma que entre nosotros casi nadie menciona al hilo de este debate; siendo así que además plantea una pregunta a los partidarios de los alimentos *post mortem* que nadie responde: ¿por qué si los alimentos generales no presentan una limitación de edad en que puedan ser recibidos los alimentos *post mortem* sí deberían tener esa limitación?

V. Conclusión

A mi juicio, sigue siendo válido aplicar al fundamento de las legítimas la opinión de D. Quijote expresada en su diálogo con el Caballero del Verde Gabán: «Los hijos, señor, son pedazos de las entrañas de sus padres, y, así, se han de querer, o buenos o malos que sean, como se quieren las almas que nos dan vida»[27]. Parece que esta igualdad sustancial es todavía una idea vigente sociológicamente en España, que tiene potencial para resolver casi todas las dudas interpretativas que han aflorado a lo largo de la exposición, y que también explica que en el fundamento de las legítimas no está el ser un premio para los mejores; pues para eso está la libertad de testar.

Las legítimas deben aspirar a ser un simple *dique* de la libertad de testar como dijo VALLET[28]. En el bien entendido que la restricción de la libertad del testador que suponen las legítimas de nuestro Código civil no va más allá de lo que la propia conciencia impone a la mayoría de los ciudadanos; de ahí el uso prudente y escaso de la facultad de mejorar en la práctica testamentaria.

Por tanto, la presencia de las legítimas en nuestro ordenamiento únicamente supone un obstáculo al abuso de la libertad del testador, y por eso deben seguir existiendo porque son más funcionales que otras instituciones que se han ideado para ello en el ámbito comparado y que terminan por hacer mucho más insegura la propia libertad de testar que se quiere defender.

---

27 Miguel DE CERVANTES, *El ingenioso hidalgo don Quijote de la Mancha*, 2.ª parte, capítulo 16.

28 *Panorama del Derecho de sucesiones,* I, cit., p. 437. Sin que se deba excluir que las legítimas son también un derecho subjetivo de los legitimarios, como siempre he insistido.

Ello, finalmente, no impide trabajar por su perfeccionamiento normativo, pero a partir del reconocimiento de las muchas virtualidades que su concreta regulación en el Código civil ha permitido conservar. No era esta última, sin embargo, la finalidad principal de mi disertación, aunque sí haya apuntado ideas y reflexiones en esa línea en cuanto a algunos de los problemas que he mencionado a lo largo de la tarde. Por tanto, debe quedar para otra ocasión y para la tarea personal de los oyentes el profundizar y pensar con mayor detalle en cuáles serían esas necesidades no resueltas o mal resueltas por el ordenamiento y cuáles podrían ser las soluciones legales para atenderlas mejor, valga por hoy haber desarrollado algunas de las ideas que están en el fundamento del sistema de legítimas y que resuelven con ventaja a otros modelos comparados la protección imperativa de los familiares dentro del derecho sucesorio.

CAPÍTULO 8

LIBERTAD DE TESTAR, UNA IDEA DEL SISTEMA ITALIANO

Vincenzo Barba
Catedrático de Derecho Civil
Universidad de Roma La Sapienza

Sumario:

I. La legítima en el derecho italiano: líneas esenciales

El derecho italiano considera la legítima como *pars valoris bonurum*[1], ya que reconoce al legitimario no sólo el derecho a obtener una parte del patri-

---

1 En el Derecho italiano, aunque históricamente el debate ha sido muy vivo y se han defendido tres tesis, se ha consolidado la idea de que la legítima constituye una *pars bonorum*,

monio hereditario, sino también la posibilidad de satisfacer esta pretensión mediante bienes que constituyen el caudal hereditario.

La cuota de libre disposición es muy pequeña y para que se haya una idea aquí pongo un cuadro en el que se puede ver a cuánto asciende la cuota de legítima, en todos los supuestos que pueden ocurrir.

	Herederos	Cuota Sucesión legal	Legítima
1	Cónyuge	1 (583 c.c.)	½ (540, 1 co., c.c.)
2	Solo un hijo	1 (566 c.c.)	½ (537, 1 co., c.c.)
3	Dos o más hijos	1 (566 c.c.)	2/3 (537, 1 co., c.c.)
4	Ascendentes	1 (568 e 569 c.c.)	1/3 (538, 1 co., c.c.)
5	Cónyuge + Solo un hijo	½ ½ (581 c.c.)	1/3 1/3 (542, 1 co., c.c.)
6	Cónyuge + Dos o más hijos	1/3 2/3 (581c.c.)	¼ ½ (542, 2 co., c.c.)
7	Cónyuge + Ascendentes	2/3 1/3 (582 c.c.)	½ ¼ (544, 1 co., c.c.)
8	Cónyuge + Hermanos y/o Hermanas	2/3 1/3 (582 c.c.)	½ (540, 1 co., c.c.) ------------------
9	Cónyuge + Ascendente + Hermanos y/o Hermanas	2/3 {1/3 (582 c.c.)	½ ¼ (544, 1 co., c.c.) ----------------
10	Ascendente + Colaterales	Non meno di ½ Restante (571 c.c.)	1/3 (538, 1 co., c.c.) ------------------

precisando que el legitimario siempre tiene derecho a que se le satisfaga su legítima con bienes hereditarios (así, Barba, V., *La successione dei legittimari*, Edizioni scientifiche italiane, Napoli, 2020, p. 3 ss.; Perfetti, U., *Dei legittimari*, Zanichelli, Bologna-Roma, 2020, p. 3 ss.; Marinaro, Giovanni, *La successione necessaria*, Edizioni scientifiche italiane, Napoli, 2009; Mengoni, L., *Successioni per causa di morte. Parte speciale. Successione necessaria*, 4a ed., Giuffé, Milano, 2000, p. 3 ss.; Messineo, F., *Manuale di diritto civile e commerciale*, vol. VI, *Diritto delle successioni per causa di morte*, 9.ª ed., Giuffé, Milano, 1962, p. 286). También se dice que el legitimario preterido o excluido de la sucesión, una vez que actúa en reducción, adquiere la condición de heredero, si bien esta adquisición es instrumental a conseguir bienes hereditarios suficientes para satisfacer su legítima.

Aunque esta tesis es hoy dominante y seguida, aunque con matices, por la doctrina y la jurisprudencia mayoritarias, otras dos reconstrucciones se han ido avanzando a lo largo del tiempo. Según Cicu (Cicu, A., *Successione legittima e dei legittimari*, 2a ed., Giuffé, Milano, 1943, p. 147 ss.), la legítima constituye una verdadera *pars hereditatis* que se atribuía siempre al legitimario en función de esta cualidad, que por ello era inmanente a la propia condición de legitimario. En una posición radicalmente opuesta, parte de la doctrina, especialmente la que se formó bajo el viejo Código civil (el de 1865), sostiene que la legítima, precisamente por constituir una porción del caudal relicto, debe atribuirse a título particular (Azzariti, G., «Il legittimario è erede», *Diritto e giurisprudenza*, 1933, pp. 43-45; Azzariti, G., «Sulla figura del legittimario», *Diritto e giurisprudenza*, 1933, pp. 247-250; Cantelmo, V. E., *Fondamento e natura dei diritti del legittimario*, Napoli, 1972, pp. pp. 92 s., 96 ss., 116 ss.). Un legitimario es heredero sólo si es instituido como tal por ley o por testamento; pero la cualidad de heredero no es consecuente por el mero hecho de que actúe en reducción.

La normativa italiana tiene la función preponderante de garantizar a los legitimarios una parte de la herencia o ciertos derechos especiales. Se trata, por tanto, de una regulación con un contenido predominantemente patrimonial, aunque muchos dicen que a través de las atribuciones patrimoniales el legislador ha pretendido garantizar y proteger también los intereses de carácter extrapatrimonial.

Sobre la base de estas apreciaciones es posible establecer algunas consideraciones: la protección de los legitimarios no constituye un tercer tipo de sucesión; los legitimarios no deben, por necesidad, adquirir la calidad de herederos; la calidad de heredero es instrumental para el logro de la legítima; la legítima no es una cuota hereditaria, sino una cuota del caudal hereditario.

Estas declaraciones y la conclusión, que se acaba de sugerir, se pueden argumentar fácilmente considerando la regulación positiva[2].

Las disposiciones testamentarias que merman los derechos de los legitimarios, aunque el perjuicio se traduzca en su completa preterición de la herencia, no son nulas, sino válidas y eficaces, siempre y cuando el legitimario no las haya impugnado victoriosamente con la acción de reducción (véase el artículo 554 del Código Civil italiano).

Esto prueba, al menos para el caso de la preterición del legitimario, que él no sólo no está llamado a la sucesión *ipso iure*, sino que si quiere ser heredero tiene la carga de impugnar las disposiciones testamentarias perjudiciales, de modo que su llamada a la herencia pasa por una iniciativa judicial propia.

El legitimario que desee ejercer la acción de reducción debe imputar a su legítima las donaciones y legados que haya recibido por parte del causante (art. 564, párr. 2, Código Civil), a no ser que haya sido dispensado expresamente y en el entendimiento de que la dispensa no tiene efecto en detrimento de los donantes anteriores, es decir, que la dispensa es efectiva dentro de los límites de cuota de libre disposición (564, párr. 3, Código Civil).

Esto significa que el legitimario, aunque haya sido excluido de la sucesión, si ha recibido, en concepto de legítima, una donación por un valor correspondiente a su legítima no puede ejercer la acción de reducción. En tal caso, no sólo el legitimario no está llamado a la sucesión, sino que tampoco tiene título para convertirse en heredero.

Si el interés protegido por la normativa hubiera sido el llamamiento a la herencia, el legitimario debería haber tenido la oportunidad de convertirse, de todas formas, en heredero. Sin embargo, dado que el interés principal protegido por el ordenamiento jurídico italiano es el de conseguir una parte del caudal hereditario, en concepto de legítima, el legitimario, que haya efectivamente conseguido su legítima, también a través de donaciones previas o de legados, no puede convertirse en heredero, ni, tampoco, impugnar las

2 En este sentido, BARBA, V., *La successione dei legittimari*, cit., p. 19 ss.

disposiciones testamentarias, aunque sea, sustancialmente excluido de la sucesión en sentido estricto. Esta consideración permite que se haga un examen más profundo.

La adquisición de la condición de heredero por el legitimario no constituye la realización del interés protegido por la propia ley, sino más bien un mero instrumento técnico a través del cual el ordenamiento jurídico tiende a realizar el principal interés protegido, que consiste, precisamente, en que el legitimario consiga una parte del caudal hereditario.

En otras palabras, el hecho de que, en algunos casos, la acción de reducción permita al legitimario adquirir la condición de heredero no permite deducir que la adquisición de esa condición constituya en sí misma el interés protegido, ni que el legitimario deba ser necesariamente heredero. La adquisición de la condición de heredero no es una consecuencia constante, ya que hay casos en los que el legitimario no puede actuar para lograr este resultado (en el caso del legitimario excluido de la sucesión, que no se ve perjudicado por haber recibido, en concepto de legítima, donaciones).

La función de la sucesión necesaria es garantizar que los legitimarios consigan una parte del caudal hereditario u otros derechos. Para ello, el legislador permite a los legitimarios, en ciertos casos y bajo ciertas condiciones, adquirir la condición de heredero. En los casos en que el legitimario está excluido de la sucesión (porque hay una preterición o una desheredación) o perjudicado (porque no ha recibido su legítima total), el legislador lo hace heredero, no porque quiera que se convierta en heredero, sino con el único fin de constituir a él un título (el de heredero) bajo el cual pueda conseguir los bienes que componen la sucesión.

De estas consideraciones y de la idea de que en el ordenamiento jurídico ítalo-europeo la legítima tiene una función de regulación negativa y un contenido de *pars valoris bonorum*, se deduce que la legítima no es una cuota de herencia[3].

---

3 En un sistema jurídico en el que la legítima es una pars *valoris bonorum*, ella no corresponde a una parte o cuota de herencia. Si el legitimario ejerce la acción de reducción, se plantea el problema de establecer en qué cuota él debe ser considerado heredero. El problema sólo se plantea, por supuesto, si existe un *donatum*, es decir, si hay una diferencia entre la herencia *(relictum - debitum)*, sobre la que se calculan las cuotas de herencia, y el caudal hereditario *(relictum - debitum + donatum)*, sobre el que se calculan la cuantía de la legítima que corresponde a los legitimarios y la cuota de libre disposición.
Un caso puede ayudar a comprender el fenómeno. Supongamos un *relictum* de 100, un *debitum* de 20 y un *donatum* de 60. El hijo, como único legitimario, tiene derecho a conseguir bienes con un valor correspondiente a ½ del caudal hereditario, es decir, bienes por un valor de 70 (½ de 100-20+60). Si dijéramos que el hijo fuera heredero por ½, no conseguiría bienes por un valor que corresponde exactamente a la legítima, porque participaría por la mitad en el *relictum* (100) y en el *debitum* (20), con la consecuencia de que terminaría con un beneficio neto igual a 40 (tendría derecho a la mitad del *relictum*, es decir, 50, pero tendría que contribuir al pago de la mitad de las deudas de la herencia, es decir,

II. La protección de los legitimarios: acciones de reducción y de restitución

Si el legitimario consigue en concepto de legítima menos de lo que le corresponde, la ley italiana protege su posición jurídica mediante tres acciones: la acción de reducción, la acción de restitución contra los beneficiarios de la disposición perjudicial y la acción de restitución contra terceros compradores.

La acción de reducción sirve, esencialmente, para hacer ineficaz la disposición perjudicial. Es una acción por la que el legitimario pide, en primer lugar, la reducción de las disposiciones testamentarias (todas ellas, instituciones de herederos y legados, se reducen a prorrata, sin distinción alguna, salvo que el testador haya dado un orden de preferencia diferente) y, posteriormente, en caso de insuficiencia de éstas, las donaciones hechas por el causante durante su vida, empezando por la más reciente y remontándose, sin límites de tiempo, a la más antigua.

La acción de reducción hace ineficaz la disposición que perjudica la legítima, con la consecuencia de que el beneficiario de la disposición (disposición testamentaria o donación) ya no tiene derecho a retener el bien, que debe considerarse como parte del caudal hereditario. A este respecto, cabe señalar que el legitimario adquiere el bien o derecho objeto de la disposición reducida, no como efecto inmediato y directo de la acción de reducción, sino como efecto mediato e indirecto. La sentencia de reducción solo determina que el bien vuelva al patrimonio del fallecido, o sea que integre su herencia. Una vez que el bien se considera parte de la herencia, el legitimario, en virtud de su condición de heredero, tal y como se ha comprobado y definido en la sentencia de reducción, lo puede conseguir[4].

Una vez obtenida la reducción del título de la disposición perjudicial (disposiciones testamentarias y/o donaciones) y, por tanto, considerada ineficaz el acto de disposición, el legitimario, que ya ha adquirido el derecho a título de heredero, solicita la restitución del bien a la persona que tenga su dispo-

---

10). Esto demuestra que el conseguimiento de la legítima, correspondiente a 70 (½ del caudal hereditario), implica que el hijo se hace heredero en una cuota que no corresponde a la mitad del patrimonio hereditario, sino una parte mucho mayor. Más precisamente, cuando el hijo consigue la legitima, o sea bienes por un valor de 70, él ha de considerarse como heredero por 7/8 (consigue 7/8 del *relictum* es decir 87,5; paga los 7/8 del *debitum*, es decir 17,5, así que consigue un beneficio neto de 70, es decir 87,5 - 17,5), con lo que Zutano seguirá siendo el heredero en 1/8 de la herencia.

Entonces podemos afirmar que: indicando con QE la cuota de la herencia, con VL el valor de los bienes que consigue el legitimario (también a través de del ejercicio de la acción de reducción) y con MD el patrimonio hereditario, o, más precisamente, la herencia *dividenda*, se puede concluir que QE = .

4 Amadio, G., «Azione di riduzione e liberalità non donative (sulla legittima per equivalente)» *Rivista di diritto civile,* 2009, I, p. 692 ss.; Barba, V., *La successione dei legittimari*, cit., p. 377 ss.

nibilidad y, por tanto, al beneficiario de la disposición perjudicial o al tercero al que el bien haya podido ser vendido por el beneficiario.

La sentencia de reducción constituye el núcleo de la protección del legitimario y produce cuatro consecuencias jurídicas diferentes.

En primer lugar, es una sentencia declarativa, ya que declara que el demandante es un legitimario del causante.

En segundo lugar, constata que el demandante ha sufrido un perjuicio, es decir, que el legitimario ha recibido en concepto de legítima menos de lo que le corresponde, indicando exactamente el alcance de la lesión.

En tercer lugar, redefine las cuotas de herencia de cada heredero, estableciendo: a) en caso de que el legitimario sea heredero, que su cuota debe ser mayor que la indicada por la ley o el testamento, reduciendo al mismo tiempo la de los demás posibles coherederos; b) en caso de que el legitimario no sea heredero (porque existe un testamento con el que el causante lo haya desheredado o preterido) su llamada a la sucesión, atribuyéndole la cualidad de heredero, indicando su cuota y reduciendo, al mismo tiempo, la de los demás posibles coherederos.

En cuarto y último lugar, se pronuncia sobre la ineficacia de las disposiciones testamentarias que perjudican la legítima, en la parte necesaria para que el legitimario consiga la legítima que le corresponde.

Se entiende, por lo tanto, que los dos momentos fundamentales del juicio de reducción son, de hecho, el que consiste en la redefinición de las cuotas de la herencia y el pronunciamiento de la ineficacia de las disposiciones que perjudican la legítima. Entre ambos existe una conexión muy estrecha.

Como hemos señalado al principio, la disposición que perjudica la legítima (ya sea una disposición testamentaria, una donación o una donación indirecta) es válida y eficaz, pero sujeta al pronunciamiento de ineficacia, en el supuesto de que el legitimario ejercite la acción de reducción.

La sentencia de reducción, al limitarse a pronunciar la ineficacia de la disposición (disposiciones testamentarias o donación) que perjudica la legítima, tiene el efecto de devolver el bien, objeto de la disposición, al patrimonio del causante. Ya sabemos que el legitimario adquirirá la titularidad de ese bien en virtud de su condición de heredero y en virtud de su cuota hereditaria, así como se redefine en la misma sentencia de reducción. La ineficacia se refiere a la disposición en su totalidad, cuando sea necesaria para complementar la legítima que le corresponde al legitimario, o parcial, cuando basta una reducción sólo en parte.

Tras la acción de reducción, el legitimario adquiere (mediante su llamada a la herencia) la titularidad o cotitularidad de los bienes (derechos objeto de la disposición lesiva, de forma que en el caso de derechos de crédito se convierte en acreedor total o a prorrata, mientras que en el caso de derechos reales se convierte en titular exclusivo o en comunidad.

Es muy posible que el legitimario perjudicado, aunque haya adquirido la propiedad o copropiedad del bien objeto de la disposición reducida, no tenga también la posesión que sigue ejerciendo el beneficiario de la disposición (especialmente en el caso de una donación hecha hace años antes de la apertura de la sucesión).

El legitimario perjudicado que haya adquirido la propiedad o la copropiedad de los bienes objeto de la disposición perjudicial, reducida, en todo o en parte, debe, por lo tanto, emprender una acción de restitución.

Se trata de una acción eventual, ya que sólo debe ejercerse si el legitimario no tiene la posesión, con la que solicita la restitución del bien. La acción puede ser interpuesta por el legitimario que ha obtenido una sentencia firme de reducción, aunque es posible que la demanda de restitución se presente juntamente con la de reducción.

El hecho más importante de la acción de restitución ejercida contra los beneficiarios de la disposición perjudicial se establece en el artículo 561 del Código Civil italiano, según el cual la propiedad se devuelve al legitimario libre de cualquier carga o derecho real que el legatario o el donatario pueda haberle gravado. En otras palabras, si el titular del bien ha gravado al bien con alguna carga o hipoteca, se extinguen[5].

En el caso de que el beneficiario de la disposición perjudicial se haya desprendido de los bienes, el ordenamiento jurídico italiano otorga al legitimario, bajo ciertas condiciones, la facultad de solicitar la restitución de los bienes hasta al tercero comprador.

Esta regla, que atribuye al legitimario la facultad de recuperar los bienes también del tercero comprador nos permite afirmar que el sistema de protección del legitimario en el derecho italiano se construye como *pars valoris bonorum*, es decir, como un derecho a un valor reforzado por una garantía sobre los bienes «hereditarios» o, más precisamente, sobre los bienes del caudal hereditario.

Se trata de una acción real que el legitimario interpone contra el tercero comprador, que tiene la posesión de los bienes y por la cual pide la restitución de estos.

Para que el legitimario pueda actuar contra el tercero comprador, deben cumplirse ciertas condiciones: a) el legitimario debe haber obtenido una sentencia firme de reducción; b) debe haber ejecutado los bienes del beneficiario de la disposición perjudicial y el beneficiario debe ser insolvente. En todo caso, la acción no puede ser ejercida si: a) está prescrita; b) el legitimario ha renunciado válidamente a ella; c) han transcurrido veinte años desde la transcripción de la donación sin oposición (art. 563 Código civil italiano).

5 Barba, V., *La successione dei legittimari*, cit., p. 445 ss.

Antes de pedir la restitución del bien al tercero, es esencial que el legitimario haya pedido al beneficiario de la disposición perjudicial el pago del valor del bien. Esto significa que el legitimario, tras haber obtenido la sentencia de reducción, debe, en todo caso, dirigir su petición al beneficiario de la disposición perjudicial. Este último, al haber enajenado los bienes, no puede devolverlos, por lo que la obligación de restitución se transforma en una obligación de pago por una cantidad equivalente. El comprador contra el que se solicita la restitución de los bienes está obligado a devolver los bienes a la persona que le corresponde. Sin embargo, en este caso el tercero comprador tiene derecho a liberarse de la obligación de devolver los bienes pagando el equivalente del valor de estos.

III. Protección de los legitimarios y problemas en la circulación jurídica

Las regulaciones de la acción de reducción y de las de restitución han dificultado y siguen dificultando la circulación de los bienes objeto de donaciones[6]. En el supuesto de donación que excede la cuota de libre disposición, la adquisición de la titularidad del derecho por parte del tercero es precaria e instable, ya que el legitimario, bajo ciertas condiciones, no sólo tiene derecho a la restitución del bien, aunque haya sido comprado por un tercero, sino que también tiene derecho a recibirlo, libre de cualquier carga o hipoteca, de la que el donatario pueda, a medio plazo, haberlo gravado. Por consiguiente, existe una desconfianza justificada y justificable en adquirir bienes que han sido objeto de donación y una firme resistencia de los bancos y entidades financieras a conceder préstamos hipotecarios.

Aunque en teoría no existe ninguna limitación u obstáculo legal a la circulación de los bienes donados, en términos concretos, en esencia está básicamente paralizada, ya que el tercero no sólo está expuesto al riesgo de tener que devolver los bienes a los legitimarios, o de ver los bienes purgados de las cargas (no sólo de los derechos reales, sino también de los derechos personales) y/o de las hipotecas, sino que ni siquiera tiene la posibilidad de medir, por adelantado, este riesgo.

La imposibilidad de calcular de antemano este riesgo depende de una pluralidad de razones.

No es posible establecer si la donación excede la cuota de libre disposición antes del fallecimiento del donante. No es posible estimar cuáles y cuántos son o pueden ser los legitimarios antes de la muerte del causante. Finalmente, ni siquiera es seguro que la compra del tercero sea sujeta a res-

6 VERDICCHIO, V., *La circolazione dei beni di provenienza donativa*, Edizioni Scientifiche Italiane, Napoli, 2012, p. 3 ss.; MARINARO, *La successione necessaria*, cit., p. 313.

titución, ya que el legitimario tiene derecho a exigir la restitución del bien, sólo después de haber pedido al beneficiario de la donación que pague en metálico y este no tenga un patrimonio suficiente.

Existen, pues, una pluralidad de razones que, de hecho, dificultan la circulación de los bienes objeto de donación y que crean sustancialmente desconfianza para adquirir esos bienes (porque el comprador queda expuesto al riesgo de tener que devolver el bien al legitimario) y sustancialmente imposible para los bancos y entidades financieras conceder un préstamo hipotecario (porque en caso de restitución al legitimario se cancelaría la hipoteca constituida sobre el bien, con lo que el banco queda expuesto al riesgo de no tener la hipoteca a garantía del préstamo concedido para la compra del bien).

Por este motivo, el legislador italiano, mediante la Ley n.º 80, de 14 de mayo de 2005, modificó las disposiciones de los artículos 561 y 563 del Código Civil, con la aspiración de «facilitar la circulación de los bienes inmuebles objeto de una donación»[7]. Para comprender plenamente el significado de esta enmienda es necesario considerar las normas antes y después de esta intervención legislativa[8].

Antes de este cambio, parecía haber una regulación diferente para el caso de las cargas e hipotecas sobre los bienes inmuebles y para el caso de enajenación de la propiedad.

Las hipotecas o las cargas con las que el donatario o el legatario podrían haber gravado el bien parecen, de hecho, destinados a ser siempre e indiscriminadamente extinguidos[9] como resultado de la acción de restitución. Como consecuencia, el bien que había sido devuelto al legitimario siempre era purgado de todas las cargas (derechos reales, derechos personales) y/o hipotecas.

En cambio, la adquisición del bien por parte del tercero estaba destinada a caducar sólo si los bienes del donante se hubieran ejecutado y el legitimario no hubiese conseguido el valor en metálico, con la aclaración de que el tercero comprador podía, de todas formas, conservar la titularidad del bien, si

7 Gazzoni, F., «Competitività e dannosità della successione necessaria (a proposito dei novellati art. 561 e 563 c.c.)», en *Giustizia civile*, 2006, p. 3 ss.,

8 Para un amplio análisis del tema, véase Barba, V.; *La successione dei legittimari*, cit., p. 445 ss.

9 El texto del artículo 561 del Código Civil italiano, anterior a la modificación introducida por la Ley N. 80, de 14 de mayo de 2005, disponía lo siguiente: «Gli immobili restituiti in conseguenza della riduzione sono liberi da ogni peso o ipoteca di cui il legatario o il donatario può averli gravati, salvo il disposto del n. 8 dell'art. 2652. La stessa disposizione si applica per i mobili iscritti in pubblici registri. I frutti sono dovuti a decorrere dal giorno della domanda giudiziale».

hubiera pagado el equivalente en dinero al legitimario (véase el párrafo 4 del artículo 564 del Código Civil)[10].

La única posibilidad de salvar la compra del tercero (tanto el tercero que adquiere la plena propiedad como el que es titular de una carga o una hipoteca), prevista originalmente por las disposiciones de los artículos 561 y 563 del Código Civil italiano, estaba prevista en el artículo 2652, n. 8, del Código Civil italiano, que no prejuzgaba la compra del tercero a título oneroso, siempre que la transcripción de la acción de reducción se hiciera después de diez años desde la apertura de la sucesión y tras la transcripción del contrato de compra del tercero.

Con la aclaración adicional de que el comprador de los bienes objeto de donación, aunque hubiera ejercido la plena posesión de estos, no podría adquirir la titularidad por posesión adquisitiva. La norma establecida en el artículo 2935 del Código Civil italiano (aplicable porque a ella reenvía el artículo 1165 del Código Civil italiano) según el cual el plazo de prescripción puede ser invocado desde el momento en que el derecho puede ejercerse, excluye que el tercero comprador pueda, útilmente, considerar la posesión ejercida antes de la apertura de la sucesión. Con la paradójica consecuencia de que el tercer adquirente del donatario estaba sometido a un tratamiento jurídico peor no solo que el del adquirente *a non domino*, sino también al establecido para el poseedor de mala fe.

Con el fin de favorecer la circulación de los bienes objeto de donación, el legislador, con la ley de 2005, ha introducido sustancialmente una nueva hipótesis de salvación de la compra del tercero.

Las disposiciones de los artículos 561 y 563 del Código Civil italiano, sin perjuicio de lo dispuesto en el artículo 2653, n.° 8, del mismo Código Civil, establecen ahora que el derecho adquirido por el tercero sólo está a salvo cuando haya transcurrido un período de veinte años desde la transcripción de la donación, especificando que el período de veinte años puede ser «suspendido» por el legitimario mediante un acto extrajudicial de oposición a la donación.

La reforma sólo se refiere a la compra por el donatario, no a la realizada por el heredero o por el legatario, por lo que se aplica exclusivamente a favor del

10 El texto del artículo 563 del Código Civil italiano, anterior a la modificación introducida por la Ley N. 80, de 14 de mayo de 2005, disponía lo siguiente: «Se i donatari contro i quali è stata pronunziata la riduzione hanno alienato a terzi gli immobili donati, il legittimario, premessa l'escussione dei beni del donatario, può chiedere ai successivi acquirenti, nel modo e nell'ordine in cui si potrebbe chiederla ai donatari medesimi, la restituzione degli immobili. L'azione per ottenere la restituzione deve proporsi secondo l'ordine di data delle alienazioni, cominciando dall'ultima. Contro i terzi acquirenti può anche essere richiesta la restituzione dei beni mobili, oggetto della donazione, salvi gli effetti del possesso di buona fede. Il terzo acquirente può liberarsi dall'obbligo di restituire in natura le cose donate pagando l'equivalente in danaro».

tercero que ha adquirido la titularidad del bien por el donatario y/o a favor del tercero titular de la carga o de la hipoteca sobre el bien objeto de donación.

Estas reglas no sólo resuelven el problema en parte, sino que, sobre todo, plantean, como se aclarará más adelante, numerosos problemas de interpretación tanto por su formulación textual como por la disposición en la parte en que admite «la renuncia» a la oposición.

En última instancia, hoy en día, hay dos posibilidades para salvar la compra del tercero: a) que la acción de reducción sea trascrita en los registros después de una década desde la apertura de la sucesión; b) el pasar un tiempo de veinte años desde la transcripción de la donación.

Como es fácil de comprender, estas hipótesis no son adecuadas para resolver los problemas de circulación de los bienes objeto de donación, ya que la compra del tercero está a salvo y él no tiene que devolver el bien al legitimario perjudicado solo si, alternativamente, ha pasado un tiempo de 10 años a partir de la apertura de la sucesión (entendiéndose que esta hipótesis se refiere únicamente a las compras a título oneroso), un tiempo o 20 años a partir de la transcripción de la donación (siempre que, a medio plazo, no hubiera oposición a la donación por parte del legitimario).

Sin dejar de considerar que el legislador prefiere el legitimario no sólo en el conflicto con el donatario, es decir, con el que ha adquirido gratuitamente (se trata de un conflicto entre dos compradores gratuitos, entre los cuales siempre se prefiere al legitimario, independientemente de cualquier evaluación acerca de la prioridad de la compra), sino también contra el tercer comprador del donatario, que puede haber comprado a título oneroso. El legislador otorga preferencia al legitimario, es decir, al comprador a título gratuito, incluso en el conflicto entre este último y el comprador a título oneroso (tercer comprador del donatario, en caso de que su compra sea a título oneroso).

Además, el hecho de que se prevea la posibilidad de proponer una oposición, lejos de simplificar la circulación de los bienes objeto de donación, por el contrario, la complica aún más, ya que la existencia de una oposición se convierte, independientemente de su relevancia concreta en el caso concreto, en un indicio serio del riesgo de evicción, que lejos de facilitar la circulación la va a socavar gravemente.

La circunstancia de que la compra del tercero sólo se haga segura después de que haya transcurrido un período de tiempo muy importante y largo desde la celebración de la donación (20 años desde la transcripción de la donación o 10 años desde la apertura de la sucesión, lo que podría haber llevado muchos años después de la conclusión de la donación) en uno con la necesidad de que, dependiendo de las dos hipótesis, deben cumplirse otros requisitos previos para la salvación del derecho adquirido por el tercero, ha hecho que sea esencial identificar otros instrumentos, principalmente de naturaleza negocial, que puedan, en cierta medida, proteger la compra del tercero. Por lo tanto, hasta la fecha, el tema de la circulación de los bienes objeto de donación se confía principalmente a las técnicas de negociación, dejando abierto el tema, verdaderamente central, de la renuncia preventiva a la acción de restitución.

IV. El legado del derecho de habitación de la vivienda correspondiente al viudo a título de legítima. Necesidad de una modificación

El sistema jurídico italiano atribuye al cónyuge viudo, como legitimario, no solo una porción de bienes, sino también el derecho de habitación sobre la vivienda familiar y el derecho de uso de los muebles que están en la vivienda[11], en adelante: «derechos de habitación y uso». Se trata de una atribución patrimonial que tiene un impacto sobre la legítima desde el punto de vista «cuantitativo», porque aumenta la cuantía de la legítima del cónyuge viudo (se añade a la cuota de legítima), y desde el punto de vista «cualitativo», porque el aumento se alcanza mediante la atribución de un bien específico, independientemente de su valor. Esta regla está contenida en el artículo 540, párrafo 2, del Código Civil italiano. La interpretación de esta disposición ha dado lugar a numerosos problemas y la jurisprudencia italiana ha intervenido frecuentemente.

En mi opinión[12], el resultado global es completamente insatisfactorio: se ha ofrecido una interpretación de la norma que limita excesivamente la autonomía testamentaria, en abierto contraste con las exigencias de nuestros tiempos, y que encima es incorrecta.

En las páginas siguientes no será posible dar cuenta de todos los complejos problemas interpretativos que plantea la norma ni de la complejidad del debate doctrinal italiano. Me limitaré a señalar los más relevantes, distinguiendo entre los menos dudosos y los más dudosos, y respecto a estos últimos, formularé solo algunas consideraciones críticas.

Antes de analizar las cuestiones dudosas, debemos considerar lo cierto. Esta atribución patrimonial limita considerablemente la libertad de testar, hasta el punto de que no solo podría reducir a cero la cuota de libre disposición, sino que, incluso podría afectar a la cuota de legítima de los hijos.

Para explicar esta afirmación, hay que tener en cuenta lo siguiente: a) el derecho de habitación sobre la vivienda familiar y el derecho de uso de los muebles que estén en la vivienda es una atribución patrimonial a favor del cónyuge viudo, que se añade a su legítima; b) la norma establece que «los

11 MENGONI, L., *Successioni per causa di morte. Parte speciale. Successione legittima*, 5a ed., Giuffré, Milano, 1993, p. 166, «la *ratio* della norma scaturisce dalla moderna "sociologia della salute", che assume la salute non solo nel senso negativo di assenza di malattia, ma nel senso positivo di stato di benessere fisico e psichico».

12 Para un análisis más amplio, véase BARBA, V., *La successione dei legittimari*, cit., p. 72 ss.

derechos de habitación y de uso» deben gravar la cuota de libre disposición y, si ésta no fuera suficiente, la parte restante de la legítima del cónyuge viudo, y si ni siquiera esta (la legítima del viudo) fuera suficiente, el gravamen recaerá sobre la legítima de los hijos.

Si la legítima del cónyuge viudo es la ½ del haber hereditario, él tendrá derecho a una porción de bienes correspondiente a la mitad del haber hereditario más los «derechos de habitación y uso».

Como estos derechos se añaden a la legítima del cónyuge viudo es inevitable que su valor afecte a (recte: límites) la cuota de libre disposición. Suponiendo que la herencia es de 100 y que los «derechos de habitación y uso» valen 10, esto significa que el cónyuge viudo recibirá 50 + 10, en modo que la parte de libre disposición no será de 50 sino de 40.

Pero esto no es lo único que cuenta pues como he dicho, los «derechos de habitación y uso» también pueden afectar la legítima de los hijos. Estos derechos gravan en primer lugar sobre la cuota de libre disposición, a continuación, sobre la legítima del cónyuge y, por último, sobre la legítima de los hijos. Esto significa que, si el valor de estos derechos es superior a la cuota de libre disposición y a la legítima del cónyuge, entonces gravan sobre la legítima de los hijos, reduciéndola cualitativamente[13].

Aparte de estas anomalías que, en mi opinión, explican la relevancia práctica de esta institución, creo que el hecho más interesante es que este derecho tiene un impacto significativo en la cuota de libre disposición, con la consecuencia que el testador puede ser básicamente privado de la porción de libre disposición.

13 Para entenderlo analicemos el siguiente ejemplo. Fulano muere, dejando una esposa, dos hijos y una herencia por un total de 100. En este caso, la cuantía de la legítima del cónyuge viudo es un 1/4, mientras que la cuantía de la legítima de los hijos es la ½ y la cuantía de libre disposición es el otro ¼. Concretamente, esto significa que la porción de los bienes reservados al cónyuge es de 25 (1/4 del caudal hereditario); la porción de los bienes reservados a los hijos de 50 (1/2 del caudal hereditario) y la porción de libre disposición de 25 (1/4 del caudal hereditario). Sin embargo, la cuota de libre disposición está gravada por los «derechos de habitación y uso», de modo que cuanto más alto sea su valor, más bajo «hasta cero» es la cuota de libre disposición. Si los «derechos de habitación y uso» valen 60, la parte de libre disposición se reduce a 0, el cónyuge tendría derecho a una parte de los bienes del caudal hereditario equivalente a 25, además de una porción ascendente a 60 de «derechos de habitación y uso»; los primeros 25 pesan sobre la parte de libre disposición (que se reduce a cero), los 25 siguientes gravan la legítima del cónyuge viudo, que se reduce esencialmente a cero, y el excedente (igual a 10) pesa sobre la legítima de los hijos, que se verá reducida. En este último caso, el cónyuge tiene derecho a una porción equivalente a 60 y los hijos a una cuota ascendente a 40. Es decir, aunque suene paradójico, la atribución al cónyuge viudo de los «derechos de habitación y uso» implica un perjuicio para los hijos, que reciben menos de lo que les corresponde y ni siquiera cuentan con acciones de suplemento de la legítima y de reducción de legados a su disposición.

Las cuestiones menos controvertidas se refieren a la naturaleza de la atribución patrimonial *mortis causa* y sus supuestos.

En lo que respecta a la naturaleza de la atribución patrimonial, la doctrina y la jurisprudencia italianas tienden a coincidir en que se trata de un legado. De esta consideración derivan consecuencias prácticas especialmente importantes. El cónyuge supérstite adquiere los «derechos de habitación y uso» tan pronto como se abra la sucesión y sin necesidad de aceptación. Además, aunque renuncie a la herencia, podrá conservar este derecho.

Las cuestiones más controvertidas son: a) si los «derechos de habitación y uso» corresponden al cónyuge viudo incluso en el caso de una sucesión intestada; b) en caso afirmativo, si los «derechos de habitación y uso» deben añadirse a la cuota de herencia que corresponde al cónyuge viudo según la sucesión intestada (en adelante «cuota intestada»).

En la primera pregunta, digo directamente que la respuesta solo puede ser afirmativa. Aunque se trate de un derecho que la ley reserva al cónyuge supérstite, como legitimario, le corresponde con independencia que la sucesión sea intestada o testamentaria. El hecho de que exista una sucesión intestada no excluye que el cónyuge ostente este derecho.

En cuanto a la segunda pregunta, creo que la respuesta debe ser negativa, ya que esta atribución patrimonial es adicional a la legítima, mientras que no considero que deba o pueda añadirse a la cuota intestada del cónyuge viudo.

Las Secciones Unidas de la Corte de Casación[14] han dado una respuesta positiva a ambas cuestiones, afirmando este principio de derecho: «nella successione legittima spettano al coniuge del de cuius i diritti di abitazione sulla casa adibita a residenza familiare e di uso sui mobili che la corredano previsti dall'art. 540, comma 2; il valore capitale di tali diritti deve essere stralciato dall'asse ereditario per poi procedere alla divisione di quest'ultimo tra tutti i coeredi secondo le norme della successione legittima, non tenendo conto dell'attribuzione dei suddetti diritti secondo un meccanismo assimilabile al prelegato».

La tesis de las Secciones Unidas de la Corte de Casación no me convence en absoluto y sobre todo crea un efecto distorsionante a favor del cónyuge y en detrimento de los demás sucesores, incluso si son hijos, que debe evitarse.

14 Cass., SS.UU., 27 de febrero de 2013, n. 4847, en *Giurisprudenza italiana*, 2013, p. 1779, con nota crítica di BARBA, V., «Sui diritti successori di abitazione e di uso spettanti al coniuge superstite. Un altro passo indietro». V., además, BARBA, V., «Sui diritti successori di abitazione e di uso spettanti al coniuge superstite. Riflessioni intorno a una recente sentenza delle Sezioni Unite: quando il dubbio è un omaggio alla speranza», en *Jus civile*, 2013, p. 605 ss.; VENTURELLI, A., «L'imputazione dei diritti di abitazione ed uso del coniuge nelle successioni legittime», en *Diritto delle successioni e della famiglia*, 2015, p. 481 ss.

Es correcto decir que los «derechos de habitación y uso» corresponden al cónyuge viudo también en el caso de sucesión intestada. Por otra parte, es erróneo decir que esos derechos se suman a la cuantía que corresponde según la sucesión intestada. Se añaden a la legítima, pero no a la cuota intestada.

En la sucesión legítima, no puede darse el caso de que no se atribuya al cónyuge viudo los «derechos de habitación y uso». Si es cierto que se trata de un legado de cosa específica y determinada, propia del cónyuge fallecido, el cónyuge sobreviviente adquiere los «derechos de habitación y uso» desde que su cónyuge muere y sin necesidad de aceptación.

Dicho de otra manera, el cónyuge viudo no adquiere automáticamente los «derechos de habitación y uso» si el cónyuge fallecido ha dispuesto, por testamento, la transmisión a favor de un tercero de la vivienda familiar sea a título de propiedad u otro derecho incompatible con el derecho de habitación.

La disposición del artículo 540 del Código Civil italiano, en la parte en que atribuye al cónyuge viudo los «derechos de habitación y uso» limita en gran medida la autonomía testamentaria por dos razones: por una parte, aumenta la cuota de reserva con lo cual reduce aún más la porción de libre disposición; y por otra, hace que cualquier disposición testamentaria que tenga por objeto la transmisión del derecho de propiedad (u otro derecho incompatible con el derecho de habitación) de la vivienda familiar vaya siempre en detrimento de los derechos del cónyuge viudo.

En otras palabras, el *de cuius* posee una libertad de testar limitada cuantitativa (dentro de los límites de la cuota de libre disposición) y cualitativamente, pues no puede disponer, ni siquiera dentro de los límites de la porción de libre disposición, del derecho de propiedad sobre la vivienda familiar.

De iure condendo, creo que se trata de un derecho que debe corresponder al cónyuge viudo, en cuanto satisface una necesidad importante que va más allá del interés económico. De todas formas, creo necesaria y urgente una modificación de esta norma para que quede bien claro que estos derechos no se deben añadir ni a la legitima, ni a la cuota intestada. El artículo 540, párrafo 2, c.c. tendría que enmendarse de la siguiente manera: «Al cónyuge corresponde el derecho de habitación sobre la vivienda familiar y el derecho de uso de los muebles, si son propiedad del fallecido o compartidos entre el fallecido y el cónyuge supérstite. Estos derechos gravan sobre la legítima del cónyuge y, si ésta no es suficiente, el cónyuge está obligado a pagar una indemnización a los herederos. El mismo derecho corresponde al conviviente».

V. La legítima a la luz de los principios constitucionales

Históricamente, la protección de los legitimarios se justifica en la protección de la familia, por lo que esta disciplina se considera una expresión del principio de solidaridad. Sobre la base de este énfasis, se dice que esta regulación prevalece sobre la libertad de testar que es, en cambio, una expresión de la libertad individual. Así, se propone la difícil relación entre autonomía y heteronomía, que se lleva a cabo y se resuelve con interpretaciones sustancialmente favorables a la protección de los legitimarios.

No hay duda de que, a una primera lectura, la protección de los legitimarios puede parecer una regulación a través de la cual se realiza el principio de solidaridad.

Sin embargo, hay que considerar que la solidaridad, como principio fundamental de los ordenamientos jurídicos fundado en el valor de la persona humana y de su dignidad, no puede ser disuelta por el personalismo y que, en todo caso, siempre es necesario equilibrar los principios involucrados según un criterio de razonabilidad[15].

Desde la perspectiva constitucional, la solidaridad expresa la cooperación y la igualdad en la afirmación de los derechos fundamentales de todos. Por lo tanto, no se trata de una solidaridad restringida dentro de los límites de un grupo, ni disuelta en la subordinación de cada persona al Estado. La solidaridad constitucional no concibe, ni puede concebir, un interés mayor que el del pleno y libre desarrollo de la persona. La solidaridad está inextricablemente conexa con el personalismo; es la persona que es inseparable de la solidaridad.

Esto hace necesario considerar que la familia encuentra protección en nuestro sistema constitucional precisamente como formación social y, por tanto, como lugar, aunque privilegiado, en el que se desarrolla la persona humana. Las formaciones sociales, sin embargo, siempre deben ser consideradas en una posición de servicio a la persona. Nunca puede haber supremacía del grupo sobre el individuo.

Desde esta perspectiva, el derecho sucesorio merecería ser releído, porque si, por un lado, la sucesión necesaria protege a la familia, por otro lado, la libertad de disponer, expresión del principio de autonomía, es un instrumento fundamental para la realización de la persona.

La lectura tradicional del derecho de sucesión, como sistema dedicado a la realización exclusiva y necesaria del interés familiar, no parece, por lo tanto, corresponder ni ser coherente con la tabla de valores normativos de los ordenamientos jurídicos contemporáneos.

Se requiere una nueva perspectiva, teniendo en cuenta la necesidad de conciliar, de equilibrar el interés familiar, protegido por el necesario derecho sucesorio, con la libertad de la persona a la autodeterminación, conseguida por la libertad de disponer y, más precisamente, por el acto de última voluntad.

---

15 BARBA, V., «il nuovi confini del diritto delle successioni», en *Diritto delle successioni e della famiglia* 2015, p. 333 ss.; BARBA, V.; «Il diritto delle successioni tra solidarietà e sussidiarietà», en *Rassegna di diritto civile*, 2016, p. 345 ss.

Además, es importante cambiar radicalmente el concepto de familia. No es importante centrarse solo la familia basada en el matrimonio o en los lazos de sangre, ya que la coordenada fundamental ha de ser la afectividad.

Todo esto, por supuesto, no significa proponer una derogación completa de la protección de los legitimarios, sino una importante revisión legislativa.

VI. ¿Qué posibles reformas?

En derecho italiano, a mi parecer, es urgente y necesaria una reforma de la legítima y las líneas de esta reforma deberían ser las siguientes.

Primero: reducir la legítima que en este momento es excesiva y limita demasiado la autodeterminación del *de cuius*. En esta perspectiva lo que propongo es lo siguiente:

	Herederos	Cuota Legítima
1	Cónyuge	½ de usufructo
2	Solo un hijo	¼
3	Dos o más hijos	1/3
4	Ascendentes	1/6
5	Cónyuge + Solo un hijo	1/6 1/6
6	Cónyuge + Dos o más hijos	1/8 2/8
7	Cónyuge + Ascendentes	2/8 1/8
8	Cónyuge + Hermanos y/o Hermanas	¼ ------------------
9	Cónyuge + Ascendente + Hermanos y/o Hermanas +	2/8 1/8
10	Ascendente + Colaterales	1/6 ------------------

Además, me parece importante, sobre todo en el caso de los hijos, introducir también en Italia la institución de la mejora, de modo que la legítima reservada a los hijos se divida en dos partes ideales, una de las cuales debe constituir la legítima estricta y la otra la mejora.

También debería establecerse que el cónyuge separado no tenga derechos sucesorios y, por tanto, eliminar las normas italianas que todavía hoy preservan al cónyuge separado los mismos derechos sucesorios que los que corresponde al cónyuge. Razón de más para eliminar la protección a favor del cónyuge divorciado, que hoy en día en Italia tiene derecho a una pensión en concepto de legítima si en el momento del fallecimiento del causante tenía derecho a una pensión compensatoria.

Huelga decir que, desde mi punto de vista, el cónyuge supérstite debe conservar el derecho de habitación sobre la vivienda familiar, porque es un derecho que ofrece una protección adecuada. Creo, en efecto, que constituye un instrumento importante para la protección de la persona y que realiza la solidaridad familiar. No obstante, debe establecerse que este derecho corresponde al cónyuge en concepto de legítima, y que este derecho, como he propuesto en el párrafo anterior, debe recaer íntegramente sobre la legítima del cónyuge, y si excede de este valor, el cónyuge, salvo que no renuncie, debe comprometerse a liquidar a los demás herederos por la parte que exceda.

Por último, dada la importancia de este derecho, y aunque soy consciente de que existe una diferencia entre el cónyuge y el conviviente, y sin ánimo de hacer equiparación alguna, creo que puede reconocerse a la pareja de hecho el derecho de habitación sobre la vivienda familiar. El mero reconocimiento de este derecho no equipararía a cónyuges y parejas de hecho, ya que, a los primeros, a diferencia de los segundos, les corresponde una legítima, mientras que a los segundos no corresponde. No obstante, me parece un instrumento útil e importante para dar reconocimiento sucesorio a la pareja de hecho. La cuestión es determinar hasta qué punto es posible hacer este reconocimiento, es decir, cuándo se puede decir que existe una pareja de hecho. La prueba de una convivencia anterior al fallecimiento de al menos dos años en la vivienda familiar o incluso la existencia de hijos comunes podrían bastar a este respecto.

Luego está la complejísima cuestión de la familia recompuesta y el papel legal que debe otorgarse al progenitor afín. El reconocimiento de estas nuevas formas de paternidad/maternidad social puede tener consecuencias en términos de derecho sucesorio. Sin embargo, la reforma de la sucesión desde este punto de vista presupone haber resuelto este importante problema en una fase previa. Por eso creo que primero debe llevarse a cabo una reforma sistemática del Derecho de las Familias y sólo entonces podrán abordarse los problemas de sucesión que plantean.

Segundo: introducir la institución jurídica de la desheredación, que en este momento no tiene ninguna cabida en el derecho italiano. Solo existe la indignidad, que, por supuesto, merecería un cambio de nombre, ya que un ordenamiento jurídico fundado en el valor de la persona humana y su dignidad no puede seguir hablando de indignidad a suceder. Más adecuado sería incapacidad para suceder.

Lo que haría falta sería una verdadera clausula general según la cual el disponente puede desheredar a sus legitimarios en supuesto de «violación de los deberes de solidaridad».

Aunque esta cláusula general pueda parecer excesivamente genérica y sujeta al riesgo de interpretaciones difíciles, considero inadecuado identificar supuestos concretos de desheredación, ya que éstos, aunque tendrían el mérito de garantizar una mayor seguridad jurídica, correrían el riesgo de no dar cobertura a todos los casos que la merecen. Soy muy consciente de que la introducción de esta cláusula general corre el riesgo de abrir un amplio litigio, ya que las autoridades judiciales podrían dar aplicaciones muy diferentes de la cláusula, sin embargo, considero mayor y peor el riesgo de dejar casos importantes sin resolver sobre la base de una identificación de supuestos de hecho específicos.

La introducción de una desheredación así formulada seria perfectamente coherente con los principios constitucionales y con el principio de solidaridad familiar, hasta el punto de que me atrevo a afirmar que, sin la introducción de tal desheredación, la institución de la legítima queda sin fundamento constitucional.

Me parece singular que el principio de solidaridad se utilice para ofrecer interpretaciones muy conservadoras de la legítima, mucho más allá del límite que impondría el correcto equilibrio de este principio con el de la libertad de disponer, sin embrago, no se utilice en sentido contrario, es decir, para evaluar el comportamiento de los legitimarios. Cuando, por ejemplo, la elección del testador de desheredar un legitimario está motivada precisamente por el comportamiento de éste; es decir, cuando, más allá de las hipótesis de indignidad, el legitimario ha asumido, en vida, un comportamiento contrario al principio de solidaridad y, a menudo, al respeto de la dignidad humana del testador. No se puede seguir subestimando esta lectura del principio de solidaridad, que no pasa del testador al legitimario, sino, al revés, del legitimario al testador.

El principio de solidaridad exige, pues, una lectura global del derecho de sucesiones, porque, por una parte, debe encontrar un contra-límite en la libertad de disponer, como expresión del valor de la dignidad humana, y, por otra, no puede ser considerado desde una perspectiva exclusivamente patrimonial y unilateralmente como el deber exclusivo del causante con respecto a su legitimario, sino también como el deber de los legitimarios hacia el causante.

Tercero: sería necesario, aunque este cambio requeriría una reflexión más compleja, afirmar, como ya lo ha hecho el legislador alemán, que el legitimario sólo tiene derecho a un crédito, es decir, que la legítima no es una *pars valoris hereditatis*, sino solo una *pars valoris*.

Este cambio sería especialmente significativo tanto para superar todos los problemas de circulación que he intentado ilustrar, como para evitar que la planificación sucesoria llevada a cabo por el *de cuius* pueda verse sustancialmente frustrada por el ejercicio de acciones de reducción y restitución, que pueden afectar, en concreto, al reparto del haber hereditario.

En definitiva, creo que éstas deben ser las líneas maestras de una reforma de la sucesión necesaria, que no creo deba eliminarse, sino renovarse.

CAPÍTULO 9

NEGOCIOS ENTRE CÓNYUGES Y DERECHOS LEGITIMARIOS DE LOS HIJOS

Francisco José Aranguren Urriza
Notario de Sevilla

Sumario:

I. Introducción

Los cónyuges (o personas en unión de hecho) muchas veces nos plantean en notaría, a la hora de testar, su deseo de dejarse uno al otro los bienes en propiedad, de manera que sea al morir el último de ellos cuando sus hijos o descendientes adquieran algún derecho sobre los bienes que queden. Se trata de que los cónyuges puedan disponer libremente de sus bienes para atender a sus necesidades económicas, sin que la muerte de uno de ellos lo impida o dificulte. La extendida fórmula «lo del uno para el otro», corresponde a este deseo, pero choca con la normativa del Código civil. Por ello, el notario de inmediato tiene que rebajar la pretensión de los testadores, en ejercicio del control de legalidad, por limitar la ley los derechos que pueden disponerse mortis causa entre cónyuges, consecuencia del juego de las legítimas.

A veces, de lo que se trata es de excluir de la sucesión a hijos no comunes, nacidos de una relación anterior matrimonial o de hecho de uno sólo de los miembros de la pareja. La legítima, como límite a la libertad de testar, impone en estos casos la existencia y alegación de una causa legal de desheredación. Se trata de causas tasadas, que en la mayoría de los casos no concurren y no pueden hacerse valer ni siquiera con una interpretación amplia del texto legal. Alguna jurisprudencia ha intentado llevar a cabo una interpretación actualizadora del maltrato como causa legal de desheredación para incluir la falta de relación afectiva o pérdida de relación familiar generadora de un daño psicológico. Sin embargo, ni siquiera esta interpretación puede eludir la necesaria imputabilidad de los actos u omisiones, cuando existen hijos o nietos menores de edad (la reciente Resolución DGSJFP de 15 de enero de 2024, admite la desheredación de menores mayores de 14 años al tiempo de otorgar testamento).

El aumento de la esperanza de vida y la limitación de ingresos como consecuencia de la jubilación da lugar a una etapa vital que puede durar veinte o veinticinco años, en la que aumenta la dependencia y se requieren importantes recursos económicos para hacer frente a los costes que comporta una edad avanzada. Esta situación no se planteaba a las generaciones anteriores en las que el modelo familiar amparaba estas necesidades. Hoy la convivencia intergeneracional es poco frecuente y son las residencias el destino habitual de las personas mayores. Es lógico que los cónyuges, conscientes de sus futuras necesidades económicas, antepongan la seguridad del sobreviviente a las posibles expectativas de unos hijos que viven independientes de sus padres y con frecuencia se relacionan escasamente con ellos.

El Código civil consagra la libertad de contratar entre cónyuges en el artículo 1323 CC: «Los cónyuges —dice el precepto— podrán transmitirse por cualquier título bienes y derechos y celebrar entre sí toda clase de contratos». ¿Puede utilizarse esta libertad de contratación para obtener los fines lícitos que los cónyuges pretenden? Se trataría de saber en qué medida mediante contratos entre cónyuges pueden orillarse las limitaciones que la legítima de los descendientes impone al viudo o viuda, en relación con todos o con algunos de ellos.

Algunos de los negocios entre cónyuges que pueden proporcionar cierta utilidad en este ámbito son objeto de las páginas que siguen y que no pretenden sino proporcionar una panorámica general, sin entrar en el estudio detallado de cada uno de ellos, lo cual excedería los límites de este artículo. La revisión de estos negocios se lleva a cabo sin un orden sistemático, pues no pretende se exhaustiva ni agotar los negocios posibles a los fines a que se refiere.

II. Adquisición con carácter privativo no por confesión

En régimen de gananciales, al adquirir uno de los cónyuges un inmueble el bien adquirido tendrá carácter ganancial si el dinero invertido en su adquisición tuviera tal carácter, en base al principio de subrogación real (artículo 1347.3 CC). La presunción de ganancialidad consagrada en el artículo 1361 CC, hará que el dinero invertido se presuma ganancial, determinando una presunción de ganancialidad del bien adquirido, cuando no haya manifestado el adquirente que adquiere para su sociedad de gananciales. La carga de la prueba de la procedencia privativa del dinero corresponderá al que lo pretenda, prueba que, conforme al artículo 95.2 RH deberá ser documental pública. Ello conlleva en la práctica, la virtual imposibilidad de conseguir la inscripción de un bien como probadamente privativo del adquirente, si éste está casado en régimen de gananciales.

Para obtener la protección registral de su adquisición, tradicionalmente los cónyuges han recurrido a la confesión de privatividad por parte de uno de ellos a favor del otro, facilitando así la inscripción de la adquisición a nombre del favorecido por ella, por la vía del artículo 95.4 RH. Bien privativo por confesión.

Se plantea la situación de los legitimarios del cónyuge confesante, caso de fallecimiento del mismo, respecto del cónyuge favorecido por la confesión y en qué medida les afecta dicha declaración. Conforme al artículo 1324 CC, la confesión de privatividad tiene plenos efectos probatorios entre los cónyuges, por lo que en vida de ambos los actos de administración y disposición de los bienes a que se refiere corresponderán al cónyuge favorecido por la confesión (artículo 95.4 RH). Sin embargo, la confesión. «por sí sola no perjudicará a los herederos forzosos del confesante», dice el 1324 CC. El artículo 95.4 RH concluye de ese «no perjuicio», que para los actos de disposición realizados después del fallecimiento del cónyuge confesante el titular registral requerirá el consentimiento de los herederos forzosos del que hizo la confesión, salvo que el carácter privativo del bien resulte de la partición de la herencia (lo que supone implica dicho necesario consentimiento). Ello se refiere no solo a la propiedad de los bienes sino también a otros derechos, por ejemplo, el usufructo adquirido por uno de los cónyuges adquiriendo uno de sus hijos la nuda propiedad. Aunque el usufructo esté constituido a favor únicamente del cónyuge que con ese hijo convive, adquirido durante la sociedad de ganancial, su venta requerirá el consentimiento de los herederos del cónyuge no titular.

Ciertamente, por vía judicial podrían utilizarse todos los medios de prueba admisibles en pleito para acreditar la procedencia privativa del dinero invertido en determinada adquisición por un cónyuge casado en régimen de gananciales. Sin embargo, para evitar las dilaciones e inconvenientes de esta vía, puede acudirse a otros medios negociales entre cónyuges.

El artículo 1355 CC establece la posibilidad de que los cónyuges, de común acuerdo, atribuyan carácter ganancial a bienes adquiridos a título oneroso durante el matrimonio, aunque la procedencia del precio sea privativa. Este precepto permite el desplazamiento de bienes del patrimonio privativo al patrimonio ganancial. El uso de esta posibilidad en sentido inverso, esto es el desplazamiento del patrimonio ganancial al privativo de uno de los cónyuges, se funda en la libertad de contratación y la autonomía de la voluntad consagradas en los artículos 1255 CC y 1323 CC. En todo caso, conforme a la doctrina de la DGSJFP (antigua DGRN), el negocio de atribución debe obedecer a una causa, que puede ser onerosa o gratuita, pudiendo consistir en la compensación al cónyuge aportante al liquidar el régimen (1358 CC).

De la misma manera que sería posible la atribución de carácter privativo a un bien ganancial previamente adquirido, debe admitirse la atribución directa de carácter privativo al bien en el momento de su adquisición. En este sentido la Resolución de la DGSJFP de 15 de enero de 2021, admite que con ocasión de la adquisición de determinado bien a un tercero puedan convenir los cónyuges que dicho bien ingrese de manera directa y *erga omnes* en el patrimonio personal de uno de ellos a pesar de no haberse acreditado la privatividad de la contraprestación. Dicho negocio conyugal atributivo tiene sustantividad jurídica propia y autonomía jurídica respecto del negocio adquisitivo, y debe obedecer a una causa adecuada que justifique la exclusión del principio de subrogación real del 1347.3 CC. La propia Resolución, en cuanto a dicha causa considera suficiente que se mencione la onerosidad o la gratuidad de la aportación «o que la misma resulte o se deduzca de los concretos términos empleados en la redacción de la escritura». Y con cita de la Resolución de 22 de junio de 2006, pone como ejemplo de expresión de causa suficiente «la previa transmisión gratuita de la contraprestación a favor del cónyuge adquirente o el derecho de reembolso al que se refiere el artículo 1358 CC».

En el caso abordado por la Resolución de 15 de enero de 2021, los cónyuges declaraban en la escritura de compraventa a los únicos efectos de lo dispuesto en el artículo 1358 del Código civil, que el precio pagado era privativo del cónyuge adquirente, procedente de la herencia de un hermano. Ello excluía el derecho a una compensación o reembolso al patrimonio ganancial como consecuencia del negocio de atribución de carácter privativo.

Como vemos, la confesión de privatividad es algo distinto de la atribución de privatividad. Éste es un negocio autónomo con causa propia, distinto de la compraventa o donación entre cónyuges. La atribución de privatividad fija la naturaleza del bien *erga omnes*, de manera definitiva. La confesión de privatividad, en cambio, es un medio de prueba cuya eficacia frente a terceros está limitada (artículo 1324 CC) y depende en definitiva de la certeza o falsedad del hecho objeto de confesión.

Como resultado de lo anterior, a la atribución de privatividad no será aplicable la limitación de efectos frente a los herederos forzosos del confesante ni la necesidad de consentimiento de los mismos para los actos de disposición posteriores a su fallecimiento por parte del cónyuge favorecido por la confesión. Quedará por tanto dicho bien excluido del patrimonio ganancial, *rectius* no habrá ingresado en él y por tanto no formará parte del patrimonio hereditario del confesante ni tendrán derecho alguno sobre él sus legitimarios.

La confesión de privatividad del dinero invertido con el efecto de excluir la compensación del artículo 1358, en relación con el 1355 CC podrá ser impugnada por los herederos si falsa fuere. Pero en este caso será a ellos a quienes incumba la carga de la prueba, pues la confesión invierte la presunción de ganancialidad del 1361 CC. Esta impugnabilidad no restará eficacia al negocio atributivo ni supondrá la necesidad de consentimiento de los legitimarios para los actos dispositivos post mortem del propietario privativo del bien adquirido, por cuanto al inscribirse el bien como privativo, no resulta aplicable el supuesto del artículo 95.4 RH.

En relación con la confesión de privatividad, el notario recurrente en la Resolución DGSJFP de 30 de junio de 2022, MADRIDEJOS FERNÁNDEZ, niega el fundamento legal del artículo 95.4 RH, que se excede al dotar a la legítima de una protección innecesaria y representa un obstáculo para el tráfico, postulando la aplicación preferente del artículo 1324 CC que no impone el consentimiento de los legitimarios. «La problemática se agrava con la posibilidad de que los herederos forzosos del confesante no sean hijos del beneficiado por la confesión», señala. Termina haciéndose eco de la doctrina establecida por las Resoluciones de 12 de junio de 2020 y 15 de enero de 2021, antes reseñadas, que permite eludir la aplicación del 95.4 RH por la vía de sustituir la confesión por un negocio de atribución de privatividad en la que no procede ningún reembolso entre los cónyuges, por lo que, en lo futuro, el problema que el precepto reglamentario representa quedará resuelto. La Resolución desestima el recurso y confirma la calificación impugnada considerando que en el ámbito registral el 95.4 RH debe ser aplicado. No ha decaído la necesidad de consentimiento de los herederos forzosos en el supuesto de bienes privativos por confesión, pues ésta no fija definitivamente el carácter del bien, sin que el asiento califique el bien de privativo, por lo que la indeterminación que ello comporta requiere dicho consentimiento, de forma que no accedan al Registro negocios eventualmente claudicantes.

En todo caso, en cuanto a este tipo de adquisiciones privativas por confesión, la Resolución últimamente citada establece una serie de precisiones. En primer lugar, que el no perjuicio a que el 1324 CC se refiere se limita a lo que pudiera entrañar perjuicio de derechos legitimarios (por tanto no a lo que pudiera exceder a la legítima, tratándose de legitimarios que además sean herederos); además, que los perjudicados deberían probar el perjuicio que la confesión comporta a esos derechos, efectuadas la computación e imputación, y debiendo reclamar en su caso la reducción de la donación, siempre que quedase acreditado su carácter de inoficiosa. finalmente, la exigencia de consentimiento de los herederos forzosos del confesante quedará excluida cuando el derecho aplicable configure la legítima como derecho de crédito (como sucede en el derecho catalán o en el de Galicia, en los que los legitimarios carecen de acción real para reclamar su legítima, siendo considerados acreedores).

III. Atribución de ganancialidad y aportación a gananciales: derecho de reembolso

Conforme al artículo 1355 CC, los cónyuges de mutuo acuerdo pueden atribuir carácter ganancial a los bienes que adquieran a título oneroso constante matrimonio, aunque lo sean con inversión de dinero privativo, se compren al contado o aplazando el pago. El precepto se refiere al negocio adquisitivo mismo y, por tanto, es distinto este supuesto del de la aportación a la sociedad de gananciales de un bien previamente adquirido con carácter privativo por uno de los cónyuges o perteneciente al mismo antes de nacer el consorcio ganancial. La distinción es significativa pues mientras en la atribución de carácter ganancial la causa del negocio atributivo está implícita, siendo ésta el sostenimiento de la sociedad de gananciales mediante el aumento del haber ganancial (Sentencia TS de 26 de febrero de 2002), en el caso de la aportación a la sociedad de gananciales, la DGSJFP requiere la expresión de una causa, onerosa o gratuita, si quiera admite que pueda resultar de los concretos términos empleados en la escritura, como cuando se hace reserva del derecho de compensación que establece el artículo 1358 CC (Resolución 11 de mayo de 2016, entre otras).

En efecto, en el supuesto de aportación a la sociedad de gananciales existe un negocio traslativo que no puede tener acceso al registro sin especificar su causa. En el caso de la atribución de ganancialidad, la causa del negocio es necesariamente onerosa, pues el artículo 1355 CC limita su supuesto a las adquisiciones a título oneroso constante el matrimonio. En este caso, no hay una transmisión entre patrimonios sino que la ganancialidad queda fijada inicialmente y erga omnes, siendo oponible a los legitimarios. Se refiere el artículo 1358 CC a adquisiciones onerosas, por lo que comprenderá cualquier negocio oneroso, sea compraventa (incluso cuando ambos cónyuges compran a uno de ellos que vende un bien privativo) o también permuta (incluso de bien ganancial por bien privativo). También dación en pago (incluso por uno de los cónyuges a la sociedad de gananciales en compensación de crédito).

En relación con la aportación a la sociedad de gananciales, LACRUZ entendía que no podía presumirse la gratuidad y por tanto debería entenderse que la causa del negocio es onerosa. Sin embargo, el TS en Sentencia de 3 de diciembre de 2015, a falta de causa onerosa específica, entiende que se trata de un acto de liberalidad.

En cuanto al derecho de reembolso, establece el artículo 1358 CC: «cuando conforme a este Código los bienes sean privativos o gananciales con independencia de la procedencia del caudal con que la adquisición se realice (supuesto del artículo 1355) habrá de reembolsarse el valor satisfecho a costa, respectivamente, del caudal común o del propio, mediante el reintegro de su importe actualizado al tiempo de la liquidación».

Hay que precisar que el 1358 CC sólo se refiere a aquellos supuestos en que la ganancialidad sea establecida por la ley y no a la que resulte de acuerdo entre las partes. Sin embargo, con frecuencia en las escrituras de aportación a la sociedad de gananciales se contiene expresamente la reserva por el aportante del derecho a compensación con cargo al patrimonio ganancial, lo que se referiría a la mitad del bien privativo, por ingresar el mismo en el patrimonio ganancial.

Señala MUÑOZ DE DIOS que, en la práctica notarial, las liquidaciones de gananciales omiten por lo general los derechos de reembolso, operación que debería realizarse conforme al artículo 1403 CC. Es decir, en el caso de liquidación por mutuo acuerdo, el cónyuge que podría ejercitar ese derecho habitualmente no lo hace, lo que supone un enriquecimiento del otro. En el caso de liquidación por fallecimiento del cónyuge aportante, sus legitimarios pueden inadvertidamente liquidar la sociedad de gananciales con el viudo sin tener en cuenta ese derecho de reembolso de su causante frente a la sociedad de gananciales.

Igual derecho de reembolso puede existir por aplicación del artículo 1359 CC, en relación con mejoras hechas en los bienes gananciales (reformas, ampliaciones) o edificaciones sobre suelo ganancial con aportación de dinero privativo de uno de los cónyuges.

IV. Promesa de mejorar o no mejorar

La posibilidad de distribuir desigualmente la legítima entre los hijos o descendientes con el límite de un tercio puede tener especial importancia ante la posibilidad o el hecho de existir hijos de distintas relaciones, sean o no matrimoniales.

El artículo 826 del CC establece que «la promesa de mejorar o no mejorar, hecha por escritura pública en capitulaciones matrimoniales, será válida. La disposición del testador contraria a la promesa no producirá efecto».

Se trata de una previsión sobre la herencia futura excepcional en nuestro Derecho común, que en el artículo 1271.2 CC prohíbe los pactos sucesorios, a salvo lo dispuesto en el artículo 1056 CC.

En todo caso, la validez de dicha previsión sucesoria requiere como vehículo formal la escritura de capitulaciones matrimoniales, que es por tanto forma de valer, *ad solemnitatem*, de dicha previsión.

Los cónyuges podrán acordar en capitulaciones matrimoniales, antes de contraer matrimonio o con posterioridad, que uno de ellos o ambos no mejorarán a los hijos que tuvieren de anteriores matrimonios o relaciones no matrimoniales. O que mejorarán a los hijos que tengan en común, nacidos, concebidos o los que tengan en el futuro, pudiendo determinar el porcentaje en que el tercio será aplicado a mejorar.

También podrá pactarse en capitulaciones, en los supuestos de ruptura matrimonial, la futura mejora de los hijos del matrimonio que se separa o disuelve o que no se mejorará a hijos de futuras relaciones. Esta previsión podría tener encaje en el convenio de separación o divorcio, siempre que se respete la forma capitular.

En todos estos casos, el carácter capitular de la promesa impedirá su revocación unilateral por quien la realizó, requiriendo el concurso de los que las otorgaron, si vivieren, conforme al artículo 1331 CC.

No será válida la promesa de mejorar o no mejorar otorgada por una pareja no matrimonial o unión de hecho, siendo doctrina reiterada del Tribunal Supremo y del Tribunal Constitucional la imposibilidad de aplicar la analogía entre el matrimonio y las uniones de hecho, sin que deban equipararse sus efectos. El carácter formal de las capitulaciones matrimoniales, conforme al artículo 1327 CC, impedirá que puedan válidamente realizarse las declaraciones de voluntad en otra escritura pública o en documento privado, incurriendo en tal caso el pacto en la prohibición del artículo 1271.2 CC.

En los casos expuestos, los otorgantes de capitulaciones matrimoniales pueden actuar sobre la legítima de los hijos o descendientes nacidos o nacederos, en cuanto a la distribución de la misma, no en cuanto a su privación.

V. Fiducia sucesoria del artículo 831 CC

El artículo 831 CC recoge una figura, la fiducia sucesoria a favor del cónyuge viudo, que permite mantener la unidad del patrimonio familiar, delegando en el mismo la decisión sobre la distribución de dicho patrimonio, una vez fallecido de su consorte. Las facultades que dicho precepto reconoce al cónyuge también son de aplicación a personas no casadas entre sí con descendencia común (artículo 831.6).

Dice el precepto que «podrán conferirse facultades al cónyuge en testamento para que, fallecido el testador, pueda realizar a favor de los hijos o descendientes comunes mejoras incluso con cargo al tercio de libre disposición, y en general, adjudicaciones o atribuciones de bienes concretos por cualquier título o concepto sucesorio o particiones, incluidas las que tengan por objeto bienes de la sociedad conyugal disuelta y que esté sin liquidar» (831.1).

La naturaleza de estas atribuciones o adjudicaciones por parte del viudo fiduciario o delegado no es la de actos de liberalidad (donación) del mismo al adjudicatario, puesto que el fiduciario actúa en relación con la herencia del difunto, recibiendo los bienes el favorecido por título sucesorio. Si el testador no hubiera designado herederos, podrá hacer dichas atribuciones o adjudicaciones a título de heredero o de legatario. La posibilidad de designar heredero el fiduciario resulta del texto del precepto que permite hacer atribuciones o adjudicaciones «por cualquier título sucesorio». Además, resulta coherente con la posibilidad de ejercitar las facultades en relación de hijos o descendientes comunes que pudieren nacer tras el fallecimiento y la finalidad de la delegación en cuanto a la valoración en vida del viudo del devenir de las relaciones familiares.

Estas adjudicaciones o atribuciones deben respetar las legítimas estrictas de los descendientes comunes (así como las mejoras y disposiciones que hubiere hecho el causante a los mismos), conforme al artículo 831.3, pero permiten retrasar su pago hasta el fallecimiento del último de los cónyuges, de modo que el supérstite tendrá más tiempo para valorar la actitud hacia él y las necesidades económicas de los hijos o descendientes comunes, pudiendo, en el caso de empresas familiares designar al continuador en la misma al más apto o al que mayor dedicación a ella haya tenido. Todo ello mediante las atribuciones que pueda hacer en uno o varios actos (simultáneos o sucesivos), por actos entre vivos.

Pero incluso, si se le facultase para ello, podrá hacer dichas adjudicaciones en su propio testamento (831.1, párrafo 2), por lo que puede conseguirse un efecto de unificación de ambas sucesiones, evitando que en vida se produzca el desapoderamiento económico del cónyuge supérstite. Aparte de ello, mientras tanto no se ejerciten las facultades conferidas, el cónyuge tiene la administración de los bienes (831.2), lo que, combinado con el habitual legado de usufructo universal, proporcionará al mismo una posición de gran fortaleza respecto de los legitimarios. Éstos desconocerán el quantum de su cuota legitimaria, permitiendo igualmente al cónyuge viudo adaptar las atribuciones a la edad y madurez de sus hijos.

Por otra parte, la posición de los hijos es más débil por cuanto la posibilidad de rescindir las atribuciones que hiciera el viudo se limitarían a lo que pueda perjudicar a su legítima estricta, siendo de su parte la carga de la prueba, legítima estricta que podría pagarse en todo o en parte con bienes de propiedad privativa del cónyuge viudo (831.3). Además, hay que tener en cuenta que aquellas atribuciones que se lo sean de bienes específicos y determinados conferirán, desde la aceptación, no solo la propiedad de los mismos sino también la posesión, salvo que se establezca otra cosa (831.1, párrafo 2).

Tratándose de bienes gananciales, el artículo 831.1 permite al cónyuge viudo la atribución o adjudicación de bienes que integren «la sociedad conyugal disuelta y no liquidada». De ceñirnos a la literalidad del precepto, podría el viudo transmitir por actos entre vivos un bien de la sociedad disuelta sin liquidación de la misma, que pertenece en comunidad ordinaria al viudo y al difunto. En tal caso, en la escritura debería hacerse constar que la transmisión entre vivos de la mitad indivisa del fallecido lo es por adjudicación hereditaria y la de la mitad indivisa propia del viudo por título de donación o por título oneroso.

En cuanto a la posibilidad de encomendar al fiduciario la liquidación de la sociedad de gananciales por sí solo, la cuestión es dudosa. Para evitar dichas dudas y que pudiera apreciarse conflicto de intereses, será recomendable el nombramiento por parte del testador de un contador partidor, el cual podrá llevar a cabo la partición con el cónyuge viudo sin intervención de los legitimarios.

También podrá el fiduciario ordenar en su testamento que se lleve a cabo la partición conjunta de su patrimonio y el del fallecido, sin liquidación de gananciales.

Por último, si bien el CC prohíbe el testamento mancomunado, si es posible e incluso frecuente el testamento de ambos cónyuges con disposiciones correspectivas, en los que podrán recoger su voluntad en orden a la liquidación de gananciales que hayan previamente llevado a cabo condicionando su eficacia al fallecimiento de uno de ellos. Esta previsión unida a la delegación del 831 CC solucionaría el problema.

En cuanto a la posibilidad de efectuar el pago de las legítimas en metálico, conforme a los artículos 841 y siguientes, hay que tener en cuenta que el cónyuge fiduciario no está obligado a mantener la homogeneidad de lotes o igualdad cualitativa del artículo 1061 CC y el 831 admite la posibilidad de pago con bienes propios del fiduciario, por lo que la naturaleza jurídica de la legítima en este caso parece más que *pars bonorum*, transitar a *pars valoris*, pues no recae sobre bienes del caudal sino su equivalente en valor procedente de otro patrimonio. No obstante, para resolver dudas, convendrá incluir expresamente dicha facultad en el testamento al efectuar la delegación.

Podrá ejercitar, por delegación del difunto, en su propio nombre la facultad reconocida al mismo en el artículo 1056.2 CC en relación con la empresa o explotación económica, designando continuador dentro del círculo de los descendientes comunes.

Será muy importante la utilidad del 831 CC en el caso de descendientes comunes necesitados de apoyo para el ejercicio de su capacidad jurídica. En estos casos, es frecuente que la preocupación de los padres se extienda hasta la muerte del último de ellos. El fiduciario podrá utilizar la posibilidad reconocida en el artículo 808, párrafo 4 del CC, disponiendo del tercio de legítima estricta a favor del discapacitado, y quedará gravado lo adjudicado con sustitución fideicomisaria de residuo a favor de los legitimarios afectados sin que pueda disponer de los bienes el discapacitado sino a título oneroso. Todo ello si no dispusiere otra cosa el que hace la adjudicación, esto es, que no quede gravado con dicha sustitución, o que pueda disponer a título gratuito o mortis causa.

VI. Cesión de bienes a cambio de alimentos

La cesión de bienes a cambio de alimentos recibió por primera vez una regulación positiva en la Ley 41/2003, de 18 de noviembre, recogiéndose bajo la rúbrica «Contrato de alimentos», en los artículos 1791 a 1797 CC. Se trata de un contrato aleatorio, recogido en el capítulo II del Título XII del Libro IV. Uno de los cónyuges o ambos transmiten bienes o derechos a otra persona que, a cambio se obliga a proporcionar vivienda, manutención y asistencia de todo tipo al transmitente durante su vida, siendo la duración de ésta el elemento que introduce el «alea», suerte o azar, que puede determinar la ganancia de una u otra de las partes contratantes, en relación al valor de lo transmitido y el coste de las necesidades asistenciales del transmitente.

Sin perjuicio de su coste fiscal (menor si los transmitentes tuvieran más de 65 años y se transmitiera la vivienda habitual), este contrato puede proporcionar una vía segura a las personas necesitadas de asistencia que hayan quedado al cuidado de alguno de sus hijos o de otra persona, permitiendo monetizar su propiedad inmobiliaria, a la vez que conserva el derecho a vivir en ella si así se hubiere convenido. Tratándose de inmuebles, la condición resolutoria o la hipoteca permitirán garantizar frente a terceros el derecho del alimentista (artículo 1797 CC).

El contrato de alimentos es consensual y bilateral con recíprocas obligaciones entre las partes. Tiene además causa onerosa. Por ello no le afectan las normas de protección de legítimas establecidas para las donaciones: no se computarán para el cálculo de las legítimas, ni serán objeto de colación, ni podrá pedirse su reducción por inoficiosidad.

Por esta vía, la vivienda familiar puede quedar sustraída de la legítima, en aquellos casos en que respecto de alguno de sus hijos o de todos ellos se hubiera roto la relación afectiva con sus padres o por otras razones éstos no se sintieren obligados moralmente respecto de aquellos por ser mayores sus necesidades económicas que las de los legitimarios. Es frecuente que los padres de edad avanzada hayan quedado al cuidado de uno de sus hijos, que durante años se ha ocupado de sus necesidades y asistencia médica, conviviendo o no en el mismo domicilio. El contrato de alimentos vendría a dar forma jurídica a esa relación asistencial de hecho, quizás prolongada durante años, retribuyéndola mediante la transmisión de la propiedad o de la nuda propiedad, con reserva de usufructo o de un derecho de habitación a favor de los padres.

Pero para ello se requiere que se trate realmente de un contrato de alimentos. Éste es un contrato asistencial y requiere por tanto una necesidad de asistencia por parte del alimentista que, si bien no es necesario que sea una necesidad puramente económica, pudiendo serlo también afectiva y de tipo personal, debe existir. Por el contrario, de las circunstancias del caso concreto puede resultar que la voluntad de los otorgantes fue precisamente transmitir el patrimonio familiar a un hijo sin respetar el derecho de los demás legitimarios, en cuyo caso no existiría la reciprocidad de prestaciones propia del contrato era que el hijo recibiera los bienes del padre sin estar sometido a los límites propios del derecho de sucesiones y, en consecuencia, sin respetar el derecho de los demás legitimarios (Sentencia del Tribunal Supremo de 15 de febrero de 2022).

En cuanto a la obligación de prestar alimentos hay que tener en cuenta que la extensión y calidad de los mismos es la que establezca el contrato y no dependerá de las vicisitudes económicas que afecten al alimentista ni tampoco al obligado a prestarlos (artículo 1793 CC).

La muerte del obligado a prestar alimentos no extingue la obligación, que se transmite a los herederos (artículo 1257 CC), si bien éstos o el o los alimentistas podrán pedir en tal caso que la prestación convenida se pague mediante una pensión actualizable por plazos anticipados, en la forma convenida o que, en su defecto, determine el juez. Lo mismo podrá solicitarse para el caso de que circunstancias graves impidan la pacífica convivencia de las partes (artículo 1792 CC). También podrá solicitarlo el alimentista en caso de incumplimiento de la obligación, con abono de los alimentos devengados, pudiendo optar por resolver el contrato, en cuyo caso se le restituirá el bien o derecho que hubiere transmitido en los términos de los artículos 1795 y 1796 CC.).

Siendo varios los obligados (por ejemplo, el hijo y su cónyuge), si no se estableciese otra cosa, la obligación se entiende solidaria (por aplicación de la doctrina del TS. (Sentencias. 13 de febrero de 1984 y 11 de octubre de 1989 entre otras).

VII. Protocolos familiares

Puede darse el caso de que el patrimonio familiar sea titularidad de una persona jurídica, bien se trata de una sociedad patrimonial o de un holding, bien se trate de una explotación agrícola o empresa mercantil. En estos supuestos los protocolos familiares permitirán regular las relaciones de los socios unidos por vínculos familiares, entre sí y con la sociedad, pudiendo incidir indirectamente dicha regulación en sus derechos legitimarios. A pesar de la importancia de la empresa familiar en nuestro país, la regulación actual de los protocolos familiares se limita a lo dispuesto en el RD 171/2007, de 9 de febrero, que permite su constancia en el Registro Mercantil, recogiendo algunos de los pactos que suelen contener.

En los protocolos familiares, típicamente, el padre o madre fundador de la empresa, establece una serie de normas sobre la entrada y salida en ella de personas de la familia (por ejemplo, fijando el valor razonable de las participaciones) y su participación en la gestión empresarial, así como, por lo que aquí interesa, normas tendentes a asegurar la continuidad de la empresa, el mantenimiento del control por parte de la familia y la sucesión en el patrimonio empresarial.

Se plantea la eficacia de los pactos sobre sucesión futura en las participaciones sociales, a los que podría reconocerse la eficacia de partición hecha por el testador por acto entre vivos del artículo 1056 CC, al que remite el 1271.2 CC).

Conforme a la doctrina jurisprudencial de dicho precepto, tales pactos no impedirán que el testador pueda revocarlos unilateralmente, sin que sean eficaces contra ello las cláusulas penales establecidas para caso de incumplimiento en el protocolo familiar. Conforme al segundo párrafo del artículo 1056 CC, podría excluirse a determinados hijos de la sucesión, en atención a la conservación de la empresa o en interés de la familia, con la finalidad de mantener el control de la sociedad o grupo o evitar la división de la explotación, ordenando a tal fin el pago en metálico, incluso extra hereditario, de su legítima a los demás hijos o descendientes, con posibilidad ordenar de aplazamiento del pago hasta cinco años después el fallecimiento.

No serían válidos, en cambio, los pactos que implicasen renuncia o transacción sobre la legítima futura entre el que la debe y sus herederos, cuya nulidad resulta del artículo 816 CC.

Serían válidos los pactos que estableciesen la obligación de venta conjunta por todos de las participaciones sociales o las que determinasen el valor razonable de las mismas a los efectos de ejercitar el derecho de separación.

VIII. Liquidación de la sociedad de gananciales

Cada vez en mayor medida, en territorio de derecho común es habitual al contraer matrimonio establecer mediante capitulaciones matrimoniales el régimen de separación de bienes. Este régimen económico se adapta mejor que el de gananciales a la realidad social de los matrimonios en que ambos miembros de la pareja trabajan y tienen recursos económicos (sin perjuicio de su utilidad tradicional en el caso de matrimonios morganáticos). No obstante, esta realidad, a falta de capitulaciones matrimoniales, el régimen económico matrimonial supletorio en el Código civil sigue siendo el de la sociedad legal de gananciales (1316 CC).

La posibilidad de modificación del régimen económico durante el matrimonio (1317 CC), determinará la liquidación de la sociedad de gananciales entre cónyuges, vía que puede ser utilizada, por ejemplo en caso de enfermedad grave de uno de los cónyuges, para conferir al otro en propiedad aquellos bienes más rentables o que se desee queden excluidos de la sucesión del otro, principalmente la vivienda habitual familiar (a cuya atribución preferente tiene derecho conforme al artículo 1406.4 CC), pero también la explotación económica, aunque la hubiese gestionado personalmente (renunciando a su preferencia) o el local profesional, respecto del cual podría reservarse, como respecto de la vivienda, un derecho de uso o habitación (1407 CC).

Es posible la inclusión de un bien privativo de uno de los cónyuges en la liquidación de gananciales. La DGSJFP admite que forma parte de las operaciones de liquidación la atribución de la vivienda familiar incluso en el supuesto de que su titularidad pertenezca por mitades a los cónyuges por adquisición realizada antes del matrimonio, dada la afección de la misma a las necesidades del matrimonio (Resoluciones de 11 de abril y 7 de julio de 2012). El Tribunal Supremo admite la inclusión de la vivienda adquirida por uno de los cónyuges antes de contraer matrimonio con financiación mediante préstamo hipotecario firmado el mismo día (Sentencia 31 de octubre de 1989), interpretando así en sentido amplio el supuesto de compra a plazos antes de constituirse la sociedad de gananciales del artículo 1357.2 CC. Se trata de un supuesto de ganancialización sobrevenida por el destino a vivienda habitual de la familia y aplicación del principio de subrogación real en cuanto a la parte del préstamo amortizada constante la sociedad de gananciales.

Supuesto distinto es la posibilidad de incluir en la liquidación de gananciales, la dación de un bien privativo, en pago de deuda del transmitente con la sociedad de gananciales (admitida por la Resolución de 21 de diciembre de 1999). La Resolución de 6 de marzo de 1997 rechazó la posibilidad de adjudicación de un bien privativo de uno de los cónyuges al otro en pago de su cuota de liquidación en la sociedad de gananciales. Sin embargo, posteriormente la DGSJFP ha establecido que la nada se opone a que los cónyuges con ocasión de la liquidación de la sociedad de gananciales preexistente puedan intercambiarse bienes privativos o que pueda adjudicarse de menos a un cónyuge bienes gananciales, compensando la diferencia de adjudicación con bienes privativos del otro. Esa transmisión no tendrá como causa exclusiva la propia liquidación del consorcio, sino que estaremos ante un negocio complejo en el que la toma de menos de un cónyuge en el remanente se compense con esa adjudicación a su favor de bienes privativos del otro o simplemente negocios adicionales a la liquidación, independientes jurídicamente de ella y con su propia causa, ya onerosa (permuta, compraventa, etc.), ya gratuita (donación), todo ello amparado en la posibilidad de transmisión de bienes entre cónyuges por cualquier título, conforme al artículo 1323 CC (Resoluciones de 22 de marzo de 2010 y 11 de abril de 2012).

En todos estos supuestos, si la transmisión tiene una causa onerosa específica (dación en pago o para pago en compensación de excesos de adjudicación, por ejemplo), dichos negocios complejos serán oponibles a los herederos forzosos del transmitente.

Una vez disuelta la sociedad de gananciales, la jurisprudencia del TS (Sentencias entre otras de 28 de diciembre de 1998 y 11 de mayo de 2000), considera que el régimen sobre los bienes comunes ya no es el de gananciales sino el de una comunidad ordinaria, en la que los comuneros ostentan una cuota abstracta sobre la totalidad de ellos y no sobre bienes concretos, de forma similar a la comunidad hereditaria. De la misma manera que es posible la venta de herencia, es posible la enajenación de la cuota en la comunidad posganancial (artículo 399 CC), que es igualmente susceptible de embargo (Sentencias TS de 8 de octubre de 1990 y 17 de febrero de 1992). Por el contrario, ninguno de los comuneros puede disponer por sí solo de ninguno de los bienes de la comunidad posganancial. Podrá un cónyuge renunciar a su cuota (artículo 395 CC) o transmitirla al otro por cualquier título (artículo 1323 CC). La renuncia tendrá los límites del artículo 6.2 CC.

IX. Conmutación y opción compensatoria de legítima

El Código recoge dos supuestos de conmutación. En el artículo 839 se atribuye a los herederos la facultad de satisfacer la legítima del viudo (su derecho de usufructo vidual), mediante la asignación de una renta vitalicia, los productos de determinados bienes o un capital en efectivo (que puede consistir en dinero, pero también según el TS, en un capital inmobiliario). En la doctrina, De la Cámara ha admitido la posibilidad de que el testador efectúe la conmutación en su testamento, siendo esta vinculante para el viudo. Sin embargo, no sería vinculante según este autor, para los herederos forzosos, en la medida en que impondría una nueva carga a los mismos distinta de la prevista en la ley (en contra Lerdo Espejo de Tejada y Rubio Garrido[16]). En todo caso, la voluntad del testador podría ser cumplida voluntariamente por los legitimarios y podría reforzarse mediante una opción compensatoria de legítima, poniendo en juego el tercio de libre disposición (más discutible,

16 Rubio Garrido, T., «Problemas actuales en materia de protección cualitativa y cuantitativa de la legítima», en *La legítima y la libertad de testar. Perfiles críticos y comparados*, obra colectiva dirigida por Capilla Roncero, F., Espejo Lerdo de Tejada, M. y Aranguren Urriza, F. J., Thomson Reuters Aranzadi, 2018, pp. 141 y ss.

según LACRUZ, el de mejora) que quedaría para los herederos forzosos que respetasen dicha limitación.

El otro supuesto de conmutación se refiere al pago en metálico de las legítimas de hijos o descendientes conforme a los artículos 841 y siguientes. El 841 establece la necesidad de adjudicar todos o parte de los bienes a alguno de los hijos o descendientes. Es decir, no podría ordenarse el pago en metálico a todos ellos, quedando los bienes para el viudo. Ello haría tránsito a una legítima de resultado semejante a la del derecho anglosajón si se combinase con la atribución al contador partidor de funciones que comprendiesen la liquidación de los bienes necesarios para satisfacer dichas legítimas en metálico. RUBIO GARRIDO señala el fenómeno en la práctica de atribución de facultades al contador partidor de venta o gravamen de bienes relictos, así como para efectuar tasaciones vinculantes, reconocer y pagar deudas. Ello unido a cláusulas que prohíben la intervención judicial de la herencia, con reducción a su legítima estricta al hijo o heredero que promueva contienda o dificulte o retrase la partición. El TS, en SS de 17 de enero y 10 de junio de 2013, admite con gran amplitud este tipo de cláusulas.

X. Conclusión

Frente a las posiciones contrarias al mantenimiento en nuestro Derecho de las legítimas de corte latino-germánico, hay que señalar que en el Código civil existen mecanismos que permiten a los cónyuges, mediante la realización de negocios jurídicos válidos entre ellos, moderar las consecuencias del régimen de protección de las legítimas, régimen que por otra parte presenta elementos de flexibilidad, tanto en la distribución desigual de la legítima, como con la finalidad de hacer frente a situaciones de dependencia de determinados legitimarios o a la necesidad de conservación de la unidad de dirección o mantenimiento del control, en el caso de empresas familiares, por ejemplo.

CAPÍTULO 10

EL ART. 831 DEL CÓDIGO CIVIL. UN PRECEPTO ÚTIL

María José Reyes López
Catedrática de Derecho Civil
Universidad de Valencia

Sumario:

I. Planteamiento de la cuestión

La Comisión general de codificación presentó en mayo de 2023 la revisión de la propuesta de modernización del Código Civil en materia de obligaciones y contratos dentro del proceso de reforma y actualización de este cuerpo legal. Una vez culminada, ha comenzado a trabajar en la reforma del derecho de sucesiones. No es esta una tarea sencilla puesto que, aunque en estos más de cien años de vigencia del Código Civil han sido muchos los preceptos que han sido modificados, aun así, no ha sucedido lo mismo respecto a figuras e instituciones sobre las que se asienta este sistema sucesorio.

Tal como queda configurado en la actualidad el derecho de sucesiones la realidad es que existe un conjunto de instituciones obsoletas, que no responden a las necesidades, ni a las preocupaciones de la sociedad actual, que aflora en la urgencia de flexibilizar el sistema o, al menos, de llamar la atención sobre las figuras ya existentes a fin de que faciliten la adoptación de decisiones que permitan adaptarse a las circunstancias que concurren en la sociedad actual. En este ámbito, no sólo personas sino también la viabilidad de determinadas instituciones puede resultar afectadas, como se aprecia al plantear la sucesión de la empresa familiar.

El sistema sucesorio español establece un sistema legitimario que otorga una fuerte protección a los hijos y descendientes, pero deja relegada la posición del cónyuge viudo, que debe compartir lo heredado con los descendientes o ascendientes en su caso[1]. En concreto, su legítima viene determinada en los artículos 834 y siguientes del Código Civil. Se caracteriza porque consiste en un derecho de usufructo sobre determinada porción del caudal hereditario, que varía según si el causante tuvo descendientes; si no los tuvo, pero sí ascendientes o, si no tuvo descendientes ni ascendientes. Es precisamente este límite de las legítimas el que establece un sistema encorsetado que impide que en muchas ocasiones no se realice la voluntad de los cónyuges de dejar en manos del otro todo su patrimonio hasta el momento del fallecimiento. Por ello, a pesar de ser ésta la realidad normativa, en la vida real, se da la paradoja de que no resulta raro, ni extraño a la práctica notarial, la existencia de un elevado número de matrimonios que cuando van a testar expresen el deseo de dejar su patrimonio de manera tal que sea «el uno para el otro y a la inversa», de forma que, en lo patrimonial, cuando fallezca el primero, todo continúe igual hasta que se produzca el óbito del cónyuge viudo y entonces se encuentre con que la ley lo impide, dejando la mayor parte de la propiedad a los hijos. A lo expuesto se sumaría la práctica habitual de que en los matrimonios bien avenidos la herencia suele disfrutarse tras el fallecimiento del segundo causante que mientras tanto los ha disfrutado en vida hasta su muerte[2].

El panorama normativo expuesto es bien distinto de lo que se necesita para responder a dichas expectativas. En nuestro ordenamiento jurídico existe la llamada sucesión forzosa o legitimaria, que obliga a reservar una determinada porción del caudal hereditario en favor de concretos herederos forzosos. Dicha porción del caudal hereditario es indisponible, de modo que su destino está prefijado legalmente, sin otra excepción que la posibilidad de desheredación. Por ello, en tanto subsista el actual sistema legitimario de nuestro Código Civil, no cabrá nunca una absoluta libertad testamentaria para el testador con herederos forzosos dado que no podrá en ningún caso instituir heredero a su cónyuge y ordenar una sustitución fideicomisaria de residuo en favor de sus hijos, que es lo que la mayor parte de los testadores desearían. En consecuencia, mientras no se produzca una reforma de nuestro ordenamiento civil en sede de sucesión forzosa, habrá que optar por alguna de las soluciones prácticas que, respetando la legítima de los

1 Vaquer Aloy, A., *Libertad de testar y libertad para testar*. Olejnik, 2018, p. 74.

2 Fernández Maldonado, M. A., «La insoportable legitima sucesoria del Código Civil», *notariosyregistradores.com*, 24/05/2023.

descendientes, permitan favorecer la posición del cónyuge viudo. Una de ellas es el testamento con la cautela socini, consistente en instituir herederos por partes iguales a los descendientes y establecer un legado del usufructo universal vitalicio a favor del cónyuge viudo combinado con la cláusula o cautela socini —testamento «prèt à porter»—, siendo también frecuente que la anterior disposición se transforme, a elección del viudo, en un legado alternativo entre el usufructo universal vitalicio o el tercio de libre disposición en pleno dominio más su cuota legal usufructuaria. La segunda opción prevista de modo expreso en el ordenamiento jurídico es que el testador recurra en su testamento a la denominada fiducia sucesoria recogida en el art. 831 CC, poco conocida y utilizada en la práctica[3] pero que encuentra un encaje cómodo si se conecta con la orientación seguida por las reformas de los Derechos sucesorios con derecho civil propio, que aúnan una mayor libertad de testar junto al fortalecimiento de la posición del cónyuge sobreviviente que pasa a ser gestor del patrimonio familiar[4]. A exponer el amplio contenido y los presupuestos de esta última se dedican los apartados siguientes.

II. La fiducia sucesoria

2.1. Concepto y finalidad

De origen foral[5], esta figura tiene la ventaja de ofrecerse como un instrumento que permite soslayar alguna de las dificultades que presenta el rígido sistema de las legítimas consolidado en el Código Civil a pesar de su desconocimiento y de la falta de aplicación práctica, que ha impedido remediar situaciones que podrían encontrar su acomodo en sede de este precepto.

En efecto, esta institución, cuyo reconocimiento normativo arrastra del Proyecto de CC de 1851, se encontraba ya recogida en su art. 663, cuya introducción defendió García Goyena apoyándose en que en las legislaciones forales[6] solía ponerse una cláusula autorizando al cónyuge sobreviviente a que pudiera disponer libremente de los bienes del difunto entre los hijos que

3 Vives Velo de Antelo, M. P., «Fortalecimiento de la posición del cónyuge viudo: artículo 831 del Código Civil español», *Actualidad jurídica iberoamericana*, núm. 12, febrero 2020, pp. 796-817.

4 Espiñeira Soto, I., «Reflexiones prácticas sobre el artículo 831 del Código Civil», *notariosyregistradores.com/web/secciones/oficina-notarial/varios/reflexiones-practicas-sobre-el-articulo-831-del-codigo-civil/,* 21/05/2016.

5 Bermejo Pumar, M.M., *El artículo 831 del Código Civil. Su compatibilidad en el sistema de mejoras sucesorias. (La mejora a favor del cónyuge).* Madrid 2001, pp. 17-44.

6 Se ha señalado en concreto la influencia de la fiducia aragonesa, recogida en el Texto Refundido de las Leyes civiles aragonesas, arts. 439 a 448.

quedaran del matrimonio, dando a uno más o menos, con la finalidad de mantener el respeto y dependencia de los hijos hacia su madre viuda, puesto que se partía de su situación de vulnerabilidad respecto a la que ostentaba con anterioridad el cabeza de familia. De este modo se conservaba la disciplina doméstica y se pretendía evitar los desastrosos juicios de testamentaria. Finalmente, esta figura quedó recogida en el art. 831 del Código Civil de 1889 hasta la actualidad, si bien ha sido objeto de tres modificaciones que describen la evolución que ha sufrido hasta quedar integrada como una facultad del causante que puede incluir en su testamento en favor del viudo o persona con la que se tenga hijos comunes.

El texto inicial fijaba la posibilidad de recoger esta figura a favor de su consorte en capitulaciones matrimoniales y siempre para el caso de que hubiere muerto intestado uno de los cónyuges[7]. Posteriormente la reforma de 2 de mayo de 1975 cambió de forma sustancial las capitulaciones matrimoniales al suprimir su carácter inalterable, lo que llevo a un sector doctrinal a entender que encubría un pacto sucesorio. La reforma de 13 de mayo de 1981 supuso un cambio en la literalidad de esta norma que permitió su concesión no solo en capítulos matrimoniales sino también en testamento dando el plazo de un año en el caso de que el fiduciante no hubiese establecido plazo a contar desde el momento de la apertura de la sucesión o, en su caso, desde la emancipación del último de los hijos comunes[8]. Finalmente, la posterior reforma por Ley 41/2003, de 18 de noviembre suprimió la referencia a las capitulaciones matrimoniales con el propósito de constituir un instrumento que permitiese establecer decisiones para favorecer a las personas con discapacidad. Sin embargo, paradójicamente este deseo no se ha visto correspondido por la realidad que ha hecho que, en la práctica, se haya empleado más con la finalidad de mantener indiviso el patrimonio familiar particularmente en las empresas que participen de dicha condición, que para

7 Art. 831 CC: «No obstante lo dispuesto en el artículo anterior, podrá válidamente pactarse en capitulaciones matrimoniales, que muriendo intestado uno de los cónyuges, pueda el viudo o viuda que no haya contraído nuevas nupcias, distribuir a su prudente arbitrio, los bienes del difunto y mejorar con ellos a los hijos comunes, sin perjuicio de las legítimas y de las mejoras hechas en vida por el finado».

8 Seco Caro, E., *La partición y mejora encomendadas al cónyuge viudo. (Estudio sobre el artículo 831 del C.c. español)*. Bosch, Barcelona, 1960.
«No obstante lo dispuesto en el artículo anterior, podrá ordenarse en testamento ó en capitulaciones matrimoniales que muriendo el cónyuge otorgante, pueda el viudo ó viuda que no haya contraído nuevas nupcias, distribuir, a su prudente arbitrio, los bienes del difunto y mejorar en ellos a los hijos comunes, sin perjuicio de las legítimas, de las mejoras y demás disposiciones del causante».
«Si no se hubiera señalado plazo, el viudo ó viuda tendrá el de un año contado desde la apertura de la sucesión, ó, en su caso, desde la emancipación del último de los hijos comunes».

proteger a estas personas[9]. De otra parte, amplia la facultad de delegación a cualquiera con la que se tenga hijos en común.

2.2. Cuestiones previas

Antes de concretar los presupuestos y el contenido de esta figura conviene resaltar los rasgos que le confieren una particularidad propia dentro del sistema que hacen que se reconozca en ella un instrumento útil para programar la sucesión atendiendo a las necesidades de la familia en un futuro que puede ser más o menos próximo. De entre ellas destaca ser una institución inspirada en las instituciones existentes de derecho foral, que obliga a comparar las ventajas e inconvenientes que supone su incorporación al Código Civil, con el fin de analizar el carácter de su influencia sobre el sistema civil así como sus presupuestos que rompen con el sistema establecido en el Código Civil y hacen que esta figura se pueda calificar de excepción.

2.2.1. Ventajas e inconvenientes de su aplicación

La STS 30 octubre 1944[10] determinó que el art. 831 CC contempla un supuesto de fiducia testamentaria de enorme utilidad, pero de escasa aplicación práctica debido a su desconocimiento en la práctica y a la complejidad que entraña su ejercicio.

Como ventajas que, con carácter general se establecen sobre su utilización, se ha señalado que permitirá no precipitar la partición de la herencia cuando uno de los descendientes tenga algún tipo de discapacidad o aplazar dicha distribución a un momento posterior en el que podrá valorarse si se ha producido una variación en las circunstancias iniciales[11]... Igualmente puede resultar un instrumento útil para intentar solucionar situaciones que puedan presentarse en el futuro. Como ejemplo de ello se puede citar: mejorar al descendiente que cuide al cónyuge viudo o ayudar al que siendo padre de familia numerosa tenga problemas económicos, o sin tenerlos, no tenga ingresos suficientes para mantenerla de forma adecuada. Finalmente, también este precepto puede ser muy recomendable para reforzar la autoridad y posición del fiduciario en el muy frecuente supuesto en el que los progenitores quieran dejarse mutuamente hasta la muerte del último de ellos el mayor poder posible sobre el patrimonio familiar sin participación de los hijos. Así, en el

---

9 Rueda Esteban, L. «El artículo 831 del Código Civil» (en *el Patrimonio familiar, profesional y empresarial; sus protocolos*) (Vicent Chuliá, Garrido Melero y Fernando Estevill, dirs), Bosch, Barcelona, pp. 155 a 204.

10 RJ 1944\1180.

11 Pérez Velázquez, J. P., «Sobre la exigua utilización del artículo 831 del Código Civil. Aporías de su actual redacción», *ADC.*, t. LXXII, 2019, fasc. III, pp. 1133-1202.

caso que se pretenda la contemplación del patrimonio de ambos cónyuges como un todo unitario a efectos sucesorios, dicha finalidad se puede alcanzar de forma más satisfactoria que con la cautela socini con la ventaja de que la primera permite diferir en el tiempo la distribución y partición de la herencia, no precipitándolas cuando las circunstancias así lo aconsejen.

Si el recurso de esta figura es tan ventajoso cabe preguntarse por las razones de su falta de utilización. A este respecto, los motivos son varios. El primero viene dado por el desconocimiento tanto teórico como práctico de la fiducia y de su utilidad sucesoria[12]. El segundo argumento se centra en el hecho de que la fiducia tiene problemas de encaje con sistemas sucesorios de legítima material obligatoria en una parte de la herencia para todos los legitimarios, como es el caso del Código Civil, lo que no ocurre en sistemas como los forales o especiales territoriales de legítima colectiva y posibilidad de designación individualizada de herederos con apartamiento de los no designados. El tercero reside en las repercusiones fiscales de la herencia pendiente del ejercicio de la fiducia para la liquidación de los impuestos correspondientes[13].

De otro lado, en relación con sus antecedentes[14] se arguye que su reconocimiento no permite ejercitar las mismas facultades que se reconocen al fiduciario en los derechos civiles autonómicos que contemplan esta figura. En este sentido, como notas divergentes se ha señalado que el fiduciario en el ámbito del Derecho civil autonómico está llamado para que ordene la sucesión del causante y sus facultades son las que tenía este último con dicha finalidad, mientras que la fiducia contemplada en el art. 831 CC solo permite al cónyuge mejorar a los hijos comunes, incluso con cargo al tercio de libre disposición. Igualmente se ha apuntado que la delegación establecida en el art. 831 CC sólo puede hacerse entre cónyuges o personas no casadas entre sí, pero con descendencia común frente al Derecho civil autonómico que permite su otorgamiento a favor de terceros. Cabe subrayar finalmente que la delegación establecida en el art. 831 CC requiere ser instituida en testamento

12 García Rubio, M.P., «La reformulación por la Ley 41/2003 de la delegación de la facultad de mejorar», *ADC,* t. LXI, 2008, fasc. I, pp. 58 y ss.

13 Urrutia, A., «La fiducia sucesoria, ¿una institución con futuro?». *LegalToday,* 1 abril 2008. La Hacienda Foral del Territorio Histórico de Vizcaya ya ha regulado esta materia, con una orientación pionera en este campo, establecida en la Norma Foral 7/2002 de 15 de Octubre, en la Norma Foral 1/2017, de 12 de abril, de adaptación del sistema tributario del Territorio Histórico de Bizkaia a la Ley 5/2015, de 25 de junio, de Derecho Civil Vasco y el Decreto Foral 83/2002, de 3 de Diciembre, (BOB 19 Diciembre), disposiciones ambas que configuran la herencia pendiente del ejercicio de la fiducia sucesoria o poder testatorio como una realidad susceptible de ser titular de un número de identificación fiscal y sujeto de derechos y obligaciones fiscales a través de la persona del comisario o encargado de ejecutar la fiducia.

14 Alpañes, E., «La delegación de la facultad de mejorar». *Revista general de legislación y jurisprudencia*, núm. 3, marzo 1953, pp. 273 y ss.

teniendo el fiduciario el plazo de dos años si no se ha previsto plazo mientras que en el Derecho civil autonómico sus facultades suelen ser vitalicias[15].

2.2.2. Carácter excepcional del precepto

Antes de analizar el extenso contenido de este precepto conviene establecer con carácter previo los rasgos que confieren carácter excepcional a esta disposición dentro de los principios sucesorios recogidos en el Código Civil.

Tras fijar el art. 831 CC el carácter indelegable de la facultad de mejorar este precepto comienza estableciendo que no obstante ello se podrán conferir facultades al cónyuge en testamento para que, fallecido el testador, pueda realizar a favor de los hijos o descendientes comunes mejoras incluso con cargo al tercio de libre disposición y, en general, adjudicaciones o atribuciones de bienes concretos por cualquier título o concepto sucesorio o particiones, incluidas las que tengan por objeto bienes de la sociedad conyugal disuelta que esté sin liquidar. Así pues, como ha sido valorado por algún sector doctrinal, este precepto supone una auténtica revolución[16] si se compara con el resto del articulado. En concreto, permite al testador delegar en la persona de su cónyuge o con la pareja con la que tenga hijos en común la facultad de mejorar a estos o a sus descendientes siendo por tanto una excepción del principio que establece que no se podrá delegar en otra persona la facultad de mejorar[17]. Con ello incide directamente sobre uno de los principios fundamentales del derecho sucesorio: el principio de intangibilidad cualitativa de la legítima regulado en el art. 813 CC. Según este precepto, el testador no podrá imponer sobre la legítima «gravamen ni condición, ni sustitución de ninguna especie, salvo lo dispuesto en cuanto al usufructo del viudo». Esto quiere decir que todo legitimario tendrá derecho a recibir su legítima libre de cargas, con lo que debe entenderse que no podrá admitirse aplazamiento en el goce de la legítima. Sin embargo, el art. 831 CC admite excepcionalmente que el cónyuge viudo retrase la partición de la herencia e incluso que verifique la partición a plazos, realizándola a través de «uno o varios actos, simultáneos o sucesivos...». También introduce una excepción respecto a la naturaleza jurídica de la legítima, que la doctrina considera generalmente como una *pars bonorum* por la literalidad del art. 806 CC, que la define como «porción de bienes», y que pasa a ser una *pars valoris*, ya que podrá ser satisfecha incluso con bienes «de la sociedad conyugal

15 Fernández de Bilbao, J. J., «Sobre la equivalencia de la fiducia del art. 831 CC a las delegaciones sucesorias autonómicas». *Actualidad Civil*, núm. 3, marzo 2021.

16 Rueda Esteban, L., *La facultad de mejora y distribución de la herencia concedida entre cónyuges*. Tesis doctoral dirigida por Silvia Díaz Alabart y María Teresa Álvarez Moreno. Universidad Complutense de Madrid, 2014, pp. 235 y ss.

17 Díaz Fuentes, A., «Excepciones legales al personalismo de las disposiciones mortis causa: II, sobre el artículo 831 del Código Civil». *ADC*, vol. 18, núm. 4, 1965, pp. 877-910.

disuelta que esté sin liquidar» o «bienes pertenecientes sólo al cónyuge que ejercite las facultades». Consiguientemente, a través de estos apartados se reforma esencialmente el régimen legitimario, ya que asume la posibilidad de que la legítima sea satisfecha con bienes extrahereditarios. Finalmente, en cuanto a la partición, ha de destacarse el contraste que existe entre el art. 831 y el art. 1057.1 CC, que establece que «el testador podrá encomendar, por acto inter vivos o mortis causa para después de su muerte la facultad de hacer la partición a cualquier persona que no sea uno de los coherederos». En este caso, si se considera que el cónyuge es coheredero, la fiducia sucesoria constituye una excepción. Además, el supérstite gozará de facultades mucho más amplias que las del contador partidor puesto que éste sólo está facultado para contar y partir el caudal, es decir, para interpretar el testamento y realizar las operaciones de inventario, avalúo, liquidación, división y adjudicación de bienes[18]. No obstante, no podrá en ningún caso alterar la cuota de los herederos, ni realizar por sí solo actos dispositivos, para los que necesitará en todo caso la autorización de los herederos.

2.3. Presupuestos de la fiducia sucesoria contemplada en el art. 831 CC

Como se ha anticipado, la STS de 30 octubre de 1944 entiende que este precepto recoge una auténtica fiducia sucesoria, modalidad que desde siempre ha sido considerada extraña al ordenamiento jurídico propia del Código Civil por ser una institución inspirada en los ordenamientos de derecho foral.

Este precepto, que se caracteriza por su extensa redacción, además de conceder inicialmente amplias facultades al cónyuge supérstite, establece los presupuestos tanto objetivos como subjetivos para su aplicación, que fueron modificados por la Ley 41/2003 porque originariamente el art. 831 CC otorgaba solo facultades al cónyuge supérstite. Sin embargo, a raíz de la reforma de 2003 éstas se hicieron extensivas a la persona con la que el causante hubiera tenido hijos comunes[19], aunque nunca hubieran estado casados o incluso aunque no hubieran tenido una relación estable o afectiva pues, aunque resulte extraño, de la literalidad del precepto no cabe derivar una diversa conclusión.

Las atribuciones que el causante hace al fiduciario se han equiparado a las que dispone el propio testador. Este espectro de facultades que el testador puede atribuir al fiduciante conforman un conjunto que resulta ajeno

---

18 Garrido De Palma, V., «Actualidad de la fiducia sucesoria del artículo 831 del Código Civil», *Revista Jurídica del Notariado*, núm. 83, 2012, pp. 353-372.

19 Sierra Pérez, I., «La fiducia sucesoria en derecho común: El artículo 831 del Código Civil (LEG 1889, 27) en la Ley 41/2003, de 18 de noviembre (RCL 2003, 2695)», *Revista Aranzadi de derecho patrimonial*, núm. 19, 2007, pp. 89-124.

al modelo previsto en el Código Civil, falto de doctrina jurisprudencial consolidada ante los escasos pronunciamientos judiciales sobre la materia, que motiva que las dudas que suscita esta institución sigan sin solventarse habida cuenta además de que no cabe recurrir a las figuras recogidas en los actuales derechos civiles autonómicos por haber sido esta vía declarada constitucional[20], siendo además que se ve en esta figura rasgos próximos a la fiducia sucesoria aragonesa, por lo que indudablemente serviría de utilidad.

En todo caso, la delegación que realice el fiduciante debe atender a una serie de presupuestos tanto de forma como subjetivos, entre los que se encuentran los siguientes.

2.3.1. Debe estar recogida en el testamento del causante

Una vez suprimida la posibilidad de concesión de tal facultad en capitulaciones matrimoniales la reforma estableció que el único instrumento hábil para establecer la delegación es el testamento logrando con ello erradicar buena parte de las dudas que se habían suscitado anteriormente. De esta forma, la sucesión del cónyuge premuerto debe ser testada o, por lo menos, en parte testada y en parte intestada, al contrario de lo que sucedía en la primitiva redacción del precepto en que la sucesión debía ser intestada.

Acorde con la naturaleza del testamento, su atribución es un acto unilateral y revocable. Este testamento debe ser el último válido que haya otorgado el causante. Llama la atención sin embargo que dada la complejidad que esta delegación puede entrañar no se requiera ninguna forma especial de testamento. Asimismo, si se vincula con sus antecedentes, los distintos derechos civiles autonómicos se decantan habitualmente por el testamento otorgado ante notario y esta parece que es la modalidad más adecuada para esta figura para evitar futuros problemas, ya sea a la hora de introducir una disposición testamentaria que incluya la delegación o para evitar conflictos ulteriores, ya sea de carácter interpretativo o aplicativos.

Al estar esta facultad recogida en el testamento, se estará a los mismos términos y principios que para la aceptación y repudiación de las herencias por lo que su aceptación es voluntaria y libre[21]; sus efectos se retrotraen al momento del fallecimiento del comitente[22]; debe ser pura y simple, así que no cabe admitir la fiducia en parte, ni a plazos, ni condicionalmente y opera

20 El artículo 149.3 CE considera que el Derecho del Estado es supletorio del de las Comunidades Autónomas, pero en ningún momento contempla la situación inversa. García Rubio. M.P., «La reformulación», cit., p. 69.

21 Art. 988 CC.

22 Art. 989 CC.

tras la muerte del testador, lo que hace que no quepa considerarla como pacto sucesorio[23].

La delegación requiere ser aceptada por el fiduciario de forma que, una vez hecha la aceptación de la fiducia es irrevocable, y solo puede ser impugnada cuando adolezca de alguno de los vicios que anulan el consentimiento o apareciese un testamento desconocido[24]. En cuanto a las formas de aceptación, podrá realizarse de forma expresa o tácitamente, de manera que la expresa se podrá hacer en documento público o privado. No supondrán actos de aceptación tácita: la disposición ordinaria y de uso de dinero en una cuenta corriente que la fiduciaria tuviese en común con el comitente; la administración del patrimonio ganancial, o la realización de un inventario de los bienes del causante[25].

En cuanto a la capacidad, el cónyuge supérstite precisará capacidad suficiente para el ejercicio y ejecución de la fiducia en atención al acto elegido para la misma y conforme el instrumento de que se trate; capacidad para testar cuando ejercite su facultad de mejorar o distribuir por un acto mortis causa y capacidad de disposición cuando lo verifique mediante un acto inter vivos, no sólo en el momento de la apertura de la sucesión para aceptar la delegación, sino también al tiempo de la realización de cada acto de distribución o adjudicación y de acuerdo con el tipo de acto de que se trate.

Uno de los problemas que se ha suscitado respecto a la capacidad del fiduciario es la relativa a que sucede en aquellos casos en los que haya sido desheredado justamente o declarado indigno. Al ser la fiducia una institución basada en la confianza, la existencia de estos presupuestos implica que el viudo o pareja con hijos comunes carece de las cualidades imprescindibles para el ejercicio de la facultad de la delegación, de lo que deriva a sensu contrario, que también deberá tener la capacidad debida para suceder a su consorte.

2.3.2. Que el matrimonio subsista a la muerte del cónyuge testador

El vínculo conyugal debe existir al tiempo del fallecimiento del fiduciante[26]. Este presupuesto implica que si con posterioridad al otorgamiento del testamento el matrimonio se disolvió por divorcio la facultad se extingue porque el testador y el beneficiario de la facultad dejan de ser cónyuges y el

23 Rueda Esteban, L., «La facultad», cit. p. 369.

24 Art. 997 CC.

25 Art. 990 CC. Rueda Esteban, L., «La facultad», *ibidem*.

26 Seda Hermosin, M. A. «Facultad de fiducia sucesoria del artículo 831 del Código Civil». *Revista de la Academia Sevillana del Notariado*. T. XV, 2006, pp. 267, 268 y 269.

superviviente ya no es viudo/a del fallecido. Tampoco cabe la delegación si el matrimonio fue anulado, aunque el cónyuge facultado sea el «cónyuge de buena fe».

Más conflictivo pudiera resultar el caso de que existiera una separación judicial o, de hecho. En esta situación si el cónyuge concedente de la facultad sigue confiando en el otro, cosa que bien puede suceder, la delegación será válida. No obstante, pese a esta opinión mayoritaria que entiende que subsiste la facultad, porque los cónyuges siguen estando casados entre sí, ha habido autores que opinan que una interpretación literal y el silencio del artículo 831 CC no parecen razones suficientes para fundamentar una respuesta afirmativa[27]. Cierto es que tampoco el artículo 834 CC mantiene la legítima al cónyuge separado no culpable pero hay que tener en cuenta que la redacción de este precepto fue modificada con posterioridad al art. 831 CC, en 2005 y que, cuando se modificó el art. 831 CC no se tuvo en cuenta la separación de hecho. Sin perjuicio de lo expuesto cabe entender además que el carácter *intuitu personae* de la institución permite extinguir dicha figura cuando se pierde la confianza.

La demostración de la confianza puede ser expresa o tácita: expresa, si el testador en su testamento dice que pese a la separación concede facultades a su todavía cónyuge; tácita, si concede facultades en su testamento al otro cónyuge después de la separación judicial o, de hecho.

2.3.3. Que el concedente de la facultad premuera al cónyuge facultado

La facultad puede concederse recíprocamente por los cónyuges, cada uno en su propio testamento, bien con el mismo contenido o diferente, en cuyo caso a la muerte de cualquiera de ellos el superviviente será el encargado de ejecutar la fiducia. Pero, si solamente uno de los cónyuges concedió al otro las facultades previstas en el precepto, el fiduciante tendrá que fallecer antes que el fiduciario para que este pueda ejecutar el encargo.

2.3.4. Que sobrevivan al concedente de la facultad varios hijos o descendientes comunes

Después de la última reforma se modificó la redacción del precepto refiriendo la facultad bien a los hijos, bien a sus descendientes. Esta clarificación es adecuada porque la mera referencia a la descendencia común podría también comprender las atribuciones que los abuelos hacen a sus nietos[28].

27 Blasco Gascó, F. P., *La mejora irrevocable*. Universitat de València, 1988.

28 García Rubio, M. P., «La reformulación», cit. pp. 70 y ss.

No es preciso que los descendientes comunes, a quienes se favorece, sean legitimarios. Así, se podrá mejorar a un nieto en vida de su progenitor o adjudicarle toda o parte de la porción de libre disposición. Por lo tanto, si existe solamente un hijo en común, parece preciso que éste tenga descendencia para que exista concurrencia, al menos respecto del tercio de mejora, aunque también parece caber la posibilidad de ejercer la facultad a favor de descendientes nacederos, por medio de la sustitución fideicomisaria conforme al artículo 782 CC, dentro de los límites fijados por los artículos 781 y 785 CC.

Se ha planteado la hipótesis del fallecimiento de algún descendiente común, sin descendientes y sin testamento después del causante. Como en dicho caso heredaría el cónyuge la parte de su hijo premuerto se ha apreciado que resultaría inmoral que se atribuyera a sí mismo la mayor parte de la herencia. A estos efectos, el cónyuge puede mejorar y distribuir la herencia entre los hijos comunes, pero se excluye su actuación respecto de otras personas y, por lo tanto, para sí mismo.

2.3.5. Que los hijos o descendientes comunes, favorecidos por el cónyuge supérstite, no sean indignos para suceder al causante, ni hayan sido desheredados por éste con justa causa

La facultad de desheredar corresponde exclusivamente al fiduciante, por lo que si la hizo valer en su testamento al fiduciario solo le queda respetar dicha decisión salvo que el testador haya dejado expresamente su subsistencia a la valoración de este último, lo que exigirá unas instrucciones precisas al respecto. Lo mismo ocurre respecto a las causas de indignidad cuya rehabilitación depende exclusivamente de la voluntad del testador.

2.3.6. Que el cónyuge supérstite no haya contraído nuevas nupcias o tenido algún hijo no común, salvo que el testador hubiera dispuesto otra cosa

Si el cónyuge sobreviviente hubiera ejercitado la facultad antes de contraer nuevas nupcias o tener un hijo después de la apertura de la sucesión, no se invalidarán los actos realizados, pues se trata de un hecho posterior que no puede producir efectos invalidantes retroactivamente.

2.4. Contenido

El ámbito de libertad dispositivo que confiere el art. 831 CC al testador para que pueda ordenar la sucesión es amplísimo, tanto que se ha llegado a considerar que las facultades que el delegante puede otorgar al delegado incorporan poderes que trascienden la distribución del caudal hereditario, como de manera particular se observa al llegar incluso a alterar el régimen previsto en la sociedad legal de gananciales y en la atribución de bienes por cualquier título o concepto sucesorio y al gozar de mayores facultades que de las que dispone el contador partidor.

El contenido de la delegación está determinado por la voluntad del testador, que puede encomendar todas o alguna de las facultades enumeradas en el precepto: realizar la partición, atribuir bienes o mejorar a alguno de los hijos o descendientes. A ello habrá que sumarle la facultad de adjudicar y atribuir el uso de la vivienda habitual del causante al hijo o descendiente con discapacidad[29].

Con anterioridad a la reforma operada por Ley 41/2003 se dudaba de si el testador podía facultar para ampliar como posibles beneficiarios o destinatarios de esas atribuciones sólo a los hijos comunes o podía aplicarse también a descendientes comunes de ulterior grado. Esa cuestión quedó resuelta por la propia redacción del precepto de forma que dicha referencia hay que entenderla hecha en sentido amplio y no literal dado que también se contempla que el fiduciario pueda mejorar a cualquiera de los hijos en detrimento de los demás, ya sea con cargo al tercio de mejora o al tercio de libre disposición y que pueda mejorar no sólo al descendiente legitimario sino también al descendiente que no lo sea, por ejemplo, al nieto viviendo su progenitor. En suma, tiene la posibilidad de desigualar a los descendientes comunes[30].

Dichas atribuciones sitúan al viudo en la misma posición que el testador puesto que el único límite que tendrán ambos viene determinado por el respeto a las legítimas, con lo que exceptúa el carácter personalísimo de la facultad de mejorar[31]. También puede considerarse una excepción tanto al art. 670 CC, que prohíbe que la formación del testamento se deje en todo o en parte al arbitrio de un tercero, como al art. 1057 CC, que sólo faculta al testador para delegar en favor de un tercero la partición de la herencia.

Del tenor del precepto, siguiendo a López Beltrán de Heredia[32], cabe establecer descriptivamente las facultades del fiduciario, que se concretan básicamente en las siguientes:

2.4.1. Mejorar incluso con cargo al tercio de libre disposición

La reforma de la ley 41/2003 introdujo una modificación que afectó a la base de las legítimas, al permitir que la facultad del fiduciario sobre los bie-

29 Art. 822 CC.

30 Bolás Alfonso, J., «EL artículo 831 del Código Civil: una norma del siglo XXI», *Revista jurídica del notariado,* núm. 86-87, abril-junio, julio-septiembre 2013, p. 83.

31 Art. 830 CC.

32 López Beltrán de Heredia, C., «El artículo 831 del Código Civil», *ADC*, vol. 58, núm. 3, 2005, pp. 1127 y ss.

nes del delegante pueda extenderse, salvo disposición especial del testamento, no sólo al tercio de mejora sino también al tercio de libre disposición, e incluso puede atribuir la empresa familiar en los términos del art. 1056.2 CC. Por tanto, a pesar de que el precepto se encuentra en la sección dedicada a regular la mejora tiene un contenido que desborda con creces tal materia, pues el cónyuge viudo tiene la facultad de decidir sobre la atribución de dos tercios del caudal. Además, el cónyuge viudo puede decidir sobre el concepto sucesorio.

2.4.2. Adjudicar y atribuir por cualquier título o concepto sucesorio

El artículo 831.1 CC omite una referencia expresa a la delegación de la facultad de distribuir y únicamente se refiere a las facultades de realizar mejoras y en general adjudicaciones o atribuciones de bienes concretos. Ello puede alcanzar a todos o solamente a algunos bienes de la herencia superando la polémica de si la facultad de distribuir se refería sólo a partir o incluía también la atribución de bienes. Además, el artículo 831 CC afirma que el cónyuge delegado podrá ejercitar las facultades concedidas «por cualquier título o concepto sucesorio o particiones».

A diferencia de la redacción anterior que solo se refería a mejorar y distribuir, en la actualidad, queda investido de un poder de configuración jurídica sobre la herencia del difunto de contenido fiduciario, que se ejercita mediante una delegación que abarca la posibilidad de mejorar, es decir, de atribuir porciones desiguales a los hijos comunes y distribuir los bienes del difunto. A este respecto, permite la adjudicación de bienes por cualquier título o sucesión y recaer las atribuciones no sólo sobre el tercio de libre disposición sino sobre el de mejora. Pero no sólo ello, también permite atribuir bienes concretos y determinados de la sociedad de gananciales aun sin liquidar. Se consigue, en suma, que el patrimonio familiar perviva hasta el fallecimiento del otro cónyuge. Al respecto, hay que distinguir entre las distribuciones o atribuciones que haya realizado el cónyuge viudo en el ejercicio de sus facultades delegadas por actos inter vivos, que serán, por su naturaleza, irrevocables unilateralmente puesto que se trata de adjudicaciones particionales y no donaciones, o si lo hace mortis causa, es decir, en su propio testamento, en cuyo caso podrá disponer de todo el patrimonio familiar en conjunto, esto es, de la parte del premuerto y su parte.

Prosigue el precepto estableciendo que dicha atribución debe ejercitarse por título o concepto sucesorio. Dicha mención hay que entenderla referida a los conceptos de heredero o legatario puesto que, como se afirma certeramente, no parece existir otro título sucesorio[33]. Tampoco aclara el precepto si

---

33 López Beltrán de Heredia, C., «El artículo 831», cit., p. 1127.

el título o concepto sucesorio debe establecerse por el testador, limitándose su cónyuge a adjudicar o atribuir bienes, de acuerdo con el título previamente señalado o si podrá el cónyuge facultado instituir herederos o legatarios con respeto a los nombramientos efectuados por el causante. Esta última interpretación ha sido entendida por parte de un sector doctrinal como la más acorde con el sentido literal de la frase y con el análisis conjunto del precepto. De ser así, el heredero podrá ser instituido por el cónyuge facultado como heredero puro y simple, bajo condición, término o modo, heredero fiduciario y heredero fideicomisario..., de igual modo podrá proceder en el nombramiento de legatarios. Ahora bien, de aceptar esta tesis, mientras no se realicen los nombramientos, ni los luego nombrados herederos o legatarios podrán aceptar o repudiar la herencia[34]. Los efectos de tales nombramientos se retrotraerán al momento de la muerte del cónyuge difunto, una vez que los instituidos acepten la herencia[35].

En sentido opuesto, otra tendencia más conservadora entiende que la institución de herederos o legatarios es una potestad exclusiva del testador y que el fiduciario se limitará a la partición y adjudicación de bienes a favor de los llamados en cualquier concepto[36]. Pero en este caso la interpretación acerca del contenido del precepto quedaría limitado a entender que el fiduciario es tan solo un contador partidor con las más amplias facultades, de manera que solo mejorará dentro de los márgenes que le haya permitido el testador y en cuanto a los bienes sobre los que no haya dispuesto ni establecido legado alguno, y por supuesto, exclusivamente a favor de los instituidos herederos que, de serlo en porciones exactas, dejaría poco margen de actuación a ese fiduciario, con lo que, su campo de actuación se limitaría a los aspectos respecto de los que no hubiese dispuesto el causante, y tan solo a favor de los designados en el testamento como herederos. Dentro de esta corriente también se afirma que aceptar que el fiduciario pueda designar o instituir herederos sería incluir en el ámbito del 831 CC, la herencia de confianza prohibida en el Código Civil y tan distinta en sus efectos, propia del derecho catalán.

También se suscitó si el título o concepto sucesorio debe referirse a la herencia del difunto o del fiduciario, siendo del primero, pues tendría muy poco sentido realizar varios actos en concepto sucesorio ya sean simultáneos o sucesivos, referido a la propia herencia del cónyuge facultado, aunque solamente sea porque, en tal caso, van a producir efectos todos a la vez en el momento de la muerte del cónyuge disponente.

34 Art. 991 CC.

35 Art. 989 CC.

36 Rueda Esteban, L. «La fiducia sucesoria», cit., pp. 981 y ss.; «El artículo 831», cit., pp. 178 y 179.

Las operaciones delegables han de ser realizadas a favor de los hijos o descendientes comunes pudiendo realizarse por el cónyuge en uno o varios actos, simultáneos o sucesivos.

2.4.3. Realizar la partición

El testador puede conceder al cónyuge todas las facultades o alguna de ellas. Al sustituir la reforma de 2003 el término de distribuir por el de adjudicaciones y atribuciones se entiende que el supérstite puede realizar la partición de la herencia del causante, teniendo el cónyuge viudo mayores facultades que las que corresponden a un contador-partidor, que es la facultad de hacer la partición[37].

La facultad se ejercerá dentro de los límites previstos en el testamento y respetando sus disposiciones. A falta de disposición expresa sobre su contenido, le corresponderá al favorecido por la delegación la facultad de distribuir los bienes del causante, incluso los bienes comunes, realizando una verdadera partición sometida a las mismas exigencias que si fuera realizada por el causante. Es decir, le resulta de aplicación el art 1056 CC[38] y no está sujeto al 1061 CC[39]. Con ello, los términos del art. 831.3 CC liberan al delegado del rigor de la intangibilidad cualitativa de la legítima en el cumplimiento de su encargo.

La doctrina coincide mayoritariamente en que el art. 831 CC es una norma particional excepcional porque rebasa en facultades al contador-partidor testamentario, que solo tiene la simple facultad de hacer la partición siempre que no sea uno de los coherederos y excepcional porque también elude al art. 671 CC que prohíbe delegar ordenar la sucesión. Según dicha doctrina el fiduciario del art. 831 CC es mucho más que un contador partidor porque al fijar las cuotas en que suceden los legitimarios ocupa el lugar del propio disponente[40].

---

37 Art. 1057 CC.

38 Garrido de Palma, V. M., «Actualidad de la fiducia sucesoria», cit., pp. 323 y ss.; Mingorance Gozálvez, C., «La fiducia sucesoria y la empresa familiar. La utilidad del artículo 831 del Código Civil», en *Cuestiones civiles y mercantiles en la empresa familiar.* (Ignacio Gallego Domínguez, coord..), La Ley, Madrid 2022, pp. 303 y ss.

39 Mariño Pardo, F., «Algunas cuestiones generales sobre la fiducia sucesoria o delegación de la facultad de mejorar del artículo 831 del Código Civil. La Sentencia de la Audiencia Provincial de Madrid de 30 de diciembre de 2015». *Blog de derecho privado, desde la óptica notarial y registral.* jueves, 8 de junio de 2017

40 Rueda Esteban, L., «Algunos aspectos sobre el ejercicio de la comisión o encargo hecho en virtud del artículo 831 CC: ejecución de la delegación y de la fiducia». *Revista Jurídica del Notariado*, núm. 85, enero-marzo 2013, pp. 366.

Como afirma BOLÁS[41], con el fin de encontrar alguna diferencia entre adjudicar, que es un acto particional y partir, puede entenderse que el primer término se refiere a bienes concretos de la herencia sin realizar una partición completa del haber relicto y la posibilidad de partir se vincula al reparto completo de la herencia, adjudicando todos los bienes y completando el pago de las correspondientes cuotas.

La comisión del causante habilita al sobreviviente para, de una parte, fijar el quantum de la cuota sucesoria de cada uno de los legitimarios y, de otra, señalar los bienes que deben integrar cada cuota. En todo caso, los efectos de las atribuciones verificadas por actos inter vivos se retrotraerán al momento del fallecimiento del cónyuge premuerto mientras que las adjudicaciones que realice el supérstite a través de un acto mortis causa son esencialmente revocables. También se le concede la facultad de atribuir en proindiviso los bienes que tenía en titularidad conjunta con el causante.

2.4.4. Administrar la herencia del causante

La reforma de 2003 convierte al fiduciario en gestor y administrador del patrimonio hasta que agote el mandato del causante. A diferencia de los derechos civiles autonómicos que regulan el alcance de dicho comportamiento, el Código Civil no contiene una descripción de los actos que comprende[42].

La facultad de administrar hay que entenderla en su sentido más amplio, comprendiendo cualquier acto de administración ordinaria o extraordinaria que permita conservar el valor del patrimonio, siendo razonable admitir incluso actos dispositivos que tengan por objeto la sustitución de unos bienes por otros cuando así convenga a la conservación de la masa hereditaria o en caso de necesidad y en el marco de una gestión eficiente de la herencia. Fuera de estos casos, la disposición requerirá consentimiento de los herederos.

A falta de mención expresa en la norma cabe entender que los actos de administración son los referidos a la parte de la herencia de la que pueda disponer el fiduciario en beneficio propio y de los descendientes comunes. Como ha sido señalado por parte de un sector doctrinal, el problema surge en este caso a la hora de concretar su alcance. Al respecto, GARRIDO DE PALMA[43] ha entendido que el delegado puede disponer de los bienes de la herencia por causa de necesidad o utilidad con el fin de satisfacer cargas de la herencia o necesidades de los hijos. Sin embargo, otros le niegan tal poder de disposición entendiendo que, salvo que el causante se las haya otorgado, no pueden apreciarse tales facultades en el favorecido con la fiducia, porque

41 BOLÁS ALFONSO, J., «El artículo 831», cit. pp. 67 y ss.

42 Al respecto, arts. 451 a 454 Texto Refundido de las Leyes civiles aragonesas.

43 GARRIDO DE PALMA, V. M., «Actualidad», cit., pp. 363 y ss.

corresponde a todos los herederos conjuntamente. García Rubio[44], con base en el art. 801 LEC[45] considera que el administrador ha de tener poder de disposición al menos en los casos exceptuados de la prohibición de enajenar contenidos en el artículo 803.2 de dicho cuerpo legal[46].

2.5. Plazo de ejecución de la fiducia

Una de las cuestiones que ha suscitado alguna duda es la del si el legitimario queda sometido al momento en que el fiduciario decida atribuir los bienes para cobrar su parte de legítima porque de quedar sometido a su decisión podría incluso darse el caso de que el legitimario tuviera que esperar a su fallecimiento para recibir su legítima si así lo hubiese dispuesto el causante en el testamento, lo cual conduce a una decisión no muy beneficiosa para el legitimario[47].

El único pronunciamiento sobre este extremo lo constituye la STS 24 de mayo de 2019[48]. En ella, uno de los cónyuges fallece dejando dos hijos y atribuyendo a su cónyuge supérstite las más amplias facultades reconocidas a la fiduciaria,

44 García Rubio, M. P., «La reformulación», cit., *ADC*, p. 108.

45 Art. 801 LEC: «1. El administrador está obligado bajo su responsabilidad, a conservar sin menoscabo los bienes de la herencia, y a procurar que den las rentas, productos o utilidades que corresponda.
2. A este fin deberá hacer las reparaciones ordinarias que sean indispensables para la conservación de los bienes. Cuando sean necesarias reparaciones o gastos extraordinarios, lo pondrá en conocimiento del Juzgado, el cual, oyendo en una comparecencia a los interesados que menciona el apartado 3 del artículo 793, en el día y hora que a tal efecto se señale por el Letrado de la Administración de Justicia, y previo reconocimiento pericial y formación de presupuesto resolverá lo que estime procedente, atendidas las circunstancias del caso».

46 Artículo 803. «Prohibición de enajenar los bienes inventariados. Excepciones a dicha prohibición.
1. El administrador no podrá enajenar ni gravar los bienes inventariados.
2. Exceptúense de esta regla:
1.° Los que puedan deteriorarse.
2.° Los que sean de difícil y costosa conservación.
3.° Los frutos para cuya enajenación se presenten circunstancias que se estimen ventajosas.
4.° Los demás bienes cuya enajenación sea necesaria para el pago de deudas, o para cubrir otras atenciones de la administración de la herencia.
3. El tribunal, a propuesta del administrador, y oyendo a los interesados a que se refiere el apartado 3 del artículo 793, podrá decretar mediante providencia la venta de cualesquiera de dichos bienes, que se verificará en pública subasta conforme a lo establecido en la legislación notarial o en procedimiento de jurisdicción voluntaria.
Los valores admitidos a cotización oficial se venderán a través de dicho mercado».

47 Rivas Martínez, J. J., «Supuesto de legitimario que exige, al fallecimiento del testador, el pago inmediato de su legítima estricta». *El notario del siglo XXI*, núm. 56, 2014.

48 RJ 2019\2113. Asúa González, C. I., «Delegación de la facultad de ordenar la sucesión ex art. 831 CC y plazo para recibir la legítima estricta. comentario a la STS de España»,

permitiendo, incluso, que la esposa sobreviviente pudiera realizar las mejoras y demás atribuciones en su propio testamento, dando, por lo tanto, el máximo plazo legalmente posible para el ejercicio de aquellas facultades. Se interpone demanda por uno de los hijos por la que reclama el pago de su legítima en el momento de fallecimiento del primero de los cónyuges, con carácter inmediato, y, por consiguiente, sin esperar al fallecimiento del cónyuge supérstite.

El alto Tribunal, destacando el silencio del Código Civil en este punto y la falta de doctrina jurisprudencial, determinó que el párrafo tercero del artículo 831 no contempla un régimen específico para el pago de la legítima estricta de los descendientes comunes, por lo que entiende que de la interpretación del citado precepto no cabe extraer una excepción, cuál es la aplicación de un plazo, bien el de dos años previstos para el ejercicio de las facultades del cónyuge fiduciario o bien el del momento del otorgamiento del testamento del cónyuge fiduciario, que «resulta contrario a los principios de nuestro sistema sucesorio y carecen de cobertura expresa por la norma». Por lo que concluye que en el pago de la legítima estricta de los descendientes comunes no cabe señalamiento de plazo, salvo que la propia norma expresamente lo disponga. Entiende, en consecuencia, que, en aplicación de los principios del sistema sucesorio del Código Civil, la legítima estricta constituye un derecho básico del legitimario cuyo pago no puede quedar sujeto a plazo por el testador, salvo en los casos que expresamente lo disponga la propia norma. Supuestos, entre otros, del art. 1056 CC, caso de la preservación indivisa de una explotación, o del art. 844 CC, caso del pago de la legítima en metálico[49].

Por el contrario, sí que ha quedado previsto de modo expreso que en el supuesto de que no se le hubiere conferido al fiduciario la facultad de hacerlo en su propio testamento o no se le hubiere señalado plazo, tendrá el de dos años contados desde la apertura de la sucesión o, en su caso, desde la emancipación del último de los hijos comunes. En consecuencia, el fiduciario podrá hacer la distribución como mejor le parezca incluso en su propio testamento, con lo que se le está dando al fiduciario la posibilidad de retrasar la distribución de la herencia del primero incluso en contra de la voluntad de los hijos comunes. Por ello se ha entendido que es recomendable en estos supuestos que el causante-comitente prevea en su testamento el reparto de sus bienes para el caso de que el fiduciario-comisionado fallezca intestado o incluso testado, pero sin ejercer las facultades conferidas puesto que de no ser así se abriría la sucesión legal del primero.

2.6. Límites de la fiducia

Conforme al art. 831.3 CC «El cónyuge, al ejercitar las facultades encomendadas, deberá respetar las legítimas estrictas de los descendientes comunes

Revista Boliviana de Derecho, núm. 293/2019, de 24 de mayo (RAJ 2019, 2113), núm. 29, enero 2020, pp. 502-511.

49 BOLÁS ALFONSO, J., «El artículo 831», cit., pp. 93 y ss.

y las mejoras y demás disposiciones del causante en favor de ésos». Por tanto, ni el régimen de las legítimas de los descendientes no comunes ni las disposiciones del testador resultarán afectadas por el nombramiento del fiduciario que tendrá poderes para intervenir en nombre de los descendientes comunes en los actos de ejecución relativos a dichas disposiciones o legítimas.

La satisfacción de las legítimas y demás disposiciones por parte del fiduciario podrán realizarse tanto con bienes gananciales como privativos del causante o propios atribuyéndole al beneficiario por el mero hecho de la aceptación además de la propiedad, la posesión civilísima de los bienes, salvo que se establezca lo contrario.

La posibilidad de pagar las legítimas no sólo con bienes privativos del causante, sino también con los de la sociedad de gananciales sin liquidar, e incluso con los propios del fiduciario y los bienes en proindiviso ordinario formado por el causante y el fiduciario, supone mutar sus legítimas por un *pars valoris* o derecho de crédito frente a la herencia, impidiendo que actúen los mecanismos de protección de la legítima *pars bonorum*. Este criterio es el admitido en la RDGRN de 18 diciembre 2019[50], que remite a los lesionados a ejercitar la acción de rescisión contra los actos del delegado. No obstante, surge el potencial peligro de la tributación de las adjudicaciones contra bienes extra hereditarios como donaciones del fiduciario al beneficiario, que habría de combatirse por la imputación sucesoria sustantiva contra la herencia del causante.

Sobre este extremo, la SAP Murcia de 16 noviembre 2020[51] dictaminó sobre un testamento en el que el causante instituyó herederos a sus hijos a partes iguales y confirió a su cónyuge las facultades del artículo 831 del Código Civil, considerando válida la actuación del viudo al apreciar que, en el ejercicio de las facultades conferidas, redujo la porción de algunos hijos a su legítima estricta en cumplimiento de la facultad concedida por el esposo en base al artículo 831 del Código Civil.

Si el cónyuge sobreviviente, facultado por el testador, no respetase la legítima estricta de algún descendiente común o su cuota de participación en los bienes relictos que hubiese ordenado el causante, el perjudicado podrá pedir que se rescindan los actos del cónyuge, en cuanto sean necesarios para la satisfacción del interés lesionado.

Como la rescisión de un acto de distribución y adjudicación está referida a un acto particional, habrá que remitirse a lo prescrito en los artículos 1073 y siguientes del Código Civil.

---

50 RJ 2020\801.

51 JUR 2021\36850.

2.7. Liquidación de la sociedad legal de gananciales por el fiduciario

El artículo termina el párrafo donde describe las facultades del cónyuge añadiendo la siguiente frase «incluidos bienes de la sociedad conyugal disuelta que esté sin liquidar».

Entre las amplias facultades que el fiduciante puede atribuir al fiduciario, la concerniente a si el fiduciario está legitimado para atribuir bienes a cuenta de la sociedad legal de gananciales sin liquidarla es una de las cuestiones que presenta una mayor dificultad de interpretación porque del tenor literal se desprende que el fiduciario podrá mejorar con cargo a bienes de la comunidad postganancial y atribuir o adjudicar bienes de tal comunidad y proceder al reparto conjunto de los bienes privativos del difunto y de los bienes de la sociedad conyugal, extinta y no liquidada.

La liquidación es una operación previa y necesaria para determinar el caudal hereditario exclusivo del causante, pero también plantea sus propios problemas[52] puesto que permite que el cónyuge fiduciario pueda ejercitar sus facultades sobre bienes de la sociedad de gananciales disuelta y sin liquidar. Pero esta es una atribución muy peculiar, pues, ya implique una liquidación parcial de la sociedad de gananciales, ya una disposición de bienes concretos sin necesidad de previa liquidación o partición, lo cierto es que se efectúa sólo por el cónyuge fiduciario, sin intervención de los herederos del premuerto[53]. Partiendo de dicha situación tradicionalmente se ha entendido que el viudo puede liquidar la sociedad de gananciales concurriendo con los hijos comunes y los no comunes del causante y, de existir menores, exigir las representaciones legales pertinentes y en su caso las autorizaciones judiciales correspondientes, sobre todo, habida cuenta de la colisión de intereses, que las haría necesarias siendo éste el mecanismo recomendado en la práctica notarial con el fin de evitar problemas. En contra de que el cónyuge supérstite pueda ejercitar el sólo dicha facultad se argüía que podría suponer una peligrosa autocontratación, ya que se vulnerarían derechos de otros implicados, como los legitimarios e incluso hijos no comunes por lo que antes de partir la herencia del difunto, el cónyuge viudo podría adjudicarse a sí mismo bienes de la sociedad de gananciales para después en la partición de la herencia liquidar la sociedad de gananciales pasando a concretar los bienes sobre los que recaería su usufructo, ya que las facultades conferidas no le privan como mínimo de su cuota legal. Al hilo de ese entendimiento, en la práctica, es aconsejable que en el caso de que el cónyuge fiduciario

52 Espiñeira Soto, I., «Reflexiones prácticas», cit., *notariosyregistradores.com*/web/secciones/oficina-notarial/varios/reflexiones-practicas-sobre-el-articulo-831-del-codigo-civil/.

53 RRDGRN 10 de diciembre de 1998, 25 de febrero de 1999, 11 de diciembre de 1999, 28 de noviembre de 2000, 11 de enero de 2001 y 31 de enero de 2004.

desee efectuar la liquidación se tomen las medidas pertinentes para evitar una posible impugnación por colisión de intereses, ya sea imponiendo la intervención de los herederos, ya sea designando contador-partidor ad hoc por plazo indefinido o exigiendo tasación pericial, como acto previo al ejercicio de las facultades delegadas por parte del sobreviviente, salvo el caso de que la liquidación se efectúe adjudicando todos los bienes en proindivisión.

El único pronunciamiento sobre esta cuestión se encuentra en la SAP de Madrid, de 30 diciembre 2015[54], que admitió la liquidación unilateral de la sociedad de gananciales que efectuó el fiduciario viudo, basándose en que el art. 831.1 CC autoriza la atribución de bienes de la herencia y gananciales sin liquidar la sociedad porque la fiducia excede en funciones la labor del contador partidor y porque el testador había autorizado expresamente al efecto al fiduciario-viudo. Dicha sentencia sigue una posición de mayor flexibilidad, aunque concreta su doctrina al supuesto planteado, en donde quizás pudo ser relevante la existencia de contadores partidores nombrados expresamente en el testamento a fin de salvar la cuestión de la liquidación de gananciales. En este caso, el testador había legado a su cónyuge el tercio de libre disposición, en cuanto no resultara cubierto con la imputación de donaciones inter vivos, legado que se imputaría al pago de la legítima del viudo; atribuyó a su cónyuge las facultades del artículo 831, y nombró contadores-partidores «si el cónyuge viudo considera procedente para la partición de la herencia y la liquidación de la sociedad de gananciales el auxilio de un contador partidor». Además del testamento, otorgó una escritura de liquidación de gananciales, con la concurrencia del cónyuge viudo fiduciario y de los contadores-partidores designados por el causante en su testamento.

Planteada directamente la cuestión de si el cónyuge fiduciario podía unilateralmente otorgar la liquidación de la sociedad de gananciales, el Tribunal contesta afirmativamente, aunque tiene en cuenta y menciona la intervención de los contadores-partidores auxiliares. Tras resaltar que las amplias facultades que otorga el artículo 831 del Código Civil al cónyuge fiduciario constituyen una verdadera delegación que, de las suyas propias, realiza el propio causante, manifiesta que puede afirmarse que cuando en el ejercicio de esta delegación el fiduciario ejecuta sus disposiciones ocupa el lugar que corresponde al testador, y asume plenamente sus competencias y facultades. Igualmente destaca, con mención a la STS de 7 de septiembre de 1998[55], que el objeto de una partición hereditaria sólo puede recaer sobre bienes de la exclusiva propiedad del testador, y aunque la otra mitad de gananciales no lo son ello no impide que se permita al testador delegar el ejercicio de la partición de los bienes de su propiedad al cónyuge viudo, que de esta manera queda autorizado a practicar la liquidación de la sociedad de gananciales.

54 JUR 2016\54122.

55 RJ 1998\6395.

En cuanto a la cuestión de la posible autocontratación en la fiducia sucesoria en relación con la liquidación de la sociedad de gananciales, la Audiencia Provincial descarta la impugnación de la liquidación de gananciales por existencia de autocontrato, al entender que la facultad de liquidar la sociedad de gananciales está comprendida dentro de las conferidas al cónyuge fiduciario[56].

Con posterioridad no existe ningún otro pronunciamiento judicial que haya contribuido a establecer un criterio doctrinal. Lo cierto es, en todo caso, como han calificado algunos autores, que en este extremo el precepto introduce una auténtica revolución[57], puesto que, tanto de la literalidad del precepto, como de la naturaleza de la fiducia, se desprende que la atribución de los bienes se puede hacer con carácter previo a la liquidación del régimen de gananciales máxime si se considera que lo habitual es que ninguno de los legitimarios solicite la liquidación de la sociedad conyugal, ni la precise el fiduciario, y este ejercite sus facultades de ejecución de la fiducia en su propio testamento, haciendo una partición conjunta de los bienes propios y los del causante de la sucesión en que se le encomendó la delegación por ello, como sostiene Rueda[58], tras la redacción de 2003 la liquidación de la sociedad conyugal puede resultar innecesaria en caso de que el supérstite ejercite la facultad delegada en su propio testamento distribuyendo juntamente con su propio caudal, el haber del cónyuge premuerto.

Por otra parte, en las adjudicaciones inter vivos de bienes gananciales deberá expresarse si estas se efectúan con cargo a la participación ganancial del testador o del viudo.

III. Conclusiones

El art. 831 CC contempla una forma de fiducia sucesoria que atribuye amplias facultades al fiduciario.

La reforma operada por la ley 41/2003 introdujo importantes modificaciones con relación a la persona del fiduciario, que aplica tanto al cónyuge viudo como a la pareja con la que se hayan tenido hijos en común.

Esta modalidad de fiducia, que tomó como antecedente la reconocida en los derechos forales, no sólo puede considerarse una excepción dentro del sistema legitimario contemplado en el Código Civil sino que supone una

56 Este mismo criterio es compartido por la RDGRN de 18 diciembre 2019 y la RDGSJFP de 2 de julio 2020 sobre el comisario vasco por la concesión de esa facultad por el causante. Mariño Pardo, F., «Algunas cuestiones generales sobre la fiducia sucesoria», ult. *op. cit.*

57 Romero-Girón Deleito, J., «El nuevo artículo 831 Ce. La fiducia sucesoria. Una aplicación práctica», *Revista Jurídica del Notariado*, núm. 57, enero-marzo 2006, pp. 221 y ss.

58 Rueda Esteban, L., «La fiducia sucesoria», cit. p. 374.

quiebra del mismo en el que, el viudo puede modificar el título de atribución y de sucesión.

Sus amplias concesiones se atribuyeron inicialmente al fiduciario con el propósito de reforzar la posición de la viuda para que fuese respetada en sus decisiones y mantener indiviso el patrimonio común. Las reformas posteriores del precepto han querido adaptarse a las necesidades actuales. Esta pretensión no obstante ha resultado fallida, como buena prueba de ello fue su última reforma de 2003 que se hizo con la idea de reforzar el patrimonio de las personas con discapacidad y paradójicamente en lugar de ello ha sido un recurso utilizado para mantener el patrimonio indiviso de la empresa familiar. No obstante, su importancia reside en que es un instrumento útil para remediar determinadas situaciones familiares en favor de alguno de los hijos más desfavorecidos o incluso, en matrimonios de larga duración, para facilitar que el viudo quede con todo el patrimonio familiar hasta que fallezca, sorteando así la posición que le otorga el sistema legitimario español, permitiéndole alcanzar objetivos impedidos por otras vías legales, referidos fundamentalmente al cónyuge viudo y a los hijos más vulnerables dentro del entorno familiar.

No se trata sin embargo de una figura que pueda resultar útil para todos los matrimonios, ni para todas las situaciones pero tampoco se debe descartar por la complejidad que entraña su redacción, por lo que su recomendación debe, al menos, considerarse en situaciones en que se quiera mantener la unidad del patrimonio familiar; en aquellas en que haya incertidumbre respecto al futuro de alguno de los hijos o sencillamente cuando se desee que el patrimonio conformado en vida por ambos cónyuges sea disfrutado por el supérstite hasta su muerte.

Por todo lo expuesto, cabe entender que el contenido del art. 831 CC además de sortear alguno de los impedimentos que tradicionalmente se ha imputado al sistema legitimario recogido en el Código Civil, bastante restrictivo y que limita de manera excesiva la libre voluntad de las personas a la hora de disponer de sus bienes, permite que se coloque al fiduciario en el centro de la familia y del patrimonio, motivos suficientes para recomendar su utilización.

CAPÍTULO 11

LIBERTAD DE TESTAR, LEGÍTIMAS Y PERSONA UNIDA EN ANÁLOGA RELACIÓN A LA CONYUGAL. ASINCRONÍAS FAMILIARES EN EL CÓDIGO CIVIL[1]

M.ª Ángeles Egusquiza Balmaseda

Catedrática de Derecho Civil

Universidad Pública de Navarra

Investigadora del Institute for Advanced Research in Business and Economics

Sumario:

1 El trabajo se enmarca en el Proyecto I+D+i, RTI, Ministerio de Ciencia e Innovación. Gobierno de España, *La voluntad real del causante en las disposiciones mortis causa: aspectos transversales de la interpretación y cláusulas de especial conflictividad* (PID2020-115254RB-I00). IP. Marta Carballo Fidalgo (2021-2025).

I. Unión de hecho y cuestiones sucesorias

En el actual contexto social resulta una tarea necesaria la reflexión sobre el tratamiento sucesorio «mortis causa» que se ofrece, dentro del marco de la libertad dispositiva del testador, a quien ha convivido con él en análoga relación a la conyugal. Más allá del debate jurídico técnico que comporta, ésta es una cuestión sobre la que todos, ciudadanos y profesionales, tienen una opinión cuando dirigen su mirada hacía el estatuto jurídico que ofrece el Código civil, cuya obsoleta regulación demanda una imperiosa y pronta acción de reforma legal.

Para medir la repercusión práctica del tema parece oportuno que, como cuestión previa, se tengan presentes algunos de los datos que el Instituto Nacional de Estadística ofrece sobre la fisionomía actual de las familias españolas. Este aspecto tiene relevancia por cuanto, más allá del papel transformador que se otorga a la acción legislativa, encaminando o imponiendo conductas y modelos sociales, el otro rol de la ley, sobre todo en el ámbito del Derecho sucesorio, consiste en dar una respuesta ajustada a la realidad vivida; ponderando, cuando se trata del reconocimiento de derechos, la solución justa y equitativa.

Según la estadística publicada por el INE en la Encuesta Continua de Hogares (ECH) del año 2020, de un total de 11.307,2 parejas —casadas y no casadas—, las uniones de hecho ascienden al total de 1.826,9. Aunque la información no desagrega las parejas —registradas o no—, ello supone, en todo caso, que un 16 % de ese global optó por conformar su relación a través de ese tipo de unión.

	Total (Parejas)	Pareja de distinto sex	Pareja del mismo sex	Pareja del mismo sexo
2020				
Total (Parejas)	11.307,2	11.191,9	70,6	44,7
Pareja casada	9.480,4	9.424,5	37,1	18,8
Pareja de hecho	1.826,9	1.767,5	33,5	25,9
2019				
Total (Parejas)	11.344,6	11.244,0	59,7	40,9
Pareja casada	9.563,1	9.509,2	32,6	21,3
Pareja de hecho	1.781,5	1.734,8	27,0	19,6
2018				
Total (Parejas)	11.280,9	11.184,7	61,4	34,8
Pareja casada	9.655,1	9.608,2	27,2	19,7
Pareja de hecho	1.625,8	1.576,5	34,2	15,0
2017				
Total (Parejas)	11.298,6	11.219,7	47,4	31,5
Pareja casada	9.650,5	9.607,9	24,5	18,0
Pareja de hecho	1.648,1	1.611,8	22,9	13,4
2016				
Total (Parejas)	11.144,6	11.049,2	66,2	29,1
Pareja casada	9.566,3	9.512,2	38,9	15,3
Pareja de hecho	1.578,2	1.537,0	27,4	13,8
2015				
Total (Parejas)	11.214,9	11.121,5	52,9	40,5
Pareja casada	9.586,2	9.533,7	28,5	24,0
Pareja de hecho	1.628,7	1.587,8	24,4	16,4
2014				
Total (Parejas)	11.402,0	11.310,1	53,7	38,2
Pareja casada	9.799,1	9.743,8	30,7	24,6
Pareja de hecho	1.602,9	1.566,4	23,0	13,6
2013				
Total (Parejas)	11.456,5	11.373,0	46,8	36,8
Pareja casada	9.889,1	9.841,0	25,6	22,4
Pareja de hecho	1.567,4	1.531,9	21,2	14,3

Estos datos han sido recientemente ratificados en el Informe «Los notarios y la familia», 14 de mayo de 2024, elaborado por el Centro de Información y Estadística del Notariado (CEIN). En él se puede leer que en «2023 los notarios autorizaron 36.307 acuerdos relativos a uniones de hecho frente a los 28.433 de 2022, lo que supone un incremento interanual del 27,7 %». Apreciando que «se trata de una tendencia que ha ido constante y significativamente al alza, con un aumento particularmente notable desde 2016 hasta 2023 del 513 %, manteniéndose estable incluso durante la pandemia ocasionada por la COVID-19. Entre 2007 y 2023, el número total de acuerdos de uniones de hecho autorizados en España por los notarios aumentó en un 2.172 %, pasando de 1.598 en 2007 a 36.307 en 2023».

Gráfico: Evolución de acuerdos relativos a uniones de hecho ante notario celebradas en el período 2007-2023.

Fuente: CIEN

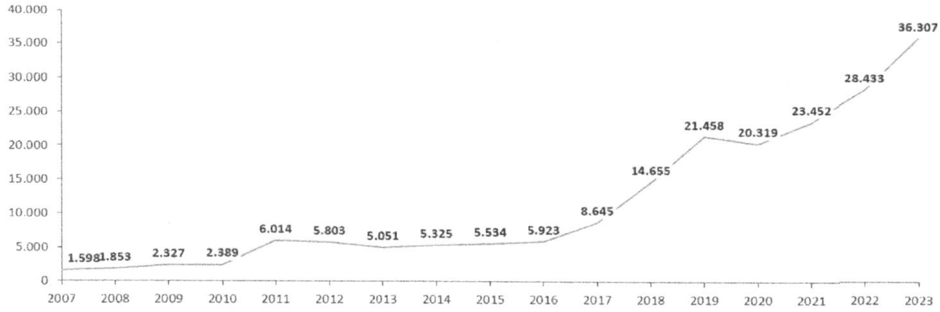

Ello está en línea con la estadística sobre este fenómeno familiar que apunta, en la última década, al incremento en un 249,5 % de esta forma de convivencia en pareja.

No extrañará, en consecuencia, que el tema de la extensión al conviviente supérstite no casado de los derechos sucesorios legales previstos para el cónyuge viudo sea un tema candente, a la vez que discutido, con numerosos y controvertidos posicionamientos doctrinales al respecto[2].

El debate sobre esta cuestión se inició en el siglo pasado con la presentación de distintas proposiciones de ley que perseguían una regulación general de este fenómeno familiar. A favor de extender el estatuto legal de la sucesión intestada del cónyuge viudo al supérstite conviviente, modificando los arts. 913, 943, 944 y 945 del CC, se mostraron el Grupo Parlamentario Federal de Izquierda Unida-Iniciativa per Catalunya —Proposiciones de Ley 122/000064 (1994), 122/000049 (1996) y 122/000069 (1997)—, el Grupo Parlamentario

2 Espada Mallorquín, S., *Los derechos sucesorios de las parejas de hecho*, Thomson-Civitas, 2007, pp. 217 y ss.

Socialista —Proposición de Ley 122/000046 (1996)— o el Grupo de Coalición Canaria —Proposición de Ley 122/0000071 (1997)—. Estas iniciativas legislativas, de cariz moderado, no plateaban una total asimilación en el estatuto sucesorio entre uno y otro, aunque sí postulaban un igual tratamiento fiscal y sucesorio impositivo. Desde una óptica diferente, la Proposición de Ley Orgánica 122/000098 (1997) del Grupo Parlamentario Popular ofrecía otra respuesta, con la atribución voluntaria de algunos derechos sucesorios diluida en la regulación del contrato de unión civil. Iniciativas legislativas posteriores han continuado con la idea de esa equiparación para aquellas parejas o uniones que se constituyan legalmente, extendiendo sin restricción todo el régimen legal sucesorio del matrimonio, inclusive en lo relativo a la legítima[3].

A fecha de hoy, la iniciativa normativa sobre la cuestión está parada y el legislador estatal no parece que muestre mayor interés por acometer tal regulación. El hecho de que durante este periodo de tiempo las Comunidades Autónomas hayan cubierto el vacío normativo[4], dotándose de regulaciones

3 En cuanto al régimen jurídico de la pareja estable cabe destacar las Proposiciones de Ley 122/000048 (2000), Grupo Parlamentario Mixto; 122/000023 (2000) Grupo Parlamentario Socialista; 122/000028 (2000), Grupo Parlamentario Federal de Izquierda Unida; 122/000034 (2004), Grupo Parlamentario de Izquierda Verde-Izquierda Unida-Iniciativa per Catalunya Verds; 122/000069 (2008), Grupo Parlamentario de Esquerra Republicana-Izquierda Unida-Iniciativa per Catalunya Verds. Cabe indicar, como otras iniciativas frustradas, la Proposición de Ley 122/000306 de modificación de la Ley de 8 de junio de 1957, reguladora del Registro Civil, para el acceso de la unión estable de pareja o pareja de hecho al Registro Civil (2003), Grupo Mixto.

4 Todas las Comunidades Autónomas, según su capacidad competencial, han legislado sobre este fenómeno familiar: Ley de la Comunidad de Andalucía 5/2002, de 16 de diciembre, de Parejas de Hecho; Decreto legislativo 1/2011, de 22 de marzo, del Gobierno de Aragón, por el que se aprueba, con el título de «Código del Derecho Foral de Aragón», el Texto Refundido de las Leyes civiles aragonesas (arts. 303-315); Ley del Principado de Asturias 4/2002, de 23 de mayo, de Parejas Estables; Ley de las Illes Balears 18/2001, de 19 de diciembre, de Parejas Estables; Ley 5/2003, de 6 de marzo, para la regulación de las Parejas de Hecho en la Comunidad Autónoma de Canarias; Ley de Cantabria 1/2005, de 16 de mayo, de Parejas de Hecho de la Comunidad Autónoma de Cantabria; Decreto 124/2000, de 11 de julio, por el que se regula la creación y el régimen de funcionamiento del Registro de Parejas de Hecho de Castilla-La Mancha, modificado por Decreto 120/2022, de 8 de noviembre; Decreto 117/2002, de 24 de octubre, por el que se crea el Registro de Uniones de Hecho en Castilla y León y se regula su funcionamiento; Ley 25/2010, de 29 de julio, del libro segundo del Código civil de Cataluña, relativo a la persona y la familia (arts. 234-1 a 14); Reglamento regulador del Registro de Parejas de Hecho de la Ciudad Autónoma de Melilla de 28 de enero de 2008; Registro de Uniones de Hecho del Ayuntamiento de Ceuta, creado por acuerdo del Pleno de la Asamblea de 11 de abril de 1997; Ley 5/2012, de 15 de octubre, de Uniones de Hecho Formalizadas de la Comunitat Valenciana; Ley 5/2003, de 20 de marzo, de Parejas de Hecho de la Comunidad Autónoma de Extremadura; Ley 2/2006, de 14 de junio, de Derecho civil de Galicia y Ley 10/2007, de 28 de junio, de reforma de la disposición adicional tercera de la Ley 2/2006, de 14 de junio, de Derecho Civil de Galicia; Ley 11/2001, de 19 de diciembre, de Uniones de Hecho de la Comunidad de Madrid; Ley 7/2018, de 3 de julio, de Parejas de Hecho de la Comu-

conformes a sus competencias, explica, aunque no justifique, tal desinterés. A ello no ha sido ajeno la legitimación constitucional que la STC 93/2013 brindó a las legislaciones autonómicas sobre parejas estables o uniones de hecho, consolidando una situación que resulta de compleja reversión[5].

Con todo, el primer paso para avanzar en la reflexión sobre el estatuto sucesorio del supérstite no casado es la fijación de a qué conviviente habría que proteger[6], si al formalizado o institucionalizado, como se ha planteado por algunos autores[7], o bien a todos aquellos que tengan una larga situación convivencial «more uxorio», habida cuenta de la continuidad del estatus fáctico compartido vitalmente[8]. Los parámetros fijados por la STC 93/2013, en cuanto a la constitución y régimen de esa realidad familiar, ofrecen algunas pistas. La respuesta que se dé a la cuestión de inconstitucionalidad instada por la Sección 17.ª de la Audiencia Provincial de Barcelona, Auto de 6 de septiembre de 2023[9], en la que se pregunta por la adecuación constitucional de los art. 234-1 y 234-2 del CCCat, que entiende adquirida la condición de pareja estable por convivencia ininterrumpida de dos años, sin duda influirá sobre la intelección de esta cuestión. En este punto cabe recordar que la STC 93/2013 consideró una norma semejante, el art. 2.2 LFIJPE, que atribuía la condición de pareja a los que convivían de forma continuada durante un año, inconstitucional, pues imponía a los convivientes tal estatus sin contar con su voluntad expresa —art. 10.1CE—. El hecho de que se haya suscitado la cuestión, tras quince años de aplicación de esta legislación, no es una cuestión menor[10]. Tampoco lo es su trasfondo jurídico, la operatividad del art. 442.3 del CCCat que antepone, en el

nidad Autónoma de la Región de Murcia; Compilación de Derecho Civil o Fuero Nuevo de Navarra, modificada por la Ley Foral 21/2019, de 4 de abril (leyes 106-113); Ley del País Vasco 2/2003, de 7 de mayo, reguladora de las Parejas de Hecho; y Decreto 10/2013, de 15 de marzo, por el que se modifica el Decreto 30/2010, de 14 de mayo, por el que se regula el Registro de Parejas de Hecho de la Comunidad Autónoma de La Rioja.

5 Así, por ejemplo, mientras algunas regulaciones exigen requisitos semejantes al matrimonio para la constitución de pareja estable, debiendo no tener vínculo efectivo matrimonial o de pareja (Aragón, Baleares, País Vasco, Galicia, Navarra, Asturias, Andalucía, Castilla y León, Castilla-La Mancha y la Rioja), otras permiten tal constitución en caso de separación judicial (Madrid, Canarias, Extremadura, Cantabria, Murcia o Valencia) o separación de hecho (Cataluña).

6 En tal sentido Rubio Garrido, T., *Fundamentos del Derecho de Sucesiones*, Fundación Notarial, 2022, pp. 681 y ss.

7 Torres, T.F y Garcia Rubio, M.P., *La libertad de testar: el principio de igualdad, la dignidad de la persona y el libre desarrollo de la personalidad en el Derecho de sucesiones*, Fundación Coloquio Jurídico Europeo, Madrid, 2014, p. 159.

8 Rubio Garrido, T., Ob. cit., p. 683, le plantea reparos la extensión normativa en atención a las circunstancias que se pueden dar y auspicio de la litigiosidad.

9 (ECLI:ES:APB:2023:14317A).

10 Lamarca Marquès, A., «Las parejas de hecho ante el tribunal constitucional», *InDret*, n.º 2, 2024, pp. 1 y ss.

llamamiento intestado, al cónyuge viudo o conviviente respecto a los progenitores y ascendientes del causante[11], así como la disputa ligada al caso entre la madre del causante, abogado de profesión que murió intestado, y la pareja de éste, con la que convivió cinco años[12].

Un segundo tema relevante es el alcance de esa equiparación de los derechos sucesorios «mortis causa» en su forma y contenido, apuntados en la STC 93/2013. La opción entre la atribución de derechos «ex lege» e impuestos por ley, o la asignación de sólo los voluntarios que quiera otorgar el causante, con la remoción de los obstáculos que, hoy por hoy, establece el Código civil para el supérstite, como extraño en la sucesión, conforman los otros aspectos nucleares de la reflexión.

II. Razones a favor y en contra de la equiparación sucesoria «mortis causa» del supérstite no casado

Los argumentos que se esgrimen a favor y en contra de la extensión del estatus sucesorio al supérstite conviviente tienen suficiente entidad como

11 La AAP de Barcelona, n.º 14317/2023, 6 de septiembre de 2023 (RJ 5.º) ha planteado la cuestión de inconstitucional en los términos siguientes: «Estableciendo el artículo 234.1 del Código civil de Cataluña que la constitución de la relación de pareja de hecho se efectúa por la mera convivencia de los integrantes, anudando a tal convivencia el efecto de ser el conviviente supérstite heredero ab intestato del fallecido, a falta de disposición testamentaria o descendientes del segundo, surge a este tribunal la duda de si la indicada norma civil catalana, conforme la jurisprudencia señalada del Tribunal Constitucional, pudiera ser contraria al artículo 10.1 de la Constitución. En contra de lo que se plantea por la defensa... debe considerarse que lo prevenido en el artículo 234.1 sí establece un régimen obligatorio de constitución de pareja estable derivado de la convivencia, toda vez que la exclusión de tal régimen que prevén los apartados d) y e) del artículo 234.4 de igual Código, obligan imperativamente a los convivientes o al conviviente, respectivamente, a actos expresos y formales, lo que hace que se mantengan las dudas sobre la contradicción entre dichos preceptos y el artículo 10.1 de la Constitución, en los términos que dicho artículo ha sido interpretado por la sentencia arriba indicada (STS 93/2013), en cuanto a que la libertad de decisión de los ciudadanos de someterse al régimen de pareja de hecho debe implicar necesariamente actos concluyentes y expresos de sujeción al sistema de pareja de hecho, con las consecuencias que de ella deriven... procede plantear cuestión de inconstitucionalidad a los efectos de que por el Tribunal Constitucionalidad se decida si el señalado artículo 234.1 del Código civil de Cataluña, en relación con el artículo 442.3 del mismo texto civil, es contrario al artículo 10.1 de la Carta Magna».

12 Según se recoge en los razonamientos jurídicos de la AAP de Barcelona, n.º 14317/2023, 6 de septiembre de 2023, el Juzgado de 1.ª Instancia n.º 10 de Barcelona había dictado sentencia estimando la demanda de la conviviente del finado en su integridad y rechazando el planteamiento de la cuestión de constitucionalidad solicitada al estimar que el artículo 234.1 del Código civil de Catalunya no infringía ningún precepto de la Carta Magna. Estimó que, de la prueba documental y testifical aportada, había quedado demostrado que la actora y el causante, a la muerte de éste, formaban una pareja a los efectos del artículo 234-1 del CCCa al haber mantenido una relación estable, permanente, continua y pública, compartiendo domicilio y vida en común desde abril-marzo de dos mil quince.

para avalar tanto la modificación del régimen jurídico del Código civil, como la continuación del tratamiento segregado de la sucesión «mortis causa» del matrimonio respecto al no dispensado a la pareja o unión estable legal.

En el lado de las razones que respaldan ese impulso normativo, favorable a la atribución de derechos sucesorios «mortis causa», se encuentran las siguientes:

1.º- La constatación de una realidad social, como es la pareja estable, que resulta incuestionable[13], tanto en el ámbito nacional como internacional. Las propias previsiones que la UE efectúa para la resolución de los conflictos patrimoniales de las parejas estables, con elemento internacional, en el Reglamento (UE) 2016/1104 del Consejo, de 24 de junio de 2016, por el que se establece una cooperación reforzada en el ámbito de la competencia, la ley aplicable, el reconocimiento y la ejecución de resoluciones en materia de efectos patrimoniales de las uniones registradas, así como las reflexiones de la *Commision on European Family Law*, en sus *Principles of European Family Law* de 2024, sobre «De facto unions», acreditan la transcendencia jurídica de este fenómeno que genera un forma de convivencia y familia[14].

2.º- El acuerdo doctrinal de que las decisiones que se adoptan por el legislador en materia de derecho sucesorio suelen tener como ejes la convivencia, el afecto que se profesan quienes comparte vida y las necesidades que tras la muerte de uno de ellos pudiera tener el que sobrevive para seguir la comunidad de vida creada.

En relación con ese último punto hay algunos datos significativos que, si nos creemos que el ordenamiento jurídico ha de ser armónico y estructurarse con una arquitectura única, interpelan la realidad normativa del Código civil.

A pesar de que no hayan prosperado las proposiciones de ley antes referidas, como las posteriormente instadas como Proposiciones no de Ley, en el año 2017, por el Grupo Parlamentario Popular, sobre el tratamiento igualitario de las parejas de hecho en todo el territorio nacional (161/001602) y, en el año 2019, por el Grupo Parlamentario Mixto, relativo a garantizar los derechos de las parejas de hecho (161/004174), hoy por hoy, no se puede desconocer la asimilación que se ha llevado a cabo del conviviente con el cónyuge en determinados ámbitos jurídicos ligados o próximos al fenómeno sucesorio.

El primero, de especial importancia, es el tratamiento fiscal que se ofrece a la pareja de hecho o estable en el impuesto de sucesiones que se ha cedido

---

13 Espada Mallorquín, S., *Los derechos sucesorios,* cit., pp. 211 y ss. y «El reconocimiento de derechos sucesorios a las parejas de hecho en España», *Revista Chilena de Derecho Privado*, n.º 12, julio 2009, pp. 9 y ss.; Gete Alonso, C., Ysas Solanes, M., Navas Navarro, S. y Solé Resina, J. «Sucesión por causa de muerte y relaciones de convivencia», *Derecho de Sucesiones. Presente y futuro*, Universidad de Murcia, 2006, pp. 306 y ss.

14 https://ceflonline.net/wp-content/uploads/Spanish-De-Facto.pdf

por el Estado a la Comunidades Autónomas[15]. Así, por ejemplo, en Andalucía, el art. 26. A) Ley 5/2021, de 20 de octubre, de Tributos Cedidos de la Comunidad Autónoma de Andalucía, establece que: «Las parejas o uniones de hecho inscritas en el Registro de Parejas de Hecho de la Comunidad Autónoma de Andalucía o en registros análogos de otras administraciones públicas se equipararán a los cónyuges». Tales previsiones se repiten en el resto de las Comunidades Autónomas que han asumido este impuesto, ligándolas a la legislación autonómica propia sobre pareja o unión estable o de hecho[16].

El segundo viene dado por la estimación de las prestaciones sociales procedentes, singularmente la pensión de viudedad. Esta se extendió a la pareja estable por la Ley 40/2007, de 4 de diciembre, de medidas en materia de Seguridad Social, fijando una caracterización concreta de unión protegida, no exenta de controversia, que llevó a la declaración de inconstitucionalidad del apartado 5.° del derogado art. 174.3 del RDLTRLGSS de 1994 por la STC 40/2014, ya que, para las Comunidades Autónomas con Derecho civil propio, se remitía la consideración «de pareja de hecho» y su acreditación a lo fijado en su legislación específica. Resulta interesante que se hubiera incluido bajo el término de pensión de viudedad esta prestación extendida a la pareja estable y que se siga denominando de esta forma. El vigente art. 221 del TRLGSS[17], aun cuando la regula de manera independiente, sigue titulándola como «pensión de viudedad de la pareja de hecho», reconociéndose con carácter vitalicio en iguales condiciones que para el matrimonio. El derecho se atribuye al conviviente institucionalizado conforme a los parámetros que fija la ley: una relación «more uxorio», sin vínculo matrimonial o de pareja, con convivencia previa al hecho causante de la prestación —cinco años o

15 Art. 25.1.c) de la Ley 22/2009, de 18 de diciembre, por la que se regula el sistema de financiación de las Comunidades Autónomas de régimen común y Ciudades con Estatuto de Autonomía y se modifican determinadas normas tributarias.

16 Ejemplo de ello son, entre otras normas, el art. 42. bis de la Ley 10/2017, de 27 de octubre, la Rioja; el art. 3.4 del Decreto Foral Legislativo 250/2002, de 16 de diciembre, Navarra; el art. 25 de la Ley 9/2008, de 28 de julio, Galicia; o el art. 26 del Decreto Legislativo 1/2010, de 21 de octubre, Madrid.

17 «Se reconocerá como pareja de hecho la constituida, con análoga relación de afectividad a la conyugal, por quienes, no hallándose impedidos para contraer matrimonio, no tengan vínculo matrimonial con otra persona ni constituida pareja de hecho, y acrediten, mediante el correspondiente certificado de empadronamiento, una convivencia estable y notoria con carácter inmediato al fallecimiento del causante y con una duración ininterrumpida no inferior a cinco años, salvo que existan hijos en común, en cuyo caso solo deberán acreditar la constitución de la pareja de hecho de conformidad con lo previsto en el párrafo siguiente.
La existencia de pareja de hecho se acreditará mediante certificación de la inscripción en alguno de los registros específicos existentes en las Comunidades Autónomas o Ayuntamientos del lugar de residencia o mediante documento público en el que conste la constitución de dicha pareja. Tanto la mencionada inscripción como la formalización del correspondiente documento público deberán haberse producido con una antelación mínima de dos años con respecto a la fecha del fallecimiento del causante».

descendencia común— y constitución en documento público o inscripción registral previa, en dos años, al fallecimiento del causante. Son conocidas las oscilaciones del Tribunal Supremo en cuanto al modo en que ha de acreditarse esa situación de pareja, que se concreta en el art. 221.2 del TRLGSS. Así, tras la decisión de la STS de 7 de abril de 2021 (RJ 20211460) que, en atención a las circunstancias concurrentes —había existido una convivencia acreditada de treinta años con varios hijos en común, pero la unión no estaba registrada ni constaba en documento público—, admitió que podía ser acreditada por «el certificado de empadronamiento o cualquier otro medio de prueba válido en Derecho que demuestre la convivencia de manera inequívoca», se ha regresado al criterio de acreditación estricta según marca la norma —STS 24 marzo 2022 (JUR 2022, 124467)—. La Ley 21/2021, de 28 de diciembre, ha reconocido, además, a quienes cumplen aquellos requisitos formales, la prestación temporal de viudedad —art. 222 del TRLGSS— de manera homóloga al matrimonio que no hubiera durado un año[18].

Las razones que se esgrimen en contra de la atribución «ex lege» de derechos sucesorios a la pareja estable, o el reconocimiento de un estatuto asimilado al matrimonial, son también relevantes. A saber:

1.º- Matrimonio y pareja estable, como compendió la STC 93/2013, que declaró inconstitucional la mayor parte de la Ley Foral de Navarra 6/2000, de 3 de julio, para la Igualdad Jurídica de las Parejas Estables[19], «no son situaciones jurídicamente equivalentes, el legislador, dentro de su libertad de decisión, puede deducir razonablemente consecuencias de la diferente situación de partida». La primera está constitucionalmente garantizada, art. 32 CE, mientras que la segunda no. La pareja legalmente constituida no es un matrimonio aformal; en consecuencia, su regulación no vulnera las competencias exclusivas del Estado sobre la forma del matrimonio del art. 149.1.8 CE. El matrimonio genera «ope legis» una pluralidad de derechos y deberes, pero ello no se produce de modo jurídicamente necesario entre quienes mantienen una unidad de convivencia estable no basada en el matrimonio.

Esta diversa consideración tiene apoyo en la pluralidad de situaciones y relaciones vitales a la que se alude con el término de unión de hecho. En palabras de la STC 93/2013 la unión de hecho «agrupa una diversidad de supuestos de parejas estables que, no obstante, su heterogeneidad, com-

---

18 Pazos Pérez, A., «Protección de viudedad y parejas de hecho», *Temas Laborales*, n.º 163, 2022, pp. 185-215.

19 Egusquiza Balmaseda, M. A., «Cambio de rumbo legislativo de las parejas estables: SSTC 81/2003, de 11 de abril de 2013 y 93/2003, de 23 de abril de 2013», *Revista Doctrinal Aranzadi Civil-Mercantil*, n.º 5, 2013 (BIB 2013\1527); Martin Casals, M., «El derecho a la "convivencia anómica en pareja": ¿Un nuevo derecho fundamental?: Comentario general a la STC de 23.4.2013», *InDret*, n.º 3, 2013, pp. 3 y ss.; Barrio Gallardo, A., «La autonomía privada como límite a la regulación legal de las parejas de hecho», *Actualidad Jurídica Iberoamericana*, IDIBE, n.º 8, bis, 2018 (extraordinario), pp. 141 y ss.

parten ciertas notas comunes que permiten conformar una noción general unitaria». Estas se caracterizan, en principio, «como una relación estable de convivencia "more uxorio", cuyo elemento definitorio común queda cifrado en la voluntad libremente configurada de permanecer al margen del Derecho en cuanto a las consecuencias jurídicas inherentes a la institución matrimonial a que se refiere el art. 32 CE»; y tal exclusión «viene dada por la libre y voluntaria decisión de los integrantes de la pareja de no acceder a la formalización del vínculo matrimonial conforme a las previsiones legales».

El viejo axioma napoleónico de que la ley no debe preocuparse de quienes optan por vivir sus relaciones fuera del matrimonio, y por ende de la ley, se evidencia en la decisión constitucional; apuntándose, además, que el «elemento esencial de la constitución de la pareja de hecho es, por tanto, su conformación extramuros de la institución matrimonial por decisión propia de sus integrantes, adoptada en ejercicio de su libertad personal», pues «se vincula con sus convicciones y creencias más íntimas» (STC 47/1993, de 8 de febrero, FJ 4). «La posibilidad de elegir una u otra opción —matrimonio o pareja de hecho— se encuentra íntimamente vinculada al libre desarrollo de la personalidad (art. 10.1 CE), (ya que) el Estado no puede imponer una opción o limitar las posibilidades de elección salvo en virtud de los condicionamientos que pudieran resultar de las normas de orden público interno (SSTC 184/1990, de 15 de noviembre, FJ 3; y 51/2011, de 14 de abril, FJ 89)». En virtud del libre desarrollo de la personalidad los poderes públicos no pueden ni impedir o reprimir la convivencia more uxorio, ni imponer el establecimiento, contra la voluntad de los componentes de la pareja, de un determinado tipo de vínculo no asumido de consuno por éstos «de manera que aquel tipo de convivencia no formalizada se viera expuesta a una gravosa y penosa suerte o a soportar sanciones legales de cualquier índole». Este argumento es el que ha servido para declarar inconstitucional la conformación de pareja por el hecho fáctico convivencial.

Consustancial a esa libertad de decisión, adoptada en el marco de la autonomía privada de los componentes de la pareja, se indicó que era también el poder de gobernarse libremente en la esfera jurídica de ese espacio propio. Aspecto del que se concluyó que no cabía establecer un estatuto «ex lege» de los efectos patrimoniales y sucesorios, señalándose que la pareja ha de ordenar «por sí mismos su ámbito privado, el conjunto de derechos, facultades y relaciones que ostenten, si bien dentro de ciertos límites impuestos por el orden social, ya que la autonomía privada no es una regla absoluta».

2.º- No hay en el momento presente impedimentos legales, como se plantearon antaño, para contraer matrimonio por quien así lo desee; ni tampoco obstáculo para su disolución[20]. La ley 13/2005, de 1 de julio, permitió el matri-

---

20 Delgado Echeverria, J., «Autonomía privada y Derecho de sucesiones», *Autonomía de la voluntad en el Derecho Privado. Estudios en conmemoración del 150 aniversario de la Ley del Notariado*, T. I, Consejo General del Notariado, 2012, pp. 609 y ss.

monio entre personas del mismo sexo, eliminando el requisito de la heterosexualidad, a la vez que la Ley 15/2005, de 8 de julio, suprimió el sistema causal de separación y divorcio, facilitando la ruptura del matrimonio sin trabas. El sistema, además, se ha simplificado por la Ley 15/2015, de 2 de julio, tanto respecto a la forma de celebración del matrimonio, ante Notario o Letrado de la Administración de Justicia, como respecto a su disolución. En el momento presente, no concurriendo hijos menores no emancipados o mayores con medidas de apoyo atribuidas a esos progenitores, puede procederse a la separación o divorcio por mutuo acuerdo sin necesidad de alegación causal, por el acuerdo privado de quien contrajo matrimonio, con formulación de convenio regulador ante el Letrado de la Administración de Justicia, o, en escritura pública, ante Notario (arts. 82 y 87 CC).

III. ¿Derechos sucesorios del conviviente en relación análoga a la conyugal en el Código Civil?

El Código civil trata al conviviente supérstite como un extraño en la sucesión mortis causa en la vertiente positiva del reconocimiento de derechos legales o posición sucesoria familiar. Quien sobrevive al causante, habiendo tenido una convivencia «more uxorio», no cuenta con mejor posición que la de una amistad ajena al núcleo familiar. Recibirá aquello que voluntariamente haya dispuesto en testamento su pareja causante, y no más de lo que le permite la libertad dispositiva al difunto dentro del margen que le ofrece el respeto a las legítimas.

En el caso de que se fallezca sin testamento la cuestión se torna compleja, habiéndose planteado si cabría una aplicación analógica al conviviente supérstite del régimen jurídico sucesorio previsto para el cónyuge viudo[21]. El tema, a fecha de hoy, parece cerrado ante la realidad jurídica y postura mantenida por los tribunales. No se acepta la existencia de laguna legal en el llamamiento sucesorio intestado que omite al conviviente; y, por tanto, no cabe una extensión por vía de interpretación analógica de las reglas sucesorias «mortis causa» positivas que asignan derechos sucesorios al cónyuge viudo cuando se trata del supérstite de una relación convivencial. Así se entendió en la SAP de Tarragona de 3 de enero de 2000 (AC 2000, 853) y en la SAP de Vizcaya de 27 de julio de 2000 (AC 2000, 4943), siendo destacables

---

21 *Vid.* ESPADA MALLORQUÍN, S., *Los derechos sucesorios, cit.*, pp. 280 a 334; «El reconocimiento de derechos sucesorios a las parejas de hecho en España», *Revista Chilena de Derecho Privado*, n.º 12, julio 2009, pp. 40 a 48; GAGO SIMARRO, C. «Derechos "mortis causa" del conviviente supérstite», *Las legítimas y la libertad de testar*, dirs. CAPILLA RONCERO, F., ESPEJO LERDO DE TEJADA, M., ARANGUREN URRIZA, F.J., Thomson Reuters-Aranzadi, 2019, pp. 519 y ss.

las circunstancias en las que se emitieron tales resoluciones. En Cataluña la norma entonces aplicable era la Ley 10/1998, 15 de julio, de uniones estables de pareja, que no contemplaba la equiparación en los derechos sucesorios para la pareja de hecho heterosexual —(SAP de Barcelona de 29 marzo de 2007 (AC 2007,1071)—. En el País Vasco todavía no había visto la luz su Ley 2/2003, de 7 de mayo, reguladora de las parejas de hecho, que estableció aquella extensión. Hoy es el día que, en uno y otro ordenamiento civil, se dispensa igual tratamiento sucesorio «mortis causa» al matrimonio y pareja legalmente constituida que cumple con los requisitos que fijan sus leyes autonómicas.

Igual suerte han corrido las escasas demandas planteadas, en asuntos sujetos al régimen de Código civil, que han invocado la aplicación analógica de las reglas de la sucesión «mortis causa» fijadas para el cónyuge viudo. Ese ha sido el parecer de la SAP de Alicante de 15 de febrero de 2005 (JUR 2005, 109626) y la SAP de Granada de 2 de febrero de 2004 (JUR 2004,107132), afirmándose que resulta impensable la aplicación analógica del Código civil a la pareja estable por cuanto el fundamento de la atribución de los derechos sucesorios «ex lege» es el matrimonio.

El único camino que se puede seguir es el del ejercicio de la libertad testamentaria y atribución al supérstite de derechos sucesorios voluntarios. El Código civil no enmienda el descuido o aprensión del causante en la testamentifacción, aun cuando se tenga la voluntad de favorecer a la persona con la que se convive. En tal caso, la falta de previsión del causante puede conducir a situaciones como la que terminó siendo resuelta por la famosa sentencia de 17 de junio de 2003 (RJ 2003, 4605), que no deja de interpelar la justicia de una aplicación estricta de la ley. En ella se enjuiciaba una relación convivencial iniciada en 1940 entre la supérstite y el causante, tras la desaparición en la guerra civil del primer marido de aquella, y convivencia en pareja con el difunto durante 53 años. El fallecimiento abintestato abocó al llamamiento legal de la hermana como heredera y exclusión de la supérstite de la herencia, a pesar de la larga convivencia y su dedicación al finado. El fundamento del reconocimiento de la indemnización concedida se centró en el beneficio obtenido por el causante y su enriquecimiento injusto, ya que la conviviente «se dedicó en exclusiva a la atención del mismo y del hogar familiar prestándole total ayuda moral y material, lo que repercutió positiva y significativamente en la formación del patrimonio de aquél, al tiempo que acarreó un desentendimiento de su propio patrimonio, pues tal dedicación no sólo no le supuso ninguna retribución o compensación económica, sino que le impidió obtener beneficios privativos mediante el desarrollo de otra actividad en provecho propio (...) obligación resarcitoria ya nacida en vida del mismo, y en absoluto compensada». Interesa destacar que, en el pronunciamiento, no se hace referencia a ningún derecho sucesorio, ni se toma en consideración el enriquecimiento de la demandada. Cabe también evidenciar que el pleito se suscitó en Barcelona y la cuantía finalmente concedida fue equivalente a los derechos sucesorios legales de un cónyuge viudo sujeto a la legislación catalana: la cuarta parte de los bienes del causante, el ajuar de la vivienda común y el usufructo vitalicio de la vivienda familiar.

Igualmente, tal ha sido el parecer de la STS de 23 noviembre de 2004 (RJ 2004, 7385), en un supuesto en el que el causante convivió con la supérstite durante 16 años. En este caso aplicándose «el principio de protección al conviviente más perjudicado por la situación de hecho»; con la asignación, en el contexto del Código civil, de un tercio del patrimonio hereditario.

En fechas posteriores, la STS de 6 de mayo de 2011 (RJ 2011, 3843) ha reconocido la operativa en estos casos del enriquecimiento sin causa, en la modalidad de «condictio por inversión», asignando una compensación en cantidad, en vez de la participación en la herencia —como pretendía la supérstite—, del tercio que podría haberse dispuesto voluntariamente.

Cuando se ha otorgado testamento podría pensarse que se resuelve la cuestión, pero el ejercicio de la libertad dispositiva y cumplimiento de voluntad del causante depende de que existan, o no, legitimarios. Así, si el testador deja hijos comunes o de anterior matrimonio, la posibilidad de esa atribución al conviviente supérstite únicamente puede alcanzar al tercio de libre disposición —art. 808 CC—. A éste cabe instituirle como heredero o legatario, o incluso realizarle una donación, si la cuantía no excede de tales márgenes, como se admitió en la STS de 18 de noviembre de 1994 (RJ 1994,8777), pues tales liberalidades no tienen causa torpe. En el caso de que se concurra con los padres del disponente, el margen dispositivo se constriñe a la mitad del haber hereditario —art. 809 CC—.

Más allá de la reflexión sobre el sentido de mantener la legítima de los ascendientes, resulta interesante observar la interacción que ello puede implicar en la práctica. El tema se ha planteado en una de las pocas decisiones judiciales en las que se ha considerado, respecto del régimen del Código civil, la aplicación analógica al supérstite de las reglas sucesorias atinentes al cónyuge viudo, la SAP de la Málaga de 12 de diciembre de 1999 (AC 1999, 2595). En la comprensión del fallo ha de tenerse presente que, en ese momento, no cabía el matrimonio entre personas del mismo sexo. De ahí que quepa aventurar que, si la cuestión suscitada se hubiera dado en el momento presente, la solución quizá hubiera sido otra. En este caso la pareja, integrada por dos varones, había convivido durante más 30 años, obteniendo un gran patrimonio. En fechas previas a la muerte, el testador instituyó a su compañero como heredero universal de todos los bienes, atribuyó a su madre la legítima, y vendió a su pareja la mayor parte de su patrimonio. La impugnación por inoficiosidad, instada por la madre, se limitó a un tercio, tratándose al conviviente como cónyuge. La sentencia puso de relieve la atención y cuidados que el supérstite le había dispensado al causante hasta el final de su vida, así como su colaboración para la obtención del patrimonio hereditario. La decisión se justificó sobre la base de que la madre estaba de acuerdo con esa reducción, así como el sentido del pronunciamiento que «no colisiona con el orden público, pues en diferentes normas se viene consolidando los derechos de los convivientes homosexuales, al no discriminar en función de la condición u orientación sexual... el art. 16 de la Ley de Arrendamientos Urbanos de 1994, y art. 2.3 a) de la Ley 11-12-1995, núm. 35/1995, de ayudas y asistencia a las víctimas de delitos violentos y contra la libertad sexual, y la Resolución del Parlamento Europeo de 8-2-1994 (DOCE. C/61, 28-2-1994) entre otras».

La cuestión se ha vuelto a suscitar en la SAP Madrid de 19 enero de 2021 (JUR 2021,122558), respecto a la impugnación por los descendientes de la donación realizada por su progenitor causante a la pareja de éste. El criterio seguido, en este caso, ha sido el de la estricta aplicación de la ley. No se ha concedido mayor margen de libertad dispositiva que la que marca la legítima del art. 808 del CC, obligándose a la supérstite a restituir, por inoficiosidad, la parte excedente del tercio de libre disposición del bien donado por el fallecido.

IV. Las asincronías del Código Civil respecto del conviviente: ¿extraño en el ámbito sucesorio «mortis causa»?

Esta regulación positiva del Código civil que, parte del tratamiento del conviviente supérstite en la sucesión «mortis causa» de su pareja fallecida como un extraño al círculo familiar, presenta varias contradicciones relevantes que desdicen que la convivencia no sea elemento determinante en el estatuto sucesorio «mortis causa». Son previsiones legales que, aunque justificadas, reflejan la incoherencia del sistema y la aceptación parcial de la realidad familiar que comporta la convivencia «more uxorio».

La primera de ellas se halla ligada a la libertad dispositiva del causante y las posibilidades que otorga al testador el artículo 831 del CC. Este precepto, que ha regulado tradicionalmente la delegación de la facultad de mejorar, en ese guiño que se hizo a los derechos forales en su inclusión en el Código civil, recoge la fiducia sucesoria, históricamente atribuida al cónyuge, respecto de la distribución de la mejora a los hijos y descendientes comunes[22].

La reforma introducida en el art. 831 del CC, por la Ley 41/2003, permitió que el causante pudiera otorgar esa facultad también al conviviente y/o progenitor con el que se hubiera tenido descendencia. En este sentido se manifiesta

22 VALLET DE COYTISOLO, J. B., «Artículo 831», *Comentario del Código civil,* T.I., Ministerio de Justicia, 1991, pp. 2054 y ss.; MARTÍNEZ SANCHIZ, J. A., «El artículo 831 y el *favor viduitatis*», *El patrimonio sucesorio. Reflexiones para un debate reformista*, Dirs. LLEDÓ YAGÜE, F., FERRER VANRELL, M.P. Y TORRES LANA, J.A., T.I, Dykinson, 2014, pp. 970 y ss.

el número 6 del citado art. 831 CC, señalando que «(l)as disposiciones de los párrafos anteriores también serán de aplicación cuando las personas con descendencia común no estén casadas entre sí». La ingeniería jurídica que permite el precepto, facultando que el supérstite fiduciario, progenitor de los hijos comunes, pueda contar con la administración de los bienes objeto de mejora (art. 831.2 CC), incluso hasta su muerte, si el ejercicio de esa facultad se prevé por el delegante que pueda realizarla ese delegado en su testamento[23], posibilitaría, por un camino un poco tortuoso, dejar a éste el control de hasta los dos tercios del patrimonio hereditario, cuando se le hubiera asignado al supérstite fiduciario el tercio de libre disposición[24]. En caso de que los hijos comunes fueran menores de edad, a ello se unirá la gestión y administración que, en virtud de la responsabilidad parental y representación de éstos, le corresponda en cuanto al haber hereditario y legítima (arts. 154.2 y 164 del CC). Esta es una vía indirecta, con la que se ha intentado ofrecer una cierta apertura a la libertad dispositiva del causante, cuya aplicación se enfrenta a la interpretación restrictiva que se ha realizado de la no sujeción a plazo del pago de la legítima estricta —STS de 24 mayo de 2019 (RJ 2019, 2113)[25]—.

Con todo, las asincronías más relevantes que presenta el Código civil respecto a la consideración del conviviente son, sin embargo, las que figuran insertas en el régimen de la indignidad y la desheredación. A tal efecto sí que la «persona unida en análoga relación a la conyugal» se asimila al cónyuge, y tiene un tratamiento igual a éste, a fin de sancionar civilmente a los llamados a la herencia o facultar, como causa justificada, la privación de los derechos legales de los legitimarios por determinados comportamientos que afectan a aquella. Estas previsiones legales se introdujeron por la Ley 15/2015, de 2 de julio, a través de su disposición final primera, sesenta y ocho, que dio una nueva redacción a los apartados 1, 2 y 3 del art. 756 del CC, sin percatarse de la interacción de esa modificación con las reglas que, por remisión, resultan aplicables para la desheredación de los arts. 853, 854 y 855 del CC. Ello resulta un ejemplo palpable de la limitada visión legislativa estatal y la incongruencia del sistema sucesorio del Código civil, que se encuentra lastrado por falta de regulación, en sede civil, de las parejas estables.

Según el art. 756 del CC son incapaces de suceder por causa de indignidad, sanción civil que supone un reproche moral por la afrenta que implica para el causante la conducta tipifica, tanto en la sucesión testada como intestada[26]:

---

23 Zurilla Cariñana, M. A., «Artículo 831», *Comentarios al Código civil*, Dir. Bercovitz-Rodríguez Cano, R., 5.ª ed., Aranzadi, 2021, pp. 1100 y ss.

24 Ragel Sánchez, L.F., «Artículo 831», *Comentarios al Código civil*, Dir. Bercovitz Rodríguez Cano, R., T. V, Tirant Lo Blanch, 2013, pp. 6181 y ss.

25 Díaz Tejeiro, C. M., «Delegación de la facultad de mejorar y pago de la legítima», *Cuadernos de Civitas de Jurisprudencia Civil*, 2020, n.º 112, pp. 289-306.

26 Noriega Rodríguez, L., *La indignidad para suceder en el Derecho común; especial referencia a sus causas,* Aranzadi, 2023, pp. 15 a 22.

«1.º El que fuera condenado por sentencia firme por haber atentado contra la vida, o a pena grave por haber causado lesiones o por haber ejercido habitualmente violencia física o psíquica en el ámbito familiar al causante, su cónyuge, persona a la que esté unida por análoga relación de afectividad o alguno de sus descendientes o ascendientes.

2.º El que fuera condenado por sentencia firme por delitos contra la libertad, la integridad moral y la libertad e indemnidad sexual, si el ofendido es el causante, su cónyuge, la persona a la que esté unida por análoga relación de afectividad o alguno de sus descendientes o ascendientes».

Como se puede comprobar, por el texto de las normas referidas, a los efectos de la sucesión del causante, el legislador atiende al estatus que tiene el conviviente respecto del *de cuius* para considerar al agresor indigno de la atribución de los derechos sucesorios legales o voluntarios que le pudieran corresponder como heredero o legatario.

Hay una valoración legal de que el que convive «more uxorio» con el causante integra su unidad familiar. Por tanto, el atentado a la vida de éste, daños a su persona, violencia física o psíquica, lesión a su libertad, integridad moral o indemnidad sexual, declarados por sentencia firme, o reconocidos por el agresor, merecen el mayor reproche en el ámbito sucesorio «mortis causa»[27]. Son *ex lege* una ofensa directa al causante, digna de esta sanción civil.

Tal consideración se proyecta sin definir, acotar, ni excluir a ningún conviviente «more uxorio», operando siempre que se trate de una persona unida por análoga relación de afectividad a la conyugal. Los términos genéricos en los que se expresa la norma, que suscita el interrogante sobre la situación «more uxorio» a la que se aplica —pareja registrada o no, con voluntad de permanencia o no, tiempo de convivencia corto o largo, etc.—, no dejan de ser un reflejo de la regulación penal. Pues, a diferencia del Código civil, el Código Penal dispensa a la persona unida por análoga relación de afectividad a la conyugal el mismo tratamiento que al cónyuge, considerando a aquella parte integrante de la familia y pariente a efectos penales.

Ello resulta palpable en las diversas normas que tienen en cuenta la relación de parentesco familiar, aludiéndose expresamente a este tipo de relación convivencial en el art. 23 del CP, circunstancias mixtas de parentesco, en relación con las que pueden agravar o atenuar la responsabilidad penal; en el art. 57.2 del CP, penas accesorias, en cuanto a la imposición de la pena; en los arts. 148.4 y 153.1 del CP, delito de lesiones, respecto de la fijación penas; en el art. 171.4 del CP, delito de amenazas, para la determinación del

---

27 Sobre el rigor que implica la actual dicción de la norma, por cuanto exige sentencia penal firme, y su posible desajuste con el espíritu que anima esta institución del derecho sucesorio, poniendo de relieve que no sería aplicable la indignidad a quien, por distintas circunstancias, no se hubiera condenado penalmente o fueran inimputables penalmente *Cf.* Noriega Rodríguez, L., *La indignidad, cit.*, pp. 33 y ss.

castigo; en el art. 172.2 del CP, delito de coacciones, en la tipificación del sujeto pasivo del delito; en el art. 173.2 del CP, delito de torturas e integridad moral, en cuanto a la delimitación del sujeto pasivo del delito; en el art. 180.4 del CP, delito de agresiones sexuales, para la determinación del castigo; en el art. 197.7 del CP, delito de descubrimiento y revelación de secretos, para la determinación de la pena; en el art. 340 bis.2.g) del CP, delitos contra los animales, en la delimitación de la pena; en el art. 425 del CP, delito de cohecho, para la delimitación del hecho delictivo; en el art. 443.1 y 3 del CP, negociaciones y actividades prohibidas a los funcionarios públicos y de los abusos en el ejercicio de su función, para la determinación de las penas; y en el art. 454 del CP, delito de encubrimiento, para la exoneración de la responsabilidad penal.

La comisión de esos hechos delictivos contra el conviviente «more uxorio» constituye, además, por la remisión que se efectúa en sede de desheredación a las causas de indignidad, motivo para la privación de las legítimas. El testador puede apartar a los legitimarios de sus derechos hereditarios cuando incurran en los hechos tipificados por las normas.

Así, en cuanto a los hijos y descendientes, sean propios del causante o comunes con el conviviente, el art. 853 del CC considera justas causas de desheredación los supuestos contemplados «en el artículo 756 con los números 2, 3, 5 y 6». De esta tipificación, y los términos de los motivos a los que alude el precepto, se desprende que serán justas causas para ello, por afectar a la persona que convive con el testador, las recogidas en el apartado primero del número 2 del art. 756 del CC. El testador podrá desheredar a los hijos o descendientes, ya sean autores materiales, inductores, cooperadores necesarios o cómplices, que hayan sido condenados por sentencia firme, o reconozcan los hechos[28], por haber atentado contra la libertad de la persona unida al causante por análoga relación de afectividad a la conyugal —arts. 163 a 172 ter CP—, o por vulnerar su integridad moral —173 CP—, o por cometer contra éste alguno de los hechos tipificados como delito contra su libertad e indemnidad sexual —arts. 178 a 194 del CP—. El art. 853 del CC no menciona el supuesto del n.º 1 del 756 CC, atinente a la condena de los descendientes por ir contra la vida de la pareja «more uxorio» de su progenitor o ascendiente, situación plausible si se quisiera eliminar a un posible rival en la sucesión testamentaria. Dado el carácter taxativo de las causas de desheredación habrá que entender que, en tal caso, no procederá la invocación de ésta como justa causa de desheredación, ni privar a aquellos de su derecho a la legítima, aunque ello no impida que opere y se aprecie la indignidad suce-

28 Ordás Alonso, M., *La desheredación y sus causas*, Wolkers Kluwer, 2021, p. 231 pone de relieve esta exigencia tipificada, pero también advierte la posibilidad de que la jurisdicción civil se pronuncie sobre la indignidad, en caso de muerte del inculpado, rebeldía, prescripción del delito, aunque se haya sobreseído el proceso penal por tales causas. Hallándose en trámite el proceso no se impide la desheredación, la eficacia quedará condicionada a la sentencia condenatoria (SAP de Murcia de 19 de noviembre de 2012, n.º 520/2012).

soria. En este punto parece que existe, más que una decisión consciente del legislador, una omisión de ajuste de las remisiones del art. 853 del CC a las previsiones del art. 756 del CC. Pues no se puede desconocer que esas reglas de la desheredación no fueron actualizadas en la reforma de 2015.

En el caso de que los legitimarios sean los padres y ascendientes, el art. 854 del CC señala como justas causas de desheredación las referidas en el «artículo 756 con los números 1, 2, 3, 5 y 6». De estas, dada la tipificación que se realiza en el precepto, son susceptibles de fundamentar justa causa de desheredación, por dirigirse contra el conviviente, las de los números 1 y 2 del 756 del CC. En este caso sí que el atentando contra su vida, inducción o cooperación, las lesiones, violencia física o psíquica —amenazas, coacciones— que le irroguen a aquel, declaradas por sentencia o reconocidas por quienes llevaron a cabo esas conductas, permitirán la desheredación de padres o ascendientes. Éstos podrán ser apartados de la herencia y el testador contará con una mayor libertad dispositiva; pudiendo, en tales casos, instituir como heredero universal al supérstite.

Por último, el testador podrá desheredar a su «cónyuge» por las ofensas que éste irrogue a su conviviente «more uxorio» conforme a los arts. 855 y 756.2 del CC. El «cónyuge» del testador habrá tenido que ser condenado por sentencia firme, o reconocer los hechos delictivos cometidos contra quien tenía una relación análoga a la conyugal con su cónyuge, que afecten a la libertad del conviviente —arts. 163 a 172 ter CP—, su integridad moral —art. 173 CP—, o su libertad e indemnidad sexual —arts. 178 a 194 del CC—. Hay que recordar que, para que tenga sentido la desheredación, debe existir un vínculo matrimonial efectivo y no debe haberse roto la relación convivencial entre los cónyuges, no debiendo éstos estar divorciados ni separados legalmente, ni de hecho —art. 834 CC—. La remisión genérica que efectúa el art. 855 del CC al 756.2 CC plantea la cuestión de la situación fáctica a la que cabría referir tales disposiciones, si sólo a las relaciones convivenciales que el testador tuvo en el pasado, antes de contraer matrimonio, o también las que pudiera tener constante matrimonio, no hallándose separado ni de hecho de su cónyuge. La falta de precisión de la norma conduce a esta situación singular que no deja de resultar anómala, pues el incumplimiento de los deberes conyugales, por parte del testador causante —específicamente el de fidelidad del art. 68 CC—, entraña a su vez para él una justa causa de desheredación, según prevé expresamente el art. 855.1 del CC, por el incumplimiento «grave o reiteradamente (de) los deberes conyugales»[29].

Esta es una muestra más de la esquizofrenia por la que transita el sistema sucesorio «mortis causa» del Código civil, así como de la difícil consideración de que sólo la relación matrimonial define legalmente el estatus sucesorio. Por ello, cabe preguntarse por la coherencia de este sistema, y dudar si el

29 ORDÁS ALONSO, M., *La desheredación, cit.*, pp. 360.

régimen puede quedar al margen de la consideración convivencial de las parejas estables. El interrogante sobre si media justificación para considerar que merece reproche jurídico el agravio infligido al causante-testador por el atentando contra su pareja «more uxorio», dado su vínculo afectivo y convivencial, pero éste es ineficiente para remover los obstáculos que limitan su tratamiento como familia en la sucesión positiva, resulta palpable.

V. Posición sucesoria del supérstite de la pareja estable en los derechos forales o especiales

5.1. Contexto general

Como ya se ha puesto de relieve anteriormente, la falta de actualización del régimen sucesorio del Código civil contrasta con la vitalidad normativa y actuaciones legislativas de los Derechos civiles autonómicos —forales o especiales— «ex» art. 149.1.8 de la CE. En todos ellos, con mayor o menor extensión, se ha efectuado una equiparación en el tratamiento de las relaciones verticales de familia entre matrimonio y pareja estable o unión de hecho. Entre los aspectos en los que se ha incidido se halla la regulación de los derechos sucesorios que pudieran corresponder a quien convive y se ha constituido como pareja estable o unión de hecho «legalizada».

Los modelos de sistemas sucesorios seguidos para estas uniones convivenciales regularizadas se corresponden fundamentalmente con dos visiones: a) plena identificación impuesta por ley entre matrimonio y pareja estable, con extensión del estatuto jurídico previsto para el primero a la segunda; y b) remoción de los obstáculos que impiden que pueda dispensarse un tratamiento sucesorio «mortis causa» voluntario a las uniones «more uxorio» legalmente reconocidas equivalente al del matrimonio.

Esa primera opción legislativa ha sido la seguida en las normativas civiles de las Comunidades Autónomas de Cataluña, Baleares, Galicia y País Vasco.

La segunda vía ha sido adoptada por Aragón y Navarra; en el caso de esta última tras la declaración de inconstitucionalidad de su anterior normativa, que apostaba por una fórmula de plena equiparación legal. A este efecto ha de recordarse que la STC 93/2013 entendió que el art. 11 de la Ley Foral 6/2000, de 3 de julio, para la igualdad jurídica de las parejas estables, que extendía al miembro sobreviviente de la pareja estable el régimen previsto para el cónyuge viudo (usufructo legal de viudedad de carácter universal —ley 253—, llamamiento a la sucesión intestada —ley 304.5—; y prohibición de ser contador-partidor), contravenía el art. 10.1 de la CE, argumentando que:

> «...(las) modificaciones de (esas) leyes de la Compilación no se limitan a prever la posibilidad de que al miembro sobreviviente de la pareja estable se le reconoz-

can determinados derechos sucesorios, lo que hubiera dotado a la regulación de un carácter dispositivo, sino que establecen preceptivamente tales derechos, prescindiendo de la voluntad de los integrantes de la pareja, únicos legitimados para regular sus relaciones personales y patrimoniales y, en consecuencia, para acordar entre ellos los derechos que pueden corresponder a cada uno en la sucesión del otro. Si la constitución de una unión estable se encuentra fundada en la absoluta libertad de sus integrantes, que han decidido voluntariamente no someter su relación de convivencia a la regulación aparejada ex lege a la celebración del matrimonio, no resulta razonable que esa situación de hecho sea sometida a un régimen sucesorio imperativo, al margen de su concreta aceptación o no por los miembros de la pareja. Máxime cuando la Compilación de Derecho civil foral de Navarra ofrece una amplia regulación que permite instrumentar la sucesión de los integrantes de la pareja que, partiendo de la libertad de disposición declarada en la ley 149, cuentan con las opciones que les ofrecen las donaciones mortis causa (leyes 165 a 171), los pactos o contratos sucesorios regulados en el título IV del libro II o, finalmente, el testamento de hermandad a que se refieren las leyes 199 y siguientes. Por tal razón... incurren en inconstitucionalidad por vulneración del art. 10.1 CE».

Cabe destacar que, hasta la fecha, esas consideraciones del Tribunal Constitucional no han tenido más repercusión fuera de la ya derogada y reformada regulación navarra. No se han extendido al resto de normativas que han optado por el primer modelo de equiparación y atribución «ex lege» de derechos sucesorios a las parejas estables y, por tanto, no parece que esa opción pueda considerarse cerrada.

5.2. El modelo sucesorio de plena equiparación con el cónyuge viudo

Adoptado por Cataluña, Baleares, Galicia y País Vasco, la fórmula que se emplea es la de extender a la pareja legalmente constituida el estatuto sucesorio «mortis causa» previsto en esas legislaciones autonómicas para la convivencia matrimonial.

El régimen se limita a las parejas estables o uniones de hecho «legalizadas» que han cumplido con las exigencias y requisitos que prevén sus legislaciones autonómicas. Fuera de esa órbita de tutela quedan los convivientes que no se someten a la ley y cumplen con las exigencias que fijan sus normativas. Por ello, respecto de aquellas, no parece que pueda argumentarse que deseen permanecer al margen de la ley y, por ende, que el ordenamiento no debería tenerlas en cuenta. Si cumplen con las exigencias legales, lo que implica en una parte importante de las ocasiones efectuar declaraciones de voluntad de someterse a concretas reglas para la constitución legal de pareja y/o extensión del estatuto dispuesto para el matrimonio, la premisa se torna en cierta medida artificiosa. Se podría discutir si tal planteamiento no supone, por un afán de rebeldía o pose postmoderna, querer aplicar un «nomen» diverso, «pareja estable o unión de hecho», a una relación que se quiere jurídicamente con efectos «matrimoniales». Cabría cuestionar la bondad, o no, de tal pretensión. Pero, desde una perspectiva objetiva, si hay una voluntad de cumplimiento de la normativa fijada por el legislador autonómico para conseguir ese estatus, no parece que pueda afirmarse que los convivientes, que se constituyen legalmente como pareja estable o unión de hecho, se encuentren al margen de la ley.

Las fórmulas jurídicas que se han empleado para esta equiparación en los derechos sucesorios «mortis causa» presentan dos modalidades.

La primera, de mayor intensidad técnica, es la que refleja de forma expresa, en cada institución y regulación del estatuto sucesorio, la plena equiparación de la unión de hecho o pareja estable con las nupcias. Como filosofía ello implica algo más que una mera expresión de la extensión del estatuto sucesorio del matrimonio a la unión legal. Persigue evidenciar que existe entre ambos un compromiso del ordenamiento jurídico por su tratamiento en plena igualdad, equiparando uno y otro tipo de unión, a todos los efectos, y borrando las diferencias que pudieran percibirse entre tales uniones. Esta ha sido la vía seguida en el Código Civil de Cataluña y la Ley de Derecho civil del País Vasco.

La otra fórmula empleada se centra en la extensión del estatuto jurídico sucesorio dispuesto para el matrimonio a la pareja estable, mediante una declaración genérica en sede de su legislación específica sobre parejas. Siguen este modelo la Ley de las Islas Baleares 18/2001, de 19 de diciembre, de Parejas Estables, y la Ley de Derecho civil de Galicia, disposición adicional 3.ª.

Un rápido repaso por los derechos sucesorios legales que se reconocen al cónyuge viudo y conviviente, en cada uno de esos ordenamientos civiles, permite observar la dimensión que ello tiene en cada territorio y percibir su alcance general. También induce a la reflexión sobre la fortuna que pueda tener el supérstite conforme al estatuto sucesorio que resulte de aplicación a su relación de pareja, así como la potencial conflictividad que se puede suscitar entre uniones de hecho de españoles de distinta vecindad civil, careciendo de reglas específicas nuestro Derecho interregional en el Código civil. El asunto resuelto por la SAP de Navarra de 12 junio de 2002, n.º 99/2002 (JUR 2002,201896), en el que se aplicó por analogía el art. 9.2 del CC, a la pareja estable conformada por el causante, de condición civil navarra, y la supérstite, de vecindad civil común, constituye un buen ejemplo del tipo de problemas a los que nos enfrenta esta cuestión[30].

---

30 En el caso se entendió que era de aplicación, por analogía, el art. 9.2 CC, dado que la residencia de la pareja se hallaba en Agreda, siendo de condición civil navarra, la del causante, y la vecindad civil común, la de la supérstite. La AP de Navarra consideró que no cabía aplicar la legislación navarra, ni entender que la situación convivencial de más de un año —art. 2.3 LFIJPE— era constitutiva de pareja estable. Tal valoración implicó la exclusión de la conviviente en el llamamiento sucesorio intestado, previsto para el supérs-

Así, en Cataluña, el art. 234-14 del CCCa dispone expresamente que, a la extinción de la pareja estable por muerte de uno de los convivientes, el superviviente, además de ser compensado por razón del trabajo efectuado —art. 232-5.5 CCCa—, tendrá los derechos viduales que se reconocen al cónyuge: el derecho de predetracción del ajuar de la vivienda en la que se convivía con el fallecido, con exclusión de los bienes de extraordinario valor y procedencia familiar —art. 231-30 CCCa—, y el año de viudedad que, a quien no tenga el usufructo universal, le faculta para seguir utilizando la vivienda familiar y ser alimentado a cargo del patrimonio hereditario —art. 231-31 CCCa—.

El testador catalán puede atribuir a su conviviente hasta tres cuartas partes de su patrimonio, existiendo legitimarios —descendientes y ascendientes del causante, arts. 451.3 y 451.4 CCCa—, siendo la legítima *pars valoris* —art. 451.5 CCCa—[31]. El supérstite de la pareja estable cuando concurra con ésos, art. 442-3 CCCa, «tiene derecho al usufructo universal de la herencia», libre de fianza; con la opción de conmutación que le reconoce el artículo 442-5 CCCa[32].

En el llamamiento intestado, la herencia se defiere a su favor, después de hijos y descendientes, y antes que a los ascendientes, aunque éstos conservan el derecho a la legítima —art. 441-2.3 y 442-3.2 CCCa—. También goza del derecho a la cuarta vidual, art. 452-1 CCCa, cuando fallecido el conviviente con el que se encontraba en pareja «con los bienes propios, los que puedan corresponderle por razón de liquidación del régimen económico matrimonial y los que el causante le atribuya por causa de muerte o en consideración a esta, no tenga recursos económicos suficientes para satisfacer sus necesidades»; lo que determina para éste un «derecho a obtener en la sucesión del cónyuge o conviviente premuerto la cantidad que sea precisa para atenderlas, hasta un máximo de la cuarta parte del activo hereditario líquido, calculado de acuerdo con lo establecido por el artículo 452-3». Estas necesidades se determinan atendiendo al «nivel de vida de que disfrutaba durante la convivencia y el patrimonio relicto, así como su edad, el estado de salud, los salarios o rentas que esté percibiendo, las perspectivas económicas previsibles y cualquier otra circunstancia relevante». Este es un derecho independiente de los antes referidos que, en sede de Derecho de familia, se le asignan —derecho de predetracción y any de plor— (STSJ de Cataluña de 6 de marzo de 2006)[33].

---

tite en el art. 11 LFIJPE, y entrega de la herencia a los hermanos del difunto, habiéndose producido el óbito en vísperas de que la pareja contrajera matrimonio.

31 Del Pozo Carrascosa, P., Vaquer Aloy, A. y Bosch Capdevilla, E., «Capítulo 15. La legítima», *Derecho civil de Cataluña. Derecho de sucesiones*, Marcial Pons, 2009, pp. 384 y ss.

32 AA. VV., «El orden de suceder», *Comentarios al Código civil de Cataluña*, Coords. Puig Blanes, F. P. y Sospedra Navas, F. J, T.II, 3.ª ed., Thomson Reuters, 2020, pp. 395 y ss.

33 AA. VV., «La cuarta vidual», *Comentarios al Código civil de Cataluña*, Coords. Puig Blanes, F.P. y Sospedra Navas, F.J, T. II, 3.ª ed., Thomson Reuters, 2020, pp. 462 y ss.

Cabe recordar que la legislación catalana ha sido la más aperturista, hasta la fecha, en cuanto a la exigencia de los requisitos para la constitución de pareja estable, bastando la convivencia de dos años ininterrumpidos o tener descendencia común, y pudiéndose formalizar en escritura pública —art. 234-1 CCCa—. No requiere, a diferencia de la mayor parte de las leyes autonómicas sobre parejas, la inexistencia de vínculo matrimonial, ya que solo «las personas casadas y no separadas de hecho y las que convivan en pareja con una tercera persona» no pueden ser reconocidas como pareja legal —art. 234-2 CCCa—.

Por su parte, la Ley 5/2015, de 25 de junio, de Derecho Civil del País Vasco, siguiendo una técnica semejante, incluye a la pareja de hecho legalmente constituida[34] en todas las instituciones sucesorias «mortis causa» y derechos que se ligan al matrimonio —arts. 28, 45.9 y 55 LDCPV—.

En la sucesión voluntaria, los convivientes pueden nombrarse recíprocamente comisarios en el pacto regulador de su régimen económico patrimonial o sucesorio, en documento público ante Notario —art. 31 LDCPV—[35]. Este poder puede tener carácter indefinido o extenderse a los años que viviere el supérstite, atribuyéndole la condición de representante, administrador y usufructuario del patrimonio hereditario —art. 41.1 y 3 LDCPV—[36]. Existiendo descendientes, legitimarios en cuota colectiva del tercio del valor de la herencia, el causante podrá nombrarle usufructuario universal de todo el patrimonio hereditario —art. 57.1 LDCPV—, no afectando a la intangibilidad de la legítima —art. 56.2 LDCPV—[37], y/o atribuirle la mitad del haber hereditario en plena propiedad[38]. Careciendo de descendencia, el causante podrá instituir al conviviente en testamento o pacto sucesorio como heredero universal.

34 A este respecto hay que tener en cuenta que la Ley 2/2003, de 7 de mayo, reguladora de las parejas de hecho en el País Vasco, arts. 2 y 3, exigen requisitos semejantes a los que deben concurrir para la celebración del matrimonio, además de la inscripción constitutiva en el Registro de Parejas de Hecho de la Comunidad Autónoma del País Vasco, debiendo tener al menos uno de los integrantes la vecindad civil vasca.

35 URRUTIA BADIOLA, A., «Artículo 31», *Análisis sistemático de la Ley 5/2015, de 25 de junio, de Derecho Civil Vasco*, Dirs. URRUTIA BADIOLA, A., LLEDÓ YAGÜE, F. Y MONJE BALMASEDA, O., Dykinson, 2020, pp. 356 y ss.

36 URRUTIA BADIOLA, A., «Artículo 41», *Análisis sistemático de la Ley 5/2015, de 25 de junio, de Derecho Civil Vasco*, Dirs. URRUTIA BADIOLA, A., LLEDÓ YAGÜE, F. Y MONJE BALMASEDA, O., Dykinson, 2020, pp. 409 y ss.

37 LLEDÓ YAGÜE, F., «Artículo 56», *Análisis sistemático de la Ley 5/2015, de 25 de junio, de Derecho Civil Vasco*, Dirs. URRUTIA BADIOLA, A., LLEDÓ YAGÜE, F. Y MONJE BALMASEDA, O., Dykinson, 2020, pp. 505 y ss.

38 LLEDÓ YAGÜE, F., «Artículo 57», *Análisis sistemático de la Ley 5/2015, de 25 de junio, de Derecho Civil Vasco*, Dirs. URRUTIA BADIOLA, A., LLEDÓ YAGÜE, F. Y MONJE BALMASEDA, O., Dykinson, 2020, pp. 509 y ss. pone de relieve la demanda social a favor de esta medida y facultad que otorga el ordenamiento, manteniendo viva la posibilidad de la cautela socini. Así, por ejemplo, puede instituir al miembro supérstite en el usufructo universal, disponiendo que los descendientes que no lo acepten no recibirán más que su participación en la legítima colectiva, perdiendo toda atribución en la parte de libre disposición.

En los derechos sucesorios legales, el art. 52 de la LDCPV[39] atribuye a la pareja supérstite la legítima «en el usufructo de la mitad de todos los bienes del causante si concurriere con descendientes» y, no existiendo éstos, se le asigna «el usufructo de dos tercios de los bienes»; pudiéndose conmutar por una renta vitalicia, los productos de determinados bienes, o un capital en efectivo —art. 52.1—. Además, el art. 54 de la LDCPV[40] le asigna el derecho de habitación «en la vivienda (...) mientras no haga vida marital ni tenga un hijo no matrimonial o no constituya una nueva pareja de hecho». En la sucesión intestada de bienes no troncales, según dispone el art. 112 de la LDCPV, ocupa el segundo puesto en el orden de llamamientos; y, conforme al art. 114 de la LDCPV, «a falta de descendientes» sucede «con preferencia a los ascendientes y colaterales; conservando, en todo caso, sus derechos legitimarios de usufructo». Asimismo, dada su consideración de familia, se halla obligado a cumplir con la reserva vidual, salvo disposición contraria del causante, cuando pase a segundas nupcias, o constituya nueva pareja estable, o tenga un hijo que no sea del difunto cónyuge o pareja de hecho —art. 120 LDPV—.

En el caso de las Islas Baleares, la equiparación en los derechos sucesorios se prescribe en el art. 13 de su Ley 18/2001, de 19 de diciembre, de Parejas Estables[41], que prevé que «tanto en los supuestos de sucesión testada, como en los de intestada, el conviviente que sobreviviera al miembro de la pareja premuerto tiene los mismos derechos que la Compilación de Derecho Civil balear prevé al cónyuge viudo». Ello supone, conforme a lo dispuesto en este cuerpo legal, que en la sucesión testada el conviviente gozará, en Mallorca y Menorca, de la legítima del usufructo de la mitad del haber hereditario cuando existan descendientes, alcanzado ese usufructo a las dos terceras partes si concurren con los ascendientes del causante; suponiendo, en otro caso, el usufructo universal (art. 45 CDCIB-). Para la sucesión intestada ese derecho legal, en Mallorca y Menorca —art. 53 CDCIB— y en Ibiza y Formentera —art. 84 CDCIB—, determinará el usufructo de la mitad de la herencia si el supérstite concurre con descendientes, y el de dos tercios si lo es con ascendientes[42]. Por lo que respecta al llamamiento intestado, la remisión que

39 Lledó Yagüe, F., «Artículo 52», *Análisis sistemático de la Ley 5/2015, de 25 de junio, de Derecho Civil Vasco*, Dirs. Urrutia Badiola, A., Lledó Yagüe, F. y Monje Balmaseda, O., Dykinson, 2020, pp. 489 y ss.

40 Lledó Yagüe, F., «Artículo 54», *Análisis sistemático de la Ley 5/2015, de 25 de junio, de Derecho Civil Vasco*, Dirs. Urrutia Badiola, A., Lledó Yagüe, F. y Monje Balmaseda, O., Dykinson, 2020, pp. 498 y ss.

41 Conforme a los arts. 1 y 2 de la Ley 18/2001, de 19 de diciembre, de Parejas Estables, se requiere, junto con las exigencias que se precisan con carácter general para el matrimonio, inscripción constitutiva en el Registro de Parejas Estables, y convivencia durante un año en un domicilio común y vecindad administrativa de ambos en las Islas Baleares.

42 Vila Ribas, C., «Artículo 13. Régimen sucesorio», *Comentario a la Ley de Parejas Estables de las Illes Balears*, Govern de les Illes Balears, 2007, pp. 283 y ss.

se efectúa al Código civil, en el art. 53 de la CDCIB —Mallorca y Menorca— y en el art. 84 de la CDCIB —Ibiza y Formentera—, implicará que el conviviente ocupe el tercer puesto en el orden de llamamientos[43]. A ello se une la atribución a la pareja, en el art. 12 de la Ley 18/2001, de dos derechos de carácter familiar[44]. La predetracción de la «propiedad de la ropa, el mobiliario y los enseres que constituyen el ajuar de la vivienda común, sin que se computen en el haber hereditario», excluyendo «los objetos artísticos o históricos, los bienes de procedencia familiar y los de valor extraordinario atendiendo al nivel de vida de la pareja». Y la subrogación en el arrendamiento «si el causante era arrendatario de la vivienda (...) en los términos que establece la legislación sobre arrendamientos urbanos»[45].

En Galicia, la equiparación en los derechos sucesorios de los convivientes, se efectúa a través de la remisión que la disposición adicional 3.ª de la Ley 2/2006, de 14 de junio, de Derecho civil de Galicia[46], realiza a los derechos de los cónyuges. Para ello la pareja de hecho gallega ha de cumplir con los requisitos fijados en esa norma e inscribirse en el Registro de Parejas de Hecho de Galicia; acto que supone la asunción voluntaria de los efectos jurí-

---

43 LLODRÁ GRIMALT, F., «Capítulo 41. La sucesión intestada en Baleares», *Tratado de Derecho de Sucesiones*, T.II, Dir. GETE ALONSO Y CALERA, C., Thomson Reuters-Civitas, 2011, pp. 1713 y ss.

44 VILA RIBAS, C., «Artículo 12. Régimen sucesorio», *Comentario a la Ley de Parejas Estables de las Illes Balears*, Govern de les Illes Balears, 2007, pp. 267 y ss.

45 COCA PAYERAS, M., «Capítulo 53. Derechos del cónyuge viudo y conviviente en las Islas Baleares», *Tratado de Derecho de Sucesiones*, T.II, Dir. GETE ALONSO Y CALERA, C., Thomson Reuters-Civitas, 2011, pp. 1713 y ss. VILA RIBAS, C., «Artículo 12. Régimen sucesorio», *Comentario a la Ley de Parejas Estables de las Illes Balears*, Govern de les Illes Balears, 2007, pp. 2343 y ss.

46 1. A los efectos de la aplicación de la presente ley, se equiparan al matrimonio las relaciones maritales mantenidas con intención o vocación de permanencia, con lo que se extienden a los miembros de la pareja los derechos y las obligaciones que la presente ley reconoce a los cónyuges.
2. Tendrán la condición de parejas de hecho las uniones de dos personas mayores de edad, capaces, que convivan con la intención o vocación de permanencia en una relación de afectividad análoga a la conyugal y que la inscriban en el Registro de Parejas de Hecho de Galicia, expresando su voluntad de equiparar sus efectos a los del matrimonio. No pueden constituir parejas de hecho:
a) Los familiares en línea recta por consanguinidad o adopción.
b) Los colaterales por consanguinidad o adopción hasta el tercer grado.
c) Los que estén ligados por matrimonio o formen pareja de hecho debidamente formalizada con otra persona.
3. Los miembros de la unión de hecho podrán establecer válidamente en escritura pública los pactos que estimen convenientes para regir sus relaciones económicas durante la convivencia y para liquidarlas tras su extinción, siempre que no sean contrarios a las leyes, limitativos de la igualdad de derechos que corresponden a cada conviviente o gravemente perjudiciales para cada uno de los mismos.
Serán nulos los pactos que contravengan la anterior prohibición.

dicos que se detallan y que no se extienden a quien no hubiera satisfecho tal forma —ATSJ de Galicia de 30 de junio de 2010 (RJ 2010, 8701)—.

A tenor de ello, el supérstite de la pareja de hecho inscrita goza «ex lege», como legitimario, del usufructo vitalicio de una cuarta parte de la herencia, cuando concurre con descendientes (art. 253 LDCG); y, no existiendo éstos, cuenta con el usufructo de la mitad del haber hereditario (art. 254 LDCG). En la sucesión intestada será llamado tras los descendientes y ascendientes —art. 267 LDCG[47]—. En la sucesión voluntaria, por testamento o contrato sucesorio, se le podrá atribuir las tres cuartas partes del haber hereditario si coincide con descendientes (art. 243 LDCG), siendo la legítima de éstos de un cuarto y de naturaleza crediticia (art. 249 LDCG). Podrá ser instituido, igualmente, en el usufructo de todo o parte de la herencia (art. 228 LDCG). Y, no existiendo legitimarios descendientes, cabrá que se le instituya como heredero universal. Podrá igualmente el disponente conferir a su pareja supérstite poder testatorio, como comisario, a fin de ordenar su sucesión y facultarle el control de su patrimonio hereditario (arts. 196 a 202 LDCG).

5.3. El sistema de atribución voluntaria de derechos sucesorios «mortis causa»

Este es el otro modelo, que confía el estatus sucesorio a la asignación que los convivientes se otorguen por testamento o pacto sucesorio, fundamentado en el carácter libre y disciplina voluntaria de la relación que media en la pareja estable no casada. La fórmula, según se ha indicado anteriormente, es la que se ha adoptado en el Derecho civil aragonés y navarro.

En el caso de Aragón[48], su Código del Derecho Foral prevé expresamente, art. 311, «Derechos en caso de fallecimiento de uno de los convivientes», la posibilidad de que los convivientes, por vía de testamento o pacto sucesorio puedan atribuirse los derechos sucesorios voluntarios que estimen oportunos, sin más límites que los que resultan de la legítima y el «standum est chartae» (art. 318 CDFA). Esta legítima se ciñe a hijos y descendientes, tiene carácter colectivo, y asciende a la mitad del haber hereditario (arts. 486 CDFA). En consecuencia, no teniendo descendencia el disponente nada le impide para que pueda instituir a su pareja como heredera o legataria, en todo o parte del haber hereditario, o atribuirle el usufructo universal; derechos que decaerán

---

47 Nieto Alonso, A., «Capítulo 12. La sucesión intestada en el Derecho civil de Galicia», *Tratado de Derecho de Sucesiones*, T.II, Dir. Gete Alonso y Calera, C., Thomson Reuters-Civitas, 2011, pp. 1773 y ss.

48 Para la constitución de pareja estable no casada los arts. 303, 305 y 306 CDFA exigen, además de la convivencia «more uxorio» y requisitos semejantes para la celebración del matrimonio, convivencia durante dos año o manifestación de tal voluntad en escritura pública.

en caso de ruptura de la relación convivencial por aplicación analógica con el régimen del matrimonio (arts. 404 y 438 CDFA, según STSJ de Aragón de 21 de junio de 2005, núm. 7/2005 (RJ 2009, 4174)). El supérstite de la pareja no tiene la condición de herero forzoso, pero se le reconocen, en el n.º 1 y 2 del art. 311 CFDA[49], dos derechos «ex lege» de carácter familiar. Las aventajas, ajuar de la vivienda habitual, que implicará la entrega del «mobiliario, útiles e instrumentos de trabajo» con exclusión de «las joyas u objetos artísticos de valor extraordinario o de los bienes de procedencia familiar», así como de los bienes personales del fallecido —SAP de Huesca de 12 de febrero de 2016, núm. 26, (AC 2016, 583) —. Y el derecho a residir en la vivienda habitual gratuitamente durante un año, que dependerá «de la situación de la titularidad que el causante tuviera en vida, pues el conviviente supérstite no puede tener mejor título sobre la vivienda que el que disponía antes de la extinción de la pareja, por lo que si se hallan en situación de precario las previsiones de la norma no le amparan» —STSJ de Aragón de 7 de abril de 2015[50]—. Este derecho se proyecta sobre la vivienda que era familiar, y no procederá si el fallecido atribuyó al supérstite la propiedad de la vivienda o se trata de la arrendada —art. 16.1.b) LAU—.

Navarra, por su parte, tras la declaración de inconstitucionalidad del art. 11 de la LFPJPE por la STC 93/2013[51], ha optado en la Ley Foral 21/2019 por seguir, parcialmente, los dictados marcados por el Tribunal Constitucional. Ello ha implicado que no se atribuyan derechos sucesorios «ex lege» al miembro supérstite de la pareja estable[52], aunque sí se le reconoce la posibilidad de su asignación voluntaria[53]. A tal efecto la Ley 113 del FN dispone

49 ALONSO PÉREZ, M.T., «Artículo 311», *Comentarios al Código del Derecho foral de Aragón. Doctrina y Jurisprudencia,* Dir. DELGADO ECHEVERRIA, J., Dykinson-Gobierno de Aragón, 2015, pp. 47 y 476.

50 LÓPEZ AZCONA, A., «De las parejas estables no casadas», *25 años de jurisprudencia aragonesa. El derecho civil aragonés aplicado por los tribunales (1995-2019)*, Coords. BAYOD LÓPEZ, C. Y SERRANO GARCÍA, J. A., Tirant lo Blanch, 2020, pp. 1057 y ss.

51 EGUSQUIZA BALMASEDA, M. A., «Cambio de rumbo legislativo de las parejas estables: SSTC 81/2003, de 11 de abril de 2013 y 93/ 2003, de 23 de abril de 2013», *Revista Doctrinal Aranzadi Civil-Mercantil* n.º 5/2013, págs. 2 y ss.; NANCLARES VALLE, J., «Las parejas estables tras la inconstitucionalidad parcial de la Ley Foral 6/2000, de 3 de julio: el retorno de la unión de hecho», *Revista Crítica de Derecho Inmobiliario*, n.º 750, 2015, págs. 1859-1914.

52 Tras la reforma la constitución de la pareja estable en Navarra ha seguido las prescripciones de la STC 93/2013. Exigen en las leyes 105 y 107 del FN, además de requisitos homólogos al matrimonio y «convivencia more uxorio», una manifestación de voluntad en «documento público» de quererse configurar como tal, debiéndose inscribir en el Registro único de parejas estables de la Comunidad Foral de Navarra a los efectos de la prueba y publicidad que establezcan las normas. *Cf.* ANDREU MARTÍNEZ, B., «Leyes 106 y 107», *Comentarios al Fuero Nuevo. Compilación de Derecho civil foral de Navarra*, Dirs. RUBIO TORRANO E. Y ARCOS VIEIRA, M.L., Thomson-Reuters-Aranzadi, Cizur Menor, 2020, pp. 486 y ss.

53 EGUSQUIZA BALMASEDA, M. A., «Régimen patrimonial de las parejas estables». *Las relaciones patrimoniales entre cónyuges y parejas convivientes en los Derechos civiles autonómi-*

que «(e)n caso de extinción de la pareja estable por muerte o declaración de fallecimiento de uno de los convivientes, el sobreviviente solo tendrá los derechos sucesorios que se hubieran otorgado entre sí o por cualquiera de ellos en favor del otro, conjunta o separadamente, por testamento, pacto sucesorio, donación "mortis causa" y demás actos de disposición reconocidos en esta Compilación». La existencia de una legítima formal, que se limita a hijos y descendientes (ley 268 FN)[54], y que carece de contenido material (ley 267 FN)[55], permite que se pueda disponer por vía voluntaria a favor del conviviente supérstite de manera muy amplia. Así, según se deriva del párr. 2.° de la ley 253 del FN, cabrá atribuir al supérstite de una pareja estable el usufructo de viudedad del cónyuge, que es de carácter universal. Cuando se establezca tal disposición se aplicará el régimen previsto para éste, siéndole «de aplicación todas las disposiciones contenidas en el presente capítulo, cuando el usufructo le hubiera sido otorgado según lo previsto en la ley 113». Igualmente, se le podrá instituir como heredero universal, apartando a los legitimarios, aunque tal atribución podrá quedar limitada en caso de que proceda el «derecho de alimentos a los hijos y descendientes del causante» previsto en la ley 272 del FN[56]. También le resultará aplicable la disciplina

---

cos, (Dirs. F. Lledó Yagüe, M. P. Ferrer Vanrell, O. Monje Balmaseda), Dykinson, 2021, pp. 887 y ss.

54 Legitimarios. En testamento y pactos sucesorios deberán ser instituidos en la legítima foral:
1. Los hijos.
2. En defecto de cualquiera de ellos, sus respectivos descendientes de grado más próximo.

55 Concepto. La legítima navarra, tradicionalmente consistente en la atribución de «cinco sueldos "febles" o "carlines" por bienes muebles y una robada de tierra en los montes comunes por inmuebles», no tiene contenido patrimonial exigible ni atribuye la cualidad de heredero, y el instituido en ella no responderá en ningún caso de las deudas hereditarias ni podrá ejercitar las acciones propias del heredero.
La atribución de la «legítima navarra» con esta sola denominación u otra semejante a los legitimarios designados de forma individual o colectiva en el acto de disposición cumple las exigencias de su institución formal.

56 Alimentos a los hijos y descendientes del causante.
Renunciado o extinguido el usufructo de viudedad o no habiéndose este pactado para la pareja estable del causante, o resultando tal derecho insuficiente para cumplir con la obligación a que se refiere el apartado 3 de la ley 259, los alimentos que los hijos o descendientes de aquel tendrían derecho a exigirle por tal concepto y situación, al hacerse efectiva su sucesión, podrán ser reclamados por ellos, a falta de otros obligados legales preferentes, a sus sucesores voluntarios a título universal o particular, en los límites de la atribución patrimonial recibida y con cargo a la misma.
La cuantía de los alimentos debidos se fijará en función de las necesidades del alimentista y del valor de los bienes recibidos del causante por los sucesores obligados, debiendo también tomarse en consideración los bienes que de forma efectiva hubiera adquirido en la sucesión el propio alimentista.
Cuando la obligación legal de alimentos a cargo del causante recaiga también sobre otro ascendiente del mismo grado, la cuantía de los alimentos debidos por cada uno será

de la reserva del bínubo, que impone «ex lege» para quien constituya nueva pareja estable o contraiga matrimonio —ley 273 del FN[57]—.

Fuera de ese marco no se contemplan derechos sucesorios «mortis causa» para el supérstite conviviente, aunque habrá que tener presente los económicos familiares que permiten, conforme a la ley 112 del FN, por aplicación de las reglas de la ley 101, 5 y 6 del FN, compensar el trabajo para la familia y el desarrollado para las actividades empresariales o profesionales que se realizaron a favor del causante[58].

VI. Reflexión final

Más allá de la necesidad de que el legislador estatal aclare un panorama normativo confuso, y ofrezca una regulación directa de la pareja estable, la exposición realizada plantea la necesidad de reflexionar sobre cuál deba de ser el camino a seguir en el Código civil respecto a la sucesión «mortis causa» de la pareja estable, que quiere someterse a la ley.

La solución a esta cuestión tendría que estar ligada a la realidad y ofrecer una respuesta ajustada a las necesidades sociales.

La consulta pública podría ser un buen instrumento para pulsar las opciones que, hoy por hoy, resultan plausibles: a) El mantenimiento del régimen del Código civil; y, en tal caso, qué hacer para que el régimen resulte congruente; b) La modernización del régimen, siguiendo las pautas de la STC 93/2013, y remoción de los obstáculos que limitan que el testador pueda tratar voluntariamente a su conviviente supérstite como cónyuge; y c) La atribución de un estatuto sucesorio similar al del matrimonio para quien así lo quiera, constituyéndose legalmente como pareja.

---

proporcional al valor de los bienes recibidos por sucesión del causante y a los recursos económicos del otro ascendiente asimismo obligado a su prestación.

57 Ley 273. Obligación de reservar. El progenitor que contrajera matrimonio o constituyera pareja estable con otra persona está obligado a reservar y dejar a los hijos de la unión anterior, o a los descendientes de los mismos, la propiedad de todos los bienes que por cualquier título lucrativo, hubiera recibido de su anterior cónyuge o pareja estable, de los hijos que con ellos hubiera tenido o de los descendientes de estos. Esta obligación subsistirá mientras existan descendientes reservatarios, aunque en el momento de su muerte el reservista hubiera dejado de estar casado o de convivir en pareja estable.
Será nula la dispensa de la obligación de reservar hecha por un progenitor en favor del otro para el caso de que este contrajera nuevo matrimonio o constituyera pareja estable con otra persona.
Será también nula toda disposición del progenitor que contraiga nuevo matrimonio o constituya nueva pareja estable que contravenga de cualquier otro modo lo establecido en esta ley.

58 EGUSQUIZA BALMASEDA, M.A., «Régimen patrimonial», cit., pp. 836 y ss.

CAPÍTULO 12

LA NEGATIVA DE LOS HIJOS A RELACIONARSE CON EL PROGENITOR ALIMENTANTE COMO CAUSA DE LA EXTINCIÓN DE LA PENSIÓN DE ALIMENTOS (LA TRASLACIÓN DE LA INTERPRETACIÓN «FLEXIBLE» DEL ART. 853.2.º CC AL ÁMBITO DEL ART. 152.4.º DEL MISMO CUERPO LEGAL)

Marta Ordás Alonso
Catedrática de Derecho Civil
Universidad de León

Sumario:

I. Introducción. La remisión del art. 152.4.° CC a las causas de desheredación como causas de extinción de la pensión alimenticia

El art. 152.4.° CC dispone que cesará la obligación de dar alimentos «cuando el alimentista, sea o no heredero forzoso, hubiese cometido alguna falta de las que dan lugar a desheredación»[1]. De este modo, existe una relación bidireccional en el sentido de que la negativa a prestar alimentos sin motivo legítimo es causa de desheredación, pero, a su vez, el hecho de incurrir en causa de desheredación supone el no nacimiento o la extinción de la obligación de alimentos[2]. Ahora bien, hay que tener en cuenta que el ámbito de aplicación del art. 152.4.° CC es mayor al de la desheredación en la medida en que esta se circunscribe a los legitimarios, no así el art. 152.4.° CC.

Por otro lado, por lo que a este trabajo interesa, las causas de extinción de la obligación de alimentos entre parientes enumeradas en el art. 152 CC son de aplicación a la extinción de la obligación de alimentos a los hijos regulada en el art. 93 CC como efecto de la nulidad, separación o divorcio de sus progenitores. En esta medida, el hecho de que el hijo alimentista mayor de edad incurra en causa de desheredación es causa de extinción de la obligación de alimentos tanto si esta ha sido fijada con fundamento en los arts. 142 y ss. CC como en el marco de un procedimiento de nulidad, separación o divorcio de sus padres.

---

1 La razón de ser de la norma no es otra que «evitar que una persona se vea obligada legalmente a prestar alimentos a otra que ha tenido respecto a ella un comportamiento o conducta socialmente reprochable y cuyo reproche recoge la ley como sanción al sujeto que en principio tiene el derecho privándole del mismo, evitando el mantenimiento de una carga u obligación que ha perdido su fundamento o razón. La obligación de prestar alimentos se basa en el principio de solidaridad familiar, tiene su fundamento en el derecho a la vida configurado como un derecho de la personalidad, a cuya conservación tiende esta figura que tutela un interés privado e individual y fundamento constitucional en el artículo 39.1 CE (STS 23-2-2000 y 1-3-2001). La solidaridad familiar quiebra cuando concurre alguna de las causas contempladas en la ley como causas de desheredación, que se configura como una excepción al deber de legítima, y por lo que hace a los alimentos como una excepción a la obligación legal que los impone, constituyendo un castigo o sanción a la persona que ha manifestado una conducta que dentro del seno familiar se considera atentatoria de la dignidad, reprochable y que merece censura jurídica» (SAP de Valencia —Sección 10.ª— núm. 721/2017 de 1 septiembre).

2 Algaba Ros, S.: *Efectos de la desheredación*, Tirant lo Blanch, Valencia, 2002, p. 234.

II. La mera ausencia de relación no es causa de extinción de la obligación de alimentos bajo la regulación del CC español. Ni antes ni después de las SSTS de 2014 y 2019

2.1. Las SSTS de 3 de junio de 2014 y 30 de enero de 2015. La definitiva consideración del maltrato psicológico como una modalidad del maltrato de obra

Nuestro sistema sucesorio tiene como base el principio de protección y respeto a las legítimas (art. 813 en relación con el art. 848 CC). Ahora bien, «no resultaría equitativo que quien renuncia a las relaciones familiares y al respaldo y ayuda de todo tipo que estas comportan, pueda verse beneficiado después por una institución jurídica que encuentra su fundamento, precisamente, en los vínculos parentales»[3]. Sin embargo, a diferencia del Código Civil de Cataluña (art. 451-17.2.e) CCCat.), en el elenco de causas de desheredación enumeradas en los arts. 852 a 855 CC no se recoge como tal la mera ausencia de relación familiar entre causante y legitimario. Esta situación se ha traducido en que en supuestos de desapego, ausencia de trato durante años, abandono en la vejez, el testador desherede a sus hijos y descendientes con fundamento en el art. 852.1.º o 852.2.º CC, lo que, en la mayoría de las ocasiones, se ha traducido en el éxito de la acción de desheredación injusta interpuesta por el legitimario desheredado.

Partiendo de la situación descrita, si un pronunciamiento judicial ha sido especialmente significativo en los últimos años en el ámbito del Derecho de Sucesiones es la STS (Sala de lo Civil, Sección 1.ª) núm. 258/2014 de 3 junio que, en orden a la caracterización general de la desheredación, señala lo siguiente:

1.º- «Aunque las causas de desheredación sean únicamente las que expresamente señala la ley (artículo 848 del Código Civil) y ello suponga su enumeración taxativa, sin posibilidad de analogía, ni de interpretación extensiva; no obstante, esto no significa que la interpretación o valoración de la concreta causa, previamente admitida por la ley, deba ser expresada con un criterio rígido o sumamente restrictivo. Esto es lo que ocurre con los malos tratos o injurias graves de palabra como causas justificadas de desheredación, (artículo 853.2 del Código Civil), que, de acuerdo con su naturaleza, deben ser

3 STSJ de Cataluña de 2 de febrero de 2017, SAP Barcelona (Sección 11.ª) núm. 236/2018 de 9 mayo, SAP de Barcelona (Sección 13.ª) núm. 522/2018 de 14 septiembre, SAP de Barcelona (Sección 19.ª) núm. 97/2019 de 22 febrero.

objeto de una interpretación flexible conforme a la realidad social, al signo cultural y a los valores del momento en que se producen».

2.º- «En la actualidad, el maltrato psicológico, como acción que determina un menoscabo o lesión de la salud mental de la víctima, debe considerarse comprendido en la expresión o dinamismo conceptual que encierra el maltrato de obra, [...]. En efecto, en este sentido la inclusión del maltrato psicológico sienta su fundamento en nuestro propio sistema de valores referenciado, principalmente, en la dignidad de la persona como germen o núcleo fundamental de los derechos constitucionales (artículo 10 CE) y su proyección en el marco del Derecho de familia como cauce de reconocimiento de los derechos sucesorios, especialmente de los derechos hereditarios de los legitimarios del causante, así como en el propio reconocimiento de la figura en el campo de la legislación especial; caso, entre otros, de la Ley Orgánica de protección integral de la violencia de género, 1/2004».

3.º- «La inclusión del maltrato psicológico, como una modalidad del maltrato de obra, en la línea de la voluntad manifestada por el testador, esto es, de privar de su legítima a quienes en principio tienen derecho a ella por una causa justificada y prevista por la norma, viene también reforzada por el criterio de conservación de los actos y negocios jurídicos que esta Sala tiene reconocido no solo como canon interpretativo, sino también como principio general del derecho (STS 15 de enero de 2013, núm. 827/2012) con una clara proyección en el marco del Derecho de sucesiones en relación con el principio de «favor testamenti», entre otras, STS de 30 de octubre de 2012, núm. 624/2012».

Como puede apreciarse, la Sentencia no acoge la mera ausencia de relación familiar como causa de desheredación, de manera que el distanciamiento, abandono emocional, deberán tener la suficiente entidad como para estimar que han dado lugar a un maltrato psicológico del testador, en cuyo caso se encontrará abarcado por el tenor del art. 852.3.º CC. En esta medida, la interpretación del Tribunal Supremo no resulta suficiente para lograr que sea posible desheredar justamente por la mera ausencia de relación familiar.

Poco después, la STS (Sala de lo Civil, Sección 1.ª) núm. 59/2015 de 30 enero reproduce los fundamentos jurídicos de la STS de 3 de junio de 2014 y reitera la doctrina jurisprudencial contenida en la misma respecto a la interpretación del art. 853.2.º CC con relación al maltrato psicológico. La relevancia de esta Sentencia viene dada por dos circunstancias: 1.ª Constituye el segundo pronunciamiento del Tribunal Supremo en el sentido expuesto, lo que eleva la doctrina que incluye el maltrato psicológico en el maltrato de obra a que el art. 853.2.º CC alude a la categoría de jurisprudencia (art. 1.6 CC). 2.ª Define el maltrato psicológico como un estado de zozobra y afectación profunda. Lo que viene a sumarse a su conceptualización como «acción que determina un menoscabo en la salud mental de la víctima» a la que aludía la STS de 3 de junio de 2014.

2.2. La STS de 19 de febrero de 2019. La traslación de la interpretación del art. 853.2.º CC al ámbito de la pensión de alimentos, con matices no menores

La Sentencia (Sala de lo Civil, Sección 1.ª) núm. 104/2019 de 19 febrero reviste importancia capital al poner fin a un procedimiento de modificación de medidas dictadas en procedimiento de nulidad, separación y divorcio en el que se reclama la extinción de la pensión de alimentos debida a los hijos mayores de edad dada la nula relación afectiva, continuada y consolidada en el tiempo (10 y 8 años, respectivamente), entre el progenitor no custodio y los hijos y la negativa de éstos de relacionarse con su padre, cuyo anclaje normativo se trata de buscar en arts. 152.4.º CC al disponer que cesará la obligación de dar alimentos «cuando el alimentista, sea o no heredero forzoso, hubiese cometido alguna falta de las que dan lugar a desheredación».

Establece el Tribunal Supremo, refiriéndose a las Sentencias 258/2014 de 3 de junio y 59/2015 de 30 de enero, que:

> «hay quienes han resaltado que parece una contradicción que de un lado se afirme que las causas de desheredación se han de interpretar de forma restrictiva y, de otro, se haga extensión de las previstas, a que se ha hecho mención.
>
> Creemos que se han de diferenciar dos planos.
>
> De un lado admitir esa extensión de las concretas causas previstas haciendo una interpretación flexible conforme a la realidad social, al signo cultural y a los valores del momento en que se producen, a la espera de que el legislador aborde la reforma legislativa para su positivación.
>
> De otro, hacer una interpretación rígida y restrictiva a la hora de valorar la existencia de tales causas, en atención al espíritu sancionador que las informa. A saber, si tomásemos como referencia el precepto citado del CCCat., a la hora de valorar "si es por una causa exclusivamente imputable al legitimario". Esta valoración sí ha de hacerse de forma restrictiva».

De manera que «sí, pero no». En opinión del Tribunal Supremo, procede hacer una interpretación flexible de las causas de desheredación tipificadas en el Código Civil pero, simultáneamente, preconiza una interpretación «rígida y restrictiva» a la hora de enjuiciar si los concretos hechos sometidos a su consideración encajan o no en alguna de dichas conductas. Lo que implica defender justamente la postura contraria a aquella que, con mejor criterio, venía siendo preconizada por parte de la doctrina en el sentido de que la prohibición de interpretar extensiva o analógicamente las causas de desheredación no es óbice para que los supuestos de hecho cuya comisión permite al testador desheredar sean interpretados de acuerdo con el espíritu y finalidad perseguida con su catalogación como causas de desheredación, adecuándose al tiempo y a la realidad social en que han de ser aplicadas (art. 3.1 CC)[4].

Aplicada esta doctrina al caso de autos, considera el Alto Tribunal que: «para apreciar esa causa de extinción de la pensión ha de aparecer probado que la falta de relación manifiesta entre padre e hijos, sobre la que no existe duda, era, de modo principal y relevante, imputable a éstos».

2.3. Conclusión: La necesaria existencia de un maltrato psicológico para que operen los arts. 853.2.° y, por remisión, 152.4.° CC

La STS de 3 de junio de 2014 incluye dentro del tenor literal del art. 853.2.° CC el maltrato psicológico. En consecuencia, cabe afirmar que la mera ausencia de relación, incluso la mala relación entre el testador y el legitimario no es causa de desheredación salvo que implique un maltrato psicológico que afecte notablemente al causante que se ha traducido en un estado de ansiedad, depresión u otra afección psicológica[5].

Es lo cierto que no faltan autores que han querido ver en el cambio de postura del Tribunal Supremo una admisión de la mera ruptura de relaciones como causa de desheredación[6]. Un distanciamiento apoyado única y exclusivamente en el mero transcurso del tiempo sin tener relaciones como base suficiente para ocasionar la pérdida de derechos sucesorios o, por remisión, la extinción de la pensión alimenticia. Sin perjuicio del hecho que *de lege ferenda* pueda propugnarse la introducción de una causa de desheredación *ad hoc* en el sentido

4 Busto Lago, J. M.: «Comentario a los arts. 848 a 857», en *Comentarios al Código Civil*, 4.ª Ed., 2013, p. 1178; Peña López, F.: «Comentario a los arts. 848 a 857 CC», en Busto Lago, J. M.: *Derecho de Sucesiones. Legislación, comentarios y jurisprudencia. Aspectos civiles, procesales y fiscales*, Aranzadi, 2007, p. 182; Rebolledo Varela, A. L.: «Problemas prácticos de la desheredación eficaz de los descendientes por malos tratos, injurias y abandono asistencial de los mayores», en Rebolledo Varela, A. L. (coord.): *La familia en el Derecho de Sucesiones: cuestiones actuales y perspectivas de futuro*, Dykinson, Madrid, 2010, p. 294.

5 *Vid.* Ordás Alonso, M.: *La desheredación y sus causas*, Bosch, Barcelona, 2021.

6 Esta parece ser la tesis defendida por Algaba Ros en «Maltrato de obra y abandono emocional como causa de desheredación», *InDret*, abril, 2015, p. 14) quien, por un lado, diferencia abandono emocional y mera ruptura de relaciones, para, por otro, acudir al art. 3 CC y, partiendo del espíritu y finalidad de la norma, afirmar que un legitimario que mantiene al causante en una situación de abandono emocional está maltratando de obra y no es merecedor del derecho a heredar de los parientes. «Desde la perspectiva del testador, la existencia de las causas de desheredación potencia su libertad de testar pues le permiten obviar el límite legitimario. La interpretación del art. 853.2 CC debe realizarse desde la perspectiva del testador y por ello la regla a aplicar sería "favorabilia sunt amplianda" por lo que cabría una interpretación de la norma correctora y extensiva. La perspectiva del testador es la que hay que tener presente para analizar el art. 853.2 CC pues en este precepto se abordan las causas que va a permitir al testador recuperar su libertad de testar».

expuesto al modo y manera del Derecho catalán[7], es lo cierto que, de *lege data*, con la redacción en vigor del Código Civil, tal conclusión no es posible.

En ausencia de una causa de desheredación autónoma, desde mi punto de vista, la mera ausencia de relaciones no es causa de desheredación ni, por tanto, de extinción de la pensión de alimentos a no ser que las circunstancias concurrentes posibiliten apreciar la existencia de un maltrato psicológico[8]. Distinción que se intuye en la STS de 3 de junio de 2014 a cuyo tenor «fuera de un pretendido "abandono emocional", como expresión de la libre ruptura de un vínculo afectivo o sentimental, los hijos, aquí recurrentes, incurrieron en un maltrato psíquico y reiterado contra su padre del todo incompatible con los deberes elementales de respeto y consideración que se derivan de la relación jurídica de filiación».

Más cercana en el tiempo, se ha querido ver en la STS núm. 401/2018 de 27 de junio una puerta abierta a que la ausencia de relación sea configurada como maltrato psicológico siempre y cuando sea continuada e imputable al desheredado, pero es lo cierto que tales manifestaciones son realizadas por el Tribunal Supremo *obiter dicta*, no solo porque el maltrato psicológico no fue invocado en la contestación a la demanda, sino por el hecho de que había mediado reconciliación.

---

7 Reforma reclamada, entre otros, por DE LA IGLESIA MONJE, M.ª I.: «La nula atención de los hijos hacia sus padres ¿excusa para extinguir el derecho de alimentos de padres a hijos?», *Revista Crítica de Derecho Inmobiliario*, n.º 776, p. 2994; ORDÁS ALONSO, M.: *La desheredación y sus causas*, Bosch, Barcelona, 2021. Manifiestamente en contra de incluir en el Código Civil una nueva causa de desheredación en la línea con la tipificada por el art. 451-17.2.e) CCCat. a cuyo tenor es causa de desheredación «la ausencia manifiesta y continuada de relación familiar entre el causante y el legitimario, si es por una causa exclusivamente imputable al legitimario». GALICIA AIZPURUA, G. / CASTELLANOS CÁMARA, S.: «Últimas reformas y propuestas de reforma en derecho de sucesiones», *Revista doctrinal Aranzadi Civil Mercantil*, n.º 3, 2018, p. 33; GALICIA AIZPURIA, G.: «Las legítimas en la Propuesta de reforma de la asociación de profesores de Derecho Civil», en VILLO TRAVÉ, C.: *Retos y oportunidades del Derecho de sucesiones*, Aranzadi, Navarra, 2019, p. 53-54.

8 Tesis mayoritariamente compartida por la jurisprudencia menor en cuyos pronunciamientos no es infrecuente encontrar afirmaciones del siguiente o parecido tenor: «sin que el abandono emocional deba equipararse al maltrato psíquico» (SAP de Alicante (Sección 6.ª) núm. 212/2014 de 1 octubre); «la existencia de un distanciamiento o enfriamiento en la relación madre e hijos no equivale, sin más, a un maltrato de obra psicológico, *ex* art. 853 del Código Civil» (SAP de Badajoz (Sección 2.ª) núm. 204/2016 de 17 junio); «el abandono emocional no puede ser considerado como causa de desheredación» (SAP de Córdoba (Sección 1.ª) núm. 582/2017 de 16 octubre); «ni la ausencia de relación entre el padre y las hijas ni el que la misma no fuera cordial e incluso hostil y no normalizada, hasta el extremo de que no existiese afecto entre ambos ni ninguna otra que no sea maltrato de obra o la injuria grave de palabra pueden subsumirse en el mentado precepto 853-2»(SAP de Asturias (Sección 7.ª) núm. 642/2003 de 7 noviembre); «el debilitamiento del vínculo afectivo o emocional entre padre e hijos no puede equipararse a un maltrato psicológico» (SAP de Cádiz (Sección 8.ª) núm. 89/2017 de 26 junio); «una cosa es la mala relación o ausencia de la misma y otra el maltrato de obra o existencia de injurias graves» (SAP de Valencia (Sección 8.ª) núm. 134/2013 de 21 marzo).

La misma idea parece deducirse de la STS (Sala de lo Civil, Sección 1.ª) núm. 104/2019 de 19 febrero a la que previamente he hecho referencia en la cual el Tribunal Supremo considera relevante para apreciar esa causa de extinción de la pensión de alimentos debida a los hijos mayores de edad «aparezca probado que la falta de relación manifiesta entre padre e hijos era, de modo principal y relevante, imputable a éstos». Literalmente interpretada, la Sentencia parece abrir el camino al reconocimiento de la ausencia de relación como causa de extinción de la pensión de alimentos siempre y cuando esta ausencia de relación sea, de modo principal y relevante, imputable a éstos. Dejando a un lado lo cuestionable de la Sentencia en otros aspectos[9], es lo cierto que tal interpretación no es posible sin entrar en clara contradicción con la SSTS de 3 de junio de 2014 y 30 de enero de 2015 en las que el Tribunal Supremo dice apoyarse en 2019. A mayor abundamiento y en ausencia de una tipificación de la ausencia de relación como causa autónoma de extinción de la pensión de alimentos, la única posibilidad de que prospere una acción de este tipo es considerar que la conducta del alimentista incurre en causa de desheredación y para ello, insisto, el Tribunal Supremo exige la existencia de maltrato psicológico. Maltrato que no puede derivarse sin más de la inexistencia de relaciones, sino que deberá probarse en cada caso que dicho desapego se ha traducido en la existencia de un maltrato psicológico[10].

Pero, es más, las eventuales dudas que pudieran surgir a raíz de las SSTS de 2018 y 2019 han sido resueltas por el Tribunal Supremo en Sentencias núm. 419/2022 de 24 de mayo y núm. 556/2023 de 19 de abril de 2023 a cuyo tenor «el legislador sigue manteniendo como límite a la voluntad del causante la necesidad de expresar una "justa causa" de desheredación para privar de la legítima a los legitimarios. Esta sala ha admitido que los tribunales pueden interpretar con arreglo a la realidad social las causas legales de desheredación. Por ello, como afirmamos en la sentencia 401/2018, de 27 de junio, una falta de relación continuada e imputable al desheredado, ponderando las circunstancias del caso, podría ser valorada como causante de unos daños psicológicos y, en consecuencia, podría encuadrarse en una de las causas de privación de la legítima establecidas por el legislador. Sin embargo, la aplicación del sistema vigente no permite configurar por vía interpretativa una nueva causa autónoma de desheredación basada exclusivamente, sin más requisitos, en la indiferencia y en la falta de relación familiar, puesto que el legislador no la contempla. Lo contrario, en la práctica, equivaldría a dejar en manos del testador la exigibilidad de la legítima,

---

9 *Vid.* Ribera Blanes, B.: «La falta de relación afectiva entre padres e hijos mayores de edad como causa de extinción de la pensión de alimentos», *Actualidad Jurídica Iberoamericana*, n.º 13, 2020, p. 513 y ss.

10 Comparte esta tesis Cabezuelo Arenas, A. L.: «La supresión de las pensiones alimenticias de los hijos por negarse a tratar al progenitor pagador. Relación entre el derecho de comunicación del progenitor no conviviente y la relevación de pago de los alimentos», *Revista de Derecho* patrimonial, n.º 49, 2019, p. 8 y ss.; Ribera Blanes, B.: «La falta de relación afectiva...», *Actualidad Jurídica Iberoamericana*, 2020, p. 514.

privando de ella a los legitimarios con los que hubiera perdido la relación con independencia del origen y los motivos de esa situación y de la influencia que la misma hubiera provocado en la salud física o psicológica del causante».

No cabe por tanto dudar de que se exige algo más, un plus que marque la frontera entre lo que es un mero transcurrir del tiempo sin tener relación, que no es causa de desheredación ni, por remisión, de extinción de la obligación de alimentos, y aquellas otras rupturas que pudiéramos denominar cualificadas, que son susceptibles de servir de fundamento a una justa desheredación por implicar la existencia de un maltrato psicológico[11]. En palabras de la SAP de Córdoba (Sección 1.ª) núm. 582/2017 de 16 octubre, el abandono emocional no puede ser considerado como causa de desheredación, exigiéndose un «plus de acometimiento físico para apreciar la concurrencia de esta causa». Lo que conduce necesariamente a preguntarnos qué características, que rasgos definidores, debe tener una ausencia de relación para encajar en el maltrato que el art. 853.2.º CC tipifica como causa de desheredación.

En este sentido, se ha señalado que el maltrato exige una conducta activa por parte del legitimario de tal forma que el maltrato que puede producir una conducta omisiva no es causa de desheredación[12] ni, por tanto, de extinción de

---

11 Barceló Doménech, J.: «Abandono de las personas mayores y reciente doctrina del Tribunal Supremo español sobre la desheredación por causa de maltrato psicológico», *Actualidad Jurídica Iberoamericana*, n.º 4, 2016, p. 296; Cabezuelo Arenas, A. L.: *Maltrato psicológico y abandono afectivo de los ascendientes como causa de desheredación (art. 853.2 CC)*, Tirant lo Blanch, Valencia, 2018, p. 90 y ss.; Galicia Aizpuria, G.: «Las legítimas en la Propuesta de reforma...», en *Retos y oportunidades del Derecho de sucesiones*, 2019, p. 55; «Inexistencia de causa para la extinción de la obligación de la pensión alimenticia en los casos de pérdida de afecto del alimentista», *Diario la Ley*, 25 julio 2017, p. 11; Vaquer Aloy, A.: «Acerca del fundamento de la legítima», *InDret*, octubre, 2017, p. 13.

12 La exigencia de una conducta activa también se aprecia en la jurisprudencia menor. Así, señala la SAP de Santa Cruz de Tenerife (Sección 4.ª) núm. 336/2015 de 14 diciembre que para la existencia de un maltrato psicológico se exige «una conducta activa en el desheredado de menosprecio hacia el testador, que vaya algo más allá de la pura conducta omisiva de no visitarle o de prestarle asistencia en los últimos años de su vida, cuando se desconocen la causas de esa situación y cuando esa asistencia se puede prestar y se presta por otros medios, incluso con los propios que cuenta el testador». En el supuesto de hecho de la SAP de Córdoba (Sección 1ª) núm. 582/2017 de 16 octubre la conclusión que cabe extraer es que nos encontramos ante una situación de ausencia y falta de roce familiar, sin que pueda apreciarse una conducta activa, más allá del mero distanciamiento, que pueda justificar que nos encontramos ante una situación de maltrato psicológico, equiparable al maltrato físico contemplado en el artículo 853 del Código Civil para erigirse en causa de desheredación. En parecidos términos indica la SAP de Zamora (Sección 1.ª) núm. 272/2019 de 23 julio que no se puede aceptar que el maltrato psicológico «se corresponda con la mera desafección o con la mera pasividad en el mantenimiento de contacto de los herederos con el causante, si ello viene desprovisto de actuación concreta e individualizada que por sí misma, sea susceptible de causar menoscabo de la salud mental de la víctima. Antes al contrario, como expresamente resultan de la literalidad del artículo 853.2 del Código Civil, es necesario que concurra una actuación susceptible de ser calificada como de maltrato. Es cierto que la jurisprudencia considera no exigible el

la obligación alimenticia. Y ello porque, señala Ragel Sánchez, entramos en el terreno de lo subjetivo y del padecimiento interior, que son inescrutables de tal forma que el abandono emocional puede deberse a muy variadas motivaciones —*v. gr.* simple desidia, a la falta de roce entre parientes, al egoísmo o al convencimiento de que la falta de relaciones puede ser mejor que las malas relaciones— y no todas ellas tienen como finalidad injuriar[13]. Conducta activa en la que, por lo que se refiere a la pensión alimenticia, insiste la SAP de Granada (sección 5.ª) de 1 de diciembre de 2017, en un supuesto de solicitud de extinción de la pensión de alimentos ex art. 152.4 CC, al afirmar que «no por ello podemos aceptar que el maltrato psicológico a que se refieren ambas sentencias se corresponda con la mera desafección o con la mera pasividad en el mantenimiento de contacto de los herederos con el causante, si ello viene desprovisto de actuación concreta e individualizada que, por sí misma, sea susceptible de causar menoscabo de la salud mental de la víctima. Antes, al contrario, como expresamente resulta de la literalidad del art. 853.2.° del CC, es necesario que concurra una actuación susceptible de ser calificada como de maltrato. Es cierto que la jurisprudencia (Ss. de 18 de diciembre de 2012 y 20 de julio de 2015) considera no exigible el dictado de sentencia penal de condena que reconozca la conducta de maltrato por parte del desheredado para la apreciación de la discutida causa; si bien no por ello podremos dejar de apreciar como requisito al efecto la concurrencia de una conducta activa, derivada de un episodio que, aunque producido de forma continuada, sea susceptible de ocasionar un concreto y objetivo menoscabo psíquico para quien lo sufre, revestido, además, de consciencia y voluntad de causarlo por parte de quien lo perpetra. Pues, como resulta indiscutible, el maltrato que incurre en causa de desheredación, ya sea físico, psicológico o moral, tan solo admite la forma intencionada, como justificativa del juicio de reproche que merece la actuación contraria al principio de solidaridad familiar que informa dicha figura». Consideraciones que, trasladadas al caso concreto, llevan a la Sala a afirmar que «por más que pueda considerarse lamentable la situación de desencuentro de las hijas con respecto a su padre, y por más que sea reprochable la conducta seguida en este punto por la progenitora demandada, la cual, sin duda y como recogen las resoluciones aludidas, habrá incidido en la frustración de la íntima satisfacción que proporciona, de por vida, el recuerdo de las vivencias con ambos progenitores, a las que todo hijo menor tiene derecho a conservar

dictado de sentencia penal de condena que reconozca la conducta de maltrato por parte del desheredado para la apreciación de la discutida causa; si bien no por ello se puede dejar de apreciar como requisito al efecto la concurrencia de una conducta activa, derivada de un episodio que, aunque producido de forma continuada, sea susceptible de ocasionar un concreto y objetivo menoscabo psíquico para quien lo sufre, revestido, además, de conciencia y voluntad de causarlo por parte de quien lo perpetra».

13 Ragel Sánchez, L. F.: «Comentario a los arts. 848 a 857» en Bercovitz Rodríguez-Cano, R.: *Comentarios al Código Civil*, Tomo V, Tirant lo Blanch, Valencia, 2013, p. 6288. En el mismo sentido, exige una conducta activa, González Carrasco, M. C.: «Comentario a la Sentencia del Tribunal Supremo de 3 de junio de 2014», *CCJC*, n.° 95, 2015, p. 2.

en su memoria, en las condiciones de normalidad que debieron propiciársele a Raimunda y a Valle, y que no tuvieron durante su infancia, no puede reconocerse en el presente caso la concurrencia de la causa de extinción reconocida por la sentencia impugnada». En el caso concreto, existía una persistente negativa de las hijas a relacionarse con su padre, a pesar de los múltiples intentos por su parte de obtener el cumplimiento del derecho de visitas, documentados tanto en los informes de incidencias emitidos por el Punto de Encuentro Familiar e informes psicológicos de seguimiento, como en las resoluciones dictadas en los sucesivos autos correspondientes a sucesivas peticiones de cumplimiento deducidas por aquél, en los que se reconoce tanto la negativa de las menores a mantener contacto alguno con su padre, como la influencia negativa ejercida en este punto por la progenitora.

Sin embargo, desde mi punto de vista, tal conducta activa por parte del legitimario o del alimentista no es imprescindible pues si hay un supuesto en el que, con buen criterio, prospera la apreciación de maltrato psicológico es aquel en el cual la ausencia de relación se extiende a los momentos en que la salud, singularmente si se trata de la última enfermedad, requiere cuidados y atenciones de los que se desentienden totalmente los descendientes. En estos casos no hay una conducta activa por parte del legitimario o del hijo alimentista donde debiera haberla, por tanto, lo que fundamenta su desheredación o la extinción de la obligación de alimentos precisamente es el no desplegar una actividad de cuidado e interés por su ascendiente.

Dejando a un lado el examen de diferentes supuestos en los que se aprecia la existencia de maltrato psicológico ante conductas de mera pasividad y por lo que al específico tema de este trabajo interesa, si hay un supuesto especialmente problemático este no es otro que la ausencia de relaciones del causante con los hijos como consecuencia de la separación o el divorcio de los progenitores. En estos casos procede analizar las circunstancias concurrentes y el porqué de dicho distanciamiento pues no es igual la causa del mismo como no lo es la edad de los hijos. Sobre ello se insistirá en las páginas siguientes.

III. Los requisitos necesarios para la extinción de la obligación de alimentos por ausencia de relación

3.1. Una ausencia de relación causante de un maltrato psicológico

En cuanto al primero de los presupuestos, la ausencia de relación, es necesario que no haya contacto entre el hijo y el progenitor alimentante. Pero no sólo eso sino que, pese a la existencia de algunos autores[14] y resoluciones judiciales[15] de cuyas afirmaciones cabe deducir que la mera ausencia de relación entre progenitor alimentante e hijo alimentista es causa de la extinción de alimentos cuando este distanciamiento sea imputable al hijo, no comparto dicha opinión. Como he manifestado en líneas precedentes, hace falta un plus que determine que dicha ausencia de relación se ha traducido en un maltrato psicológico. Y ello, insisto, es así porque el art. 152.4.° CC remite a las causas de desheredación como determinantes de la extinción de los alimentos y entre las causas de desheredación ni se encuentra tipificada la mera ausencia de relación, a diferencia de lo que acontece en el Código Civil de Cataluña, ni la interpretación «flexible» del art. 853.2.° CC propugnada por el Tribunal Supremo permite extraer tal conclusión. Es, por tanto, imprescindible la existencia de un maltrato psicológico[16].

---

14 *Vid.* Roda y Roda, D.: «Reflexión sobre la prestación de alimentos a los hijos mayores de edad. Especial referencia a las malas relaciones como causa de extinción de la pensión, según la jurisprudencia», *Revista de Derecho de Familia*, n.° 99, 2023, p. 27.

15 *Vid.* SAP de Pontevedra (Sección 6.ª) núm. 525/2020 de 7 diciembre; SAP de Toledo (Sección 1.ª) núm. 267/2022 de 23 febrero; SAP de Granada (Sección 5.ª) núm. 84/2022 de 24 marzo; SAP de Zamora (Sección 1.ª) núm. 213/2022 de 20 junio; SAP de A Coruña (Sección 5.ª) núm. 238/2020 de 22 julio.

16 En este sentido, señala la SAP de Albacete (Sección 1.ª) núm. 320/2016 de 14 julio que «la ausencia de relación afectiva entre padre e hija no puede fundar la extinción de la pensión alimenticia que el padre viene obligado a satisfacer por imperativo del art. 93 del Código Civil. Entre las faltas que dan lugar a la desheredación, a las que se refiere el art. 152.4 del mismo Cuerpo Legal como causa de extinción de la obligación de satisfacer alimentos, no se encuentra la ausencia de relación afectiva entre alimentante y alimentista. La Sala no desconoce que tal situación debe ser muy dolorosa para el padre, y es de suponer que también lo será para la hija, pero en modo alguno cabe calificarla como un maltrato de obra, ni como una injuria grave de palabra, conceptos a los que se refiere el art. 853 para justificar la desheredación. Como tampoco cabe calificarlo como un maltrato psicológico, que precisa de una conducta activa del agente dirigida causal y dolosamente a producir un menoscabo de la salud mental de su víctima, elementos que ni se han alegado ni cabe apreciar en el caso. Ni siquiera se ha practicado prueba que permita conocer el motivo de esa nula relación afectiva entre padre e hija. En cualquier caso, recordemos que las causas de desheredación fijadas en el artículo 853 del Código Civil en cuanto deben de ser interpretadas de forma restrictiva no pueden comprender casos no regulados en la Ley lo que determina que no se encuentran contempladas como causas de desheredación, situaciones afectivas semejantes a las contempladas en la STS de fecha 4 noviembre 1997 en la que «los hijos no convivían con el padre, no mantenían relación con él, privaron de su presencia en vida para confortarle de sus dolencias naturales y ni siquiera acudieron a su entierro» y ello porque como expresamente como también ha precisado la misma doctrina jurisprudencial (STS de fecha 28 de junio de 1993) «la falta de relación afectiva y de comunicación entre la hija y el padre, el abandono sentimental sufrido por éste durante su última enfermedad, la ausencia de interés demostrado por la hija en relación con los problemas del padre, etc., son circunstancias y hechos que, de ser ciertos, corresponden al ámbito de la moral, que escapan a la apreciación y a la valoración jurídica y que, en definitiva, sólo están sometidas al Tribunal de la conciencia». Criterio restrictivo que igualmente se mantiene, por ejemplo, en la en la Sentencia de la AP de Málaga de 16 de diciembre de 2002 señalando que «esta causa debe ser objeto de interpretación restrictiva, no siendo

Dentro de esta pauta interpretativa, aun cuando referidas a la desheredación, el ATS (Sala de lo Civil, Sección 1.ª) de 2 marzo 2016 considera que el distanciamiento entre el padre y las hijas con motivo de la ruptura de la convivencia del matrimonio consecuencia de una tensa y conflictiva situación familiar en la que todos, incluyendo el testador, fueron parte en el conflicto familiar no puede subsumirse en el maltrato psicológico. Hace falta algo más.

Ese «algo más» se aprecia en la SAP de Córdoba (Sección 1.ª) núm. 256/2016 de 18 mayo pues la existencia de evidentes lesiones así como la afirmación del hijo en el sentido de que «la relación que mantiene con su padre es nula hasta el fin de los días» indicando que no piensa reanudar la relación con él llevan a la Sala a considerar que «no estamos en presencia de una exclusiva "relación hostil", ni de un mero "abandono emocional" por parte del hijo, sino ante una conducta (respecto de la cual el Código Civil no exige pluralidad o reiteración) que conlleva un notable plus de acometimiento físico y aparece exenta de cualquier razón de pesar o arrepentimiento pese al significativo tiempo transcurrido (tal y como lo acredita la fecha de la declaración como testigo antes mencionada); conducta que produce de forma significativamente sostenida la quiebra de la solidaridad familiar entre padre e hijo (especialmente cuando éste ha alcanzado la edad inicialmente indicada) y que conforme a los parámetros valorativos y comparativos antes mencionados constituye, a juicio de la Sala, causa justificada de extinción del derecho a reclamar, frente al padre, la pensión alimenticia que aquí nos ocupa; derecho que indebidamente fue ejercitado en la demanda origen de estos autos».

3.2. Ausencia de relación prolongada en el tiempo

El carácter restrictivo con el que debe ser interpretada esta causa de extinción de la obligación de alimentos conlleva que únicamente una falta de relación familiar continuada, prolongada en el tiempo, no coyuntural o transitoria, podría ser valorada como causante de unos daños psicológicos[17], no bastando una mera interrupción temporal por un desencuentro pasajero, razones profesionales, educativas o de índole análoga. En igual sentido de pronuncia la STS (Sala de lo Civil, Sección 1.ª) núm. 401/2018 de 27 junio al estimar que solo una falta de relación familiar continuada e imputable al desheredado podría ser valorada como causante de unos daños psicológicos.

suficiente la existencia de malas relaciones entre alimentante y alimentista», y asimismo en la Sentencia AP Madrid de 5 de mayo de 2014».

17 *Vid.* STS (Sala de lo Civil, Sección 1.ª) núm. 401/2018 de 27 junio. En la doctrina, RIBERA BLANES, B.: «La falta de relación afectiva...», *Actualidad Jurídica Iberoamericana*, 2020, p. 5137; RODA Y RODA, D.: «Reflexión sobre la prestación de alimentos a los hijos mayores de edad. Especial...», *Revista de Derecho de Familia*, n.º 99, 2023, p. 33.

3.3. La imputabilidad de la conducta al hijo. El problema de la edad

El punto de partida obligado a la hora de analizar este requisito es la regulación de la desheredación en la medida en que estamos abordando la extinción de la pensión de alimentos con fundamento en el art. 152.4.º CC. En este sentido, existe unanimidad a la hora de exigir que el desheredado, el alimentista en nuestro caso, sea imputable[18]. Consenso que desaparece llegado el momento de concretar cuándo concurre dicho requisito. Prescindiendo de enunciar las diferentes opiniones doctrinales al respecto, cuestión a la que he destinado un trabajo previo, la jurisprudencia no acostumbra a entrar en este tipo de disquisiciones sino que suele dar respuesta al supuesto que se somete a su conocimiento atendiendo a las circunstancias del caso concreto. En este sentido, la STS (Sala de lo Civil, Sección 1.ª) núm. 401/2018 de 27 junio estima que solo una falta de relación familiar continuada e imputable al desheredado podría ser valorada como causante de unos daños psicológicos. «Tal circunstancia no puede apreciarse en el caso si se tiene en cuenta que esa falta de relación se inició cuando la demandante tenía nueve años, y que incluso se acordó judicialmente la suspensión de visitas entre el padre y la hija por ser contrarias a su interés, dada la relación conflictiva ente la menor y el padre y, sobre todo, entre la menor y la pareja del padre. Evidentemente, el origen de esa falta de relación familiar no puede imputarse a la hija, dado que se trataba de una niña».

Específicamente referida a la extinción de la pensión alimenticia, exige la STS de 19 de febrero de 2019 que «para apreciar esa causa de extinción de la pensión ha de aparecer probado que la falta de relación manifiesta entre padre e hijos, sobre la que no existe duda, era, de modo principal y relevante, imputable a éstos».

La última resolución judicial mencionada pudiera hacer pensar en la extinción de la pensión alimenticia en supuestos de concurrencia causal de voluntades siempre que la ausencia de relación recayera de modo principal y relevante en el hijo. Sin embargo, desde mi punto de vista, la imputabilidad debe recaer de modo exclusivo en el hijo cuya extinción de la pensión de alimentos se pretende, de tal modo que si ambos o incluso terceras personas han contribuido al cese de la relación familiar no se va a extinguir la obligación de

18 Requisito que desde antiguo viene siendo exigido por la jurisprudencia. Así, la STS de 9 de julio de 1974 señala que para que la desheredación de un hijo produzca el efecto de privarle de los derechos hereditarios es preciso «que la misma sea imputable al desheredado». Idea en la que insiste la Dirección General de Seguridad y Fe pública al exigir que «el desheredado sea susceptible de imputación [...] tenga aptitud o idoneidad para que le sea jurídicamente imputable la conducta que constituye la causa legal de desheredación [...] se requiere un mínimo de madurez física y mental para que una persona pueda ser civilmente reprochable del acto que se le imputa» (RDGRN núm. 6690/2017 de 25 mayo, RDGRN núm. 4541/2019 de 6 marzo).

alimentos[19]. En igual sentido se pronuncia la SAP Madrid núm. 602/2022 28 julio a cuyo tenor «de las pruebas practicadas no puede considerarse acreditado que esa falta de relación de los hijos y la madre pueda operar como causa de extinción de la pensión alimenticia, puesto que no puede entenderse acreditado que esa falta de relación sea imputable exclusivamente a los hijos. Consta acreditado en autos que la relación entre los hijos y la madre se ha ido distanciando desde antes incluso de la ruptura de los progenitores, llegando a un punto en que el diálogo entre ellos nunca ha conducido a un resultado positivo. Así se evidencia de las manifestaciones de los hijos y del contenido del propio recurso. Cuando una relación llega a este punto de distanciamiento, todos han debido contribuir de una manera u otra a fuerza de malos entendidos y de escasa capacidad para intentar escuchar y entender las razones que la otra parte esgrime, y no se ha acreditado que ni la madre ni los hijos hayan hecho esfuerzos reales en intentar, al menos escuchar al otro. De ello se desprende que admitiendo que la relación está muy deteriorada, sus discrepancias no se han podido superar. Por lo tanto, no puede considerarse acreditado que la mala relación existente sea por culpa exclusiva de los alimentistas. Las causas del conflicto no son tan evidentes como para poder concluir que son los hijos los que han causado total o parcialmente la ruptura de relaciones con la madre».

El principal escollo que presenta este requisito es su difícil prueba[20], prueba que recae en el progenitor alimentante, obligando al juzgador a adentrarse en el origen de las desavenencias familiares[21], no siendo infrecuentes los

---

19 Así lo estima la SAP de Cáceres (Sección 1.ª) núm. 242/2022 de 23 marzo al considerar que «culpa» de la ausencia de relación se difumina entre padre, madre e hija. En el mismo sentido, excluye la extinción de la pensión alimenticia en supuestos de concurrencia de culpas CABEZUELO ARENAS, A. L.: «La supresión de las pensiones alimenticias de los hijos por negarse a tratar...», *Revista de Derecho* patrimonial, n.º 49, 2019, p. 11; RODA Y RODA, D.: «Reflexión sobre la prestación de alimentos a los hijos mayores de edad. Especial...», *Revista de Derecho de Familia*, n.º 99, 2023, p. 41.

20 Así lo refleja la propia Exposición de Motivos de la Ley 10/2008, de 10 de julio, del libro cuarto del Código Civil de Cataluña, relativo a las sucesiones, que la introdujo en el Derecho catalán, al proclamar que «[a] pesar de que, ciertamente, el precepto puede ser fuente de litigios por la dificultad probatoria de su supuesto de hecho, que puede conducir al juzgador a tener que hacer suposiciones sobre el origen de desavenencias familiares, se ha contrapesado este coste elevado de aplicación de la norma con el valor que tiene como reflejo del fundamento familiar de la institución y el sentido elemental de justicia que es subyacente».

21 Buena muestra de tal dificultad probatoria es la SAP de Barcelona (Sección 16.ª) núm. 108/2016 de 13 abril, a cuyo tenor «tan verosímil es la tesis mantenida por la actora (que tras la separación matrimonial de sus padres y, como consecuencia de haberse posicionado a favor de la madre, en especial, en el procedimiento judicial que entre ellos se siguió, el padre se sintió "ofendido", no perdonándole nunca), como la sostenida por la heredera demandada (que, como consecuencia de tal posicionamiento, fue la hija quien decidió romper cualquier relación con el progenitor)».

supuestos en los que no se ha conseguido acreditar el motivo por el que padre e hijo dejaron de relacionarse[22].

Como avanzaba en el epígrafe anterior, la imputación exclusiva al hijo alimentista resulta especialmente controvertida en supuestos de crisis matrimonial o de pareja en cuyo caso, de producirse una ausencia de relaciones entre el padre no custodio y sus hijos, resulta difícil determinar a quién es imputable la misma.

Este es el caso de la SAP de Tarragona (Sección 1.ª) núm. 509/2018 de 29 noviembre en la que la falta de relación entre el progenitor y su hija está en gran medida «mediatizada» por la crisis matrimonial que tuvo lugar entre los litigantes y que desembocó en sendas sentencias de separación y posterior divorcio. Con esta base, concluye la Sala estimando que dicha ausencia de relación no resulta exclusivamente imputable a la hija, estando, como mínimo, en presencia de una concurrencia causal de voluntades en no mantener la relación paterno filial. Resulta lógico que la hija, que por su edad vivió con pleno conocimiento de causa la separación y el divorcio de sus progenitores, se viera directamente influenciada por la crisis conyugal de sus padres e igualmente resulta admisible que apoyara en dicha crisis más a un progenitor que a otro. Dicha actitud es razonablemente comprensible y no es de modo alguno infrecuente ni atípica durante los procesos de crisis conyugales, pero la interpretación debe ser restrictiva y es doctrina consolidada la que considera que un mínimo atisbo de que la falta de relación no sea imputable exclusivamente al alimentista es suficiente para rechazar su apreciación.

Igual acontece en la SAP de Cáceres (Sección 1.ª) núm. 242/2022 de 23 marzo en la que, como indica la Sala, «la actitud de la hija no ha sido en modo alguno plausible ni edificante, sino de auténtica ruptura con su padre, dado que, con el máximo rigor, la declaración de emancipación —en este concreto supuesto— no es sino retórica, en la medida en que carece de sentido que la hija, con dieciséis años de edad en el momento de la solicitud de emancipación, con proyecto de estudios académicos, sin independencia económica y conviviendo con su madre, no tiene justificación en tales condiciones —decimos— esa declaración de emancipación que únicamente tiene sentido de cara a su padre (contra su padre) y, además, innecesaria, cuando se encontraba próxima a alcanzar la mayoría de edad cuando se

22 Así acontece en la SAP de Girona (Sección 1.ª) núm. 457/2017 de 28 diciembre pues de la prueba practicada no resulta acreditada la razón por la que madre e hija dejaron de tener relación, por lo que no es posible tener por acreditado el hecho de que ésta sea íntegra y exclusivamente imputable a la legitimaria. De igual modo, la SAP de Barcelona (Sección 11.ª) núm. 291/2016 de 6 octubre no tiene por probada la existencia de causa de desheredación ni de indignidad, pues no lo sería el alegado distanciamiento de los apelantes con su padre, no constando que la causa fuera imputable a aquellos, y no habiéndose acreditado de forma cierta que no mantuvieran relación alguna, lo que negaron los mismos.

dictó el Auto 70/2.020, de 5 de Marzo, por el Juzgado de Primera Instancia Número Dos de los de Cáceres. Pero, de la misma manera, tampoco se puede responsabilizar a la hija de la situación que ha sobrevenido después de la ruptura de la convivencia conyugal. Este Tribunal se encuentra en la firme convicción de que la crisis matrimonial derivó en una situación de profunda desavenencia entre los progenitores que incidió —sin duda alguna y negativamente— sobre el bienestar de la hija, en una situación —absolutamente indeseable— que, ciertamente, se proyecta sobre el cumplimiento del régimen de visitas, estancias y comunicaciones, cuando lo aconsejable —en interés de la hija— era que las diferencias personales que pudieran existir entre los progenitores no afectaran a la misma, para lo cual debió procurarse —y no se hizo— que las relaciones paterno-filiales se desarrollaran, en la medida de lo posible, con la más absoluta normalidad, lo que hubiera redundado no sólo en el bienestar de la hija, sino también en el logro de un estado racional de normalidad donde se encajara el nuevo estatus familiar generado por el divorcio del matrimonio, y donde la hija se alineó con su madre, denostando las relaciones con su padre. Por otro lado y, además, D. Nicanor no ha acreditado la realización de actividad alguna tendente a logar, en la medida de lo posible, una situación de normalidad parental con su hija, y si la situación era de acusada dificultad, haber propiciado, al menos, la realización de un programa de mediación familiar. Esta situación de acreditada pasividad y despreocupación en el demandante impide considerar (en términos absolutamente objetivos) que la inexistencia de relaciones entre padre e hija sea imputable a la hija de manera principal, relevante e intensa. Se ha llegado a una situación (repetimos, indeseable) en el que han confluido un cúmulo de causas, todas ellas de notable calado e intensidad, donde la "culpa" se difumina entre el padre, la hija, e incluso la propia madre, que tendría que haber velado por normalizar la relación paterno filial, lo que entendemos no hizo, desde el momento en que apoyó la emancipación de la hija que —por las razones expuestas— carecía de sentido. Es reprobable la actitud de la hija en el Expediente de Emancipación, pero no es la causa de la inexistencia de relaciones entre el padre y la hija, que se venía manteniendo, al menos, desde hacía tres años. E igual de reprobable es la Demanda origen de este Proceso, donde el padre ha solicitado la extinción de la patria potestad y la extinción (más bien renuncia) del régimen de visitas, estancias y comunicaciones (junto con la extinción de la obligación alimenticia), cuando la hija se encontraba próxima a alcanzar la mayoría de edad, a modo de respuesta al Expediente de Emancipación. No existe, en definitiva, una atribución de responsabilidad a la hija, con las notas de principal, relevante e intensa, en el cese de la relación con su padre, que justificara la extinción de la prestación alimenticia, que tiene que seguir asumiendo D. Nicanor por dos motivos: de un lado, por el Principio de "solidaridad familiar", y, de otro, porque su hija se encuentra en situación de necesidad, que exige que dicha obligación se mantenga».

En línea con lo expuesto, el cumplimiento de este requisito nos lleva a efectuar una breve reflexión sobre aquellos supuestos en los cuales los hijos se niegan a relacionarse con el progenitor que tiene atribuido un régimen de visitas. Cuando estos son menores de edad, la voluntad del menor no puede erigirse como elemento decisivo, de manera que la sola negativa del hijo menor de edad no le convierte en culpable en la media en que ni exime al progenitor custodio de procurar el cumplimiento real y efectivo del régimen de visitas establecido en interés y beneficio principalmente del hijo común ni imposibilita que el no custodio ejercite las acciones oportunas en demanda del cumplimiento del que no es sino un complejo derecho-deber, cuya finalidad primordial es la de proteger los intereses prioritarios del hijo, en orden a tener un contacto regular con aquél de sus progenitores de cuya compañía cotidiana se le ha privado sin culpa suya, evitándose así las nocivas consecuencias que, por sí sola, conlleva para el menor la quiebra de la unidad familiar, habida cuenta que tales relaciones se erigen en un factor de decisiva importancia para el desarrollo equilibrado del menor[23].

A mayor abundamiento, tratándose de hijos menores no es posible extinguir la pensión cuando no tengan relación con el progenitor alimentante y ello porque mientras la pensión de alimentos a los hijos mayores de edad descansa en el principio de solidaridad familiar, los alimentos a los hijos menores tienen su origen exclusivamente en la filiación, estén o no en situación de necesidad[24]. Necesidad que es común afirmar que en el caso de los menores de edad se presume, no así una vez han alcanzado la mayoría de edad[25]. Más que presumirse la necesidad, que puede no haberla, concurre lo que la SAP Las Palmas (Sección 3.ª) núm. 417/2015 de 17 julio denomina «presunción de indispensabilidad de la asistencia de los padres durante la minoría de edad».

Lo expuesto no impide afirmar que, llegado el menor a ciertas edades próximas a la adolescencia o tratándose de adolescentes, difícilmente se le puede imponer un régimen de visitas que no desea sin vulnerar derechos fundamentales como el de la dignidad de la persona (art. 10 CE), o como el derecho a la integridad física y moral (art. 15 CE), por lo que su voluntad renuente a acompañar a su progenitor constituye un obstáculo en el normal

---

23 SAP de Barcelona (Sección 18.ª) núm. 819/2014 de 9 diciembre, SAP de Madrid (Sección 22.ª) núm. 1016/2015 de 1 diciembre, SAP de Jaén (Sección 1.ª) núm. 999/2018 de 23 octubre.

24 STC núm. 57/2005 de 14 marzo.

25 Berrocal Lazarot, Ana Isabel: «La pensión de alimentos de los hijos menores de edad y los gastos extraordinarios», *R.C.D.I.*, n.º 737, 2013, p. 1834; Cabezuelo Arenas, Ana Laura / Castilla Barea, Margarita: «La obligación de alimentos como obligación familiar básica», en *Tratado de Derecho de la Familia (volumen I)*, Aranzadi, 2015, p. 10; Tena Piazuelo, Isaac: *La prestación de alimentos a los hijos tras la ruptura de pareja: pensiones, gastos, vivienda*, Aranzadi, Navarra, 2015, p. 64.

desarrollo del régimen de visitas. En estos casos procede examinar los motivos de la negativa del menor, pudiendo acontecer que tal rechazo no aparezca como caprichoso, sino que se encuentre plenamente justificado por un comportamiento previo del progenitor alimentante o bien que el mismo tenga su origen en una manipulación del progenitor titular de la guarda y custodia. El problema surge una vez constatada la imputación exclusiva al hijo de la falta de relación. ¿Cabe en estos casos defender la extinción de la pensión de alimentos? Es lo cierto que sucesivas reformas legislativas han ido ampliando progresivamente el ámbito de la capacidad de estos menores que se encuentran en la adolescencia lo que ha servido a alguna autora para defender la extinción de la pensión de alimentos[26]. Sin embargo, con la regulación en vigor, considero que tal posibilidad queda descartada a no ser que se trate de hijos emancipados. Así, el art. 93 CC diferencia en sus dos párrafos entre los alimentos debidos a los hijos menores de edad y los alimentos debidos a los hijos mayores o emancipados a los que somete al régimen de los mayores de 18 años. Régimen que es diferente como se deriva del distinto fundamento de una y otra prestación. En consecuencia, estando los adolescentes no emancipados incluidos en el ámbito de aplicación del primer párrafo del art. 93 CC no es posible preconizar la extinción de la pensión de alimentos. Cosa distinta es que *de lege ferenda* se considere o no deseable, siempre y cuando la ausencia de relación sea imputable exclusivamente al hijo.

Siendo los hijos mayores de edad en el momento de producirse la nulidad, separación o divorcio de sus padres no habrá atribución de custodia ni establecimiento de un régimen de visitas procediendo establecer una pensión alimenticia con base en el segundo párrafo del art. 93 CC si conviven en el domicilio familiar y carecen de ingresos propios. En estos casos, de no mediar otras circunstancias, la crisis matrimonial o de pareja no puede erigirse en motivo para que los hijos dejen voluntariamente de tener relaciones con uno de sus padres. En este sentido, se manifiesta la SAP de Pontevedra (Sección 6.ª) núm. 525/2020 de 7 diciembre *obiter dicta,* «en el caso presente la carencia de relaciones afectivas y de comunicación entre el progenitor y el hijo mayor de edad es manifiesta. El propio hijo reconoce que la relación con su padre no es estable y que desde hace unos años no le habla y no le coge el teléfono. Y dado que no se acredita alguna razón que justifique tal rechazo (la realidad de la crisis matrimonial, por si sola, no puede servir de justificación), habrá de concluirse que la falta de relación es imputable de modo principal y relevante al propio hijo, lo que autoriza la declaración de extinción de la pensión alimenticia».

---

26 Cabezuelo Arenas, A. L.: «La supresión de las pensiones alimenticias de los hijos por negarse a tratar...», *Revista de Derecho* patrimonial, n.º 49, 2019, p. 28.

Al margen de la crisis de sus progenitores, un hijo mayor de edad podrá solicitar alimentos con fundamento en los arts. 142 y ss. CC si se encuentra en situación de necesidad.

En ambos casos, art. 93 y art. 142 y ss. CC, la negativa injustificada del hijo a mantener relaciones con el progenitor deudor de la prestación de alimentos considero es motivo suficiente para obtener la extinción de la obligación con base en el art. 152.4.° CC en relación con el art. 853.2.° del mismo cuerpo legal con las matizaciones siguientes.

En este sentido, habrá que tener en cuenta la edad del hijo no sólo en el momento de ejercitar la acción pretendiendo la extinción de la obligación alimenticia, sino en el momento en que comenzó a materializarse la ausencia de relación[27]. Así, pudiera acontecer que el distanciamiento tuviera como origen actuaciones previas censurables por el progenitor[28], singularmente padres que incumplieron el régimen de visitas cuando sus hijos eran menores de edad o que, sin incumplirlo, vieron como este fue dificultado por el otro progenitor y no hicieron nada para dar efectividad al régimen de visitas establecido. En estos supuestos no se les puede exigir que, al llegar a la mayoría de edad, respondan positivamente a intentos de acercamiento por parte del progenitor so pena de perder la pensión alimenticia. En palabras de la SAP Madrid 381/2022 de 13 de mayo cabe colegir «de la ausencia de actos positivos acreditados del padre al cuidado o atención de su hijo, que su

27 Opinión compartida por RIBERA BLANES, B.: «La falta de relación afectiva...», *Actualidad Jurídica Iberoamericana*, 2020, p. 519.

28 Aun cuando referido a una desheredación, en el supuesto de hecho que se encuentra en la base de la SAP de Pontevedra (Sección 6.ª) núm. 79/2019 de 18 febrero los hijos mantuvieron una cierta relación con su padre, pero esta se mantenía en los términos que aquel había querido durante toda su vida. Los cuatro hermanos «coinciden en afirmar que fueron criados por su abuela y su tía porque su padre nunca se comportó como tal, que las relaciones con él eran esporádicas porque así lo quería él y era la forma de ser de su padre, pero que nunca le faltaron al respeto. El hecho de que el padre haya acudido a un programa de televisión para intentar un reencuentro con sus hijos y que estos —al menos doña Amparo que es la única que reconoce que se pusieron en contacto con ella los del programa— no hayan querido intervenir en el mismo no implica desprecio, abandono, ni desinterés, pues obedece a la propia intimidad de cada uno el querer intervenir en ese tipo de programa-espectáculo. Según todos manifiestan su padre conocía sus domicilios y tenía sus teléfonos por lo que podía fácilmente ponerse en contacto con ellos. [...] De dichas declaraciones solo cabe concluir que existía una escasa relación entre el padre y sus hijos, pero que la misma debe imputarse al progenitor, ya desde la infancia de los ahora demandantes, por lo que, como se afirma en la STS de 27 de junio de 2018 en relación con el supuesto allí examinado, el origen de esa falta de relación familiar no puede imputarse a los hijos, dado que se trataba de niños cuando el padre decidió alejarse de forma afectiva de ellos. Hay que concluir entonces que no consta probado que los demandantes en momento alguno hayan faltado al respeto o consideración o maltratado de forma alguna a su progenitor, por lo que no se aprecia que concurra la causa de desheredación del artículo 262.2.° LDCG invocada, lo que lleva a desestimar el recurso de apelación interpuesto y a confirmar la sentencia de instancia».

falta de habilidades parentales y desatención directa durante muchos años, ha sido la causa de tal alejamiento, sin que ahora pueda aceptarse que se trate de alegar como justificante de la extinción de la pensión, que el hijo no llame su padre o no quiera verle, después de tantos años de indiferencia de su padre». En igual sentido, señala la SAP León núm. 1711/2020 de 18 diciembre, «es clara la nula implicación del demandante, ahora recurrente, en la educación y cuidados de su hijo menor, cuya patria potestad conservaba pese a haberse atribuido su custodia a la madre. Desde el año 2012 el menor no contó con el cariño, afectos y cuidado de su progenitor. El padre tenía unos deberes familiares personales hacia su hijo que, desde luego, no pueden entenderse satisfechos con unas meras llamadas telefónicas. Tal situación se prolongó una vez obtuvo el hijo la mayoría de edad. Por tanto, cierto que el hijo no mantiene relaciones con su padre, a las que tampoco consta se haya negado, pero tal situación, por lo antedicho, en modo alguno puede ser imputable, principalmente, al hijo».

Comparto en esta medida el sentir de la SAP de Burgos (Sección 2.ª) núm. 274/2019 de 4 septiembre pues «habiéndose producido el divorcio cuando la hija tenía tres años de edad, es un hecho reconocido que, desde entonces, no ha existido comunicación entre padre e hija pese a que el convenio regulador preveía un régimen de visitas que el progenitor podría haber hecho valer, y sin que conste en autos que dicha falta de comunicación se haya producido por causa distinta de la propia pasividad del progenitor, que podía haber hecho valer tal régimen de visitas para mantener una relación normalizada con su hija. La mayoría de edad de la hija, en contra de lo que sostiene el progenitor, en nada modifica la situación anterior, pues dicha mayoría de edad no le obliga a modificar sus afectos, a realizar un acercamiento a quien, en definitiva, ha sido un extraño para ella durante todos estos años».

Igual acontece en la SAP de Barcelona (Sección 16.ª) núm. 164/2018 de 17 abril, aun cuando en el ámbito del Código Civil Catalán que sí reconoce la ausencia de relación como causa autónoma de desheredación, pues los hijos eran pequeños cuando el causante marchó de la vivienda a otra provincia y poco pudieron hacer para mantener el contacto con su padre. «Los actores coinciden en reconocer que un día les emplazó el padre en un centro comercial pero que se encontraron con un discurso distinto al esperado, ya que al parecer el padre no buscó un acercamiento personal sino más limitadamente librarse de la pensión y que los mismos influyesen en la madre para poder vender la vivienda, de hecho instó la acción de división de la cosa común con esa finalidad, nunca ejecutó la sentencia para poder tener las visitas previstas con sus hijos y la madre ejecutó la sentencia para el cobro de la pensión. Sea por culpa del abandono y desidia del padre, sea por la relación conflictiva o influencia de la madre, y la consecuente desafección lógica e inherente de los hijos, lo cierto es que la ley exige claramente que la ausencia sea imputable "exclusivamente" al desheredado y desde luego ello no se ha acreditado que sucede en el supuesto sometido a control hoy en alzada. La falta de relación entre las partes es debida a múltiples factores y circunstancias que ambas partes reconocen pero en ningún caso a la voluntad única y exclusiva de los hijo».

Por lo expuesto, no puedo compartir el fallo de la SAP de A Coruña (Sección 5.ª) núm. 238/2020 de 22 julio en la cual resulta acreditado que «no ha existido relación ni comunicación alguna con su padre, por lo que concurre una ausencia manifiesta y continuada de relación familiar entre ambos, con una evidente situación de desapego o desafección mantenida en el tiempo, no coyuntural o transitoria, que hace desaparecer el principio de solidaridad y vinculación familiar en el que se fundamenta el derecho a los alimentos, que no pueden ser reclamados en beneficio de quien renuncia a la relación familiar, como ocurre en este caso con el hijo de los litigantes, que además ha alcanzado hace un año la mayoría de edad, sin haber acreditado en ningún momento una actitud o predisposición favorable al establecimiento de algún tipo de vínculo o relación con su padre, como tampoco justifica cual sea su ocupación o situación académica, ni la dedicación o rendimiento que pueda tener en los estudios, de manera que, por la parte actora apelante a quien corresponde la carga de probar, no se demuestra en absoluto que la causa de esta situación sea imputable al padre demandado, y no al propio hijo que reclama los alimentos, como se desprende de su edad y del largo período de tiempo transcurrido sin interesarse por dicha relación». Si desde que nació no ha tenido relación alguna con su padre difícilmente puede ser imputable al hijo. O bien el progenitor no custodio no tuvo voluntad de cumplir el régimen de visitas establecido o bien el progenitor custodio impidió dicho cumplimiento, correspondiendo el primero ejercitar cuantas acciones legales fueran oportunas para lograr mantener las relaciones con su hijo. No se puede hacer recaer la responsabilidad sobre el hijo cuando éste no tuvo relación y comunicación con su padre desde su nacimiento por el hecho de que, habiendo alcanzado hace un año la mayoría de edad, no haya acreditado una actitud favorable al establecimiento de relaciones con su padre.

A diferencia de las anteriores, en el marco del Derecho catalán, la SAP de Tarragona (Sección 1.ª) núm. 111/2016 de 10 marzo aprecia la existencia de causa de desheredación en un supuesto en el que a finales de 1958 el causante abandonó temporalmente su familia (esposa y tres hijos) para abandonarla definitivamente, y tras un breve retorno a la convivencia a finales de 1960, marchando a vivir a Zaragoza con D.ª Ángela, con la que tuvo la hija posteriormente designada heredera. Resulta probado que, tras marcharse a vivir a Zaragoza, siguió pagando el precio aplazado de la vivienda (durante 22 años) que adquirió en documento privado y que, al elevarse a pública dicha compraventa, la propiedad de la misma se distribuyó en cuotas iguales (20 %) entre el causante, su esposa y sus tres hijos. En definitiva, está acreditado que el padre se ocupó de dar sustento a sus hijos y mal puede entenderse que el padre fuese el causante de la falta de relación y que esta fuese imputable al mismo y no a los hijos cuando existen contactos también acreditados del padre poniendo en conocimiento de unos de sus hijos la intención de divorciarse de la madre, y de algunas visitas del padre a la familia en Cornellá, al menos con uno de los hijos, que en dos ocasiones llevó a su hija a celebraciones de requetés, que ofreció a su hijo ir a vivir con él. En definitiva, considera la Sala acreditado que el causante llevó a cabo varios actos para mantener algún tipo de relación sus hijos, hasta el extremo de adquirir una vivienda y atribuirles a cada uno y a su esposa una parte por igual de la misma, sin que por estos existiera respuesta de ninguna clase manifestada en forma de acercamiento físico o afectivo con el padre.

La importancia de la edad en la que comienza el distanciamiento padre-hijo se aprecia también en la SAP de Granada núm. 111/2022 18 abril al afirmar que «ha transcurrido tiempo suficiente desde la mayoría de edad de la hija para que, fruto de la maduración personal que ello comporta, pudiera haber reconsiderado su absoluto rechazo a la relación materno-filial, lo que significa, dado lo prolongado en el tiempo de la situación, que alberga una intención de hacerla permanente y definitiva, por lo que aun desde la perspectiva rigurosa en la valoración de las causas y las pruebas de la ruptura del vínculo materno filial ha de concluirse en que es la voluntad de la hija la que impone esa desvinculación, en lo que abunda el desinterés mostrado hacia la suerte de este procedimiento, por lo que procede, conforme a la doctrina jurisprudencial expuesta, la extinción de la vigente obligación de prestarle alimentos por parte de D.ª Matilde, vigente en virtud de lo dispuesto en sentencia de divorcio del matrimonio con D. Luis Francisco, de fecha 12 de febrero de 2018». Si bien es lo cierto que si la sentencia de divorcio fue de 2018 y en 2022 había transcurrido tiempo suficiente desde la mayoría de edad ya era lo suficiente mayor en el momento del divorcio como para haber mantenido las relaciones maternofiliales de no mediar causa justificativa en contrario.

En definitiva, habrá que examinar las circunstancias concurrentes, indagar en la familia, pues pudiera ocurrir que el motivo por el que el hijo se niega a mantener relaciones con su progenitor esté sobradamente justificado, habiendo este último o terceras personas participado activamente en el origen del mismo.

Lo expuesto conduce directamente a la problemática planteada por aquellos supuestos en los cuales los hijos dejan de tener relaciones con el progenitor alimentante con motivo del impago por parte de este último de la prestación alimenticia. En este sentido, la SAP de Toledo (Sección 1.ª) núm. 267/2022 de 23 febrero afirma que «no existe prueba de que esa desafección o falta de relación sea culpa de las hijas de la recurrente, sino más bien parece que viene motivada porque desde el mismo momento en que se establece su obligación de prestar alimentos a sus hijas en el año 2015, cuando las mismas eran menores de edad, incumple esa obligación, no siendo exigible para la Sala que los hijos que ven incumplida por su progenitor una obligación tan esencial como la de auxiliarles durante su menor edad, sientan hacia el mismo un especial apego o cariño filial».

Así se percibe en el supuesto de hecho que se encuentra en la base de la SAP de Castellón (Sección 3.ª) núm. 263/2004 de 27 octubre en base a que entre el padre fallecido y el hijo no existió convivencia, pues los padres de se separaron antes de su nacimiento, sin cumplir el padre con sus obligaciones alimentarias y de educación del mismo. Sólo existió un intento de acercamiento por parte del padre cuando el hijo ya era mayor de edad, siéndole entonces negado por el hijo. Y este comportamiento no es causa suficiente de desheredación conforme a lo establecido en el Código Civil. En consecuencia, «la actitud del hijo rechazando todo contacto con el padre, aunque pueda merecer reproche desde una perspectiva moral —justificada o no por el previo y prolongado abandono del padre— no constituye jurídicamente una causa legal de desheredación. De cuanta prueba obra en autos en modo alguno ha quedado demostrado que el hijo-apelado maltratase gravemente de obra o injuriado gravemente de palabra al padre testador, sino que sólo mostró desinterés o indiferencia por el mismo, puesto que no lo conoció hasta que su padre tras muchos años intentó ponerse en contacto con él. Así, no puede en modo alguno confundirse la falta de cariño o de aprecio mostrada por el hijo-apelado hacia con el padre-testador, cuando lo conoció siendo ya mayor de edad, con el "maltrato de obra o injuria grave" que establece el Código Civil como causa legal de desheredación y cuya interpretación —como reiteradamente ha afirmado la jurisprudencia— debe ser restrictiva».

Sin embargo, no es posible establecer reglas categóricas extrapolables a todos los supuestos, siendo necesario examinar con detenimiento las circunstancias concurrentes. Así, la SAP de Navarra (Sección 3.ª) núm. 769/2020 de 27 octubre acuerda la extinción de la pensión alimenticia establecida en favor de una hija que no mantiene relación con su padre desde que tenía 15 años, momento en que surgieron los problemas en torno al pago de la pensión alimenticia, si bien dicho pago se efectuó. Aparte de la edad de la hija en el momento en que las relaciones se rompieron son datos a tener en cuenta los siguientes: 1.º El intento por parte del padre de Nuria de abrir una cuenta en un banco de Pamplona donde ingresarle lo conveniente para sus gastos, intento que se frustró por cuanto la hija consideró que no había quedado para ello con su padre. 2.º Alcanzada la mayoría de edad se produjo la inversión del orden de los apellidos de la hija. 3.º Siendo ya mayor escribió un libro en el que afirmaba no tener padre. 4.º El padre remitió una carta a su hija mostrando su deseo de normalizar las relaciones, sin obtener respuesta. 5.º Durante el acto de la vista la hija declara "de manera clara, firme y taxativa expuso no querer tener relación ni trato con su padre, con quien la única relación que quiere es que le pague la pensión". Con esta base los problemas aparecidos en torno al pago de la pensión de alimentos, a juicio de la Sala, carecen de la proporcionalidad suficiente como para suponer la ruptura absoluta y completa de la relaciones paterno filiales concluyendo que «aun cuando en el año 2014 los problemas acerca del pago de la pensión hubieran podido dar lugar al enfriamiento de la relación entre Nuria y su padre, a partir de la adquisición de la mayoría de edad por parte de Nuria la decisión de no tener relación alguna con su padre es debida, según lo probado, a su exclusiva voluntad, hasta el punto de haber manifestado que no quiere relación con su padre, pero sí quiere que le siga pagando la pensión. Siendo todo esto así resulta probado que existe una absoluta falta de relación entre Nuria y su padre que posee las condiciones de principal, relevante, acreditada y duradera en el tiempo e imputable en exclusiva a su voluntad lo que implica la asunción de las consecuencias de sus actos y de las decisiones libérrimamente adoptadas por parte de persona mayor de edad. Por lo que procede estimar la demanda y acordar la extinción de la pensión alimenticia que Nuria viene percibiendo de su padre desde la fecha de esta sentencia».

Concluyo con una referencia a la Sentencia (Sala de lo Civil, Sección 1.ª) núm. 104/2019 de 19 febrero al afirmar que procede efectuar una interpretación rígida y restrictiva a la hora de valorar la existencia de las causas de desheredación susceptibles de extinguir la prestación de alimentos, en atención al espíritu sancionador que las informa.

CAPÍTULO 13

EL DESAPEGO FAMILIAR Y EL MALTRATO PSICOLÓGICO COMO CAUSA DE DESHEREDACIÓN. EL ESTADO DE LA CUESTIÓN EN LA JURISPRUDENCIA

M.ª del Rosario Sánchez Valle
Profesora Ayudante Doctora de Derecho Civil
Universidad de Sevilla

Sumario:

I. Introducción

La dicotomía entre libertad de testar y legítima siempre ha generado un gran debate, que se ha visto incrementado en los últimos tiempos. Cada vez son más los autores que abogan por la modificación de nuestro sistema legitimario, siendo diversas las posturas que se sostienen al respecto. Desde aquellos que defienden la plena libertad de testar, pero compensada con el reconocimiento de un posible derecho de alimentos; a aquellos que, como ha sucedido en algunos derechos forales, propugnan la restricción del círculo de legitimarios o la reducción de la cuantía de la legítima, pasando por los que abogan por el mantenimiento del sistema de legítimas, pero actualizando las causas de desheredación[29]. No faltan tampoco, aunque son minoritarios, los que defienden el mantenimiento del sistema en sus términos actuales.

El auge de este debate se produce especialmente en los últimos tiempos como consecuencia de los cambios profundos que está sufriendo la institución familiar. La existencia de numerosas separaciones y divorcios, unido a la celebración de nuevos matrimonios o la constitución de nuevas parejas, conlleva sucesivos núcleos familiares, en los que van a convivir hijos de un vínculo anterior, con hijos de un vínculo posterior, cuyos intereses no son siempre coincidentes. Consecuencia de ello, en muchos casos, la pérdida o incluso mala relación entre el progenitor y todos o algunos de sus hijos. A ello se unen las propias características de la sociedad actual en la que las personas tienen mayor esperanza de vida y, cuando fallecen, los descendientes son autónomos e independientes, una sociedad cada vez más individualista y en la que la cohesión familiar intergeneracional está debilitada[30]. No es extraño encontrar a personas mayores en situación de abandono y soledad o ingresadas en residencias sin tener ningún vínculo físico y/o afectivo con sus familiares. En muchas sentencias queda patente como la situación de los descendientes que se han desentendido por completo del causante en vida, cambia tras su muerte con la intención de demandar los derechos hereditarios. Con este contexto social y familiar, entre las iniciativas que propugnan la revisión de la legítima, nos encontramos con aquellas tendentes a que se amplíen y actualicen las causas legales de desheredación. Los propios tribunales se han hecho eco de esta necesidad (por todas, STS (Sala de lo Civil, Sección 1.ª), núm. 104/2019, de 19 febrero (ECLI:ES:TS:2019:502)), que es ignorada por el legislador. Como el CC no ha sufrido hasta la fecha ninguna modificación, han sido los tribunales los que, partiendo del carácter taxativo de las causas de desheredación, han tratado de adaptar dichas causas a la realidad social actual mediante una interpretación flexible de las mismas.

29 *Vid.* por todos, AA.VV., *Las legítimas y la libertad de testar. Perfiles críticos y comparados*, obra colectiva, directores Capilla Roncero, F., Espejo Lerdo de Tejada, M. y Aranguren Urriza, F. J., Thomson-Reuters Aranzadi, 2019; Ramón Fernández, F., «La necesaria actualización de las causas de desheredación en el Derecho español», en *Revista de Derecho Civil*, Vol. 8, núm. 3, 2021, pp. 131-165; Cobas Cobiella, m. e.; «El sistema legitimario español: una nueva configuración en orden a los nuevos modelos familiares», en *Actualidad Jurídica Iberoamericana*, núm. 17. Extra, 2022, pp. 2404-2431; magariños blanco, v.; *Libertad para ordenar la sucesión: libertad de testar*, Dykinson, Madrid, 2022.

30 Díaz Alabart, S.; «La indignidad para suceder y la desheredación. Algunas reflexiones tras la promulgación de la Ley (Ley 8/2021)», en *La persona con discapacidad en el Derecho de Sucesiones*, obra colectiva, directores Espejo Lerdo de Tejada, M. y Cerdeira Bravo de Mansilla, G., Aranzadi, Cizur Menor (Navarra), 2023. En www.aranzadidigital.es (Consultado: 22/04/2024).

Por ejemplo, entendiendo comprendido el maltrato psicológico dentro del maltrato de obra. Empero, esta interpretación flexible no puede conducir a admitir causas de desheredación no contempladas legalmente, ocupando los tribunales la función que compete al legislador. El presente estudio tiene por objeto realizar un análisis jurisprudencial sobre si el maltrato psicológico y la ausencia de relación familiar, el abandono emocional o la falta de afecto tienen cabida como justas causas de desheredación de los descendientes a la luz de la normativa y jurisprudencia actual.

II. Fundamento de la desheredación

En nuestro ordenamiento jurídico se parte, como regla general, de la intangibilidad de la legítima (arts. 806 y 813 del CC) de tal forma que el testador no va a poder disponer por vía sucesoria de parte de su patrimonio por venir reservado por Ley a los legitimarios. Si bien, ello no significa que la legítima se imponga al causante en todo caso. Como afirma LASARTE ÁLVAREZ: «la designación de herederos forzosos no parece que pueda imponerse al causante en todo caso y bajo cualquier circunstancia, sino solo en situaciones de normalidad familiar, pues si la inexistencia de afecto familiar se ha hecho evidente de forma particularmente grave, a través de hechos o actos que garantizan la ruptura de la unidad familiar que constituye el presupuesto del sistema legitimario, resulta natural que la Ley haya de llegar a la conclusión de que quien, en principio, es considerado como «heredero forzoso» deje de serlo y sea privado de la cuota legitimaria que, en otro caso, podría haberle correspondido»[31]. De esta forma, a través de la institución de la desheredación[32], se reconoce al testador la facultad de privar de la legítima a cualquiera de los legitimarios cuando concurra alguna de las causas previstas legalmente (arts. 848, 849 y 853 CC). Lo determinante no es que el testador subjetivamente considere que concurre la causa de desheredación, sino que se hayan producido hechos que objetivamente tengan esa consideración, aunque al testador le baste con alegar la causa (SAP de Soria (Sección 1.ª), núm.

31 LASARTE, C. Y GARCÍA PÉREZ, C.; *Derecho de Sucesiones. Principios de Derecho Civil IV*, Marcial Pons, Madrid, 17.ª ed., 2023, p. 206.

32 Según la STS (Sala de lo Civil, Sección 1.ª), 15 de junio de 1990 (ECLI:ES:TS:1990:10969) la desheredación: «es una declaración de voluntad testamentaria, solemne (art. 849 C. C.), en virtud de la cual quien goza de la facultad de testar priva a sus herederos forzosos del derecho a legítima cuando en ellos concurre cualquiera de las causas legales (853 C. C.) de la que sean responsables. Su carácter solemne requiere que se manifieste en testamento, que exista alguna de las causas tasadas y que se indique por el testador la aplicada, pero en ningún caso exige la ley concretar o describir los hechos constitutivos de la injuria ni las palabras en que ésta consista (S. 4-2-04), puesto que la certeza puede ser contradicha por el desheredado y, en tal caso, ha de demostrarse en juicio la existencia de la causa (art. 850)».

127/2012, de 6 noviembre (ECLI:ES:APSO:2012:242) o SAP Murcia (Sección 1.ª), núm. 180/2019, de 27 mayo (ECLI:ES:APMU:2019:1125).

Con el reconocimiento de esta institución se trata de modular los resultados injustos a los que se podría llegar si no se pudiera privar de la legítima ante infracciones graves de orden familiar. De ahí que, como afirma la jurisprudencia menor, la facultad de desheredar es el complemento natural del sistema de legítimas en cuanto proporciona al testador un medio adecuado para sancionar infracciones graves de orden familiar (SAP de Burgos (Sección 2.ª), núm. 410/2004, de 22 septiembre (ECLI:ES:APBU:2004:1077)). Al respecto es clara la SAP de Palencia (Sección Única), núm. 119/2001, de 20 abril (ECLI:ES:APP:2001:250): «el fundamento de la institución de la desheredación no es sino moderar los efectos del sistema de legítimas, dando cierta intervención en la misma a la autarquía civil del testador, y más en concreto, mantener el buen orden y la disciplina en el interior de la familia, dando al testador medios de castigar la infracción de aquellos deberes más trascendentales y precisos para la existencia de la misma, entre los que está y así se refiere en el art. 155 del Código Civil, el de guardar respeto los hijos a los padres, artículo que aunque de aplicación a la institución de la patria potestad debe extenderse también cuando se haya extinguido dicha situación de patria potestad a las relaciones paterno-filiales». Por eso, al tratarse de un «castigo» frente a un acto personal del legitimario, la desheredación es personal y no alcanza a las estirpes (art. 857 CC).

Precisamente el carácter sancionador de la desheredación es lo que lleva a la jurisprudencia a afirmar la necesidad de realizar una interpretación restrictiva de las causas de desheredación.

III. La interpretación restrictiva de las causas de desheredación

La desheredación, en cuanto supone una excepción a la regla general de la intangibilidad de la legítima, sólo es admisible cuando se acredite la concurrencia de alguna de las causas legales pues como señala el Código Civil «la desheredación sólo podrá tener lugar por alguna de las causas que expresamente señala la ley» (art. 848), debiendo expresarse en el testamento «la causa legal en que se funde» (art. 849 CC). Por tanto, sólo la concurrencia de causa legal puede dar lugar a la exclusión del legitimario.

Atendiendo al tenor literal de estos preceptos (el art. 848 CC recoge el adverbio «solo») y dada la naturaleza sancionadora de la figura, se afirma por la doctrina jurisprudencial que las causas de desheredación son taxativas, en cuanto quedan limitadas a las señaladas expresamente en la ley, que han de interpretarse de forma restrictiva, «no admitiéndose ni la analogía, ni la interpretación extensiva ni siquiera la argumentación de «minoris ad maiorem». El principio de protección y respeto a las legítimas que inspira nuestro sistema legitimario así lo impone (SSTS (Sala de lo Civil, Sección 1.ª), núm. 675/1993, de 28 junio (ECLI:ES:TS:1993:4601); núm. 632/1995, de 26 junio (ECLI:ES:TS:1995:3711) o núm. 954/1997, de 4 noviembre (ECLI:ES:TS:1997:6536)[33].

El comienzo de esta tesis puede situarse en la sentencia de la Sala de lo Civil, del TS de 30 de septiembre de 1975 (RJ 1975\3408) que afirma que las causas de desheredación deben ser objeto de interpretación restrictiva —conforme al principio general de derechos «odiosa sunt restringenda»—, ya que «de otra forma se podría dar al traste con todo el sistema legitimario establecido en favor de los hijos por los arts. 806, 807, núm. 1 y 808 de la Ley Civil Sustantiva». Esta tesis restrictiva, criticada por parte de la doctrina[34], ha

33 Las Audiencias Provinciales de forma casi unánime se pronuncia en los mismos términos: SSAP Asturias (Sección 6.ª), núm. 179/2003, de 14 abril (ECLI:ES:APO:2003:1481); Madrid (Sección 14.ª), núm. 797/2006, de 14 diciembre (ECLI:ES:APM:2006:16518); Valencia (Sección 9.ª), núm. 99/2002, de 12 febrero (ECLI:ES:APV:2002:727) o (Sección 8.ª), núm. 134/2013, de 21 marzo (ECLI:ES:APV:2013:1583); Soria (Sección 1.ª), núm. 127/2012, de 6 noviembre (ECLI:ES:APSO:2012:242).

34 Para Sáenz de Santa María la sentencia resulta desacertada porque crea una regla, la de la interpretación restrictiva, que no está en el Código Civil, con la que el autor se muestra totalmente crítico. Llega a afirmar que lo odioso no es la desheredación, lo odioso es la conducta que está en su origen, siendo la desheredación una institución que debe analizarse sin prejuicio ni enemistad. Además, tampoco da al traste con el sistema legitimario, sino que es una institución que forma parte del sistema de legítimas. SÁENZ DE SANTAMARÍA VIERNA, A., «La desheredación, alivio de legitimarios ingratos», en *Revista Jurídica del Notariado*, núm. 86-87, 2013, pp. 419 y ss. A juicio de Ordás Alonso, que sigue en este sentido a C. B.; «Sentencia del Tribunal Supremo de 30 de septiembre de 1975», *Anuario de Derecho Civil*, abril-junio, 1976, p. 563, el principio «odiosa sunt restringenda» carece de la naturaleza de principio general del Derecho y no tiene valor positivo de norma (art. 1.4 del CC). Ordás niega el carácter odioso de la desheredación cuando afirma: «En definitiva, la interpretación restrictiva puede dar lugar al traste con el sistema de desheredación y dejar sin sanción atentados muy graves a deberes familiares que se consideran sagrados. El legislador, frente al principio de protección del futuro del hijo y el debido respeto a los padres y ante su posible choque, ha buscado una fórmula equilibrada entre la obligatoriedad de la legítima y la facultad de desheredar. Por ello, no parece adecuado calificar de "odiosa" esa limitación impuesta por la legítima al poder del padre de disponer libremente de sus propios bienes, por la misma razón que no resulta apropiado para la desheredación adjetivarla de "odiosa". De este modo, el juzgador deberá tener presente los usos del país, los modos y maneras de la familia y no buscar un cómodo refugiarse en la regla odiosa para rechazar sin más los casos en los que será aconsejable atender a la *ratio iuris* de cada una de las causas de desheredación y no sentirse esclavos de la envoltura léxica». ORDÁS ALONSO, M., *La desheredación y sus causas*, Wolters Kluwer, Madrid, 2021, pp. 91 y 92. Para Martín Fuster: mientras que está justificado que las causas de indignidad se interpreten de forma restrictiva en cuanto son una verdadera sanción legal, no sucede lo mismo con las causas de desheredación que no tienen el carácter de sanción legal, sino que tienen su fundamento en la voluntad del testador. MARTÍN FUSTER, J. M., «La desheredación en la jurisprudencia y su influencia en la concepción de la legítima», en *Las legítimas y la libertad de testar. Perfiles críticos y comparados*, obra colectiva, directores CAPILLA RONCERO, F., ESPEJO LERDO DE TEJADA, M. Y ARANGUREN URRIZA, F. J., Thomson-Reuters Aranzadi, 2019, p. 674.

sido seguida por la jurisprudencia de forma casi unánime[35], que se basa en el carácter sancionador de la figura para sostener que las causas de desheredación deben interpretarse de forma absolutamente restrictiva, no pudiendo extenderse su aplicación a casos no previstos en la Ley. Por tanto, como ahora tendremos ocasión de analizar, frente a la duda se opta por rechazar la concurrencia de la causa de desheredación.

3.1. Posición inicial de la jurisprudencia: el maltrato psicológico y la ausencia de relación familiar no constituyen causas de desheredación

La interpretación restrictiva de las causas de desheredación hace que se haya negado la posibilidad de subsumir dentro de las causas del apartado 1.º y 2.º del art. 853 del CC (la negativa injustificada a prestar alimentos y el maltrato de obra e injuria grave de palabra), la ausencia de relaciones familiares entre el causante y los legitimarios desheredados, la desatención continuada, el abandono sentimental y afectivo, el privarle de su presencia en vida para reconfortarle en su última enfermedad, incluso la no asistencia al funeral o entierro. Estas conductas se califican como pertenecientes al ámbito de la moral y totalmente ajenas a una valoración jurídica que determinen su inclusión como causas de desheredación. Así lo han afirmado las SSTS (Sala de lo Civil, Sección 1.ª), núm. 954/1997, de 4 noviembre (ECLI:ES:TS:1997:6536) y núm. 675/1993, de 28 junio (ECLI:ES:TS:1993:4601) que afirma de forma tajante: «la falta de relación afectiva y comunicación entre la hija y el padre, el abandono sentimental sufrido por éste durante su última enfermedad, la ausencia de interés demostrado por la hija, en relación con los problemas del padre, etc., son circunstancias y hechos que de ser ciertos, corresponden al campo de la moral, que escapan a la apreciación y a la valoración jurídica, y que en definitiva sólo están sometidos al Tribunal de la conciencia».

Las Audiencias Provinciales, de forma prácticamente unánime, han seguido la línea marcada por el TS lo que les ha llevado a declarar injusta la desheredación en multitud de supuestos. En un primer momento, en la mayoría de los casos, la falta de cuidados y atenciones y la falta de relación familiar se han intentado reconducir a la negativa injustificada a prestar alimentos (art. 853.1 del CC). Sin embargo, los tribunales han considerado que, dentro de la causa de desheredación del art. 853.1 del CC, no cabe una

35 SSAP Madrid (Sección 21.ª), núm. 370/2005, de 7 julio (ECLI:ES:APM:2005:8567); Málaga (Sección 5.ª), núm. 167/2007, de 23 marzo (ECLI:ES:APMA:2007:660); Barcelona (Sección 16.ª), 18 noviembre 1999, rec. 74/1999 (ECLI:ES:APB:1999:12166); Valencia (Sección 9.ª), núm. 99/2002, de 12 febrero (ECLI:ES:APV:2002:727); Jaén (Sección 1.ª), núm. 245/2014, de 12 junio (ECLI:ES:APJ:2014:644); Madrid (Sección 13.ª), núm. 349/2013, de 19 septiembre (ECLI:ES:APM:2013:14226); Soria (Sección 1.ª), núm. 127/2012, de 6 noviembre (ECLI:ES:APSO:2012:242).

interpretación extensiva de la obligación de alimentos incluyendo toda clase de cuidados y atenciones, incluso las de naturaleza afectiva (falta de relación afectiva y comunicación, falta de cariño, atención en sus necesidades, no asistencia al funeral...), sino sólo las específicas que derivan del art. 142 CC que comprende «todo lo que es indispensable para el sustento, habitación, vestido y asistencia médica», con un notable carácter económico. Lo demás pertenece al ámbito de la moral y no constituye causa de desheredación. La obligación de alimentos exige, además, que concurran una serie de requisitos: situación de necesidad; requerimiento o petición a los eventuales herederos legitimarios y, por último, negativa injustificada por parte de éstos a prestarlos[36]. De ahí que, la SAP Asturias (Sección 6.ª), núm. 179/2003, de 14 abril (ECLI:ES:APO:2003:1481) haya rechazado la concurrencia de esta causa de desheredación por no encontrarse la causante en situación de necesidad, a pesar de que no existía ningún tipo de relación afectiva ni comunicación con los hijos, que no la atendían en sus necesidades y ni siquiera asistieron al funeral[37].

Del mismo modo, se pronuncian las Audiencias Provinciales en relación con la segunda de las causas de desheredación previstas en el art. 853 del CC. Entienden por injurias graves «aquellas expresiones que cualquiera de ellas y, como no, todas en su conjunto, lesionan la dignidad, menoscaban la fama y atentan contra la propia estimación y la consideración ajena de una persona, y dentro del concepto de malos tratos de obra debemos incluir aquellas agresiones de carácter leve, conductas humillantes y vejatorias, entre otras», sin que se requiera la existencia de sentencia penal condenatoria (SSAP Valencia (Sección 7.ª), 14 de enero de 2005, rec. 820/2004 (ECLI:ES:APV:2005:119) o AP Murcia (Sección 1.ª), núm. 575/2011, de 12 diciembre (ECLI:ES:APMU:2011:2886). Interpretando restrictivamente esta causa de desheredación, no han estimado maltrato de obra la desatención continuada, incluso aunque el causante padeciera una grave enfermedad o se encontrara en situación terminal en el hospital (al que no visitan), la falta de afecto, la inexistencia de relación familiar, las malas relaciones o el maltrato psicológico que quedan relegados al campo de la moral. Así, por ejemplo, la SAP Valencia (Sección 8.ª), núm. 134/2013, de 21 marzo

36 Sobre la interpretación jurisprudencial de estos requisitos, *Vid*. Echevarría de Rada, T., *La desheredación de hijos y descendientes: interpretación actual de las causas del artículo 853 del Código Civil*, Reus, Madrid, 2018, pp. 32-59.

37 Lo mismo sucedió en la SAP de Valencia (Sección 9.ª), núm. 99/2002, de 12 febrero (ECLI:ES:APV:2002:727) a pesar de que la relación era nula y no cuidaron al padre en su enfermedad o en las SSAP de Cáceres (Sección 1.ª), núm. 312/2004, de 23 julio (ECLI:ES:APCC:2004:58); Vizcaya (Sección 4.ª) núm. 226/2014, de 28 marzo (ECLI:ES:APBI:2014:958); Barcelona (Sección 16.ª), 18 noviembre 1999, rec. 74/1999 (ECLI:ES:APB:1999:12166); Madrid (Sección 12.ª), núm. 11/2014, de 17 enero (ECLI:ES:APM:2014:1256); Valencia (Sección 9.ª), núm. 99/2002, de 12 febrero (ECLI:ES:APV:2002:727) o Vizcaya (Sección 4.ª) núm. 226/2014 de 28 marzo (ECLI:ES:APBI:2014:958).

(ECLI:ES:APV:2013:1583) señala que una cosa es la relación hostil, mala relación o ausencia de la misma, como sucede en el caso (tras la separación de los padres, el hijo rompe la relación con el padre), que no es causa de desheredación, y otra el maltrato de obra o existencia de injurias graves (episodio de violencia física o verbal), que sí lo es[38].

En los casos en los que se ha admitido ha sido porque existía algún matiz como la expulsión de la vivienda, injurias o agresión. Así ocurre en la STS (Sala de lo Civil, Sección 1.ª), núm. 632/1995, de 26 junio (ECLI:ES:TS:1995:3711) que, en una línea más aperturista, afirma tajante: «para que haya maltrato de obra no es necesario el empleo de fuerza física». En consecuencia, consideró que la expulsión de la madre de la casa en la que vivían por parte de la esposa y con la permisividad del hijo, aunque no fuera por la fuerza, era equiparable al maltrato de obra y, por consiguiente, justa causa de desheredación. Siguiendo a ésta, se ha reputado maltrato de obra el hecho de que el hijo consintiera de forma impasible que la madre, gravemente enferma, saliera de su casa para poder ser atendida en sus necesidades más elementales, precisamente por la falta continuada de atención, cuidado y afecto del hijo (SAP Madrid (Sección 21.ª), núm. 370/2005, de 7 julio (ECLI:ES:APM:2005:8567)); que el padre sea expulsado de su propia casa por el hijo (SAP Barcelona (Sección 17.ª), núm. 34/2013, de 4 febrero (ECLI:ES:APB:2013:2786), o que éste se niegue a abandonar la casa sobre la que no tiene ningún derecho a ocuparla ya que el usufructo corresponde al progenitor (SSAP León (Sección 1.ª), núm. 110/2011, de 23 marzo (ECLI:ES:APLE:2011:483).

Asimismo, en la SAP Málaga (Sección 5.ª), núm. 167/2007 de 23 marzo (ECLI:ES:APMA:2007:660), se declara justa la desheredación, pero porque las hijas injuriaron al padre en varias ocasiones, lo habían expulsado de la casa de una de ellas y cambiaron el teléfono para no tener contacto con él. Lo mismo sucede en la SAP Tarragona (Sección 1.ª), 17 de octubre de 2003, rec. 255/2003 (ECLI:ES:APT:2003:1349) en la que se considera constitutivo de injurias graves y malos tratos de obra los insultos reiterados que la hija profiere a la madre, a la que también golpea[39].

---

38 En el mismo sentido, SSAP Salamanca (Sección 1.ª), núm. 323/2013, de 1 octubre (ECLI:ES:APSA:2013:528); Palencia, núm. 275/2007, de 5 noviembre (ECLI:ES:APP:2007:504); Soria (Sección 1.ª), núm. 127/2012, de 6 noviembre (ECLI:ES:APSO:2012:242); Madrid (Sección 14.ª), núm. 797/2006, de 14 diciembre (ECLI:ES:APM:2006:16518); Santa Cruz de Tenerife (Sección 4.ª), núm. 58/2010, de 3 marzo (ECLI:ES:APTF:2010:549); Burgos (Sección 2.ª), núm. 410/2004, de 22 septiembre (ECLI:ES:APBU:2004:1077); Alicante (Sección 6.ª), núm. 21/2014, de 28 enero (ECLI:ES:APA:2014:402) o Badajoz (Sección 3.ª), núm. 314/2010, de 26 octubre (ECLI:ES:APBA:2010:1097).

39 En el mismo sentido, SSAP Valencia (Sección 7.ª), 14 de enero de 2005 (ECLI:ES:APV:2005:119) o Jaén (Sección 1.ª), núm. 235/1999, de 26 mayo (ECLI:ES:APJ:1999:745) en la que uno de los hijos había sido condenado en diversos procesos penales por maltrato.

3.1.1. Las excepciones a esta jurisprudencia

Aunque son puntuales, podemos encontrar algunos pronunciamientos jurisprudenciales que se apartan de la línea marcada por el TS y que, en cierto modo, pueden considerarse como precursores de la línea jurisprudencial más aperturista que se ha iniciado con posterioridad.

Destaca, especialmente, la SAP Santa Cruz de Tenerife (Sección 4.ª), núm. 161/2013 de 26 abril (ECLI:ES:APTF:2013:1344), que a la espera de que se aborde una adecuada reforma del sistema sucesorio, recuerda que las normas existentes deben interpretarse según el sentido propio de sus palabras, en relación con el contexto, los antecedentes históricos y legislativos, y la realidad social del tiempo en que han de ser aplicadas, atendiendo fundamentalmente al espíritu y finalidad de aquellas (art. 3.1 CC).

En este sentido, la sentencia estima que debe reconsiderarse la prohibición de interpretar de forma analógica y extensiva las causas de desheredación contempladas en el art. 853 del CC, debiendo interpretarse el maltrato de obra y las injurias en un sentido amplio e integrador: «que abarque no sólo el maltrato físico y el proferir palabras injuriosas, sino también todo daño o sufrimiento psicológico infligido por cualquiera de los herederos legitimarios hacia el testador, debiendo incluirse, a modo de ejemplo, la falta de cariño, el desprecio, el desentenderse y no prestar la dedicación debida a los progenitores mayores o necesitados, aún sin llegar al caso más grave de incurrir en el incumplimiento de la obligación moral y legal de prestar alimentos a los progenitores (previsto, específicamente, como causa de desheredación en el apartado 1.º del artículo citado), en su doble vertiente de proveer a las necesidades alimenticia y de vivienda, por una lado, y de atención, afecto y cuidados, por otro, procurando que los progenitores que lo necesiten se sientan en todo momento acompañados, asistidos y protegidos. Lo contrario, supone una conducta que en los estándares actuales, se ha de calificar como mezquina, y que, por lo tanto, puede y debe ser sancionada, y, sin duda, ser considerada como motivo suficiente de desheredación, con el fin de evitar que los legitimarios que incurran en ellas se vean favorecidos en detrimento de otras personas (sean o no familiares) que los han sustituido en la obligación moral y legal de subvenir a esas necesidades». La traslación de estas consideraciones al caso concreto lleva al tribunal a declarar válida la desheredación de una madre a sus hijos y nietas en base al art. 853.1.º del CC ya que, tras la separación de los progenitores, los hijos tomaron partido por el padre lo que derivó en un distanciamiento y prolongado abandono afectivo respecto de la madre (y abuela), incluyendo toda su enfermedad, en la que tuvo que ser atendida en sus necesidades básicas (afecto, alimentación y cuidados) por sus hermanos.

En la misma dirección, la SAP Palencia (Sección Única), núm. 119/2001, de 20 abril (ECLI:ES:APP:2001:250), interpretando de forma amplia el art. 853.2 del CC, incluye el maltrato psicológico dentro del maltrato de obra al que define como: «toda aquella acción u omisión tendente a causar un menoscabo físico o psíquico, en este caso, al progenitor y testador, con el consiguiente menoscabo o sufrimiento en el que lo recibe, sin justificación inmediata en la propia actitud del testador». Así, estimó que la actitud innecesaria y absolutamente injustificada del hijo, que ejercitó una acción judicial en la que pretendía la declaración de la propiedad de un piso que la madre habitaba y que había quedado demostrado hasta la saciedad que le pertenecía a ella, originó a la madre un evidente quebranto psicológico que justificaba la desheredación. La SAP Madrid, núm. 349/2013, de 19 septiembre (ECLI:ES:APM:2013:14226) por su parte, declara la validez legal de la desheredación de la hija y las nietas por abandono y falta de afecto hacia la causante (que no se encontraba en situación de necesidad), llevando a cabo una interpretación amplia de la obligación de alimentos en la que entiende incluida no sólo la ayuda material que contempla el art. 142 del CC, sino todo lo indispensable para ello, como es la exigencia de una actitud activa de atenciones, incluyendo las afectivas.

IV. Nuevo enfoque jurisprudencial: la interpretación flexible, pero sin crear nuevas causas de desheredación

En el año 2014, el TS dicta una importante sentencia, que viene a ser ratificada por toda la jurisprudencia posterior, en la que sin abandonar el criterio de que la interpretación de las causas de desheredación debe hacerse de forma restrictiva, sin posibilidad de analogía ni de interpretación extensiva, no obstante, considera que ello no es óbice para que la interpretación o valoración de la concreta causa, previamente admitida por ley, deba ser expresada con un criterio rígido o sumamente restrictivo. Ello le lleva a afirmar que las causas de desheredación, de acuerdo con su naturaleza, deben ser objeto de una interpretación flexible conforme a la realidad social, al signo cultural y a los valores del momento en que se producen (art. 3 del CC) (STS (Sala de lo Civil, Sección 1.ª), núm. 258/2014, de 3 junio (ECLI:ES:TS:2014:2484). Criterio seguido de forma unánime en toda la jurisprudencia posterior. Por todas, SSTS (Sala de lo Civil, Sección 1.ª), núm. 59/2015, de 30 enero (ECLI:ES:TS:2015:565), con la que viene a crear jurisprudencia; núm. 422/2015, de 20 julio (ECLI:ES:TS:2015:4153)[40]; núm. 401/2018, de 27 junio (ECLI:ES:TS:2018:2492); núm. 104/2019, de 19 febrero (ECLI:ES:TS:2019:502); núm. 267/2019, de 13 mayo (ECLI:ES:TS:2019:1523); núm. 419/2022, de 24 mayo (ECLI:ES:TS:2022:2068); núm. 556/2023, de 19 abril (ECLI:ES:TS:2023:1676), entre otras).

40 Esta doctrina jurisprudencial es seguida también para la interpretación de las causas de ingratitud que justifican la revocación de la donación.

¿Resulta esto una contradicción? ¿Puede ser la interpretación restrictiva y flexible a la vez? ¿Realmente la interpretación de las causas de desheredación es restrictiva, sin que quepa la interpretación extensiva? ¿Es lo mismo interpretación extensiva que flexible? ¿En qué momento la interpretación deja de ser flexible convirtiéndose en una interpretación extensiva[41]?

Esta aparente contradicción se atisba en la propia jurisprudencia. La SAP Santa Cruz de Tenerife (Sección 4.ª), núm. 161/2013, de 26 abril (ECLI:ES:APTF:2013:1344), citada con anterioridad, entiende que, para hacer una interpretación amplia e integradora, se debe reconsiderar la prohibición de interpretar de forma analógica y extensiva las causas de desheredación. De lo que se puede deducir que las juzga como incompatibles.

El propio TS es consciente de que hay quien pueda pensar que resulte una contradicción que, de un lado, se afirme que las causas se han de interpretar de forma restrictiva y, de otro, que se interpreten de forma amplia. Aparente contradicción que, según la STS (Sala de lo Civil, Sección 1.ª), núm. 104/2019, de 19 febrero (ECLI:ES:TS:2019:502), se salva porque hay que diferenciar dos planos: «De un lado admitir esa extensión de las concretas causas previstas haciendo una interpretación flexible conforme a la realidad social, al signo cultural y a los valores del momento en que se producen, a la espera de que el legislador aborde la reforma legislativa para su positivación.

De otro, hacer una interpretación rígida y restrictiva a la hora de valorar la existencia de tales causas, en atención al espíritu sancionador que las informa». Por ejemplo, tomando como referencia la causa de desheredación del art. 451-17.2.e) del CCCatalán, la valoración de «si es por causa exclusivamente imputable al legitimario» deberá hacerse de forma restrictiva[42].

41 Sobre la interpretación de las normas, *Vid.* CERDEIRA BRAVO DE MANSILLA, G., «Analogía e interpretación extensiva: una reflexión (empírica) sobre sus confines», en *ADC*, Vol. 65, núm. 3, 2012, pp. 1001-1073 y *Realidad (social) y norma (jurídica): la interpretación sociológica o evolutiva,* Aranzadi, Cizur Menor (Navarra), 2024.

42 Cita la propia sentencia dos supuestos en los que se ven reflejados esos dos planos. En primer lugar, la STS (Sala de lo Civil, Sección 1.ª), núm. 231/2016, de 8 de abril (ECLI:ES:TS:2016:1428), con relación al art. 752 del CC que en cuanto se trata de una disposición que disminuye la libertad del testador ha de interpretarse restrictivamente, esto es, que se haya otorgado el testamento durante su enfermedad y que el sacerdote le hubiere confesado en ella. Sin embargo, en una interpretación conforme a la realidad social en aras al derecho fundamental de libertad religiosa y a la aconfesionalidad del Estado, el precepto es aplicable a la asistencia espiritual postrera que se preste al testador por ministros o pastores de cualquier iglesia, confesión o comunidad no católica. Así lo recoge el art. 412-5 del CCatalán. ¿No supone ello ir más allá de una interpretación flexible, llevándose a cabo una interpretación extensiva? En segundo lugar, la STS (Sala de lo Civil, Sección 1.ª), núm. 422/2015, de 20 julio (ECLI:ES:TS:2015:4153) que entiende incluida dentro de las causas de ingratitud del art. 648.1 CC el maltrato de obra o psicológico. Aunque las causas de ingratitud sean únicamente las tasadas en el art. 648 CC, sin que quepa la analogía ni la interpretación extensiva, eso no significa que los elementos conceptuales contemplados por la norma deban ser objeto de interpretación rígida o

Afirmación que puede parecer contraria a las realizadas en las SSTS (Sala de lo Civil, Sección 1.ª), núm. 258/2014, de 3 junio (ECLI:ES:TS:2014:2484) o núm. 59/2015, de 30 enero (ECLI:ES:TS:2015:565) cuando señalan que: «la interpretación o valoración de la concreta causa, previamente admitida por la ley, no debe ser expresada con un criterio rígido o sumamente restrictivo».

La apelación a este doble plano ha suscitado críticas en la doctrina. A juicio de Ordás Alonso, el que el TS proceda a hacer una interpretación flexible de las causas de desheredación y, al mismo tiempo, propugne una interpretación rígida y restrictiva a la hora de enjuiciar si los concretos hechos encajan o no en alguna de dichas causas, implica defender la postura contraria a la que, con mejor criterio, se venía defendiendo hasta ahora por los tribunales en el sentido de que la prohibición de analogía e interpretación extensiva no impide que los supuestos de hecho cuya comisión permite al testador desheredar sean interpretados de acuerdo con el espíritu y finalidad perseguida por la causa de desheredación, de acuerdo con el tiempo y la realidad social en que han de ser aplicadas (art. 3.1 del CC)[43].

Aunque el TS admite que las causas legales de desheredación pueden interpretarse de forma amplia y flexible con arreglo a la realidad social, cultural y a los valores, ello no significa que por vía interpretativa los tribunales puedan crear nuevas causas autónomas de desheredación no contempladas legalmente. Y ello, porque el legislador impone como límite a la voluntad del testador para poder privar al legitimario de su derecho a la legítima la concurrencia de una causa de desheredación tasada legalmente. Lo contrario, equivaldría en la práctica, como advierte el TS, a dejar en manos del testador la exigibilidad de la legítima (SSTS (Sala de lo Civil, Sección 1.ª), núm. 419/2022, de 24 mayo (ECLI:ES:TS:2022:2068) o núm. 556/2023, de 19 abril (ECLI:ES:TS:2023:1676).

Nos parece adecuada esta nueva interpretación realizada por el TS en cuanto permite una flexibilización del sentido de las causas de desheredación, acorde con su espíritu, que es la sanción de conductas graves incompatibles con el sentido de las relaciones paterno-filiales, y con la realidad social, cultural y de valores del momento en que van a ser aplicadas, no quedando encorsetadas ni limitadas por el sentido literal y estricto de la regla. Si bien, sin que ello se traduzca en la creación de nuevas causas de desheredación

---

sumamente restrictiva. Así, hay que realizar una interpretación flexible del precepto tanto respecto del término delito como en cuanto a los bienes protegidos, entendiéndose englobado toda conducta socialmente reprobable que revista caracteres delictivos y resulte ofensiva para el donante, aunque no haya procedimiento ni sentencia penal. De ahí que, conforme a la realidad social del momento de aplicación de la norma, el maltrato de obra o psicológico deba ser considerado como causa de ingratitud en cuanto reviste caracteres delictivos que resultan necesariamente ofensivos para el donante, así como, atenta contra los deberes de consideración y gratitud hacia el donante.

43 Ordás Alonso, M., *op. cit.*, pp. 95, 96, 316 y 317.

no previstas legalmente, dada la naturaleza sancionadora de la figura. A esto entendemos que se debe circunscribir la interpretación restrictiva de las causas, sin que quepa la analogía ni la interpretación extensiva, y no a ser demasiados estrictos a la hora de valorar la concurrencia de la causa de desheredación, algo que ha llevado en algunos casos, como veremos, a rechazar la desheredación en supuestos en los que se había menoscabado verdaderamente la salud mental y la dignidad del testador. Una cosa es que los tribunales deban interpretar las normas con arreglo a los criterios hermenéuticos del art. 3 del CC, lo que lleva a afirmar la flexibilización de las causas de desheredación, y otra distinta, que se conviertan en sustitutos del legislador creando *ad hoc* nuevas causas, que es algo para lo que no tienen competencia[44]. Ciertamente, la principal dificultad radicará, como se refleja en la jurisprudencia menor, en enjuiciar dónde acaba la interpretación flexible de la norma y dónde comienza la interpretación extensiva y la creación de una causa autónoma.

V. El maltrato psicológico como modalidad del maltrato de obra

Con arreglo a la jurisprudencia anterior, en una interpretación flexible conforme a la realidad social, al signo cultural y a los valores en que ha de ser aplicada la norma, tratando de dar respuesta a las situaciones de menosprecio y abandono a las que pueden verse expuestas personas vulnerables de avanzada edad, el TS considera que el maltrato de obra como justa causa de desheredación comprende el maltrato psicológico[45], siendo éste una injustificada actuación del heredero que determina un menoscabo o lesión de la salud mental de la víctima. Para justificarlo señala que: «la

44 Ya lo advertía Díaz Alabart: «evidentemente uno de los datos para una correcta interpretación de una norma es el tener en cuenta la finalidad que la misma persigue (art. 3 del CC). Está muy claro que el juzgador no puede incluir como causas de desheredación conductas no contempladas en el artículo 853, pero ello no implica que no pueda —y además deba— entender que determinadas conductas graves incompatibles con el sentido de las relaciones paterno-filiales constituyen un maltrato de obra. No se trata de incluir una causa nueva no contemplada en el Código, ni de hacer una interpretación extensiva de las que se mencionan, sino no limitarse al tenor literal estricto de la regla. De señalar que hay conductas que suponen una actuación de maltrato, y que por lo tanto, determinar que son causas de desheredación no es forzar ni la letra ni el espíritu del artículo 853». De hecho, en la actualidad, los daños psicológicos pueden ser tan o incluso más importantes que los daños físicos. Díaz Alabart, S., «La desheredación de hijos y descendientes. La novedosa aportación de la STS (Sala de lo Civil, Sección 1ª), 3 de junio de 2014». En https://salasegunda.poder-judicial.go.cr/revista/Revista_N12/contenido/PDFs/art-01.pdf [Consultado: 25/04/2024].

45 En la doctrina se adelanta a este giro jurisprudencial, entre otros, Barceló Doménech, J.; «La desheredación de los hijos y descendientes por maltrato de obra o injurias graves», en *Revista Crítica de Derecho Inmobiliario*, Año 80, núm. 682, 2004, p. 495.

inclusión del maltrato psicológico sienta su fundamento en nuestro propio sistema de valores referenciado, principalmente, en la dignidad de la persona como germen o núcleo fundamental de los derechos constitucionales (artículo 10 CE) y su proyección en el marco del Derecho de familia como cauce de reconocimiento de los derechos sucesorios, especialmente de los derechos hereditarios de los legitimarios del causante, así como en el propio reconocimiento de la figura en el campo de la legislación especial; caso, entre otros, de la Ley Orgánica de protección integral de la violencia de género, 1/2004», en la que queda incluida no sólo la agresión física sino también el maltrato psicológico. Arguye, además, como argumento, en las primeras sentencias, que la inclusión del maltrato psicológico, como modalidad del maltrato de obra, en línea con la voluntad manifestada por el testador viene reforzada por el criterio de conservación de los actos y negocios jurídicos considerados como canon interpretativo y principio general del Derecho, con clara proyección en el Derecho de Sucesiones a través del principio del «favor testamenti», entre otros (SSTS (Sala de lo Civil, Sección 1.ª), núm. 258/2014, de 3 junio (ECLI:ES:TS:2014:2484); núm. 59/2015, de 30 enero (ECLI:ES:TS:2015:565) que reproduce la anterior; núm. 422/2015, de 20 julio (ECLI:ES:TS:2015:4153)[46]; núm. 401/2018, de 27 junio (ECLI:ES:TS:2018:2492); núm. 267/2019 de 13 mayo (ECLI:ES:TS:2019:1523); núm. 104/2019, de 19 febrero (ECLI:ES:TS:2019:502), núm. 384/2019, de 2 julio (RJ 2019\3141); o núm. 419/2022, de 24 mayo (ECLI:ES:TS:2022:2068)). En nuestra opinión, este último argumento no sirve para sustentar la inclusión del maltrato psicológico como causa de desheredación puesto que poca o ninguna utilidad tendría sino concurre una de las causas previstas legalmente, salvo que se esté amparando que la simple voluntad realmente querida por el testador sea la que determine la desheredación.

Se aparta así el TS de la jurisprudencia anterior en la que propugnándose una interpretación restrictiva de las causas de desheredación se rechazaba la integración del maltrato psicológico como modalidad del maltrato de obra. En la actualidad, no existe discusión sobre su inclusión y su caracterización como justa causa de desheredación.

Así, por ejemplo, se ha considerado justa la desheredación cuando con la conducta de menosprecio y abandono familiar injustificado del progenitor enfermo, los hijos incurrieron en un maltrato psicológico y reiterado contra el progenitor (SSTS (Sala de lo Civil, Sección 1.ª), núm. 258/2014, de 3 de junio (ECLI:ES:TS:2014:2484) o núm. 267/2019, de 13 mayo (ECLI:ES:TS:2019:1523). Del mismo modo, cuando el causante sufrió maltrato psicológico dado el estado de zozobra y afectación profunda al que se le sometió tras haberle arrebatado dolosamente el hijo y los nietos práctica-

46 A la luz de esta jurisprudencia, el TS considera que el maltrato de obra o psicológico realizado por el donatario es un hecho integrado en la causa de ingratitud del art. 648.1 del CC.

mente todo su patrimonio (STS (Sala de lo Civil, Sección 1.ª), núm. 59/2015, de 30 enero (ECLI:ES:TS:2015:565) (*Vid. Infra*, apartado VI.5).

VI. La ausencia de relación familiar como causa de desheredación

A raíz de la jurisprudencia dictada por el TS han surgido dos principales problemas interpretativos. En primer lugar, si el abandono emocional, el distanciamiento y la ausencia de relación familiar constituyen por sí mismas causas autónomas de desheredación. En segundo lugar, si la respuesta a este primer interrogante es negativa y sólo son causas de desheredación cuando constituyan un maltrato psicológico, se plantea el problema de discernir si el abandono emocional, el distanciamiento y la ausencia de relación entrañan por sí mismo un maltrato psicológico o, por el contrario, se deben deslindar unos de otro.

6.1. La falta de tipicidad en el CC

Para adaptarse a los cambios sociales y familiares el CCCatalán introdujo como nueva causa de desheredación: «la ausencia manifiesta y continuada de relación familiar entre el causante y el legitimario, si es por una causa exclusivamente imputable al legitimario» (art. 451-17.2.e). Nuestro CC, por el contrario, no la menciona entre las causas de desheredación tasadas legalmente en el art. 853 del CC. En el derecho común, pues, la mera falta de relación familiar, el distanciamiento o la desafección familiar no son causa de desheredación si no se demuestran los daños psicológicos. A pesar de los esfuerzos de la jurisprudencia por adaptar las causas legales existentes a la realidad social, como ha sucedido con el maltrato psicológico, ello no puede conducir a crear nuevas causas de desheredación no contempladas legalmente, dado el carácter sancionador de la figura que impone una interpretación restrictiva. Podría discutirse *de lege ferenda* su inclusión como causa de desheredación[47], pero de *lege lata* es una causa que no existe en nuestro Código Civil.

6.2. Estadio inicial en la jurisprudencia

La jurisprudencia desde un inicio ha subsumido la falta de relación afectiva y de comunicación entre la hija y el padre, el abandono sentimental sufrido

47 Un importante sector doctrinal está insistiendo en la necesidad de reformar el CC para incluir esta causa de desheredación. Entre otros, Ordás Alonso, M., *op. cit.,* p. 385 y 386 o González Hernández, R., «La ausencia de relación familiar como causa de desheredación de los descendientes», en *Revista Crítica de Derecho Inmobiliario*, núm. 775, 2019, pp. 2610-2613; En contra: Galicia Aizpurua, G., «Una propuesta doctrinal de reforma del régimen sucesorio del Código Civil español», en *Iura Vasconiae*, núm. 17, 2020, pp. 336 y 337.

por éste durante su enfermedad, la ausencia de interés por los problemas del padre en el ámbito de la moral (*Vid. Supra*, apartado III.1). La STS (Sala de lo Civil, Sección 1.ª), núm. 258/2014, de 3 junio (ECLI:ES:TS:2014:2484), que ha supuesto un punto de inflexión, no ha provocado un cambio en la jurisprudencia menor que lleve a admitir como causa autónoma de desheredación la mera ausencia manifiesta y continuada de relación familiar entre el causante y el legitimario, por causa imputable exclusivamente a este último, a modo de lo que se recoge en el CCCatalán. La jurisprudencia menor de forma mayoritaria exige que el abandono emocional o la falta de relación familiar sean constitutivos de maltrato psicológico para considerar justa la desheredación (SSAP Córdoba (Sección 1.ª), núm. 582/2017, de 16 octubre (ECLI:ES:APCO:2017:693); Badajoz (Sección 2.ª), núm. 204/2016 de 17 junio (ECLI:ES:APBA:2016:554); Navarra (Sección 3.ª), núm. 380/2016, de 28 julio (ECLI:ES:APNA:2016:937) o A Coruña (Sección 6.ª), núm. 143/2016, de 15 abril (ECLI:ES:APC:2016:895).

6.3. La STS de 19 de febrero de 2019: ¿una puerta abierta al reconocimiento de la ausencia de relación familiar como causa de desheredación?

Como acabamos de exponer, la jurisprudencia de forma mayoritaria hace depender el abandono emocional o la falta de relación familiar del maltrato psicológico para apreciar la concurrencia de la causa de desheredación. Sin embargo, el TS considera causa de extinción de la pensión de alimentos de los hijos mayores de edad, la falta de relación familiar manifiesta, de forma principal, relevante e intensa entre el progenitor y los hijos, imputable exclusivamente a éstos, sin hacerla depender de que sea constitutiva de maltrato psicológico. Desde el prisma de la conexión de las causas de desheredación con las causas de extinción de la obligación de alimentos (art. 152.4 del CC), el TS, en su sentencia núm. 104/2019, de 19 febrero (ECLI:ES:TS:2019:502)[48], analiza si la ausencia de relación familiar, afectiva y de comunicación entre el padre y los hijos, que no se veían desde hacía 10 y 8 años, es causa de desheredación y, por consiguiente, causa que justifique la extinción de la pensión de alimentos. En este sentido, haciendo suyos los argumentos del tribunal de apelación, señala: «no resultaría equitativo que quien renuncia a las relaciones familiares y al respaldo y ayuda de todo tipo que éstas comportan, pueda verse beneficiado después por una institución jurídica que encuentra su fundamento, precisamente, en los vínculos parentales». De ahí que, realizando una interpretación flexible de las causas de extinción de la

48 *Vid.* Cabezuelo Arenas, A. L., «La supresión de las pensiones alimenticias de los hijos por negarse a tratar al progenitor pagador. Relación entre el derecho de comunicación del progenitor no conviviente y la relevación de pago de los alimentos», en *Revista Aranzadi de Derecho Patrimonial*, núm. 49, 2019. En www.aranzadidigital.es (Consultado: 15/04/2024).

pensión de alimentos (de desheredación) con arreglo a la realidad social, signo cultural y los valores del momento (primer plano, Vid. *Supra*), considera incluida la ausencia manifiesta, principal, relevante e intensa de relación familiar cuando sea imputable exclusivamente al legitimario (en este caso, al alimentista), extrapolando lo previsto en el CCCatalán al derecho común, porque la solidaridad familiar e intergeneracional es la que late como fundamento de la pensión.

Aunque el TS desestima el recurso porque la falta de relación no es imputable exclusivamente a los hijos[49], parece admitir que la ausencia de relación familiar manifiesta, continuada, principal, relevante e intensa es causa de desheredación sin vincularlo necesariamente a que los hechos sean constitutivos de maltrato. Se aplica un régimen similar al del CCCatalán en lo que parece más una aplicación extensiva que flexible de la norma, que pone de manifiesto la delgada línea que separa ambas interpretaciones. Este pronunciamiento, sin embargo, no ha supuesto un cambio de postura ni en la jurisprudencia del TS ni en la jurisprudencia menor que, tras esta sentencia, sigue sosteniendo mayoritariamente que la falta de relación, o incluso la mala relación, entre el testador y el legitimario no es causa de desheredación si no se demuestra la existencia de maltrato psicológico (SSAP Valencia (Sección 11.ª), núm. 485/2019, de 5 noviembre (ECLI:ES:APV:2019:5255) o núm. 537/2020, de 22 diciembre (ECLI:ES:APV:2020:4896)[50]. Aun así, algunos tribunales sí han seguido el criterio de esta sentencia (SAP Asturias (Sección 4.ª), núm. 155/2020, de 14 mayo (ECLI:ES:APO:2020:1882)[51].

6.4. La dependencia del maltrato psicológico: las SSTS de 24 de mayo de 2022 y 19 de abril de 2023

Si cabía alguna duda, el TS ha resuelto claramente esta cuestión en la STS (Sala de lo Civil, Sección 1.ª), núm. 419/2022, de 24 mayo (ECLI:ES:TS:2022:2068), y posterior STS (Sala de lo Civil, Sección 1.ª), núm.

---

49 Ejemplo del segundo plano *(Vid. Supra)*, interpretación rígida y restrictiva a la hora de valorar la concurrencia de la causa.

50 En igual sentido, SSAP Murcia (Sección 1.ª), núm. 180/2019, de 27 mayo (ECLI:ES:APMU:2019:1125); Vizcaya (Sección 5.ª), núm. 167/2020, de 26 junio (ECLI:ES:APBI:2020:2842); Albacete (Sección 1.ª), núm. 247/2019, de 10 junio (ECLI:ES:APAB:2019:482) o Madrid (Sección 25.ª), núm. 235/2020, de 18 junio (ECLI:ES:APM:2020:7710).

51 Particularmente cuando se solicita la extinción de la pensión de alimentos por la falta de relación entre el progenitor y el hijo/a: SSAP Navarra (Sección 3.ª), núm. 769/2020, de 27 octubre (ECLI:ES:APNA:2020:902) o Jaén (Sección 1.ª), núm. 879/2023 de 6 septiembre (ECLI:ES:APJ:2023:1242).

556/2023, de 19 abril (ECLI:ES:TS:2023:1676), con la que viene a crear jurisprudencia.

En la STS (Sala de lo Civil, Sección 1.ª), núm. 419/2022, de 24 mayo (ECLI:ES:TS:2022:2068) se recurre en casación la sentencia de la AP que había rechazado la inclusión del mero distanciamiento o ausencia de relación familiar dentro del maltrato psicológico. El TS, partiendo de su propia jurisprudencia sobre el maltrato psicológico, afirma de forma tajante: «En el sistema legal vigente no toda falta de relación afectiva o de trato familiar puede ser enmarcada, por vía interpretativa, en las causas de desheredación establecidas de modo tasado por el legislador. Es preciso ponderar y valorar si, en atención a las circunstancias del caso, el distanciamiento y la falta de relación son imputables al legitimario y además han causado un menoscabo físico o psíquico al testador con entidad como para poder reconducirlos a la causa legal del "maltrato de obra" prevista en el art. 853.2.ª CC». Por tanto, el simple distanciamiento o la falta de relación familiar no son por sí mismas causa de desheredación si no son de tal entidad que supongan una lesión física o psíquica o mental en el testador e imputable exclusivamente al legitimario. Tendrán que concurrir estos dos requisitos para que concurra la causa de desheredación.

Aplicando esta doctrina a los hechos en los que la abuela desheredó a las nietas que tras la separación de sus padres (hijo de la causante), habían cortado toda la relación con la abuela y con el progenitor, al que no visitaron mientras estaba enfermo en el hospital ni acudieron al entierro, el TS estimó que no concurría causa de desheredación ya que, aunque había quedado acreditada la falta de relación familiar y afecto, no se había demostrado ni el maltrato de obra ni tampoco un daño psicológico derivado del comportamiento de las nietas.

Según el TS, es posible llevar a cabo una interpretación flexible de las causas de desheredación. Sin embargo, por vía interpretativa, no se puede configurar una nueva causa autónoma de desheredación como sería «la basada exclusivamente, sin más requisitos, en la indiferencia y en la falta de relación familiar, puesto que el legislador no la contempla». Precisamente la Exposición de Motivos del CCCatalán destaca como novedad la introducción de una nueva causa de desheredación, como es la ausencia manifiesta y continuada de relación familiar entre el causante y el legitimario imputable exclusivamente a este último, distinta del maltrato grave al testador (art. 451-17.2.c) del CCCatalán). De ello puede colegirse que en el propio CCatalán se contemplan como causas distintas de desheredación, por lo que en una interpretación amplia o flexible del maltrato como causa de desheredación no tendría cabida la falta o ausencia de relación familiar. La legítima se configura en nuestro ordenamiento como un derecho del que sólo puede privarse si concurre causa legal. De lo contrario, como advierte el propio TS, ello supondría que en la práctica se dejara a la libre voluntad del testador la exigibilidad de la legítima, «privando de ella a legitimarios con los que hubiera perdido la relación con independencia del origen y los motivos de esa situación y de la influencia que la misma hubiera provocado en la salud física o psicológica del causante».

Esta doctrina es confirmada posteriormente por la STS (Sala de lo Civil, Sección 1.ª), núm. 556/2023, de 19 abril (ECLI:ES:TS:2023:1676). El TS rechaza el razonamiento expuesto por la AP que entendió que el que el padre, tras su separación, no tuviera ningún tipo de relación con su hija durante 16 años (un periodo muy largo), por causa imputable a esta, que siendo mayor de edad evitó de forma consciente y deliberada tener contacto con aquel, mostrando una total despreocupación y falta de interés (de hecho, sólo se enteró del fallecimiento cuando se interesó por el testamento), reviste tal gravedad que puede privarse a la hija de la legítima por haber incurrido en una conducta incompatible con los deberes elementales de respeto y consideración que se derivan de la relación jurídico de filiación. Siguiendo la STS (Sala de lo Civil, Sección 1.ª), núm. 419/2022 de 24 mayo (ECLI:ES:TS:2022:2068), cuyos argumentos cita textualmente, vuelve a señalar que la falta de relación familiar sin que se demuestre la existencia de maltrato psicológico no es causa de desheredación. Así, aun cuando tras la separación de los padres la hija no hubiera intentado contactar con él, «la falta de relación no permite afirmar, salvo en el terreno especulativo, la existencia de un maltrato psicológico ni de un abandono injustificado, sobre lo que no existe prueba alguna». Por tanto, a pesar de lo que parecía desprenderse de la STS (Sala de lo Civil, Sección 1.ª), núm. 104/2019, de 19 febrero (ECLI:ES:TS:2019:502), la falta de relación familiar manifiesta, principal e imputable al desheredado no necesariamente es causa de desheredación, ni se considera constitutiva de maltrato psicológico. Sólo cuando efectivamente se demuestren los daños psicológicos (lesión o menoscabo de la salud mental o psíquica), imputables exclusivamente al legitimario, es cuando se podrá desheredar (*Vid. Infra*, apartado VI.5).

En la línea interpretativa marcada por el TS, las Audiencias Provinciales, como ya venían haciendo mayoritariamente con anterioridad, acogen la tesis de que en el sistema legal vigente no toda falta de relación familiar puede ser enmarcada, por vía interpretativa, como causa de desheredación ni puede reputarse como maltrato psicológico[52]. Por eso, será preciso ponderar y valorar, atendiendo a las circunstancias concretas del caso, si el distanciamiento y la falta de relación son exclusivamente imputables al legitimario y si han causado un menoscabo físico o psíquico al testador con entidad como para poder reconducirlos a la causa legal del maltrato de obra del art. 853.2 del

52 Resulta ilustrativa la SAP Madrid (Sección 12.ª), núm. 168/2023, de 20 abril (ECLI:ES:APM:2023:6746) cuando afirma: «ante todo, el maltrato es un concepto diferente al de desaparición de la relación afectiva que se supone en la relación entre ascendientes y descendientes, y singularmente, entre padres e hijos. La desheredación no puede basarse en la mera desafección, para lo cual está el régimen de mejoras que permite reducir la porción del hijo que no haya mantenido esa relación de afectividad».

CC. A la luz de esta jurisprudencia, para resolver sobre la validez de la desheredación, la pérdida o falta de relación familiar ha de conectarse con el origen y los motivos de esa situación y la influencia que la misma haya provocado en la salud psicológica del causante.

Así, se estima la concurrencia de la causa de desheredación en los casos en los que la falta de relación o el distanciamiento se ha reputado como maltrato psicológico, imputable exclusivamente al desheredado. Entre otras, SSAP Valladolid (Sección 3.ª), núm. 124/2024, de 1 febrero (ECLI:ES:APVA:2024:127) o Alicante (Sección 6.ª), núm. 164/2023, de 11 mayo (ECLI:ES:APA:2023:1137[53]) (*Vid. Infra,* apartado VI.5). Por el contrario, se desestiman los recursos cuando, a pesar de que queda acreditada la falta de relación, no se ha probado que esta haya generado en el causante unos daños psicológicos o no es imputable exclusivamente al desheredado (SSAP León (Sección 1.ª), núm. 51/2024, de 17 enero (ECLI:ES:APLE:2024:163); Cantabria (Sección 2.ª), núm. 416/2023, de 26 julio (ECLI:ES:APS:2023:971) o Córdoba (Sección 1.ª), núm. 1078/2023, de 1 diciembre (ECLI:ES:APCO:2023:1196)[54]. No faltan las sentencias que directamente subsumen dentro del ámbito de la moral, la falta de relación afectiva y comunicación, el abandono sentimental durante la última enfermedad o la ausencia de interés sobre los problemas del padre, salvo que se demuestre que ha existido un maltrato psicológico real y objetivo (SSAP Pontevedra (Sección 3.ª), núm. 283/2023, de 16 mayo (ECLI:ES:APPO:2023:1137) o Ciudad Real (Sección 1.ª), núm. 30/2023, de 2 febrero (ECLI:ES:APCR:2023:177) o Murcia (Sección 5.ª), núm. 339/2022, de 13 diciembre (ECLI:ES:APMU:2022:3153). Parecen retornar estas sentencias al rígido criterio con que se aprecian las causas de desheredación en la jurisprudencia inicial del TS (STS (Sala de lo Civil,

53 En igual sentido: SSAP Soria (Sección 1.ª), núm. 48/2023, de 13 febrero (ECLI:ES:APSO:2023:60); Jaén (Sección 1.ª), núm. 1138/2023, de 25 octubre (ECLI:ES:APJ:2023:1173) o Madrid (Sección 10.ª), núm. 594/2023, de 16 octubre (ECLI:ES:APM:2023:15572).

54 Es muy abundante el número de sentencias dictadas al respecto: SSAP Alicante (Sección 6ª), núm. 338/2023, de 13 noviembre (ECLI:ES:JSO:2023:4049) o (Sección 9.ª), núm. 399/2023, de 7 julio (ECLI:ES:APA:2023:1452); A Coruña (Sección 3.ª), núm. 495/2023, de 18 diciembre (ECLI:ES:APC:2023:3184) o núm. 433/2023, de 15 noviembre (ECLI:ES:APC:2023:2925); Asturias (Sección 6.ª), núm. 571/2023, de 27 noviembre (ECLI:ES:APO:2023:4060) o núm. 513/2023 de 30 octubre (ECLI:ES:APO:2023:3314) o (Sección 4.ª), núm. 536/2023 de 2 noviembre (ECLI:ES:APO:2023:3445) o núm. 360/2023, de 12 julio (ECLI:ES:APO:2023:2626); Huelva (Sección 2.ª), núm. 510/2023, de 13 julio (ECLI:ES:APH:2023:547); Badajoz (Sección 3.ª), núm. 128/2023, de 25 mayo (ECLI:ES:APBA:2023:530) o núm. 62/2023 de 9 marzo (ECLI:ES:APBA:2023:296); Madrid (Sección 12.ª), núm. 168/2023, de 20 abril (ECLI:ES:APM:2023:6746) o (Sección 13.ª), núm. 324/2022, de 22 septiembre (ECLI:ES:APM:2022:13084); Vizcaya (Sección 4.ª), núm. 189/2023, de 3 marzo (ECLI:ES:APBI:2023:492) o núm. 91/2023 de 15 febrero (ECLI:ES:APO:2023:404); Ciudad Real (Sección 1.ª), núm. 30/2023, de 2 febrero (ECLI:ES:APCR:2023:177) o (Sección 2.ª), núm. 424/2022, de 19 septiembre (ECLI:ES:APCR:2022:1263).

Sección 1.ª), núm. 675/1993, de 28 junio (ECLI:ES:TS:1993:4601), que citan expresamente, aunque tienen en cuenta la jurisprudencia posterior al exigir la concurrencia de maltrato psicológico.

De la abundante doctrina jurisprudencial resulta que, a pesar de que se admite la interpretación flexible del maltrato de obra, incluyendo el maltrato psicológico, los tribunales suelen llevar a cabo una interpretación estricta y rigurosa a la hora de valorar la concurrencia de la causa, en atención al carácter sancionador de la figura, lo que lleva en muchos casos a apreciar la falta de relación, pero no el maltrato psicológico. ¿Realmente puede considerarse que no genera sufrimiento para un padre el que su hija durante 16 años se despreocupe y no muestre por él ningún interés?

La gran cantidad de sentencias que se han dictado al respecto no hace sino evidenciar la necesidad de que se lleve a cabo una reforma legislativa acorde con la realidad social y familiar actual en la que se dé respuesta a las situaciones, cada vez más frecuentes, en la que los descendientes se despreocupan, no se comunican, no tienen relación o directamente abandonan al causante durante la vejez, pero que, sin embargo, se ven premiados con la legítima, en detrimento de quienes han asistido verdaderamente al causante en esos momentos.

6.5. El abandono emocional y la ausencia de relación familiar, ¿es maltrato psicológico?

Desde un primer momento el TS afirma que el abandono emocional, entendido como la ruptura del vínculo afectivo o sentimental, el desapego familiar o la ausencia de relaciones familiares no constituyen por sí mismas maltrato psicológico. Sólo cuando revistan tal entidad que hayan supuesto un menoscabo o lesión de la salud mental del testador, se calificarán como justa causa para la desheredación. Así se desprende claramente de las SSTS (Sala de lo Civil, Sección 1.ª), núm. 258/2014, de 3 de junio (ECLI:ES:TS:2014:2484); núm. 59/2015, de 30 enero (ECLI:ES:TS:2015:565); núm. 267/2019, de 13 mayo (ECLI:ES:TS:2019:1523) o Auto del TS (Sala de lo Civil, Sección 1ª), 11 de diciembre de 2019, rec. 3709/2019 (ECLI:ES:TS:2019:13604A) que inadmite a trámite el recurso de casación porque a pesar de la relación inexistente entre el padre y la hija, no se ha acreditado que la hija mantenga una conducta de maltrato psicológico con el padre ni que el enfrentamiento sea responsabilidad exclusiva de la hija. Y, en las más recientes SSTS (Sala de lo Civil, Sección 1.ª), núm. 419/2022, de 24 mayo (ECLI:ES:TS:2022:2068) o núm. 556/2023, de 19 abril (ECLI:ES:TS:2023:1676) que llega a afirmar: «la falta de relación no permite afirmar, salvo en el terreno especulativo, la existencia de un maltrato psicológico ni de un abandono injustificado, sobre lo que no existe prueba alguna».

Sin embargo, no faltan pronunciamientos jurisprudenciales que parecen admitir que la falta de relación familiar continuada e imputable al desheredado se encuentra abarcada por el maltrato psicológico. En este sentido, la STS (Sala de lo Civil, Sección 1.ª), núm. 401/2018, de 27 junio (ECLI:ES:TS:2018:2492) declara: «solo una falta de relación continuada e imputable al desheredado podría ser valorada como causante de unos daños psicológicos». En nuestra opinión, tal manifestación no lleva a afirmar que toda falta de relación es causante de daños psicológicos. Del carácter potestativo cabe deducir que habrá que analizar las circunstancias concurrentes para valorar si han causado o no daños psicológicos, como se pone de relieve en la jurisprudencia menor. No lo entienden así algunas Audiencias Provinciales que ejemplifican como daños psicológicos «la falta de cariño» (SAP Santa Cruz de Tenerife (Sección 3.ª), núm. 66/2015, de 10 marzo (ECLI:ES:APTF:2015:255) o Vizcaya (Sección 3.ª), núm. 350/2015, de 5 noviembre (ECLI:ES:APBI:2015:2078) o la SAP Sevilla (Sección 6.ª), núm. 92/2019, de 7 marzo (ECLI:ES:APSE:2019:534) que considera que la falta de relación entre padre e hija durante tanto tiempo, sin que la hija intentara ponerse en contacto con su progenitor, directamente causó un malestar en el testador constitutivo de maltrato psicológico que justifica la desheredación. Empero, en términos generales, la jurisprudencia menor ha seguido mayoritariamente la tesis de que el abandono emocional o la ausencia manifiesta y continuada de relación familiar no pueden equipararse al maltrato psicológico[55].

Si el abandono emocional y la ausencia de relaciones familiares no implican *per se* maltrato psicológico, ¿qué caracteres deben reunir para que concurra tal condición? ¿en qué casos admite la jurisprudencia la existencia de maltrato psicológico? El concepto de maltrato psicológico no aparece definido en la jurisprudencia en todos sus contornos. Aunque se puedan extraer algunos criterios generales, habrá que analizar las circunstancias concurrentes en cada caso concreto para determinar si la salud mental del testador se ha visto menoscaba como consecuencia de tales hechos.

---

55 Al respecto afirman: SSAP Cádiz (Sección 8.ª), núm. 89/2017, de 26 junio (ECLI:ES:APCA:2017:2085): «el debilitamiento del vínculo afectivo o emocional entre padre e hijos no puede equipararse a un maltrato psicológico»; Valencia (Sección 11.ª), núm. 537/2020, de 22 diciembre (ECLI:ES:APV:2020:4896): «la menor relación afectiva o el debilitamiento del vínculo familiar entre padre e hijos por sí solo no integra el maltrato psicológico, sino que será necesario produzca esa afrenta por tal abandono, agrediendo la dignidad personal, por ende, originar un quebranto que puede ser físico, psíquico o psicológico»; Ciudad Real (Sección 2.ª), núm. 424/2022, de 19 septiembre (ECLI:ES:APCR:2022:1263): «una falta de relación mutua no comprende sin más, un maltrato psicológico»; Valladolid (Sección 3.ª), núm. 124/2024, de 1 febrero (ECLI:ES:APVA:2024:127): la falta de relación entre progenitor e hijo, aunque fuera imputable exclusivamente a este último, no puede reputarse como maltrato psicológico; o León (Sección 1ª), núm. 51/2024, de 17 enero (ECLI:ES:APLE:2024:163): «la desafección o la falta de relación familiar no es determinante de una situación de maltrato psicológico».

Si realizamos un recorrido por la jurisprudencia, en algunos casos se exige una conducta activa para apreciar la concurrencia de maltrato psicológico. Así sucede en la SAP Córdoba (Sección 1.ª), núm. 582/2017, de 16 octubre (ECLI:ES:APCO:2017:693): «el "abandono emocional" no puede ser considerado como causa de desheredación", exigiéndose un "plus de acometimiento físico" para apreciar la concurrencia de esta causa de desheredación». Ante la falta de una conducta activa, el tribunal rechaza la existencia de maltrato psicológico[56].

Sin embargo, coincidimos con Ordás Alonso en que no es exactamente así[57].En muchos casos, no se exige una conducta activa para apreciar el maltrato psicológico, pues es precisamente la conducta omisiva que implica el total abandono, la falta de cuidados y atenciones al progenitor enfermo la que genera el maltrato psicológico. Más acertadamente la SAP Ciudad Real (Sección 1.ª), núm. 30/2023, de 2 febrero (ECLI:ES:APCR:2023:177) indica que: «el maltrato implica una acción u omisión intencionada».

De este modo, nuestros tribunales han apreciado el maltrato psicológico en los casos en los que, más allá del abandono emocional, la conducta de menosprecio y abandono familiar injustificado del progenitor, particularmente cuando está enfermo, resulta incompatible con los deberes elementales de respeto y consideración que derivan de la relación jurídica de filiación, menoscabando o lesionando su salud mental (estado de zozobra y afectación profunda)[58]. Claramente lo afirma la STS (Sala de lo Civil, Sección 1.ª), núm. 258/2014, de 3 de junio (ECLI:ES:TS:2014:2484) que consideró justa la desheredación puesto que «fuera de un pretendido "abandono emocional", como expresión de la ruptura de un vínculo afectivo o sentimental, los hijos incurrieron en un maltrato psicológico y reiterado contra su padre, incompatible con los deberes elementales de respeto y consideración que se derivan de la relación jurídica de filiación, con una conducta de menosprecio y de abandono familiar que quedó evidenciada en los últimos siete años de vida del causante en donde, ya enfermo, quedó bajo el amparo de su her-

56 En similares términos se pronuncian las SSAP Las Palmas (Sección 3.ª), núm. 192/2018, de 4 abril (JUR 2018\203599); Santa Cruz de Tenerife (Sección 4.ª), núm. 336/2015, de 14 diciembre (AC 2016\383) o Zamora (Sección 1), sentencia núm. 272/2019, de 23 julio (AC 2019\1204).

57 Ordás Alonso, M.; *op. cit.*, p. 321.

58 Las SSAP de A Coruña (Sección 3.ª), núm. 495/2023, de 18 diciembre (ECLI:ES:APC:2023:3184) o núm. 433/2023, de 15 noviembre (ECLI:ES:APC:2023:2925) señalan: «para que pueda establecerse que existe un maltrato psicológico como causa de desheredación, [...], se requiere:
(a) Una actuación injustificada imputable al desheredado, que suponga «un abandono familiar», «menosprecio y abandono», «desamparo»; (b) Que produzca un menoscabo o lesión de la salud mental en el causante, «zozobra y afectación profunda»; (c) No puede confundirse la mera falta de relación o afectividad con el maltrato». En similar sentido, SAP Ciudad Real (Sección 2ª), núm. 424/2022, de 19 septiembre (ECLI:ES:APCR:2022:1263).

mana, sin que sus hijos se interesaran por él o tuvieran contacto alguno; situación que cambió, tras su muerte, a los solos efectos de demandar sus derechos hereditarios». Esta doctrina aplicada a los hechos lleva a considerar en la STS (Sala de lo Civil, Sección 1.ª), núm. 267/2019, de 13 mayo (ECLI:ES:TS:2019:1523), que los hijos, que afirmaban que la madre estaba llena de maldades y brujerías, que le negaban la condición de madre, no le cogían el teléfono, no la asistían y la abandonaron sufriendo una enfermedad crónica que la obligaba a ir en silla de ruedas incurrieron en una conducta de menosprecio y abandono familiar injustificado, sólo imputable a los mismos, que supone un maltrato psicológico. En parecidos términos, la SAP Madrid (Sección 12.ª), núm. 411/2016, de 3 noviembre (ECLI:ES:APM:2016:17231) concluye que no se trata sólo de un abandono emocional, sino que la hija desatendía reiteradamente a su madre lo que es incompatible con los deberes de respeto y consideración que se derivan de la relación de filiación. Abandono y desprecio que se evidenciaron en los últimos años de vida en los que no se interesó ni tuvo contacto con ella, incluso desconocía el lugar de fallecimiento de su madre, pese a que se le había comunicado el traslado a una residencia. En la SAP Toledo (Sección 2.ª), núm. 584/2017, de 23 octubre (ECLI:ES:APTO:2017:1003) se admite el maltrato psicológico ante al absoluto abandono emocional que sufrió el causante por parte de los legitimarios (más de 35 y 7 años), que a pesar de que conocían su enfermedad, no lo asistieron, ni lo visitaron en ninguna ocasión, ni siquiera en el hospital ni acudieron al sepelio. El total desentendimiento del causante ante su última enfermedad normalmente va a acompañado de la ausencia en el velatorio o entierro del testador que, aunque no supone por sí mismo una causa de desheredación, constituye una prueba más del posible maltrato que sufrió el causante en vida. También se estimó acreditado ante la falta de relación de la hija con la madre en situación de enfermedad terminal, en cuyo domicilio sólo aparecía para comer y dejar la ropa para lavar, trato que se consideró vejatorio y desconsiderado. Ello derivó en que la madre la echara de la casa y la desheredada por maltrato psicológico y manifiesta indiferencia hacia su persona (SAP Vizcaya (Sección 5.ª), núm. 167/2020, de 26 junio (ECLI:ES:APBI:2020:2842).

Aunque el ingreso del testador en una residencia de ancianos[59] no constituye por sí mismo causa de desheredación (SSAP Ourense (Sección 1.ª), núm. 721/2023, de 6 noviembre (ECLI:ES:APOU:2023:905) o Pontevedra (Sección 3.ª), núm. 537/2022, de 24 octubre (ECLI:ES:APPO:2022:2420), el ingreso y la falta de visitas en la residencia es un indicio que permite demostrar el menosprecio y total abandono del testador. Así, en la STS (Sala de lo Civil, Sección 1.ª), núm. 384/2019, de 2 julio (ECLI:ES:TS:2019:2241), se admite que concurre la causa de desheredación porque la situación de total abandono emocio-

59 *Vid.* CABEZUELO ARENAS, A. L.; *Maltrato psicológico y abandono afectivo de los ascendientes como causa de desheredación (art. 853.2 CC)*, Tirant Lo Blanch, Valencia, 2018, pp. 123-140.

nal y desatención a sus padres, dependientes e ingresados en una residencia de ancianos, a los que había retirado la palabra y con los que no tenía comunicación hasta el punto de que se enteró de su muerte mucho más tarde, fueron constitutivos de maltrato psicológico. Igualmente, en la SAP de Sevilla (Sección 8.ª), núm. 414/2016, de 20 diciembre (ECLI:ES:APSE:2016:3207) en la que ni la hija ni los nietos se preocupaban de la testadora, no la visitaban en el centro geriátrico, la hija intentó apropiarse de una vivienda que también pertenecía a la madre, instó una demanda para la división de la herencia con el único fin de que la madre abandonara la vivienda sobre la que tenía el usufructo vitalicio, solicitó su incapacitación, aunque posteriormente trató de reanudar la relación, pero sólo con fines económicos, causó en la testadora un «sentimiento de abandono, sufrimiento, falta de ayuda, ignorancia y distanciamiento» que justifica la desheredación. Por su parte, la SAP Salamanca (Sección 1.ª), núm. 83/2017, de 21 febrero (ECLI:ES:APSA:2017:718) considera probado el maltrato psíquico y reiterado de la hija contra la madre, a la que insultaba y decía que no era su madre, a la que nunca visitó y por la que no se interesó cuando estuvo en la residencia de ancianos, conducta de menosprecio y abandono familiar incompatibles con los deberes elementales que se derivan de la relación de filiación.

Sin embargo, al no quedar demostrado que los hechos provocaran en el causante un sufrimiento psíquico, no se estima como maltrato psicológico el caso en el que la hija, por la nula relación existente con el padre, desconocía por completo que padecía una enfermedad (SAP Huelva (Sección 2.ª), núm. 510/2023, de 13 julio (ECLI:ES:APH:2023:547) o Albacete (Sección 1.ª), núm. 521/2023, de 13 noviembre (ECLI:ES:APAB:2023:861). Tampoco la falta de relación o comunicación o el simple abandono emocional durante la última enfermedad (SSAP Pontevedra (Sección 3.ª), núm. 283/2023, de 16 mayo (ECLI:ES:APPO:2023:1137) o núm. 537/2022 de 24 octubre (ECLI:ES:APPO:2022:2420); Ciudad Real (Sección 1.ª), núm. 30/2023, de 2 febrero (ECLI:ES:APCR:2023:177) o Murcia (Sección 5.ª), núm. 339/2022, de 13 diciembre (ECLI:ES:APMU:2022:3153).

La jurisprudencia también se refiere al maltrato psicológico como «estado de zozobra y afectación profunda». En este sentido, la STS (Sala de lo Civil, Sección 1.ª), núm. 401/2018, de 27 junio (ECLI:ES:TS:2018:2492) juzgó que la falta de relación manifiesta, continuada, principal e imputable al desheredado era constitutiva de maltrato psicológico porque generó en el testador un estado de zozobra o afectación profunda que menoscababa o lesionaba su salud mental. Del mismo modo, lo ha entendido la SAP Alicante (Sección 6.ª), núm. 164/2023, de 11 mayo (ECLI:ES:APA:2023:1137), en la que las hijas se negaban a relacionarse con el padre, ni siquiera cuando se encontraba en situación de enfermedad terminal, en la que no le acompañaron ni asistieron, lo que le ocasionó un gran sufrimiento psicológico y emocional; o en la SAP Soria (Sección 1.ª), núm. 48/2023, de 13 febrero (ECLI:ES:APSO:2023:60) en la que no sólo hubo una falta de relación continuada durante 16 años, sino que la hija no se preocupó por la salud del testador las múltiples veces que estuvo hospitalizado, ni lo invitó a su boda y le impedía conocer a su nieto, incluso en una ocasión estuvo a punto de golpear al padre. Todos estos hechos van más allá de una simple falta de relación, siendo constitutivos de daños psicológicos dada la gran tristeza y depresión que causaron al testador. Más recientemente, la SAP Valladolid (Sección 3.ª), núm. 124/2024, de 1 febrero (ECLI:ES:APVA:2024:127) consideró que la actitud injustificada del hijo que, además de dejar de pagar las cuotas hipotecarias que gravaban la vivienda en la que la causante residía, cortó toda relación y comunicación con la madre, a la que no visitaba ni cogía el teléfono las reiteradas veces que trató de ponerse en contacto con él, máxime en la situación de enfermedad terminal en la que aquella se encontraba, le provocó un daño psicológico incardinable en la causa de desheredación consistente en el maltrato de obra[60]. Por lo expuesto, no podemos sino discrepar de la valoración realizada por la SAP Madrid (Sección 8.ª), núm. 370/2023, de 28 julio (ECLI:ES:APM:2023:13709) que rechazó el maltrato psicológico en un supuesto en el que, salvo en ocasiones muy puntuales, quedó demostrada la falta de relación afectiva de los hijos con el padre, al que no acompañaron ni asistieron durante su enfermedad, volviéndole incluso uno de ellos la cara mientras lo veía ahogarse en un banco, al que no visitaron ni siquiera durante los ingresos hospitalarios ni le permitieron conocer a sus nietos. Estos hechos que, según la testifical, ocasionaron un gran sufrimiento, ansiedad y depresión al causante, el tribunal no los considera como daños psicológicos porque no ha seguido un tratamiento continuado. Ni siquiera la prescripción del psiquiatra de un tratamiento hasta su mejoría, tras haberle diagnosticado ansiedad y depresión derivado de su enfermedad y de la relación disfuncional con la familia de su primer matrimonio el tribunal los considera suficiente valorándolos: «como un trastorno puntual, siendo el resto, sentimientos personales que, sin perjuicio de lo doloroso que pueda ser, no se integran en el concepto de maltrato». ¿Realmente puede considerarse que una persona a la que se le ha diagnosticado depresión y ansiedad por la falta de relación con sus hijos no ha sufrido daños psicológicos?

Lo mismo sucede cuando la falta de relación o el abandono afectivo tiene su origen en un hecho llevado a cabo por el desheredado que coloca al testador en un estado de zozobra y afectación profunda en su estado anímico. Por ejemplo, cuando el progenitor se ve obligado a abandonar la casa ante la actitud coactiva y las continuas amenazas del hijo (SAP Asturias (Sección 1.ª),

60 En el mismo sentido, SAP Jaén (Sección 1.ª), núm. 1138/2023, de 25 octubre (ECLI:ES:APJ:2023:1173); Madrid (Sección 10.ª), núm. 594/2023, de 16 octubre (ECLI:ES:APM:2023:15572) o (Sección 25.ª), núm. 235/2020, de 18 junio (ECLI:ES:APM:2020:7710); Ciudad Real (Sección 2.ª), núm. 424/2022, de 19 septiembre (ECLI:ES:APCR:2022:1263); Badajoz (Sección 3.ª), núm. 77/2020, de 20 abril (ECLI:ES:APBA:2020:420) o Valencia (Sección 11.ª), núm. 214/2016, de 24 junio (ECLI:ES:APV:2016:3203).

núm. 47/2017, de 20 febrero (ECLI:ES:APO:2017:497) o Málaga (Sección 6.ª), núm. 909/2014, de 26 diciembre (ECLI:ES:APMA:2014:2863) o cuando el hijo se niega a abandonar la casa que no tiene derecho a ocupar (Santa Cruz de Tenerife (Sección 3), núm. 66/2015, de 10 marzo (ECLI:ES:APTF:2015:255)). En este aspecto, el criterio jurisprudencial de considerarlo equiparable al maltrato de obra ha permanecido invariable desde la temprana STS (Sala de lo Civil, Sección 1.ª), núm. 632/1995, de 26 junio (ECLI:ES:TS:1995:3711). Igualmente cuando los daños psicológicos y emocionales tienen su origen en diversos procesos judiciales interpuestos entre la hija y la madre con ocasión de la herencia del padre, a lo que se suma el completo abandono y la falta de afectividad de la primera respecto de la segunda (SAP Toledo (Sección 2.ª), núm. 35/2020, de 19 febrero (ECLI:ES:APTO:2020:137) o en la denuncia injustificada presentada contra el abuelo que tuvo que declarar ante la Guardia Civil, habiéndose demostrado que las afirmaciones eran falsas, lo que le ocasionó un gran sufrimiento (SAP Cádiz (Sección 2.ª), núm. 348/2019, de 25 noviembre (ECLI:ES:APCA:2019:2109).

CAPÍTULO 14

IMPUTACIÓN DE LEGADOS E INTERPRETACIÓN DE LA VOLUNTAD DEL CAUSANTE EN EL SISTEMA DEL CÓDIGO CIVIL[1]

Marta Carballo Fidalgo
Profesora Titular de Derecho Civil
Universidad de Santiago de Compostela

Sumario:

I. La precaria regulación de la imputación de donaciones y legados en el Código Civil

La primacía de la voluntad del causante en materia de imputación de legados realizados a favor de legitimarios sitúa en el epicentro de esta materia

1 El presente trabajo, desarrollado en el seno del grupo de investigación de la USC *Libredón. Derecho civil. Persona, familia y patrimonio*, se enmarca en el proyecto del Ministerio de Ciencia e Innovación «La voluntad real del causante en las disposiciones mortis causa: aspectos transversales de la interpretación y cláusulas de especial conflictividad» (VOLUNTAS, PID2020-115254RB-I00, convocatoria 2020 Proyectos de I+D+i - RTI Tipo B, 1 septiembre 2021 a 31 de mayo de 2025), del que es IP la profesora Carballo Fidalgo.

la cuestión de la correcta interpretación del testamento en que se contienen tales atribuciones. Solo cuando no sea posible concluir a qué parte ideal de la herencia decidió reconducir la disposición se activarán las normas legales, que, en el ámbito del Código civil, resultan confusas y fragmentarias, lo que fuerza también a extremar aquí la labor hermenéutica[2]. Como punto de partida ha de entenderse que, reconocida la facultad del causante de satisfacer la legítima por cualquier título (815 C.c.), las atribuciones hechas a favor de legitimarios (ya se realicen por acto inter vivos, ya por vía de herencia o legado) han de imputarse preferentemente a su cuota legal, que se entenderá satisfecha en la medida en que tales atribuciones la cubran. Este principio excluye tanto la posibilidad de una reclamación adicional de la legítima por parte del legitimario aceptante de la atribución como la opción de rechazarla y exigir el pago de su cuota legal, salvo que la atribución sea cualitativamente insuficiente, por vulneración del artículo 813 C.c.

En materia de donaciones, las normas de referencia (artículos 819 y su concordante, 825) limitan su objeto a las realizadas a favor de los hijos y a favor de extraños, previendo en el primer caso su imputación a la legítima, salvo mejora expresa, y su imputación al tercio libre en el segundo. Unas y otras se reputarán inoficiosas en cuanto excedan de la cuota disponible, lo que significa que el exceso sobre la legítima de los descendientes se imputa a tal cuota. Implícitamente, la norma contiene el régimen de las donaciones realizadas a favor de nietos no legitimarios que, salvo mejora expresa, se imputarán a la parte libre. La norma omite el régimen de imputación de las donaciones realizadas a favor del cónyuge (omisión comprensible en un contexto en que estaban prohibidas) y de los ascendientes, silencio que hay que cubrir hoy con la aplicación analógica del artículo 819 C.c., que reconduce tales atribuciones a la legítima, siempre que, en el caso del viudo, respeten su especial naturaleza, de modo que comprendan el uso y disfrute de los bienes donados.

Más complejo es aún el tratamiento dado por el Código civil a la imputación de «mandas o legados» (a los que, en su caso, ha de equipararse la institución *ex re certa*, cuando otra cosa no resulta de la voluntad del causante), en que el 828 C.c., limitado a los realizados a favor de descendientes, parece reconducir de modo directo la atribución a la parte libre, sin aclarar el significado de la expresión «que no quepan» en ella, presupuesto para que se dé un supuesto de mejora tácita en el exceso. La finalidad de la norma (salvar en lo posible la integridad del legado hecho al descendiente, con eventual extensión a la mejora) impide su aplicación analógica a ascendientes y viudo, a quienes habrá de aplicarse el principio general de imputación a la legítima,

2 Sobre el carácter dispositivo de las normas en materia de imputación de donaciones y legados, STS (Sala de lo Civil, Sección Pleno), núm. 838/2013, de 10 junio (ECLI:ES:TS:2014:5816).

siempre con la reserva de la especial naturaleza de la legítima viudal, sobre la que se volverá más adelante.

Entre las omisiones del sistema codicial está la que afecta al propio orden de imputación entre atribuciones con que ha de procederse, si bien la lógica apela en este extremo a aplicar el inverso al expresamente previsto para la reducción de disposiciones inoficiosas, de modo que habrán de imputarse sucesivamente las donaciones más antiguas, las más recientes, conjuntamente las de igual fecha (que, en su caso, serán reducidas a prorrata), los legados declarados preferentes por el causante, conjuntamente los restantes (que, en su caso, serán reducidas a prorrata) y, en último término, la institución de heredero (artículos 656 y 820 C.c.)[3].

II. Régimen de imputación de legados a favor de hijos y descendientes

2.1. La regla de imputación legal: el artículo 828 del Código Civil

A tenor del artículo 828 C.c. «La manda o legado hecho por el testador a uno de los hijos o descendientes no se reputará mejora sino cuando el testador haya declarado expresamente ser ésta su voluntad, o cuando no quepa en la parte libre». La norma omite cualquier alusión a la legítima estricta, por lo que pudiera parecer que las disposiciones singulares hechas a favor de un descendiente legitimario se acumulan a su cuota legal, que podrá exigir de modo adicional. No obstante, y como se apuntaba antes, reconocido el derecho de los legitimarios a una parte del caudal hereditario (artículo 806) que el causante puede satisfacer por cualquier título (artículo 815), la lógica del sistema aboga por que cualquier atribución *mortis causa* (ya sea a título de herencia o legado) se impute a la legítima del beneficiario, salvo que otra cosa se desprenda de la voluntad del causante (principio que expresa el artículo 819 C.c., para las atribuciones *inter vivos*). Desde esta consideración, la práctica totalidad de la doctrina postula una relectura del artículo 828, en el sentido de anteponer la imputación de la atribución singular a la legítima estricta, de modo que solo el exceso se imputará sucesivamente al tercio de libre disposición y a la mejora (siempre que no existan otras disposiciones

3 Capilla Roncero, F., «Artículos 818 a 820», en *Comentario del Código civil,* obra colectiva, coordinadores por Cañizares Laso, A. y otros, Vol. II, 2.ª ed. Civitas Thomson Reuters, Cizur Menor (Navarra), 2016, p. 854; Gago Simarro, C., *Legado de cosa específica y protección de las legítimas*, Aranzadi, Cizur Menor (Navarra), 2023, pp. 80-81, quien matiza que el orden de imputación sugerido podrá y deberá alterarse cuando de otro modo puedan ser respetadas todas las disposiciones testamentarias.

que hayan agotado dicho tercio), salvo que otra cosa se concluya por vía de interpretación del testamento[4].

De este modo, en ausencia de previsión testamentaria, la aplicación de la regla literal contenida en el artículo 828 solo se dará en dos casos: cuando el legado se realiza en favor de un nieto, viviendo su padre o madre, si no se especifica que es mejora[5] o cuando, siendo realizado en favor de un legitimario descendente, su legítima pueda reputarse satisfecha por otras atribuciones, supuesto en que el legado de referencia se imputará a la parte libre, reconduciendo el eventual exceso a la mejora[6]. Así sucederá al menos en cuatro casos. En primer término, cuando existan donaciones imputables al pago de la legítima del legatario (artículo 819 C.c.), pues su imputación preferente a tal tercio respecto al legado se deriva, en relación inversa, del orden de su eventual reducción por inoficiosidad. En segundo lugar, cuando el legatario haya sido instituido heredero, supuesto en que lo recibido en tal concepto es atribuible a la legítima, reconduciéndose directamente el prelegado al tercio libre (nuevamente, en virtud de la relación inversa en materia de reducción) y en el exceso, por aplicación del art. 828, a la mejora[7]. En tercer lugar, cuando el legado de referencia se añade a otro legado realizado

4 LACRUZ BERDEJO, J. L., *Elementos de Derecho civil. V. Derecho de sucesiones,* Bosch, Barcelona, 1991, p. 378; VALLET DE GOYTISOLO, J. B., «De las legítimas. Artículos 806 a 857», en *Comentario del Código civil,* obra colectiva, coordinadores PAZ-ARES RODRÍGUEZ, J. C. Y OTROS, T I, Ministerio de Justicia, Madrid, 1991, p. 2045; ROCA-SASTRE MUNCUNILL, L., *Derecho de sucesiones,* T. II, 2.ª ed., Bosch, Barcelona, 1997, pp. 71-72; CÁMARA LAPUENTE, S. «De las mejoras. Artículos 823 a 833», en *Comentario del Código civil,* obra colectiva, coordinadores CAÑIZARES LASO, A. Y OTROS, Vol. II, 2.ª ed., Civitas Thomson Reuters, Cizur Menor (Navarra), 2016, p. 899; TORRES GARCÍA, T. Y DOMÍNGUEZ LUELMO, A., «La legítima en el Código Civil (I y II)», *Tratado de legítimas*, obra colectiva, coordinadora TORRES GARCÍA, T., Atelier, Barcelona, 2012, p. 99; GAGO SIMARRO, C., *op. cit.,* p. 98. En contra, RAGEL SÁNCHEZ, L. F., «De las mejoras. Artículos 823 a 833», en Comentarios *al Código civil*, obra colectiva, director BERCOVITZ RODRÍGUEZ-CANO, R., T. V, Tirant lo Blanch, Valencia, 2013, p. 6157, para quien, salvo voluntad contraria del causante, el destino natural de los legados es la parte disponible.

5 VALLET DE GOYTISOLO, J. B.; *op. cit.*, p. 2046; TORRES GARCÍA, T. Y DOMÍNGUEZ LUELMO, A., *op. cit.,* p. 99.

6 *Vid.*, nota 3.

7 *Vid.*, VALLET DE GOYTISOLO, J. B., *op. cit.,* p., 2045; ROCA-SASTRE MUNCUNILL, L., *op. cit.*, pp. 72-73; CÁMARA LAPUENTE, S., *op. cit.,* p., 900; GAGO SIMARRO, C., *op. cit.*, pp. 90-92, quien se apoya en la correcta interpretación del artículo 1037 C.c. que, pese a su ubicación, debe ser considerada una norma de imputación de legados, que reconduce el realizado a favor del instituido heredero a la cuota de libre disposición. En la jurisprudencia, sostienen la imputación del legado a favor del legitimario instituido heredero al tercio de libre disposición y, en el exceso, a la mejora, como supuesto de mejora tácita, la SAP de Pontevedra (Sección 3.ª) núm. 328/2001, de 30 octubre (AC 2002/836); la SAP de A Coruña (Sección 3.ª), núm. 73/2008, de 8 febrero (JUR 2008/167291); la SAP de Murcia (Sección 5.ª) núm. 221/2011, de 20 septiembre (JUR 2011/358492); la STS (Sala de lo Civil, Sección 1.ª), núm. 642/2006, de 12 junio (RJ 2006/3364).

a favor del mismo descendiente, expresamente imputado a la legítima. Por último, cuando el legado de referencia se ha realizado en favor del legitimario instituido en «lo que por legítima le corresponda», supuesto en que, a mi juicio, procede la acumulación entre atribuciones, con la consecuente imputación de la primera de ellas al tercio libre y (si la institución fue en la legítima estricta) a la mejora en el exceso.

La imputación al tercio libre del legado hecho al legitimario (ya sea por exceso de su legítima estricta, ya sea directa, en los casos apuntados) ha de tener presente la posible existencia de otras atribuciones testamentarias imputables a tal tercio, supuesto en que el legatario ha de concurrir sobre esta cuota en pie de igualdad respecto a los legatarios extraños (obviamente, si el tercio está agotado por vía de donación, quedará excluido del juego de imputaciones del legado). De este modo, si la suma de atribuciones imputables a la cuota libre excede del tercio, la parte en que «no quepa» el legado del legitimario se imputará a la mejora. De tener cabida en ella, la solución conjuga el respeto a la voluntad del causante y a la ley, al preservar la legítima estricta de los colegitimarios, único límite legal a su libertad dispositiva. Si, por el contrario, el exceso tampoco cabe en la mejora, parece lo más ecuánime reducir a prorrata los legados imputables a la cuota libre, salvo que alguno o algunos de ellos hayan sido declarados preferentes[8].

2.2. Normas de imputación contenidas en el testamento

La norma de imputación del artículo 828 C.c. cede cuando el causante establece reglas de imputación de la atribución singular, ya reconduciéndola expresamente a la legítima, ya a la parte libre o a la mejora. Sin necesidad de previsión expresa, la interpretación del testamento puede revelar la voluntad del causante al respecto, con idéntico desplazamiento de las reglas de imputación legal.

2.2.1. La imputación expresa a la legítima

La atribución de la legítima por vía de legado adopta en la práctica testamentaria diversas modalidades, reconducibles a tres tipos de cláusulas que generan problemas específicos: el legado de cosa o derecho en pago de legítima (que ha de recaer sobre bienes hereditarios libres de carga o gravamen: artículos 806 y 813 C.c.), el legado de la cuota de legítima, con asignación de bien o derecho (nuevamente, hereditario y libre de cargas) y el conocido

---

8 De esta opinión es Vallet de Goytisolo, J. B., *op. cit.*, p. 2047. En sentido análogo, Cámara Lapuente, *op. cit.*, pp. 899-900.

como legado simple de legítima, que habrá de satisfacerse con bienes que reúnan las condiciones indicadas.

Cuando el causante lega un bien con imputación expresa a la legítima o «en pago de legítima», «para pago», «en concepto» o «a cuenta de la legítima», sin más especificación (disposición calificada por la DGSJFP como «legado de cosa con delimitación de cuota»), la primera duda interpretativa que se plantea es la del alcance de la cuota legal reconocida al legatario. En línea de principio, su derecho debiera identificarse con su participación en la legítima larga, salvo que existan mejoras a favor de otros legitimarios, ya sean expresas (por vía de donación o legado) o tácitas (derivadas de otros legados, en lo que excedan de la parte libre). En el sentido apuntado, resulta difícilmente explicable la decisión adoptada por la DGRN en la resolución de 27 febrero 2019, donde avala la interpretación sostenida por los coherederos, con la anuencia de la madre del menor legitimario, a quien los causantes legaron en sus respectivos testamentos la parte que a cada uno correspondiese en una porción de finca, en pago de su legítima[9]. Por acuerdo unánime de los herederos instituidos en el remanente, la partición de ambas herencias se realiza a partir del entendimiento de que, no existiendo en los testamentos en causa imputación del legado de finca a la cuota libre, había de entenderse hecho a cuenta de la legítima estricta del menor, que finalmente se salda con la adjudicación de una porción del bien legado inferior a la atribuida en los testamentos.

Las dudas sobre el alcance de la disposición se disipan cuando el legado se imputa directamente a la legítima estricta del legatario, supuesto en que, de concurrir con otros legitimarios legatarios o instituidos como herederos sin imputación expresa, estos han de entenderse tácitamente mejorados, salvo que el tercio de mejora haya sido destinado a un nieto, viviendo su padre o madre[10].

Ya se impute el legado a la legítima larga o corta, si el bien no es suficiente para cubrir la cuota a la que se imputa, corresponde al legitimario la acción de complemento contra los herederos y/o la de reducción de disposiciones inoficiosas contra legatarios o donatarios. Sin embargo, entiendo que esta acción debe descartarse cuando el legatario haya sido instituido heredero, supuesto en que, salvo voluntad contraria del causante (vg., cuando la institución de heredero se haga expresamente con cargo a la cuota libre), lo recibido por tal título ha de imputarse a la legítima, de modo que solo cuando herencia y legado resulten insuficientes procederán las acciones correspondientes. La misma solución ha de defenderse cuando el legitimario recibe un legado en pago de legítima y, sin perjuicio del anterior, otro legado sin imputación expresa.

9 RDGRN núm. 4391/2019, de 27 febrero (RJ 2019/1409).

10 *Vid.*, epígrafe II.2.3.

Cuando el legado excede de la cuota a la que se asocia, parece apropiado aplicar al sobrante las reglas de imputación del artículo 828 C.c., de modo que, de tratarse de la legítima larga, se aplicará al tercio libre, reduciéndose por inoficiosa en el exceso; de tratarse de la legítima estricta, al tercio libre y al de mejora, por este orden[11].

Obviamente, la imputación del exceso puede ser relegada por el causante, quien puede limitar en todo caso la atribución singular al importe máximo de la legítima, como sucederá cuando el legado se establezca «hasta donde alcance la legítima estricta»[12]. Cuando la voluntad no resulte clara, parece que ha de preservarse la integridad del legado. En el sentido expuesto, no comparto el criterio sostenido en la STS de 21 enero de 2010, a propósito de la cláusula por la que el causante ordena que se impute al pago de la legítima estricta o corta de uno de sus hijos la deuda pendiente que este tenía con el testador, previendo literalmente que «la legítima de Carlos José se pagará mediante compensación de su deuda con el testador por el importe de ésta al abrirse la sucesión»[13]. El TS sanciona la validez de la cláusula, contestada por el demandante, reconociendo la viabilidad del legado de liberación de deuda como título de satisfacción de la legítima y su sujeción al artículo 870 C.c., que establece su eficacia en la parte del crédito o de la deuda subsistente al tiempo de morir el testador. Aunque la sentencia no se pronuncia sobre el importe de la deuda en relación con la legítima (por no ser objeto del proceso), a mi juicio, la expresión utilizada por el causante («compensación») unida a la declaración testamentaria contenida en otra cláusula del testamento, por la que justifica la atribución de la legítima estricta a Carlos y la institución de su hermano como heredero universal, no más «por razón de la falta de cariño y afecto y de la desatención que ha mostrado a sus padres desde que contrajo matrimonio» justificarían la limitación del objeto del legado de liberación al importe de la deuda coincidente con la legítima, de modo que, de ser la primera superior, perviviría por el exceso.

Distinto del supuesto analizado hasta ahora es aquel en que el causante legue, instituya o reconozca al legitimario lo que por legítima le corresponda, ya se trate de la legítima larga o de la estricta (esto último por determinación expresa del causante o por resultar así de la existencia de mejoras expresas o

---

11 VALLET DE GOYTISOLO, J. B., *op. cit.*, p. 2046; GAGO SIMARRO, C., *op.cit.*, p. 99.

12 RDGRN núm. 15771/2019, de 5 septiembre (RJ 2019/4479), a propósito de la cláusula por la que el *causante lega* a sus tres nietos «en pago de su legítima estricta, y hasta dicho importe, en pleno dominio, las participaciones que el testador posea en la mercantil denominada "Santher, S.L."», instituyendo en el remanente de sus bienes a sus dos hijos, sustituidos por sus descendientes. La Dirección designa la cláusula con diversas expresiones («legado de cosa con delimitación de cuota hereditaria»; «legado con asignación de cuota») y, con criterio que no comparto, la califica como «norma de partición», que ha de ser respetada en la práctica de las operaciones divisorias, en que han de intervenir los nietos legitimarios.

13 STS (Sala de lo Civil, Sección 1.ª), núm. 2/2010, de 21 enero (ECLI:ES:TS:2010:43)

tácitas en favor de otros legitimarios). Esta opción admite aún dos variables, en función de que el causante asigne o no en pago de la cuota legitimaria bienes de la herencia. En ambos casos, y con independencia de la expresión utilizada por el causante, la jurisprudencia califica la institución como legado parciario, que convierte al legitimario en miembro de la comunidad hereditaria y partícipe necesario en las operaciones de partición de herencia[14].

Cuando la institución comprende la atribución de bienes en pago de la legítima, la naturaleza particional de la disposición determina que, de ser insuficiente para cubrir la cuota, haya de completarse con otros bienes hereditarios y, de exceder el valor de la cuota, haya de ser respetada, sin perjuicio de las legítimas de los demás. Cuando, por el contrario, la legítima es atribuida al descendiente de forma simple, utilizando al efecto el legado (institución o reconocimiento) de «lo que por legítima le corresponda», su derecho ha de ser satisfecho mediante la práctica de la partición, en que ha de participar el legitimario.

En uno y otro caso, si el legitimario ha sido instituido heredero o favorecido con otros legados en cláusulas independientes, entiendo que tales atribuciones no han de imputarse a la legítima, que podrá ser reclamada al margen de la atribución singular o de los bienes que le correspondan sobre la masa hereditaria, descontado el valor de la legítima[15].

2.2.2. La imputación expresa al tercio de mejora y/o al tercio de libre disposición

La imputación del legado a la legítima ha de descartarse desde luego cuando la disposición se realiza en concepto, en pago o a cuenta de la

14 *Vid.*, STS (Sala de lo Civil, Sección 1.ª), núm. 274/2021, de 10 mayo (ECLI:ES:TS:2021:1793), que califica como legataria de cuota a la hija instituida en la legítima a título de legado, a efectos de excluir su condición de beneficiaria de un plan de pensiones suscrito por el causante, condición que corresponde únicamente a su hermana, instituida heredera. Obsérvese que el legado de legítima (como el de mejora o tercio libre) difiere del legado de cuota de la herencia, en la medida en que su valor queda determinado en atención al valor de los bienes al tiempo de la apertura de la sucesión: STS (Sala de lo Civil, Sección 1.ª), núm. 184/2022, de 3 marzo (ECLI:ES:TS:2022:941). Sobre la exención del deber de colacionar del legitimario llamado exclusivamente a la legítima estricta, *obiter dicta,* STS (Sala de lo Civil, Sección 1.ª), núm. 807/2023, de 24 mayo (ECLI:ES:TS:2023:2376) que, *ratio decidendi,* excluye de tal deber a la viuda legataria del pleno dominio del tercio de libre disposición, «sin perjuicio de su cuota vidual usufructuaria».

15 La solución defendida en el texto es contraria a la sancionada por el artículo 451-7.4 del Código civil de Cataluña, a cuyo tenor «La legítima puede legarse en forma simple, utilizando la fórmula "lo que por legítima corresponda" u otras análogas o similares. En este caso, si el legitimario ha sido a la vez instituido heredero o favorecido con otros legados, estas atribuciones implican igualmente la de la legítima, sin que el legado en forma simple le otorgue derecho adicional alguno». No obstante, la acumulación de legados y legítima fue defendida por la jurisprudencia catalana en aplicación del artículo 131 de la Compilación (STSJ de Cataluña (Sala de lo Civil y Penal), núm. 30/1995, de 3 noviembre [RJ 1995/9975]) y del artículo 358 del Código de sucesiones (STSJ de Cataluña (Sala de lo Civil y Penal, Sección 1.ª), núm. 10/2012, de 26 enero [ECLI:ES:TSJCAT:2012:12]).

mejora, del tercio libre o de ambas cuotas conjuntamente, supuestos en que el legatario conserva su derecho a exigir la cuota legal, con las matizaciones que se harán a continuación.

En el primero de estos casos, la mejora tendrá el alcance del valor objetivo del bien legado, de modo que, de ser inferior a un tercio de la herencia, corresponderá la parte restante por igual a los legitimarios, salvo que el causante lo haya agotado de otro modo. Cuando, por el contrario, el valor del bien exceda de la mejora, parece que, salvo que otra cosa se desprenda del testamento (p.e., cuando se alude expresamente al tercio, delimitando cuantitativamente la atribución), el exceso ha de imputarse sucesivamente al tercio libre y la legítima, entendiendo la mejora en el sentido amplio con que se recoge en el artículo 829 C.c. (mejora en cosa determinada), según su interpretación mayoritaria[16].

Más dudas ofrece el legado imputado directamente a la cuota de libre disposición por el causante, cuando su valor es superior a tal tercio. Se plantea entonces si el exceso ha de imputarse a la mejora, en detrimento del derecho de los demás legitimarios, trasladando al caso la regla del artículo 828 C.c. En puridad, el supuesto escapa del ámbito de aplicación de la norma que aquí se ha defendido (restringido a los supuestos en que la legítima del legatario se satisfaga por otras vías), por lo que parece más coherente excluir la imputación del exceso a la mejora, reconduciéndolo a la legítima estricta del legatario[17]. De este modo, solo en caso de que la atribución exceda también de la legítima corta, el legatario habrá de reputarse tácitamente mejorado.

Las dudas interpretativas se disipan cuando el legado es expresamente imputado al tercio libre y la mejora o, inversamente, a la mejora y el tercio libre, supuestos en que habrá de seguirse el orden de imputación establecido por el causante.

Como se ha advertido, en todos estos casos, si el valor de los bienes o derechos legados no excede del tercio de mejora, el tercio de libre disposición o, en su caso, de ambos, los legatarios legitimarios tendrán derecho a complementar tales cuotas y a reclamar con independencia su legítima, que se acumula a las atribuciones voluntarias. No obstante, ha de exceptuarse el caso en que el o los legatarios sean instituidos con posterioridad en la herencia, supuesto en que la institución a título universal absorberá la legítima, si efectivamente el remanente es suficiente. Así lo ha entendido el TS, con criterio que comparto, en sentencia de 28 de septiembre de 2005[18]. En el caso controvertido, el causante otorgó testamento en el que prelegó determinados bienes a cuatro de sus seis hijos y a ocho nietos, hijos de los otros

---

16 VALLET DE GOYTISOLO, J. B., *op. cit., p. 2046;* CÁMARA LAPUENTE, S., op. cit., p. 900; GAGO SIMARRO, C., pp. 96-97.

17 CÁMARA LAPUENTE, S., *op. cit.*, p. 901.

18 STS (Sala de lo Civil, Sección 1.ª), núm. 695/2005, de 28 septiembre (RJ 2005/7154).

dos, expresando que lo hacía con cargo a los tercios de mejora y de libre disposición; instituyó herederos a los doce legatarios (los hijos por cabezas y los nietos por estirpes) y expresó que sus otros dos hijos (padres de los nietos instituidos) nada recibían por testamento, al haber obtenido en vida «cantidades muy superiores a los derechos que pudieran corresponderles» en la herencia.

En las operaciones divisorias efectuadas en la testamentaria, el contador-partidor consideró que únicamente los cuatro hijos instituidos herederos tenían derecho a reclamar la legítima, reconociendo el derecho de cada uno de ellos a recibir bienes en pago de la legítima estricta, a la cosa legada y a la parte de la herencia que les correspondía como herederos. El TS, acogiendo la pretensión de cuatro de los nietos, ordena rectificar la partición verificada, por entender que no es procedente reconocer a los legitimarios un derecho a percibir la legítima estricta con bienes relictos, añadido e independiente del derecho a las cosas legadas y a la parte de la herencia que reciben como herederos, decretando que las cantidades atribuidas a los legitimarios «por su legítima estricta» debían ser distribuidas entre todos los herederos instituidos.

Cuando el causante legue a un legitimario el tercio de mejora, el tercio libre o ambos, corresponde al legatario, en su cualidad de legatario parciario, el derecho a recibir bienes hereditarios por el valor de tales cuotas (tal y como expresamente prevé el artículo 832 C.c. para la mejora en la cuota sin señalamiento de cosa determinada), preservando su derecho a la legítima. Si el causante ha asignado un bien o derecho en pago de la cuota, la norma particional habrá de ser respetada en la práctica de las operaciones divisorias (de ser estas necesarias, por no haber completado el causante la partición de sus bienes), valorando el bien adjudicado al tiempo de la partición[19].

2.2.3. La imputación tácita al tercio de mejora y/o al tercio de libre disposición

Sin que exista previsión expresa, la imputación del legado o de la institución de heredero a los tercios de mejora y libre disposición resulta en muchas ocasiones de la interpretación del conjunto del testamento. Así sucede en el supuesto resuelto por la STS de 12 de junio de 2006, en que el causante, tras realizar un legado simple a favor de sus cuatro hijos (cuyo objeto era el pleno dominio de cuantos derechos le pertenecían sobre un inmueble), establece que «sin perjuicio del legado anterior, lega el tercio de libre disposición en

19 *Vid.*, para un supuesto de legado del tercio libre en favor del viudo, en que el causante expresa su voluntad de que en dicho legado se incluya un bien inmueble de su propiedad, STS (Sala de lo Civil, Sección1.ª), núm. 561/2011, de 19 julio (ECLI:ES:TS:2011:5097), comentada por KARRERA EGIALDE, M. M. «Comentario a la Sentencia de 19 de julio de 2011. Legado de parte alícuota con asignación de bien inmueble», *Revista Cuadernos Civitas de Jurisprudencia Civil*, núm. 89/2012 (BIB 2012\1099).

pleno dominio a sus sobrinos carnales», para posteriormente señalar que «en el remanente de todos sus bienes, derechos y acciones presentes y futuros, es decir, en los tercios de legítima y mejora, instituye únicos y universales herederos, por partes iguales, a sus citados hijos, nombrando sustitutos vulgares de los mismos a sus respectivos descendientes». Con criterio acertado, el tribunal entiende que el bien integrado en el prelegado hecho a los hijos ha de sustraerse de la masa hereditaria y, por tanto, de las porciones que les corresponden a título de herederos, detrayéndose su valor del legado de parte alícuota establecido en favor de los sobrinos[20].

En el caso comentado, la realización del legado a los hijos «sin perjuicio» del legado del tercio de libre disposición en favor de los sobrinos brinda un elemento literal de interpretación en pro de la imputación del primero de estos legados a la cuota libre, reforzado por la identificación, también literal, que el causante realiza entre remanente y tercios de legítima y mejora. Pero, aun a falta de tal previsión, la realización de un legado en favor de legitimarios que posteriormente son instituidos herederos reconduciría el prelegado a la cuota libre (y, en el eventual exceso, al tercio de mejora), por aplicación del artículo 828 C.c., siempre que la institución en la herencia cubra la legítima estricta de los prelegatarios[21].

La mejora de un legatario o heredero resulta en ocasiones de la existencia en el testamento de otros legados a favor de descendientes distintos, realizados expresamente en concepto de legítima estricta[22]. Más claramente aún, se producirá cuando el causante realiza instituciones desiguales entre sus hijos, de modo que la cuota asignada a alguno o algunos de ellos absorba su participación en la legítima estricta y la cuota libre, debiendo reputarse mejorado en el exceso[23].

Un cuarto supuesto de mejora tácita del descendiente legatario o instituido en la herencia es el que puede llegar a constatarse en el caso de des-

---

20 STS (Sala de lo Civil, Sección 1.ª), núm. 642/2006, de 12 junio (RJ 2006/3364).

21 *Vid.*, Epígrafe II.1.

22 Cámara Lapuente, S., *op. cit.*, p. 900. Puede pensarse en el supuesto resuelto por la SAP de Pontevedra (Sección 3.ª), núm. 328/2001, de 30 octubre (AC 2002/836), en que el causante realizó legados a favor de dos de sus hijos (A y B) y un legado de bienes «en pago de legítima estricta» a otro hijo (C), instituyendo en el resto de los bienes a los dos primeros como herederos. La Audiencia entiende que, pese a no haber mejora expresa de los herederos, sí han sido tácitamente mejorados, por dos razones: 1. Porque el legado al tercer hermano lo realiza expresamente en pago de la legítima estricta; 2. Porque el artículo 828 C.c. ordena imputar al tercio libre y, en el exceso, a la mejora, los prelegados. Debe observarse que el fallo incurre en cierta contradicción, porque la primera de las razones apeladas conduce directamente el legado al tercio de mejora, mientras que el segundo solo lo hace previa imputación al tercio libre.

23 Nieto Alonso, A. «La interpretación y calificación como mejora tácita de disposiciones *inter vivos* y *mortis causa*», en *Actualidad Jurídica Iberoamericana*, núm. 20, febrero de 2024, pp. 752-753.

heredación injusta o preterición intencional de uno o varios de sus colegitimarios. En la medida en que, de conformidad con la voluntad hipotética del causante, el derecho del desheredado y del preterido debe entenderse limitado a la legítima estricta, los restantes legitimarios han de reputarse automáticamente mejorados, aun cuando la atribución realizada a su favor (sea a título de herencia o legado) no contenga norma de imputación alguna (y siempre que el tercio no haya sido utilizado para mejorar a un nieto, en vida de su padre o madre)[24].

La mejora tácita de un legitimario puede también llegar a resultar de las adjudicaciones particionales realizadas por el causante en favor de hijos o descendientes instituidos a título universal (sea como herederos o legatarios de cuota), cuando la desigualación entre los legitimarios instituidos resulte del valor efectivo de los bienes adjudicados a cada uno de ellos. La prevalencia de las cláusulas particionales sobre las de institución determina que, aun cuando estas no fijen cuotas desiguales entre los instituidos, hayan de reputarse mejorados los herederos que reciban bienes de valor superior a su participación en dos tercios de la herencia (legítima estricta y cuota libre), debiendo en todo caso preservarse la legítima estricta de los demás.

La STS de 18 de junio de 1982 nos brinda un interesante ejemplo de mejora por vía de partición, que sorprendentemente el tribunal califica como expresa. En el testamento controvertido, la causante instituye herederos, en la proporción que resulten serlo según las adjudicaciones que hace más adelante, a su único hijo y a sus dos nietos. De la partición realizada en la cláusula siguiente resulta una distribución de la herencia en terceras e iguales partes, lo que supone reducir la legítima del único hijo a la estricta. Para el tribunal, la disposición testamentaria es lo suficientemente clara y expresiva para evidenciar la voluntad expresa de la testadora de mejorar a sus nietos, sin privar al heredero forzoso demandante de la cuota de legítima estricta que le corresponde conforme al artículo 808 C.c.

---

24 Sobre la limitación del derecho del desheredado injustamente a la legítima estricta, *vid.* STS 23 de enero de 1959 (RJ 1959/125); STS 9 octubre 1975 (RJ 1975/3583); STS 10 junio 1988 (RJ 1988/4813); SAP de Valencia (Sección 6.ª), núm. 152/2013, de 12 marzo (ECLI:ES:APV:2013:6000). En la doctrina, por todos, Ordás Alonso, M., *La desheredación y sus causas. Derecho civil común y derechos civiles forales y especiales*, Bosch, Barcelona, 2021, p. 140. Sobre tal limitación en caso de preterición intencional, puede verse la interesante STS (Sala de lo Civil, Sección 1.ª), núm. 342/2020, de 23 junio (ECLI:ES:TS:2020:2070) y las que en ella se citan. Como pone de relieve el tribunal, el artículo 814 C.c. sanciona el derecho del preterido intencionalmente a recibir su legítima con cargo al caudal, ingresando en la comunidad hereditaria, pero, en caso de concurrir con otros hijos o descendientes no preteridos, contra la voluntad del causante, su derecho ha de limitarse a la legítima corta. Si, por el contrario, concurre solo con extraños (como en el caso enjuiciado) su derecho se extiende necesariamente a dos tercios de la herencia. En idéntico sentido, reconoció el derecho de la preterida a dos tercios de la herencia, por no existir otros legitimarios, la STS (Sala de lo Civil, Sección 1.ª), núm. 981/2004, de 7 octubre (RJ 2004/6230).

III. Régimen de imputación de legados realizados a favor del cónyuge viudo

En el ámbito del Código civil, la imputación a la legítima del cónyuge viudo de los legados realizados a su favor por el causante (huérfana de regulación legal) genera dos cuestiones conceptualmente diversas, aunque parcialmente vinculadas. De una parte, se plantea si el sistema codicial admite que el causante conmute el derecho legal del cónyuge a usar y disfrutar de una parte del caudal hereditario, realizando a su favor una atribución distinta a la propiedad o al genuino usufructo de bienes hereditarios. Aun cuando no han faltado voces autorizadas que han negado tal posibilidad, no parece que deba hurtarse al causante una facultad que el Código civil otorga a los herederos, tal y como se reconoce indirectamente en la RDGRN de 4 de abril de 2017, RJ\2017\1406, que sanciona la vinculación de contador-partidor y coherederos a la conmutación del usufructo establecida por el causante[25].

La segunda cuestión que genera el legado realizado por el causante en favor del viudo es la de si ha de imputarse al pago de su legítima o, por el contrario, debe acumularse a su cuota legal. Obviamente, de responder negativamente a la cuestión antes planteada, la tesis de la no imputación a la legítima se impone en relación con las atribuciones que privan al viudo de una *pars usus fructus* (*vg.*, legado de perdón de deuda), aunque persiste en relación con las que respetan cualitativamente su derecho. Por el contrario, de responderse positivamente a la primera cuestión, la segunda se plantea con independencia de la naturaleza de la atribución realizada a favor del viudo, sin perjuicio de que tal naturaleza pueda ser un indicio que juegue en pro de la imputación (atribuciones en usufructo) o en pro de la acumulación (atribuciones que no confieren el uso y disfrute de bienes de la herencia). En cualquier caso, la opción por la imputación o la acumulación de legado y legítima pasa por conocer la voluntad real del causante, lo que coloca en el centro del debate la cuestión de la interpretación del testamento.

La centralidad de tal voluntad en la resolución de la cuestión que nos ocupa impide enunciar reglas abstractas de actuación, sin perjuicio de que pueda otorgarse al artículo 815 cierto valor subsidiario a favor de la imputación, cuando de la voluntad del causante no resulte otra cosa. No obstante, en la jurisprudencia recaída sobre la cuestión analizada ha prevalecido la tesis de la acumulación de legado y legítima.

En el caso resuelto por la STS 3 de junio de 1947 (RJ 1947/903), el testamento controvertido contenía un legado a la viuda de la propiedad de varios inmuebles y valores y del usufructo de una casa y todos los muebles, con

25 En la doctrina, defienden tal posibilidad, entre otros, VALLET DE GOYTISOLO, J. B., *op. cit.*, p. 2075; MARIÑO PARDO, «La conmutación de la legítima del viudo: el artículo 839 del Código civil», *Iurisprudente,* 17.11.2017; En contra, LACRUZ BERDEJO, *op. cit.*, p. 401).

condición resolutoria de no contraer matrimonio y prohibición temporal de disponer de los bienes comprendidos en el legado. Dado que la literalidad de las cláusulas testamentarias impedía colegir la intención del testador en torno a la cuestión que nos ocupa (absorción o no del legado por la cuota legal), el tribunal apela a la necesidad de acudir a otros elementos de interpretación para deducir su verdadera voluntad, si bien partiendo de las propias declaraciones del documento testamentario o «del tenor del mismo testamento», de conformidad con lo prevenido en el artículo 675 C.c. A partir de tal premisa, la sentencia pone el acento en la prohibición de disponer y contraer matrimonio impuesta a la viuda, de las que concluye que la atribución se realiza más allá de su derecho legal, señalando que «Del artículo 815 no puede deducirse que lo dejado por el testador en concepto de legado en favor de un heredero forzoso haya de computarse siempre a su legítima, porque (....) cuando la voluntad del testador no se haya manifestado claramente en tal sentido, el artículo 815 no impide y el 1037 expresamente sanciona, que se acumule con lo que corresponde a la herencia forzosa, lo voluntariamente dejado en testamento, doctrina que resulta perfectamente aplicable al caso de autos, en que el testador no solo no expresó claramente su voluntad de mermar la legítima de su viuda, sino que existen, por lo que ha quedado expuesto, elementos bastantes para inducir lo contrario...».

La indagación de la voluntad real del causante fundamenta también el fallo contenido en la STS de 12 de junio de 2008, en que el tribunal hubo de pronunciarse sobre la imputación de dos legados realizados a cargo del tercio libre a favor de quien contrae matrimonio con el causante con posterioridad al otorgamiento del testamento[26]. Para el tribunal, la voluntad del testador de imputar la atribución a la cuota legal usufructuaria de la viuda no puede ser deducida del hecho de que estuviera casado con otra persona al tiempo de otorgar el testamento, tal y como pretendían los herederos en su recurso, construyendo una nueva voluntad sin expresión en el testamento. En apoyo de su tesis, el TS apela a dos poderosas razones. De una parte, la literalidad del testamento, no modificado por el causante tras su matrimonio, lo que revela una voluntad favorable a la acumulación. De otra, el hecho de que uno de los legados controvertidos, de usufructo vitalicio de inmueble, estuviese sujeto a la condición de que la legataria hiciese uso del mismo al menos seis meses al año, condición que lo hace impropio para toda imputación legitimaria por la prohibición legal del art. 813, párrafo 2.º, Código Civil, protector de la intangibilidad cualitativa de la legítima.

Con cita de las sentencias mencionadas, la STS de 3 de marzo de 2022 pone de nuevo el foco en la interpretación del testamento como clave en la resolución de la cuestión que nos ocupa[27]. Por su complejidad e interés, es recomendable detenerse en los hechos de que trae causa el pleito. El cau-

26 STS (Sala de lo Civil, Sección 1.ª), núm. 540/2008, de 12 junio (RJ, 2008/4688).

27 STS (Sala de lo Civil, Sección 1.ª), núm. 184/2022, de 3 marzo (ECLI:ES:TS:2022:941).

sante fallece bajo testamento en el que lega a su esposa, con cargo al usufructo vidual recayente sobre el tercio de mejora y, si lo superare, con cargo al tercio de libre disposición, el usufructo vitalicio de varios inmuebles, excluyendo el usufructo del resto de sus bienes. En cláusula independiente, lega a su citada esposa, en pleno dominio y con cargo al tercio de libre disposición, todos los plazos fijos, cuentas, acciones y valores que tuviera en el momento de su fallecimiento en el Banco de Valencia. A continuación, instituye a sus tres hijos, habidos de su primer matrimonio, en el remanente de todos sus bienes derechos y acciones, por partes iguales. Expresamente hace constar que sus hijos han recibido en vida del mismo, a cuenta de su legítima, diversas liberalidades, entre ellas algunas encubiertas en forma onerosa, «siendo su voluntad que se proceda a la debida computación, imputación y colación de dichas atribuciones y debiendo en consecuencia entenderse debidamente cubierta y satisfecha la legítima de sus citados hijos y herederos en el importe concurrente».

Calculadas las legítimas en atención al valor de los bienes hereditarios al tiempo de la apertura de la sucesión, los contadores-partidores designados en el procedimiento de división de herencia incoado por la viuda constatan la insuficiencia del legado de usufructo para cubrir su legítima, lo que les lleva a imputar a su pago el legado de las cuentas y valores dispuestas expresamente por el causante a cargo del tercio de libre disposición, al reputar que no existe en el testamento lesión a la legítima vidual que justifique la reclamación de su complemento. Tanto el referente temporal de valoración del caudal relicto adoptado en la escritura de partición como el criterio de imputación del segundo legado al pago de la legítima son contestados por la viuda en su escrito de oposición a la partición, admitido en ambos extremos por el Juzgado de Primera Instancia número 4 de Valencia, que reconoce así el derecho de la recurrente a recibir la integridad de su cuota legal usufructuaria. La sentencia es revocada por la Audiencia Provincial de Valencia (Sección 13.ª), al estimar que fue voluntad del testador que la viuda le sucediera a título particular en bienes concretos y determinados, de modo que, abonada con los mismos su legítima, no procede considerarla, además, sucesora a título universal en el usufructo de la totalidad del tercio de mejora, lo que le lleva a negarle el derecho a completar con la adjudicación de otros bienes la cuota legal no cubierta por el legado de usufructo de bienes inmuebles ciertos. La Audiencia confirma también el criterio de valoración de caudal adoptado por los contadores-partidores en la escritura impugnada. La viuda interpone recurso de casación, que es desestimado en su integridad por el Tribunal Supremo.

Si, en el extremo relativo a la imputación de los legados controvertidos, el contenido del fallo nos parece cuestionable, más aún lo son los argumentos sobre los que se apoya. En esencia, el tribunal descarta que la literalidad de las cláusulas testamentarias permita deducir de modo inequívoco la voluntad o propósito del testador, estimando que la interpretación de tal voluntad sostenida por la Audiencia Provincial no es arbitraria ni ilógica y debe ser mantenida por la Sala. Sin apartarse de la tesis del órgano de apelación, el Tribunal Supremo focaliza la respuesta al conflicto en la cualidad de legataria de cosa cierta y determinada de la esposa del causante, por oposición a la cualidad de herederos universales con la que instituyó a sus hijos en el remanente de todos sus bienes. Una conclusión que entiende reforzada mediante el recurso a dos elementos de prueba extrínseca. De una parte, los tres testamentos que precedieron al finalmente otorgado, en que invariablemente la viuda fue instituida en el usufructo y la propiedad de bienes ciertos y determinados; de otra, los actos propios del causante, que días antes de otorgar el último de sus testamentos solicitó información al Banco de Valencia sobre el valor de los bienes comprendidos en el legado dispuesto a cargo del tercio libre. A partir de tal constatación, el tribunal concluye que la viuda no ha de recibir nada más allá de lo que singularmente ha querido legarle el causante.

Sorprende el esfuerzo argumental desarrollado por el tribunal en la calificación del título sucesorio de la viuda, incontrovertiblemente legataria de los bienes singulares que le son atribuidos. Una condición que se desprende nítidamente del testamento, tanto por el *nomen* o *dessignatio* utilizado en las cláusulas controvertidas como por el contenido objetivo de las atribuciones, que efectivamente no viene dado por la cuota legal en usufructo ni por el tercio libre en propiedad, sino por el usufructo y la propiedad de bienes concretos, con cargo a una y otra porción hereditaria. La claridad testamentaria en este extremo hace innecesario acudir a medios de interpretación extrínseca, entre los que, por otro lado, se incluyen datos que nada aportan a la decisión adoptada por el tribunal, como el conocimiento por el causante del valor exacto de los bienes legados a cargo del tercio libre.

Si la condición de legataria en cosa cierta de la viuda no resulta discutible, sí lo es entender que tal cualidad le prive del derecho a exigir el complemento de su legítima, como sin duda le correspondería en caso de que no existiesen más atribuciones testamentarias a su favor. En el supuesto de autos, tal complemento se le niega porque el juzgador —que no el causante— decide imputar a su pago el segundo de los legados contenidos en el testamento, ignorando la regla expresa de imputación al tercio libre contenida en la cláusula que lo establece y operando exactamente del mismo modo en que probablemente debiera hacerse si el causante no hubiese previsto tal regla de interpretación auténtica. Una decisión que a mi juicio excede los límites de la tarea de la interpretación, cuyo resultado ha de encontrar apoyo en el propio tenor del testamento, sin que legitime la creación de una voluntad nueva y menos aún de una voluntad contraria a tal tenor.

Sin mencionarla expresamente, el tribunal hace uso de la técnica de interpretación integrativa del testamento, al entender que la formulación literal de los legados obedece al hecho de que el causante consideró el primero de ellos suficiente para pagar la legítima, de ahí que, si finalmente lo adjudicado no resulta bastante para cubrirla, los demás bienes atribuidos a la viuda deban ser asignados a esa cuota. A partir de la voluntad declarada por el causante, el tribunal induce su intención de que la viuda no reciba más bienes que los singularmente legados, de lo que deduce su voluntad hipotética: que, de haber previsto la insuficiencia del primer legado, habría imputado el segundo a su pago. Y ello —insistimos— ignorando la regla expresa de imputación de su pago al tercio libre y creando así una cláusula inexistente.

Creo que es posible una lectura diversa del testamento en causa, respetuoso con su letra y la lógica a que responde. A mi juicio, el propósito que emana de las reglas de imputación establecidas por el causante es impedir que los legados atribuidos a la viuda puedan llegar a ser reducidos por inoficiosos, propósito confirmado por la orden expresa de imputación a la legítima de los descendientes instituidos en el remanente de todas las atribuciones gratuitas hechas en vida a su favor, incluidas las encubiertas en forma onerosa. Abierta la sucesión y constatada la inexistencia de inoficiosidad, no se produce laguna alguna, sino probablemente una contradicción entre cláusulas: la existente entre la regla de la imputación al tercio libre de los legados atribuidos en propiedad y la previsión que cierra el legado del usufructo de varios inmuebles, en que el causante excluye el usufructo sobre el resto de los bienes. Ante tal contradicción, es posible una interpretación de estas últimas palabras que concilie el sentido de ambas cláusulas y salve su eficacia: entender que con ellas el causante ha delimitado objetivamente el legado, sin excluir el eventual derecho del viudo sobre el resto de la cuota legal. Solo de entender que la contradicción entre cláusulas resulta insalvable del modo apuntado, podría aplicarse la regla expresamente sancionada para estos casos en los ordenamientos catalán (artículo 421-6.2 del CCC) y aragonés (artículo 416.2 CDFA), anulando las expresiones en pugna (exclusión del usufructo de otros bienes/imputación del legado de propiedad al tercio libre) y legitimando así la conclusión finalmente alcanzada por el tribunal.

AUTONOMÍA PRIVADA, HERENCIA Y PERSONAS CON DISCAPACIDAD

CAPÍTULO 15

DISPOSICIONES TESTAMENTARIAS EN BENEFICIO DE UN HIJO CON DISCAPACIDAD A LA LUZ DEL ARTÍCULO 252 DEL CÓDIGO CIVIL[1]

Juan Pablo Pérez Velázquez
Profesor Contratado Doctor de Derecho Civil
Universidad Pablo de Olavide

Sumario:

I. Introducción

1 Esta publicación es parte del proyecto I+D+i PID2020-118111GB-I00, «Sujetos e instrumentos del Tráfico Privado VIII: Reforma del Derecho de sucesiones», financiado por MCIN/AEI/10.13039/501100011033; y de la Línea de Investigación Propia de la Universidad Pablo de Olavide de Sevilla *Sujetos Vulnerables y Derecho de Sucesiones*.

Con una atractiva literatura jurídica señalaba GÓMEZ PAVÓN, describiendo los momentos previos al otorgamiento del testamento, que «ha debido ser grave el momento decisorio, de honda meditación la resolución que debe ser, más allá de su vida, la vida de la familia, que es la razón de su vida»[2]. Dicho momento decisorio y de honda meditación se acrecienta en aquellos supuestos en los que el testador tiene un hijo, o incluso un nieto, con discapacidad. No cabe duda de que la planificación de la sucesión de una persona mediante el otorgamiento del testamento resulta de una gran importancia cuando se quiere favorecer a personas con discapacidad, para que su situación tanto patrimonial como personal, en especial, las atenciones y cuidados que necesiten sufran las menores alteraciones posibles[3]. A lo anterior debe añadirse, como indica MOSCOSO TORRES, la conveniencia, siempre que la situación económica del testador lo permita, de combinar «el testamento con otras instituciones, como el patrimonio protegido o las donaciones a favor de las personas con discapacidad, en cuanto que pueden servir al fomento de la autonomía de dichas personas en la medida en que participen en la administración de sus propios bienes, pues lo mejor que puede ocurrirles una vez fallezcan las personas que las atiendan, es que ellas mismas puedan vivir de forma independiente»[4].

Como ya hemos afirmado en otros trabajos, la práctica enseña que el testamento debe aspirar a ser un traje a la medida de quien lo otorga[5], lo que exige una confesión por parte del testador, esto es, que se desnude exponiendo sus circunstancias personales, familiares y patrimoniales detalladamente[6]. En el *iter* de la confección de ese traje a la medida deberán tenerse en cuenta también las particularidades de la persona con discapacidad a quien el testador quiere favorecer, por lo que *a priori* resulta prácticamente imposible ofre-

2 GÓMEZ PAVÓN, R., «Socino», *Revista Crítica de Derecho Inmobiliario*, número 296, enero, 1953, p. 35.

3 MOSCOSO TORRES, R. M., «Disposiciones testamentarias en beneficio de las personas con discapacidad», en *La persona con discapacidad en el Derecho de sucesiones*, directores Manuel Espejo Lerdo de Tejada y Guillermo Cerdeira Bravo de Mansilla, Aranzadi, Navarra, 2023, p. 219.

4 MOSCOSO TORRES, R. M., «Disposiciones testamentarias ...», *op. cit.*, p. 219.

5 Sobre práctica testamentaria, *vid.* entre otros, OLIVA BLÁZQUEZ, F., PÉREZ VELÁZQUEZ, J. P. Y CÁDENAS OSUNA, D., *Tratado teórico-práctico del testamento notarial abierto*, Wolters Kluwer, Madrid, 2018.

6 PÉREZ VELÁZQUEZ, J. P., «Sobre la exigua utilización del artículo 831 del Código civil. Aporías de su actual redacción», *ADC*, t. LXXII, 2019, fasc. III, p. 1136. En la misma dirección, ha Afirmado MOSCOSO TORRES, R. M., que «lo mismo que las instituciones de apoyo deben diseñarse como un traje a medida de cada persona con discapacidad, el testamento a favor de la persona con discapacidad también debe estar hecho a medida de la voluntad del testador, teniendo en cuenta las circunstancias sociales y familiares de la persona con discapacidad, para que pueda hacerse efectivo el beneficio que el testador quiere atribuir», «Disposiciones testamentarias ...», *op. cit.*, p. 220.

cer un modelo estándar de testamento en favor de dichas personas. Como acertadamente afirma Moscoso Torres, las capacidades de las personas con discapacidad «pueden ser tan diversas que cualquier instrumento que quiera otorgarse en su beneficio, deberá adaptarse a su situación personal y patrimonial, si la finalidad perseguida es la de atribuirle el máximo beneficio. Es evidente que lo que puede valer para una persona con discapacidad es posible que no valga para otra»[7]. De todo lo anterior debe concluirse, que la primera premisa para la adecuada redacción del testamento deba ser que, junto a la exposición de las circunstancias personales, familiares y patrimoniales del testador, éste exponga a su asesor —normalmente letrado o notario— la situación personal y patrimonial de la persona con discapacidad, así como los beneficios que le quiere atribuir y las necesidades que su capacidad puede requerir para el adecuado ejercicio de su capacidad jurídica.

La Ley 8/2021, de 2 de junio, por la que se reforma la legislación civil y procesal para el apoyo a las personas con discapacidad en el ejercicio de su capacidad jurídica (en adelante LRAPD)[8] no ha introducido ninguna nueva figura de protección patrimonial de las personas con discapacidad en el Código civil, pero sí ha hecho modificaciones de mayor o menor intensidad de algunos artículos que tienen como fin directo dicha protección. Así, entre las más relevantes, el anterior artículo 227 CC se ha desdoblado en los artículos 205 y 252 CC; en el artículo 808 CC, referido a la sustitución fideicomisaria sobre la legítima estricta en favor del legitimario con discapacidad[9], se ha suprimido el párrafo 3.°, el anterior párrafo 4.° pasa a ser el 3.°, y se añaden los dos últimos párrafos. Igualmente, se modifica el artículo 822 CC relativo al legado —también a la donación— del derecho de habitación a favor del legitimario que se encuentre en situación de discapacidad[10].

7 Moscoso Torres, R. M., «Disposiciones testamentarias ...», *op. cit.*, p. 220.

8 *BOE* núm. 132, de 3 de junio de 2021, en vigor desde el día 3 de septiembre de 2021.

9 Art. 808 CC: «1. Constituyen la legítima de los hijos y descendientes las dos terceras partes del haber hereditario de los progenitores. 2. Sin embargo, podrán estos disponer de una parte de las dos que forman la legítima, para aplicarla como mejora a sus hijos o descendientes. 3. La tercera parte restante será de libre disposición. 4. Cuando alguno o varios de los legitimarios se encontraren en una situación de discapacidad, el testador podrá disponer a su favor de la legítima estricta de los demás legitimarios sin discapacidad. En tal caso, salvo disposición contraria del testador, lo así recibido por el hijo beneficiado quedará gravado con sustitución fideicomisaria de residuo a favor de los que hubieren visto afectada su legítima estricta y no podrá aquel disponer de tales bienes ni a título gratuito ni por acto mortis causa. 5. Cuando el testador hubiere hecho uso de la facultad que le concede el párrafo anterior, corresponderá al hijo que impugne el gravamen de su legítima estricta acreditar que no concurre causa que la justifique».

10 Art. 822 CC: «1. La donación o legado de un derecho de habitación sobre la vivienda habitual que su titular haga a favor de un legitimario que se encuentre en una situación de discapacidad, no se computará para el cálculo de las legítimas si en el momento del fallecimiento ambos estuvieren conviviendo en ella. 2. Este derecho de habitación se atribuirá por ministerio de la ley en las mismas condiciones al legitimario que se halle en la

A las posibilidades de protección patrimonial *mortis causa* que ofrecen los artículos anteriores, debe unirse el artículo 831 CC que regula la denominada *fiducia sucesoria*[11], cuya redacción actual se debe a la Ley 41/2003, de 18 de noviembre, de protección patrimonial de las personas con discapacidad y de modificación del Código Civil, de la Ley de Enjuiciamiento Civil y de la Normativa Tributaria con esta finalidad[12]. Según su Exposición de Motivos, la nueva redacción pretende insertar una nueva figura de protección patrimonial indirecta de las personas con discapacidad ofreciendo al testador amplias facultades para que en su testamento pueda conferir al cónyuge supérstite amplias facultades para mejorar y distribuir la herencia del premuerto entre los hijos o descendientes comunes, lo que permitirá no precipitar la partición de la herencia cuando uno de los descendientes tenga una discapacidad, y aplazar dicha distribución a un momento posterior en el que podrán tenerse en cuenta la variación de las circunstancias y la situación actual y necesidades de la persona con discapacidad. Además, estas facultades pueden concedérselas los progenitores con descendencia común, aunque no estén casados entre sí. Lo cierto es que la Ley 41/2003 ni creó una nueva figura, ni le otorgó una nueva finalidad al artículo 831 —*nihil novum sub sole*—, puesto que con las anteriores redacciones también se podían proteger a los hijos en los que concurriera algún tipo de discapacidad, al igual que a cualquier otro[13]. En el fondo, creemos que subyace en la *mentis legislatoris* subrayar, posiblemente con ánimo de impulsar de futuro la fiducia sucesoria, que se

situación prevista en el párrafo anterior, que lo necesite y que estuviere conviviendo con el fallecido, a menos que el testador hubiera dispuesto otra cosa o lo hubiera excluido expresamente, pero su titular no podrá impedir que continúen conviviendo los demás legitimarios mientras lo necesiten. 3. El derecho a que se refieren los dos párrafos anteriores será intransmisible. 4. Lo dispuesto en los dos primeros párrafos no impedirá la atribución al cónyuge de los derechos regulados en los artículos 1406 y 1407 de este Código, que coexistirán con el de habitación».

11 Sobre el artículo 831 CC, *vid.*, entre otros: ALPAÑES, E., «La delegación de la facultad de mejorar». *RGLJ*, número 3, marzo 1953, pp. 273-331; CÁMARA LAPUENTE, S., «Comentario al artículo 831», en *Código Civil Comentado*, Volumen II, 2.ª Edición, 2016, pp. 906-920; DÍAZ FUENTES, A., «Excepciones legales al personalismo de las disposiciones mortis causa: II, sobre el artículo 831 del Código civil», *ADC*, vol. 18, número 4, 1965, pp. 877-910; GARCÍA RUBIO, M.P., «La reformulación por la Ley 41/2003 de la delegación de la facultad de mejorar», *ADC*, t. LXI, 2008, fasc. I, pp. 57-112; PÉREZ VELÁZQUEZ, J. P., «Sobre la exigua utilización del artículo 831 del Código civil. Aporías de su actual redacción», *ADC*, t. LXXII, 2019, fasc. III, pp. 1133-1202; ROMERO-GIRÓN DELEITO, J., «El nuevo artículo 831 Ce. La fiducia sucesoria. Una aplicación práctica», Revista Jurídica del Notariado, núm. 57, enero-marzo 2006, pp. 221-232; y SEDA HERMOSÍN, M. A. «Facultad de fiducia sucesoria del artículo 831 del Código Civil». *Revista de la Academia Sevillana del Notariado*. T. XV, 2006, pp. 263-279.

12 *BOE* núm. 277, de 19 de noviembre de 2003.

13 Como indica CÁMARA LAPUENTE, S., la última reforma del artículo 831 «en realidad tan sólo reelabora la tradicionalmente denominada "delegación de la facultad de mejorar" sin establecer reglas específicas sobre los discapacitados, a cuya defensa puede servir tanto como para otras múltiples finalidades», «Comentario al artículo 831», *op. cit.*, p. 907.

trata de un instrumento útil para proteger patrimonialmente a los descendientes particularmente necesitados.

Aun siendo conscientes de que la fiducia sucesoria comporta peligros y riesgos —como algunos otros tipos de cláusulas testamentarias— y exige una elevada dosis de confianza en la persona del fiduciario-comisionado (generalmente el cónyuge viudo, aunque en la actualidad se le pueden conferir las facultades a cualquier persona con la que se tenga descendencia común), consideramos que es un instrumento que, en determinadas situaciones, puede resultar muy aconsejable. Por ejemplo, para reforzar la autoridad y posición del fiduciario en el muy frecuente supuesto en el que los progenitores quieran dejarse mutuamente hasta la muerte del último de ellos el mayor poder posible sobre el patrimonio familiar —considerado como una unidad— sin participación de los hijos; o, cuando, a los efectos que resultan de interés para el presente trabajo, las circunstancias personales de alguno de los hijos o demás descendientes sean acreedoras de una mayor atención o cuidados, bien por encontrarse en una situación de vulnerabilidad o debilidad, o tener alguna discapacidad, o preverse que la misma pueda manifestarse en el futuro, o incluso poder valorarse la evolución que la discapacidad tenga en el futuro, ya sea porque se agrave o se aminore, o pueda llegar a desaparecer. La casuística puede ser muy amplia.

De lo anterior debe concluirse que corresponderá al profesional del derecho que asesore la redacción del testamento, sopesar y ponderar tanto la situación del testador como del hijo discapacitado beneficiario, para que las disposiciones testamentarias se adecuen lo mejor posible al propósito perseguido[14].

En el presente trabajo nos centraremos en el análisis del artículo 252 CC, pero tomando como hilo conductor la plasmación de sus posibilidades en la concreta redacción de un testamento, es decir, la protección patrimonial de un hijo con discapacidad mediante las facultades que otorga dicho precepto, las cuales son *mutatis mutandi* aplicables también a los supuestos de donaciones, así como a cualquier otra disposición a título gratuito. Realizaremos un análisis del precepto, que entendemos pondrá de relieve que la LRAPD no solo ha supuesto un cambio de paradigma en el ejercicio de la capacidad jurídica de las personas con discapacidad atendiendo a su voluntad, deseos y preferencias, sino que también ha comportado un fortalecimiento de la autonomía de la voluntad de quien dispone de bienes a favor de la persona con discapacidad[15].

II. Supuesto de testamento ejercitando las facultades del artículo 252 del CC

2.1. Bases fácticas que lo motivan

14 Moscoso Torres, R. M., «Disposiciones testamentarias ...», *op. cit.*, p. 220.

15 Moscoso Torres, R. M., «Disposiciones testamentarias ...», *op. cit.*, p. 226.

Acude a su despacho doña Ana Ruiz Ruiz, mayor de edad, divorciada, vecina de Alcalá del Río (Sevilla), con domicilio en calle Mario Socino número 3, y con DNI y NIF números 00.000.000-A. Dicha señora nació en Sevilla el día 20 de agosto de 1967; es hija de los cónyuges don Misael y doña Encarnación, ambos fallecidos, y se encuentra divorciada de sus únicas nupcias de don Celestino Romero Romero, de cuyo matrimonio tiene un único hijo llamado Vicente Romero Ruiz. Dicho hijo, mayor de edad, carece actualmente de descendientes.

Desea otorgar testamento dejándole todo su patrimonio a su hijo, y para el supuesto de que no pueda heredar, es su deseo que su lugar sea ocupado por sus descendientes, y en defecto de éstos por los tres hermanos de la testadora por partes iguales; y en el supuesto que alguno de los mismos no pudiera heredar, que sea sustituido por sus propios descendientes por estirpes. Plantea la testadora que su hijo necesita de apoyo para asuntos complejos sin que tenga actualmente formalmente establecidas medidas al respecto. Por ello, desea diseñar la forma en que debe ejercer la administración y disposición de los bienes que le deja por herencia, salvo aquellos que se adjudique en pago de sus derechos legitimarios.

Considera que los actos de administración y gestión ordinaria los puede realizar por sí mismo, si bien podrá emplear los apoyos que el mismo considere necesarios. En cambio, y pese a que la testadora siempre ha fomentado la independencia y autonomía de su hijo, considera que para los actos de administración extraordinaria y de disposición de mayor transcendencia patrimonial habrá de recurrir al apoyo y consentimiento de cualquiera de los tres hermanos de la testadora, de forma solidaria. Especialmente desea establecer que la transmisión o el gravamen de los bienes inmuebles se formalicen en escritura pública, sin necesidad de subasta pública. Pretende excluir totalmente de la administración de los bienes a su excónyuge. También desea dejar constancia expresa de que su hijo tiene suficiente autonomía como para excluir que los hermanos de la testadora ejerzan las facultades representativas, pudiendo limitar su actuación a prestarle apoyo y, en su caso, consentimiento para los actos más complejos indicados. No obstante, desea proponer como curadores a los tres hermanos con carácter sucesivo para el hipotético supuesto de que por cualquier circunstancia la situación de su hijo se agravara y precisara de medidas judiciales de apoyo. Por último, la testadora desea realizar una formulación de intenciones de carácter no patrimonial dirigidas a los hermanos para que fomenten y refuercen la autonomía de su hijo.

2.2. Clausulado del testamento

«PRIMERA.- Instituye heredero universal a su hijo Vicente Romero Ruiz, sustituido en caso de premoriencia e indignidad por sus descendientes por estirpes, de tenerlos, y de no tenerlos, lo sustituye por los hermanos de la testadora, don

Carlos, doña Viviana y doña Elena Ruiz Ruiz, por iguales partes a quienes sustituye para los supuestos de premoriencia e indignidad por sus respectivos descendientes, por estirpes.

SEGUNDA.- Manifiesta la testadora que su hijo necesita de apoyo para el ejercicio de su capacidad en determinados asuntos complejos, que actualmente no hay establecidas medidas judiciales de apoyo, y dispone que el patrimonio que le atribuye en este testamento por herencia así como sus accesiones, frutos y rentas esté sujeto a las siguientes reglas de administración y disposición que ordena de conformidad con lo dispuesto en el artículo 252 CC: los actos de administración y gestión ordinaria de los bienes serán realizados por su propio hijo, el cual podrá recabar los apoyos informales que requiera.

Para la realización de actos de administración extraordinaria y de disposición entendiendo por tales aquellos para los que el curador representativo precisa de autorización judicial, será necesario que su hijo cuente con el apoyo y consentimiento de cualquiera de los tres hermanos de la testadora, antes mencionados. Si se tratase negocios de disposición o gravamen de bienes inmuebles se formalizarán en escritura pública. Excluye la necesidad de subasta pública.

Si alguna/s de las personas designadas estuviese incursa en causa que le imposibilitase ejercer dicho apoyo o hubiese fallecido, subsistirá prestando el apoyo la persona o cualquiera de las personas que sobrevivan y que estén en disposición de hacerlo.

Excluye de la gestión de los bienes, que por esta disposición mortis causa deja a su hijo, a su ex-cónyuge don Celestino Romero Romero.

A juicio de la testadora, su hijo posee la autonomía suficiente para excluir facultades representativas de las personas encargadas de prestarle apoyo en la gestión de los bienes que por esta herencia le deja pues ha alcanzado a lo largo de su vida un grado de autonomía suficiente, tiene trabajo y recursos propios, aunque para el ejercicio de su capacidad necesite en asuntos complejos de asesoramiento o apoyo; no obstante, si las medidas aquí establecidas fuesen insuficientes, de conformidad con lo dispuesto en el artículo 276.4 CC y para el supuesto de precisar su hijo una medida judicial de apoyo, propone para el cargo de curador con carácter sucesivo a sus hermanos, don Carlos, doña Viviana y doña Elena Ruiz Ruiz.

TERCERA.- Manifiesta la testadora que su hijo convive con ella en una vivienda propiedad de la testadora; desea que tras su fallecimiento lleve una vida plena e integrada en su entorno, como lo viene haciendo hasta la fecha, respetando y fomentando su autonomía y que las personas que le presten apoyo le ayuden a tomar sus propias decisiones, informándole, asesorándole y proporcionándole acceso al apoyo que pueda necesitar; confía en las personas designadas don Carlos, doña Viviana y doña Elena Ruiz Ruiz, hermanos de la testadora, que actualmente viven en la misma localidad que la testadora y su hijo y constituyen, de hecho, una familia.

En su caso, deja a salvo de restricciones la legítima.

CUARTA.- Revoca expresamente todo testamento otorgado con anterioridad al presente».

III. El derogado artículo 227 CC como antecedente del actual artículo 252 CC. Diferencias entre ambos preceptos

El derogado artículo 227 CC[16] establecía que «el que disponga de bienes a título gratuito en favor de un menor o incapacitado, podrá establecer las reglas de administración de los mismos y designar la persona o personas que hayan de ejercitarlas. Las funciones no conferidas al administrador corresponden al tutor». Dicho precepto ha sido derogado por la Disposición derogatoria única[17], y ha sido sustituido por los actuales artículos 205 y 252 CC. El primero, de forma especular al anterior 227 CC, pero con referencia exclusiva a los menores de edad que estén bajo tutela, señala que «el que disponga de bienes a título gratuito en favor de un menor podrá establecer las reglas de administración y disposición de los mismos y designar la persona o personas que hayan de ejercitarlas. Las funciones no conferidas al administrador corresponden al tutor»[18]. Y el 252 CC que, con referencia ahora exclusiva a las personas mayores de edad que pueden estar necesitadas de apoyo en el ejercicio de su capacidad jurídica, establece que «el que disponga de bienes a título gratuito en favor de una persona necesitada de apoyo podrá establecer las reglas de administración y disposición de aquellos, así como designar la persona o personas a las que se encomienden dichas facultades. Las facultades no conferidas al administrador corresponderán al favorecido por la disposición de los bienes, que las ejercitará, en su caso, con el apoyo que

---

16 Sobre el derogado artículo 227 CC como antecedente del vigente artículo 252 CC, *vid.*, entre otros,
Álvarez Lata, N., «Comentario al artículo 252 del Código civil», en *Comentarios al Código Civil*, coordinador Rodrigo Bercovitz Rodríguez Cano, 5.ª edición, Aranzadi, Navarra, 2021, p. 476; García Rubio, M. P., «Comentario al artículo 252 del Código civil», en *Comentario articulado a la reforma civil y procesal en materia de discapacidad*, directoras María Paz García Rubio y María Jesús Moro Almaraz, Aranzadi, Navarra, 2022, p. 245; Lora-Tamayo Rodríguez, I., *Reforma civil y procesal para el apoyo a personas con discapacidad*, Lefebvre, Madrid, 2021, p. 68; y Mariño Pardo, F., «Reforma del Código Civil por la Ley 8/2021, para el apoyo de personas con discapacidad: El administrador testamentario», *Iuris Prudente. Blog de derecho privado, desde la óptica notarial y registral,* 30 de septiembre de 2021. Disponible en: https://www.iurisprudente.com/2021/09/reforma-del-codigo-civil-por-la-ley_55.html

17 Moscoso Torres, R. M., «Disposiciones testamentarias ...», *op. cit.*, p. 220.

18 En la misma línea que los artículos 205 y 227 CC, pero con relación a los menores sometidos a la patria potestad, el artículo 164.1.° dispone que «Los padres administrarán los bienes de los hijos con la misma diligencia que los suyos propios, cumpliendo las obligaciones generales de todo administrador y las especiales establecidas en la Ley Hipotecaria. Se exceptúan de la administración paterna: 1. Los bienes adquiridos por título gratuito cuando el disponente lo hubiere ordenado de manera expresa. Se cumplirá estrictamente la voluntad de éste sobre la administración de estos bienes y destino de sus frutos».

proceda. Igualmente podrán establecer los órganos de control o supervisión que se estimen convenientes para el ejercicio de las facultades conferidas»[19].

Con las correspondientes adaptaciones terminológicas implementadas, primero por la Convención Internacional sobre los derechos de las personas con discapacidad, aprobada en Nueva York el 13 de diciembre de 2006 (en adelante CDPD) y posteriormente, a nivel interno, por LRAPD, si nos centramos en el ámbito de las transmisiones *mortis causa* —puesto que tanto el derogado artículo 227 CC como el vigente 252 CC permiten que dichas disposiciones gratuitas se realicen también *inter vivos*—, ambos preceptos establecen a grandes rasgos, que el testador que ordene en su testamento cualquier tipo de atribución gratuita en favor de una persona necesitada de apoyo podrá constituir reglas de administración y disposición de dichos bienes, y designar la persona o personas que hayan de ejercitarlas[20].

Entre las diferencias del derogado artículo 227 CC y del actual 252 CC se observan las siguientes:

- Ubicación en la estructura del Código civil. El artículo 227 CC se encontraba insertado en la sección 1.ª *De la tutela en general*, del capítulo II *De la tutela*, Título X *De la tutela, de la curatela y de la guarda de los menores o incapacitados*, del Libro I *De las personas*. Por el contrario, el vigente artículo 252 CC se encuentra anclado en el capítulo I *Disposiciones Generales*, del Título XI *De las medidas de apoyo a las personas con discapacidad para el ejercicio de su capacidad jurídica*, del mismo Libro. Esta modificación de la ubicación puede obedecer a un mero arrastre del sistema anterior previsto en el derogado artículo 227 CC. No obstante ello, deben destacarse dos efectos no menores. El primero sería que su nueva ubicación como disposición general hace que su campo de actuación irradie a todas las medidas de apoyo, voluntarias y no voluntarias. Y el segundo —del que nos surgen dudas de que haya sido intencionadamente buscado por el legislador, inclinándonos más bien por un efecto que podríamos denominar de *rebote*—, que la nueva ubicación ha colocado al artículo 252 CC en un nuevo escaparate para los prácticos del Derecho, dándole una mayor visibilidad. Parece que

19 Disposición derogatoria única. Derogación normativa: «1. Quedan derogadas cuantas disposiciones de igual o inferior rango contradigan, se opongan o resulten incompatibles con lo dispuesto en la presente Ley».

20 Coincidimos con Moscoso Torres, R. M., cuando destaca con referencia al artículo 252 CC que «ha facilitado la captación de recursos a los patrimonios de las personas con discapacidad mediante la determinación en testamento o escritura de donación del régimen de administración y disposición de los bienes dejados a dichas personas, lo que puede incentivar las disposiciones a su favor, y del mismo modo puede servir para evitar la intervención judicial en aquellos supuestos en que el testador tiene plena confianza en las personas a las que se atribuye el apoyo a la persona con discapacidad en el ejercicio de las facultades de administración o disposición de los bienes transmitidos», «Disposiciones testamentarias ...», *op. cit.*, p. 220.

cada vez cobra más protagonismo entre notarios y letrados la inclusión de reglas de administración y disposición *ad hoc* en testamentos y en donaciones, en este último supuesto fomentado por la ventajosa política fiscal que algunas Comunidades Autónomas están implementando a tales liberalidades.

- Sujeto beneficiado por la atribución gratuita. Sin perjuicio de que sobre esta cuestión volvamos posteriormente al estudiar los elementos personales, debe indicarse que el artículo 227 CC hacía referencia a la persona incapacitada, mientras que el vigente artículo 252 CC tiene como beneficiario a una persona necesitada de apoyo. A primera vista se ha ensanchado el ámbito subjetivo.
- Determinación del régimen de administración y disposición. El actual artículo 252 CC permite ampliar las reglas establecidas por el disponente —testador o donante, etc— no sólo a la administración de los bienes, como ya establecía el antiguo 227 CC, sino que ahora ha despejado cualquier género de dudas incluyendo también la posibilidad de establecer reglas de disposición.
- Atribución de las facultades residuales. El artículo 227 CC preveía que las funciones no conferidas al administrador correspondían al tutor; por el contrario, el actual 252 CC dispone que las facultades que no se confieran al administrador corresponderán al favorecido por la disposición de los bienes, que las ejercitará en su caso, con el apoyo que proceda, lo que es coherente con el nuevo concepto de discapacidad dimanante de la CDPD y con el reconocimiento de la capacidad de ejercicio de sus derechos por parte de la persona con discapacidad.
- Órganos de control o supervisión. El artículo 252 CC, a diferencia del silencio que guardaba su predecesor, prevé expresamente que el disponente pueda establecer los órganos de control o supervisión que consideren necesarios para el ejercicio de las facultades conferidas. Se inserta en la necesidad de establecer salvaguardas a los apoyos, requeridas de nuevo por el artículo 12 CDPD.

IV. Elementos personales

El artículo objeto de estudio permite al disponente a título gratuito transmitir bienes a una persona que necesita de apoyos para el ejercicio de su capacidad jurídica, pudiendo establecer respecto a dichos bienes las reglas o medidas de administración y disposición que considere convenientes.

Centrémonos ahora en los elementos personales que contempla dicho precepto.

4.1. El disponente

El disponente puede ser cualquier persona sin que exista ninguna condición o límite al respecto, sea cual sea su relación previa con el favorecido.

En el testamento planteado es la madre la que dispone en favor de su hijo. El propósito que persigue la testadora es establecer normas sobre la administración y disposición de los bienes que deja en herencia a su hijo con discapacidad, organizando así su protección patrimonial. Ello se ve potenciado al haberse suprimido la sustitución ejemplar que establecía el derogado artículo 776 CC, quedando así el artículo 252 CC como la vía más clara que tendrán los progenitores para constituir normas sobre la administración y disposición de los bienes que dejen a sus hijos a título gratuito, *inter vivos* o *mortis causa*. No obstante, no es el único propósito que puede perseguirse con las posibilidades que permite el artículo 252 CC. Como destaca LORA-TAMAYO: «siempre ha sido relevante la facultad del disponente a título gratuito de poder establecer normas sobre la administración y disposición de los bienes dejados, excluyendo de ella a los representantes legales de menores o personas con discapacidad, sustituyéndolos por otros, imponiéndoles restricciones, etc; en muchas ocasiones, ello se aplica en los supuestos de separaciones legales o divorcios, cuando el disponente o, su familia, no quieren que la anterior pareja administre los bienes que a título reciban los hijos comunes»[21].

4.2. El beneficiario

Continúa el artículo 252 CC disponiendo que el beneficiario de la disposición será una persona necesitada de apoyo. Como afirma MARIÑO PARDO, dicha expresión «aunque es coherente con el tenor general de la reforma, no deja de ser algo imprecisa»[22]. La disposición adicional cuarta del Código civil, tal y como ha quedado redactada por la LRAPD, establece que «la referencia a la discapacidad que se realiza en los artículos 96, 756 número 7.º, 782, 808, 822 y 1041, se entenderá hecha al concepto definido en la Ley 41/2003, de 18 de noviembre, de protección patrimonial de las personas con discapacidad y de modificación del Código Civil, de la Ley de Enjuiciamiento Civil y de la Normativa Tributaria con esta finalidad, y a las personas que están en situación de dependencia de grado II y III de acuerdo con la Ley 39/2006, de 14 de diciembre, de Promoción de la Autonomía Personal y Atención a las personas en situación de dependencia. A los efectos de los demás preceptos de este Código, salvo que otra cosa resulte de la dicción del artículo de que se trate, toda referencia a la discapacidad habrá de ser entendida a aquella que haga precisa la provisión de medidas de apoyo para el ejercicio de la capacidad jurídica».

El artículo 252 CC ni es uno de los artículos que enumera dicha disposición adicional para su integración con el concepto de discapacidad de la Ley 41/2003, ni tampoco emplea la expresión «persona con discapacidad»,

21 LORA-TAMAYO RODRÍGUEZ, I., *Reforma civil...*, *op. cit*, p. 68.

22 MARIÑO PARDO, F., «Reforma del Código..., *op. cit.*

aunque es cierto que son estas personas las que pueden necesitar apoyos en el sentido de la Ley[23]. Tal imprecisión de la expresión nos llega a preguntarnos si es o no lo mismo una persona necesitada de apoyos que una persona con discapacidad. Como indica Moscoso Torres «pueden existir personas necesitadas de apoyos para el ejercicio de su capacidad que sin embargo carezcan oficialmente de reconocimiento de discapacidad, y también puede ocurrir lo contrario, esto es, personas con discapacidad que no necesiten apoyo para el ejercicio de su capacidad, como ocurre con las personas que padecen solo discapacidad física o sensorial, ya que las personas que necesitan apoyo en el ejercicio de su capacidad jurídica son las personas con discapacidad psíquica, y no siempre todas ellas»[24].

Por nuestra parte, coincidimos con García Rubio cuando afirma que la persona beneficiada por la disposición gratuita «necesita apoyo para ejercitar por sí los actos de administración y disposición de los bienes con los que es favorecido (aunque no tenga establecidas medidas de apoyo), situación en el que el autor de la atribución decide designar una persona a la que se encomienden esas funcion[es] y ello con independencia de que tenga o no una medida de apoyo para otras cuestiones y respecto de otros bienes»[25]. Para Mariño Pardo el sentido del precepto es «el establecimiento de un régimen especial de administración y disposición sujeto a que la persona esté ya sometida a medidas de apoyo, aunque quizás se pudiera extender a quien, sin tener medidas de apoyo formalmente establecidas, se encuentre en una situación de discapacidad que haga probable su necesidad»[26].

Una cuestión no baladí sería la apreciación de la necesidad de la medida de apoyo. Como indica Moscoso Torres puede «ocurrir que el disponente entienda que el beneficiario necesita apoyo para el ejercicio de su capacidad cuando realmente no sea así»[27].

Debe subrayarse que siempre ha sido relevante la facultad del donante o del testador —o de cualquier otro disponente a título gratuito— en la configuración de las normas de administración y disposición de los bienes transmitidos. Las atribuciones gratuitas son, precisamente, terreno abonado para el establecimiento de cargas, modos o condiciones e incluso prohibiciones de disponer con los límites del artículo 781 CC. En definitiva, el presupuesto que contempla el artículo 252 CC no es más que el de permitir al disponente transmitir a título gratuito bienes con determinadas cautelas, limitaciones o controles constituidos sobre el régimen de administración o disposición per-

23 García Rubio, M.P., «Comentario al artículo 252..., *op. cit.*, p. 245; y Mariño Pardo, F., «Reforma del Código..., *op. cit.*

24 Moscoso Torres, R. M., «Disposiciones testamentarias ...», *op. cit.*, p. 231.

25 García Rubio, M. P., «Comentario al artículo 252..., *op. cit*, p. 246.

26 Mariño Pardo, F., «Reforma del Código..., *op. cit.*

27 Moscoso Torres, R. M., «Disposiciones testamentarias ...», *op. cit.*, p. 232.

mitiendo el ordenamiento jurídico un amplio juego del principio de la autonomía de la voluntad[28]. Lo anterior no supone, como afirma García Rubio «nada que no derive del conjunto del sistema, y ello con independencia de que el favorecido sea o no una persona con discapacidad. En puridad, lo único que distingue ambas situaciones es que en el segundo caso las facultades podrán ser ejercitadas con el apoyo que precise, lo que tampoco añade nada nuevo a los que sabemos, pues con carácter general ello se predica para todo acto de ejercicio de la capacidad jurídica en el art. 249 CC»[29]. En definitiva, carece de importancia que la persona beneficiada por la atribución gratuita necesite o no apoyos para el ejercicio de su capacidad jurídica, puesto que tales cargas, modos o condiciones han sido constituidas por el disponente, y el beneficiario tendrá dos opciones, bien sea aceptar la atribución gratuita con los correspondientes condicionantes o limitaciones; o renunciarlas, siempre dejando a salvo lo que indicaremos posteriormente respecto a la legítima[30].

Lo anterior nos lleva a descartar que el artículo 252 CC esté amparando cualquier género de discriminación a las personas con discapacidad. Desde el momento que nuestro sistema jurídico permite que en las atribuciones gratuitas el disponente en ejercicio de la autonomía de la voluntad pueda establecer normas de administración y disposición tanto para personas con discapacidad como sin ella[31]. La única virtualidad del precepto es que, como

---

28 García Rubio, M. P., «Comentario al artículo 252..., *op. cit*, p. 245; y MOSCOSO TORRES, R.M., «Disposiciones testamentarias ...», *op. cit.*, p. 232.

29 García Rubio, M.P., «Comentario al artículo 252..., *op. cit*, p. 246. Y ello, sin ser ajenos, a que como indica dicha autora, «este tipo de atribuciones gratuitas pueden ser más frecuentes en los casos en los que se busca favorecer a familiares o amigos con discapacidad y en los que es el propio autor de la atribución gratuita quien quiere establecer las reglas que considera más seguras o más atinadas para que se cumplan la finalidad que persigue».

30 García Rubio, M.P., «Comentario al artículo 252..., *op. cit*, p. 245; y Moscoso Torres, R. M., «Disposiciones testamentarias ...», *op. cit.*, p. 232.

31 Sobre el carácter no discriminatorio del artículo se decanta García Rubio, M. P., afirmando que «durante el proceso de elaboración de la Ley algunas voces se alzaron en el sentido de que esta previsión específica para los mayores necesitados de apoyo podría ser discriminatoria, en la medida en que les imponía reglas de administración y disposición sobre bienes que ya eran de su titularidad. Lo cierto es que, a mi juicio, la eventual crítica que merece este precepto no deriva de su carácter discriminatorio, sino más bien de su obviedad. Es por todos sabido que las atribuciones gratuitas son, precisamente, la sede natural de cargas o modos o condiciones; al fin y al cabo, lo que aquí se contempla es un negocio en el que la atribución gratuita se puede acompañar de reglas impuestas por quien la hizo sobre la administración y disposición de los bienes objeto de su generosidad, así como eventualmente, de mecanismos de control o supervisión de las facultades conferidas», «Comentario al artículo 252..., *op. cit.*, p. 245. Más duda parece suscitarles a otros autores, así Álvarez Lata, N., indica que «nótese que la norma justifica la posibilidad de que un tercero restrinja las facultades de administración e incorpore controles y cautelas por razón de la discapacidad, lo que quizás no se compadezca con los principios de la CDPD y vaya más allá del concepto de salvaguardias», «Comentario al artículo 252..., p. 476; y Lora-Tamayo Rodríguez, I., que en referencia a las medidas de administración y

anticipamos, pone en el escaparate una opción que el testador tendría en cualquier circunstancia, quizás presuponiendo que cuando se trata de favorecer a personas con discapacidad esta opción del testador es más probable. Como se ha indicado anteriormente, siempre tendrá la posibilidad la persona con discapacidad, como cualquier otra, de no aceptar la atribución gratuita.

4.3. El administrador

Según el tenor literal del artículo 252 CC podrá el disponente «designar la persona o personas a las que se encomienden dichas facultades». Por tanto, debe deducirse que el disponente tiene plena libertad en la designación de una o varias personas para ejercitar la administración y disposición de los bienes transmitidos, así como del establecimiento de su régimen de actuación, y la forma de su ejercicio[32]. Podrán ser administradores tanto las personas físicas como las jurídicas. Tal administración podrá organizarse con varios administradores de forma sucesiva y simultánea, ya sea en este último supuesto de forma solidaria o mancomunada.

El nombramiento del administrador plantea las siguientes cuestiones:

—La aplicación o no de las limitaciones previstas en el artículo 250.8.° CC. Establece dicho precepto que «no podrán ejercer ninguna de las medidas de apoyo quienes, en virtud de una relación contractual, presten servicios asistenciales, residenciales o de naturaleza análoga a la persona que precisa el apoyo». El artículo 252 CC se limita a afirmar que se pueden designar a una o varias personas sin ningún tipo de limitación, por lo que parece depender del disponente valorar la idoneidad o no de la persona o personas elegidas para tal función. Siendo una cuestión dudosa, nos inclinamos por considerar que la limitación del artículo 250.8° CC no resulta aplicable al artículo 252 CC[33], y ello en base a los siguientes argumentos: a) El artículo 252 CC

---

disposición que contempla el artículo 252 CC indica «que pueden ser de mero apoyo, en el sentido que la persona discapacitada deberá ella intervenir o de sustitución de la persona discapacitada, en lo relativo a la administración y disposición de los bienes dejados, lo que podrá ser delicado en algunos casos y contrario a la CNY, si van en detrimento del respeto a la persona con discapacitada», *Reforma civil…, op. cit.*, p. 34.

32 Al respecto, afirma García Rubio, M. P., que «el autor del acto gratuito podrá nombrar como gestor o administrador a quien desee, sin que sea necesario que cumpla requisito alguno, aunque en el espíritu de la reforma parece estar que esa persona deba ser adecuada para respetar la voluntad, deseos y preferencias de la persona con discapacidad», «Comentario al artículo 252 del Código civil» en *Comentarios al Código civil*, Tomo I Arts. 1 a 267, directora Ana Cañizares Laso, Tirant lo Blanch, Valencia, 2023, p. 1701.

33 En el mismo sentido se pronuncia Álvarez Lata, N., sosteniendo que pueden ser designados administradores «las personas físicas o jurídicas que prestan servicios asistenciales, residenciales o de naturaleza análoga en virtud de una relación contractual (las del art. 250. VIII) que, si bien no pueden actuar como medidas de apoyo, sí como administrador: en realidad, el administrador no es una medida de apoyo en ningún caso en tanto que

no establece ningún tipo de limitación en la designación del administrador, cuando hubiera resultado sencillo haber ordenado que en dicha designación se deberán tener en cuenta las limitaciones establecidas en el mismo cuerpo legal para otras medidas de apoyo. b) Tanto el párrafo 7.° como el 8.° del artículo 250 CC resultan aplicables a las medidas de apoyo; sin embargo, las facultades que el disponente puede otorgar al administrador no son en puridad medidas de apoyo previstas en el artículo 249 CC, aunque puedan considerarse como apoyo en el sentido amplio del artículo 12 CDPD, y siempre circunscrito a los bienes que transmite a título gratuito[34]. c) El párrafo 7.° del artículo 250 CC dispone que «al determinar las medidas de apoyo se procurará evitar situaciones en las que se puedan producir conflictos de intereses o de influencia indebida». Dicha norma tiene como propósito prevenir los riesgos o peligros que podría conllevar que entre la persona que tiene atribuida las medidas de apoyo y la persona con discapacidad puedan existir situaciones o relaciones que den lugar a conflicto de intereses, o que genere en la persona apoyada un conflicto de intereses. Expresamente se indica que se procurará evitar, configurándose como una cautela, pero no como una prohibición.

—La aplicación o no a la designación de administrador de las limitaciones previstas en el artículo 275.2.° y 3.° CC[35]. A diferencia del artículo 250,

---

solo ejerce facultades de administración y disposición sobre unos bienes porque así lo ha querido el disponente», «Comentario al artículo 252..., p. 477.

34 En dicho sentido se pronuncia García Rubio, M.P., al afirmar «que el designado no es el encargado de una medida de apoyo en el sentido del art. 250 CC, pero sí está destinado a ejercer funciones de apoyo en el sentido amplio de que corresponde a este concepto», «Comentario al artículo 252..., *op. cit.*, p. 247. En el mismo sentido, pero usando la expresión «medidas meramente protectoras», se manifiesta Lora-Tamayo Rodríguez, I., al indicar que «son conceptos diferentes, las medidas de apoyo y las disposiciones meramente protectoras de una persona con discapacidad, aunque aquéllas siempre sean protectoras. Las medidas de apoyo tienen por finalidad permitir el desarrollo pleno de la personalidad de la persona con discapacidad (CC art. 249 CC); la función de quienes ejerzan estas medidas de apoyo es asistir a la persona con discapacidad, en el ejercicio de su capacidad jurídica, en los ámbitos en los que sea preciso, respetando su voluntad, deseos y preferencias (CC art. 250), así como la máxima autonomía en el ejercicio de su capacidad jurídica, procurando que la persona con discapacidad pueda desarrollar su propio proceso de toma de decisiones (CC. art. 282). Pero pretenden que sea la persona discapacitada la que actúe y si, excepcionalmente, no pueda hacerlo, que se le represente, pero siempre respetando su voluntad, deseo y preferencias. Independientemente de estas medidas de apoyo, pueden existir medidas meramente protectoras, constituidas por terceros, incluso por la propia persona con discapacitada, que no están encaminadas, en sentido estricto, a potenciar la capacidad jurídica de la persona con discapacidad, sino más bien a asegurarle recursos económicos», *Reforma civil..., op. cit*, pp. 34 y 35.

35 Art. 275.2.° y 3.° CC: «2. No podrán ser curadores: I. Quienes hayan sido excluidos por la persona que precise apoyo. II. Quienes por resolución judicial estuvieran privados o suspendidos en el ejercicio de la patria potestad o, total o parcialmente, de los derechos de gurda y protección. III. Quienes hubieren sido legalmente removidos de una tutela, curatela o guarda anterior. 3. La autoridad judicial no podrá nombrar curador, salvo cir-

ubicado en sede de disposiciones generales de las medidas de apoyo, y por tanto aplicables a todas, el artículo 275.2.° y 3.° CC establece una serie de limitaciones para la designación de curador. Que resulten dichos párrafos aplicables al artículo 252 CC nos genera más dudas que las limitaciones previstas en el artículo 250.8.°. En favor de su no aplicación podrán alegarse los mismos argumentos esgrimidos para no aplicar las limitaciones del artículo 250.8.° CC al 252 CC. Sin embargo, existe una diferencia importante entre las limitaciones del artículo 250.8.° CC y las del 275.2.° y 3.°. CC. Con las primeras se pretenden evitar los riesgos y peligros de una situación en la que pudiera darse un conflicto de intereses o una influencia indebida, situaciones que en todo caso serían hipotéticas, y ello sin olvidar que todo administrador está sometido a la obligación de rendir cuentas y, en el supuesto de una negligente gestión, a la responsabilidad por la misma, además de que como analizaremos posteriormente, el propio disponente puede haber establecido los órganos de control o supervisión que se estimen convenientes para el ejercicio de las facultades conferidas. En cambio, las previstas en los párrafos 2.° y 3.° del artículo 275 CC tienen como presupuesto situaciones más graves, y no hipotéticas, sino consumadas. No parecería lógico, ni adecuado para la buena administración de los bienes transmitidos a la persona necesita de apoyos, que para dicha gestión fuera designada por el disponente la misma persona que expresamente el beneficiario hubiera excluido de su designación como curador, lo que además chocaría frontalmente con la voluntad, deseos y preferencias de la persona beneficiaria. En el supuesto de las demás limitaciones, personas privadas o suspendidas del ejercicio de la patria potestad, removidas de una tutela, curatela o guarda, condenadas por cualquier delito que haga presagiar que no desempeñará bien la administración, etc..., son de la suficiente entidad y gravedad como para que tales personas no puedas ser designadas administradores.

V. Reglas de administración y disposición

Como ya se ha indicado, el vigente artículo 252 CC, al establecer que el disponente puede establecer las reglas de administración y disposición de los bienes que transmita a título gratuito, está otorgándole un papel fundamental al principio de la autonomía de la voluntad del mismo, que podrá, como es lógico, respetando la legalidad, configurar con mayor o menor amplitud y de forma más o menos exhaustiva, e incluso previendo en los

cunstancias excepcionales debidamente motivadas, a las personas siguientes: I. A quien haya sido condenado por cualquier delito que haga suponer fundamentalmente que de no desempeñará bien la curatela. II. A quien tenga conflicto de intereses con la persona que precise apoyo. III. Al administrador que hubiese sido sustituido en sus facultades de administración durante la tramitación del proceso concursal. IV. A quien sea imputable la declaración como culpable de un concurso, salvo que la curatela lo sea solamente de la persona».

supuestos de enfermedades progresivas la acreditación para la realización de según qué actos el estado de salud de la persona mediante por ejemplo un certificado médico, el marco de actuación en la administración y disposición de tales bienes. Por tanto, el artículo 252 CC otorga un destacado protagonismo al disponente para configurar el traje a la medida que considere más adecuado en función de las características y peculiaridades del beneficiario, y del fin que persiguen con dicho acto de generosidad. No cabe duda de que la facultad del disponente de poder configurar la gestión *lato sensu* de dichos bienes puede resultar una fórmula interesante para incentivar las disposiciones a favor de las personas con necesidad de apoyos, o —*rectius* también a cualquier persona— con la finalidad de fomentar su autonomía[36], asegurarles recursos económicos, excluirlos de la administración del otro progenitor en los supuestos de situaciones de crisis familiares (separación, divorcio, nulidades matrimoniales, o incluso en los supuestos convivencias *more uxorio*) de las que hayan derivado importantes desavenencias[37]; e incluso, sin desear agotar todos los supuestos que pueden motivar dicha administración *ad hoc*, los supuestos en los que para la disposición de los bienes titularidad de las personas con discapacidad se exigieran requisitos que se consideren bien poco ágiles y excesivos, o bien, todo lo contrario, apreciándose insuficientes y carentes de un adecuado control, aspectos que serían solventados mediante el establecimiento de la administración *ad hoc* por el disponente respecto a los bienes que transmita, siempre en el entendimiento de que se

---

36 Marín Calero, C., subraya la importancia de que «la planificación de la situación de las personas con discapacidad para después del fallecimiento de los padres o personas que atiendan a la que padece la discapacidad, debe empezar en vida de esas personas que se ocupan de ella y cuanto antes, pues sin duda alguna, la mejor forma de asegurar la digna subsistencia de la persona con discapacidad es fomentando su autonomía. Es evidente que lo mejor que pude ocurrir a la persona con discapacidad es que pudiera atenderse por sí misma. Y esta tarea de fomentar su autonomía debe comenzar en cuanto sea posible, a la iniciación del proceso de formación y educación de la persona con discapacidad si esa discapacidad es congénita», *La herencia a favor de un hijo con discapacidad intelectual*, Tirant lo blanch, Valencia, 2022, pp. 235 y ss. En el mismo sentido, Moscoso Torres, R. M. indica que es conveniente «que se combine el testamento con otras instituciones, como el patrimonio protegido o las donaciones a favor de las personas con discapacidad, en cuanto que pueden servir al fomento de la autonomía de dichas personas en la medida en que participen en la administración de sus propios bienes, pues lo mejor que puede ocurrirles una vez fallezcan las personas que las atiendan, es que ellas mismas puedan vivir de forma independiente», «Disposiciones testamentarias ...», *op. cit.*, p. 219.

37 Moscoso Torres, R. M., también enmarca la utilidad del artículo 252 CC en las situaciones de crisis matrimoniales al indicar que podría ser «frecuente en los casos en que los progenitores de la persona con discapacidad estuvieren separados o divorciados, y el nombramiento del curador hubiera recaído exclusivamente en el excónyuge del testador, ya que normalmente este no querrá que sea su excónyuge quien haya de prestar apoyo al hijo con discapacidad en la realización de los actos de administración y disposición de los bienes dejados en testamento», «Disposiciones testamentarias ...», *op. cit.*, p. 232. En el mismo sentido, Lora-Tamayo Rodríguez, I., *Reforma civil...*, *op. cit.*, p. 68.

realicen a título gratuito[38]. En definitiva, como indica Moscoso Torres, el disponente podrá acentuar, atenuar o suprimir, los requisitos legales requeridos para la disposición de los bienes transmitidos a la persona necesitada de apoyos[39]. La cuestión de la dispensa o no de la autorización judicial para los negocios que requiere el curador con facultades representativas será abordada posteriormente.

Cuando se expusieron las diferencias entre el derogado artículo 227 CC y el vigente artículo 252 CC destacamos que éste admite que las reglas impuestas por el disponente a título gratuito puedan abarcar tanto a la administración como a la disposición de dichos bienes[40]. Lora-Tamayo subraya la importancia de que el nuevo texto haya despejado cualquier género de duda respecto a que las reglas que puede imponer el disponente engloben tanto a los actos de administración como de disposición. Si bien la mayoría de la doctrina entendía que al referirse el derogado artículo 227 CC a la atribución de la administración a una persona diferente a los padres titulares de la patria potestad y al tutor, se comprendían dentro de tal administración todas las facultades que legalmente les correspondían a aquéllos, por lo que quedarían incluidas las dispositivas, salvo, claro está, las que el disponente expresamente hubiese excluido. El escenario ahora ha cambiado: si se quieren imponer reglas de administración y disposición tendrán que conferirse ambas de forma expresa al que se le atribuya la administración[41].

Como se ha indicado, el disponente podrá configurar las reglas de administración y, en su caso, de disposición, con mayor o menor amplitud y de forma más o menos exhaustiva, diseñándolas como un traje a medida a cada persona necesitada de apoyos, para lo que resultará importante tener en cuenta las circunstancias personales, económicas, sociales, familiares de la misma,

---

38 En tal sentido, Moscoso Torres, R. M., afirma que el artículo 252 CC «evidentemente también puede favorecer la atribución de bienes a las personas con discapacidad, pues si alguno de estos requisitos para la disposición de los bienes, se consideran excesivos, lo que puede darse cuando el testador tenga plena confianza en las personas que han de apoyar al beneficiado en el ejercicio de las facultades dispositivas, tal vez el disponente pueda paralizar la disposición a favor de la persona con discapacidad, atribuyéndole otro beneficio distinto. Y lo mismo puede ocurrir si los requisitos se consideran insuficientes para evitar una transmisión fraudulenta», «Disposiciones testamentarias ...», *op. cit.*, p. 229.

39 Moscoso Torres, R. M., «Disposiciones testamentarias ...», *op. cit.*, p. 229.

40 García Rubio, M. P., «Comentario al artículo 252..., *op. cit.*, p. 247; y Moscoso Torres, R. M., «Disposiciones testamentarias ...», *op. cit.*, p. 229.

41 Lora-Tamayo Rodríguez, I., *Reforma civil...*, *op. cit*, p. 69. En coherencia con las reglas de administración y disposición que pueden imponerse haciendo uso de las facultades del artículo 252 CC, dispone el artículo 164.1.° CC que «Los padres administrarán los bienes de los hijos con la misma diligencia que lo suyos propios, cumpliendo las obligaciones generales de todo administrador y las establecidas en la Ley Hipotecaria. Se exceptúan de la administración paterna: I.° Los bienes adquiridos por título gratuito cuando el disponente lo hubiere ordenado de manera expresa. Se cumplirá estrictamente la voluntad de éste sobre la administración de estos bienes y destino de sus frutos».

y ello con el objeto de que tales reglas puedan hacer efectivo el beneficio que el disponente quiere atribuir. En definitiva, para que el traje a medida que pretende configurarse con las reglas de administración y disposición queden los más ajustadas posible. Resulta aconsejable proyectar en el testamento o en la donación —así como en cualquier otro negocio a título gratuito en el que tenga lugar la atribución—, la forma de ejercer la administración y disposición de los bienes transmitidos. Así, en atención a los diferentes escenarios que puedan darse, y huyendo de fórmulas genéricas y descendiendo al casuismo, especialmente si la persona necesitada de apoyos puede ejercitar su capacidad jurídica en igualdad de condiciones en actos o negocios que no resulten especialmente complicados, podría ser el siguiente:

a) Actos que podría realizar la persona con discapacidad por sí sola sin necesidad de medidas de apoyo.

b) Actos que podría realizar la persona con discapacidad con la asistencia de las medidas de apoyo o de la persona a la que se le haya encargado la administración.

c) Actos en los que sería necesaria la prestación del consentimiento tanto de la persona con discapacidad como de la que presta las medidas de apoyo o el designado administrador.

d) Actos en los que la persona con discapacidad sería representada por la medida de apoyos o por el administrador, e incluso no podría descartarse que el disponente hubiera establecido que para determinados actos de gran transcendencia económica pudieran actuar mancomunadamente la persona que ostenta la medida de apoyo y el administrador, aunque en principio no parece que resulte ágil[42]. Como es lógico, el anterior marco de administración y disposición sería modulable en atención a las circunstancias de cada persona.

En relación con las facultades de administración y disposición impuestas se pueden plantear, entre otras, las siguientes cuestiones:

a) Se pueden o no establecer reglas de administración y disposición más rígidas que las establecidas mediante una curatela representativa, o incluso más rígidas que las que tenga judicialmente establecidas la persona necesitada de apoyos.

b) Se pueden o no establecer reglas de administración y disposición por el disponente habiendo establecido la persona necesitada de apoyos sus propias medidas voluntarias.

---

42 LORA-TAMAYO RODRÍGUEZ, I., Conferencia «Disposiciones gratuitas en favor de personas con discapacidad», en la Jornada de Formación organizada por FEAPEN (Asociación Estatal de Empleados de Notarías), *Derecho de sucesiones y personas con discapacidad,* impartida en Madrid el día 27 de abril de 2024.

c) Pueden o no establecerse reglas de administración y disposición sobre los bienes que se reciban en pago de la legítima.

d) Se encuentra o no el administrador de los bienes vinculados por la voluntad, deseos y preferencias de persona necesitada de medidas de apoyo.

e) Puede o no el disponente dispensar de la autorización judicial en los supuestos en los que el curador con facultades representativas la necesita.

f) Afectarían o no las reglas de administración y disposición impuestas en el testamento a la designación de la persona con discapacidad como beneficiario de figuras de previsión social voluntaria, como por ejemplo seguros de renta vitalicia, seguros de vida, planes de pensiones[43], etc.

En los dos epígrafes siguientes nos detendremos en analizar si podrían o no imponerse reglas de administración y disposición sobre los bienes que se reciban en pago de la legítima; y si puede el disponente dispensar de la autorización judicial en los supuestos en los que el curador con facultades representativas la necesita.

5.1. Reglas de administración y disposición sobre los bienes que se reciban en pago de la legítima

Uno de los aspectos discutibles del artículo 252 CC, como también lo fue en su momento del derogado artículo 227 CC en relación con los menores o incapacitados, es si el disponente puede imponer reglas de administración y disposición *ad hoc* sobre los bienes que se atribuyan en pago de la legítima del beneficiario.

Sobre esta cuestión la doctrina se encuentra dividida. A favor de poder afectar a la legítima se manifiesta, entre otros, Mariño Pardo, para quien «si no afectan a la legítima, el precepto nada añade a la posibilidad de establecer limitaciones a las donaciones, incluso con alcance real... el sentido fundamental de la norma es precisamente la posibilidad de gravar la legítima de la persona sujeta a medidas de apoyo, pues fuera de este caso de afectar a un legitimario, el disponente a título gratuito tendría libertad para configurar el régimen de la liberalidad en cuanto a administración y disposición, lo que no sería sino una limitación a la disposición, posible, pues el disponente a título gratuito puede llegar a prohibir válidamente la disposición de la cosa donada y si puede lo más, prohibirla, debe poder lo menor, limitarla o condicionarla»[44].

43 Pérez Velázquez, J. P., *Los planes de pensiones y los planes de previsión asegurados: su inclusión en el caudal hereditario*, Fundación Mapfre, Madrid, 2007.

44 Mariño Pardo, F., «Reforma del Código..., *op. cit.*

En contra de la posición anterior se muestran, entre otros, GARCÍA RUBIO[45], LORA-TAMAYO[46] y MOSCOSO TORRES[47], con los que coincidimos.

La sentencia del Tribunal Supremo de 6 de octubre de 2005 (2005/8759) se centró en la determinación de si procede o no declarar la nulidad, o, subsidiariamente, la ineficacia, de una cláusula del testamento de doña Esther, quién, cuando falleció el 5 de octubre de 1995, se hallaba separada de su esposo, el actor, y había instituido como su heredera a la hija de ambos, doña Carolina, nacida el 2 de febrero de 1986, pero con el nombramiento de un hermano de la testadora como administrador de los bienes objeto de la herencia, hasta que la hija alcanzara los 23 años de edad. La sentencia se pronunció a favor de que la exclusión del esposo de la administración y el nombramiento como administrador de un hermano alcanzase a los bienes imputables al pago de la legítima de la hija menor con fundamento en el artículo 164.1.° y 2.°[48].

Coincidimos plenamente con GARCÍA RUBIO cuando afirma que ni la conclusión ni los argumentos de la sentencia del Tribunal Supremo de 6 de octubre de 2005 (2005/8759) son aplicables al presupuesto que contempla el artículo 252 CC. Afirma dicha autora que «tratándose de personas adultas con discapacidad no existe ninguna regla paralela al citado art. 164.2.° CC que pueda ser traída a colación; además, mientras la regla del art. 813 CC en su párrafo segundo continúe siendo la que es tampoco me parece de recibo que se puedan imponer cargas sobre la legítima de una persona con discapacidad que no quepa establecer para otros sujetos adultos»[49].

Por tanto, debe concluirse, que no podrán recaer las disposiciones sobre administración y disposición en los bienes que se reciban en pago de la legítima. El argumento de que si no afecta a la legítima el artículo 252 CC nada

45 GARCÍA RUBIO, M. P., «Comentario al artículo 252..., *op. cit.*, p. 248.

46 LORA-TAMAYO RODRÍGUEZ, I., *Reforma civil..., op. cit.*, p. 69.

47 MOSCOSO TORRES, R. M., «Disposiciones testamentarias ...», *op. cit.*, p. 232.

48 STS 6 de octubre de 2005, ponente Román García Varela (2005/8759), en cuyo Fundamento de Derecho Cuarto se indica que «Con frecuencia, el testador quiere excluir de la administración de bienes, otorgados a título de institución o legado a un heredero o legatario, respectivamente, a su padre o madre, cónyuge, hijos del testador, o al yerno o nuera, en quienes no tiene confianza por uno u otro motivo, por lo cual prevé la administración por otras personas en las que sí se fía. Las excepciones introducidas en el artículo 164 del Código Civil son determinantes sobre este particular. Por otra parte, respecto a la cuestión de si estas previsiones pueden alcanzar a los bienes integrantes de la legítima de algún beneficiario de la atribución, procede señalar que autorizada doctrina científica, atañente a la interpretación del artículo 813 del Código Civil, se ha pronunciado afirmativamente sobre este tema, más que por los términos del artículo 164.1, porque en el número 2.° del precepto, que se refiere precisamente a la legítima estricta del desheredado, se atribuye por orden preferencial la administración de los bienes a "la persona designada por el causante", y sólo "en su defecto", al "otro progenitor", es decir, a quién ostenta la administración legal, cuyo planteamiento es aceptado por esta Sala».

49 GARCÍA RUBIO, M.P., «Comentario al artículo 252..., *op. cit.*, p. 248.

añade y que pueda abocar a su irrelevancia normativa, no puede ser un argumento para conculcar una regla imperativa, que, ítem más, conllevaría una discriminación de las personas con discapacidad[50].

Sería aconsejable que cuando se proceda a otorgar la correspondiente escritura pública de aceptación y adjudicación de herencia, se especifique qué bienes se adjudican en pago de la legítima y cuales no, para así evitar de futuro cualquier tipo de controversia judicial sobre la determinación de los bienes que están o no afectos por las reglas de administración y disposición impuestas por el disponente.

Por último, debe destacarse la interesante casuística que al respecto pone de manifiesto LORA-TAMAYO[51], que plantea tres escenarios diferentes:

- Si la persona con discapacidad puede intervenir por sí sola o con las medidas de apoyo en los actos de administración y disposición previstos por el disponente, no se le podrá excluir de tales actos sobre los bienes que reciba en pago de la legítima.
- Si la persona con discapacidad tiene constituida una curatela, ya sea representativa o asistencial, para los actos de administración o disposición previstos por el disponente prevalecerá lo dispuesto por el mismo. Y ello sobre la base de que en tales supuestos no se está gravando la legítima, puesto que la persona con discapacidad ya tenía establecida una representación o asistencia para tales actos.
- Respecto a la legítima estricta, lo impuesto por el disponente no podrá ir en contra de lo manifestado por las personas con discapacidad en los poderes preventivos o en cualesquiera otras disposiciones previsoras de su capacidad.

5.2. Dispensa de la autorización judicial

Antes de la reforma operada por la LRAPD, el artículo 271.2.º CC exigía al tutor de una persona incapacitada judicialmente autorización judicial para enajenar o gravar bienes inmuebles, establecimientos mercantiles o industriales, objetos preciosos y valores mobiliarios, o celebrar contratos o realizar actos que tengan carácter dispositivo y sean susceptibles de inscripción. A lo que habría que añadirse el nombramiento de un defensor judicial en los supuestos en los que existiera un conflicto de intereses entre la persona incapacitada y sus representantes legales según el anterior artículo 299.1.º CC[52].

---

50 GARCÍA RUBIO, M.P., «Comentario al artículo 252..., *op. cit.*, p. 1703.

51 LORA-TAMAYO RODRÍGUEZ, I., *Reforma civil...*, *op. cit.*, p. 69.

52 A lo anterior, MOSCOSO TORRES, R. M., añade que «el panorama se complicaba todavía más si la persona con discapacidad no estaba judicialmente incapacitada o con la capacidad modificada judicialmente, ya que si el notario consideraba que dicha persona no tenía

Tras la inclusión por la LRAPD en los artículos 205, para los menores de edad, y 252 CC, para las personas mayores necesitadas de apoyos, que el disponente pueda establecer las reglas no solo de la administración sino también de la disposición de los bienes transmitidos, ha servido de argumento para un importante sector doctrinal, con el que coincidimos, para defender la facultad que tiene el disponente de dispensar el requisito de la autorización judicial[53]. Afirma Mariño Pardo que el sentido más probable de la reforma es admitir que se pueda dispensar al administrador nombrado por el disponente de la autorización judicial, incluso para aquellos actos dispositivos para los que al curador con facultades representativas se le exigiría[54]. Aunque dicha dispensa era una cuestión debatida antes de la reforma del Código civil por la LRAPD, estaba expresamente admitida en algunas legislaciones civiles autonómicas como Cataluña[55] y Navarra[56].

También pueden esgrimirse en favor de la dispensa los siguientes argumentos:

- Ni el artículo 205 ni el 252 CC establecen ningún tipo de límite al disponente en la imposición del régimen de administración y disposición de los bienes, lo que sería conforme con los principios de autonomía de la voluntad y libertad de disposición en los que se inspira la LRAPD[57].

capacidad para realizar el acto dispositivo, con la legislación anterior a la reforma, se tenía que iniciar el procedimiento de incapacitación o modificación judicial de la capacidad de obrar, para que se le nombrara un representante legal a la persona con discapacidad, que sería el tutor o los padres con patria potestad rehabilitada, y después de ese nombramiento obtener las autorizaciones antes citadas. Precisamente la mayoría de los procedimientos de incapacitación se han iniciado ante la necesidad de disponer de los bienes de la persona con discapacidad o de aceptar una herencia», «Disposiciones testamentarias ...», *op. cit.*, p. 230.

53 García Rubio, M. P., «Comentario al artículo 252..., *op. cit.*, p. 247; Lora-Tamayo Rodríguez, I., *Reforma civil...*, *op. cit.*, pp. 71-72; Mariño Pardo, F., «Reforma del Código..., *op. cit.*; y Moscoso Torres, R. M., «Disposiciones testamentarias ...», *op. cit.*, pp. 229-231.

54 Para García Rubio, M. P., resulta «defendible que las reglas establecidas por el autor de la atribución pueden ser tan flexibles como este desee y que entre ellas se puede incluir la dispensa de autorización judicial en caso de que el encargado de la gestión de los bienes del favorecido realice algún acto de disposición para los que un curador judicial representativo sí la precisaría (*cfr.* art. 287 CC)», «Comentario al artículo 252..., *op. cit.*, p. 247.

55 En el Libro Segundo del Código Civil de Cataluña, el artículo 222-43: «Actos que requieren autorización judicial: ... 2. No es precisa la autorización judicial con relación a los bienes adquiridos por donación o a título sucesorio si el donante o el causante la han excluido expresamente».

56 En el Código del Derecho Foral de Aragón dispone el artículo 107.3: «Administración voluntaria: 3. El donante o causante pueden excluir la necesidad de autorización de la Junta de Parientes o del Juez para los actos relativos a estos bienes».

57 Moscoso Torres, R. M., «Disposiciones testamentarias ...», *op. cit.*, p. 230.

- La LRAPD ha supuesto la modificación del artículo 5.2 de la Ley 41/2003 en el sentido de que antes exigía para los patrimonios no constituidos por el beneficiario incluir «la obligatoriedad de autorización judicial en los mismos supuestos que el tutor la requiere respecto de los bienes tutelados, conforme a los artículos 271 y 272 del Código Civil». El reformado artículo 5.2 no exige dicha autorización judicial, siendo el disponente en la escritura el que establezca el régimen de administración y disposición[58].
- El párrafo final del artículo 252 CC expresamente establece la posibilidad del disponente de nombrar los órganos de control o supervisión que estime por conveniente para la ejecución de las facultades conferidas. Por lo que siempre a voluntad del disponente, el requisito de la autorización judicial, que puede resultar menos ágil por cuestiones procesales y de tiempo, podría ser sustituido por la autorización del órgano que tuviera encomendado el control y la supervisión.

Finalmente, y como muestra de que nos encontramos ante una cuestión compleja, la resolución de la Dirección General de Seguridad Jurídica y Fe Pública número 17565/2022 de 26 de septiembre (RJ 2023/5318), aunque tiene como objeto de discusión la legislación civil foral navarra, realiza una serie de reflexiones sobre el administrador testamentario de menores hasta que cumplan veinticinco años y la dispensa de autorización judicial en el Derecho común. Indica la Dirección General que antes de la entrada en vigor de la LRAPD no era posible la dispensa, con base en los artículos 164 y 166 CC. En cambio, tras la nueva redacción dada por la LRAPD a los artículos 205 y 252 CC, la cuestión al menos admite interpretaciones, para posteriormente subrayar que dicha interpretación excede del objeto del recurso que se le plantea, que se limita a la legislación foral navarra. Por lo que, según la postura que aquí se ha sostenido, parece un éxito que el Centro Directivo haya dejado abierto el debate.

58 Moscoso Torres, R. M., «Disposiciones testamentarias ...», *op. cit.*, p. 230.

CAPÍTULO 16

LA ACEPTACIÓN Y REPUDIACIÓN DE LA HERENCIA HECHAS POR PERSONA CON DISCAPACIDAD[1]

Pedro Chaparro Matamoros
Prof. Contratado Dr. de Derecho Civil (acreditado a TU)
Universitat de València

Sumario:

1 El presente trabajo ha sido realizado en el marco de la pertenencia a los siguientes grupos de investigación:
1.º) Grupo de Investigación «Derecho y vulnerabilidad: menores de edad, personas con discapacidad y animales de compañía» (DERVUL), inscrito en el Registro de Estructuras de Investigación de la Universitat de València (REIUV) con la referencia GIUV2022-532, del que es director el profesor Pedro Chaparro Matamoros.
2.º) Grupo de Investigación «Persona y Familia» (GPF), inscrito en el Registro de Estructuras de Investigación de la Universitat de València (REIUV) con la referencia GIUV2013-101, del que es director el profesor José Ramón de Verda y Beamonte.

VI. La aceptación y repudiación de la herencia hechas por una persona sometida a curatela.

VII. La aceptación y repudiación de la herencia hechas por una persona sometida a guarda de hecho.

VIII. La actuación del defensor judicial consistente en la aceptación o repudiación de una herencia.

IX. La necesidad de autorización judicial.

I. Consideraciones preliminares

La enjundia de la modificación legislativa operada en sede de discapacidad por la Ley 8/2021, de 2 de junio, por la que se reforma la legislación civil y procesal para el apoyo a las personas con discapacidad en el ejercicio de su capacidad jurídica, se aprecia fácilmente atendiendo a la cantidad de preceptos del Código Civil (y de otras leyes) cuyo texto ha sido mutado o ampliado, cuando no suprimido. Sin embargo, y como es común a las reformas de gran calado, por muy minucioso que haya tratado de ser el legislador siempre quedan flecos sueltos, esto es, cuestiones que no son abordadas expresamente (o que lo son, pero no de modo suficiente) y que en la práctica dan lugar a multitud de supuestos cuya resolución debe sustanciarse aplicando los criterios de interpretación jurídica y acudiendo a los principios inspiradores de la reforma.

Esto es lo que sucede, precisamente, en sede de aceptación de la herencia hecha por persona con discapacidad, en la que la nueva redacción dada al art. 996 CC resulta incompleta a los efectos de un entendimiento integral de la cuestión. En línea de principio, el problema de la aceptación y repudiación de la herencia hechas por persona con discapacidad consiste, básicamente, en dilucidar si la persona tiene, o no, capacidad natural suficiente para emitir un juicio conclusivo de una voluntad correctamente formada, lo que es extensivo a cualquier otro negocio jurídico. Para poder juzgar si esa capacidad natural suficiente concurre, existen diversos problemas:

a) en primer lugar, habrá que valorar si la discapacidad que se padece es impeditiva a efectos de comprender el alcance y repercusiones de los negocios jurídicos aquí analizados, o si, por el contrario, aunque sea limitante no obsta para ello;

b) en segundo lugar, hay ciertas enfermedades mentales que no se manifiestan de forma continua, ni lo hacen siempre con la misma intensidad, por lo que habrá que analizar su concurrencia, o no, en el momento de aceptación de la herencia; y

c) por último, no cabe perder de vista que quien ha de valorar dichas circunstancias es el notario, un profesional sin conocimientos en sede de salud mental, más allá de que, en los casos extremos, pueda advertir la presencia de una patología que condicione la voluntad que se está emitiendo.

Teniendo en cuenta lo anterior, con la redacción del art. 996 CC previa a la reforma, el régimen de aceptación en caso de que la discapacidad hubiera sido reconocida judicialmente presentaba cierta seguridad jurídica, pues, asumiendo que, como sucede en un gran porcentaje de los casos, las discapacidades psicosociales son constantes (o empeoran con el tiempo), el sistema de incapacitación resultaba ciertamente útil, pues dispensaba al notario de tener que valorar una voluntad que, se presumía, no podía formarse o emitirse correctamente. Así:

a) si la persona estaba sometida a tutela, el tutor podía aceptar la herencia a beneficio de inventario, pero necesitaba autorización judicial «Para aceptar sin beneficio de inventario cualquier herencia [es decir, para aceptar pura y simplemente], o para repudiar ésta» (antiguo art. 271.I.4.º CC); y,

b) si la persona estaba sometida a curatela, el art. 996 CC precisaba que «Si la sentencia de incapacitación por enfermedades o deficiencias físicas o psíquicas no dispusiere otra cosa, el sometido a curatela podrá, asistido del curador, aceptar la herencia pura y simplemente o a beneficio de inventario». Por lo que, en este caso, había que estar a la sentencia de incapacitación y, si nada decía al respecto, la persona sujeta a curatela podía aceptar la herencia «asistido del curador»[2]; por pura lógica, esta misma asistencia parecía también exigirse para la repudiación, considerando que dicho complemento de capacidad resultaba necesario, a la vista del art. 996 CC, incluso para la aceptación a beneficio de inventario.

Estas situaciones, más o menos claras y bien diferenciadas, dan paso con la nueva regulación de la discapacidad a una regla general (capacidad autónoma para aceptar o repudiar herencias por parte de la persona con discapacidad) que será excepcionada cuando así lo dispusieren las «medidas de apoyo establecidas» (art. 996 CC). Sin embargo, la aparente simpleza de este régimen se complica atendiendo a diversos factores: a) de un lado, la posibilidad de aceptación autónoma por parte de la persona con discapacidad

2 Esta norma suponía una quiebra de la regla general del antiguo art. 289 CC, en tanto en cuanto este precepto supeditaba la asistencia del curador para «aquellos actos que expresamente imponga la sentencia que la haya establecido». Sin embargo, de una interpretación conjunta de los antiguos arts. 290 y 271 CC se llegó a la conclusión de que la persona sometida a curatela podía aceptar por sí misma herencias a beneficio de inventario si no se había dispuesto expresamente la necesidad de asistencia para este concreto acto, requiriéndose la intervención del curador únicamente para aceptarlas sin beneficio de inventario o para repudiarlas. Asimismo, de una interpretación a contrario del antiguo art. 996 CC resultaba posible la aceptación por sí misma de la persona sometida a curatela, cuando así lo hubiese permitido expresamente la sentencia constitutiva de aquélla. V. en este sentido VILLAGÓMEZ RODIL, A.: «Comentario al art. 996 CC», en SIERRA GIL DE LA CUESTA, I. (coord.): *Comentario del Código Civil*, Libro III (Arts, 858 al 1.087), Bosch, Barcelona, 2000, p. 397.

obliga a valorar su capacidad natural a estos efectos; b) de otro lado, chirría que, habiendo empoderado la reforma (como parece que hace) la figura del guardador de hecho, el art. 996 CC no contemple ninguna mención a este supuesto, revelándose el precepto, por tanto, incapaz de regular *per se* un porcentaje importante de los casos de aceptación (o repudiación) de herencia hecha por persona con discapacidad.

II. Breve comentario del art. 996 CC

El nuevo régimen de aceptación de la herencia por la persona con discapacidad se contiene en el art. 996 CC, según el cual «La aceptación de la herencia por la persona con discapacidad se prestará por esta, salvo que otra cosa resulte de las medidas de apoyo establecidas». De entrada, cabe llamar la atención sobre la inutilidad del precepto, que nada aporta al entendimiento de la cuestión, pues a la misma conclusión se llega necesariamente de la lectura del art. 992 CC y de la toma en consideración del *leitmotiv* de la reforma[3], consistente en potenciar el ejercicio autónomo de la capacidad jurídica de las personas con discapacidad y limitarlo únicamente en casos excepcionales que deben estar determinados a la luz de las concretas necesidades de apoyo (art. 269.II CC). Así las cosas, debe partirse de la posibilidad autónoma de aceptación (o repudiación) de la herencia por la persona con discapacidad, pudiéndose supeditar este negocio jurídico, según los casos, a la asistencia o representación de quien ejerza el apoyo, e, incluso, a la obtención de una autorización judicial por el prestador de apoyo con facultades de representación.

En otro orden de ideas, el nuevo art. 996 CC se refiere únicamente a la «aceptación», sin ulteriores precisiones. Sin embargo, no existen mayores inconvenientes para considerar que dicho término es comprensivo de la aceptación pura y simple, de la aceptación a beneficio de inventario y de la repudiación. Para considerar incluidas ambas modalidades de aceptación no hay más que recurrir a la interpretación gramatical y al argumento *a fortiori*: partiendo de que la aceptación a la que podría referirse el precepto, al no hacer matices, es únicamente la pura y simple, carecería de sentido poder llevar a cabo este negocio jurídico, que entraña cierto riesgo patrimonial, y no una aceptación a beneficio de inventario (sin riesgo[4]), ya que quien puede

---

3 *Vid.* a este respecto Domínguez Luelmo, A.: «La aceptación y repudiación de la herencia de las personas en situación de discapacidad», en Espejo Lerdo de Tejada, M. y Cerdeira Bravo de Mansilla, G. (dirs.): *La persona con discapacidad en el Derecho de Sucesiones*, Aranzadi, Cizur Menor, 2023, p. 63; y Represa Polo, M.ª P.: «Comentario al art. 996 CC», en Guilarte Martín-Calero, C. (dir.), *Comentarios a la Ley 8/2021 por la que se reforma la legislación civil y procesal en materia de discapacidad*, Thomson Reuters Aranzadi, Cizur Menor (Navarra), 2021, p. 958.

4 Núñez Núñez, M.ª «La aceptación de la herencia y la intervención en la partición», en Pereña Vicente, M. y Heras Hernández, M.ª del M. (dirs.): *El ejercicio de la capacidad*

lo más, puede lo menos. Por su parte, en relación con la repudiación, no hay más que remitirse al art. 992 CC, que actúa como marco general, siendo el art. 996 CC una concreción del mismo en sede de discapacidad, al margen de lo absurdo que resultaría exigir una capacidad de obrar diversa para dos actos que son, en realidad, dos caras de la misma moneda[5].

Resta por analizar en este epígrafe el alcance de la expresión «medidas de apoyo establecidas», la cual debe considerarse, a causa de la imprecisión del precepto[6], comprensiva tanto de aquellas que tienen naturaleza voluntaria, como judicial.

III. La apreciación de la capacidad natural de la persona con discapacidad por parte del notario

Una de las características más celebradas de la reforma es que el sistema de apoyos que se prevea o diseñe puede ser muy variable en función del tipo de discapacidad, de su presencia (constante o no) y de la intensidad de la misma, lo que permite una adaptabilidad al caso concreto que es trasunto de la necesaria flexibilidad con que debe contar cualquier regulación en esta materia. Porque no todas las discapacidades son iguales, ni se presentan de manera constante (algunas se manifiestan mediante brotes o episodios); y, aun cuando sí lo hagan, no todas son lineales, sino que se producen picos que implican una manifestación más aguda de la enfermedad que se padezca.

Con el régimen de incapacitación anterior, la tarea del notario se simplificaba en la medida en que se presuponía que la persona incapacitada no podía formar o emitir correctamente su voluntad, por lo que ésta se delegaba en un tercero, dispensándose de esta manera al notario de efectuar un juicio apreciativo de la capacidad natural del incapacitado[7]. Sin embargo, con la

---

jurídica por las personas con discapacidad tras la Ley 8/2021, de 2 de junio, Tirant lo Blanch, Valencia, 2022, p. 589, afirma que la aceptación a beneficio de inventario «supone una garantía» para la persona con discapacidad «al no comprometerse su patrimonio por deudas de quien le llama a la herencia».

5 DOMÍNGUEZ LUELMO, A.: «La aceptación y repudiación de la herencia de las personas en situación de discapacidad», cit., p. 88.

6 No solo la interpretación gramatical permite llegar a esta conclusión, sino también la histórica: en el «Proyecto de Ley por la que se reforma la legislación civil y procesal para el apoyo a las personas con discapacidad en el ejercicio de su capacidad jurídica» (B.O.C.G., Serie A, 17 de julio de 2020, n.º 27-1, p. 32), la redacción propuesta del art. 996 CC expresaba que «[...] salvo que otra cosa resulte de la resolución judicial que haya establecido las medidas de apoyo».

7 Sobre esta cuestión, TENA ARREGUI, R.: «El juicio notarial de valoración del consentimiento tras la Ley 8/2021 para el apoyo a las personas con discapacidad», *El Notario del Siglo XXI*, n.º 99, 2021, señala que el sistema anterior primaba los valores de «protección y seguridad frente al de dignidad», a lo que añade que la práctica de los notarios consistía, ante la presencia de una

nueva regulación, basada en la promoción de la autonomía de la persona y en un sistema de apoyos que no puede considerarse un límite a aquélla, sino un complemento, la labor del notario adquiere una nueva dimensión, por cuanto ahora se ha de partir de una presunción de autonomía de la persona con discapacidad, de modo que solo cuando no le sea posible expresar su voluntad (o cuando a todas luces no la pueda formar correctamente), se deberá acudir al apoyo que se haya establecido o nombrarse uno *ad hoc* o estable, para el caso de ausencia del mismo[8].

La complejidad de esta labor se advierte claramente considerando la heterogeneidad de las discapacidades intelectuales y psicosociales[9]. Así, en función de las circunstancias, el notario se puede enfrentar a diversos escenarios, como por ejemplo (y sin ánimo de exhaustividad): a) personas con discapacidad que pueden formar y expresar correctamente su voluntad con el apoyo que el notario presta habitualmente[10], o con uno más particular o técnico a la vista del concreto negocio jurídico de que se trate[11]; b) perso-

persona «en situación de posible discapacidad psíquica», en preguntar si estaba judicialmente incapacitada, y, en caso afirmativo, «prescindía completamente de ella para interactuar únicamente con el tutor (normalmente) o con el titular de la patria potestad prorrogada».

8 Como señala LORA-TAMAYO RODRÍGUEZ, I.: «Algunas aplicaciones notariales en la Ley de apoyo a las personas con discapacidad en el ejercicio de su capacidad jurídica», *El Notario del Siglo XXI*, Opinión, https://www.elnotario.es/opinion/opinion/10937-algunas-aplicaciones-notariales-en-la-ley-de-apoyo-a-las-personas-con-discapacidad-en-el-ejercicio-de-su-capacidad-juridica (fecha de consulta: 6 de marzo de 2024), «la regla general es la de la capacidad de la persona, siempre que el notario considere que tiene capacidad natural».

9 Baste leer, a estos efectos, la relación de situaciones vividas en primera persona por el notario TORTOSA MUÑOZ, A.: «La labor notarial en la protección de las personas con discapacidad. La autotutela y los poderes preventivos», en GARCÍA GARNICA, M.ª DEL C. (dir.): *Estudios sobre dependencia y discapacidad*, Thomson Reuters Aranzadi, Cizur Menor, 2011, pp. 100-101. V. también en este sentido MORALES SAURA, S.: «Ancianidad, vulnerabilidad y curatela más allá de la voluntad, deseos y preferencias de la persona», en LECIÑENA IBARRA, A.: *Intervención en el tráfico jurídico-económico de las personas mayores vulnerables por razón de edad*, Thomson Reuters Aranzadi, Cizur Menor (Navarra), 2022, pp. 129-133.

10 El apoyo que preste el notario debe dirigirse exclusivamente a hacer más comprensible y accesible el negocio jurídico de que se trate a la persona con discapacidad, sin incidir, en modo alguno, en el consentimiento otorgado [«sin llegar a valorar la oportunidad o la conveniencia del acto o contrato (que será el verdadero sustrato de ese consentimiento negocial)», nos dice MARÍN CALERO, C.: «Reforma de la Ley del Notariado», en DE VERDA Y BEAMONTE, J. R. (dir.) y CHAPARRO MATAMOROS, P. Y BUENO BIOT, Á. (coords.): *La discapacidad: una visión integral y práctica de la Ley 8/2021, de 2 de junio*, Tirant lo Blanch, Valencia, 2022, p. 603]. Es decir, dicho apoyo debe consistir en la mera remoción de las barreras conceptuales al entendimiento del acto que se vaya a realizar.

11 El art. 25. IV de la Ley del Notariado («Gaceta de Madrid», n.º 149, de 29 de mayo de 1962) establece a este respecto que «Para garantizar la accesibilidad de las personas con discapacidad que comparezcan ante Notario, estas podrán utilizar los apoyos, instrumentos y ajustes razonables que resulten precisos, incluyendo sistemas aumentativos y alternativos, braille, lectura fácil, pictogramas, dispositivos multimedia de fácil acceso, intérpretes, sistemas de apoyos a la comunicación oral, lengua de signos, lenguaje dactilológico, sis-

nas con discapacidad que requieren un apoyo asistencial de un tercero (esté nombrado o no), no resultando suficiente el apoyo prestado por el notario; c) personas con discapacidad que, requiriendo un apoyo asistencial para la mayoría de actos de la vida jurídica, no lo necesitan para el concreto acto de que se trate; d) personas con discapacidad que requieren un apoyo representativo (lo tengan o no), no resultando suficiente el apoyo prestado por el notario; o e) personas con discapacidad que, requiriendo un apoyo representativo para la mayoría de actos de la vida jurídica, no lo necesitan atendiendo a la simpleza del concreto acto de que se trate[12].

Hasta aquí, el desarrollo del razonamiento ha tenido en cuenta, básicamente, la capacidad natural de la persona con discapacidad. Pero hay otro elemento que hay que ponderar: la complejidad o simplicidad del negocio jurídico de que se trate. En efecto, hay negocios jurídicos que son relativamente sencillos de comprender, y otros que, por su propia idiosincrasia, resultan complejos e incluso incomprensibles también para personas sin discapacidad, como sería el caso de ciertos contratos financieros cuyas prestaciones dependen de una serie de fórmulas complejas, el cálculo de las cuales exige conocimientos especializados en la materia.

Ciertamente, la aceptación (o repudiación) de una herencia es un negocio jurídico relativamente sencillo de comprender, por lo que el canon de capacidad natural que se exija a estos efectos puede reducirse en comparación al que se exigiría a otros negocios jurídicos más complejos. Así, si partimos de una herencia media, con cierto patrimonio y sin deudas (o con deudas inferiores al importe del patrimonio), la asistencia se reduce a hacer entender al llamado algo tan aparentemente simple como que, si acepta, tendrá una casa y dinero en el banco, y si repudia, no obtendrá la casa ni el dinero. Desde luego, esto no garantiza en todos los casos que la persona con discapacidad entienda la naturaleza del acto que va a celebrar, pero sí le puede servir para visualizar de forma sencilla el efecto que dicha decisión va a tener en su patrimonio, que, en definitiva, es de lo que se trata[13]. En cualquier caso,

---

temas de comunicación táctil y otros dispositivos que permitan la comunicación, así como cualquier otro que resulte preciso».

12 Sobre esta cuestión, Tena Arregui, R.: «El juicio notarial de valoración del consentimiento tras la Ley 8/2021 para el apoyo a las personas con discapacidad», cit., considera acertadamente que «No olvidemos que al desaparecer la incapacitación, el apoyo, aun representativo, no impide al discapacitado actuar por sí solo si puntualmente puede formar y expresar su consentimiento. El apoyo pretende únicamente empoderar, no limitar ni restringir las posibilidades de actuación autónoma de la persona discapacitada».

13 Pese a lo razonable y lógico de la voluntad manifestada por la persona con discapacidad, ¿cómo debería actuar el notario si tiene serias dudas de que ésta haya entendido correctamente el negocio jurídico? Podría suceder que la persona con discapacidad esté aceptando una herencia aparentemente lucrativa (o repudiando una herencia ruinosa), sin que, en realidad, sea claramente esa su voluntad. ¿Cabría recurrir al apoyo cuando la voluntad manifestada resulte favorable a los intereses de la persona con discapacidad? La cuestión

el régimen de responsabilidad del notario sugiere pensar que el apartamiento de las medidas de apoyo establecidas solo se realizará en los casos en que aquéllas sean manifiestamente prescindibles; en caso de duda, para el notario lo más sensato será requerir la intervención del apoyo[14].

IV. La aceptación y repudiación de la herencia hechas por una persona con discapacidad que no tenga asignadas medidas de apoyo

La nueva regulación de la discapacidad ha puesto en la picota la voluntad de la persona con discapacidad, cuya formación se presume correcta para el ejercicio autónomo de la capacidad jurídica. De esta premisa parte el art. 996 CC, suponiendo ello un cambio de paradigma: se pasa de un sistema en el que la voluntad de la persona incapacitada quedaba relegada a un segundo plano y no podía ser suficiente *per se* para aceptar o repudiar una herencia, a un régimen en el que la voluntad de la persona con discapacidad se presume suficiente siempre y cuando «no resulte otra cosa de las medidas de apoyo establecidas».

Esa referencia a las medidas de apoyo sitúa el art. 996 CC en la órbita del entendimiento general de la discapacidad promovido por la Ley 8/2021, de 2 de junio, y que se encuentra contenido en la D.A. 4.ª, segundo párrafo, del CC: «A los efectos de los demás preceptos de este Código [entre ellos el art. 996], salvo que otra cosa resulte de la dicción del artículo de que se trate, toda referencia a la discapacidad habrá de ser entendida a aquella que haga precisa la provisión de medidas de apoyo para el ejercicio de la capacidad jurídica». En efecto, el art. 996 CC no es un precepto asistencial que ofrece una protección habitativa o alimenticia útil en casos de discapacidad fundamentalmente física (como ocurre con los preceptos referenciados en el

no es baladí: se podría pensar que, como el apoyo, en la generalidad de los casos, va a pronunciarse en el mismo sentido, no resulta necesario. Ahora bien, ello podría conducir a tomar una decisión contraria a la voluntad de la persona con discapacidad en el caso de que ésta hubiese manifestado, cuando sus capacidades volitivas hubieren estado intactas, que pretendía repudiar la herencia de su padre, al que nunca llegó a conocer.

14 Marín Calero, C.: «Reforma de la Ley del Notariado», cit., p. 619, pone de relieve esta cuestión al aseverar que «todo intento por parte de los notarios —o por mejor decir del Notariado, en su conjunto— de erigirse en guardianes de la imbatibilidad de la escritura por ellos autorizada», «conllevaría, al menos, una formación previa y una especialización de tales funcionarios públicos que parece poco probable que se vaya a alcanzar y que bien podría derivar o desviarse, mejor, hacia una renuencia a autorizar los otorgamientos de las personas con discapacidad, hasta tanto no se alcance ese grado adecuado de conocimiento del problema o, peor aún, a que dichos otorgamientos sean condicionados a que la persona con discapacidad —o la que le presta apoyo— aporte documentos, valoraciones y dictámenes, en los que el notario se pueda apoyar con un mínimo de seguridad para sí mismo».

primer párrafo de la D.A. 4.ª), sino que regula situaciones de discapacidad intelectual o psicosocial.

En otro orden de ideas, quedan aparentemente extramuros del precepto aquellas discapacidades en las que no existan medidas de apoyo establecidas, como sería el caso de una persona con discapacidad que no esté sometida a ningún apoyo, o que esté sujeta a una guarda de hecho (la cual, pese a ser una medida de apoyo, no puede decirse que se haya «establecido», sino más bien que ha surgido espontáneamente dado su carácter informal)[15].

En línea de principio, el hecho de que el art. 996 CC no contemple el caso de que la persona con discapacidad no esté sometida a apoyos no debe considerarse un olvido. Partiendo, como hace la reforma, de una presunción general de capacidad, la ausencia de medidas de apoyo (que actúan como una excepción a la regla general), significa, *a priori*, la concurrencia en el sujeto de la capacidad necesaria para llevar a cabo el negocio jurídico de aceptación (o repudiación) de la herencia. No obstante, esa inicial concurrencia de la capacidad de entender y de querer necesaria para la aceptación (o repudiación) de la herencia puede haberse modificado, dando lugar a un empeoramiento de la situación de discapacidad a la que ni el propio sujeto, ni su entorno, ni el Derecho, han dado respuesta mediante la provisión de apoyos. Por ello, no sería extraño que, en el momento de aceptación de una herencia, uno de los llamados a heredar padeciese una discapacidad de carácter intelectual o psicosocial que dificultara la adecuada formación de su voluntad y que, por ello mismo, comprometiera el ejercicio autónomo de la capacidad jurídica.

Sea como fuere, deberá tratarse de discapacidades impeditivas, que afecten sobremanera a la correcta formación del juicio de la persona, habida cuenta la facilidad de comprensión del acto de aceptación (o repudiación) de una herencia. La presunción de capacidad de la que parte el art. 996 CC deberá aplicarse a los casos de discapacidades leves, las cuales no resulten un obstáculo insalvable a la correcta formación de la voluntad de la persona (como podría ser, por ejemplo, una ligera discapacidad intelectual que únicamente afecte a la rapidez en la formación del juicio o a la comprensión del alcance del negocio jurídico que la persona se dispone a efectuar). En cualquier caso, si el notario advierte estas dificultades, resulta ínsito a su *lex artis* que pondrá un mayor esmero y dedicación a la hora de advertir al llamado a heredar de las consecuencias de la aceptación o repudiación de la herencia.

15 Al hilo de esta cuestión, Carrasco Perera, Á.: «Contratación por discapacitados con y sin apoyos», en Álvarez Lata, N. (coord.): *El nuevo sistema de apoyos a las personas con discapacidad y su incidencia en el ejercicio de su capacidad jurídica*, Thomson Reuters Aranzadi, Cizur Menor (Navarra), 2022, p. 263, considera que la guarda de hecho que haya sido institucionalizada por el juez (convirtiéndose de esta manera en una «guarda de derecho») «pasaría a ser ya una medida de apoyo establecida».

De conformidad con lo expuesto, pudiera ocurrir que el sujeto que deba aceptar la herencia padezca una discapacidad severa y no esté sometido a medidas formales (ya sean de naturaleza voluntaria o judicial) ni informales de apoyo. Pese a que ello pudiera parecer extraño, lo cierto es que no cabe obviar esa posibilidad: a causa de múltiples razones, una persona podría llegar a encontrarse en esa situación (por ejemplo, porque padece una enfermedad neurodegenerativa que no ha sido advertida por ningún familiar, ya sea porque no los tiene o porque nadie se preocupe por él; porque se está ventilando el proceso de constitución de medidas de apoyo de carácter formal y todavía no ha finalizado; etc.). Esa discapacidad severa, con todo, puede ser episódica, de manera que hay que diferenciar, básicamente, dos escenarios: que no afecte a las capacidades volitivas al tiempo de la aceptación (o repudiación) de la herencia; o que, por el contrario, incida de pleno en ellas.

a) Aceptación y repudiación de una herencia hecha por una persona con discapacidad severa no manifestada ante el notario. Como sucedía con carácter general con anterioridad a la reforma, parece que, si la discapacidad no se manifiesta en el momento de la aceptación (o repudiación) de la herencia, debe seguirse la regla de que los actos realizados durante periodos de lucidez por parte de la persona con discapacidad no pueden ser impugnados, de manera que, si el notario no advierte dificultades de comprensión ni comportamientos incoherentes o ilógicos, y autoriza la aceptación (o repudiación), este negocio jurídico devendría inatacable[16].

Pese a ello, no cabe desconocer que el notario es un profesional que carece de competencias técnicas en materia de discapacidad, por lo que, si se acredita convenientemente la concurrencia de los efectos de la discapacidad en el momento de la aceptación (o repudiación), sin que fueran apreciados, la misma podría ser impugnada[17].

16 Y ello, con independencia de que la persona con discapacidad se encuentre formalmente en el supuesto del art. 2.2.a) de la Ley 41/2003, de 18 de noviembre, de protección patrimonial de las personas con discapacidad (BOE n.º 277, de 19 de noviembre de 2003), esto es, persona con «una discapacidad psíquica igual o superior al 33 por ciento»; o en alguno de los casos de los arts. 26.1.b) y c) de la Ley 39/2006, de 14 de diciembre, de Promoción de la Autonomía Personal y Atención a las personas en situación de dependencia (BOE n.º 299, de 15 de diciembre de 2006), es decir, personas que presentan una «dependencia severa» (dependencia de grado II) o una «gran dependencia» (dependencia de grado III). V. en este sentido Mariño Pardo, F. M.: «Reforma del Código Civil por la Ley 8/2021, para el apoyo de personas con discapacidad: la aceptación y la repudiación de la herencia por la persona con discapacidad», *Iuris Prudente*, 7 de octubre de 2021, https://www.iurisprudente.com/2021/10/reforma-del-codigo-civil-por-la-ley_7.html (fecha de consulta: 7 de febrero de 2024).

17 Por ejemplo, con un certificado médico datado en la fecha de la aceptación que acredite haber padecido algún episodio de la enfermedad de manera inmediatamente anterior a aquélla, o con una prueba testifical de algún vecino o familiar que haya presenciado algún lance derivado de una enajenación mental transitoria.

b) Aceptación y repudiación de una herencia hecha por una persona con discapacidad severa manifestada ante el notario. A diferencia del caso anterior, el notario, pese a su falta de competencia técnica en la materia, seguramente advertirá (por evidente) la concurrencia de una situación merecedora de tutela a través de las medidas de apoyo, por lo que no deberá autorizar la aceptación (o repudiación) que se pretenda documentar notarialmente ante él por la persona con discapacidad. La solución pasa por requerir la actuación de un defensor judicial, quien deberá solicitar la correspondiente autorización judicial por tratarse de un acto representativo *ex* art. 93.2.b) de la Ley 15/2015, de 2 de julio, de la Jurisdicción Voluntaria[18] (LJV, en adelante); sin perjuicio de que, a la vista del caso concreto y en ausencia de otras medidas que constituyeran apoyo suficiente, se promueva la provisión de medidas judiciales de apoyo (art. 295.I.4.º CC).

No obstante, si, pese a la presencia indubitada de la discapacidad, el notario duda de que tenga incidencia sobre la comprensión del negocio jurídico de aceptación de la herencia, parece que deberá jugar la presunción de capacidad[19].

V. La aceptación y repudiación de la herencia hechas por una persona con discapacidad sometida a medidas de apoyo de naturaleza voluntaria

En muchos casos, las discapacidades de tipo intelectual o psicosocial se caracterizan por un desarrollo progresivo que puede tener origen en diversas causas, como por ejemplo padecer una enfermedad neurodegenerativa, el riesgo genético o las secuelas negativas de un episodio vital trascendente. En algunos de estos casos, el propio sujeto es consciente del desarrollo de la discapacidad, permitiendo ahora la Ley 8/2021, de 2 de junio, dar una respuesta *a priori* a esta situación, basada enteramente en la voluntad de la persona afectada.

Sin perjuicio de lo loable de la novedad, la lógica lleva a pensar que las medidas de apoyo de naturaleza voluntaria no tendrán una especial aplicación en la *praxis*, lo que, al menos desde el punto de vista cuantitativo, dismi-

18 *B.O.E.* n.º 158, de 3 de julio de 2015, pp. 54.068 a 54.201.

19 Cerdeira Bravo de Mansilla, G.: «*In dubio pro capacitate* y *favorabilia amplianda, odiosa restringenda*: "viejos" principios para interpretar «nuevas» reglas sobre capacidad y prohibiciones», en Cerdeira Bravo De Mansilla, G. y Pérez Gallardo, L. P. (dirs.): *Un nuevo Derecho para las personas con discapacidad*, Olejnik, Santiago de Chile, 2021, p. 171, afirma en este sentido que, en caso de duda en su resultado interpretativo, «el intérprete deberá inclinarse por el menor alcance de tal medida asistencial, incluso por su falta de necesidad, y por el mayor alcance en la capacidad y autonomía propia de la persona con discapacidad».

nuirá la magnitud de la problemática a que puede dar lugar en relación con la cuestión abordada en este trabajo. Sea como fuere, y con independencia de cuál sea su efectiva implantación en la práctica de los operadores del Derecho, las particularidades de las medidas de apoyo de naturaleza voluntaria en sede de aceptación (o repudiación) de la herencia son básicamente cuatro: a) determinar si procede la intervención de la medida de apoyo voluntaria atendiendo al grado de deterioro de la capacidad de entender y de querer de la persona con discapacidad; b) valorar si cabe extender la intervención de la persona que presta el apoyo a la aceptación (o repudiación) de la herencia cuando ésta no se hubiere contemplado expresamente entre los actos concretos en los que se prevé su actuación; c) ofrecer una respuesta al caso de insuficiencia del apoyo previsto; y, por último, d) poner remedio a la falta de actuación de la persona que deba prestar el apoyo.

5.1. La necesidad, o no, de la actuación de la medida de apoyo voluntaria

Esta situación responde a la problemática general que se produce en esta sede, y que no es otra que la de determinar si la capacidad de entender y de querer de la persona con discapacidad es suficiente a efectos del ejercicio autónomo de la capacidad jurídica; o si, por el contrario, se aprecia la necesidad de intervención de la medida de apoyo voluntaria atendiendo al grado de desarrollo de la discapacidad. A diferencia de las medidas de apoyo reactivas, que juegan siempre una vez se ha manifestado la discapacidad, los apoyos voluntarios suponen una anticipación a la misma, de manera que puede producirse la duda de si la misma concurre en un grado suficiente a efectos de hacer necesaria la intervención del apoyo al tiempo de la aceptación (o repudiación) de la herencia.

A este respecto, resultan extrapolables las consideraciones que realicé en el epígrafe anterior (IV), por lo que habrá que diferenciar entre dos supuestos.

a) Que la discapacidad no se manifieste ante el notario. En este caso, y presuponiendo que la aceptación (o repudiación) de la herencia se realizó durante un periodo de lucidez de la persona con discapacidad, la misma será inatacable sin que a efectos de su validez tenga incidencia la falta de intervención de la medida de apoyo voluntaria.

b) Que la discapacidad se manifieste ante el notario. De darse este supuesto, el notario deberá requerir la intervención de la persona que deba prestar el apoyo, si su actuación se previó en términos generales (es decir, comprensiva de toda clase de negocios jurídicos) o si, previéndose para actos concretos, la misma alcanza a la aceptación (o repudiación) de la herencia.

Por lo demás, tal y como señalaba *supra*, cabe la posibilidad de que el notario dude acerca de la incidencia de la discapacidad sobre la comprensión del negocio jurídico de aceptación de la herencia, en cuyo caso podría no exigirse complemento de capacidad alguno para la validez del acto, siendo suficiente a este efecto la actuación autónoma de la persona con discapacidad; si bien, como advertí en su momento, parece que, siguiendo un criterio de prudencia, lo razonable para el propio interés del notario sería exigir el concurso de la medida de apoyo voluntaria, al efecto de evitar incurrir en algún tipo de responsabilidad profesional.

5.2. La falta de previsión de la aceptación y repudiación de una herencia entre los actos concretos a los que se somete la necesidad del apoyo

La persona con discapacidad, al establecer las medidas de apoyo de naturaleza voluntaria, fijará «el alcance de las facultades de la persona o personas que le hayan de prestar apoyo»[20]. En la práctica, es razonable pensar

---

20 Una cuestión que se ha planteado en relación con el establecimiento de una autocuratela (art. 271 CC) es la de si la persona que la diseña puede prescindir de la exigencia de autorización judicial para los actos previstos en el art. 287 CC. Para DOMÍNGUEZ LUELMO, A.:«La aceptación y repudiación de la herencia de las personas en situación de discapacidad», cit., p. 66, la persona con discapacidad podría eludirla si hubiese establecido una autocuratela en cuyo funcionamiento se ordenase una actuación representativa no supeditada a ningún requisito adicional, ya que «La propuesta de nombramiento y demás disposiciones voluntarias a que se refiere el artículo anterior vincularán a la autoridad judicial al constituir la curatela» (art. 272 CC). DE SALAS MURILLO, S.: «Comentario al art. 271 CC», en GUILARTE MARTÍN-CALERO, C. (dir.), *Comentarios a la Ley 8/2021 por la que se reforma la legislación civil y procesal en materia de discapacidad*, Thomson Reuters Aranzadi, Cizur Menor (Navarra), 2021, pp. 720-721, considera que la autorización judicial, imperativa en la curatela institucional, «rige con carácter supletorio en el caso de la autocuratela». Igualmente, otorgan preferencia a la autonomía de la voluntad en el diseño del apoyo ESCARTÍN IPIÉNS, J. A.: «La autocuratela en el Anteproyecto de Ley sobre modificación del Código Civil y otras leyes complementarias en materia de discapacidad», *Revista de Derecho Civil*, vol. V, n.º 3, 2018, p. 97; JIMÉNEZ MUÑOZ, F. J.: «El nuevo esquema de las medidas de apoyo de naturaleza voluntaria», en LASARTE ÁLVAREZ, C. (dir.) y JIMÉNEZ MUÑOZ, F. J. (coord.): *La reforma en favor de las personas con discapacidad*, Dykinson, Madrid, 2023, p. 202; y PAÑOS PÉREZ, A.: *Nuevo paradigma en el ejercicio de la capacidad jurídica. Apoyos voluntarios a las personas con discapacidad*, Dykinson, Madrid, 2022, pp. 169-171, al configurar la normativa de la curatela institucional como supletoria del régimen especial de la autocuratela.

En cambio, MUNAR BERNAT, P.: «Comentario al art. 287 CC», en CAÑIZARES LASO, A. (dir.): *Comentarios al Código Civil*, Tirant lo Blanch, Colección «Textos legales comentados», Valencia, 2023, p. 1958, sostiene que la expresión «En todo caso» es vinculante incluso para quien diseña una autocuratela; también lo cree así, aunque sin descartar la validez de otro tipo de consideraciones más allá de la interpretación literal del art. 287.I CC, MARTÍNEZ CALVO, J.: *Autorregulación precautoria de la discapacidad. Adopción de medidas voluntarias en previsión de una eventual discapacidad futura*, Editorial Universitaria Ramón Areces, Madrid, 2022, pp. 67-68. A mi parecer, creo, en efecto, que el art. 287 CC es una

que el diseño de las medidas de apoyo voluntarias se basará en formularios y modelos exhaustivos, que contengan una amplia panoplia de actos con cierta trascendencia jurídica (en particular, los enumerados en el art. 287.I CC). Por ello mismo, es de suponer que entre las facultades de la persona que haya de prestar el apoyo, cuando el notario lo estime conveniente por haber advertido una situación de discapacidad que así lo requiera, se encontrará la de aceptar (y repudiar) herencias.

Sin embargo, podría suceder que el diseño de las medidas de apoyo obedeciese a una (o a más de una) necesidad concreta de actuación futura en la que el interesado prevea cierta complejidad considerando la situación en que se pueda encontrar cuando llegue el momento, por lo que no sería de extrañar que entre los actos a los que se someta la necesidad del apoyo no se halle la aceptación (o repudiación) de herencias. En consecuencia, podría ocurrir que la persona que deba prestar el apoyo no tuviera, entre sus facultades, la posibilidad de aceptación (o repudiación) de herencias, a causa de la falta de contemplación de este negocio jurídico entre los actos sometidos al apoyo, por lo que la autoridad judicial deberá proceder al nombramiento de un defensor judicial que complemente o represente, según el caso, la

---

norma imperativa que debe aplicarse a toda curatela con facultades de representación, atendida la especial transcendencia (en especial, para el patrimonio de la persona sometida a curatela) de los actos allí contemplados [así lo entiende también Díaz Alabart, S.: «Autocuratela y personas con discapacidad», en Cerdeira Bravo de Mansilla, G. y García Mayo, M. (dirs.) y Gil Membrado, C. y Pretel Serrano, J. J. (coords.): *Un nuevo orden jurídico para las personas con discapacidad*, Bosch, Madrid, 2021, p. 410] y la ausencia de una norma expresa que permita soslayar la autorización [v. en este sentido López Azcona, A.: «Medidas voluntarias de apoyo», en Cerdeira Bravo de Mansilla, G. y García Mayo, M. (dirs.) y Gil Membrado, C. y Pretel Serrano, J. J. (coords.): *Un nuevo orden jurídico para las personas con discapacidad*, Bosch, Madrid, 2021, p. 380]. Este control judicial *a priori* de la actuación del curador no puede cesar por el hecho de que la persona que diseña el apoyo no haya supeditado la intervención del curador a ningún requisito adicional. De admitirse lo contrario, podrían producirse abusos con el patrimonio de la persona con discapacidad, en especial en el supuesto de conflicto de intereses con la persona que deba prestar el apoyo. A esta necesidad de control parece referirse el art. 270.I CC, según el cual «La autoridad judicial establecerá en la resolución que constituya la curatela o en otra posterior las medidas de control que estime oportunas para garantizar el respeto de los derechos, la voluntad y las preferencias de la persona que precisa el apoyo, así como para evitar los abusos, los conflictos de intereses y la influencia indebida», precepto que, a mi juicio, también tiene un carácter imperativo.

Por lo demás, la nueva redacción dada por la Ley 3/2024, de 13 de junio, de modificación del Código de Derecho Foral de Aragón en materia de capacidad jurídica de las personas (B.O.A. nº 122, de 25 de junio de 2024, pp. 17.679 a 17.720) al art. 114.1.b) CDFA sí permite expresamente la posibilidad, para las personas mayores de catorce años que prevean una autotutela o una autocuratela, de eximir a la persona que ejerza funciones de representación «de la autorización o aprobación de la Junta de Parientes o del Juez para llevar a cabo los actos regulados en el artículo 169-24, salvo los de carácter gratuito», si bien no pueden «autorizar su actuación sin intervención de la Junta de Parientes o el defensor judicial si hubiera oposición de intereses entre la persona con discapacidad y el curador» (proyectado art. 114.2 CDFA).

voluntad de la persona con discapacidad para el negocio de aceptación (o repudiación) de la herencia (art. 255.V CC).

En cualquier caso, y partiendo de que la persona que diseña el apoyo, llegado el momento, no tiene capacidad natural suficiente para aceptar (o repudiar) la herencia por sí misma, no creo posible que pueda permitirse la actuación de quien haya de prestar el apoyo (pese a la imprevisión de su concurso para aceptar o repudiar una herencia) con base en una pretendida analogía, para el caso de que se le haya facultado para celebrar otros negocios jurídicos que impliquen, de un modo u otro, la disposición de los bienes de la persona con discapacidad[21]. Cuestión diferente es que, en la práctica, el resultado al que se llegue sea el mismo (es decir, que la aceptación o repudiación de la herencia corra a cargo de la persona designada en las medidas voluntarias de apoyo), habida cuenta la posible influencia de la voluntad de la persona que deba recibir el apoyo en el nombramiento del defensor judicial (art. 295.II CC); y digo posible porque, sorprendentemente (considerando la importancia que la Ley 8/2021 otorga a la voluntad, deseos y preferencias de la persona con discapacidad), dicha voluntad no es vinculante para la autoridad judicial[22].

5.3. La insuficiencia del apoyo previsto

De la misma manera, podría ocurrir que la persona con discapacidad hubiese limitado el régimen de actuación de quien haya de prestar el apoyo a una mera asistencia (sin incluir, por tanto, funciones de representación), por lo que esa medida podría no ser suficiente de apreciar el notario la necesidad de una actuación representativa atendido el grado de deterioro de la capacidad volitiva del aceptante de la herencia. O lo que es lo mismo, podría ocurrir que el apoyo previsto no se proyectara sobre la aceptación (o repudiación)

---

21 Y es que esta posibilidad ya tiene una solución legal concreta: el nombramiento de un defensor judicial, tal y como se desprende de la literalidad del art. 255. V CC («*Solo en defecto* [...] *de estas medidas de naturaleza voluntaria*, y a falta de guarda de hecho que suponga apoyo suficiente, podrá la autoridad judicial adoptar otras supletorias o complementarias»).

22 Toral Lara, E.: «El defensor judicial de las personas con discapacidad», en De Verda y Beamonte, J. R. (dir.) y Chaparro Matamoros, P. y Bueno Biot, Á. (coords.): *La discapacidad: una visión integral y práctica de la Ley 8/2021, de 2 de junio*, Tirant lo Blanch, Valencia, 2022, p. 303, señala, a este respecto, que «Resulta un tanto contradictorio que se otorgue al juez, con preeminencia sobre la voluntad de la propia persona necesitada de apoyo, la función de escoger al mejor intérprete de su voluntad, deseos y preferencias, vulnerando en definitiva su propia voluntad». También sobre esta cuestión, observa Álvarez Lata, N.: «Comentario al art. 295 CC», en Guilarte Martín-Calero, C. (dir.), *Comentarios a la Ley 8/2021 por la que se reforma la legislación civil y procesal en materia de discapacidad*, Thomson Reuters Aranzadi, Cizur Menor (Navarra), 2021, p. 845, que «la decisión de la autoridad judicial puede desviarse de la voluntad de la persona».

de herencias a causa de la insuficiencia de las posibilidades de actuación de quien deba prestarlo.

La solución a este caso pasa, igualmente, por requerir la actuación de un defensor judicial *ex* art. 255.V CC, quien habrá de solicitar la correspondiente autorización judicial (art. 93.2.b LJV). Para el nombramiento de aquél, se oirá a la persona con discapacidad (tal y como se establece en el art. 295.II CC), lo que hace pensar que, en principio, será la misma persona que deba prestar el apoyo.

5.4. La falta de actuación de la persona que deba prestar el apoyo

Que una persona haya diseñado un régimen de apoyos no quiere decir necesariamente que éste vaya a cumplirse. En línea de principio, es de suponer que, por pura coherencia, las personas designadas para prestar el apoyo tienen interés en cumplir con esa tarea y han aceptado (siquiera tácitamente) ese cometido[23], debido a su relación de proximidad (principalmente, de carácter familiar) con la persona que anticipa su futura discapacidad disponiendo un régimen de actuación determinado en su esfera personal y patrimonial. Sin embargo, esa buena relación que (se presupone) existe entre la persona que prevé su futura discapacidad y la que deba prestar el apoyo, puede deteriorarse en el tiempo que media entre el establecimiento de la medida y el momento de la actuación; o, incluso, no constituir vínculo suficiente a juicio del designado para asumir dicha función, por lo que, llegado el referido momento, pudiera suceder que tal apoyo no se prestara[24].

Sea como fuere, en caso de falta de actuación de la persona que deba prestar el apoyo, la solución a esta situación sería idéntica a la dada en los

23 A diferencia de otras medidas de apoyo, en las que la voluntad de la persona que lo presta se presume (bien porque se asume espontáneamente el apoyo o porque se acepta el nombramiento para el ejercicio del cargo), el art. 255 CC no exige la aquiescencia de la persona o personas designadas en las medidas de apoyo de naturaleza voluntaria, con lo que el cumplimiento de las mismas queda a expensas de la voluntad de la persona que deba prestar el apoyo.

24 Cierto es que si la aceptación (o repudiación) de la herencia debe producirse al socaire de otra medida de apoyo, como una curatela o una guarda de hecho, puede ocurrir también que la persona que viniere ejerciendo una u otra pierda el interés en continuar desempeñando tal función (y, en consecuencia, no intervenga en el acto de aceptación o repudiación de la herencia), si bien el riesgo en estos casos se presume menor. Y ello porque, respecto de la guarda de hecho, es el propio guardador quien ha asumido espontáneamente tal tarea, lo que, aunque no implica necesariamente que deba cumplirla *sine die*, parece que reduce la posibilidad de una dejación de sus funciones. Por su parte, en la curatela existe un nombramiento, por lo que el curador (quiera, o no tenga excusa que se considere suficiente), ha asumido formalmente las obligaciones del cargo, así como las posibles consecuencias en caso de culpa o negligencia en su desempeño (art. 294 CC).

supuestos de ausencia o de insuficiencia de las medidas de apoyo: el recurso al defensor judicial, cuyo régimen de actuación (asistencia o representación) vendrá determinado por la capacidad de entender y querer que posea la persona con discapacidad que vaya a realizar el negocio jurídico de aceptación (o repudiación) de la herencia.

VI. La aceptación y repudiación de la herencia hechas por una persona sometida a curatela

El cambio de paradigma que la Ley 8/2021, de 2 de junio, ha operado en materia de discapacidad, no parece tan aparente en sede de aceptación (o repudiación) de la herencia como sucede en otros ámbitos, en los que la reforma tiene más de forma que de fondo[25]. Aquí, sin embargo, sí cabe presumir que la nueva redacción del art. 996 CC va a dotar de plena autonomía a algunas personas con discapacidad para aceptar (o repudiar) herencias por sí solas. Y es que, con el régimen anterior, las personas sometidas a curatela podían (siempre que la sentencia constitutiva de la misma no lo impidiese) «aceptar la herencia pura y simplemente o a beneficio de inventario», toda vez que asistidos por el curador. Ahora, en cambio, ya no es necesario ese complemento de capacidad en los casos en que la sentencia constitutiva del apoyo no diga nada al respecto, lo que constituye un avance en las posibilidades de actuación autónomas de las personas con discapacidad en esta sede.

Dado que las medidas de apoyo establecidas pueden constituir un límite a la aceptación (o repudiación) de la herencia hecha por persona con discapacidad, habrá que estar al contenido de la curatela para determinar la eventual autonomía de aquélla a la hora de llevar a cabo tales negocios jurídicos. En este sentido, como bien se ha apuntado, sería deseable una labor de concreción de los tribunales, que atendiera al caso concreto y se desmarcara de un «copia-pega» de las antiguas resoluciones de modificación de la capacidad, lo cual exigirá un grado de detalle no siempre compatible con la celeridad que el justiciable demanda de la Administración de Justicia[26].

6.1. La curatela con facultades de representación

El art. 269.III CC señala que, en casos excepcionales (en que concurra un elevado grado de deterioro de la salud mental de la persona con discapaci-

25 ALVENTOSA DEL RÍO, J.: «Reformas en Derecho de Sucesiones», en DE VERDA Y BEAMONTE, J. R. (dir.) y CHAPARRO MATAMOROS, P. Y BUENO BIOT, Á. (coords.): *La discapacidad: una visión integral y práctica de la Ley 8/2021, de 2 de junio*, Tirant lo Blanch, Valencia, 2022, p. 476, considera que se trata de «una modificación de trascendencia».

26 Así, REPRESA POLO, M.ª P.: «Comentario al art. 996 CC», cit., p. 959, señala que sería deseable que la sentencia constitutiva de la curatela «hilara fino» al establecer la esfera de actuación autónoma de la persona con discapacidad.

dad), el juez establecerá en la sentencia una serie de actos concretos para los cuales el curador habrá de asumir la representación de aquélla. Cuando esto suceda, y por mor de los arts. 287.I.5.° CC y 93.2.b) LJV, el curador con facultades de representación deberá recabar autorización judicial para aceptar sin beneficio de inventario cualquier herencia o para repudiarla[27]. *A sensu contrario*, la aceptación a beneficio de inventario no requiere autorización judicial, por lo que, en su caso, será llevada a cabo por el curador representativo cuando la aceptación (o repudiación) de una herencia fuera uno de los actos concretos para los cuales se exigió la representación (con el nuevo sistema se rechaza la idea de representación permanente y estable que se hallaba en la antigua tutela)[28].

Sobre la eventual eficacia de la aceptación (o repudiación) de la herencia efectuada sin la representación del curador o, en su caso, sin la autorización judicial, no parece que vayan a surgir excesivos problemas prácticos. En relación con lo primero, resulta complicado que el notario no advierta la discapacidad severa de quien está sometido a curatela con facultades de representación (la cual debe ser notoria, atendido el principio de restricción mínima en el ejercicio autónomo de la capacidad jurídica que rige en esta sede)[29], por lo que la hipótesis de autorización por parte del notario de la

27 A diferencia del régimen anterior de tutela, en el que el tutor debía actuar siempre en interés de la persona que tenía modificada su capacidad de obrar («incluso sin contar con ella», como acertadamente matiza Sánchez Hernández, Á.: «Consideraciones sobre la reforma de la legislación civil en materia de discapacidad: de la incapacitación al apoyo», *REDUR*, n.° 19, 2021, p. 46), el nuevo sistema se preocupa por garantizar que la toma de decisiones que sustituyan la voluntad de la persona con discapacidad se haga en base a «la trayectoria vital de la persona con discapacidad, sus creencias y valores, así como los factores que ella hubiera tomado en consideración, con el fin de tomar la decisión que habría adoptado la persona en caso de no requerir representación» (art. 249.III CC), lo que podría llevar a la situación de que el curador representativo repudiara una herencia tomando como referencia comportamientos similares que la persona con discapacidad tuvo en el pasado, lo que resultaría inconcebible con el sistema anterior y muestra una clara diferencia del vigente respecto de aquél.

28 García Rubio, M.ª P.: «La reforma de la discapacidad en el Código Civil. Su incidencia en las personas de edad avanzada», *Anuario de la Facultad de Derecho de la Universidad Autónoma de Madrid*, n.° 25, 2021, p. 97, se refiere a la representación plena o general como a «la excepción dentro de la excepción» (habida cuenta el carácter excepcional con el que se configuran los apoyos representativos en el nuevo sistema), la cual queda reservada para aquellos supuestos en que sea «la única solución viable» para no expulsar del tráfico jurídico a las personas cuya voluntad no pueda formarse, expresarse ni descifrarse acudiendo a su trayectoria vital previa. V. en el mismo sentido Martínez de Aguirre Aldaz, C.: «La Observación General Primera del Comité de Derechos de las Personas con Discapacidad: ¿interpretar o corregir?», en Cerdeira Bravo de Mansilla, G. y Pérez Gallardo, L. P. (dirs.): *Un nuevo Derecho para las personas con discapacidad*, Olejnik, Santiago de Chile, 2021, p. 108, quien señala que las «decisiones sustitutivas» se adoptarán cuando no quepan otras «por ausencia total de voluntad».

29 Cerdeira Bravo de Mansilla, G.: «*In dubio pro capacitate* y *favorabilia amplianda, odiosa restringenda*: "viejos" principios para interpretar «nuevas» reglas sobre capacidad y pro-

actuación individual de la persona con discapacidad se plantea como poco probable, sin descartar que aquél llegue a la convicción de que ésta posee la capacidad natural suficiente para prestar su consentimiento a la aceptación (o repudiación) de la herencia en el improbable caso de que se trate de una discapacidad reversible que pueda mejorar o cesar con el transcurso del tiempo. Por otra parte, tampoco parece lógico que el notario, compareciendo un curador representativo, documente una aceptación efectuada sin la autorización judicial cuando ésta proceda, lo que sucederá cuando se pretenda aceptar pura y simplemente o repudiar la herencia.

6.2. La curatela asistencial

Si la sentencia se ha limitado, en cambio, a constituir una curatela asistencial (art. 269.II CC), habrá que atender a si la misma ha especificado la necesidad de asistencia para llevar a cabo la aceptación (o repudiación) de la herencia. Si no dice nada al respecto, la persona con discapacidad podrá aceptar (o repudiar) por sí misma la herencia, aun cuando la sentencia haya dispuesto la necesidad de asistencia para celebrar negocios jurídicos de trascendencia similar, pues lo contrario sería tanto como limitar derechos por analogía[30] (art. 4.2 CC), lo que casaría mal con el propósito general de la reforma. Incluso, aun cuando se supeditara de forma genérica la aceptación (sin distinguir entre las diversas modalidades) a la asistencia del curador, parece que la persona con discapacidad podría, por sí misma, aceptar la herencia a beneficio de inventario[31], so pena de limitar una posibilidad de actuación que sí tenía con el sistema anterior de incapacitación[32].

hibiciones», cit., p. 169, en un excepcional trabajo sobre la materia, considera que no hay más remedio que «valorar cualquier restricción o limitación sustitutiva de la voluntad de la persona con discapacidad como un disfavor injustificado, contrario al natural y común *favor libertatis*».

30 Represa Polo, M.ª P.: «Comentario al art. 996 CC», cit., p. 959, sostiene a este respecto que debe interpretarse restrictivamente cualquier limitación a la capacidad de la persona.

31 También lo cree así Represa Polo, M.ª P.: «Comentario al art. 996 CC», cit., p. 962.

32 Con anterioridad a la reforma, existía una contradicción entre los antiguos arts. 271, 290 y 996 CC, que se salvaba interpretando que la persona sometida a curatela podía aceptar herencias a beneficio de inventario si no se había dispuesto expresamente la necesidad de asistencia para este concreto acto. En efecto, el art. 290 CC preveía que «Si la sentencia de incapacitación no hubiese especificado los actos en que deba ser necesaria la intervención del curador se entenderá que ésta se extiende a los mismos actos en que los tutores necesitan, según este Código, autorización judicial»; de suerte que la actuación del curador no alcanzaba a la aceptación a beneficio de inventario, pues para ésta el tutor no necesitaba de autorización judicial (antiguo art. 271.I.4.° CC, *a sensu contrario*). Al mismo tiempo, el art. 996 CC señalaba que «Si la sentencia de incapacitación por enfermedades o deficiencias físicas o psíquicas no dispusiere otra cosa, el sometido a curatela podrá, asistido del curador, aceptar la herencia pura y simplemente o a beneficio de inventario»; posibilidad esta última que, sin embargo, no quedaba supeditada a la asistencia del cura-

En cualquier caso, lo anterior no implica que el notario deba limitar su tarea a autorizar la aceptación (o repudiación) de la herencia asumiendo de manera acrítica la medida judicial de apoyo establecida[33]. A este respecto, y atendido el carácter progresivo de muchas de las enfermedades mentales, podría ocurrir que la medida judicial de apoyo se revelara claramente insuficiente a la vista de la capacidad natural de la persona con discapacidad al tiempo de la aceptación (bien porque permitiera la actuación autónoma de ésta al no incluir la aceptación entre los actos concretos a los que sometió la asistencia, bien porque se hubiese limitado a fijar una actuación asistencial cuando lo procedente sería, atendida la discapacidad intelectual o psicosocial que concurre, una actuación representativa), por lo que el notario deberá negarse a autorizar la aceptación (o repudiación) de la herencia cuando estimase que hay una discordancia entre las posibilidades de actuación que permite la medida judicial de apoyo y el juicio de la persona con discapacidad[34].

Por ello mismo, el límite que constituye el último inciso del art. 996 CC a la capacidad de actuación autónoma de la persona con discapacidad actúa en la práctica como una regla orientativa para el notario, si bien éste no debiera quedar vinculado por las medidas de apoyo establecidas en caso de considerar que la capacidad natural del aceptante exige un apoyo mayor en la realización del negocio jurídico.

En sentido contrario, y dada la mayor capacidad de discernimiento que se le presupone a quien está sometido a una mera curatela asistencial (y no representativa), no es descartable que, a la vista del juicio de la persona con discapacidad, se produzca aquí una situación que en el caso de la curatela con facultades de representación he descrito como improbable, cual es la autorización por el notario de la aceptación (o repudiación) de la herencia llevada a cabo sin el complemento de capacidad exigido por la sentencia constitutiva del apoyo. Si ello sucediera, la doctrina se inclina por estimar como aceptada a beneficio de inventario la herencia que se hubiere aceptado pura y simplemente, en aras del principio de conservación del negocio jurídico y

dor, tal y como se derivaba de la interpretación conjunta de los arts. 271 y 290 CC. Sobre esta cuestión, v. RAGEL SÁNCHEZ, L. F.: «Comentario al art. 996 CC», en AA. VV., *Comentarios al Código Civil* (dir. R. BERCOVITZ RODRÍGUEZ-CANO), t. IV, Tirant lo Blanch, Valencia, 2013, p. 7188.

33 CARRASCO PERERA, Á.: «Discapacidad personal y estabilidad contractual. A propósito del Anteproyecto de Ley presentado por el Ministerio de Justicia para la reforma de la legislación civil en materia de discapacidad», *Publicaciones Jurídicas del Centro de Estudios de Consumo (CESCO)*, 12 de octubre de 2018, p. 4/5, llama la atención sobre este extremo al considerar que el notario «debe hacer un juicio de capacidad, y negarse a autorizar el documento cuando este juicio no sea positivo, con independencia del sistema de complemento o ayuda de la discapacidad que el juez haya tenido a bien dictar».

34 Esta discordancia puede traer causa, por ejemplo, de un empeoramiento de la enfermedad mental que padece la persona con discapacidad que no haya ido acompañado por la correspondiente revisión de las medidas de apoyo establecidas.

considerando que esta forma de aceptación no entraña ningún riesgo para el patrimonio del aceptante[35].

Por su parte, la repudiación efectuada sin el concurso del curador asistencial plantea menos problemas: de un lado, el notario deberá advertir de manera suficiente sobre los efectos de la misma en caso de que se trate de una herencia aparentemente lucrativa, lo que puede llevar a la persona con discapacidad a cambiar su inicial decisión de repudiar cuando comprenda nítidamente las consecuencias de ese negocio jurídico; y, de otro lado, en caso de que la voluntad de ésta continúe siendo la de repudiar una vez advertida sobre los efectos negativos de la misma sobre su patrimonio, dicha decisión firme puede alertar al notario acerca de la falta de juicio suficiente por parte del repudiante, por lo que requerirá el apoyo que estime necesario para autorizar la aceptación (o repudiación) de la herencia.

Pese a lo anterior, no cabe excluir el escenario en el que el notario autorice la repudiación basada en motivos aparentemente lógicos, como por ejemplo que la persona con discapacidad explique que su llamamiento deriva de un testamento que será considerado nulo en sede judicial (con lo que la repudiación podría ahorrar el proceso), o que la decisión de repudiar tenga su origen en una cuestión interna del sujeto, derivada de sus propias convicciones (*v.gr.*, que el llamamiento provenga de la herencia de un progenitor que nunca se interesó por él). Si estos motivos son ciertos, el acto de repudiación devendrá inatacable, ya que el curador deberá actuar atendiendo a la «voluntad, deseos y preferencias» de la persona con discapacidad (arts. 249.II y 282.III CC), por lo que no podrá impugnarse la repudiación realizada conscientemente por el sujeto con discapacidad, aunque sea contraria a sus propios intereses[36]. Respetar la exigencia de asistencia del apoyo en este

35 LACRUZ BERDEJO, J. L.: *Elementos de Derecho Civil V: Sucesiones*, 4.ª ed., Dykinson, Madrid, 2009, pp. 80-81; y REPRESA POLO, M.ª P.: «Comentario al art. 996 CC», cit., p. 960. Es también ésta la opción que acoge el art. 461-16 CCCat., según el cual «Disfrutan de pleno derecho del beneficio de inventario, aunque no lo hayan tomado [...], las personas puestas en tutela o curaduría [...]».

36 La Observación General Primera del Comité sobre los Derechos de las Personas con Discapacidad, elaborada en 2014, defiende en este sentido que «El principio del «interés superior» no es una salvaguardia que cumpla con el artículo 12 en relación con los adultos. El paradigma de «la voluntad y las preferencias» debe reemplazar al del «interés superior» para que las personas con discapacidad disfruten del derecho a la capacidad jurídica en condiciones de igualdad con los demás» (§21, p. 6).
En este sentido, GARCÍA RUBIO, M.ª P. Y TORRES COSTAS, M.ª E : «Primeros pronunciamientos del Tribunal Supremo en aplicación de la Ley 8/2021, de 2 de junio, por la que se reforma la legislación civil y procesal para el apoyo a las personas con discapacidad en el ejercicio de su capacidad jurídica», *ADC*, tomo LXXV, fasc. I, enero-marzo 2022, p. 283, afirman que la persona prestadora de apoyos «emitirá la decisión que, a su juicio, hubiese tomado la persona que ha requerido el apoyo, incluso aunque ésta sea contraria a la opinión de la auxiliar y al propio interés superior objetivo de la persona con discapacidad».
En cambio, para SÁNCHEZ HERNÁNDEZ, Á.: «Las personas con discapacidad intelectual en el ejercicio de su capacidad jurídica: de la incapacitación al apoyo», en LASARTE ÁLVAREZ,

caso iría contra el sentido general de la reforma[37], aunque no cabe obviar la

C. (dir.) y JIMÉNEZ MUÑOZ, F. J. (coord.): *La reforma en favor de las personas con discapacidad*, Dykinson, Madrid, 2023, p. 47, la voluntad, deseos y preferencias de la persona con discapacidad «no son un valor absoluto, sino que son susceptibles de análisis, modulación y *racionalidad* por la autoridad judicial [...] en cuanto se debe emitir un juicio trascendente para la legalidad de los negocios jurídicos».

La clave está, como señala MARTÍNEZ DE AGUIRRE ALDAZ, C.: «La Observación General Primera del Comité de Derechos de las Personas con Discapacidad: ¿interpretar o corregir?», cit., p. 106, en determinar si la opción del sujeto con discapacidad que resulta contraria a su interés viene determinada por su propia enfermedad [o por abusos, influencias indebidas o conflicto de intereses, como apunta GUILARTE MARTÍN-CALERO, C.: «Comentario al art. 249 CC», en GUILARTE MARTÍN-CALERO, C. (dir.), *Comentarios a la Ley 8/2021 por la que se reforma la legislación civil y procesal en materia de discapacidad*, Thomson Reuters Aranzadi, Cizur Menor (Navarra), 2021, p. 521], o si, por el contrario, se trata de una opción consciente y deseada por quien, aun con discapacidad, conserva ciertas capacidades volitivas. Para el autor, en el caso de «personas cuya capacidad de conocer y querer (y por tanto, de tomar decisiones realmente libres y responsables) está comprometida por la presencia de una discapacidad psíquica, la solución no puede pasar exclusivamente por su voluntad o por sus preferencias, porque por hipótesis están comprometidas [...]» (p. 109). En esta idea incide DE VERDA Y BEAMONTE, J. R.: «La guarda de hecho de las personas con discapacidad», en ÁLVAREZ LATA, N. (coord.): *El nuevo sistema de apoyos a las personas con discapacidad y su incidencia en el ejercicio de su capacidad jurídica*, Thomson Reuters Aranzadi, Cizur Menor (Navarra), 2022, pp. 107-108, quien señala que invocar el «derecho a equivocarse» de la persona con discapacidad para justificar actuaciones autónomas que puedan resultar perjudiciales para sí misma «es desconocer la circunstancia de que, se quiera, o no, hay enfermedades que comprometen la aptitud natural de entender y querer de quienes las padecen». Por su parte, PEREÑA VICENTE, M.: «Una contribución a la interpretación del régimen jurídico de las medidas de apoyo en el ejercicio de la capacidad jurídica consagradas en la Ley 8/2021, de 2 de junio», en PEREÑA VICENTE, M. Y HERAS HERNÁNDEZ, M.ª DEL M. (dirs.): *El ejercicio de la capacidad jurídica por las personas con discapacidad tras la Ley 8/2021, de 2 de junio*, Tirant lo Blanch, Valencia, 2022, p. 168, propone «atender a la voluntad de la persona como criterio o estándar de intervención y actuación preferente y prioritario siempre que sea posible y únicamente cuando no sea posible, se recurrirá, subsidiariamente y de modo excepcional al criterio del mejor interés». Para la autora, no resultará posible atender a la voluntad de la persona y habrá que acudir al principio del mejor interés cuando aquélla «no se encuentre o genere un daño irreparable que comprometa los principios que informan la nueva regulación de las medidas de apoyo» (p. 169). En términos muy similares a los autores anteriores se manifiesta PAÑOS PÉREZ, A.: *Nuevo paradigma en el ejercicio de la capacidad jurídica. Apoyos voluntarios a las personas con discapacidad*, cit., p. 45, quien defiende que «habrá que delimitar cuándo la voluntad tiene valor jurídico por estar libre y válidamente formulada».

37 Por esta misma razón, parece que el notario podrá prescindir del necesario concurso del curador asistencial cuando éste se niegue a prestar su consentimiento a una repudiación basada en motivos lógicos y derivada de una correcta formación de la voluntad interna del sujeto. Ello no constituiría propiamente, como ha observado DE SALAS MURILLO, S.: «¿Existe un derecho a no recibir apoyos en el ejercicio de la capacidad?», *Revista Crítica de Derecho Inmobiliario*, n.° 780, 2020, p. 2248, un conflicto de intereses, en la medida en que no hay un «interés propio» del curador opuesto al de la persona sometida a curatela, sino «solo diferentes modos de ver lo que es mejor para el interés de la persona con discapacidad», por lo que no procedería el nombramiento de defensor judicial. Por su parte, DOMÍNGUEZ LUELMO, A.: «La aceptación y repudiación de la herencia de las personas en

existencia de ciertos supuestos específicos en los que confluyen otros intereses que trascienden de la mera voluntad de la persona con discapacidad y que también deben ser tenidos en cuenta por la autoridad judicial[38].

Por último, cabe pensar en la posibilidad de que exista un conflicto de intereses entre el curador asistencial y la persona con discapacidad cuando ambos sean llamados a la misma herencia a cuya aceptación (o repudiación) el primero haya de prestar apoyo al segundo. La cuestión no es baladí, ya que, pese a que el grado de discernimiento del sometido a curatela asistencial pueda ser elevado, su voluntad no está libre de sufrir injerencias indebidas en el ejercicio del apoyo por parte del curador, por lo que parece prudente que el notario requiera la actuación de un defensor judicial (art. 295.I.2.º CC) para minimizar el riesgo de una actuación fraudulenta. En el caso de una curatela con facultades de representación, la exigencia de autorización judicial parece suficiente a efectos de evaluar si la actuación del curador va a redundar, o no, en provecho de la persona con discapacidad.

VII. La aceptación y repudiación de la herencia hechas por una persona sometida a guarda de hecho

Si uno lee con detenimiento el Preámbulo de la Ley 8/2021, de 2 de junio, rápidamente advertirá que el legislador ha promovido «el reforzamiento de la figura de la guarda de hecho», por lo que, de un modo u otro, pretende delegar el cuidado y la promoción de la discapacidad en el ámbito de la familia, cuando ello sea posible. Consideraciones al margen de la importancia volátil de la familia para según qué finalidades (sobre ella afirma el referido Preámbulo que «sigue siendo en nuestra sociedad el grupo básico de solidaridad y apoyo entre las personas que la componen, especialmente en lo que atañe a sus miembros más vulnerables»)[39], el afianzamiento institucional

situación de discapacidad», cit., p. 89, sostiene que «la persona con discapacidad tiene capacidad para repudiar por sí misma, siempre que el Notario considere que tiene capacidad natural».

38 En particular, me refiero al supuesto de gran dependencia de la persona con discapacidad, en cuyo caso el juez podría negarse a autorizar la repudiación conscientemente pretendida por el sujeto basándose en criterios puramente económicos, es decir, atendiendo a que el ingreso de dinero en el patrimonio de éste puede contribuir a satisfacer de mejor modo los gastos que su cuidado genere.

39 Incluso, para una misma finalidad, como es la protección de los miembros más vulnerables de la familia, la asistencia y apoyo que presta ésta se valora de forma positiva y perjudicial al mismo tiempo, como se pone de manifiesto con la desaparición de las patrias potestades prorrogada y rehabilitada, con el argumento, contenido en el mismo Preámbulo, de que los progenitores pueden no ser las personas «más adecuadas para favorecer que el hijo adulto con discapacidad logre adquirir el mayor grado de independencia posible y se prepare para vivir en el futuro sin la presencia de [aquéllos]».

como medida de apoyo informal de la guarda de hecho ha suscitado dos problemas de carácter práctico, derivados de la desconfianza de los operadores jurídicos (y del propio legislador, me atrevería a decir) hacia una figura que no parece pensada para supuestos de intervención constante en el tráfico jurídico[40]: de un lado, la falta de previsiones en orden a la acreditación de su existencia y de su ejercicio por persona determinada; y, de otro, su alcance (actos a los que se extiende la intervención del guardador).

7.1. La imprevisión del régimen de actuación del guardador de hecho

A diferencia del curador, cuya función viene avalada por una resolución judicial que le nombra, el guardador de hecho carece de designación formal, por lo que su actuación se produce de forma espontánea y movido por la necesidad de apoyo de una persona con quien guarda una estrecha relación (generalmente, de carácter familiar o afectiva). Es decir, la guarda de hecho es una medida de carácter reactivo, en la que no existe, *a priori,* una previsión de los actos en los que el guardador haya de prestar apoyo al guardado, sino que la misma se extiende a aquéllos en los que, por su complejidad, no es posible la actuación autónoma de la persona con discapacidad. Por ello mismo, el régimen de actuación de la guarda de hecho se va configurando paulatinamente por medio de las diferentes necesidades de apoyo que va requiriendo el guardado en el ejercicio de su capacidad jurídica[41].

Ello explica que el instrumento que dé soporte a la actuación del guardador en el tráfico jurídico probablemente no contenga la aceptación (o repudiación) de una herencia como uno de los actos en los que resulta necesario

40 La guarda de hecho no es una institución pensada para personas con cierto patrimonio y necesidad de operar constantemente en el tráfico jurídico, sino más bien, sin ánimo de exhaustividad: a) para personas de cierta edad cuyo único ingreso lo constituye, por ejemplo, una pensión de jubilación de cuantía modesta y cuya única operativa consiste en extraer periódicamente su importe de la entidad de crédito correspondiente (esta escasez de medios es puesta de manifiesto de forma ilustrativa por LASARTE ÁLVAREZ, C.: *Principios de Derecho Civil I: Parte General y Derecho de la Persona*, Marcial Pons, Madrid, 2019, p. 219, al referirse a la guarda de hecho como «el mecanismo protector de los más humildes económicamente que, a su vez, suelen ser los más generosos de corazón»); b) para personas que no pueden vivir solas por encontrarse en un estadio desarrollado de una enfermedad mental degenerativa; c) para personas que no tienen o no conservan los hábitos necesarios de higiene y/o alimentación; o d) para personas que no quieren ser internadas en una residencia. *Vid.* a este respecto MORENO TRUJILLO, E.: «Protección de las personas con discapacidad: guarda de hecho y tutela», en GARCÍA GARNICA, M.ª DEL C. (dir.): *Estudios sobre dependencia y discapacidad*, Thomson Reuters Aranzadi, Cizur Menor, 2011, p. 245.

41 Sobre esta cuestión, BERROCAL LANZAROT, A. I.: «La guarda de hecho de las personas con discapacidad», en DE VERDA Y BEAMONTE, J. R. (dir.) y CHAPARRO MATAMOROS, P. Y BUENO BIOT, Á. (coords.): *La discapacidad: una visión integral y práctica de la Ley 8/2021, de 2 de junio*, Tirant lo Blanch, Valencia, 2022, p. 273, señala que «la configuración del guardador de hecho se legitima cada día con su actuación en tanto no desaparezcan las causas que la motivaron».

el apoyo; lo que, sin embargo, no impide que se pueda prestar válidamente por el guardador de hecho.

7.2. La actuación representativa del guardador de hecho

De la lectura de los preceptos del CC que se refieren a la guarda de hecho, se desprende que no está pensada para aquellas personas que precisan de un apoyo constante para la toma de decisiones atendido el elevado grado de deterioro de las capacidades volitivas que padecen. En estos casos, en los que se exige la actuación representativa del prestador del apoyo, funciona mejor la curatela con facultades de representación[42], pues la sentencia constitutiva de la misma contendrá un elenco de actos que facilitará la tarea interpretativa de la voluntad de la persona con discapacidad por parte del resto de operadores jurídicos, sin perjuicio de que en casos concretos éstos puedan llegar a conclusiones diferentes sobre la capacidad natural de aquélla y, en consecuencia, autorizar (o negar) determinados negocios jurídicos que no podrían realizar (o sí) a la vista de la capacidad natural que se les presume.

A diferencia de los actos de mera asistencia, en los cuales no resulta necesario que se acredite la condición de guardador de hecho, cuando se pretenda una actuación representativa de la voluntad del guardado deberá acreditarse ante notario la condición de guardador, lo que puede hacerse a través de diversas vías[43], en particular: a) mediante un expediente de jurisdicción voluntaria, lo que resulta paradójico atendido el carácter informal de

---

42 V. en este mismo sentido MUÑOZ CALVO, A.: «El guardador de hecho y la protección de las personas con discapacidad. Una muy acertada Resolución de la Dirección General de Seguridad Jurídica y Fe Pública», *Diario La Ley*, n.º 10.472, Sección Tribuna, 22 de marzo de 2024, p. 3/7.

43 PEREÑA VICENTE, M.: «Incógnitas que plantea la nueva regulación de la guarda de hecho: su acreditación, mucho más que una cuestión de prueba», en DE VERDA Y BEAMONTE, J. R. Y CARAPEZZA FIGLIA, G. (DIRS.) Y MUÑOZ RODRIGO, G. Y BUENO BIOT, Á. (coords.): *Entre persona y familia*, Reus, Madrid, 2023, pp. 84-91, diferencia, acertadamente, entre título habilitante y título de acreditación de la guarda de hecho: el primero de ellos autoriza la actuación del guardador en una esfera determinada, mientras que el segundo se dirige a demostrar la existencia de una guarda de hecho que se está ejerciendo efectivamente.

la guarda de hecho[44]; y b) mediante un acta de notoriedad[45] (arts. 209 y 209 *bis* del Reglamento Notarial)[46], el cual cuenta con la ventaja de la agilidad e inmediatez en su otorgamiento. A este respecto, no veo obstáculos a que la solicitud del acta de notoriedad se realice el mismo día en el que el guardador pretenda representar al guardado en caso de una aceptación a beneficio de inventario, como un trámite previo al acto de aceptación de la herencia en sí mismo considerado; lo que, desde luego, suprimiría la incertidumbre acerca del mantenimiento en el tiempo de la condición de guardador de hecho[47], problema éste advertido por DE VERDA Y BEAMONTE[48].

Una vez acreditada la condición de guardador de hecho ante notario, y con el visto bueno de éste, podrá el guardador representar al guardado en caso

---

44 DE VERDA Y BEAMONTE, J. R.: «Prueba de la guarda de hecho», *Tribuna*, Instituto de Derecho Iberoamericano, 8 de febrero de 2024 (fecha de consulta: 8 de marzo de 2024), afirma en este sentido que «parece, pues, que asistimos a una suerte de "judicialización" de la «desjudicialización». También se refieren a esta «guarda de Derecho» ALBA FERRÉ, E.: «El reconocimiento de la guarda de hecho como medida de apoyo informal», en LASARTE ÁLVAREZ, C. (dir.) y JIMÉNEZ MUÑOZ, F. J. (coord.): *La reforma en favor de las personas con discapacidad*, Dykinson, Madrid, 2023, pp. 222-224; y BERROCAL LANZAROT, A. I.: «La guarda de hecho de las personas con discapacidad», cit., p. 276, quien considera que la «desjudicialización» que en teoría supone la guarda de hecho «no ha sido asumida en muchos sectores y por los propios operadores jurídicos y financieros».

45 Constituye éste un documento elaborado por un notario ante la presencia del guardador, del guardado y de testigos de la guarda, en el que figuran los datos personales de los dos primeros, y en el que se hace constar que se viene desempeñando la labor de guarda y se enumeran los actos a los que la necesidad de la misma alcanza.

46 *B.O.E.* n.° 189, de 7 de julio de 1944, pp. 5225-5282.

47 A esta cuestión se refiere la «Circular Informativa 1/2023, de 27 de mayo, del Consejo General del Notariado, sobre la actuación notarial en las medidas de apoyo voluntario y para la declaración de notoriedad de la guarda de hecho (Ley 8/2021)», cuando señala que «el acta constata la existencia de la guarda de hecho en un momento dado (tenencia), pero su subsistencia en el tiempo (posesión) es una presunción legal que se activa cada vez que se ejercita» (p. 14).

48 Dice a este respecto DE VERDA Y BEAMONTE, J. R.: «La guarda de hecho de las personas con discapacidad», cit., p. 103; e ÍD.: «Prueba de la guarda de hecho», cit., que «dado que el cambio de guardador es posible, parece que deberá prestarse atención a la fecha del acta de notoriedad, en orden a considerar que quien pretende realizar un acto en nombre de la persona con discapacidad sigue siendo su guardador». Desde luego, que el acta de notoriedad sea muy próxima en el tiempo no garantiza que el guardador continúe desempeñando efectivamente la guarda de hecho, pero sí constituye una presunción *iuris tantum* de continuidad en el cargo. Lo siguiente que debemos plantearnos es el escenario temporal que debe considerarse para aceptar el acta de notoriedad como medio suficiente para la acreditación de la condición de guardador. En relación con esta cuestión, el proyectado art. 169-13.3.b) CDFA pergeña que «También servirá como acreditación de la guarda de hecho [...] La declaración de notoriedad en acta notarial dentro de los dos años anteriores», periodo éste que podemos tomar como referencia para admitir la validez del acta de notoriedad como prueba de la guarda de hecho.

de una aceptación a beneficio de inventario[49], si bien deberá recabar autorización judicial «para prestar consentimiento en los actos enumerados en el artículo 287» (art. 264.II CC), entre los cuales se encuentran la aceptación pura y simple y la repudiación de la herencia (art. 287.I.5.º CC).

7.3. La actuación asistencial del guardador de hecho

En línea de principio, la persona con discapacidad sometida a la guarda de hecho puede aceptar o repudiar una herencia por sí misma o con el acompañamiento que sea necesario por parte del guardador de hecho. Pese a la dicción literal del art. 264.II CC, que señala que «En todo caso, quien ejerza la guarda de hecho deberá recabar autorización judicial conforme a lo indicado en el párrafo anterior para prestar consentimiento en los actos enumerados en el artículo 287», cabe prescindir de la solicitud de autorización judicial en aquellos casos en que la asistencia del guardador de hecho sea mínima y se limite a un mero acompañamiento en la toma de decisión[50]. Por lo demás, esta asistencia «no tiene que acreditarse ante notario», ni tiene que significar necesariamente un límite a la actuación autónoma de la persona con discapacidad, que podrá tomar sus propias decisiones aun en presencia del guardador de hecho.

Como sucedía en el caso de la curatela asistencial, cabe representarse la posibilidad de que exista un conflicto de intereses entre el guardador de hecho que asuma funciones asistenciales y la persona con discapacidad cuando ambos sean llamados a la misma herencia a cuya aceptación (o repudiación) el primero haya de prestar apoyo al segundo. La solución que di a ese caso puede extrapolarse plenamente a éste: el notario deberá requerir la actuación de un defensor judicial (art. 295.I.2.º CC) para minimizar el riesgo de una actuación fraudulenta por parte del guardador de hecho. Lo mismo puede decirse aquí también del supuesto de actuación representativa por parte del guardador de hecho: concedida la autorización judicial, cabe razonablemente pensar que el riesgo de fraude es inexistente o mínimo, por

49 Gete-Alonso y Calera, M.ª del C.: «Comentario al art. 996 CC», en Cañizares Laso, A. (dir.): *Comentarios al Código Civil*, Tirant lo Blanch, Colección «Textos legales comentados», Valencia, 2023, p. 4602, critica que la posibilidad de aceptación a beneficio de inventario por parte del guardador de hecho no se haya especificado expresamente, habida cuenta la inseguridad jurídica que puede generar dicha figura.

50 A este respecto, la «Circular Informativa 3/2021, de la Comisión Permanente del Consejo General del Notariado, de 27 de septiembre, sobre el ejercicio de su capacidad jurídica por las personas con discapacidad», establece que «la autorización judicial del artículo 287 del Código civil no es aplicable en aquellos casos en los que la persona con discapacidad actúa en propio nombre sin ser sustituida por el guardador o su curador representativo». Lo contrario llevaría, como ha apuntado Domínguez Luelmo, A.: «La aceptación y repudiación de la herencia de las personas en situación de discapacidad», cit., p. 65, a cierta contradicción, ya que «cuando no existe ningún apoyo, la propia persona puede aceptar o repudiar utilizando los apoyos, instrumentos y ajustes razonables que resulten precisos».

cuanto la autoridad judicial habrá valorado la conveniencia de la aceptación o de la repudiación a los intereses del llamado a la herencia.

VIII. La actuación del defensor judicial consistente en la aceptación o repudiación de una herencia

En determinadas circunstancias, tanto si la persona está sometida a un apoyo estable (se esté cumpliendo efectivamente, o no), como si no lo está (lo requiera, o no), será necesario recurrir a la actuación de un defensor judicial, a quien se le nombre para prestar el concreto apoyo consistente en la aceptación (o repudiación) de una herencia.

8.1. Supuestos en los que resulta preceptiva la actuación del defensor judicial

a) La imposibilidad de actuación por parte de quien ha de prestar el apoyo. El art. 295.I.1.° CC se refiere a la procedencia de la actuación del defensor judicial «Cuando, por cualquier causa, quien haya de prestar apoyo no pueda hacerlo, hasta que cese la causa determinante o se designe a otra persona»[51]. La expresión «cualquier causa» conforma un *numerus apertus* que parece hacer referencia, principalmente, a causas meramente fácticas. Así, desde el plano de los hechos, la imposibilidad de actuación englobaría cuestiones tan variadas como, por ejemplo: a) padecer un accidente de tráfico grave que impide o dificulta la movilidad de quien haya de prestar el apoyo; b) padecer una ceguera o sordera transitoria; c) incurrir en una falta de capacidad natural; o d) encontrarse en una situación de ausencia.

Obsérvese que parece quedar extramuros de este supuesto, al menos literalmente, la dejación (o no asunción) de sus funciones por parte de la persona que haya de prestar el apoyo, pues la redacción remite necesariamente a causas de imposibilidad («no *pueda* hacerlo»)[52]; sin embargo, parece evidente que el abandono voluntario de la función asignada también debe incluirse en este primer apartado del art. 295.I CC, ya sea por tradición (sí se

---

51 Esta circunstancia ya está prevista, respecto de la curatela, en el art. 283.I CC, según el cual «Cuando quien desempeñe la curatela esté impedido de modo transitorio para actuar en un caso concreto [...], el letrado de la Administración de Justicia nombrará un defensor judicial que lo sustituya».

52 V. en este sentido MARTÍN AZCANO, E. M.ª «El defensor judicial de la persona con discapacidad», en PEREÑA VICENTE, M. Y HERAS HERNÁNDEZ, M.ª DEL M. (dirs.): *El ejercicio de la capacidad jurídica por las personas con discapacidad tras la Ley 8/2021, de 2 de junio*, Tirant lo Blanch, Valencia, 2022, pp. 288-289.

mencionaba en el antiguo art. 299.I.2 CC), ya sea porque es el lugar en el que mejor encaje tiene[53].

b) La existencia de conflicto de intereses entre la persona con discapacidad y la que haya de prestarle apoyo. Esta causa impide la actuación de la persona que ha de prestar el apoyo atendiendo a la consecuencia lógica que se desprende de un conflicto de intereses: la atención al interés propio en detrimento del de la persona que recibe el apoyo, el cual se verá necesariamente sacrificado al ser ambos intereses excluyentes entre sí[54].

En sede de aceptación de la herencia, la colisión de intereses podría producirse, por ejemplo, cuando la persona con discapacidad y la que le debe prestar apoyo son hermanos entre sí y han sido llamados a una herencia en la que el propio testador ha ordenado una partición de los bienes hereditarios con la que el segundo no está de acuerdo[55]. También, *v.gr.*, porque el testador haya establecido a favor de la persona con discapacidad una sustitución fideicomisaria con perjuicio de la legítima de quien presta el apoyo, sin que, a juicio de éste, concurran los presupuestos subjetivos necesarios para ordenar tal mecanismo. Por último, y más habitual en la práctica, es el caso en que se grava la legítima con una cautela *socini*, de modo que la persona sujeta al apoyo debe decidir entre recibir la porción de legítima que le corresponde al tiempo de la muerte del testador, o recibir una porción mayor de la herencia una vez fallezca la persona que debe apoyarle, quien, de optar la persona con discapacidad por la segunda posibilidad, recibiría el usufructo universal de la herencia hasta su muerte[56].

---

53 El incumplimiento voluntario de las funciones propias del cargo sí está previsto expresamente en el art. 27.2.b) LJV, que ordena que se inste la habilitación del defensor judicial cuando la persona designada para ejercer el apoyo se negare «a representar o asistir en juicio» a la persona con discapacidad, consecuencia ésta que no cabe entender limitada únicamente a los supuestos de representación o asistencia en juicio.

54 Martín Azcano, E. M.ª: «El defensor judicial de la persona con discapacidad», cit., p. 290, afirma al hilo de esto que el legislador teme que quien preste el apoyo no pueda «mantener su ecuanimidad».

55 La STS n.º 640/2012, de 18 de octubre (RJ 2012, 9722), consideró necesaria la intervención del defensor judicial en un supuesto de partición convencional de la herencia, en la que uno de los llamados era tutor de su hermano incapacitado.

56 Sobre esta cuestión ha tenido ocasión de pronunciarse la jurisprudencia de la antigua DGRN en relación con el posible conflicto de intereses que se suscita entre el cónyuge viudo y los hijos menores de edad del causante, aunque las conclusiones son perfectamente extrapolables al caso que nos ocupa. Así, por ejemplo, la RDGRN de 11 de diciembre de 2012 (RJ 2013, 716), concluyó que «la opción derivada de la Cautela Socini implica conflicto de intereses entre la madre representante y la hija incapacitada a la que representa, ya que no es lo mismo que dicha hija incapacitada reciba unos bienes inmuebles libres de todo gravamen como exige la Ley respecto a la atribución de la legítima, que los reciba en nuda propiedad, aunque se señale una mayor cuantía de los bienes adjudicados a la misma, pues el resultado de la opción ejercitada en representación de la incapacitada es que ésta recibe su participación en el inmueble gravada por el usufructo universal a

El conflicto de intereses debe ser posterior al nombramiento, pues, de preexistir, no debiera éste haber tenido lugar (arts. 250.VII, 275.3.2.° y 283.I CC), salvo que no hubiera otra elección[57] («[...] se procurará evitar situaciones en las que se puedan producir conflictos de intereses o influencia indebida»). En caso de que el conflicto de intereses se agudizase o perpetuase, podría constituir causa de remoción del curador, atendido el riesgo de que se traduzca en un desempeño deficiente del cargo[58].

---

favor de la madre representante, cuando aplicando las normas de libertad de la porción legitimaria, se hubiera podido plantear también la opción alternativa de recibir los bienes que le correspondieran por legítima en pleno dominio y por tanto, excluidos del usufructo a favor de la representante» (F.J. 4.°).

V. también, en el mismo sentido, la posterior RDGRN n.° 2234/2015, de 5 de febrero (RJ 2015, 2313), la cual sostuvo que «[...] la opción compensatoria de legítima establecida en el artículo 820.3 del Código Civil, o *cautela socini*, según es configurada doctrinal y jurisprudencialmente, y fue ordenada por la testadora en su testamento, implica la adopción de una decisión por el viudo, que aunque pueda entenderse adecuada para los intervinientes, lo cierto es que supone una elección por parte de la legitimaria en relación a la posición del viudo respecto de los bienes gravados por la legitima de la incapaz», por lo que «la valoración de inexistencia de conflicto no puede hacerla por sí mismo el representante de la incapaz junto a la hermana, capaz, que no renunció a la herencia, sino que exige, conforme a lo establecido en el artículo 163 del Código Civil, del nombramiento de un defensor [...]» (F.J. 3.°).

Más recientemente, la RDGRN n.° 16830/2019, de 16 de octubre (RJ 2019, 4752), trajo a colación la doctrina de la RDGRN n.° 2234/2015, de 5 de febrero (RJ 2015, 2313), por la práctica identidad de los hechos, explicando que el conflicto de intereses existía porque los herederos «tienen que tomar una decisión» (F.J. 2.°).

No obstante, cuando la decisión corresponda al cónyuge viudo, no se produciría conflicto de intereses. Esto es precisamente lo que sucedió en el caso resuelto por la RDGRN n.° 8969/2015, de 22 de junio (RJ 2015, 3733), en el que el testador había dispuesto el legado alternativo a favor de la viuda y a su elección, del usufructo universal y vitalicio de la herencia o bien el tercio de mejora, además de su cuota legal usufructuaria. A juicio del Centro Directivo, no se produjo en este caso un conflicto de intereses, «al no crearse una situación de decisión que deba ser tomada por parte de los menores», «porque la única elección que ha sido tomada por la viuda lo ha sido en los términos ordenados en el testamento sin crear nueva situación que deba poner en posición a los menores que representa de decidir si escogen el mantenimiento de su legítima libre de la carga del usufructo» (F.J. 3.°).

57 Supongamos el caso en que se constituya una curatela con facultades de representación sobre una persona que va a resultar beneficiaria vía testamentaria de una sustitución fideicomisaria, y no hubiera más remedio que nombrar curador a uno de sus hermanos, a quien dicho testamento perjudica porque grava con la sustitución su porción de legítima estricta.

58 De esta misma opinión es Martín Azcano, E. M.ª: «El defensor judicial de la persona con discapacidad», cit., p. 290. Para Álvarez Lata, N.: «Comentario al art. 295 CC», cit., p. 836, el conflicto «no debe tener tanta magnitud o importancia como para configurar por sí mismo causa de inhabilidad de la medida de apoyo», pues, en dicho caso, procedería la remoción del curador *ex* art. 278.I CC o la extinción de la guarda de hecho por ejercicio inadecuado de la misma *ex* art. 265 CC.

c) La tramitación de la excusa alegada por el curador. En este supuesto, el defensor judicial asume, de nuevo, un papel sustitutivo de un apoyo formal. Se trata de una necesidad de actuación del defensor judicial que debe ligarse al apartado 1.° del art. 295.I CC, por cuanto la excusa no es sino la consecuencia lógica que cabe esperar de una imposibilidad de actuación permanente de quien viniere ejerciendo el apoyo. Por lo demás, sorprende que el art. 295.I.3.° CC (siguiendo con la finalidad de relacionar en un mismo precepto los supuestos de actuación del defensor judicial contemplados en artículos anteriores) recoja la excusa (art. 279.IV CC), pero no la remoción (art. 278.III CC), la cual, por su similitud, debiera haberse mencionado expresamente también aquí[59].

d) La falta de designación formal de la persona encargada de prestar el apoyo. En puridad, en este supuesto el defensor judicial no asume una función estrictamente sustitutiva porque no existe todavía un apoyo formalmente designado, y su esfera de actuación se limita «a la administración de los bienes» (art. 295.I.4.° CC), por lo que quedarían excluidos de aquélla los actos relativos a la esfera personal de quien requiera el apoyo, como por ejemplo la decisión acerca de su internamiento en una residencia, su ingreso en un centro de día o en un centro ocupacional, etc. No cabe duda de que la aceptación (o repudiación) de la herencia es un acto de administración (al menos, en sentido amplio), por lo que resultaría posible el nombramiento de un defensor judicial con tal cometido en este supuesto.

e) La necesidad de *establecimiento de medidas de apoyo de carácter ocasional, aunque sea recurrente*. La Ley 8/2021, de 2 de junio, configura al defensor judicial no solo como una figura claudicante, destinada a la realización de funciones concretas cuyo cumplimiento extingue el cargo, sino que le dota de cierta sustantividad propia para asumir una tarea de apoyo ocasional, aun cuando la necesidad del apoyo sea recurrente. Así, el art. 250.VI CC afirma que «El nombramiento de defensor judicial como medida formal de apoyo procederá cuando la necesidad de apoyo se precise de forma ocasional, aunque sea recurrente».

En cualquier caso, es de presumir que, dada la simpleza del acto de aceptación (o repudiación) de una herencia, la persona con discapacidad que esté sometida a esta medida de apoyo formal (que no constituye un apoyo permanente) tendrá capacidad natural suficiente para realizarlo por sí misma, por cuanto parece una medida pensada para casos de discapacidad intelectual o psicosocial leve.

8.2. El régimen de actuación del defensor judicial

59 Así lo advierten ÁLVAREZ LATA, N.: «Comentario al art. 295 CC», cit., p. 838; y TORAL LARA, E.: «El defensor judicial de las personas con discapacidad», cit., pp. 318-319.

La actuación del defensor judicial viene determinada por el tipo de apoyo que deba prestar a la luz del grado de discapacidad: si se trata de una mera asistencia, su labor consistirá en acompañar a la persona con discapacidad en la toma de decisiones; por su parte, en caso de una representación, el defensor judicial podrá, por sí mismo, aceptar la herencia a beneficio de inventario, pero deberá obtener una autorización judicial para aceptar pura y simplemente o para repudiar, tal y como se desprende del art. 93.2.b) LJV, según el cual precisarán autorización judicial «Los tutores, los curadores representativos y, en su caso, los defensores judiciales, para aceptar sin beneficio de inventario cualquier herencia o legado o para repudiar los mismos»[60].

Tomando como referencia los supuestos del art. 295.I CC, la actuación del defensor judicial puede sustituir puntualmente a la de la persona que de manera estable presta el apoyo (casos de imposibilidad de actuación, de conflicto de intereses y de tramitación de la excusa alegada por el curador), o bien puede proceder en ausencia de personas que presten el apoyo necesario (falta de designación formal de la persona encargada de prestar el apoyo y necesidad de establecimiento de medidas de apoyo de carácter ocasional, aunque sea recurrente).

En el primer caso (sustitución de la persona que de manera estable presta el apoyo), habrá que distinguir, a su vez, si el apoyo es formal o informal. Tratándose de una curatela, la actuación del defensor judicial se limitará a sustituir a la que hubiere debido de realizar el curador, por lo que habrá que diferenciar si se trataba de un curador con facultades de representación o de un curador meramente asistencial[61]. De esta manera, si el curador tenía facultades de representación, el defensor judicial deberá recabar autorización judicial para «Aceptar sin beneficio de inventario cualquier herencia o repudiar esta o las liberalidades»; sin necesidad, por tanto, de la misma para la aceptación a beneficio de inventario. En cambio, si el curador era meramente asistencial, el defensor judicial deberá asistir a la persona con discapacidad en la toma de decisiones cuando se hubiese establecido en la sentencia constitutiva de la curatela la necesidad de asistencia para llevar a cabo la aceptación (o repudiación) de la herencia (art. 269.II CC). Por su parte, si el apoyo es informal (guarda de hecho), la función (asistencial o representativa)

60 Mariño Pardo, F. M.: «Reforma del Código Civil por la Ley 8/2021, para el apoyo de personas con discapacidad: la aceptación y la repudiación de la herencia por la persona con discapacidad», cit., cree que en el nombramiento de defensor judicial a los efectos de la aceptación de la herencia va implícita la autorización judicial para repudiar, por lo que no resultaría menester solicitarla. No obstante, ello significaría tanto como dar carta blanca a cualquier actuación del defensor judicial (aceptación o repudiación de la herencia), sin entrar a valorar la conveniencia de la misma para el llamado a heredar (art. 95.1 LJV), lo que resulta muy discutible.

61 Martín Azcano, E. M.ª: «El defensor judicial de la persona con discapacidad», cit., p. 303, señala en este sentido que «las atribuciones conferidas al defensor judicial no podrán rebasar las propias del cargo al que suple».

que asuma el defensor judicial habrá de atender, principalmente, al régimen de actuación del guardador contemplado en el documento que acredita su condición; en caso de no haberlo, o de (lo más probable) no preverse nada al respecto, la autoridad competente será la que determine el tipo de actuación que proceda, a la vista de la gravedad de la discapacidad del requirente de apoyo.

Cuando la intervención del defensor judicial esté originada por la ausencia de personas que presten el apoyo necesario, el auto de nombramiento deberá especificar, al margen de las funciones concretas que deba asumir aquél (entre las cuales se encontrará necesariamente la aceptación o repudiación de la herencia, al tratarse del acto que desencadena la necesidad de la medida de apoyo), el alcance del apoyo: esto es, si se trata de una mera asistencia o de una actuación representativa[62].

IX. La necesidad de autorización judicial

La actuación de la persona que debe prestar el apoyo ha de ser eficiente, por lo que debe de estar dotada de la flexibilidad suficiente como para poder adoptar sin demora decisiones que afecten a la esfera personal y patrimonial de la persona con discapacidad. Sin embargo, existen una serie de decisiones que, por su calado y trascendencia[63] (principalmente, de orden patrimonial), deben someterse al control de la autoridad judicial a instancia de la persona que ejerza el apoyo representativo. Entre estas operaciones se encuentra la de aceptar pura y simplemente o repudiar herencias[64] (*cfr.* arts. 287.I.5.° CC y 93.2.b) LJV).

---

62 Martín Azcano, E. M.ª: «El defensor judicial de la persona con discapacidad», cit., p. 304.

63 Domínguez Luelmo, A.: «La aceptación y repudiación de la herencia de las personas en situación de discapacidad», cit., p. 70, critica que la autorización judicial se requiera «en todo caso» para los actos enumerados en el art. 287 CC, pues ello va en contra de la idea del «traje a medida» contenida en la Ley 8/2021, de 2 de junio (y ya esbozada en las sentencias sobre tutela y curatela que precedieron a la entrada en vigor de la reforma), y aboga por haber dotado al juez de una mayor flexibilidad para que decidiera los actos sujetos a autorización judicial en función de «las circunstancias de la persona que necesita de los apoyos y de su patrimonio». Desde luego, como ya he puesto de manifiesto, la aceptación (o repudiación) de una herencia es un acto relativamente simple y sencillo de comprender, lo que podría permitir su realización individual por la persona con discapacidad, aunque estuviese sometida a medidas de apoyo representativo.

64 El art. 93.2.b) LJV supedita igualmente a autorización judicial la aceptación de legados. Sin embargo, como advierten Núñez Núñez, M.ª: «La aceptación de la herencia y la intervención en la partición», cit., p. 592, y Ordás Alonso, M.: *La institución tutelar como mecanismo de protección jurídica de menores e incapacitados*, Ministerio de Trabajo y Asuntos Sociales, Madrid, 2008, p. 344, esta exigencia carece de sentido porque el legatario únicamente responde por deudas hasta el valor del legado, por lo que su aceptación no entrañaría en ningún caso riesgo patrimonial para la persona con discapacidad.

En cuanto a la naturaleza de la autorización judicial, ésta no constituye un complemento de capacidad[65], sino un elemento del acto de disposición, como ha apuntado la doctrina[66], por lo que no cabe prescindir de ella si el régimen de apoyos fijado incluye facultades de representación[67].

9.1. ¿A qué criterio atiende la concesión de la autorización judicial? En particular, en los casos de aceptación pura y simple o repudiación de una herencia

Sin embargo, los preceptos relativos a la exigencia de autorización judicial (arts. 287 y ss. CC, referidos a la curatela, aunque de aplicación a la guarda de hecho por la remisión que efectúa el art. 264.II CC) no despejan la incógnita relativa a qué reglas debe seguir la autoridad judicial a la hora de conceder aquélla; en particular, si debe atender a la voluntad de la persona con discapacidad o si debe seguir un criterio de observancia de su interés[68], en el caso de que una y otro sean incompatibles.

---

65 Así lo afirmó la STS n.° 2/2018, de 10 de enero (RJ 2018, 156), según la cual «la finalidad de la exigencia de autorización judicial para los actos realizados por el tutor no era, en la tradición jurídica del Código Civil, ni lo es en la actualidad, la de complementar la capacidad de quien no la tiene plenamente reconocida por el ordenamiento. Se dirige, por el contrario, a garantizar que los actos realizados por el tutor y que pueden comprometer de manera importante la entidad del patrimonio del tutelado se realicen en su interés» (F.J. 5.°).

66 Domínguez Luelmo, A.: «La aceptación y repudiación de la herencia de las personas en situación de discapacidad», cit., p. 69.

67 A este respecto, la RDGRN n.° 12224/2014, de 28 de octubre (JUR 2014, 276787), aseveró que «[...] la exigencia de la autorización judicial tiene como finalidad la defensa del patrimonio del tutelado frente a actos que pudieran ponerlo en peligro por su especial importancia. El fin de protección de la norma contenida en el artículo 271 es la salvaguarda del interés de los menores o incapacitados que no pueden actuar por sí solos y que pueden encontrarse en situaciones de desprotección cuando alguien contrata en su nombre y obliga a sus patrimonios sin el preceptivo control, ya que deberán asumir las correspondientes deudas. A tal efecto, la actuación de los tutores siempre debe tener como finalidad el interés de los menores o incapacitados sujetos a tutela tal y como dispone el artículo 216» (F.J. 9.°).

68 Por esta segunda opción se decanta claramente el «nuevo» en la redacción dada al proyectado art. 169-25.1 CDFA, según el cual «La autorización o aprobación requerida en el artículo anterior sólo se concederá por causas justificadas de utilidad o necesidad para el ejercicio de la capacidad jurídica de la persona con discapacidad y previa audiencia del Ministerio Fiscal si es judicia». La referencia a la «utilidad o necesidad» debe ser entendida como hecha a operaciones de las que pueda resultar un provecho personal o patrimonial para la persona con discapacidad, con independencia, por tanto, de su voluntad, deseos y preferencias.

En este sentido, y toda vez que el art. 288 CC se refiere a la autorización judicial como instrumento para «garantizar la voluntad, deseos y preferencias de la persona con discapacidad»[69], el art. 290 CC siembra la duda cuando establece que «Antes de autorizar o aprobar cualquiera de los actos comprendidos en los artículos anteriores, la autoridad judicial oirá al Ministerio Fiscal y a la persona con medidas de apoyo y recabará los informes que le sean solicitados o estime pertinentes»[70]. Es decir, se ha de dar audiencia a la persona con medidas de apoyo, pero no se dispone que su opinión sea vinculante para la autoridad judicial, ni siquiera que deba ser tenida en cuenta[71], lo que parece explicable atendiendo a que la autorización se exige cuando la persona que preste el apoyo ejerza funciones representativas, por lo que es posible que las facultades volitivas de la persona con discapacidad se encuentren muy deterioradas o, directamente, no puedan determinarse con claridad ni siquiera recurriendo a la ayuda de medios humanos, técnicos o materiales[72].

En consecuencia, la escasa importancia con que el art. 290 CC configura la voluntad, deseos y preferencias de la persona con discapacidad parece remitir en esta sede, casi exclusivamente, a la observancia del criterio del interés de la persona con discapacidad; lo que, y habida cuenta que el precepto también se aplica a la tutela de los menores de edad no emancipados (por la remisión del art. 224 CC a las normas de la curatela con carácter supletorio), dotaría al art. 290 CC de un sentido uniforme basado en la protección del interés de la persona a cargo de un tercero, atendida su vulnerabilidad.

---

69 De Salas Murillo, S.: «Comentario al art. 271 CC», cit., p. 720, cree que, a diferencia del sistema anterior, la autorización no tiene por finalidad «el aseguramiento de lo que el juez considerara como mejor interés de la persona con discapacidad», sino que se erige como una de las medidas de control para garantizar el respeto a los derechos, voluntad y preferencias de aquélla; «en definitiva, una salvaguarda más, aplicada al acto o negocio jurídico concreto», añade la autora.

70 Respecto de la guarda de hecho, el art. 264.I CC dispone que «Cuando, excepcionalmente, se requiera la actuación representativa del guardador de hecho, este habrá de obtener la autorización para realizarla a través del correspondiente expediente de jurisdicción voluntaria, en el que se *oirá* a la persona con discapacidad». Por su parte, el art. 52.3 LJV establece que «En los casos en que, de acuerdo con la legislación civil aplicable, el guardador de hecho de una persona con discapacidad deba solicitar autorización judicial, antes de tomar una decisión, la autoridad judicial *entrevistará* por sí misma a la persona con discapacidad y podrá solicitar un informe pericial para acreditar la situación de esta. También podrá citar a la comparecencia a cuantas personas considere necesario oír en función del acto cuya autorización se solicite».

71 Para Parra Lucán, M. Á.: «Comentario al art. 273 CC», en AA.VV., *Comentarios al Código Civil* (dir. R. Bercovitz Rodríguez-Cano), t. IV, Tirant lo Blanch, Valencia, 2013, p. 2407, la referencia a la audiencia al tutelado contenida en el antiguo art. 273 CC, «debe entenderse también como reflejo del respeto que en la medida de lo posible, y siempre que no sea contrario a sus propios intereses, merece la opinión del tutelado».

72 V. a este respecto Alventosa del Río, J.: *La curatela tras la Ley 8/2021*, Tirant lo Blanch, Valencia, 2022, p. 375.

Esta impresión que se desprende del art. 290 CC, relativa a la escasa incidencia de la voluntad de la persona sometida a apoyos en la decisión de la autoridad judicial referente a la concesión de la autorización, se confirma, en lo que aquí interesa, con la lectura del art. 95.1 LJV, según el cual «El Juez, teniendo en cuenta la justificación ofrecida y valorando su conveniencia a los intereses de los llamados a la herencia, resolverá concediendo o denegando la autorización o aprobación solicitada». Es decir, la autorización judicial para la aceptación pura y simple de la herencia, o para su repudiación, se concede «valorando su conveniencia a los intereses de los llamados a la herencia», dejando pues, en un segundo plano, la voluntad, deseos y preferencias de la persona con discapacidad[73].

Ahora bien, cabe plantearse si esta regla del art. 95.1 LJV debe seguirse en todos los casos, o si únicamente funciona como un canon hermenéutico, de manera que solo se aplicaría cuando la voluntad, deseos y preferencias de la persona con discapacidad no pudieran descifrarse por ningún medio, ni deducirse de comportamientos que aquélla tuvo en el pasado. Atendiendo a una interpretación sistemática de los preceptos del CC que se encargan de regular esta cuestión, me inclino por la segunda opción. Ello llevaría, por ejemplo, a conceder autorización judicial para repudiar una herencia (cuya aceptación convendría al interés del llamado por resultar lucrativa), cuando en el pasado la persona con discapacidad hubiese optado por dicha alternativa ante disyuntivas similares[74] (*v.gr.*, si la persona con discapacidad repudió,

---

73 Para Pereña Vicente, M.: «La transformación de la guarda de hecho en el Anteproyecto de Ley», *Revista de Derecho Civil*, vol. V, n.º 3, 2018, p. 77, «El estándar que impone la regulación propuesta para conceder o no la autorización es el de la necesidad, pero extraña que en un texto tan cuidadoso con el respeto de la voluntad de la persona, no se haya tenido en cuenta».

74 En cualquier caso, esta situación se presume poco menos que utópica, por cuanto parece difícil de imaginar que sea puesta de manifiesto por la persona que ejerce las funciones representativas, de modo que no será conocida por el juez y, en consecuencia, la autorización judicial se someterá exclusivamente a un control de conveniencia a los intereses del llamado a heredar. Y ello, por dos motivos: a) de un lado, porque «El curador responderá de los daños que hubiese causado por su culpa o negligencia a la persona a la que preste apoyo» (art. 294 CC), lo que aconseja que se abstenga de tratar de acreditar una voluntad, deseos o preferencias de la persona con discapacidad contrarios a sus propios intereses; y b) de otro lado, porque «El curador tiene derecho a una retribución, siempre que el patrimonio de la persona con discapacidad lo permita [...]», de modo que cualquier acto que incremente el patrimonio de ésta podría interesarle a aquél.
Ciertamente, estas normas distorsionan el funcionamiento ideal del sistema, por cuanto condicionan el sentido del apoyo que preste la persona que lo ejerza. En este sentido, parece difícil que se satisfaga lo que Barba, V.: «Principios generales de las medidas de apoyo en el marco de la Convención de Nueva York», en Cerdeira Bravo de Mansilla, G. y García Mayo, M. (dirs.) y Gil Membrado, C. y Pretel Serrano, J. J. (coords.): *Un nuevo orden jurídico para las personas con discapacidad*, Bosch, Madrid, 2021, pp. 83-84, denomina «el interés preferido de la persona con discapacidad», cuya observancia exige de una prestación del apoyo destinada a que «la persona tome su propia decisión, aunque ésta no sea la mejor decisión».

cuando tenía intactas sus capacidades volitivas, la herencia de un padre que nunca se interesó por él, igualmente se podría aplicar esa voluntad contraria a la aceptación al caso de la herencia del abuelo paterno, quien sobrevivió al padre).

9.2. La denegación de la autorización judicial

Es posible que el juicio de conveniencia a los intereses de la persona llamada a heredar que realiza la autoridad judicial dé como resultado la denegación de la autorización judicial, lo que implica que la herencia «sólo podrá ser aceptada a beneficio de inventario» (art. 95.2 LJV). La aceptación a beneficio de inventario excluye el riesgo patrimonial que para el llamado puede derivarse del acto de aceptación, pues únicamente heredará si el activo de la herencia es superior al pasivo, y no lo hará en caso contrario (art. 1023.I.1.° CC). Esta solución está basada exclusivamente en un criterio patrimonial, al margen de la voluntad, deseos y preferencias de la persona con discapacidad. Por lo demás, la denegación «será recurrible en apelación con efectos suspensivos» (art. 95.3 LJV).

9.3. La sanción a la actuación representativa realizada sin la autorización judicial

En línea de principio, el hecho de carecer de autorización judicial no parece que vaya a afectar, en la práctica, a la eficacia de la actuación representativa de la persona que preste el apoyo, al menos cuando la aceptación pura y simple o la repudiación de la herencia se documenten notarialmente, ya que el notario no debiera permitirla en caso de no contarse con la referida autorización, so pena de incurrir en la responsabilidad a que hubiere lugar por culpa o negligencia en el desempeño del cargo. Sin embargo, lo cierto es que no son pocos los casos en que la documentación notarial de una aceptación de herencia se lleva a cabo sin contar con la preceptiva autorización judicial prevista en los arts. 287.I.5.° CC y 93.2.b) LJV, por lo que surge el problema de determinar qué sanción procede ante una actuación representativa que haya prescindido de aquélla. En nada ayuda a esta tarea que los efectos de las categorías de invalidez estén previstos para los negocios jurídicos bilaterales, por lo que no tienen un encaje perfecto con la aceptación (o repudiación) de una herencia, que es un negocio jurídico unilateral[75].

---

75 DOMÍNGUEZ LUELMO, A.: «La aceptación y repudiación de la herencia de las personas en situación de discapacidad», cit., p. 77. Estaríamos, en este caso, en lo que CARRASCO PERERA, Á.: «Brújula para navegar la nueva contratación con personas con discapacidad, sus guardadores y curadores», *Publicaciones Jurídicas del Centro de Estudios de Consumo (CESCO)*, 30 de junio de 2021, p. 2/16, denomina «relaciones interpersonales cargadas de un contenido emocional o fiduciario», en las cuales «Los terceros que puedan aparecer

Simplificando en demasía la cuestión, por motivos de extensión del trabajo (que se encuentra acotada), prescindiré de un análisis doctrinal de la cuestión para centrarme en las consecuencias prácticas. A este respecto, la STS n.° 2/2018, de 10 de enero (RJ 2018, 156), ha consagrado que la sanción procedente a este supuesto (aunque se refería a una tutela de conformidad con el régimen anterior) es la anulabilidad[76]. De entrada, se descarta la nulidad porque «el representante legal que celebra el contrato sin contar con previa autorización no infringe una norma imperativa de las contempladas en el art. 6.3 CC, sino que omite uno de los requisitos para la eficacia representativa de sus actos»; y, por otra parte, porque «el régimen de la nulidad absoluta no protege adecuadamente el interés del representado», ya que «posibilitaría en todo caso y sin límite de tiempo a ambas partes contratantes, así como a cualquier tercero interesado, hacer valer la supuesta nulidad» e «impediría sanar, convalidar o confirmar actos beneficiosos para el menor o el incapacitado» (F.J. 5.°).

El alto tribunal se plantea, también, la posibilidad de aplicar la solución del art. 1259 CC a los actos del tutor sin autorización judicial en cuanto actos incompletos, solución que, frente a la nulidad radical, tiene una ventaja: «permite la ratificación por el menor o el incapacitado cuando dejen de serlo, lo que en principio es favorable a su interés». Sin embargo, «la aplicación del art. 1259 CC deja abierta la puerta a la revocación por la otra parte del contrato», y, además, «excluye que el ejercicio de la acción de los menores y pupilos para hacer valer los efectos de la nulidad del acto celebrado por el representante quede sometido a plazo» (F.J. 5.°), lo que supone una merma de la seguridad jurídica.

Frente a las dos posibilidades anteriores, el Tribunal Supremo destaca que la aplicación del régimen de la anulabilidad tiene dos ventajas prácticas: a) de un lado, «excluye que el otro contratante revoque el contrato», sin perjuicio de que pueda impugnarlo si acredita que contrató con desconocimiento de que fuera precisa la autorización judicial; y, b) de otro lado, «el régimen de la anulabilidad somete el ejercicio de la acción de impugnación del contrato

---

en esta relación (si los hay) no son *prima facie* titulares de aspiraciones incompatibles, no tienen expectativas propias que proteger frente al agente, no son destinatarios de una confianza de tráfico».

76 También se refieren a la anulabilidad los arts. 222-46 CCCat. y 139 CDFA, que se remite al art. 19 CDFA en lo referido a la administración y disposición de los bienes del pupilo. En relación con este mismo cuerpo legal, la Ley 3/2024, de 13 de junio, de modificación del Código de Derecho Foral de Aragón en materia de capacidad jurídica de las personas, introduce el art. 45-2 CDFA, el cual, bajo la rúbrica «Invalidez por defectos en la prestación del apoyo», establece, en su apartado 1, que «Será anulable el acto realizado en representación de la persona con discapacidad sin la debida autorización o aprobación cuando el acto la requiera». Por último, la Ley 66 de la Ley Foral 21/2019, de 4 de abril, de modificación y actualización de la compilación del Derecho Civil Foral de Navarra o Fuero Nuevo (B.O.N. n.° 74, de 16 de abril de 2019), se decanta igualmente por la anulabilidad de los actos que los progenitores realicen en nombre de los hijos sin autorización judicial.

a un plazo, de manera coherente con la exigencia constitucional de seguridad jurídica» (F.J. 5.º). Sobre esta última cuestión, cabe hacer una matización, relativa al plazo de cuatro años del art. 1301 CC, que con la reforma debe computarse, no desde el momento en que el incapacitado «saliere de la tutela», sino «desde la celebración del contrato» (art. 1301.I.4.º CC), con independencia de si recuperó, o no, la capacidad natural[77], lo que garantiza en mayor grado la seguridad jurídica, al no hacer depender la eficacia del contrato de la eventual producción de un suceso posterior, como sería la recuperación de la capacidad[78]. En cualquier caso, obsérvese que, a la hora de optar por la anulabilidad como la sanción correspondiente a la actuación representativa efectuada sin la autorización judicial, el alto tribunal tiene muy en cuenta la posibilidad de revocación del contrato por la otra parte contratante, lo que no se ajusta al supuesto de aceptación (o repudiación) de la herencia[79].

En otro orden de ideas, la concesión de aprobación judicial para la realización de ciertas operaciones del tráfico jurídico sobre bienes hereditarios, sin haber instado la correspondiente autorización judicial para la aceptación sin beneficio de inventario, parece subsanar este requisito, por cuanto existe un control judicial sobre la conveniencia del acto para la persona con disca-

77 En consecuencia, si la discapacidad persiste una vez transcurridos cuatro años desde la aceptación pura y simple o la repudiación de la herencia, tal acto devendría inatacable por la caducidad de la acción; en cambio, si la medida de apoyo representativo se extingue antes del transcurso de los cuatro años por recuperación (total o parcial) de la capacidad natural, la persona sometida al apoyo podría, con el límite de los cuatro años, confirmar o impugnar (en su caso, con la asistencia que precise si no ha recuperado plenamente la capacidad) la aceptación pura y simple o la repudiación llevadas a cabo sin autorización judicial. En este mismo sentido, v. GÓMEZ CALLE, E.: «En torno a la anulabilidad de los contratos de las personas con discapacidad», *Almacén de Derecho*, publicado el 3 de diciembre de 2021 (fecha de consulta: 5 de marzo de 2023), quien, asimismo, pone de manifiesto la contradicción existente entre los arts. 1299.II y 1301.I.4.º CC, ya que, el primero, en sede de rescisión, sujeta el ejercicio de la acción de rescisión a un plazo indeterminado, en la medida en que los cuatro años «no empezarán a computarse hasta que se extinga [...] la medida representativa de apoyo».

78 Esa seguridad jurídica va en detrimento de los intereses de la persona con discapacidad, como sucede en prácticamente todos los aspectos de la reforma, en los que nos movemos entre seguridad jurídica, de un lado, y dignidad y autonomía, de otro. Así, GÓMEZ CALLE, E.: «En torno a la anulabilidad de los contratos de las personas con discapacidad», cit., fecha de consulta: 5 de marzo de 2023, considera que la regla anterior a la reforma de 2021, «le resultaba más ventajosa [a la persona con discapacidad] porque impedía la caducidad de la acción en tanto [...] no estuviera en condiciones de actuar por sí».

79 Señala a este respecto DOMÍNGUEZ LUELMO, A.: «La aceptación y repudiación de la herencia de las personas en situación de discapacidad», cit., p. 78, no sin razón, que «las limitaciones que aparecen en el artículo 1302.3 CC no tienen en nuestro caso ningún sentido, porque no estamos ante un acto o contrato celebrado por la persona con discapacidad, sino por quien la representa, que excluye un hipotético aprovechamiento de la situación de discapacidad de uno de los contratantes por el otro» (p. 78).

pacidad[80]. También resulta posible la mera aprobación judicial *a posteriori* de la aceptación pura y simple (que se hubiese efectuado al objeto de evitar los gastos y el consiguiente retraso en la adjudicación de los bienes hereditarios que genera el beneficio de inventario) o de la repudiación; si bien, como advierte DOMÍNGUEZ LUELMO, en el caso de la repudiación que no sea aprobada judicialmente surgirá el problema de la recuperación de los bienes que hayan pasado a terceros, la cual quedará a expensas de la buena fe de los mismos[81].

Por último, y en relación con el Derecho civil catalán, merece la pena traer a colación de nuevo el art. 461-16 CCCat., según el cual «Disfrutan de pleno derecho del beneficio de inventario, aunque no lo hayan tomado [...], las personas puestas en tutela o curaduría [...]». Esta regla resulta suficientemente protectora de los derechos de las personas con discapacidad, con lo que se cohonesta bien con la falta de exigencia de autorización judicial en el Derecho civil catalán para aceptar herencias sin beneficio de inventario[82] [v. arts. 222-43.1.e) y 461-9.2 CCCat.].

80 En este sentido, la STS n.° 2/2018, de 10 de enero (RJ 2018, 156), afirmó que «Es cierto que el compromiso previo del tutor no garantiza que el juez conceda la autorización o la aprobación pero, en cualquier caso, una vez obtenida, es evidente que se cumple la finalidad perseguida por la norma de que judicialmente se controle la conveniencia del acto de disposición para el interés del menor o persona con la capacidad modificada judicialmente. También cuando en el contrato no se haya establecido nada al respecto» (F.J. 5.°). V. también la RDGRN n.° 8710/2012, de 1 de junio (RJ 2012, 7947); y la RDGSJFP n.° 6423/2022, de 30 de marzo (RJ 2022, 1674).

81 DOMÍNGUEZ LUELMO, A.: «La aceptación y repudiación de la herencia de las personas en situación de discapacidad», cit., p. 82.

82 Al hilo de esta norma, la RDGSJFP n.° 10410/2022, de 31 de mayo (RJ 2022, 3343), consideró que el hecho de que las «personas puestas en tutela o curadoría» disfrutaran *ope legis* del beneficio de inventario, hacía «innecesaria» la autorización judicial (F.J. 3.°).

CAPÍTULO 17

EL ART. 252 DEL CC, EN RELACIÓN CON LAS LEGÍTIMAS

Isidoro Lora-Tamayo Rodríguez
Notario honorario del Colegio Notarial de Madrid

Sumario:

I. Introducción

El tema de mi intervención en el Congreso llevaba por título: «Disposiciones gratuitas a favor de las personas con discapacidad». Ello daría para varios artículos, pero al formar parte de la mesa titulada: «Algunas cuestiones sobre la legítima» acoté mi conferencia a la incidencia de estas disposiciones en la legítima, tanto de la persona con discapacidad, como de otros legitimarios del causante. Los directores y coordinadores de esta obra colectiva me piden que lo concrete aún más en el artículo 252 del CC.

El art 252 establece: «El que disponga de bienes a título gratuito en favor de una persona necesitada de apoyo podrá establecer las reglas de administración y disposición de aquellos, así como designar la persona o personas a las que se encomienden dichas facultades. Las facultades no conferidas al administrador corresponderán al favorecido por la disposición de los bienes, que las ejercitará, en su caso, con el apoyo que proceda. Igualmente podrán establecer los órganos de control o supervisión que se estimen convenientes para el ejercicio de las facultades conferidas».

Este artículo está en la misma línea que el artículo 205, relativo a los menores de edad, que estén bajo tutela y que el artículo 164.1, relativo a los menores con patria potestad. No obstante, el art. 252 añade un último párrafo: «Igualmente podrán establecer los órganos de control o supervisión que se estimen convenientes para el ejercicio de las facultades conferidas».

La importancia de este artículo es grande, por muchas razones, entre otras, porque el CC permite el nombramiento de curador a los **progenitores**, conforme al n.º 4.º del artículo 276, pero no permite que puedan establecer las facultades del curador, sean de asistencia o de representación, ni en la esfera personal, ni en la patrimonial. De lo anterior deducimos, que el camino para que los padres tienen para establecer normas sobre la administración y disposición de los bienes que, a título gratuito, dejen a sus hijos con discapacidad será la que el artículo 252 ofrece y también las del patrimonio protegido. Ello es consecuencia del dogmatismo, considerando que los dogmas son los de la Convención de NY, en los que la reforma del CC cae en varias ocasiones y, a veces, en contradicciones. Aquí tenemos un ejemplo, si los padres al designar curador pudieran establecer normas sobre el ejercicio de la curatela, ellas tendrían que estar establecidas, limitadas y controladas judicialmente por los principios inspiradores de las medidas de apoyo a las personas con discapacidad, pero al establecerse al margen de la curatela en las disposiciones a título gratuito la aplicación de esos principios se hace mucho más difícil; jurídicamente, en principio, deberán prevalecer las normas del disponente a título gratuito.

La importancia de estas disposiciones es aún mayor al haberse suprimido la sustitución ejemplar. Será uno de los cauces más importantes para organizar los ascendientes la protección que estimen adecuada para sus descendientes con discapacidad. Es cierto que debe respetarse la voluntad de la persona necesitada de apoyos, pero no lo es menos que en algunos casos la discapacidad intelectual existe desde el nacimiento, siendo imposible a la persona que la tiene administrar y disponer de sus bienes, generalmente sus padres son los que durante toda su vida la han protegido y pretenden que si fallecen siga su hijo lo más protegido posible.

II. Elementos personales

El disponente puede ser cualquier persona. Si la persona con discapacidad no es legitimaria del disponente la libertad para establecer reglas de administración o disposición de los bienes dispuestos serán los mismos que si el beneficiario no tuviere discapacidad; por tanto, la amplitud es grande. No parece que por tener el beneficiario una discapacidad en lo que es de libre disposición deban existir mayores restricciones. Sentado lo anterior, siempre que sea posible por el grado de capacidad natural o mental de la persona con discapacidad, deberían enfocarse las reglas de administración o disposición como apoyos que faciliten o potencien el ejercicio de la capacidad jurídica por la persona con discapacidad. Como veremos posteriormente la consideración como medidas de apoyo de estas reglas es, a nuestro juicio, evidente en lo que afecte a los bienes recibidos en pago de la legítima.

El beneficiario de la disposición debe ser una persona necesitada de apoyo para el ejercicio de la capacidad jurídica; es el supuesto de la discapacidad mental o intelectual. Por tanto, no es de aplicación cuando se trate de una discapacidad física. Así resulta de la disposición adicional cuarta del CC: «La referencia a la discapacidad que se realiza en los artículos 96, 756 número 7.°, 782, 808, 822 y 1041, se entenderá hecha al concepto definido en la Ley 41/2003, de 18 de noviembre, de protección patrimonial de las personas con discapacidad y de modificación del Código Civil, de la Ley de Enjuiciamiento Civil y de la normativa tributaria con esta finalidad, y a las personas que están en situación de dependencia de grado II o III de acuerdo con la Ley 39/2006, de 14 de diciembre, de Promoción de la Autonomía Personal y Atención a las personas en situación de dependencia. A los efectos de los demás preceptos de este Código, salvo que otra cosa resulte de la dicción del artículo de que se trate, toda referencia a la discapacidad habrá de ser entendida a aquella que haga precisa la provisión de medidas de apoyo para el ejercicio de la capacidad jurídica»[1].

Basta que la persona beneficiada por la disposición necesite de la medida de apoyo referida para aplicar el art. 252 del CC, sin que sea necesario que judicialmente se haya reconocido la misma. Para nuestro legislador la discapacidad no es un estado civil, por lo que no necesita de ningún pronunciamiento, es una cualidad o rasgo de una persona, es un hecho; si alguna medida, como son las previstas en el art. 252 del CC, le afecta a los bienes que reciba en pago de su legítima quien la alegue deberá probarla. Si existe

1 Como hemos tratado en «La comunicación en el otorgamiento notarial en la ley 8/2021» (*El Notario del S XXI*, N.°. 101, 2022, págs. 28-36), no debe confundirse el ejercicio de la capacidad jurídica, con la comunicación de la persona para su ejercicio. La dificultad física para ejercer la capacidad es un tema de comunicación, no de ejercicio de la capacidad jurídica. Los arts. 7 de la LEC, de la LJV y 25 de la LN son exponente de ello. Reproducimos el último de ellos: «Para garantizar la accesibilidad de las personas con discapacidad que comparezcan ante notario, éstas podrán utilizar los apoyos, instrumentos y ajustes razonables que resulten precisos, incluyendo sistemas aumentativos y alternativos, braille, lectura fácil, pictogramas, dispositivos multimedia de fácil acceso, intérpretes, sistemas de apoyos a la comunicación oral, lengua de signos, lenguaje dactilológico, sistemas de comunicación táctil y otros dispositivos que permitan la comunicación, así como cualquier otro que resulte preciso».

un pronunciamiento judicial al respecto la prueba ya está constituida; si no existiere, en la medida que afecte a la legítima si la persona con discapacidad la negase la prueba de su existencia debe corresponder al llamado a ejercitar la administración o disposición de los bienes. Caso de no afectar a bienes que se reciban en pago de la legítima, las reglas acordadas deberán respetarse, como ocurriría respecto a las que a título gratuito se establezcan respecto a cualquier persona en lo que no afecte a su legítima.

En el caso de que se designe para ejercitar la administración o disposición de los bienes a una persona diferente del titular de la medida de apoyo podrán serlo las personas físicas, mayores de edad, que no las afecte alguna prohibición y también las personas jurídicas; en relación a las segundas consideramos que las exigencias del art. 275 del CC, en su párrafo segundo, se aplica exclusivamente a los curadores, sin que pueda aplicarse a medidas de apoyo o apoyos diferentes de la curatela, dada la interpretación restrictiva del precepto que debe hacerse por su carácter prohibitivo, limitativo de la autonomía de la voluntad y discriminatorio para la persona con discapacidad, pues se le estaría privando de que una sociedad mercantil especialista en la gestión de los bienes que recibiera a título gratuito pudiera administrarlos, a diferencia de cualquier otro beneficiario de esos mismos bienes. El párrafo del art. 275 que no consideramos aplicable dice así: «Asimismo podrán ser curadores las fundaciones y demás personas jurídicas sin ánimo de lucro, públicas o privadas, entre cuyos fines figure la promoción de la autonomía y asistencia a las personas con discapacidad». De ello resulta que no podrán designarse curador a una persona jurídica con ánimo de lucro (p.ej. sociedades mercantiles) o que, careciendo de ánimo de lucro, no tenga por finalidad la indicada.

Nos plantea dudas si sería de aplicación la prohibición del párrafo último del art. 250 CC: «No podrán ejercer ninguna de las medidas de apoyo quienes, en virtud de una relación contractual, presten servicios asistenciales, residenciales o de naturaleza análoga a la persona que precisa el apoyo». A diferencia del art. 275, que está en un artículo regulador del nombramiento del curador, el art. 250 se encuentra en el capítulo de las disposiciones generales, por lo que es de aplicación a los titulares de todas las medidas de apoyo. Por ello, si se sostiene que el art. 252 del CC establece una medida de apoyo lo consecuente es aplicar esta prohibición; si se considera como un simple apoyo, quizás no será aplicable. Ciertamente nos encontramos con un artículo problemático y, a nuestro juicio, desafortunado y confuso. La confusión fundamental la origina la palabra asistencial, pues gran parte de las medidas de apoyo suponen una asistencia y así lo dice el CC y la CNY. Una interpretación amplia supone que quien realice cualquier asistencia a la persona con discapacidad, como consecuencia de un contrato, no podría ser titular de ninguna medida de apoyo. Por ello, sin perjuicio de que existen argumentos para sostener que esa prohibición solo afecta a las medidas judiciales y no a las voluntarias, apoyándonos en la Ley 39/2006, a la que se remite la Ley 8/2021, al tratar de conceptuar la discapacidad, las prohibiciones del párrafo último del art. 250 CC creemos que solo pueden aplicarse a quienes en virtud de una relación contractual ayuden a la persona discapacitada para realizar varias actividades básicas de la vida diaria de forma continua o varias veces al día. No comprende, por ejemplo, si la persona en previsión de su discapacidad designa para que le asista en determinados asuntos el abogado del despacho X, con el que tiene contratada una asignación anual. Aquí existe una relación contractual, está disponiendo que le asista en determinados asuntos, pero consideramos que nada tienen que ver con la asistencia.

Por otra parte, se pueden nombrar una o varias personas para ejercitar la administración o disposición de los bienes dejados, estableciendo el régimen de actuación, la forma de su ejercicio, si deben hacerlo de forma simultánea o sucesiva.

Respecto a la capacidad para aceptar la persona con discapacidad una donación en las que se establezcan las reglas de administración del art. 252 del CC, debemos tener en cuenta dos artículos del CC relativos a la capacidad para aceptar donaciones, el art. 625: «Podrán aceptar donaciones todos los que no estén especialmente incapacitados por la ley para ello» y el art. 626: «Las personas que no pueden contratar no podrán aceptar donaciones condicionales u onerosas sin la intervención de sus legítimos representantes». En la interpretación de estos artículos reproducimos su explicación por Albaladejo[2]:

> «En el comentario al artículo 625 hemos visto que las personas que tengan la capacidad natural de entender y querer pueden aceptar donaciones por sí solas, sin que sea preciso ni que lo hagan por ellas sus representantes legales ni que sus padres o curador les completen su capacidad, pues para aceptar la donación son completamente capaces, aunque carezcan de capacidad contractual o la tengan incompleta. Ahora bien, eso dicho es para las donaciones normales o puras. Pero para las con carga o gravamen sí es preciso que, si el donatario no tiene plena capacidad contractual, que la donación bien la acepte en su nombre su representante legal, bien la acepte el interesado, pero completando su capacidad sus padres o curador, según el grado de incapacidad que padezca.
>
> Eso es lo que con no total corrección significa el artículo presente al pedir, al final, "la intervención de sus legítimos representantes". Esta intervención de "sus legítimos representantes" no es, pues, ni siempre la misma, ni siempre de representante, ya que unas veces, como he dicho, obra verdaderamente por el incapacitado su representante legal, y otras, obra el interesado y sus padres o curador simplemente completan su capacidad».

2 La donación Comentarios al Código Civil y Compilaciones Forales (Dirigidos por Manuel Albaladejo) Edersa, 1990 Tomo VIII, Vol 2: Artículos 618 a 656 del Código Civil.

Respecto a las personas con discapacidad, si tienen capacidad natural o mental suficiente para aceptar la donación, debe distinguirse:

- **Si no tiene medida de apoyo,** judicial o voluntaria, pueden aceptar la donación por sí sola, máxime cuando lo haga en escritura pública, pues el notario es la medida de apoyo.
- **Si tiene como medida de apoyo** la curatela representativa o asistencial, la resolución judicial debe determinar los actos para los cuales debe intervenir el curador representativo o asistencial (CC art. 269). Cabe diferenciar:
  - si no dice nada respecto de la aceptación de donaciones la persona con discapacidad puede aceptarla por sí misma,
  - sí expresamente exige la intervención debe respetarse la resolución judicial, sin que se necesite en la curatela representativa autorización judicial (art. 287 CC).

La duda surge cuando, en lugar de la determinación concreta de los actos en los que debe intervenir el curador, se empleen **expresiones genéricas** como la de necesidad para todos los actos de trascendencia patrimonial. A nuestro juicio, si esta persona pretende aceptar una donación en escritura pública y, **a juicio del notario**, tiene capacidad mental o intelectual suficiente para ello en ese momento de la aceptación, puede hacerlo por sí sola, dado el **criterio permisivo** de no estar especialmente incapacitado para ello (CC art. 625), ni estar incapacitado para contratar (CC art. 626). Suponer lo contrario es una discriminación para esas personas, en relación a los que tengan una capacidad intelectual igual o semejante a ellas para ese acto, ir en contra del criterio de precisar la representación solo en casos excepcionales (CC art. 249), y estar completando una **mala praxis** de la resolución judicial dictada con posterioridad a la L 8/2021, al usar fórmulas genéricas.

Este criterio encuentra su apoyo analógico en el ámbito sucesorio, en el que la aceptación de la herencia por persona con discapacidad se presta por esta, salvo que otra cosa resulte de las medias de apoyo establecidas (CC art. 996).

El ATS de 21-12-22 recoge un supuesto que confirma lo expuesto: «En cuanto a la capacidad de la donataria, es notorio que la misma padece síndrome de Down, no habiendo sido judicialmente incapacitada hasta mucho después de formalizada la escritura de donación, pues ello tiene lugar en fecha 30 del mes de marzo del año 2015 (documento número tres aportado junto con la demanda), si bien es necesario distinguir entre incapacidad para aceptar e incapacidad para recibir donaciones, desprendiéndose del artículo 625 del código civil que en cuanto a la aceptación se permite a toda persona a quien la ley no excluya especialmente, de manera que ello es interpretable en el sentido de que a falta de exclusión, le es posible a cualquiera, criterio más amplio que incluso para otorgar cualquier otro contrato, pues para aceptar donaciones no hace falta la capacidad general para contratar, debiéndose esta amplitud de criterio a que como el donatario recibe gratis y "en el tomar no hay engaño", según se recoge en la propia sentencia de instancia, la ley considera que debe permitírsele a cualquiera, y si bien es cierto que a pesar de la amplitud referida para aceptar hace falta por lo menos la llamada capacidad natural de entender y querer (Comentario del Código Civil, tomo I; comentarios al artículo 625 del código civil realizados por Don Jose Antonio), ya que si el interesado carece de discernimiento no puede existir declaración de voluntad válida ni llegar a existir consentimiento contractual, esta capacidad natural consideramos que la tenía la donataria en cuanto que estimamos que era capaz de percatarse de que estaba recibiendo un bien por donación, y ello se acredita no sólo con el hecho de que el notario hiciera un juicio valorativo y así lo reflejara en la escritura, sino, además, porque queda acreditado en las actuaciones, y así se recoge en la sentencia dictada en la instancia, a través del informe del médico forense, donde se expone que la discapacidad que padece la misma no le priva de aptitud para realizar determinadas actividades sencillas de la vida cotidiana como las descritas tanto en autos como en el presente informe; apreciándose en la misma el buen resultado de toda una trayectoria vital de estimulación temprana y especializada dirigida a fomentar al máximo su autonomía y reducir en lo posible las limitaciones de su enfermedad congénita, evidenciándose con ello que gozaba de capacidad natural para comprender que iba a recibir en donación un bien [...]».

En principio no creemos que las reglas sobre administración y disposición que, conforme al art. 252 del CC, pueda establecer el donante supongan convertir la donación en onerosa, en el sentido de imponer al donatario una carga o gravamen, en cuyo caso habría que matizar lo expuesto respecto de su aceptación por la persona con discapacidad. Si se interpretan como limitación a la facultad de administrar o disponer habría base para decir que es una carga o gravamen, pero si se interpreta como medida de apoyo o solo como apoyo no creemos que exista tal carga o gravamen.

Si la persona con discapacidad no pudiera por sí misma o, con los apoyos necesarios, aceptar la donación que se le hiciere deberá hacerse la aceptación por quien le corresponda su representación. Para renunciar a ello necesitará de autorización judicial, si se tratase del curador representativo o del guardador de hecho (art. 287 CC); si la medida de apoyo fuere voluntaria, habrá que estar a lo que la persona con discapacidad haya previsto al respecto en la escritura pública constitutiva de la medida de apoyo. Ante la renuncia o la pasividad del representante quizás podría aplicarse por analogía lo previsto para esos casos en el patrimonio protegido que más tarde veremos; concretamente, el disponente podría acudir al Ministerio Fiscal, quien instará de la autoridad judicial lo que proceda atendiendo a la voluntad, deseos y preferencias de la persona con discapacidad (art. 3, Ley 41/2003).

En el supuesto que la persona con discapacidad sea llamada como heredera, el art. 996 del CC dispone que: «La aceptación de la herencia por la persona con discapacidad se prestará por esta, salvo que otra cosa resulte de las medidas de apoyo establecidas». Desde un punto de vista práctico habrá que estar en primer lugar a lo previsto en las medidas de apoyo, teniendo en cuenta que estas pueden ser judiciales o voluntarias. A falta de previsión al respecto, la persona con discapacidad podrá aceptar la herencia, siempre que tenga capacidad mental para ello. Caso de que las medidas de apoyo sea la curatela representativa el art. 287 establece que: «El curador que ejerza funciones de representación de la persona que precisa el apoyo necesita autorización judicial para los actos que determine la resolución y, en todo caso, para los siguientes: 5.° Aceptar sin beneficio de inventario cualquier herencia o repudiar esta o las liberalidades».

Tal y como hemos sostenido en otras ocasiones, sin que sea este el momento adecuado para extenderme más en ello, la autorización judicial se necesita para aceptar la herencia pura y simplemente por el curador representativo; de lo que resulta que si acepta sin más, sin hacerlo pura y simplemente, quedará el heredero con el beneficio de inventario, sin necesidad de que se cumplan los requisitos que para tener este beneficio se exige a los demás herederos y, sin perjuicio, de las responsabilidades que el curador pueda contraer sin actúa perjudicando a los acreedores. Lo contrario supondría que por el incumplimiento de las formalidades por el representante de la persona discapacitada ésta queda respondiendo como si hubiera aceptado pura y simplemente, prescindiéndose de la autorización protectora del juez.

Respecto a la partición el art. 1052 dispone: «Todo coheredero que tenga la libre administración y disposición de sus bienes podrá pedir en cualquier tiempo la partición de la herencia. Lo harán sus representantes legales si el coheredero está en situación de ausencia. Si el coheredero contase con medidas de apoyo por razón de discapacidad, se estará a lo que se disponga en estas». Por su parte, el art 1060 añade: «Tampoco será necesaria autorización ni intervención judicial en la partición realizada por el curador con facultades de representación. La partición una vez practicada requerirá aprobación judicial. La partición realizada por el defensor judicial designado para actuar en la partición en nombre de un menor o de una persona a cuyo favor se hayan establecido medidas de apoyo, necesitará la aprobación judicial, salvo que se hubiera dispuesto otra cosa al hacer el nombramiento».

Centrándonos en las personas con discapacidad creemos que debemos distinguir:

Si tuviese medidas de apoyo habrá que estar a lo que en ellas se prevea.

Si se establece que puede actuar la persona con discapacidad, con las medidas de apoyo, será ésta la que debe intervenir en la partición y, por ende, solicitarla, con los apoyos previstos.

Si al curador se le hubiesen atribuido facultades representativas para la partición intervendrá éste, para pedirla y practicarla, sin ser necesario autorización ni intervención judicial en la partición realizada, pero una vez practicada requerirá aprobación judicial, conforme al artículo 1060.

Si le representa a la persona con discapacidad el defensor judicial se aplica la misma solución que al defensor judicial del menor.

En el caso de que la partición se haga por contador partidor testamentario o dativo el artículo 1057 dispone: «Lo dispuesto en este artículo y en el anterior se observará aunque entre los coherederos haya alguno sujeto a patria potestad o tutela; pero el contador-partidor deberá en estos casos inventariar los bienes de la herencia, con citación de los representantes legales de dichas personas.

Si el coheredero tuviera dispuestas medidas de apoyo, se estará a lo establecido en ellas».

La citación por el contador al representante legal, si lo tuviere, es un requisito necesario de la partición hecha por el contador partidor. Debe tenerse en cuenta que es una mera citación para que este representante fiscalice el inventario, pero ni es un consentimiento, ni está por esa citación representando a la persona con discapacidad; es una atribución que se hace a él, como representante de la persona vulnerable. La RDGSJyFP de 19 de enero de 2024 al afirmar que la citación para el inventario al representante de la persona con discapacidad, supone un acto de representación que excede de la prevista para el guardador de hecho, por lo que se requiere la preceptiva autorización judicial sigue un criterio totalmente equivocado y perturbado, pues en esa citación no hay ningún consentimiento, por lo que no existe representación alguna por parte del guardador; es una función asignada directamente a quien ejerce la medida de apoyo por el art. 1057CC, en custodia o garantía de los intereses de la persona con discapacidad pero sin sustituirla. La representación se producirá en acto de aceptación de la herencia y ahí es cuando el guardador necesita de la autorización judicial (art. 264 CC)[3].

En materia de legados puros y simples, cuando lo sea de cosa específica y determinada propia del testador, el legatario adquiere su propiedad desde la muerte del testador (art. 881 CC), pero debe pedir su entrega a los herederos. Esta entrega supone el pago por los herederos del legado (art. 1157 del CC). Cuando el legatario sea una persona con discapacidad debe tener en cuenta lo que a continuación exponemos[4]. El art. 1163 CC se refiere a este supuesto, aunque lo contempla solamente en sede contractual; no obstante, estimamos que por analogía debe aplicarse a todos los pagos, cualquiera que sea su causa. Efectivamente el art. 1163 CC dispone: «El pago hecho a

3 Hago una crítica a esta resolución, en la Revista del Notario del S XXI, n.º 114, marzo-abril 2024, pág 44 y ss.

4 Trato este tema en «Casos Prácticos, Obligaciones y Contratos (adaptados al programa de Notarías y Registros)». *Memento Experto*. Francis Lefebvre. 2.ª, ED. Madrid 2023, p. 126 y ss.

una persona menor de edad será válido en cuanto se hubiere convertido en su utilidad. Esta regla también será aplicable a los pagos realizados a una persona con discapacidad con medidas de apoyo establecidas para recibirlo y que actúe sin dichos apoyos, en caso de que el deudor o la persona que realice el pago conociera de la existencia de medidas de apoyo en el momento de la contratación o se hubiera aprovechado de otro modo de la situación de discapacidad obteniendo de ello una ventaja injusta». Precepto que está en la misma línea del art. 1304 CC: «Cuando la nulidad proceda de la minoría de edad, el contratante menor no estará obligado a restituir sino en cuanto se enriqueció con la prestación recibida. Esta regla será aplicable cuando la nulidad proceda de haber prescindido de las medidas de apoyo establecidas cuando fueran precisas, siempre que el contratante con derecho a la restitución fuera conocedor de la existencia de medidas de apoyo en el momento de la contratación o se hubiera aprovechado de otro modo de la situación de discapacidad obteniendo de ello una ventaja injusta». Por su parte, el art. 1302 CC añade: «3. Los contratos celebrados por personas con discapacidad provistas de medidas de apoyo para el ejercicio de su capacidad de contratar prescindiendo de dichas medidas cuando fueran precisas, podrán ser anulados por ellas, con el apoyo que precisen. También podrán ser anulados por sus herederos durante el tiempo que faltara para completar el plazo, si la persona con discapacidad hubiere fallecido antes del transcurso del tiempo en que pudo ejercitar la acción. Los contratos mencionados en el párrafo anterior también podrán ser anulados por la persona a la que hubiera correspondido prestar el apoyo. En este caso, la anulación solo procederá cuando el otro contratante fuera conocedor de la existencia de medidas de apoyo en el momento de la contratación o se hubiera aprovechado de otro modo de la situación de discapacidad obteniendo de ello una ventaja injusta».

A pesar de la enrevesada redacción de los artículos anteriores puede llegarse a la siguiente **conclusión**:

a) Todo **pago** hecho a una **persona con discapacidad**, tenga o no apoyos es válido, como el que se hace a cualquier persona.

b) **Excepcionalmente** el pago hecho a una persona con discapacidad con medidas de apoyo establecidas para recibirlo y que actúe sin dichos apoyos, solo será válido en cuanto se hubiera convertido en su utilidad, pero si se dan las siguientes circunstancias:

1. Conocimiento por el deudor o el pagador de la persona que realice el pago de la existencia de las medidas de apoyo.

2. Establece la norma que el conocimiento por esas personas debe tenerse en el momento de la contratación; creemos que es una expresión desafortunada y que el momento en que deberá tenerse el conocimiento es el del pago por las razones siguientes:

- porque es una norma relativa al pago y no a la contratación; basta tener en cuenta su colación sistemática y su finalidad;

- porque debe atenderse a todo pago, no solo el que tenga causa en un contrato; y
- porque la situación en el momento de la contratación se refiere el art. 1301 s. CC.

3. También **será aplicable la excepción** cuando el deudor o el pagador se hubieran aprovechado de otro modo de la situación de discapacidad obteniendo de ello una ventaja injusta.

III. Especialidades del patrimonio protegido

En los patrimonios protegidos, regidos por la Ley 41/2003, existen aportaciones a título gratuito a favor de personas con discapacidad[5]. Pero estas aportaciones tienen algunas especialidades que conviene destacar:

En relación a los elementos personales, los beneficiarios del patrimonio protegido y, por ende, de las aportaciones que al mismo se hagan, pueden ser no solo las personas que presenten una discapacidad psíquica igual o superior al 33 por ciento, sino también las que presenten una discapacidad física o sensorial igual o superior al 65 por ciento.

Por otra parte, conforme al n.º 5.º del art. 5: «En ningún caso podrán ser administradores las personas o entidades que no puedan ser curadores, conforme a lo establecido en el Código Civil o en las normas de derecho civil, foral o especial que, en su caso, fueran aplicables». Ello incluso cuando el constituyente del patrimonio protegido sea el propio beneficiario del mismo, que podrá establecer en el documento público de constitución las reglas de administración cualquiera que sea la procedencia de los bienes y derechos que lo integren (art. 5.1).

Conforme al art. 3, el patrimonio protegido podrán constituirlo, la propia persona con discapacidad beneficiaria, quienes presten apoyo a las personas con discapacidad, la persona comisaria o titular de la fiducia sucesoria, cuando esté prevista en la legislación civil, autorizada al respecto por el constituyente de la misma y cualquier persona con interés legítimo. En este supuesto, si el beneficiario necesitase para la aceptación apoyo, en caso de negativa injustificada de la persona encargada de prestarlo, el solicitante podrá acudir al Ministerio Fiscal, quien instará de la autoridad judicial lo que proceda atendiendo a la voluntad, deseos y preferencias de la persona con discapacidad.

---

5 El art 1 de la Ley dispone: «1. El objeto de esta ley es favorecer la aportación a título gratuito de bienes y derechos al patrimonio de las personas con discapacidad y establecer mecanismos adecuados para garantizar la afección de tales bienes y derechos, así como de los frutos, productos y rendimientos de éstos, a la satisfacción de las necesidades vitales de sus titulares. Tales bienes y derechos constituirán el patrimonio especialmente protegido de las personas con discapacidad».

En cuanto a la forma, el patrimonio protegido debe constituirse en documento público, o por resolución judicial, en el supuesto que la persona encarga de prestar apoyo se hubiere negado a ello, en el caso que veíamos antes de la constitución por cualquier persona con interés legítimo.

Por último, conforme al art. 4, las aportaciones de bienes y derechos posteriores a la constitución del patrimonio protegido estarán sujetas a las mismas formalidades establecidas en el artículo anterior para su constitución.

IV. Bienes sobre los que pueden establecerse las reglas de administración y disposición. Referencia especial a las legítimas

Anteriormente veíamos que, si el beneficiario de la disposición a título gratuito no es legitimario, el disponente podrá establecer las reglas de administración o disposición de los bienes de que disponga, como respecto cualquier persona beneficiaria que no tenga discapacidad y que lo mismo ocurrirá respecto de los bienes que a una persona con discapacidad se le impute como de libre disposición.

El problema surge respecto a los bienes que al beneficiario con discapacidad se le imputen en pago de su legítima[6]. Tengamos en cuenta que la legítima, respecto de los hijos y descendientes, mientras no se disponga de la mejora, es de dos tercios. Mi opinión es que, si puede recaer sobre la parte de legítima, pues para poner normas de administración y disposición sobre la parte libre no se necesita de ninguna norma especial. Por tanto, la norma especial del art. 252, referida a las personas con discapacidad o empleando sus palabras literales de persona necesitada de apoyo, carecería de sentido si no está referida a estas personas.

Ahora bien, dada la colocación del precepto en las disposiciones generales del Título XI del Libro I del CC, referido a las medidas de apoyo a las personas con discapacidad para el ejercicio de su capacidad jurídica, nos parece que las normas establecidas por el disponente a título gratuito en relación a los bienes dejados a estas personas deben configurarse, al menos en lo que afecte a la legítima, como medidas de apoyo. Insisto en lo que afecte a la legítima, pues en lo que afecte a la parte de libre disposición su tratamiento debe ser el mismo que el de las personas que no necesiten de las medidas de apoyo.

Si se trata de una medida de apoyo solo podrán aplicarse en lo que la persona con discapacidad lo necesite; literalmente el precepto se refiere a

6 Trata este tema con gran acierto, MARTÍNEZ SANCHIZ, J. A. en su conferencia en la Academia Matritense, publicada en el último número de los *AAMN*, Tomo LXI, CURSO 2021-2022, pp. 329 y ss.

persona necesitada de apoyo. Por tanto, solo podrá establecerse en la parte de legítima respecto de los apoyos que fuesen necesarios. Es decir, no de limitar el ejercicio de la capacidad jurídica por la persona con discapacidad, sino de facilitar su ejercicio o ampliar la posibilidad de hacerlo; dicho con las palabras del art. 250 del CC, de asistir a la persona con discapacidad en el ejercicio de su capacidad jurídica en los ámbitos en los que sea preciso.

En contra de nuestra opinión[7] se sostiene que en realidad este administrador no es una medida de apoyo en ningún caso en tanto que solo ejerce facultades de administración y disposición sobre unos bienes que así lo ha querido el disponente. Esta afirmación creemos que es consecuencia de lo que se hace por el autor al principio del comentario del art 252, al decir que quizás no se compadezca con los principios de la CDPD y vaya más allá del concepto de salvaguardias del art. 249. García Rubio[8], en igual sentido, considera que el encargado no es el designado de una medida de apoyo en el sentido del art. 250 del CC, pero sí está destinado a ejercer funciones de apoyo en el sentido amplio que corresponde a este concepto.

Nosotros insistimos en considerarla como una medida de apoyo y en modo alguno como facultades que afectan a la administración y disposición de los bienes dejados por el disponente que sí sería contrario a los principios de la CDPD. Creemos que su origen se encuentra en la supresión de la posibilidad que el art 223 del CC en su redacción anterior concedía a los padres de nombrar tutor y ordenar normas sobre la persona o bienes de sus hijos incapacitados; se hacía en general, cualquiera que fuese el origen de los bienes dejados, actualmente ello no es posible, solamente se permite hacerlo sobre los bienes que el disponente deje, con el fin de potenciar el ejercicio de la capacidad jurídica por la persona con discapacidad.

De aquí que, si la persona con discapacidad puede intervenir, en los actos de administración o disposición previstos por el disponente a título gratuito (donantes o testador), por si sola o, con medidas de apoyo, no se le podrá excluir de esos actos de administración o disposición que recaigan sobre los bienes que reciba en pago de su legítima. Ello se sustenta no solo en la intangibilidad cualitativa de la legítima, sino también en los principios informadores de la reforma de la Ley 8/2021 y de la CDPD; se trataría de una discriminación en relación al tratamiento de la legítima de las personas con discapacidad[9] o una privación o limitación de derechos contrario

---

7 *Comentarios al Código Civil* (5.ª edición), coordinados por Bercovitz Rodríguez-Cano, Thomson Reuters, Aranzadi, 2021, pp 476-477.

8 En *Comentario Articulado a la Reforma Civil y Procesal en Materia de Discapacidad*. Obra colectiva, dirigida por esta autora y Moro Almaraz, M. J., Ed. Civitas, Thomson Reuters, 2022, pp 246-247

9 Art. 2 CDPD: «Por "discriminación por motivos de discapacidad" se entenderá cualquier distinción, exclusión o restricción por motivos de discapacidad que tenga el propósito o el efecto de obstaculizar o dejar sin efecto el reconocimiento, goce o ejercicio, en igualdad

a la reforma[10]. El art. 26 de la Ley 15/2022, de 12 de julio, integral para la igualdad de trato y la no discriminación, apoya también este gravamen a la legítima al establecer que: «Son nulos de pleno derecho las disposiciones, actos o cláusulas de los negocios jurídicos que constituyan o causen discriminación por razón de alguno de los motivos previstos en el apartado primero del artículo 2 de esta ley». Entre esos motivos el art. 2 se refiere a la discapacidad[11]. Por tanto, a la ineficacia de la privación de derechos y de su ejercicio por resolución judicial o legal, hay que añadir también las que tengan su origen en negocios jurídicos.

Pero, si para la protección a la persona con discapacidad se constituyó una curatela representativa que comprende los actos de administración o disposición previstos por el disponente a título gratuito debe prevalecer lo dispuesto por el disponente; igualmente debe prevalecer la sustitución del curador asistencial por la persona designada por el disponente a título gratuito respecto a los bienes que contemplamos. La razón es que no creemos que en estos casos se esté gravando la legítima; la persona con discapacidad estaba representada ya o asistida para tales actos.

Las consideraciones anteriores, en relación a la legítima, pueden ser aplicadas cuando la medida de apoyo sea una guarda de hecho. Pero si las medidas de apoyo son voluntarias, es decir establecidas por la propia persona con discapacidad, deben prevalecer las medidas voluntarias sobre las ordenadas

---

de condiciones, de todos los derechos humanos y libertades fundamentales en los ámbitos político, económico, social, cultural, civil o de otro tipo. Incluye todas las formas de discriminación, entre ellas, la denegación de ajustes razonables».

10 Disposición transitoria primera Ley 8/2021: «Privaciones de derechos actualmente existentes. A partir de la entrada en vigor de la presente Ley las meras privaciones de derechos de las personas con discapacidad, o de su ejercicio, quedarán sin efecto».

11 El mencionado artículo 2, dice así: «Ámbito subjetivo de aplicación. 1. Se reconoce el derecho de toda persona a la igualdad de trato y no discriminación con independencia de su nacionalidad, de si son menores o mayores de edad o de si disfrutan o no de residencia legal. Nadie podrá ser discriminado por razón de nacimiento, origen racial o étnico, sexo, religión, convicción u opinión, edad, discapacidad, orientación o identidad sexual, expresión de género, enfermedad o condición de salud, estado serológico y/o predisposición genética a sufrir patologías y trastornos, lengua, situación socioeconómica, o cualquier otra condición o circunstancia personal o social. 2. No obstante lo previsto en el apartado anterior, y de acuerdo con lo establecido en el apartado 2 del artículo 4 de esta ley, podrán establecerse diferencias de trato cuando los criterios para tal diferenciación sean razonables y objetivos y lo que se persiga es lograr un propósito legítimo o así venga autorizado por norma con rango de ley, o cuando resulten de disposiciones normativas o decisiones generales de las administraciones públicas destinadas a proteger a las personas, o a grupos de población necesitados de acciones específicas para mejorar sus condiciones de vida o favorecer su incorporación al trabajo o a distintos bienes y servicios esenciales y garantizar el ejercicio de sus derechos y libertades en condiciones de igualdad. 3. La enfermedad no podrá amparar diferencias de trato distintas de las que deriven del propio proceso de tratamiento de la misma, de las limitaciones objetivas que imponga para el ejercicio de determinadas actividades o de las exigidas por razones de salud pública».

por el disponente a título gratuito, incluso si de poderes preventivos se trata. Apoyo esta conclusión en que, si el nombrado como administrador es titular de una medida de apoyo, deberá actuar como tal, es decir actuando solo en caso de necesidad y respetando la voluntad, deseos y preferencias de la persona con discapacidad. Esta persona expreso los mismos en la medida voluntaria, por lo que ésta debe prevalecer en los bienes recibidos en pago de la legítima.

Al considerarse como un apoyo, deben tenerse en cuenta, como dice el TS en S de 21 de diciembre de 2022 «los elementos caracterizadores del nuevo régimen legal de provisión de apoyos: i) es aplicable a personas mayores de edad o menores emancipadas que precisen una medida de apoyo para el adecuado ejercicio de su capacidad jurídica; ii) la finalidad de estas medidas de apoyo es "permitir el desarrollo pleno de su personalidad y su desenvolvimiento jurídico en condiciones de igualdad" y han de estar "inspiradas en el respeto a la dignidad de la persona y en la tutela de sus derechos fundamentales"; iii) las medidas judiciales de apoyo tienen un carácter subsidiario respecto de las medidas voluntarias de apoyo, por lo que sólo se acordaran en defecto o insuficiencia de estas últimas; iv) no se precisa ningún previo pronunciamiento sobre la capacidad de la persona; y v) la provisión judicial de apoyos debe ajustarse a los principios de necesidad y proporcionalidad, ha de respetar la máxima autonomía de la persona con discapacidad en el ejercicio de su capacidad jurídica y debe atenderse en todo caso a su voluntad, deseos y preferencias».

El art. 252 se refiere a persona necesitada de medida de apoyo. Por tanto, habrá que probar que esa necesidad existe:

- Si hay medidas judiciales, es prueba que se necesitan.
- Caso de no haber medidas judiciales, o, en relación a aquéllas no cubiertas por las mismas, habrá que probar su necesidad.
- Para MARTÍNEZ SANCHIZ[12] la prueba corresponde a las personas con discapacidad por sí o con la representación adecuada pero, el contador partidor habrá de pasar por ellas. Este tema de la prueba es delicado, pero evidentemente mientras no se impugne hay que aceptarla. De aquí la obligación de su aceptación por el contador partidor. Sin embargo, no veo claro que, si se negare la necesidad de la medida de apoyo por la persona con discapacidad, por sí o por su representante legal, le corresponda a ella la prueba; esa prueba implicaría un gravamen a su legítima en contra de la intangibilidad cualitativa de la misma (art. 813 CC).

Lo previsto en el art. 252 podrá establecerse no solo sobre bienes dejados en propiedad, también en usufructo. Un caso que puede darse con frecuen-

12 *Op. cit* anteriormente.

cia es que uno de los cónyuges tenga una demencia senil y el otro le legue en testamento el usufructo universal, estableciendo reglas sobre la administración y disposición de los bienes dejados en usufructo.

Por lo demás tener en cuenta que si las normas sobre administración o disposición exceden de la parte de legítima creemos que, en caso de no decirse nada, todo lo ordenado es una medida de apoyo. Si se quiere dar más amplitud y no tener los límites de la medida de apoyo debe dejarse aclarado en la disposición a título gratuito. Por ejemplo, disponer que las reglas establecidas se consideran medidas de apoyo en lo que afecte a los bienes que a la persona con discapacidad se le adjudiquen en pago de su legítima y como limitación de la facultad de disponer en los bienes adjudicados que excedan de la legítima.

Nos preguntamos sobre la eficacia de los actos realizados por la persona con discapacidad prescindiendo de las reglas de administración y disposición establecidas. Al ser establecidas estas reglas por un tercero, al margen de las medidas judiciales y de las voluntarias, en la medida que sean un apoyo porque la persona lo necesita, si ella tiene capacidad mental o intelectual para ejercitarla, máxime si lo ha hecho ante notario que califico su capacidad, creemos que el acto es plenamente eficaz, al menos que se trate de bienes adjudicados al margen de las legítimas y estas reglas se hayan establecido como limitaciones a las facultades de administración o disposición de los bienes adjudicados.

V. Contenido de las facultades conferidas

Tal como resulta del precepto y de los comentarios que venimos haciendo, el disponente puede establecer reglas de administración o disposición de los bienes dejados a título gratuito. A estas reglas deberán ajustarse los titulares de las medidas de apoyo existentes, pero además puede excluir a dichos titulares y designar a otra persona para que las ejercite. Más aún, en lo que afecte a bienes no adjudicados en pago de legítima, si se trata de actos que la persona necesitada de apoyo puede ejercitar por sí misma estas reglas podrán imponerse a ella misma. A diferencia de la legislación anterior que solo mencionaba reglas de administración, el art. 252 contempla también reglas de disposición.

Se plantea la duda si, en base al art. 252, puede el disponente suprimir la autorización judicial respecto de los actos contemplados en el art. 287 del CC. Es claro que la persona con discapacidad puede excluir la autorización judicial en las disposiciones reguladoras de su discapacidad. Así lo prevé expresamente el art. 259, respecto a los poderes preventivos, al permitir que el poderdante determine en el poder que no se apliquen las normas de la curatela. Una postura positiva encuentra apoyo en el párrafo final del art. 252: igualmente podrán establecer los disponentes órganos de control o supervisión que se estimen convenientes para el ejercicio de las facultades conferidas. Entre esos órganos estaría sustituir la autorización judicial por la de otra persona. Respecto a los menores de edad sujetos a la patria potestad la DGRN, hoy de SJyFP, en R 12 julio 2013 lo admitió respecto a parte de libre disposición, pero no respecto de la legítima. Sin poder entrar en más consideraciones creemos que este criterio es el que también deberemos seguir aquí. En las disposiciones dejadas a la persona con discapacidad que no sea legitimario debemos tener en cuenta estos criterios. La resolución referida dice así:

> «Podría considerarse en aras al respeto de la voluntad del difunto, en la que se incluye su libertad para configurar como tuviera a bien su sucesión, que un heredero voluntario —no legitimario— menor de edad podría ser adjudicatario de bienes con sometimiento a un régimen de administración para el que prevea la exclusión de autorización judicial, como permite expresamente la legislación navarra y catalana (en la que, recordemos, no existe legítima material). Si el causante puede no dejar nada al heredero, también podrá dejarle bienes sujetos a administración especial. Para ello siempre será necesario que el menor no haya de responder de cargas o gravámenes que empeoren su situación patrimonial preexistente, ya que en tal caso no estaríamos ante una atribución gratuita.
>
> Por tanto, tratándose de bienes de los que libremente pudiera disponer el testador, podría aceptarse una administración especial si se cumplen determinados requisitos derivados de una interpretación sistemática de las normas civiles. Primero, la de establecerse una correcta separación entre el patrimonio administrado y el restante del menor, para lo cual, debe concurrir el efecto legal del beneficio de inventario (artículos 1.010, 1.060, 166, 996 todos ellos del Código Civil) que impida la contaminación por deudas del causante sobre el patrimonio preexistente o posterior al óbito, del menor. Debe realizarse una detallada relación de los bienes sujetos a administración y del régimen previsto por el causante (vid. Resolución de este Centro Directivo de 18 de febrero de 2013). Además, el heredero menor de edad deberá estar correctamente representado en la aceptación y adjudicación por sus representantes legales, y en su caso por el defensor judicial cuando por haber conflicto de intereses fuera necesario.
>
> 4. Sin embargo el régimen de administración legal no se puede alterar cuando se trata de bienes que integran la legítima del menor de edad, dada su intangibilidad. Con relación a ella las reglas de administración y disposición de los bienes del menor son indisponibles».

Es interesante también lo que apunta esta resolución respecto a la legítima navarra y catalana, en la que cabe más la posibilidad de suprimir esta autorización judicial. Ello está expresamente previsto en el art. 107 del Código de Derecho Foral de Aragón:

> «1. El que disponga de bienes a título gratuito a favor de un menor o incapacitado, puede establecer reglas de gestión, así como nombrar o excluir al administrador. Las funciones no conferidas al administrador, incluida la prestación de la

debida asistencia, corresponden a los padres o al tutor....3. El donante o causante pueden excluir la necesidad de autorización de la Junta de Parientes o del Juez para los actos relativos a estos bienes».

Es importante tener en cuenta que las facultades no conferidas al administrador corresponderán al favorecido por la disposición de los bienes, que las ejercitará, en su caso, con el apoyo que proceda; con esta palabra parece que al hablar de administrador se refiere el CC a persona distinta del titular de la medida de apoyo voluntaria o judicial. En este caso, a diferencia del administrador designado por el disponente a título gratuito en sede de menores de edad con patria potestad o tutela en los arts. 164 y 162[13], en las que podría decirse que la administración tiene un contenido legal típico, aquí se exige descender al casuismo en las reglas establecidas por el disponente, a semejanza de lo que debe hacer el juez en los supuestos de la curatela en que el juez está obligado a concretar de manera precisa los actos para los que el curador debe prestar el apoyo y cuáles la representación[14]. Es una prueba más del dogmatismo y, a veces, del alejamiento de la realidad, de la reforma pues la enumeración exhaustiva de facultades en muchas ocasiones será insuficiente.

En el caso de que las reglas sobre la administración o disposición sean insuficientes, si el favorecido por la disposición a título gratuito con discapacidad tiene capacidad mental o intelectual suficiente podrá, por sí solo, o, con la asistencia requerida, ejercitar las facultades de administración o disposición no previstas por el disponente. Pero si carece de esa capacidad mental o intelectual, como venimos estudiando en este artículo, surge la duda de quien deba ejercitarlas en representación de la persona con discapacidad, cuando el designado por el disponente y el titular de la medida de apoyo no coincidan; tengamos en cuenta que la designación del administrador por el disponente de persona distinta del titular de la medida de apoyo se habrá hecho en la mayoría de las ocasiones porque no se quiere que este administre o disponga de los bienes dejados o por simplificar para no tener que acudir al Juez; no parece lógico que sobre unos mismos bienes concurran varios administradores con facultades diferentes, máxime cuando el disponente no era lo que había previsto y, peor aún, cuando puede existir

13 Artículo 162: «Los padres que ostenten la patria potestad tienen la representación legal de sus hijos menores no emancipados". Art. 164 CC: Artículo 164. "Los padres administrarán los bienes de los hijos con la misma diligencia que los suyos propios, cumpliendo las obligaciones generales de todo administrador y las especiales establecidas en la Ley Hipotecaria. Se exceptúan de la administración paterna: 1. Los bienes adquiridos por título gratuito cuando el disponente lo hubiere ordenado de manera expresa. Se cumplirá estrictamente la voluntad de éste sobre la administración de estos bienes y destino de sus frutos».

14 Art. 169: «Los actos en los que el curador deba prestar el apoyo deberán fijarse de manera precisa (por el juez), indicando, en su caso, cuáles son aquellos donde debe ejercer la representación».

enfrentamiento entre ellos. Para nosotros, partiendo de la compatibilidad de la guarda de hecho con las medidas de apoyo judiciales, voluntarias o que tengan su origen en disposiciones a título gratuito y también que puede existir más de un guardador de hecho, llegamos a la conclusión en el supuesto del art. 252, que si la persona designada por el disponente para la administración o disposición de los bienes dejados, estuviera actuando eficazmente sobre ellos, debe actuar como guardador de hecho respecto de esos bienes, en cuanto lo no previsto por el disponente; eso sí al actuar como guardador estará sujeto a la normativa que el legislador le impone.

Es claro la compatibilidad de las medidas de apoyo sean judiciales, voluntarias o tengan su origen en el art. 252, con la guarda de hecho, cuando aquéllas sean insuficientes y también que puede existir más de un guardador de hecho, como ocurre con los curadores o titulares de medidas de apoyo voluntarias (p.ej la persona con discapacidad otorgó poderes preventivos a dos apoderados para temas diferentes)[15]. Como dice la STS 20 octubre de 2023: «Conforme al sistema de provisión de apoyos instaurado por la Ley 8/2021, de 2 de junio, si existe una guarda de hecho que cubre de manera adecuada todas las necesidades de apoyo de la persona, deja de ser necesario constituir un apoyo judicial, porque la guarda de hecho es un medio legal de provisión de apoyos, aunque no requiera de una constitución formal. Pero esta previsión no puede interpretarse de forma rígida, desatendiendo a las concretas circunstancias que rodean a la persona necesitada de apoyos y la persona que los presta de hecho. Si bien es claro que existiendo una guarda de hecho que cubre suficientemente todas las necesidades de la persona con discapacidad no es necesaria la constitución judicial de apoyos, la existencia de una guarda de hecho no excluye en todo caso la constitución de un apoyo judicial»[16].

---

15 De diversos artículos del CC resulta la posibilidad de que la guarda de hecho sea compatible con otras medidas de apoyo. En primer lugar, el art. 250 cuando la considera como «una medida informal de apoyo que puede existir cuando no haya medidas voluntarias o judiciales que se estén aplicando eficazmente». El art. 263, según el cual: «Quien viniere ejerciendo adecuadamente la guarda de hecho de una persona con discapacidad continuará en el desempeño de su función incluso si existen medidas de apoyo de naturaleza voluntaria o judicial, siempre que estas no se estén aplicando eficazmente»; también parece claro cuando estas medidas voluntarias o judiciales sean incompletas, aunque se estuvieran aplicando las existentes de forma eficaz. Los términos del art. 255 están también considerando esa posibilidad, pues si bien declara la subsidiariedad de las medidas judiciales, en su párrafo cuarto considera que podrán establecerse otras supletoria o complementarias cuando aquéllas sean insuficientes, en los siguientes términos: «Solo en defecto o por insuficiencia de estas medidas de naturaleza voluntaria, y a falta de guarda de hecho que suponga apoyo suficiente, podrá la autoridad judicial adoptar otras supletorias o complementarias».

16 Alguna sentencia sin realizar un apoyo judicial refuerza por así decirlo judicialmente la guarda de hecho, como la de la Audiencia Provincial de Álava, de 15 de marzo de 2023. Y ante la problemática diaria que puede encontrarse D.ª..., deben establecerse medidas de apoyo representativas que completen la guarda de hecho, especialmente dado que

Un caso puede aclarar lo planteado. Se dona una finca rústica por partes iguales, por un matrimonio, a dos de sus hijos y a un nieto, hijo de un hijo fallecido, siendo el nieto mayor de edad, pero con una discapacidad intelectual profunda; su madre es la guardadora de hecho. Respecto a la participación del nieto los donantes establecen que todos los actos de administración y disposición sobre la participación donada al nieto se realizarán por su tío, llamado T, dada la mala relación de la guardadora con la familia de su marido fallecido. T, se ocupa diligentemente de los intereses de su sobrino en esa finca. Por causa de una tormenta se producen importantes daños materiales en la finca, por lo que es necesario invertir en ella una cantidad de dinero de la que no disponen sus dueños y deciden, para evitar males mayores, acudir a un préstamo bancario. La solicitud del préstamo es discutible que se pueda considerar como un acto de administración, o de disposición de la finca; si no lo fuera, los donantes no atribuyeron esta facultad a T, por lo que la interpretación literal del art. 252 llevaría a considerar que la madre del nieto como guardadora es la que debe representar a su hijo en relación a la obtención del préstamo, a pesar de que los donantes quisieron apartarla de la gestión de la finca y la mala relación existente. Es una solución perturbadora y, por ende, perjudicial para la persona con discapacidad; al estar la madre apartada de la gestión de esa participación de su hijo y ser T quien se ocupa de sus intereses en esa finca, parece lógico y, sobre todo, más beneficioso para el nieto (y conforme con la voluntad de los donantes) considerar a T como guardador de hecho de sobrino en lo que exceda de las facultades no prevista por los donantes; se produciría una concurrencia de guardadores de hecho, en esferas patrimoniales diferentes. Desde luego que T necesitará para el préstamo autorización judicial (art. 287, 6.º y 7.º CC).

Otro tema, en relación con el art. 252 del CC, que se puede plantear es el de la subrogación real; concretamente si las reglas de administración o

---

D...carece de recursos cognitivos para procesar y dotar de significado la información que proviene del exterior y construir experiencias propias a partir de la relación y contacto con la realidad y además carece de la capacidad de comunicarse tanto en su vertiente motora como motivacional. Por ello, D.ª... podrá representar plena y totalmente a D... en los siguientes actos: 1)- En la obtención y renovación de DNI/pasaporte y obtención de un certificado digital electrónico de la Fábrica Nacional de Moneda y Timbre, a fin de poder realizar gestiones telemáticas en las que sea precisa la utilización de tal medio de identificación y firma. 2)- En la toma de decisiones de contenido económico, educativo, así como, gestión, administración y disposición ante la entidad bancaria en la que D... tenga abierta una cuenta corriente. 3)- En las solicitudes de actos médicos, toma de decisiones y en su caso suscripción del consentimiento informado para la realización de intervenciones médicas. 4)- En cualquier acto ante la Administración y Tribunales, y en general, en cualquier acto de gestión de los intereses ordinarios de D...ante la Administración y Tribunales. Cualquier otra necesidad de apoyo representativo puntual que pudiera surgir en el futuro deberá ser solicitada por el cauce del expediente de jurisdicción voluntaria. Estas medidas serán revisadas a los tres años de su adopción (artículo 268 del Código Civil); si bien D.ª... deberá informar de su actuación anualmente, en el mes de enero de cada año (artículo 265 del Código Civil).[fin de la cita de nuestra sentencia 31/23].

disposición establecida por los disponentes a título gratuito deben mantenerse cuando los bienes donados se sustituyan por otros. En el caso planteado anteriormente podría ocurrir que todos los condueños consideran que para explotar la finca donada es más conveniente constituir una sociedad mercantil y aportar la finca a la misma. Se considere la aportación como acto de administración o disposición, podrá hacerlo en representación de su sobrino, con autorización judicial. Pero una vez aportada surgirá la duda si a T le corresponderá ya la representación de su sobrino en esa sociedad creada, en base a las facultades que los donantes le atribuyeron en relación a la participación donada.

Un marco en relación a las reglas de administración o disposición que se pueden establecer, en el caso de que se pretenda descender al casuismo sin fórmulas genéricas[17], especialmente si la persona con discapacidad puede ejercitar su capacidad jurídica en actos que no tengan una complejidad excesiva, sería el siguiente:

- Actos que podrá realizar por sí sola la persona con discapacidad sin necesidad de apoyos.
- Actos en los que precisará de la asistencia.
- Actos en los que será necesario la prestación del consentimiento de la persona de apoyo junto con el del disponente.
- Actos en los que la persona con discapacidad será representada por la persona de apoyo.
- Cuando el beneficiario de la disposición tenga una discapacidad progresiva sería conveniente concretar esos actos, según fuera avanzando la misma, exigiendo su acreditación, por ejemplo, con un certificado médico.

Establecidas las reglas, sería conveniente añadir que, de acuerdo con lo establecido en el artículo 249 del Código Civil, las personas de apoyo deberán actuar atendiendo a la voluntad, deseos y preferencias de la persona con discapacidad; igualmente procurarán que pueda desarrollar su propio proceso de toma de decisiones, informándola, ayudándola en su comprensión y razonamiento y facilitando que pueda expresar sus preferencias.

17 Una fórmula genérica sería establecer las reglas para todos los actos de administración o disposición. Tendría el peligro de considerarla ineficaz, especialmente en el supuesto que la persona pudiera realizar actos por sí misma.

AUTONOMÍA PRIVADA, FAMILIA Y HERENCIA EN LOS ADR

CAPÍTULO 18

AUTONOMÍA DE LA VOLUNTAD Y MEDIACIÓN FAMILIAR

Isabel Medina Suárez
Profesora de Derecho Civil
Universidad de Sevilla

Sumario:

I. Introducción

El divorcio o la separación con hijos es una etapa vital que puede tener amplios efectos psicológicos en todos los involucrados, puede ser uno de los eventos más estresantes en la vida de una persona, generando ansiedad sobre el futuro, el reparto de bienes, la vivienda o la custodia de los hijos entre otras cuestiones.

Es bastante común que uno o ambos miembros de la pareja experimenten sentimientos de culpa o remordimiento, ya sea por sentir que podrían haber hecho algo diferente para salvar la relación o por el posible impacto negativo que pueda conllevar la separación en los hijos y en la relación con otros miembros de la familia. No podemos obviar, que todo fin de un matrimonio o relación implica un proceso de duelo y que, durante dicho proceso, la pareja, pueden atravesar etapas de negación, enojo, negociación, depresión y aceptación, similar al duelo por la pérdida de un ser querido. Siguiendo a RECASENS[1] el duelo implica una serie de reacciones psicológicas que se activan en las personas frente a una pérdida importante, consiste en diversas emociones, percepciones y sentimientos interconectados que surgen dentro de los individuos, afectando a su esfera emocional y cognitiva. Toda separación o divorcio puede llevar a cuestionamientos sobre la identidad personal e incluso profesional, especialmente si uno de los cónyuges se identificaba fuertemente como parte de la pareja. Esto puede afectar la autoestima y el sentido de valía personal.

Además, este proceso de cambio, de transición, no solo afecta a la pareja, cuando existen hijos en común, los mismos pueden experimentar una gama de emociones, desde confusión y culpa hasta tristeza y enojo.

La gestión de este cóctel de emociones conlleva a que aparezcan de manera natural conflictos entre la pareja, conflictos que son cosustanciales a la propia existencia del ser humano, y que deben ser catalogados como entes neutros. El conflicto surge cuando se da una divergencia de intereses entre personas que están en un mismo plano de igualdad de poder, siendo un fenómeno natural en las interacciones humanas. Al ser el conflicto un ente neutral, su conversión en algo positivo o negativo va a depender de la gestión del mismo, dicha gestión determinará si el conflicto desemboca en algo constructivo que promueva un cambio positivo en los miembros de la pareja que se va a separar, o si por el contrario finaliza en algo destructivo que cause un perjuicio y un retroceso en las relaciones familiares.

Los conflictos derivados de las crisis de pareja pueden gestionarse, con la finalidad de ser resueltos, a través de procedimientos judiciales o a través de procedimientos extrajudiciales de resolución de disputas.

Podemos afirmar que, en los procedimientos judiciales y extrajudiciales, las participantes pueden alcanzar acuerdos (dejamos al margen los procedimientos judiciales sobre los que recae una resolución judicial impuesta sin acuerdo entre las partes) que solventen los conflictos, aunque dichos acuerdos no gocen del mismo grado de calidad debido al papel que ha jugado durante el proceso la autonomía de la voluntad de los sujetos implicados en el conflicto. En la conciliación y en los procedimientos judiciales que finalizan con acuerdos, el escaso protagonismo de los progenitores (al ser el conciliador y los abogados quienes lo ostentan) durante el proceso conlleva a un desgaste emocional mayor y a una menor satisfacción con el proceso

1 RECASENS. I TORRAS, J. M.ª, *Actitud del equipo asistencial frente al duelo. Clínica Rural.*, 1995.

y con los acuerdos alcanzados, afectando ello a la calidad de dichos acuerdos, lo provoca en muchas ocasiones que se generen nuevos conflictos que acaben judicializándose. En la mediación, al promover la autonomía de la voluntad de las partes, las mismas adquieren el protagonismo durante todo proceso, lo que provoca un menor desgaste emocional y un mayor grado de satisfacción y de cumplimiento de los pactos alcanzados, lo que incide en la evitación de nuevos conflictos que den lugar a nuevos procedimientos judiciales, provocando con ello una mayor descongestión de los tribunales y la preservación de las relaciones familiares.

II. Factores que intervienen en la calidad de acuerdo

En la incidencia de dicha calidad intervienen diferentes factores, presentes todos ellos en los diferentes procesos de resolución de conflictos. Entre estos factores podemos destacar:

Coste emocional: Los procesos judiciales pueden tener un alto coste emocional en las partes involucradas, normalmente dichos procesos suelen generar incertidumbre acerca de los resultados, lo que suele provocar una mayor ansiedad y estrés. Además, aunque finalmente los letrados de las partes puedan alcanzar acuerdos, alguno de ellos el mismo día del juicio (diez o quince minutos antes de la celebración del mismo), cualquier puesta en marcha de un procedimiento contencioso de familia provoca un deterioro en las relaciones familiares, especialmente si al inicio los progenitores han mantenido posturas muy diferentes o antagónicas. Dicho deterioro, en muchas ocasiones, afecta de forma negativa en los menores, quienes pueden presentar conflictos de lealtades, al sentirse obligados a elegir entre sus padres o tomar partido por alguno de ellos, los que les puede generar un considerable estrés psicológico. En la conciliación o mediación familiar, al ser procedimientos menos formales y más colaborativos, pueden reducir la hostilidad y promover un diálogo abierto y constructivo. En mediación, además, al participar activamente los progenitores en la resolución del conflicto, logran sentir que mantienen el control de la situación, incidiendo ello en una reducción significativa del coste emocional.

Tiempo empleado en la resolución del conflicto: Los procedimientos judiciales conllevan, como regla general, más tiempo para resolver la controversia en cuestión. La carga de trabajo de los juzgados incide en la eficiencia del sistema judicial al producirse frecuentemente retrasos significativos en los procesos de familia, cuya duración puede oscilar entre varios meses a años. En cambio, los procedimientos extrajudiciales de resolución de conflictos, los plazos de tiempos hasta alcanzar un acuerdo se reducen considerablemente. En mediación, el promedio de sesiones necesarias para la gestión completa del procedimiento, oscilan entre cuatro y ocho, dependiendo de la complejidad del conflicto. Teniendo en cuenta que suele celebrarse una sesión por semana, el periodo de tiempo para resolver la disputa sería inferior a dos meses. En la mayor o menor duración del proceso de mediación, también influyen, además del número de disputas a tratar, la habilidad y experiencia de la persona mediadora para facilitar un diálogo eficaz y ayudar a las partes a llegar a un acuerdo con rapidez, afectando también la implicación y voluntad de los participantes para alcanzar el mismo.

Grado de cumplimiento del acuerdo alcanzado: El grado de cumplimiento de los acuerdos alcanzados está íntimamente relacionado con la calidad del mismo. En términos generales el cumplimiento de los acuerdos alcanzados en mediación es mayor que los alcanzados en otros procedimientos de resolución extrajudicial de conflictos y que los alcanzados en los procedimientos judiciales que finalizan con acuerdo[2].

Satisfacción de las partes: Teniendo en cuenta los factores o indicadores anteriores, la satisfacción de las partes es mayor si el procedimiento ha sido ágil, si durante la crisis el deterioro de las relaciones familiares se ha minimizado al máximo, si las partes se han sentido escuchadas, si han confiado en el proceso o si lo pactado se está cumpliendo.

III. La autonomía de la voluntad de las partes en conflicto

Identificado dichos factores, es de suma importancia reseñar un quinto factor que incide de manera transversal en la calidad del acuerdo, dicho factor es el grado de autonomía de voluntad que las partes han tenido en el proceso que ha conllevado a la consecución del acuerdo.

La autonomía de la voluntad es un principio que permite a los sujetos regular por sí mismos y en base a sus propios intereses sus relaciones y vinculaciones jurídicas. Según LASARTE, supone «la atribución a los particulares de un poder de autorregulación o autogobierno en las relaciones jurídicas privadas»[3]. Dicho principio se encuentra recogido en el artículo 1255 del Código Civil cuyo tenor dispone «los contratantes pueden establecer los pactos, cláusulas y condiciones que tengan por conveniente, siempre que no sean contrarios a las leyes, a la moral, ni al orden público»[4].

En los procesos de familia, las partes, en virtud de este principio podrán decidir cuestiones, como el modelo de custodia, reparto de tiempos de con-

2 GARCÍA VILLALUENGA, L. Y VÁZQUEZ DE CASTRO, E., «La mediación civil en España: luces y sombras de un marco normativo», 2013.

3 LASARTE ÁLVAREZ, C., *et al. Principios de derecho civil: t. 1. Introducción y derecho de la persona*. Marcial Pons, 2023.

4 Artículo 1255 del Código Civil.

vivencia con los menores, uso de la vivienda familiar, cuantía de pensiones, entre otras.

En este contexto, consideramos que la mediación, el escenario más proclive, en materia de familia, para garantizar o potenciar la autonomía de la voluntad de las partes implicadas en las crisis de parejas con hijos.

IV. Mediación y conciliación familiar

Dentro de los procedimientos extrajudiciales están la conciliación y la mediación familiar, aunque no en pocas ocasiones ambos términos se utilizan como sinónimos tienen sus características propias. En términos generales en la conciliación las partes llegan a acuerdos tras propuestas de solución que realiza el conciliador, y en la mediación, las partes alcanzan un acuerdo con la ayuda de la persona mediadora, sin tener esta posibilidad alguna de proponer soluciones. En mediación, el profesional que interviene lo hace manteniéndose en el mismo plano de igualdad de poder que las partes, sin embargo, en la conciliación ocupa un plano superior de poder en base a la cualificación profesional que posee, lo que justifica su protagonismo en la resolución del conflicto (Bustelo)[5].

Podemos definir la mediación familiar como un proceso voluntario y confidencial en el que un mediador multiparcial ayuda a las partes en conflicto (también denominados mediados), típicamente miembros de una familia, a comunicarse de manera efectiva y a negociar sus propios acuerdos. El objetivo principal de la mediación familiar es resolver disputas relacionadas con el divorcio, la custodia de los hijos, la manutención, la distribución de bienes, o cualquier otro asunto familiar que pueda surgir.

Durante la mediación, la persona mediadora facilita la comunicación entre los mediados para que puedan entender mejor sus respectivas perspectivas y motivaciones. Aunque el mediador puede ayudar a clarificar los puntos de acuerdo y desacuerdo, no toma decisiones por las partes. En lugar de ello, trabaja para que las mismas lleguen a un acuerdo mutuamente aceptable que con posterioridad podrá ser sometido a homologación judicial si así lo desean.

Este proceso no solo busca resolver el conflicto presente, sino también mejorar la relación a largo plazo, ayudándolas a desarrollar herramientas para manejar desavenencias futuras de manera constructiva.

4.1. Rol de la persona mediadora

La persona que interviene como mediadora, además de tener una formación específica en mediación y en el manejo de herramientas de resolución

5 Eliçabe-Urriol, D. J., *La mediación: claves para su comprensión y práctica*. Trimota, 2009.

de conflictos, debe reunir una serie de características, es lo que se conoce como «rol de la persona mediadora», fundamental en un proceso de mediación familiar para facilitar la comunicación y la resolución de conflictos entre las partes. Algunas de las características más importantes que configuran dicho rol son las siguientes.

Multiparcialidad: A diferencia de la imparcialidad, que se basa en no favorecer a ninguna de los implicados en conflicto, la multiparcialidad implica un compromiso activo por parte de la persona mediadora para valorar y entender los puntos de vista, los intereses y las necesidades de todas las partes en disputa por igual. Para ello debe garantizar un proceso equitativo en el que los mediados puedan expresar sus opiniones y manifestar sus preocupaciones de manera equitativa. Con ello se logra generar un ambiente de confianza y de colaboración lo que incide en una resolución de los conflictos más efectiva[6].

Asertividad: La persona mediadora, como conductora del proceso de mediación debe mantener a lo largo del todo el proceso de mediación una comunicación clara, directa y respetuosa con las opiniones y sentimientos de las personas en conflicto.

Empatía: Es importante, a la hora de gestionar conflictos, entender los sentimientos y las perspectivas de todas las partes, sin posicionamientos, favoreciendo una comprensión mutua que ayude a reducir hostilidades y enfrentamientos durante el proceso.

4.2. Fases del proceso de mediación

El proceso de mediación es un proceso informal y estructurado en diferentes fases o etapas, aunque la estructura y duración específicas de las mismas pueden variar según las necesidades y circunstancias de las partes involucradas. Entre ellas caben destacar:

1.- **Sesión informativa** inicial también llamada pre-fase de mediación: En esta fase, el mediador explica el proceso de mediación, sus principios y reglas, así como los roles y responsabilidades de las partes y de la persona mediadora.

2.- **Recopilación de información y definición de temas**: En esta etapa, los progenitores comparten sus puntos de vista sobre el conflicto y definen los temas a tratar en la mediación. El mediador ayuda a identificar las cuestiones claves a resolver y a priorizarlas para abordarlas de manera efectiva.

3.- **Generación de opciones y negociación**: Una vez que se han identificado los temas a tratar, se exploran posibles soluciones y se generan opciones de acuerdo que satisfagan las necesidades de ambas partes. La persona

6 Marinés Suares, «Procesos de mediaciones y técnicas», 2015.

mediadora facilita la negociación entre las partes y fomenta la creatividad para encontrar soluciones mutuamente aceptables[7].

4.- **Acuerdo y redacción:** Una vez que los progenitores llegan a un acuerdo, el mediador ayuda a redactar un documento que refleje los términos acordados. Este acuerdo puede ser revisado por abogados si las partes así lo desean y presentado ante el juzgado competente para su homologación.

5. **Seguimiento**: Después de alcanzar un acuerdo, algunas mediaciones incluyen una fase de seguimiento para garantizar que las partes estén cumpliendo con los términos acordados y para abordar cualquier problema que pueda surgir en el futuro.

4.3. Técnicas de mediación

Durante el proceso de mediación y con la finalidad de potenciar el diálogo y la empatía entre los mediados conducentes a la consecución de acuerdos, la persona mediadora interviene aplicando diferentes técnicas y herramientas de gestión de conflictos, existe una gran variedad de herramientas entre ellas podemos destacar brevemente:

- La escucha activa, mediante esta técnica la persona mediadora se asegura de comprender plenamente las preocupaciones, emociones y perspectivas de cada parte, demostrando en todo momento interés y empatía.
- La reformulación, consistente en repetir o parafrasear lo que una parte ha dicho para confirmar la comprensión mutua y ayudar a clarificar los puntos de vista.
- La legitimación, mediante la que se fomenta que las partes tomen un papel activo en la búsqueda de soluciones, promoviendo la responsabilidad y la toma de decisiones.
- La técnica de generación de opciones, que provoca la estimulación de los mediados para lograr que piensen creativamente y propongan soluciones posibles, explorando con ello diferentes alternativas para resolver el conflicto.
- El cambio de perspectiva, mediante esta técnica, el mediador alienta a las partes a considerar el punto de vista del otro y a ver la situación desde diferentes ángulos, favoreciendo la empatía, la comprensión y el establecimiento de objetivos y necesidades subyacentes, priorizando qué es más importante para cada uno en la resolución del conflicto.

---

7 HAYNES, J. M., *Fundamentos de la mediación familiar*. Gaia, 1995.

V. Autonomía de la voluntad y mediación

La incidencia de la autonomía de la voluntad de las partes en el proceso de mediación tiene lugar en todas las etapas del proceso de mediación, son las partes las que libremente pueden elegir al profesional que va a intervenir como mediador, las que deciden, tras la sesión informativa, si quieren iniciar un proceso de mediación o no, quienes optan por seguir o abandonar el mismo en cualquiera de sus fases, quienes tienen que generar alternativas o propuestas de solución y quienes finalmente, si el proceso de mediación culmina con acuerdo, quienes deciden todos y cada uno de los términos del mismo.

La implicación activa en la toma de decisiones para alcanzar acuerdos provoca una celeridad en la consecución de los mismos y conlleva numerosas ventajas psicológicas, al sentir un mayor control sobre la situación y sobre el resultado. Ello incide en un menor estrés emocional ya que mediante la participación activa perciben que sus preocupaciones y necesidades están siendo escuchadas y consideradas. Además, al colaborar en la creación de la solución, tal como apuntábamos antes, la probabilidad de que se comprometan con el acuerdo alcanzado aumenta considerablemente. Este compromiso surge porque el resultado va a reflejar sus ideas y sus esfuerzos. Es importante destacar que este mayor grado en la autonomía de la voluntad de las partes aumenta la satisfacción con el proceso de mediación, lo que influye en una mayor disposición para utilizar estos métodos ante futuros desacuerdos incrementando en las partes un mayor desarrollo de las habilidades de negociación y comunicación afectiva lo que sin duda son de gran utilidad a nivel personal.

VI. Conclusiones

En los procedimientos judiciales que culminan con acuerdos la intervención de los progenitores en limitada al ser los abogados los que lidera las negociaciones, reduciéndose la participación a la aceptación o rechazo de los acuerdos propuestos. A menudo estos acuerdos son pactados rápidamente, incluso minutos antes de la celebración del juicio en un ambiente de alto estrés, esta baja autonomía de la voluntad de las partes en la consecución de dichos acuerdos conlleva que los mismos sean de escasa calidad, lo que conduce a situaciones de incumplimientos que provocan nuevos procedimientos judiciales que inciden en una mayor sobrecarga de los ya saturados juzgados de familia. En la conciliación, la negociación es dirigida por un tercero que realiza la propuesta de solución y aunque las partes disponen de más tiempo para valorar la misma el grado de autonomía se reduce a la aceptación o no de dicha propuesta. En contraste, la mediación involucra a las partes en todo el proceso, permitiéndoles tomar decisiones activamente. Esto conduce a una mayor agilidad en la consecución del acuerdo, a un menor desgaste emocional y a un mayor compromiso con el resultado lo que incide directamente en una mayor calidad de los pactos alcanzados, de ahí la necesidad de incentivar la utilización de la mediación familiar como procedimiento extrajudicial de resolución de conflictos, lo que sin duda ayudará a una pacificación de las crisis de pareja y a una descongestión de los juzgados.

CAPÍTULO 19

ASISTENCIA PARA EL EJERCICIO DE LA AUTONOMÍA DE LOS MENORES

Carlo Pilia
Profesor Titular de Derecho Civil
Universidad de Cagliari

Sumario:

I. La reciente reforma italiana del derecho civil de menores

Italia ha aprobado recientemente una importante reforma orgánica de la justicia civil que contiene innovaciones reglamentarias de considerable importancia sistemática, especialmente en lo que respecta a la protección de los derechos de los sujetos más débiles, especialmente los menores[1]. La efectividad de las tutelas, tanto judiciales como extrajudiciales, constituye el principio clave que promueve su ejercicio por los menores mediante la introducción de nuevas medidas de protección flexibles y adecuadas a su edad, madurez y, por tanto, grado de autonomía.

La reforma de la justicia civil, en materia de personas, menores y familias, previó también tanto la revisión normativa procesal y sustancial como la reorganización gestional, que se implementará mediante la introducción de un rito unificado y la institución del tribunal único para las personas, menores y familias[2]. Incluso el sistema de jurisdicción voluntaria, así como el de contencioso, ha sido ampliamente reformado y abierto a la desjurisdiccionalización de protecciones para los menores, adultos total o parcialmente privados de autonomía y, en cualquier caso, vulnerables.

---

1 La reciente reforma orgánica de la justicia civil aprobada por el Parlamento con ley de 26 de noviembre de 2021, n. 206 (Delegación en el Gobierno para la eficiencia de los procedimientos civiles y para la revisión de la regulación de los instrumentos alternativos de resolución de conflictos y de medidas urgentes para la racionalización de los procedimientos en materia de derechos de las personas y familias, así como en materia de ejecución forzosa), ya implementado por el Gobierno con los decretos legislativos del 10 de octubre de 2022 n. 149 (Aplicación de la ley de 26 de noviembre de 2021, n. 206, que contiene delegación al Gobierno para la eficiencia de los procedimientos civiles y para la revisión de la regulación de los instrumentos alternativos de resolución de conflictos y medidas urgentes para la racionalización de los procedimientos en materia de derechos de las personas y de las familias, así como en materia de ejecuciones forzadas.) y n.151 (Normas sobre la oficina de proceso en aplicación de la ley de 26 de noviembre de 2021, n. 206, y ley de 27 de septiembre de 2021, n. 134). Sobre esta reforma italiana, *Il processo civile dopo la riforma. D.lgs. 10 ottobre 2022, n. 149*, a cura di C. Cecchella, Torino, 2023; *La riforma del processo civile. Commento al d.lgs. 10 ottobre 2022, n. 149*, a cura di R. Tiscini, Pisa, 2023; *Il nuovo processo civile. Commento al d.lgs. 10 ottobre 2022, n. 149*, a cura di G. Di Marco, Torino, 2023; *La riforma della giustizia civile. Prospettive di attuazione della legge 26 novembre 2021, n. 206,* a cura di G. Costantino, Bari, 2022; *La riforma del giudice e del processo per le persone, i minori e le famiglie. Legge 26 novembre 2021, n. 206*, a cura di C. Cecchella, Torino, 2022; *La Riforma del processo civile*, in *Il Foro italiano. Gli speciali (2022)*, 4, a cura di G. Costantino, D. Dalfino, 2023; P. Biavati, *L'architettura della riforma del processo civile*, Bologna, 2022.

2 En relación al nuevo rito de familia, v. A. Carratta, *Un nuovo processo di cognizione per la giustizia familiare e minorile*, en *Famiglia e diritto*, 4, 2022, p. 349 ss.; F. Danovi, *Il nuovo rito delle relazioni familiari*, en *Famiglia e diritto*, 8-9, 2022, p. 837 ss.; M.C. Baruffi, «Gli accordi sulla legge applicabile nei giudizi di crisi coniugale», en *Famiglia e diritto*, 4, 2022, p. 414 ss.; F. Tommaseo, «La riforma del processo civile a un passo dal traguardo», en *Famiglia e diritto*, 10, 2022, p. 955, ss.; G. Buffone, «Le nuove norme processuali in materia di persone, minorenni e famiglia (d.lgs. n. 149/2022): prime letture sintetiche», en *Giustizia insieme*, 8 febbraio 2023; G. Sapi, A. Simeone, *Il nuovo processo per le famiglie e i minori*, Milano, 2022; G. Costantino, «Questioni di coordinamento tra il nuovo «procedimento unificato» e le altre forme di tutela giurisdizionali delle persone, dei minorenni e delle famiglie», en *Rivista di diritto processuale*, 1, 2023, p. 169 ss.

El interés superior del menor, en general, impregna toda la reforma tanto en el aspecto procesal como en el sustantivo[3]. Se está desarrollando significativamente la participación activa de los propios menores en la protección y, por tanto, el ejercicio autónomo de sus derechos respecto tanto de las evaluaciones de quienes ejercen la responsabilidad parental y tutela como de las decisiones de la autoridad judicial.

De hecho, finalmente se pretendía abordar las graves cuestiones críticas del derecho menoril interno, especialmente en lo que respecta al sistema tradicional de protección de código civil, a través de una reforma estructural general y profunda inspirada en la implementación de principios supranacionales y europeos[4]. Para que el reconocimiento de los derechos fundamentales de los menores sea efectivo, debe ir acompañado de la aplicación de medidas adecuadas que les permitan tomar decisiones personales y patrimoniales, no sólo en la dinámica familiar sino también en las dimensiones relacionales externas, en lo que respecta a los ámbitos económico, social y político en el que se desarrolla la personalidad del ser humano.

El interés superior del menor en la proyección personalista que debe garantizar la dignidad, libertad y autonomía de cada individuo, por tanto, se expresa a través de la valorización del importante aporte volitivo del interesado, quien debe encontrar espacios crecientes y nuevos métodos de asistencia pare expresarse en las relaciones jurídicas. De esta forma se supera la rigidez de los mecanismos sustitutivos-representativos para la gestión de la responsabilidad parental y la protección de los menores. La introducción de soluciones más flexibles, que se aplicarán de forma generalmente compartida, garantiza la idoneidad de las medidas de protección y, por tanto, la eficacia del ejercicio de los derechos de los menores, como ocurre desde hace mucho tiempo con los adultos, en aplicación de los principios supranacionales, teniendo un alcance general, respetando la dignidad, libertad y autonomía de los beneficiarios.

La reforma de la justicia desencadena la revisión conjunta de las disciplinas del libro primero del código civil, para los aspectos sustanciales, y del libro segundo del código procesal civil, para los aspectos procesales, estimulando a los intérpretes a identificar nuevas claves evolutivas y reconstructivas sistemáticas que sean capaces de implementar los principios generales superiores de la dignidad, libertad y autonomía de las personas que marcan

3 M. Bianca, «Le fonti del diritto civile, minorile», en *Diritto civile minorile*, a cura di A. Cordiano, R. Senigaglia, cit., p. 1 ss.; P. Pirrone, *La convenzione sui diritti del fanciullo nell'ordinamento italiano a trent'anni dalla sua adozione,* in *Rivista di diritto internazionale*, 2, 2020, p. 389 ss.

4 *Diritto civile minorile*, a cura di A. Cordiano, R. Senigallia, Napoli, 2022; AA. VV., *Autodeterminazione e minore età*, a cura di R. Senigaglia, Pisa, 2019; G. Ballarani, *La capacità autodeterminativa del minore nelle situazioni esistenziali*, Milano, 2008.

todo el ciclo de la vida humana, adaptándolas siempre a las condiciones cambiantes de cada individuo beneficiario de protección.

II. Las directrices generales para la protección de menores

La posición jurídica, sustantiva y procesal del menor se fortalece en general dentro del sistema jurídico italiano y, en muchos aspectos, se reconfigura de acuerdo con los principios supranacionales que se implementarán también legislativamente. El enfoque tradicional del código sobre la incapacidad legal del menor para actuar ha cambiado profundamente, si no invertido, según una perspectiva remedial.

Existen al menos tres grandes directrices generales para la evolución sistemática del derecho civil de menores, integradas entre sí: procesalización, flexibilización y consensualización de las protecciones de los menores.

La revisión regulatoria pretende simplificar, acelerar y racionalizar el sistema procesal actualizado de protecciones tradicionales y nuevas. La fase de gestión del conflicto de menores es de fundamental importancia para garantizar el fortalecimiento y efectividad de la protección y los derechos de los sujetos vulnerables. Partiendo de la dialéctica concreta del conflicto, según las diferentes situaciones que se pueden encontrar en cada momento, por tanto, es necesario garantizar la realización del interés tutelado, declinando los derechos, protecciones, facultades y capacidades de los menores. Ellos deben o, según los casos, pueden participar activamente en la adopción de las decisiones resultantes.

III. Procesalización

A la configuración normativa predefinida, de alcance general, rígida y abstracta, en la que se basa la tradicional disciplina codificada de la incapacidad jurídica de actuar de los menores (art. 2)[5], la reforma de la justicia superpone ahora una discrecionalidad particular, flexible y concreta, para ser dictada mediante un procedimiento judicial o extrajudicial participativo. La dialéctica procesal y participativa se vuelve decisiva para determinar cuáles son las medidas de protección más adecuadas para que se realicen e implementen las mejores opciones inherentes al cuidado del interés superior del menor. En el contexto de la gestión concreta del conflicto, tanto de carácter per-

5 P. RESCIGNO, «Capacità d'agire», en *NDI*, II, Torino, 1958, p. 861 ss.; A. FALZEA, «Capacità (teoria gen.)», *en Enc. dir.*, II, Milano, 1960, p. 16 ss.; G. ARENA, «Incapacità (dir. priv.)», en *Enc. dir.*, XX, Milano, 1970, p. 909 ss.; P. STANZIONE, «Minori (Condizione giuridica dei)», en *Enc. dir.*, *Ann.* IV, 2011, p. 725 ss.; R. SENIGALLIA, *Minore età e contratto. Contributo alla teoria della capacità*, Torino, 2021, p. 1 ss.

sonal como patrimonial, según los casos, es necesario evaluar quién, con qué métodos y contenidos asume el poder de decisión para y con el menor, haciendo uso de no sólo las fórmulas tradicionales de asistencia, sino también las nuevas que surgen de la práctica, que la reforma ha regulado plenamente. En la fase de aplicación, en coherencia con la afirmación de la perspectiva procesal, el juez hace uso de la flexibilidad de las medidas cautelares, para adaptarlas siempre a la situación concreta y, en particular, para verificar la capacidad de discernimiento y, por tanto, la autonomía que posee el propio menor en función de la edad, la madurez, la experiencia vivida, el contexto familiar y, más en general, todas las demás circunstancias significativas del caso[6].

El cambio de perspectiva en la protección de los menores, por otra parte, no sólo ha determinado la revisión de múltiples disposiciones internas, procesales y sustantivas, sino que también implica la necesidad de una relectura evolutiva sistemática y global de todo el derecho civil menoril, partiendo precisamente de la Disciplina general de responsabilidad parental, protección y emancipación. Los principios supranacionales relativos a los menores deben encontrar la aplicación legislativa más completa, orgánica y explícita también en lo que respecta a la necesaria revisión del código obsoleto que regula la incapacidad jurídica para actuar.

El nuevo derecho civil menoril registra el fortalecimiento de la posición jurídica y, por tanto, de la capacidad del menor que, en muchos aspectos, se libera del sometimiento al rígido mecanismo representativo de la responsabilidad parental y tutela en la gestión de los derechos en situaciones conflictivas familiares y extrafamiliares. Desde hace algún tiempo existe una tendencia generalizada a reconocer espacios crecientes de autonomía a los menores a partir de la adolescencia para la realización de actividades específicas, relacionadas no sólo con el ámbito personal sino también con el patrimonial[7]. Sin embargo, la nueva reforma italiana presenta aspectos de originalidad. El fortalecimiento de la capacidad del menor provocado por la última reforma, de hecho, no se expresa sólo en la anticipación normativa del umbral de edad legal predefinido, a partir del cual se atribuye automáticamente el poder. para realizar la actividad directamente.

IV. Flexibilización

Más bien, se afirma un enfoque procesal más flexible que, con referencia a los principales acontecimientos del conflicto, prevea la adaptación judicial de

6 F. Ruscello, *Minore età e capacità di discernimento: quando i concetti assurgono a «super-norme»*, en *Dir. fam.*, 2011, p. 404 ss.

7 M. Sesta, «La prospettiva paidocentrica quale fil rouge dell'attuale diritto di famiglia», en *Actualidad Juridica Iberoamericana*, 2022, p. 1572 ss.

las medidas jurídicas de protección, en función de la condición concreta en la que se encuentra el menor, teniendo en cuenta en particular la capacidad de discernimiento y de los deseos manifestados por él, que se evaluarán en función de la edad y madurez. Esto otorga al juez un poder discrecional más amplio para modular de diversas formas los contenidos y métodos de aplicación de las medidas de protección aplicables de acuerdo con la realización del principio clave del interés superior del menor.

La decisión del juez, por tanto, no utiliza disposiciones predefinidas de contenido rígido o unidireccional, ni corresponde a niveles abstractos de capacidad jurídica debida al menor. Por el contrario, en la gestión dialéctica del acontecimiento concreto del conflicto, el juez realiza una modulación individual prudente de la medida de protección a partir de la valoración de la capacidad real de discernimiento y, por tanto, de la autonomía que ha alcanzado para la realización. de una actividad concreta, más que de otra, referible a su ámbito personal o patrimonial.

Por tanto, la decisión judicial suele adoptarse como resultado de una escucha del menor y, en cualquier caso, de una evaluación dialéctica que se realizará en la práctica en plena discusión con los distintos sujetos y administraciones implicadas, haciendo uso también del aporte de auxiliares calificados y profesionales expertos en manejo de conflictos. De esta manera, precisamente en el momento de aplicar la medida de protección adecuada que corresponda al interés superior del menor, se crea un régimen jurídicamente graduable de su capacidad en función de las actividades a realizar y de las situaciones conflictivas a afrontar. La «personalización» de la solución ahora es posible gracias a la reconfiguración procesal, en términos más flexibles y abiertos, de las nuevas medidas de protección de los menores.

La flexibilidad del nuevo sistema de protección de los menores, en efecto, debe entenderse de forma multidireccional, no sólo ampliando sino también limitando las competencias y, por tanto, de la capacidad en función de la valoración de la idoneidad para el ejercicio de las diversas opciones inherentes a la realización de su interés superior. De hecho, son concebibles situaciones conflictivas en las que las investigaciones judiciales tengan resultados diferentes, si no opuestos, basados en las condiciones individuales del menor. En algunos casos, puede parecer que las medidas protectoras predefinidas inherentes al ejercicio de la responsabilidad parental o de la tutela son excesivamente restrictivas en detrimento de la autonomía del menor, hasta el punto de justificar su atenuación y, por tanto, la atribución de mayores facultades de autodeterminación al propio menor, ya que se le considera capaz de tomar conscientemente las decisiones pertinentes. En otros casos, sin embargo, la valoración judicial podría revelar que el menor se encuentra en peores condiciones críticas, en términos de una reducida, si no nula, capacidad de discernimiento y, por tanto, un marcado déficit de autonomía respecto de la situación normal, respecto de sus pares que afrontan acontecimientos similares. En tales situaciones, siempre en aplicación del principio fundamental del interés superior del menor, puede ser necesario reforzar las medidas de protección que se le deben aplicar, ya que se le reconoce como el sujeto más vulnerable, sin esperar a que alcance la mayor de edad supere la condición de fragilidad, si es de carácter duradero.

En resumen, el sistema de protección menoril es susceptible de conformarse de diversas formas en sentido atenuante o fortalecido debido principalmente a las comprobadas condiciones de capacidad en que se encuentra el menor y a las actividades específicas que debe realizar para afrontar hechos conflictivos, tanto internos como externos a la familia. Entre los factores del contexto crítico relevantes para la aplicación flexible de las medidas de protección, se debe considerar la voluntad del menor, así como de los demás sujetos involucrados, comenzando por quienes ejercen la responsabilidad genitorial, la tutela y la asistencia.

V. Consensualización

En la reforma de la justicia civil, la dimensión consensual en la gestión de los conflictos adquiere una importancia creciente y sistemática, tanto dentro de la jurisdicción como en los procedimientos extrajudiciales complementarios a ella que han recibido un impulso decisivo en el sistema jurídico italiano, también en el contexto de la materia de la familia y las personas. Por un lado, persisten importantes perfiles de indisponibilidad en la protección de los asuntos familiares y, en particular, de los derechos de los menores, que corresponden al ejercicio de las facultades oficiosas del juez y a la necesaria intervención del fiscal y, en su caso, de otra autoridad en la gestión de los conflictos familiares, así como en los casos relativos al ejercicio de la responsabilidad parental y a la protección de los menores. Por otro lado, con la reforma de la justicia menoril se han previsto y fomentado importantes momentos participativos y consensuales en la resolución de conflictos, tanto en el litigio judicial y extrajudicial, como en la jurisdicción voluntaria.

El legislador de la reforma procedió a dictar una disciplina orgánica que fortalece y favorece la gestión compartida de los conflictos, también en lo que respecta a la aplicación de medidas protectoras adecuadas hacia los menores, por ser funcionalmente más apropiadas para la realización de los intereses superiores que se refieren a estos últimos[8]. La gestión consensuada del conflicto, de hecho, preserva la cohesión familiar y permite el desarrollo armonioso de la personalidad del menor y, tras la posible disolución de la uni-

8 M. Di Masi, *L'interesse del minore. Il principio e la clausola generale*, Napoli, 2020; E. Quadri, «Una riflessione sull'interesse del minore e la dimensione familiare della sua tutela», in *La nuova giurisprudenza civile commentata*, 2020, 6, II, p. 1330 ss.; V. Scalisi, «Il superiore interesse del minore ovvero il fatto come diritto», en *Riv. dir. civ.*, 2018, 2, p. 408 ss.; E. Giacobbe, «Il prevalente interesse del minore e la responsabilità genitoriale. Riflessioni sulla riforma Bianca», en *Dir. fam.*, 2014, p. 817 ss.

dad familiar, favorece el mantenimiento de las relaciones con ambos progenitores y con los demás miembros de las ramas familiares de los padres[9]. La solución compartida salvaguarda la autonomía familiar y la autodeterminación individual de sus miembros, incluida la de los hijos menores que deben ser mantenidos.

En este sentido, respetando los principios supranacionales, la aplicación generalmente generalizada de escuchar al menor, antes de la adopción de cualquier decisión que le concierna, permite que sus deseos maduren y se adquieran para ser tenidos debidamente en cuenta en la realización de las elecciones consiguientes para realizar sus mejores intereses. Además, fuera de los casos de violencia de género o doméstica, la reforma favorece las vías judiciales y extrajudiciales de solución consensuada de los múltiples conflictos familiares que se manifiestan tanto en el desarrollo fisiológico del hogar familiar, como durante la crisis disolvente de la pareja y también después de la reorganización separada de la vida de cada uno de los padres de los hijos menores. Se pretende preservar un ambiente de colaboración que responsabilice también a todos los miembros de la familia en la gestión de los conflictos, identificando y compartiendo las mejores soluciones armoniosas inherentes a los aspectos personales y económicos, especialmente en lo que respecta a los niños.

Además, las soluciones desarrolladas para las situaciones más graves de conflicto familiar que implican la privación o limitación de la responsabilidad parental y, por tanto, la aplicación judicial de diversas medidas protectoras, no sólo tradicionales, sino también nuevas, tanto típicas como atípicas. En tales casos, la decisión del juez concede particular importancia a las soluciones compartidas no sólo con los hijos menores, sino también con los padres y otros sujetos implicados dentro y fuera de la familia. La elección judicial de la medida de protección, la conformación de su contenido y los métodos de aplicación, en muchos sentidos, ya no deberían imponerse de manera autoritaria y rígida, sino que deberían situarse y modularse en un contexto posiblemente compartido para garantizar su eficacia. Esto también se encuentra en la gestión de implementación de la medida de protección, siendo el uso de la fuerza pública una proporción extrema, a la que recurrir sólo en casos de extrema urgencia y en ausencia de otra solución viable. Incluso en estos casos, de hecho, el juez está obligado a buscar la vía consensuada principal para la implementación compartida de la medida de protección.

VI. Personalización del interés superior del menor

La reforma fortalece la posición jurídica del menor como beneficiario de la medida de protección, otorgando decididamente mayor importancia a la adquisición y evaluación de sus deseos, con el fin de apoyar el ejercicio de

9 A. Spadafora, *La «nuova» autonomia privata familiare tra norma sostanziale e norma processuale*, en *Famiglia e diritto*, 2, 2023, p. 177 ss.

su autonomía. Además de generalizarse el uso de la escucha ante cualquier decisión judicial que le afecte, de hecho, se reconoce expresamente el papel activo y participativo del menor en la dinámica procesal, liberándolo del mecanismo sustitutivo que representa la responsabilidad y protección parental al solicitar al juez para la aplicación, modificación e incluso terminación de la medida de protección. La indicación es importante, pues el juez puede tanto modular el contenido de las medidas típicas como adoptar medidas atípicas y, por tanto, en el ejercicio discrecional de su facultad conforme, tomará en consideración adecuada la voluntad del menor beneficiario, cuyo interés superior siempre debe lograrse.

Las innovaciones tienen un notable valor sistemático ya que las disposiciones del juez que ordenan medidas cautelares, interfiriendo en el ejercicio de la responsabilidad parental, tutela y asistencia de los menores, pueden afectar judicialmente el régimen de incapacidad legal para actuar de los menores, conformándolo en función de las necesidades de protección. Además, la indicación no parece limitarse a los actos de carácter personal, sino que debería incluir también los de carácter patrimonial. En este sentido, también es significativa la revisión del sistema de publicidad de los registros de protección y tutela de menores, pero de manera más general la reforma de la jurisdicción voluntaria, que involucra a todos los beneficiarios de medidas protectoras, interdictos, incapacitados, beneficiarios de administrador de apoyo y menores. Para todos ellos, de hecho, asistimos a una simplificación, agilización y racionalización de la materia que se consigue también mediante la desjurisdiccionalización.

La autorización judicial necesaria para el otorgamiento de escrituras públicas o de escrituras privadas de administración extraordinaria, de hecho, puede ser sustituida por la emitida por el notario encargado de redactar la escritura[10]. Se abren, por tanto, nuevos espacios para el ejercicio de la autonomía negociadora que, incluso para los menores, sustituyen el control judicial por el control notarial o, en la solución de crisis familiares mediante negociación asistida por abogados, por el control del fiscal.

Se perfilan, así, las pautas de la revisión sistemática global de la incapacidad jurídica del menor para actuar que, en muchos sentidos, favorecen la recomposición de la unidad de las medidas de protección, para que se ajusten judicialmente a las necesidades protectoras del beneficiario, sea mayor o menor.

---

10 Sobre la novedad de la autorización notarial en actos de jurisdicción voluntaria, G. SANTARCANGELO, «L'autorizzazione notarile nella nuova normativa della volontaria giurisdizione», en *Notariato,* 6, 2022, p. 592 ss.; ID., «Volontaria giurisdizione: la struttura della richiesta e dell'autorizzazione rilasciata dal notaio per atti di straordinaria amministrazione», en *Notariato*, 6, 2022, p. 649 ss.; G. IACCARINO, «Donazione da genitore a figlio dopo la riforma in materia di volontaria giurisdizione», en *Notariato*, 2, 2023, p. 139 ss.

VII. Escucha del menor

Además, la reciente reforma italiana dicta la disciplina orgánica de escuchar al menor[11], a través del fortalecimiento global de su posición jurídica y, por tanto, de sus derechos de participación[12], según la dicha perspectiva procesal.

En primer lugar, se establece el principio según el cual el juez debe realizar directamente la escucha, que no puede delegarse en otros, ni siquiera en el juez honorario. Además, se prescribe que el menor que haya cumplido doce años de edad, e incluso menor si es capaz de discernir, será oído en los procedimientos en los que deban adoptarse medidas que le conciernen. De acuerdo con las indicaciones procedentes de fuentes supranacionales, con la reforma de la justicia civil se ha generalizado la aplicación de la institución a partir de la consecución del umbral legal de doce años, pero incluso antes cuando se constata concretamente su capacidad de discernimiento. En este sentido, según la perspectiva procesal, es necesario examinar concretamente la condición individual del menor para verificar si, antes de los doce años, posee ya capacidad de discernimiento, con referencia específica a la adopción de la decisión que le concierne. La misma perspectiva se apoya en la disposición según la cual las opiniones del menor deben tomarse en consideración teniendo en cuenta su edad y su nivel de maduración. El valor de las opiniones del menor, por tanto, puede graduarse en función del avance del proceso de crecimiento y, por tanto, de la adquisición real de la capacidad de discernimiento alcanzada. De este modo, la valoración realizada directamente por el juez permite valorar si el menor es capaz de realizar sus propias valoraciones críticas y, en consecuencia, puede realizar elecciones autónomas que, reflejando su personalidad, sean efectivamente libres y conscientes.

A nivel funcional, la escucha del menor tiene como objetivo proteger su interés superior e, incluso en el sistema interno reformado, se convierte en una herramienta indispensable de aplicación ahora generalizada. En este sentido, la reforma de la justicia señala textualmente las limitaciones excepcionales, las cuales deben ser constatadas judicialmente en términos concretos y justificadas oportunamente. Se establece, en primer lugar, que el juez

11 Sobre la regulación de la escucha del menor, v. F. Danovi, «Ascolto del minore, capacità di discernimento e obbligo di motivazione (tra presente e futuro)», en *Famiglia e diritto*, 2022, 11, p. 993 ss.; S. Tarricone, «L'ascolto del minore è garanzia di effettività della tutela giurisdizionale», en *Famiglia e diritto*, 1, 2023, p. 29 ss.

12 R. Russo, «La partecipazione del minore al processo nella riforma del rito civile», en *Famiglia e diritto*, 6, 2022, p. 643 ss.; A. Arceri, «Il minore nel nuovo processo familiare: le regole sull'ascolto e la rappresentanza», en *Famiglia e diritto*, 4, 2022, p. 380 ss.; C. De Angelis, *I procedimenti civili minorili*, Milano, 2019, p. 89 ss.

no procede a la audiencia, motivando ello con precisión en la disposición, esencialmente en cuatro casos.

De particular importancia y delicadeza es la exclusión de la escucha cuando el menor expresa la voluntad contraria. Por un lado, sería contradictorio prever la escucha para conocer las opiniones del menor, sin respetar su opinión en no someterse a ella. Por otra parte, el juez debe comprobar la autenticidad y validez de la negativa del menor, para evitar el riesgo de influencias externas abusivas o de actitudes inconscientes de desconfianza hacia la justicia. Este caso plantea la necesidad de realizar una verificación más profunda de los motivos de la negativa del menor y, por tanto, de sus condiciones reales de capacidad para expresar críticamente sus decisiones.

La disposición plantea la cuestión abierta de un alcance más amplio y profundo respecto del valor atribuible a los deseos expresados por el menor en la escucha con respecto a la realización de su propio interés superior. La respuesta no puede darse en abstracto ni completarse en priori de manera rígida para todas las situaciones y con respecto a cualquier acto a realizar. La voluntad del menor, en efecto, puede ser valorada concretamente directamente por el juez que lo escuchó, según las contingencias del caso y las condiciones individuales del propio menor, según cada elección que le concierna. La solución flexible es coherente con la perspectiva procesal, y no sólo procesal, aceptada por la reforma en cuanto a la revisión de la disciplina de escucha y, más en general, de los instrumentos de protección de la infancia.

La apreciación discrecional del juez, que debe estar adecuadamente motivada, confía la atribución concreta de valor a los deseos del menor adquiridos mediante la escucha con vistas a la adopción de decisiones individuales que le conciernen. En este sentido, la necesidad de escuchar al menor siempre queda a la valoración judicial incluso en procedimientos en los que se tiene en cuenta un acuerdo entre los padres relativo a las condiciones de custodia de sus hijos.

La gestión consensuada de los conflictos familiares, también en lo que respecta a las relaciones con los hijos, es ciertamente deseable y promovida por la reforma, no sólo en el marco del proceso contencioso, sino también en los procedimientos extrajudiciales complementarios, la negociación asistida por abogados y la mediación familiar[13]. Incluso en estos casos, los acuerdos alcanzados por los padres, cualquiera que sea su relación jurídica, podrían afectar las esferas personal y patrimonial de los hijos, por lo que es necesa-

13 Sobre la reforma de la mediación familiar, D. Novello, en *La riforma del processo e del giudice per le persone, per i minorenni e perle famiglie. Il decreto legislativo 10 ottobre 2022, n. 149*, cit., p. 77 ss.; P. Licci, in *La riforma del processo civile. Commento al d.lgs. 10 ottobre 2022, n. 149*, cit., p. 788 ss.; F. Agnino, *La mediazione familiare*, in *Relazione 13/2022 Cass.*, cit., p.103 ss.; R. Lombardi, *La negoziazione assistita nella riforma della giustizia della famiglia*, cit., p. 327 ss.

rio verificar el cumplimiento del principio del interés superior que tiene en cuenta las opiniones expresadas por a ellos.

Dado que la reforma de la justicia deja la decisión sobre la posible necesidad de proceder a escuchar a los hijos menores al juez que evalúa los acuerdos alcanzados por los padres, se debe asumir que la decisión de no escucharlos debe estar sustentada en una motivación adecuada. En otras palabras, el acuerdo de los padres por sí solo no sería suficiente para excluir la necesidad de audiencia, ya que la decisión queda nuevamente a la evaluación del juez, quien tendrá en cuenta todas las circunstancias relevantes del caso.

En lo que respecta a los acuerdos de negociación asistida a través de abogados entre padres en presencia de hijos menores, en el control encomendado al fiscal es necesario evaluar la oportunidad de escuchar a los hijos menores, con el fin de lograr su interés superior. La reforma italiana se adapta a la normativa europea que, en relación con el reconocimiento de medidas en materia de familia, exige expresamente el respeto al derecho a ser oído de los menores. La existencia de casos que excluyen o limitan la escucha, por tanto, debe ser valorada y adecuadamente justificada en términos concretos por el juez, así como por el fiscal en el procedimiento de negociación asistido por abogados[14]. Además, la atribución del valor específico a los deseos expresados por el menor durante la escucha se inspira en la misma lógica procesal. Esto justifica no sólo la inclusión sistemática de la disciplina de la escucha del menor en el nuevo rito unificado, sino también las disposiciones generales relativas a las garantías procesales que deben observarse en el interés superior del menor y a las posiciones de los demás sujetos implicados en la gestión del conflicto.

En cuanto a las modalidades de realización de la audiencia, se establece que la misma será realizada por el juez, quien podrá ser asistido por peritos y otros auxiliares. Por su importancia y delicadeza, por tanto, el juez debe proceder directamente a la audiencia, haciendo uso de la profesionalidad necesaria. En este sentido, la reforma de la justicia prevé la revisión global del sistema auxiliar, identificando competencias profesionales nuevas y específicas, específicamente en lo que respecta a los menores. La necesidad de escucha individual explica la disposición que, en el caso de procesos en los que intervienen varios menores, obliga al juez a celebrarlos por separado. La valoración del juez, en efecto, debe realizarse de forma personalizada, es decir, dirigida a la situación de cada menor a quien se refiere la decisión a

14 R. Lombardi, *La negoziazione assistita nella riforma della giustizia della famiglia*, cit., p. 327 ss.; G. De Cristofaro, «Le modificazioni apportate al codice civile dal decreto legislativo attuativo della "legge Cartabia" (D.Lgs. 10 Ottobre 2022, n. 149). Profili problematici delle novità introdotte nella disciplina delle relazioni familiari», cit., p. 1454 s.; A. Arceri, *Il minore nel nuovo processo familiare: le regole sull'ascolto e la rappresentanza*, cit., p. 380 ss.

adoptar, sin posibilidad de audiencias conjuntas y, mucho menos, valoraciones indistintas, que mortificarían el valor y la dignidad del niño.

Así, la personalización de las modalidades de desarrollo de la audiencia, a nivel organizado, se refiere a la celebración de la audiencia en horarios compatibles con los compromisos escolares del menor, así como eventualmente en locales adecuados a su edad, incluso fuera del tribunal. Se trata de evitar traumatizar al menor y, en cualquier caso, comprometer la autenticidad de sus opiniones, que el contexto judicial podría alterar. Por lo tanto, es fundamental que la audiencia judicial se personalice según la condición del menor, también mediante la adopción de métodos organizativos que deja que se sienta tranquilo.

Además, con el nuevo rito unificado se regulan las actividades que preceden y acompañan a la audiencia del menor, como acto que afecta no sólo a su posición, sino también a la de otros sujetos, empezando por los padres, que son partes en la disputa, y, sin embargo, están involucrados en el conflicto[15]. Igualmente importante es que el menor también tenga conciencia previa de lo que ocurre con la escucha y de las consecuencias que pueden derivarse de ella, tal y como establecen fuentes supranacionales.

Las nuevas disposiciones, en particular, establecen que el juez, teniendo en cuenta la edad y el nivel de madurez del menor, le informa de la naturaleza del procedimiento y de los efectos de la audiencia, procediendo con métodos que garanticen la serenidad y la confidencialidad. Una vez más, la identificación de los métodos adecuados a utilizar para proporcionar información preliminar, así como para realizar la escucha.

Se añade, sin embargo que, si el menor ha cumplido catorce años, el juez deberá informarle también de la posibilidad de nombrarle un tutor especial. Se trata de una posibilidad que, a través de las nuevas disposiciones generales del rito unificado, se ha institucionalizado con el objetivo de fortalecer la posición jurídica del menor a través de sus derechos participativos. De hecho, se pretende garantizar la participación directa y activa del menor en los procedimientos que le afectan, liberándolo del mecanismo de representación que sustituye a quien ejerce la patria potestad o al tutor.

De esta forma, el menor puede solicitar al juez que designe un curador especial para que lo asista en la audiencia y en el trámite correspondiente con vistas a la adopción de la decisión que le concierne. Sin embargo, el juez que conduce la audiencia podrá designar directamente al curador, en ejercicio de las facultades oficiosas que le atribuye la reforma, para que las ejerza

15 G. De Cristofaro, «Le modificazioni apportate al codice civile dal decreto legislativo attuativo della "legge Cartabia" (D.Lgs. 10 Ottobre 2022, n. 149). Profili problematici delle novità introdotte nella disciplina delle relazioni familiari», en *NLCC*, 6, 2022, p. 1407 ss.; A. Barbazza, «Guida alla riforma del processo civile. Cosa cambia dopo il d.lgs. n. 149/2022», en *Nuove leggi. Nuovo diritto*, Pisa, 2023.

siempre en el interés superior del menor, cuando no lo considere adecuadamente protegidos sus derechos por padres o tutor.

La escucha del menor se convierte en un momento imprescindible para adquirir sus valoraciones y, por tanto, adoptar las consiguientes decisiones que le conciernen, con las garantías del control judicial. En este sentido, la escucha, sobre todo si está asistida por auxiliares y peritos dotados de competencias especializadas, parece funcional al control judicial para la adopción no sólo de las decisiones invocadas por los padres en los hechos que entran en conflicto entre ellos, sino también de las medidas que podrá ser solicitada por el propio menor y, en todo caso, dispuesta oficialmente por el juez también a petición de otros sujetos y autoridades.

VIII. La solución consensuada, judicial y extrajudicial de conflictos de menores

En interés de los menores, tanto judicial como extrajudicialmente, siempre son preferibles procedimientos y soluciones compartidos en los que las partes deben colaborar lealmente.

En los procedimientos contenciosos familiares relativos a menores, la colaboración leal, según la reforma, se exige desde el inicio y obliga a las partes a compartir información, documentos y el plan parental como factores muy importantes para la solución amistosa y, por tanto, la decisión judicial de la disputa. De hecho, la primera audiencia de comparecencia de las partes ante el juez tiene como objetivo ante todo la conciliación y la adopción de medidas urgentes en interés principalmente de los menores. Desde el decreto inicial, el juez también informa a las partes de la posibilidad de hacer uso de la mediación familiar. En cualquier momento, el juez podrá renovar la información e invitar a las partes a contactar a un mediador, elegido por ellas entre las personas inscritas en la lista formada de conformidad con las disposiciones de desarrollo de este código, para recibir información sobre los propósitos, contenidos y métodos de el camino y evaluar si emprenderlo. La mediación familiar, en particular, es un procedimiento extrajudicial de solución consensuada de conflictos en el que un profesional experto, el mediador, asiste a las partes en el intento de llegar a una solución compartida en el mejor interés del menor.

En la primera audiencia las partes deben comparecer personalmente y, después de haberlas oído, el juez intenta conciliarlas, formulando además una propuesta de conciliación motivada. Frente a la adopción de decisiones judiciales, por tanto, el intento de conciliación y el uso de la mediación familiar tienen precedencia y asumen un carácter general, ya que excepcionalmente quedan excluidos sólo en los casos en los que se alegue maltrato familiar o conductas de violencia doméstica o de género, implementados por una parte hacia el otro o los hijos menores de edad, de conformidad con los principios internacionales. Fuera de los casos antes mencionados, si la conciliación fracasa y, en cualquier caso, el juez lo considera conveniente, oídas las partes y obtenido su consentimiento, puede posponer la adopción de medidas provisionales y urgentes para permitir a los cónyuges, recurriendo a expertos, intentar la mediación para llegar a un acuerdo, con especial referencia a la protección de los intereses morales y materiales de los niños.

Además, en los procedimientos de separación, disolución o terminación de los efectos civiles del matrimonio, disolución de la unión civil y regulación del ejercicio de la responsabilidad parental, así como de modificación de las condiciones correspondientes, se prevé que el juez, al adoptar las medidas provisionales y urgentes, indica la información adicional que cada progenitor está obligado a comunicar al otro y también puede formular una propuesta de plan genitorial teniendo en cuenta las adjuntas por las partes. Al respecto, se precisa que si se acepta la propuesta, el incumplimiento de las condiciones establecidas en el plan de genitorial constituye una conducta que puede ser sancionada a través de las medidas judiciales previstas para el infractor de conformidad con el art. 473-bis.39 c.p.c.[16] El artículo referido establece que en caso de incumplimiento grave o de actos que causen daño al menor o dificulten el correcto ejercicio de la responsabilidad parental, el juez también podrá modificar de oficio las disposiciones vigentes e, incluso conjuntamente, advertir al progenitor, establecer las sumas a título de astreinte conforme al art. 614-bis c.p.c. por cada violación o retraso en la ejecución de la disposición, condenar al progenitor incumplidor al pago de una multa administrativa y, además, condenar al progenitor incumplidor a pagar una indemnización por el daño a favor del otro o, incluso de oficio, del menor.

La aplicabilidad de este régimen sancionador de coerción indirecta, no sólo por violaciones a lo dispuesto en la norma y por incumplimiento de requisitos legales, sino también por incumplimiento del acuerdo de conciliación en materia de relaciones con menores, confirma la importancia de una solución compositiva consensuada y, por tanto, del reforzado valor jurídico que se atribuye a las obligaciones convencionalmente asumidas por los padres en los procesos relativos a menores. El comportamiento del progenitor que ignora el compromiso voluntariamente compartido hacia los menores constituye, de hecho, una gravísima violación procesal, que integra los detalles de un caso abusivo e ilícito, por lo que es duramente sancionado también a nivel público, así como a través de la revisión judicial del contenido del plan parental que había sido compartido por los padres.

---

16 G. Carapezza Figlia, «Effettività della tutela del minore e misure di coercizione indiretta. Gli artt. 614 bis e 709 ter c.p.c. nella riforma del processo della famiglia», en *Il diritto di famiglia e delle persone*, 2022, p. 632 ss.; C. Marino, «Nuove regole per l'esecuzione dei provvedimenti relativi ai minori», en *Famiglia e diritto*, 4, 2022, p. 400 ss.; A. Nascosi, «Le misure coercitive indirette rivisitate dalla riforma del 2022», en *Rivista di diritto processuale*, 4, 2022, p. 1214 ss.

El refuerzo del aparato sancionador previsto por la reforma para salvaguardar la conciliación judicial debe, por tanto, corresponder a la ampliación del ámbito de aplicación de los acuerdos de solución de la crisis familiar también en lo que respecta a los hijos. En este sentido, ciertamente se incluyen los contenidos del plan parental que los padres están obligados a presentar desde los primeros documentos de defensa. Sin embargo, los restantes aspectos personales y patrimoniales de la relación de los padres con sus hijos, pero también de la dinámica externa de estos últimos, deben considerarse conciliables de manera más general. En este sentido, recordamos las cuestiones relativas a la gestión conjunta o separada de actividades relativas a la educación, la instrucción, las relaciones sociales y los tratamientos de salud. Con el plan parental y, en todo caso, con la conciliación judicial, es posible acordar formas de ejercicio de la potestad genitorial distintas a las prescritas por la ley y, además, la adaptación de las tutelas, en función de las cambiadas necesidades protectoras del menor. La cuestión de los límites a los acuerdos conciliatorios también se plantea en las otras soluciones composicionales de las crisis familiares a las que se llega tanto en el juicio, ante el juez y con intervención del fiscal, como en los procedimientos extrajudiciales complementarios, en cumplimiento de las correspondientes formas de control público del interés superior del menor.

Además, se ha fomentado significativamente la resolución consensuada de conflictos relacionados con crisis familiares, incluso fuera de los tribunales, en consonancia con la tendencia más general hacia la desjurisdiccionalización de los litigios. La reforma de la justicia civil se ha centrado en el fortalecimiento de la mediación y negociación asistida por abogados, constituyendo las dos principales herramientas compositivas complementarias a la jurisdicción.

En la gestión del procedimiento judicial se debe tener en cuenta la mediación familiar antes de adoptar medidas de toma de decisiones. Para ello, por un lado, las disposiciones sobre el procedimiento unificado establecen que a partir del decreto que fija la audiencia de primera comparecencia para el intento de conciliación, las partes reciben información sobre la posibilidad de hacer uso de la mediación familiar. El juez, en todo caso, podrá renovar la información durante el juicio, cuando vea las condiciones favorables para la mediación y conciliación del litigio, valiéndose además de la colaboración del despacho de primera instancia y de los jueces honorarios. En este sentido, el párrafo segundo del art. 473.bis.10 c.p.c. establece que, si lo considera oportuno, el juez, oídas las partes y obtenido su consentimiento, puede posponer la adopción de medidas temporales y urgentes para que los cónyuges, valiéndose de peritos, intenten una mediación para llegar a un acuerdo, con especial referencia a la protección de los intereses morales y materiales de los niños. La decisión provisional del juez, por tanto, se considera subsidiaria y residual, sólo en el supuesto de que las partes, a quienes corresponde la elección, no estén disponibles para emprender el camino de la mediación.

La mediación familiar, por tanto, se presenta como una posibilidad general de resolución de conflictos, encontrando la única limitación excepcional de los casos de violencia doméstica y de género y abuso de una de las partes del proceso en perjuicio de la otra o de la descendencia.

La información sobre la mediación familiar, además de la del juez, como se ha dicho, también debe ser proporcionada por los abogados que asisten a las partes, a fin de permitir tomar las decisiones posteriores más adecuadas para la gestión del litigio. A este fin, se puede hacer referencia a las disposiciones legislativas de la disciplina general de la mediación civil y mercantil y a las disposiciones deontológicas de la profesión jurídica, que exigen que los abogados informen rápidamente a sus clientes sobre la posibilidad de resolver el conflicto de manera amistosa.

También es muy relevante, a nivel sistemático, la exigencia contenida en la disciplina de la negociación asistida por abogados en litigios familiares que impone a los propios abogados la obligación de informar previamente a las partes de la posibilidad de recurrir a la mediación familiar. Más precisamente, de conformidad con el art. 6, párrafo 3, decreto legislativo no. 132/2014, se establece que: «El acuerdo reconoce que los abogados intentaron conciliar a las partes y les informaron de la posibilidad de realizar una mediación familiar y que los abogados informaron a las partes de la importancia para el menor de pasar el tiempo adecuado con cada uno de los padres».

Por tanto, desde el inicio del procedimiento de negociación asistida, al prestar asistencia profesional, los abogados están obligados a intentar conciliar a las partes y, por tanto, informarles de la posibilidad de realizar una mediación familiar salvaguardando el interés del menor en el disfrute de dos derechos hacia los progenitores. Por lo tanto, se traza una secuencia precisa en el acceso a las soluciones composicionales de la crisis familiar que corresponden a diferentes formas de brindar asistencia jurídica en los procedimientos consensuados de resolución de las crisis familiares. En primer lugar, los abogados trabajan por la reconciliación de las partes, para intentar superar la crisis y conseguir preservar el vínculo de pareja. La segunda vía es la de la mediación familiar, en la que los abogados pueden ayudar a las partes a llegar a un acuerdo en el procedimiento de conciliación gestionado por el tercer facilitador, el mediador. Por tanto, es posible experimentar con una negociación asistida directamente entre abogados que, de fracasar, abriría las puertas a la vía judicial, nuevamente con una solución conciliatoria o resolutiva por parte del juez que conoce del caso.

Sin embargo, la mediación familiar se diferencia de la negociación asistida en términos de la eficacia de la solución consensuada. Sólo el acuerdo compositivo alcanzado en la negociación asistida, en efecto, produce los mismos efectos que las medidas judiciales que resuelven las crisis familiares entre las partes y, con autorización fiscal, hacia los hijos. En este sentido, la solución composicional relativa es verdaderamente alternativa y sustitutiva de la judicial. Dado que en la mediación familiar no se ha reconocido tal eficacia, el correspondiente acuerdo podría ser llevado al lugar de negociación asistido por abogados, donde sería sometido a la evaluación de los abogados, uno por cada parte, y si se trata de hijos del matrimonio, también por el fiscal.

Alternativamente, es necesario promover una sentencia que, en caso de crisis familiar en la que se disuelvan parejas casadas o no, también podría presentarse ante los tribunales mediante solicitud conjunta de las partes y, por tanto, estar sujeta al dictamen del fiscal y, por tanto, a la valoración del juez. En este sentido, cabe recordar, con base en las nuevas disposiciones generales sobre el procedimiento unificado, de conformidad con el art. 473-bis.4, párrafo 3, c.p.c. «En los procesos en los que se tiene en cuenta un acuerdo entre los padres sobre las condiciones de custodia de sus hijos, el juez procede a escuchar sólo si es necesario». La disposición deja abierta la cuestión de si el menor puede o debe participar en un procedimiento de mediación familiar en aspectos que le conciernen y, en qué papel y, en su caso, cómo proceder para escucharlo. La reforma no regula este aspecto, limitándose a regular la audiencia judicial, frena la posibilidad de audiencia informal del menor en otras instancias de solución extrajudicial consensuada.

Dado que el planteamiento del procedimiento unificado es en el sentido de que se promueve la mediación familiar antes de que el juez adopte las medidas provisionales y urgentes, probablemente será el propio juez quien decida sobre la necesidad de escuchar a la hora de valorar el contenido del acuerdo de mediación. Corresponde, por tanto, al juez disponer la escucha del menor, considerando todas las circunstancias y el contenido del acuerdo antes de adoptar la medida. La circunstancia de que el menor hubiera participado en la mediación familiar o, en todo caso, hubiera adquirido opiniones, probablemente constituye un elemento relevante para la decisión del juez. La participación del menor en la mediación, por tanto, debe valorarse positivamente, con la observancia de las garantías procesales y la asistencia profesional especializada, constituyendo el foro relativo para la solución consensual preferible al del litigio judicial[17].

---

17 *Mediación y justicia restaurativa en la infancia y la adoleciencia*, diretto da C. Villagrasa Alcaide, C. Panchón Iglesias, Barcellona, 2021.

CAPÍTULO 20

DIVORCIO, TRANSACCIÓN Y ARBITRAJE. ¿DESJUDICIALIZACIÓN O PRIVATIZACIÓN DEL MATRIMONIO?[1]

Guillermo Cerdeira Bravo de Mansilla
Catedrático de Derecho Civil
Universidad de Sevilla

Sumario:

I. Planteamiento de la cuestión: ¿es posible un divorcio arbitrado, o incluso transigido?

La idea de admitir una separación o un divorcio desjudicializado, esto es, sin la presencia de un juez, va ganando terreno hoy en el Derecho compa-

1 El presente trabajo ha sido ya en parte publicado, con similar, aunque no idéntico título, en el libro colectivo *La mediación en las diversas disciplinas jurídicas*, editorial Olejnik, Argentina, 2020, pp. 305-317), que codirigí con mi querido colega el Prof. Carlo Pilia; así como en el libro colectivo también *Fortalezas y debilidades del Derecho de Familia contemporáneo, «Liber amicorum» en homenaje al Profesor Carlos Lasarte Álvarez*, Tomo I, editorial Dykinson, Madrid, 2023, pp. 404-418; y que aquí presentamos en versión extendida y actualizada con la más reciente doctrina vertida sobre el asunto en lid, que ya es de tanta actualidad.

rado, habiendo, de momento, al menos dos alternativas: por un lado, la del divorcio notarial, que ya fue implantado por primera vez en 1994 en Cuba, de donde se expandió a otros países latinoamericanos (como Colombia, Ecuador, Brasil[2], o Perú —donde también cabe divorciarse ante el Alcalde—, y, recientemente, Bolivia y Nicaragua), y hoy ya en España (desde 2015) y en Francia (desde 2016). Por otro lado, junto al notarial existía desde antes el llamado divorcio administrativo, que se realizaba ante el juez o funcionario encargado del Registro Civil. Su origen radica en el Código soviético de 1926, y está hoy vigente en Méjico, Portugal e Italia, y en algunos países escandinavos o de la extinta URSS (como Estonia), o de su anterior zona de influencia (como Rumania)[3].

2 Donde su propia Constitución, en su art. 226, lo exige, concretándolo por su mandato el art. 1580 de su Código civil, donde la separación previa (de 1 año si es judicial, o de 2 años si es de hecho), se requiere para todo posterior divorcio, sea causal o consensual, judicial o notarial.

3 Sin necesidad de referirse a algunos sistemas escandinavos, de origen difuso y de difícil encaje en otros sistemas por su singularidad, sin duda ninguna, la alternativa al divorcio judicial que más seguimiento ha tenido en Derecho comparado es el divorcio notarial en Cuba, un país donde, especialmente en las últimas décadas, ha proliferado el divorcio por múltiples razones, a veces endémicas, otras coyunturales, que lo convierten —parafraseando a Carbonnier— en una especie de divorcio de miseria (o por pobreza). Aunque admitido ya el divorcio en Cuba desde principios del siglo XX, es después de la Revolución socialista, en 1959, cuando se incrementa el número de divorcios, sobre todo en la década de los 70 y 80. Al tratarse, por entonces, de un divorcio judicial, lento y costoso, a agilizarlo y abaratarlo, descongestionando, además, con ello el aparato judicial, vino el Decreto-Ley n.° 154/1994, de 6 septiembre, *«Del divorcio notarial»*, que será desarrollado por el Reglamento n.° 182/1994, de 10 noviembre, del Ministerio de Justicia, teniendo toda esta reforma su oportuno reflejo en el Código de Familia (*cfr.*, arts. 43.4], 50,...). Con tal innovación la competencia quedaba atribuida en exclusiva a los notarios cuando se tratase de un divorcio por mutuo acuerdo, permaneciendo atribuida a los jueces cuando se tratara de un divorcio contencioso. El resultado de la reforma fue exitoso. Tan bien acogido ha sido el actual divorcio notarial cubano, entre expertos y en la práctica, que no se ha dejado esperar su influencia en otros países sudamericanos, como son, por orden cronológico: Colombia, con la Ley n.° 962/2005, de 8 julio, desarrollada por el Decreto n.° 4436, de 28/11/2005; Ecuador, en la Ley n.° 2006-62, de reforma de la Ley Notarial; Brasil, con la Ley n.° 11411/2007, de 7 enero, desarrollada por la Resolución n.° 35, de 24/4/2007; Perú, en la Ley 29227/2008, de 15 mayo, reglamentada en el Decreto 009-2008-JUS, de 12 julio, que, como novedad frente a los demás países, junto al notario también confiere autoridad para el divorcio consensual a los Alcaldes; y, por último, Bolivia, con la Ley del Código de Familia y de procesos familiares (060 de 2014), y la Ley Plurinacional del Notariado 483/2014, de 25 enero, desarrollada por el Reglamento n.° 2189.

Como fuente inspiradora más remota de esta modalidad de divorcio notarial suele citarse —también en esta materia— el Código de Familia soviético de 1926. Mas, en este caso al menos, no es del todo cierta tal paternidad del divorcio notarial: dicho Código ruso sí desjudicializó, en efecto, el divorcio consensual (limitando la intervención judicial al contencioso, art. 24), pero no para atribuir su competencia al notario, sino al encargado del —denominado— Registro de actos de ciudadanía, donde se inscribían —voluntariamente— tanto matrimonios como divorcios (*cfr.*, arts. 19, 20, 131 ss); una autoridad que, ante el acuerdo habido entre los cónyuges en divorciarse, se limitaba a levantar acta y

Yo mismo defendí la conveniencia de tales vías alternativas a la judicial, en un trabajo publicado en el último número de 2011 en la *Revista de Derecho Privado*[4], donde, frente a quienes criticaban aquellas alternativas por entender que en ellas había una privatización de la justicia en general, y del matrimonio

---

a dejar constancia del mismo en aquel Registro (arts. 21 y 22); permitiéndose, eso sí, que tal acuerdo fuese ejecutivo mediante acta notarial (art. 23). En dicho Código soviético se admitía, incluso, un auténtico repudio, al estilo romano (que se hacía por carta): la posibilidad de cesación a instancia de un solo cónyuge, que era comunicada al otro cónyuge mediante copia del acta de inscripción (art. 140). En cambio, en aquellos otros sistemas divorcistas notariales (cubano, colombiano, ...), ya sea por mutuo acuerdo o instado unilateralmente por uno de los cónyuges con el consentimiento del otro, todo divorcio ha de sustanciarse ante el notario en presencia de ambos cónyuges. Sí tuvo más directa influencia este sistema ruso en Méjico, lo cual no es de extrañar, habida cuenta de que aquella modalidad de divorcio —que la doctrina mejicana llama— «administrativo» fue prontamente introducido en su Código civil federal de 2/10/1932 (art. 272). Y curiosamente, sus pasos han sido seguidos fuera de Latinoamérica, en Portugal, donde, superado tras mucho tiempo el retroceso habido en los 60 y 70 en materia de divorcio por la fuerte presión católica, se introdujo la posibilidad de divorcio por mutuo acuerdo en los Registros Civiles, en tanto no hubiese hijos menores (o la cuestión relativa a su guarda y visitas se ventilase previamente ante los tribunales), con el Decreto-Ley n.° 131/1995, de 6 junio, que aprueba el nuevo Código del Registro Civil, con modificación también del propio Código civil, y que se verá también modificado posteriormente: primero, con el Decreto-Ley n.° 272/2001, de 13 octubre, donde se atribuye a los Conservadores del Registro Civil la sustanciación de los divorcios consensuales como competencia exclusiva; y luego, con la Ley n.° 61/2008, de 31 octubre, que introduce la intervención del Ministerio Público en aquel divorcio consensual administrativo para cuando el matrimonio que se divorcia tenga hijos (evitando así aquella duplicidad procedimental que imponía el Decreto de 1995).

Toda esta legislación puede encontrarse compendiada en Quiñones Escámez, *Legislación sobre matrimonio, divorcio y sucesiones, I: África del norte y América latina*, Madrid, 2006, y en el libro colectivo: El divorcio en el Derecho Iberoamericano, editado en varios países, 2009, y coordinado por Acedo Penco, A. y Pérez Gallardo, L. B. Aunque también puede ser fácilmente encontrada por internet.

4 Con el título «Matrimonio [no] formalizado y divorcio notarial en Cuba: una propuesta de futuro para España», pp. 3 a 56; en una versión extendida, para Argentina, en *Revista de Derecho de Familia y de las personas*, n.° 7 (agosto), 2012, pp. 20 a 80; en parte resumido, para Italia, en «El divorcio notarial que viene... a España (o de la inevitable desjudicialización del divorcio amistoso)», en *Quaderni di Conciliazione*, 2011, n.° 2, pp. 211 a 244; y sintetizado más recientemente en «¿Matrimonios y divorcios ante notario?», en *El Notario del siglo XXI*, 2013 n.° 48 (marzo-abril), pp. 44 a 47; y, para Francia, en «Le projet de divorce notarial en Espagne», en *Droit de la Famille*, n.° 2.°, 2015, pp. 26 a 29. En el transcurso del propio debate parlamentario publiqué otro trabajo, proponiendo algunas mejoras en el texto que entonces se debatía, aunque solo con relativa fortuna (es el trabajo «Separaciones y divorcios por mutuo acuerdo ante notario en el Anteproyecto de Ley de Jurisdicción Voluntaria: su elogio, no exento de crítica», en *Revista de Derecho Privado*, 2014, n.° 2, marzo-abril, pp. 97 a 115). Ya una vez aprobada y en vigor la reforma legal, volví a su estudio, más general y detallado, dirigiendo un libro colectivo, escrito por profesores y notarios, con el título *Separaciones y divorcios ante notario*, con Prólogo de Isidoro-Lora Tamayo y Carlos Pérez Ramos, editorial REUS, Madrid, 2016.

en particular, como si de un contrato más se tratara[5], siempre entendí que tan solo se trataba de desjudicializar las separaciones y divorcios —solo— cuando había mutuo acuerdo, habiendo muy diversas razones —incluso constitucionales (fundadas en principios y valores fundamentales)— que así lo justificaban. Que el legislador se inclinara por el modelo notarial (el cubano o cualquier otro), o por el administrativo (portugués u otro), solo era una cuestión de política legislativa[6]. Pero siempre creí que en ambas alternativas latían razones de peso, entre las cuales destacaba yo mismo la conveniencia de agilizar o acelerar —incluso con un ahorro en tiempo y en costes (no sólo económicos, sino también psicológicos, de los justiciables)— el divorcio amistoso, con la consiguiente —y conveniente— descongestión de trabajo a los tribunales de justicia, cuya labor debería quedar circunscrita a los divorcios contenciosos[7], donde hay verdadera *litis* y donde, por tanto, se exige una labor de enjuiciamiento (de juzgar y resolver el caso litigioso), que solo puede corresponder al Poder judicial.

Agilizar y abaratar el divorcio, cuando es voluntario, era incluso, en mi opinión, una exigencia constitucional, basada en la necesidad de que los Poderes Públicos (en nuestro caso, el legislativo haciendo la pertinente reforma) remuevan los obstáculos en pro de la libertad (art. 9.2 CE, en nuestro caso, de la libertad a divorciarse, o descasarse), y de que los procesos públicos se ventilen sin dilaciones innecesarias (*ex* art. 24.2 CE, que, no obstante referirse a la efectividad en la tutela judicial, puede extenderse en su *ratio* a cualquier mecanismo heterocompositivo).

Por supuesto, tanto en la ley del divorcio de 1981, como en la de 2005, nuestro legislador respondió a tales exigencias al regular el divorcio consensual: en la primera creando Juzgados de Familia y regulando un procedimiento

---

5 En particular, por lo que respecta a las separaciones y divorcios ante notario, Carrión Vidal, A., «Divorcio y separación en el Código Civil tras la reforma por Ley 15/2015, de la Jurisdicción Voluntaria», en *Actualidad Jurídica Iberoamericana*, n.º 3, 2015, pp. 399 y 400, entiende que el divorcio ante notario es un paso más en la «privatización» del matrimonio. Por su parte, Pérez Hereza, J. y Vara González, J. M., «Separación y divorcio ante notario», en *Jurisdicción voluntaria notarial*, Madrid, 2015, aun sin ánimo crítico, hablan de la «desinstituzionalización» del matrimonio. Y, dando un paso más con tal fundamento, Núñez Iglesias, Á., «Apuntes sobre el divorcio ante notario y su naturaleza», en *Revista de Derecho Civil*, vol. II, n.º 4, 2015, considera que el divorcio ante notario tiene una naturaleza contractual compleja, al que cabría aplicar por analogía el régimen de los contratos en tanto resulte compatible con aquél.

6 Salvo los modelos francés e italiano, donde el notario y el Encargado del Registro Civil, respectivamente, solo ejercen una «homologación» o control formal, no de fondo, lo que, sin duda, resulta objetable, como puede verse, por ejemplo, en el trabajo de Favier, J., «El nuevo divorcio contractual en Derecho francés, hijo ilegítimo de la reforma de modernización de la justicia», trad. y notas de M. García Mayo, en *Actualidad Civil*, n.º 10, 2017.

7 Así, *a.e.*, comienza advirtiéndolo el Preámbulo del Decreto-Ley n.º 154/1994 cubano, y de semejante modo lo justifican en sus respectivos Preámbulos la Resolución n.º 35, de 2007, de Brasil, y el Decreto-Ley n.º 272/2001 portugués.

especial en su Disposición Adicional 6.ª; que sería trasladado, con ciertos cambios, al art. 777 de la LEC vigente, de 2001, al que alguna reforma, no obstante, intrascendente a estos efectos, haría la Ley-2005. Luego, en 2009, vendría dicha norma a ser reformada en la misma dirección al introducirse, en su ap. 3, la ayuda del secretario judicial (que vino a llamarse letrado de la administración de justicia, tras su reforma en 2015), en suplencia del juez, en la sustanciación de dicho procedimiento.

Parecía, sin embargo, que tal singularidad del procedimiento no había satisfecho el objetivo de lograr la economía procesal, que no llegaría a alcanzar la Ley de 2005, a pesar de ser bautizada como la ley del divorcio «exprés». Baste, como dato significativo, que cuando se gesta aquella Disposición Adicional 6.ª de la Ley-1981, un senador que participó en su tramitación parlamentaria, el Sr. Ruiz Risueño, consideraba, en su defensa, que tales pleitos se sustanciarían en 3 ó 4 meses. Por entonces, tal aspiración era loable, plausible. El lograrlo era un reto. Pero, transcurridos más de 30 años desde que se introdujo tal procedimiento, trasladada y reformada aquella norma en el actual art. 777 LEC, no se había ganado en mayor rapidez. Según notas de prensa del INE (Instituto Nacional de Estadística), hechas en 2010, 2012 y 2013, del total de divorcios y de separaciones habidos en aquellos años, algo más de un 65 % fueron de mutuo acuerdo (frente a poco menos del 35 % contencioso), siendo la duración media de un procedimiento de divorcio, siempre judicial, de unos 5 meses. La cuestión era, pues, obvia: ¿por qué aún, por entonces, se había de seguir esperando tanto tiempo en la sustanciación de un divorcio, cuando había acuerdo entre los cónyuges, y ya no se tenía que alegar causa ni tiempo de separación previa? Del mismo modo en que no hay excesivo obstáculo procedimental para casarse (apenas el de la comprobación de capacidad y consentimiento, *cfr.*, arts 56 y 58 CC), ¿por qué habría de haberlo en su *contrarius actus*, como era el divorcio voluntario?

Ni siquiera era una excusa, a fin de alcanzar la descongestión, la existencia de jueces especializados, como eran en España los Juzgados de Familia. Ya fueron creados hacía más de 30 años, mediante el RD 317/1981, de forma coetánea a la Ley-1981, y en todo este tiempo no habían logrado abreviar, por ser materialmente imposible, los divorcios por mutuo acuerdo. Como, por lo demás, también había sucedido en aquellos países, como Méjico, Colombia, o Portugal, donde la existencia de tribunales especializados en Derecho de familia no había impedido la desjudicialización del divorcio amistoso[8].

8 En Méjico ya existían tales tribunales desde 1932, cuando se introduce el divorcio ante el Encargado del Registro Civil. En Colombia, por su parte, existen los llamados «tribunales de familia o promiscuos de familia»; y aun así, la ley del divorcio notarial se dictó «en aras de descongestionar los despachos judiciales». Por último, en Portugal, también son numerosos desde hace un tiempo los Tribunales de familia (habiendo, en total, 16, situados en las principales ciudades).

Perfectamente podía ser competente para ello el actual encargado del Registro Civil, máxime cuando ya sobre él también recae la autoridad para contraer matrimonio. Pero podía ser también el notario el encargado de asegurar tales exigencias de economía y descongestión[9]. Célebre entre los notarios es aquella frase de don Joaquín Costa: «A notaría abierta, juzgado cerrado»[10]. No en vano, su labor práctica en materia de crisis matrimoniales venía siendo ya una realidad: por ejemplo, en la liquidación de regímenes económicos de matrimonios ya disueltos (y hecha tal liquidación con posterioridad al divorcio); tampoco era extraña su intervención en las propias capitulaciones matrimoniales donde de antemano, antes de casarse, incluso a veces se pacta ya un convenio regulador para el caso de posible crisis matrimonial (según admite expresamente el Código Civil catalán); tampoco eran extraños los supuestos en que se escrituraban separaciones, que al no ser estrictamente judiciales, la ley estimaba como separaciones fácticas o de hecho, y la actual Ley de Jurisdicción Voluntaria como «separación legal» (junto a la judicial), o como «separación de hecho que conste fehacientemente» (*cfr.*, el ap. 2 de la Disposición Adicional 1.ª de la LJV).

Por estas —y otras— razones, fue esa misma Ley 15/2015, de Jurisdicción Voluntaria de 2 de julio, la que finalmente vino a permitir en España el divorcio por mutuo acuerdo ante notario, desjudicializando[11] de este modo el divorcio.

Ahora bien, por aquella misma razón, tendente a la celeridad, el ahorro y la descongestión judicial, me preguntaba yo en aquel mismo trabajo: ¿por qué no admitir también el divorcio arbitral, como algunos en España proponen abiertamente, o, más allá aún, un divorcio transigido, aunque sea judicialmente, como alguno —también en España— ha llegado a insinuar?

Entre nosotros, Marfil Gómez[12], cuando menos, insinúa la idea de un divorcio transigido, aunque sea mediante el nombramiento judicial del árbi-

---

9 Entre los propios notarios, lo advertía con insistencia Carrión García de Prada, P., «Aspectos jurídicos y fiscales del divorcio amistoso», en *RJN*, 2000, pp. 32, 33 y 71, ante el número creciente de separaciones y divorcios consensuales y el colapso de los juzgados con largas listas de espera y largos y costosos procesos. Ya aprobada la LJV, Vara González, J. M., en «Jurisdicción de familia y divorcio notarial», en *El Notario del siglo XXI*, n.° 64, 2015, p. 28), calculaba que como media «un divorcio notarial debe quedar formalizado, inscrito y entregada la copia a los otorgantes en menos de una semana».

10 Más *in extenso*, decía: «El número de sentencias ha de estar en razón inversa del número de escrituras; teóricamente, notaría abierta, Juzgado cerrado» Costa Martínez, J., *Reorganización del Notariado, del Registro de la Propiedad y de la Administración del Justicia*, en sus Obras completas, XIII, Madrid, 1917, p. 205.

11 «Notarializándolo», decía, desde antes, Roca Trías, E., «Crisis matrimonial y arbitraje», en *Anuario de Justicia alternativa*, n.° 6, 2005, p. 173, siguiendo en tal expresión a Garrido Melero en su comentario al CC catalán.

12 En «El arbitraje en el Derecho de familia en España: un reto de futuro», en *Revista de Derecho de Familia*, 2010, pp. 25-34.

tro (al amparo del art. 8.1 de la Ley de Arbitraje), y algo parecido afirma mi querida colega, LÓPEZ BARBA[13], al entender que como puede haber previo conflicto, este puede resolverse mediante transacción, aunque luego esta requiera de homologación judicial.

Con claridad y osadía, como ella reconoce, defiende el divorcio arbitral IBOLEÓN SALMERÓN[14], haciéndolo por muy diversas razones: de agilidad y celeridad; al ser el actual un divorcio abstracto, en que no hay ya causa que acreditar; por su similitud con la mediación familiar; por su admisión en otros ordenamientos, como el japonés; por la existencia en la práctica de cláusulas de arbitraje post-divorcio, lo que permitiría que las hubiera pre-divorcio; porque el laudo arbitral produce efectos de cosa juzgada y tiene fuerza ejecutiva, como las sentencias judiciales; y porque históricamente materias que han sido de competencia exclusiva de los tribunales han pasado a serlo también de los árbitros (como, por ejemplo, sucedió con las medidas cautelares tras la Ley arbitral-2003). Por todas estas razones, propone *de lege ferenda* IBOLEÓN un divorcio arbitral, exigiendo que deba tratarse de un arbitraje de Derecho (donde el árbitro sea un abogado), en que haya previo acuerdo entre los cónyuges y no haya hijos. En nuestra opinión, sin entrar, de momento, en las razones mayores por las que considero rechazable esta propuesta (por las razones que expondré), hay un dato, no en su argumentación, sino en su conclusión, que parece sorprendente: si, como ella propone, es necesario un acuerdo entre los cónyuges, ¿para qué ya un árbitro cuya genuina función, como la del juez, es la de dirimir conflictos mediante laudos?

También defiende fervientemente el arbitraje en las crisis familiares, ZARRALUQUI NAVARRO[15], ante la congestión, la carestía y el colapso de nuestros tribunales y ante la deficiente actuación de nuestros fiscales, proponiendo, *de lege lata*, el arbitraje para cuestiones netamente patrimoniales[16], y, *de lege ferenda*, que el legislador, tan falto de voluntad y actuación en la jurisdicción familiar, permita el divorcio arbitrado, del mismo modo en que ha venido a admitir el divorcio notarial o el matrimonio entre personas del mismo sexo.

---

13 En «El contrato de transacción», en la obra colectiva *Contratos civiles, mercantiles, ...*, dir. Izquierdo Tolsada, Aranzadi, pp. 81, 82, 86 y 87.

14 En «Arbitraje y divorcio», en *La Ley*, 2007, pp. 1602-1615.

15 En «40 años de la Ley del divorcio y su necesidad de adaptación al siglo XXI (IV): arbitraje en Derecho de familia», en *Actualidad Jurídica Aranzadi*, números 984 y 986, 2022.

16 Entre las cuales enumera las siguientes: liquidaciones de gananciales; procedimientos de determinación del régimen económico matrimonial; divorcios o ceses de uniones de hecho sin menores en los que se discuta la pensión compensatoria y/o indemnización; el uso de la vivienda familiar sin menores; los procedimientos de extinción de pensión compensatoria; y los procedimientos testamentarios.

Aun obviando la cita a ese minoritario —de momento— sector de la doctrina española, la ilustre jurista argentina KEMELMAJER DE CARLUCCI[17], con apoyo en abundante doctrina y normas de otros muy diversos países (especialmente provenientes del *Common Law*, o la «Shari'a arbitration» del Derecho islámico[18], aunque también de Italia, Francia, Chile, ...), igualmente parece defender tal opción, siempre que el arbitraje no sea impuesto, ni legal ni judicialmente, sino voluntariamente acordado por las partes.

En particular, en una parte de su trabajo, nos llega a decir KEMELMAJER: «... la noción de orden público familiar ha cambiado. Así, hasta no hace muchas décadas, parecía una verdad incontrovertible que el divorcio en sí mismo no era arbitrable, pues la disolución del vínculo exigía la intervención de un órgano estatal. (...) Esta sigue siendo la situación en la Argentina, donde el divorcio es judicial (art. 435 inc. c) pero, verificada la existencia del matrimonio, basta el pedido de uno solo de los cónyuges, sin expresión de causa alguna, para que el juez deba pronunciarlo, sin que obste la falta de acuerdo sobre otros temas relevantes como los alimentos, la atribución de la vivienda, la comunicación y cuidado de los hijos. (...) Otros países aceptan vías no judiciales. Si es posible que el divorcio lo pronuncie un notario (como en España), o el director del Registro civil (como en Brasil), la pregunta es: ¿por qué no un árbitro, elegido por ambas partes?».

Y en otro pasaje, anterior al transcrito, también nos dice KEMELMAJER: «Si desde hace años, el derecho de familia busca valorizar los acuerdos entre las partes y la resolución convencional de los litigios (tal como lo evidencia el divorcio por consentimiento mutuo, la desjudicialización del procedimiento de cambio del régimen patrimonial del matrimonio, la aceptación de la conciliación y la mediación, etc.) si, en definitiva, existe un cambio significativo en la propia noción de "orden público", ¿por qué el arbitraje no puede encontrar un lugar en este ámbito?».

En ambos párrafos transcritos, la pregunta final planteada por Kemelmajer tiene, evidentemente, un tono retórico, pues en ella va de suyo implícita la respuesta afirmativa. Y es innegable que, como señala la propia KEMELMAJER, un divorcio arbitrado, tramitado ante un árbitro profesional elegido por las partes, tiene sus ventajas frente a la vía judicial (como la mayor flexibili-

17 En su trabajo «Una solución eficiente para las familias: "¿Jurisdicción o arbitraje?"», en la obra colectiva *La mediación en las diversas disciplinas jurídicas*, editorial Olejnik, Argentina, 2020, dirigida por mí y por Carlo Pilia.

18 Para una visión panorámica del mismo, BRIONES MARTÍNEZ, I. M., «El arbitraje islámico en materia de matrimonio y familia en el Reino Unido», en *Revista de ciencias jurídicas y sociales*, 2014, pp. 61-99; y para una visión del Derecho anglosajón, LAUROBA LACASA, M. E., «Instrumentos para una gestión constructiva de los conflictos familiares: mediación, derecho colaborativo, arbitraje, ¿y...?», en *Indret*, 2018, pp. 44 ss, aunque advirtiendo que para arbitrar conflictos familiares sobre aspectos puramente personales (como la guarda de los hijos), hay Estados (como el de Nueva York), que prohíben el arbitraje.

dad, agilidad y menor coste del arbitraje, o la mayor predisposición de que las partes acaten el laudo emitido por un árbitro consensuado, ...), e incluso frente a la mediación que le pueda servir de auxilio (dado que el árbitro, a diferencia del mediador, puede asesorar e incluso intentar la conciliación entre las partes). Pero tales ventajas, ¿son suficientes para admitir un divorcio arbitrado, o incluso transigido?

II. Contra un divorcio arbitrado, o transigido

Sin dilación creo que hay que responder negativamente (a la pregunta planteada al final del epígrafe anterior), acerca de un posible divorcio resuelto mediante transacción o declarado mediante laudo arbitral. A saber:

2.1. La incompatibilidad de presupuestos entre el divorcio —cuando es— consensuado y el arbitraje o la transacción —siempre contenciosos—

Ni la transacción, ni el arbitraje encajan en la hipótesis particular a que nos venimos refiriendo, la de un divorcio por mutuo acuerdo, por una razón evidente: sobre todo el arbitraje, pero también la transacción, presuponen una contradicción de intereses, un litigio, que se contradice con la idea de acuerdo que de antemano subyace en aquel divorcio para resolver —eso sí— una crisis matrimonial:

En el divorcio consensuado extrajudicial admitido en el Derecho comparado, el notario o el encargado del Registro Civil, como antes hacía el juez en tal caso, no resuelve un divorcio (pues no es contencioso, ni hay en él partes demandante y demandada, ...); lo homologa, lo concede o deniega según previo control de legalidad y de protección de los diversos intereses en juego acordado por los esposos en el convenio regulador. A lo más, como hasta hace poco sucedía con el juez, podría el notario asesorar neutral o imparcialmente (como, por lo demás, es función propia suya conforme al clásico aforismo *respondere et cavere* —aconsejar y prevenir, según se desprende de los arts. 1 y 147 del Reglamento notaria—), sin que, por tanto, en el consenso obtenido haya vencedores ni vencidos. En el divorcio consensual no hay verdadera *litis* que resolver, cuando, en realidad, no hay estricta colisión de intereses, sino una contraposición en los mismos que los cónyuges interesados han sabido converger, o compatibilizar, en el convenio regulador acordado.

Mutatis mutandis, lo mismo podía decirse antes de la vía judicial, sin que pudiera negarse que siempre, tanto antes, con la disposición adicional 6.ª de la Ley-1981, como ahora, con el art. 777 LEC, el divorcio amistoso estaba configurado, en el fondo, como un acto de jurisdicción voluntaria y como mero control de homologación (aunque control, al fin y al cabo)[19]: en lo formal, expresiones como «petición», «escrito» o «solicitud», en lugar de demanda, o como «procedimiento», en lugar de proceso, el hecho mismo de que en ningún hito del mismo se pretenda —con acierto— la reconciliación[20], o la posibilidad de que intervengan un solo abogado y procurador en defensa y representación de ambos cónyuges, revelaban que, en el fondo, aunque cada cónyuge tenía sus propios intereses (en conflicto, ciertamente), no había contradicción en sentido estricto, en cuanto contienda, u oposición, ni, en una palabra, *litis (cfr.,* art. 1817 LEC-1881), que justificara la intervención del juez en su genuina —que no única— función jurisdiccional de juzgar, de aplicar la norma para resolver un pleito en que las partes, demandante y demandado, defienden su posición una frente a la otra y que el juez solventa a favor de una de ellas[21]. Aquí no hay partes, sino solicitantes que, en la divergencia de sus intereses, han llegado previamente a un acuerdo, a un convenio regulador. Acorde con ello, la labor del juez ha sido siempre de simple control, de mera homologación en su caso. A la vista de lo que establecía antes la disposición adicional 6.ª de la Ley-1981, y establece aún hoy el art. 777 LEC, solo hay un control de la legalidad del acuerdo, especialmente, que

---

19 Ha sido y es, además, la opinión común: GARCÍA CANTERO, G., en sus *Comentarios al CC*, de Edersa, pp. 3, 10 y 11/21; BONET NAVARRO, J., en *Matrimonio y divorcio. Comentarios al Título IV del Libro Primero del Código Civil*, coordinados por Lacruz Berdejo, 2.ª ed., Madrid, 1994, pp. 942, 945, 1476, 1478 ss, aunque la estima genuinamente jurisdiccional; LÓPEZ BARJA DE QUIROGA, P., *Regulación procesal de la ley del divorcio*, Barcelona, 1993, p. 93; VALLADARES RASCÓN, E., *Nulidad, separación, divorcio. Comentarios a la Ley de reforma del matrimonio*, Madrid, 1982, pp. 453 y 454; MONTÉS PENADÉS, L. V., en *Comentarios al CC*, Ministerio Justicia, p. 379; y ya refiriéndose al art. 777 LEC, CORDÓN MORENO, F., en sus *Comentarios a la LEC*, Navarra, 2001, p. 816; FERNÁNDEZ DE BUJÁN, A, en la 2ª parte de su monografía *Hacia una teoría general de la jurisdicción voluntaria*, Madrid, 2007, p. 282. Sin embargo, entre los procesalistas DE LA OLIVA (que aquí tomo de GUZMÁN ZAPATER, M., «Divorcio sin intervención judicial y repudio. *Exequatur*: los casos de Cuba, Egipto, Marruecos y Méjico», en *Aranzadi Civil*, II, 1999, pp. 5-7/9), consideraba que, si bien similar a la jurisdicción voluntaria, era diverso el procedimiento de divorcio consensual por el interés público que en él subyace (lo que, en su opinión, impediría su desjudicialización), porque el juez no se limita a homologar, y, por último, porque los actos de jurisdicción voluntaria carecen de efecto de cosa juzgada (como así es), mientras que la sentencia la tiene (como se ve en el art. 89 CC al exigir su «firmeza»).

20 Curiosamente, en cambio el Derecho portugués exige en el Encargado del Registro civil que realice algún intento de reconciliación.

21 Por eso, según nos cuenta VALLADARES RASCÓN, E., cit., p. 452, en la tramitación de la Ley-1981, que tal procedimiento fuese judicial fue criticado por el diputado Sr. MOSCOSO DEL PRADO. Advertido es, entre sus estudiosos que, si tanto en la jurisdicción voluntaria como en la contenciosa hay conflicto de intereses, en la voluntaria hay evitación de pleito (de ahí su carácter preventivo), mientras que en la contenciosa hay resolución de una *litis* ya producida. La jurisdicción contenciosa se ejercita *inter invitos* (o *inter nolentes)*, es decir, entre personas que no han llegado a un acuerdo, mientras que la voluntaria se ejercita *inter volentes,* o sea, entre sujetos que sí han llegado a un acuerdo y buscan voluntariamente que la autoridad confiera autenticidad, legalidad a dicho acuerdo.

éste no sea perjudicial para los hijos habidos del matrimonio (decía solamente el ap. 6 de aquella disposición adicional 6.ª), ni que lo sea gravemente para alguno de los cónyuges (*ex* art. 90.2 CC). Conforme a tales parámetros, el juez se limitaba a aprobar o a rechazar la petición de divorcio y, en su caso, a aprobar o a rechazar, en todo o en parte, el convenio regulador, sin que su potestad alcanzara a corregirlo ni a suplir en él sus carencias (*cfr.*, aps. 4 y 6 del art. 777 LEC vigente); a lo más podía el juez sugerir, que no imponer, a los cónyuges las enmiendas y adiciones que, conforme a los intereses de las partes (cónyuges e hijos), considerase oportunas para que los propios cónyuges las subsanasen en una nueva propuesta de acuerdo (*cfr.*, aps. 7 y 8 del art. 777 LEC). Sólo cuando se tratara de un divorcio contencioso, el juez podía decidir por sí mismo, en defecto de acuerdo o en lugar de lo acordado cuando éste fuese atentatorio contra los intereses en lid (como así se prevé en muchas de las normas del CC; *cfr.*, sus arts. 91 y ss)[22].

Más aún, desde la ley-1981 hasta la actual ley-2005, el divorcio ha cambiado tanto que la función homologatoria se ha visto reajustada, aún más circunscrita o limitada: antes, con la ley-1981, al estar el divorcio fuertemente causalizado, aunque hubiera acuerdo previo entre los cónyuges había que acreditar ante el juez el tiempo de matrimonio transcurrido, desde su celebración (que por entonces había de ser, como mínimo, de un año), y el del cese efectivo de la convivencia (de separación previa), a fin de poder alcanzar, finalmente, la sentencia de divorcio. Hoy, en cambio, para el divorcio consensual, basta con acreditar que han transcurrido tres meses desde las nupcias (*cfr.*, los arts. 82 y 86 CC y el nuevo ap. 4 del art. 777 LEC); nada más.

Todo ello ha venido a ser confirmado con la vigente LJV, que con tal justificación, no solo ha atribuido desde un principio dicha competencia a los notarios, sino que, además, tras su debate parlamentario y por iniciativa de IU, ha terminado derivando la decisión de control judicial de las separaciones y divorcios consensuados a favor del secretario judicial (ahora llamado letrado

22 Sin embargo, Bonet Navarro, J., cit., p. 1479, consideraba también aplicables tales normas al caso de divorcio consensual (refiriéndose al de la anterior disposición adicional 6ª de la Ley-1981), para concluir que también en este procedimiento el juez decide en lugar de los cónyuges o cambiando directamente sus acuerdos. A mí no me convence tal opinión: de un lado, la propia letra de los arts. 90 y ss CC denota que cuando el juez no se limita a controlar el acuerdo, sino a tomar decisiones, lo hace porque por una u otra razón no se ha llegado antes a un acuerdo entre los propios cónyuges. Y, por otra parte, teniendo en cuenta que el CC es norma sustantiva, y que en esta materia se refiere en general a la separación, al divorcio e incluso a la nulidad matrimonial, su aplicación ha de ceder, como norma común, frente a la norma procesal (fuese antes aquella Disposición 6.ª, u hoy el art. 777 LEC), que específicamente, por ser norma especial, se refiere al aspecto procedimental: como es sabido, la ley especial deroga a la general. Y en este sentido es claro (antes con aquella Disposición Adicional 6ª y hoy con el art. 777 LEC), que la intervención del aparato judicial en estos procedimientos de separación o de divorcio consensuales es de mero control, de homologación, a la vista de los apartados 4 y 6 del art. 777 LEC (en texto indicados).

de la Administración de Justicia), a través de decreto (como así se observa en la nueva redacción de los aps. 4 y 10 del art. 777 LEC, y en tantas normas del CC; *cfr.*, arts. 82 ss)[23].

En el arbitraje, en cambio, el árbitro cumple una función paralela a la estricta y genuinamente judicial: la de resolver un pleito, un conflicto, en que hay auténticas partes, cada una con sus pretensiones y razones, al que aquél pone fin imponiendo su solución, a favor sólo de una de las partes, mediante un laudo (equivalente a la sentencia), que se dicta ajustado a Derecho o a su sentido de equidad (según el tipo de arbitraje de que se trate).

En la transacción, por su parte, aunque sea esta alcanzada por las propias partes (como remedio autocompositivo), subyace también una controversia, que en su concepción legal (según puede verse, por ejemplo, en el art. 1809 CC español)[24] y en su incertidumbre inicial, no admite semejanza con la controversia que —también lo es— se resuelve en el convenio regulador, que, además, ni se limita a evitar un pleito, ni a solucionar cuestiones sólo de presente, sino también de futuro[25].

En el fondo, asimilar la transacción al convenio regulador sería también equiparar este a un contrato, lo que, por extensión, podría arrastrar, en esa asimilación contractual, a las capitulaciones matrimoniales y al propio matrimonio; resultando todo ello, como poco, inconveniente.

2.2. Ley, estado civil y orden público: la imposibilidad de un divorcio transigido o arbitrado

Más allá de las diferencias indicadas (en el epígrafe anterior), hay una mayor, fundamental, que, en nuestra opinión, también impide admitir el arbitraje y la transacción para resolver cualquier crisis matrimonial, aunque se tratara de un divorcio contencioso: que el convenio regulador, en su conte-

23 Conviene, en efecto, advertir que la iniciativa de introducir tal novedad ha venido de manos del partido político de IU (en las enmiendas n.° 125, 151 y 161, ante el Congreso). Terminará aceptando tal propuesta el PP (en numerosas enmiendas por él también propuestas ante el Congreso), apoyándola (varias veces, como puede verse en las enmiendas n.° 404 y 414), «en que ambos profesionales —Secretarios judiciales y notarios— son titulares de la fe pública judicial o extrajudicial, que es la potestad del Estado que tiene por finalidad dotar de seguridad jurídica a los actos procesales e instrumentos que autorizan».

24 Cuando dice: «La transacción es un contrato por el cual las partes, dando, prometiendo o reteniendo cada una alguna cosa, evitan la provocación de un pleito o ponen término al que había comenzado».

25 Estas y otras son diferencias que en la doctrina destacan, entre otros, Viola Demestre, I., *El contrato de transacción en el Código Civil*, Madrid, 2003, p. 273; y Rivera Rivera, L. R., *El contrato de transacción. Sus efectos en situaciones de solidaridad*, San Juan de Puerto Rico, 1998, pp. 96-99.

nido, no se limita a las cuestiones patrimoniales que se deriven de la crisis matrimonial (como son la disolución y, en su caso, la liquidación del régimen económico, la pensión compensatoria, o la de alimentos, la atribución de la vivienda familiar, ...). El divorcio, como su contrario (el matrimonio), afecta al estado civil de las personas (que de casadas pasan a estar divorciadas, o de solteras a casadas en caso contrario); implica, por tanto, una cuestión de interés social, de orden público, que en orden familiar afecta, *ad extra*, también a terceros (por razones de seguridad jurídica, *ex* art. 9.3 CE), y que, *ad intra*, está muy en conexión con la dignidad y el libre desarrollo de la personalidad (art. 10 CE,), con la libertad (a casarse o no, o a divorciarse una vez casado), y con la protección de la familia, y en especial, por razones de justicia, con la de los hijos y del cónyuge más necesitado de protección (arts. 32 y 39 CE); todo lo cual hace que la cuestión del matrimonio, así como la del divorcio, sea indisponible privadamente, ya sea mediante la transacción o a través de arbitraje (*cfr.*, en el Derecho español, los arts. 1814 CC[26] y 2 de la Ley Arbitral-2003)[27]. De ahí el necesario control externo y público a que siempre ha de quedar sujeto el convenio regulador, sea consensual o sea propuesto por uno sólo de los cónyuges. Porque en él están en juego el estado civil de los esposos, y, en caso de haberlos, el interés superior de los hijos[28], sobre todo, cuando son menores de edad no emancipados[29], supuestos estos últimos, incluso, en que algunos ordenamientos, como el español, ni siquiera permiten un divorcio notarial o administrativo, exigiendo siempre, en presencia de hijos menores no emancipados, la intervención del poder

26 Que dice: «No se puede transigir sobre el estado civil de las personas, ni sobre las cuestiones matrimoniales, ni sobre alimentos futuros».

27 Decía García Cantero, Gabriel (en Edersa), que el convenio regulador debe ser respetuoso también con los límites del art. 1814 CC; pero como le replicaba Rivera Rivera, L. R., cit., pp. 98 y 99, en el convenio no se transige, por ejemplo, sobre alimentos futuros, sino sobre su cuantía, y tampoco se transige en sí sobre la filiación, sino sobre la guarda y el régimen de visitas de los hijos, bajo el control del Ministerio Fiscal.

28 Precisamente, a pesar de que la transacción sea ventajosa como mecanismo alternativo al judicial por ser más rápido y económico que este, sin embargo, presenta también riesgos, como advierte Tamayo Haya, S., *El contrato de transacción*, Madrid, 2003, p. 49: «peligros como la desigualdad y desequilibrio entre el fuerte y el débil». En la misma línea, Roca Trías, E., cit., pp. 177, 178 y 181. Por su parte, Lauroba Lacasa, M. E., cit., p. 41 ss, tras exponer la posición favorable de la mayoría de los países pertenecientes al sistema del *Common law*, cree que, entre nosotros, en absoluto cabe el arbitraje habiendo hijos menores ante la imperiosa necesidad de su protección desde el Ministerio Fiscal. En la misma línea, aunque proponiendo por ello su reforma legislativa para permitirlo, Zarraluqui Navarro, L. *(cit.)*.

29 Nos referimos «sobre todo» a menores no emancipados, pues en caso de divorcio notarial, también el notario, como el letrado de administración de justicia han de atender siempre al interés —aunque no sea superior— de los demás hijos, sean menores emancipados o mayores dependientes aún económicamente de los padres, quienes, no en vano, han de ser oídos y deben incluso prestar su consentimiento al acuerdo de separación o de divorcio (*cfr.*, los arts. 82.1.II y 90.2 CC, entre otros, o el art. 777.5 LEC).

judicial así como del ministerio fiscal (*cfr.*, en el caso español, los arts. 81, 82 y 90.2 CC o el art. 777 LEC, en sus aps. 5 y 10).

Sin duda, el *punctum dolens* del divorcio por mutuo acuerdo extrajudicial concierne al caso en que el matrimonio a divorciar tiene hijos menores, incapacitados o dependientes:

Una opción, adoptada en Perú, Ecuador, Brasil, Méjico, Italia, y en otros países, es no admitir el divorcio extrajudicial en tal caso[30]. Otra opción, vigente al principio en Portugal, es exigir un juicio previo relativo a los hijos (sobre pensión alimenticia, guarda y custodia, visitas, ...)[31]. Y una tercera solución, adoptada desde un principio en Cuba, Colombia, y finalmente en Portugal[32], consiste en permitir la sustanciación del divorcio amistoso ante notario (o ante el encargado del Registro civil, en el caso portugués), con la preceptiva intervención del Ministerio Fiscal (del «Defensor de Familia», así llamado en Colombia, o del Ministerio Público en expresión legal portuguesa), cuyo dictamen es vinculante para los esposos, que deberán adecuar su acuerdo a dicho dictamen; de lo contrario, sólo quedaría la vía judicial.

De entre todas estas opciones, defendidas y debatidas todas entre nuestros propios notarios[33], la Ley de Jurisdicción Voluntaria española se inclinó por la primera, aunque matizadamente, al no permitir el divorcio notarial cuando hubiera hijos menores o incapacitados, pero sí cuando se tratase de hijos mayores o menores emancipados, aunque dependientes económicamente. A aquella negativa se refiere ya en su Preámbulo, cuando advierte que: «La modificación del Código Civil tiene por objeto —entre otras muchas cosas— la regulación de la separación o divorcio de mutuo acuerdo de los

---

30 Es, en efecto, la solución que adopta la mayoría de los países latinos que regulan el divorcio notarial (art. 4.a] de la ley en Perú, y el art. 5 de su Reglamento; art. 18, ap. 22] de la ley ecuatoriana; art. 3 de la de Brasil, reformadora del art. 1124.A] de su Código de Proceso Civil), y también es la solución adoptada en el divorcio «administrativo» mejicano (arts. 272 y 273 de su Código civil federal).

31 Así, originariamente, en sus arts. 1773 de su Código civil, 272.1.b] de su Código de Registro Civil, y 1419.1.c] de su Código de Procedimiento civil.

32 En efecto, en su última reforma, habida por la ley n.° 61/2008, de 31 octubre, Portugal ha venido a adoptar la solución colombiana, que para algunos, como es mi caso, mejora en este punto a la cubana (según habrá de ver a continuación)

33 En efecto, los había que estimaban sólo acertado permitir el divorcio notarial cuando el matrimonio no tiene hijos (menores, incapacitados, ...): así, FERNÁNDEZ DE BUJÁN, A., en su citada Monografía, I, pp. 104, 217 y 218; DE LA PRADA GONZÁLEZ, J. M.ª, «Problemas que plantea la regulación de la jurisdicción voluntaria», en *AC*, 2009-2, p. 1632; MARFIL GÓMEZ, J. A., p. 9/10), más en su opinión, «pues por algo hay que empezar». Y los hay que lo admiten, aunque bajo la supervisión del Ministerio Fiscal: así, CARRIÓN GARCÍA DE PRADA, P., cit., pp. 34 ss, 70 ss; CAMPO GÜERRI, M. Á., «Notariado y jurisdicción voluntaria», en *AAMN*, T. XLV-XLVI, pp. 464-466; GÓMEZ-FERRER SAPIÑA, R., «Jurisdicción voluntaria y función notarial», en *RJN*, 1992-II, pp. 93 y 94, quien incluso proponía que en lugar del Ministerio Fiscal intervinieran peritos (como médicos, psicólogos, ...).

cónyuges sin hijos menores de edad fuera del ámbito judicial, atribuyendo al Secretario judicial y al Notario las funciones que hasta ahora correspondían al Juez».

No fue casual, ni baladí tal decisión, intencionadamente tomada por el legislador español. Sobre tal cuestión, en un principio, nada se decía en el Preámbulo de la ley, siendo aquel párrafo, antes transcrito, introducido por iniciativa del Partido Popular (en su enmienda n.º 372, ante el Congreso). Precisamente, lo fue en contra de la propuesta que durante su tramitación parlamentaria, el PSOE planteó, en varias enmiendas ante el Congreso (en las n.º 327 y ss) y ante el Senado (en las n.º 703, 706, ...), proponiendo una solución similar a la originaria portuguesa (aunque no la citaba), entendiendo que tal propuesta «responde... a un criterio de economía procesal, pero en ningún caso a la identificación de la cuestión de alimentos como uno de los efectos propiamente atribuibles a la crisis matrimonial». Además, se añadía, «hay derechos, como el de alimentos, que no cabe entender perdidos por la firma de los —hijos— mayores afectados». Nada de ello fue, sin embargo, admitido.

Obsérvese, además, cómo siempre habiendo hijos en la cuestión familiar, siempre el Derecho impone, para su protección, alguna intervención de la autoridad pública, con la omnipresente del Ministerio Fiscal (no solo tratándose de separaciones o divorcios, sino también para la adopción, para la emancipación, o la sujeción del menor a un sistema de apoyo o de tutela, o para los casos de conflictos de intereses con sus padres, guardadores o representantes...)

Así mismo y, en cualquier caso, aunque limitado fuese así el divorcio notarial en su posible ámbito aplicativo subjetivo, para todo divorcio consensuado, sea judicial o notarial, con o sin hijos menores, nuestro Derecho exige su control público —judicial o notarial— de legalidad así como de equidad sobre el acuerdo propuesto por los cónyuges. Es una idea esta que ya mantuve hace tiempo mientras se tramitaba en el Parlamento español la Ley de Jurisdicción Voluntaria, cuando el borrador inicial de la reforma no preveía ese alcance pleno de un control de legalidad y justicia en manos del notario[34] (aunque sí en las del juez, haciendo con ello que la propuesta de reforma fuera, además, desigual, discriminatoria)[35]. Por fortuna, el legislador

---

34 Como idea suya, el profesor y notario PÉREZ GALLARDO, L. B., en «El divorcio por mutuo acuerdo ante notario: mitos y tabúes», en *Revista Diálogo con la Jurisprudencia*, 2006, pp. 119-143; y en España, en *RDP*, 2007, pp. 65-103, siempre ha insistido en que el control del notario en el divorcio cubano debe de ser doble: de legalidad, y de justicia y equidad. Así también entre nuestros notarios, lo proponía hace un tiempo CARRIÓN GARCÍA DE PRADA, P., cit., pp. 85 ss.

35 Y así lo critiqué en mi trabajo «Separaciones y divorcios por mutuo acuerdo ante notario en el Anteproyecto de Ley de Jurisdicción Voluntaria: su elogio, no exento de crítica», en *Revista de Derecho Privado*, 2014, n.º 2, marzo-abril, pp. 97-115. En él, y de acuerdo con

accedió durante su tramitación al cambio, equiparando el pleno control del acuerdo en manos de jueces y notarios[36]. No obstante la reforma, un sec-

la objeción contenida en el Informe del CGPJ (en sus puntos n.º 368, 369 y 400), desde un principio me pareció criticable el límite que al control notarial imponía el Proyecto de LJV español, cuando en el art. 90.2 CC propuesto, añadía un nuevo párrafo 2.º que decía: «Cuando los cónyuges formalizasen los acuerdos ante el Notario y este considerase que, a su juicio, alguno de ellos pudiera ser dañoso o gravemente perjudicial para uno de los cónyuges o para los hijos afectados, lo advertirá a los otorgantes, quienes expresamente deberán consentir estos acuerdos y dejará constancia en la escritura de haber hecho tal advertencia y del consentimiento prestado». Me parecía entonces que el control del notario debía de alcanzar también tales extremos, sin limitarse a una legalidad mal entendida, desligada de la equidad o de la moral (*cfr.*, arts. 3.2 y 1255 CC), que no se comprende si no alcanza la protección de los cónyuges (como, por lo demás, ya venía haciendo el notario en las capitulaciones matrimoniales, conforme al art. 1328 CC en la exigencia de controlar que haya en tales pactos un equilibrio y se respete la igualdad entre los cónyuges); así como la de los hijos (aunque emancipados, pero dependientes económicamente): en general, es deber del notario proteger, velar por los intereses de la parte más débil del negocio del que da fe pública (*cfr.*, arts. 1 y 147 RN), como, en nuestro caso, era el convenio regulador, en que los hijos, si bien no son parte en sentido estricto, en cuanto parte negociadora, son terceros directamente por aquél afectados (arts. 6.2 CC y 19.1 LEC). Hacía yo tales afirmaciones, por supuesto, sin desconocer la nulidad declarada de buena parte de los arts. 145 y 147 del Reglamento Notarial hecha por la Sala 3.ª del Tribunal Supremo en su sentencia de 20 mayo 2008 (aunque, en el fondo, más que por cuestionar en sí que el control de legalidad sea función del notario, porque tal control se consagrara en una norma de rango reglamentario, y no legal); además, la reacción contra tal STS ha sido unánime con argumentos de toda índole argumentando lo que, sin duda, parecería obvio: que el control de legalidad forma parte esencial de la función notarial: desde arriba de la pirámide de nuestro sistema de fuentes, porque el propio art. 9.1 CE impone la sujeción de todos al ordenamiento jurídico (la libertad, pues, no consiste en optar entre lo legal y lo ilegal, entre lo moral y lo inmoral, sino libertad de opción dentro de la legalidad, y de la moralidad; *cfr.*, art. 1255 CC); y en la base de la pirámide, por exigencia de los propios principios (notariales); son tantos los casos puntuales en que las leyes imponen al notario el deber de controlar la legalidad de sus documentos (en materia de consumidores, de hipotecas, de cláusulas abusivas, multipropiedad, y un larguísimo etcétera), que antes que pensar en un elenco de excepciones confirmadoras de una —pretendida— regla (que sería la falta de tal deber de control de legalidad), más bien son la expresión en tan numerosos casos de un principio general del Derecho (no solo del notarial), que confiere el control de legalidad a toda autoridad pública, y que los inspira, en el papel que a los principios confiere el art. 1.4 CC (*vid.,* sin embargo, en contra de ello, MARTÍNEZ ESCRIBANO, C., *Control notarial de legalidad*, Madrid, 2010, más favorable a un control meramente formal). Asimismo, de mantenerse aquella propuesta inicial contenida en el Proyecto, se generaría una desigualdad, y con ello una indefensión (haciendo tal propuesta, en mi opinión, inconstitucional), si dicho control del notario, de segundo grado podría decirse, era comparado con el judicial que la propia norma proyectada contemplaba, donde —por entonces— el juez, a diferencia del notario, sí podía rechazar la propuesta de convenio en el mismo caso en que el notario solo podía advertir a las partes, sin negarse a escriturar el divorcio.

36 Y así lo elogié en mi siguiente trabajo «Separaciones y divorcios por mutuo acuerdo ante notario, en España: entre su oportunismo político y su exigencia constitucional» (páginas 47 a 81), como el primer capítulo dentro del libro colectivo, que yo mismo dirigí, titulado

tor importante dentro del notariado[37] propuso entonces que el control del notario al respecto debía estar presidido por el principio de mínima intervención, proponiendo que se refiriera más a lo que afectase a los hijos que a lo que atañera a los cónyuges, entre quienes había de prevalecer el principio de libertad, aun en el caso de que se pactasen derechos desiguales entre ellos. Olvidaba con ello que hace ya tiempo se exige la observancia de la igualdad entre cónyuges en materia de capitulaciones matrimoniales, cuyo contenido el notario también debe controlar (arts. 1327 y 1328 CC); y que, ahora, idéntica observancia habrá de darse en los convenios notariales de separación y divorcio sobre cualquier acuerdo que afecte a cónyuges e hijos (también incluso ya a los animales). Porque, más allá del art. 1255 CC, que limita cualquier pacto a la ley, a la moral y al orden público, y de su posible analogía con el art. 1328 CC, el propio art. 90.2 CC así lo impone expresa y específicamente en su redacción actual, además, intencionadamente frente a la inicial proyectada (y en el mismo sentido el art. 777.10 LEC si se trata de un divorcio consensual tramitado ante el letrado de la administración de justicia). Cualquier otra interpretación reduccionista o relajada que quiera hacerse del nuevo art. 90.2 CC no será otra cosa que hacer apología de la rebeldía al mandato legal, y a la clara voluntad del legislador, plenamente coincidente con la de la ley. Es esta, precisamente, la utilidad interpretativa práctica que tienen los debates parlamentarios —incluidos entre los llamados materiales prelegislativos— (según refiere el art. 3.1 CC al mencionar los «antecedentes históricos y legislativos» de la norma a interpretar), a fin de evitar cualquier interpretación tergiversadora —«cerebrina y bizarra», según decía LACRUZ BERDEJO— que se quiera hacer de la Ley[38].

Todo lo dicho, en definitiva, explica que no quepa admitir, ni siquiera *de lege ferenda*, un divorcio privado, en el que baste el consenso (la *desaffectio maritalis*), como tampoco es bastante el consentimiento (la *affectio maritalis*) para que haya matrimonio.

Tan clara es esta exigencia, al menos hoy, que, sin necesidad de encontrar su correspondencia en el actual Código civil español, lo advertía el art. 77 del Proyecto de CC de 1851: «El mútuo consentimiento de los cónyuges —decía— no es causa de divorcio ni autoriza su voluntaria separación». Y, entre otras razones (que el propio Goyena consideraba «de poco o ningún

Separaciones y divorcios ante notario, con Prólogo de Isidoro-Lora Tamayo y Carlos Pérez Ramos, Madrid, 2016.

37 Encabezado por PÉREZ HEREZA, J. Y VARA GONZÁLEZ, J. M., cit., p. 24.

38 Para mayores detalles al respecto, con cita de doctrina (incluido LACRUZ BERDEJO) y de jurisprudencia, permítasenos, de nuevo, remitirnos a nuestro trabajo «El (relativo) valor interpretativo de los materiales prelegislativos», en *Anuario de Derecho Civil*, 2019, pp. 747-792.

peso hoy», al ser razones más bien canónicas[39])[40], decía García Goyena para justificar dicha norma[41]: «El matrimonio es de órden y derecho público: es la fuente y base, el primero y más sagrado interés de la sociedad; no puede, pues, quedar al arbitrio de los particulares destruir por su simple consentimiento tan altos fines é intereses: Seyendo departidos por derecho, non se entiende que los departe el ome: Ley 1, título 10, Partida 4».

Tal razonamiento se mantiene hoy plenamente vigente, aunque no haya norma que en correspondencia con aquella proyectada expresamente prohíba un divorcio privado (tal vez, indirectamente, lo hace el art. 89 CC al exigir que lo sea judicial o, en su caso, notarial). Tal vez lo hiciera el Proyecto de CC de 1851 por arrastre de otras normas que en aquella época hacían igual aclaración. No en vano, GARCÍA GOYENA indica que aquel art. 77 es tomado de otros Códigos (que suele citar, muchas veces como justificación añadida de los suyos, como son el sardo, el napolitano, el de Luisiana, ...); pero el primero que cita es el art. 307 del CC francés, que, refiriéndose a la separación de la cohabitación (que así se llamaba) decía: «Esta demanda se instará, instruirá y fallará del mismo modo que cualquiera otra acción civil, y no podrá admitirse por mutuo consentimiento de los cónyuges». Esta norma, pionera, por su fecha, en hacer tal afirmación (sobre todo la de su último inciso, introducido durante su tramitación parlamentaria), tal vez se deba a los continuos intentos que, durante la propia gestación del *Code*, hizo Napoleón de que se legislara un divorcio lo más rápido y privado posible, al modo en que hizo la revolucionaria Ley de 20 septiembre 1792 (en que una asamblea suplía al tribunal), proponiéndolo, según nos cuenta cierta doctrina francesa, para

39 Por eso, por ejemplo, también fue necesario en tal proyecto de CC de 1851 la existencia de un art. 75 que dijera: «El conocimiento de las causas de divorcio pertenece esclusivamente —sic— á los tribunales civiles», cuando tradicionalmente toda cuestión matrimonial (sobre nulidad o separación) era competencia exclusiva de los tribunales eclesiásticos, como advierte el propio GARCÍA GOYENA, F., pp. 89 y 90, al comentar dicha norma.

40 Lo decía la Ley 8, título 10, de la Partida 4, que prohibía el divorcio declarado por árbitros, del siguiente modo: «Arbitri son llamados en latin, omes en que se avienen algunos, para meter en su mano algund pleyto, que lo libre segund su alvedrio, poniendo pena a las partes. E defiende la Santa Eglesia, que en mano de tales omes non sea metido pleyto de departimiento de matrimonio; quier sean Clerigos, o legos, nin aunque fuesen Obispos. E esto es por dos razones. La una, porque todo pleyto que es metido en mano de árbitros, non se puede acabar si non por miedo de pena, e non debe ser puesta en pleyto de matrimonio. Ca el matrimonio debe ser libre, e quito de toda manera de premia; e porende los árbitros non pueden tal pleyto librar. La otra razón es, porque el matrimonio es spiritual, e fue establecido primeramente por nuestro Señor Dios, segund dize en el Título de los Casamientos. E porende tal pleyto como este no lo puede otro librar, si non aquellos que tienen lugar en la Eglesia de nuestro Señor Jesu Christo, e que han jurisdiccion para lo fazer».

41 En sus *Concordancias y motivos*, p. 93.

satisfacer su interés personal de poder así romper su matrimonio con Josefina, que no le proporcionaba descendencia en su Imperio[42].

No habiendo, sin embargo, una norma general correlativa en nuestro actual Derecho, sucede lo contrario cuando, en particular, se trata del régimen jurídico habido sobre transacción y arbitraje; a saber:

Mejor fortuna, en efecto, por su actual vigencia (en el actual art. 1814 CC, al que luego me referiré), tuvo otra norma del Proyecto de CC de 1851, a la que, no en vano, se remitía García Goyena al finalizar su comentario de aquella otra norma (el art. 77); en efecto, lo terminaba diciendo: «vé el art. 1720», que decía: «No se puede transigir sobre el estado civil de las personas, ni sobre las cuestiones matrimoniales, ó cualquiera otra en que deba ser oído el ministerio público, á menos que la ley permita la transacción, con intervención del mismo». Y en su comentario, insistirá Goyena[43] en la misma *ratio* de aquella otra norma: «Sobre el estado civil, etc.: porque estas y todas las del artículo son de orden y derecho públicos: ve los artículos 11, 77 —de nuevo— y 80». Y antes también de referir lo del orden público, comenzaba Goyena[44] recordando: «Contienda o pleito que naciesse sobre casamiento de algunos, non se podría meter en manos de avenidores, Ley 24, título 4, Partida 3».

Ahora sí, aun con algún cambio de contenido (y de refundición para incluir como materia no transigible los alimentos futuros, que el Proyecto recogía en norma separada: en su art. 1721), aquella norma, la del art. 1720, será mantenida en el actual art. 1814 CC (cuando este ahora dice: «No se puede transigir sobre el estado civil de las personas, ni sobre las cuestiones matrimoniales, ni sobre alimentos futuros»), cuya razón de ser, alegada por la común opinión, es aquella que ya nos daba García Goyena: el ser una cuestión de orden público y, por tanto, indisponible para las propias partes interesadas[45]. *A contrario sensu*, todo aquello que, estando dentro del comercio de los hombres y sea por tanto objeto de contrato por su interés privado,

42 Entre otros, así nos lo narran Planiol, L. y Ripert, G.,*Tratado elemental de Derecho Civil, IV: Divorcio, filiación, incapacidades*, trad., Méjico, p. 14, y más detenidamente en pp. 23 y 24, aunque advirtiendo que aquella ley de 1792 apenas tuvo tiempo de ser aplicada, y que, finalmente, el sistema de divorcio, formal y causal, acogido en el *Code* en 1804 sería prontamente abolido, en 1816, por influencia católica, para no ser ya restaurado, de forma moderada sin retornar al divorcio de 1792, a instancia de Naquet en 1884.

43 En p. 132.

44 En pp. 131 y 132.

45 Así, Manresa Navarro, J. M.ª, en sus *Comentarios al CC, t. XII*, pp. 115, 117 y 118; reproduciéndole, Ogayar Ayllón, T., en sus *Comentarios al CC*, de Edersa, p. 2/7, citando cuestiones de orden público como la filiación, la nacionalidad, la patria potestad, ...; Gullón Ballesteros, en *Comentarios del CC*, Ministerio de Justicia, p. 1792; Viola Demestre, I., cit., pp. 270 ss, considerando que el estado civil es un derecho de la personalidad y, como tal, indisponible; o Rivera Rivera, L. R. cit., pp. 104, 105 y 107.

podrá ser objeto de transacción. Originariamente, el art. 1718 del proyecto de CC de 1851 contenía tal precisión, pero al reproducir el más general en materia de contratos (correspondiente al actual art. 1271 CC vigente), ya el propio García Goyena propondría la supresión de aquél por reiterativo. Así lo entiende hoy la común opinión[46] y la propia jurisprudencia (*vid.*, por todas, la STS de 19 octubre 1960).

Ni siquiera puede suscitar dudas la amplia expresión empleada por el art. 1814 CC cuando niega que se pueda transigir *«sobre las cuestiones matrimoniales»,* si la ponemos en conexión con otra materia, que, según la propia norma, no es transigible: *«el estado civil de las personas»*[47]. Tras su completa lectura queda claro, pues, que no cabe un divorcio (ni la celebración de un matrimonio, como tampoco su anulación) mediante la transacción, en tanto que afecta (como el matrimonio, o su nulidad) al estado civil de los cónyuges que pasan a ser divorciados (o casados, tras las nupcias, o solteros en caso de anularse el matrimonio). Más aún si habiendo hijos, la resolución de la crisis pudiera afectar a la filiación[48].

Coincidente, en fin, por su resultado cualquier interpretación (gramatical, sistemática, histórica, ...), que se quiera hacer de tales normas, reveladoras indubitadamente de su *ratio* y de la *voluntas legislatoris*, de nuevo, cualquier otra interpretación que, al menos *de lege lata*, se quiera hacer de ellas no sería sino pura tergiversación de su finalidad y espíritu. Cierto es que, de suyo y sin más, los comentarios de García Goyena al proyecto de CC de 1851 no pueden estimarse como interpretación auténtica y, por tanto, vinculante, sino tan solo —lo que no es poco— como precedente histórico —e incluso— legislativo próximo al CC de 1889 (*cfr.*, la misma Base 1.ª de la Ley de Bases de 11 de mayo de 1888), con un valor doctrinal, pero tan autorizado[49] que, siendo como sucede en este caso, tan coincidente su sentir con lo recogido finalmente por el CC de 1889, nadie puede dudar de tan refor-

46 Desde que ya Manresa lo advirtiera (XII, pp. 114 y 115), siguiéndole muchos otros, como Gullón Ballesteros, A., en su monografía sobre *La transacción*, Madrid, 1964, p. 110; Ogaya Ayllón, T., cit., p. 2/6; ...

47 Destacan tal conexión, Ogayar Ayllón, T., cit., p. 4/7; y Viola Demestre, I., cit., p. 272.

48 Es la común opinión la que estima que la expresión *«cuestiones matrimoniales»* afecta a la existencia o subsistencia del matrimonio, del vínculo matrimonial, como pueden ser su nulidad o el divorcio: Gullón Ballesteros, A., en su monografía citada, p. 117, y, sobre todo, en sus *Comentarios del CC*, M.º de Justicia, p. 1772; Ogayar Ayllón, T., cit., p. 4/7; Gaspar Lera, S., *El ámbito de aplicación del arbitraje*, Pamplona, 1998, p. 97; Rivera Rivera, L. R., cit., pp. 115-117...

49 Al respecto, para mayores detalles me remito a mi trabajo sobre el valor de los materiales prelegislativos publicado en el *ADC*, con cita inevitable, aunque no necesariamente para compartirlo, del trabajo de Lacruz Berdejo, J. L., con su conocido trabajo: «Las *Concordancias* de García Goyena y su valor para la interpretación del CC», en *RCDI*, 1974, pp. 289-302.

zado valor interpretativo en este caso, lo que, de nuevo, impide cualquier otra interpretación diferente que se pretenda hacer.

Por idéntica razón tampoco sería admisible un divorcio arbitral, declarado por un árbitro, ni siquiera cuando éste sea nombrado judicialmente (*cfr.*, arts. 1816 CC y 8.1 de la Ley de Arbitraje española[50])[51].

A pesar del cambio de redacción experimentado por el art. 2 de la vigente Ley española de Arbitraje, de 2003, que, frente al tono excluyente de sus precedentes, adopta un tono positivo, o de inclusión, al decir que «son susceptibles de arbitraje las controversias sobre materias de libre disposición conforme a derecho»[52], no parece que las materias tradicionalmente excluidas de arbitraje hayan escapado de tal excepción. Frente a los múltiples intentos que hubo durante su tramitación por parte de numerosos partidos políticos[53] con el fin de reinstaurar un listado de materias excluidas del arbitraje, en la propia Exposición de Motivos de la actual Ley arbitral —con el consabido valor interpretativo auténtico, aunque no vinculante, que tiene todo Preámbulo[54]— se dice: «El art. 2 regula las materias objeto de arbitraje sobre la base del criterio de la libre disposición, como hacía la ley 36/1988. Sin embargo, se reputa innecesario que esta Ley contenga ningún elenco, si quiera ejemplificativo, de materias que no son de libre disposición. Basta con establecer que la arbitrabilidad de una controversia coincide con la indisponibilidad de su objeto por las partes. En principio, son cuestiones arbitrables las cuestiones disponibles. Es concebible que por razones de política jurídica haya o pueda haber cuestiones que sean disponibles para las partes y respecto de las que se quiera excluir o limitar su carácter arbitrable. Pero ello

50 Que dice: «Para el nombramiento y remoción judicial de árbitros será competente la Sala de lo Civil y de lo Penal del Tribunal Superior de Justicia de la Comunidad Autónoma donde tenga lugar el arbitraje; de no estar éste aún determinado, la que corresponda al domicilio o residencia habitual de cualquiera de los demandados; si ninguno de ellos tuviere domicilio o residencia habitual en España, la del domicilio o residencia habitual del actor, y si éste tampoco los tuviere en España, la de su elección».

51 Marfil Gómez, J. A. (*cit.)*, sólo insinúa el nombramiento judicial del árbitro (al amparo del art. 8.1 de la Ley de Arbitraje).

52 Decía, en cambio, el art. 2 de su antecesora Ley de Arbitraje de 1988: «1. No podrán ser objeto de arbitraje: ... b) Las materias inseparablemente unidas a otras sobre las que las partes no tengan poder de disposición. (...) c) Las cuestiones en que, con arreglo a las leyes, deba intervenir el Ministerio Fiscal en representación y defensa de quienes, por carecer de capacidad de obrar o de representación legal, no puedan actuar por sí mismos».

53 Como el PNV, IU, CiU y PSOE, según cuenta, con detalle, Yáñez Velasco, R., en *Comentarios sistemáticos a la Ley 60/2003, de 23 de diciembre, de arbitraje*, Valencia, 2004, pp. 155 ss.

54 Según puede verse con detalle explicado en mi libro *Principio, realidad y norma: el valor de las exposiciones de motivos (y de los preámbulos)*, con Prólogo del Prof. Dr. D. Carlos Rogel Vide, Méjico-Madrid, 2015, al que me remito.

excede del ámbito de una regulación general del arbitraje y puede ser objeto, en su caso, de disposiciones específicas en otros textos legales». O sea, que, sin romper con la tradición en materia de arbitraje, no se quiso cerrar las puertas a futuras materias que, convencional o legalmente, pudieran quedar igualmente excluidas (o incluidas, según el caso) del arbitraje.

Por consiguiente, la tradicional doctrina y jurisprudencia formada en torno a las anteriores leyes arbitrales, determinante en cada caso de la materia excluida de arbitraje puede, *grosso modo*, mantenerse, al menos como criterio orientativo. En ella siempre se ha entendido excluida de arbitraje las materias también excluidas de transacción, entre otras, las que enumera el art. 1814 CC (antes referido), como son el estado civil, las cuestiones matrimoniales...[55]; y no porque tal norma, que, apurando *in extremis* su *ratio*, puede estimarse como singular o como restrictiva, sea aplicable por analogía (*cfr.*, art. 4.2 CC) —como, en cambio, parece creer KEMELMAJEr en el trabajo anterior citado—; sino porque su *ratio*, sin necesidad de expandirse, es idéntica a la del art. 2 de la Ley arbitral. Se trata en ambas normas de materias de interés general, de orden público. Y así será, y sería, aunque tales normas mutaran de redacción, o incluso no existieran. Ahí están, para fijar con alcance general el límite del orden público, los arts. 6.2 y 1255 CC (que, no en vano, el art. 19.1 LEC recuerda cuando se refiere al ámbito judicial), con sus tradicionales límites a la autonomía de la voluntad, como son la ley, la moral y —precisamente— el orden público.

En contra, MERINO MERCHÁN y CHILLÓN MEDINA[56] consideran que en la actual Ley de Arbitraje se ha pretendido un «ensanchamiento» de las materias que son arbitrables, no siendo, pues, de suyo necesariamente aplicable el art. 1814 CC; en su lugar proponen que el orden público a respetar, *ex* art. 1255 CC, sea el constitucional, de modo que se entiendan excluidos del arbitraje todo lo relativo al estatuto de las personas (estado y capacidad), y

---

55 Es la opinión mayoritaria entre los expertos en arbitraje, desde GASPAR LERA, S., cit., pp. 90 ss, que por entonces se refería al art. 2 de la Ley Arbitraje-1988, pasando ya por la vigente ley, autores como FERNÁNDEZ ROZAS, J. C., «Ámbito de actuación y límites del juicio de árbitros tras la Ley 60/2003, de Arbitraje», en *La nueva Ley de Arbitraje*, en Cuadernos del CGPJ, Madrid, 2006, pp. 77 y 78; YÁÑEZ VELASCO, R., cit., pp. 160, 189, ...; ROCA TRÍAS, E., cit., pp. 179 ss, 191 ss, para quien, de forma contundente (según dice, p. 181), «no se puede crear un tipo de divorcio distinto de aquél que está previsto legalmente; aquí es donde se manifiesta la limitación consistente en el interés del Estado en controlar las formas matrimoniales»; de ahí que, excluida también como posible tema arbitrado la guardia y custodia de los hijos (según defiende ROCA, pp. 177, 178 y 181), solo quede espacio (concluye, en p. 182), para las cuestiones puramente económicas. Y así lo reconoce, a su pesar, MARFIL GÓMEZ, J. A. (a lo largo de todo su artículo), proponiendo —por aquel entonces— por ello como reforma legal el admitir el divorcio notarial, al no ser posible tramitarlo por el sistema arbitral. Así también lo acepta, aunque proponiendo su reforma legislativa que permita un divorcio arbitral aun habiendo hijos, ZARRALUQUI NAVARRO, L. *(ult.loc.cit.)*.

56 MERINO MERCHÁN, José Fdo. Y CHILLÓN MEDINA, J. M.ª, *Tratado de Derecho arbitral*, 4.ª ed., Navarra, 2014, pp. 325 ss.

los derechos y libertades públicas fundamentales, que constituyen el núcleo duro y se encuentran comprendidos en los arts. 14 a 29 de la Constitución española. Quedaría fuera, por tanto, el art. 32 de la Constitución, que se refiere al matrimonio y, entre otras cosas, a su disolución.

Se olvida con tal interpretación (en parte sesgada), que el estado civil entronca con la propia personalidad jurídica del ser humano, con su capacidad misma (tanto jurídica como de obrar), esto es, con su dignidad misma, con el libre desarrollo de su personalidad, y con su libertad en fin, lo que, como sucede también con los derechos fundamentales a que se refieren ambos autores, contenidos en los arts. 14 y 29 CE, entronca con el art. 10 CE, que, en absoluto, puede ser objeto de transacción, ni de arbitraje, ni de libre disposición privada sin que haya un mínimo control público (como incluso lo hay para disponer de la vida o de la integridad física).

2.3. La inconveniencia —práctica— de un sistema de transacción o arbitraje limitado a las consecuencias patrimoniales de la crisis —estrictamente— matrimonial

Que de aquellas «cuestiones matrimoniales» a que se refiere el art. 1814 CC puedan quedar fuera, y sean por ello transigibles, las «cuestiones patrimoniales» derivadas del divorcio, de la nulidad..., como cree buena parte de la doctrina y la propia jurisprudencia españolas[57], o que incluso quepa, por

57 Por tratarse de una cuestión colateral que, por ser estrictamente económica o patrimonial (como puede ser la liquidación del régimen económico matrimonial, la pensión compensatoria, o la de alimentos, la atribución de la vivienda familiar, ...), no trasciende al orden público, ni al interés social. Así, el primero en decirlo fue MANRESA Y NAVARRO, J. M (XII, pp. 118 y 119), a quien siguieron otros, como VIOLA DEMESTRE, I., cit., pp. 271 y 272; OGAYAR Y AYLLÓN, T., (Edersa), quien distingue entre la acción moral de estado y la acción patrimonial de estado, derivada de aquél, sobre la que cabe transacción en tanto no se discuta la existencia y determinación del estado; y así también MERINO MERCHÁN, cit., p. 276, aunque refiriéndose al arbitraje. Como también lo hace, siguiendo en buena parte a Ogayar, ROCA TRÍAS, E., cit. pp. 178, 179, 181 ss y 193 ss. En la jurisprudencia mantienen tal doctrina las SSTS de 17 junio 1944, 9 marzo 1948, 13 octubre 1966, 4 diciembre 1985, 12 febrero 1991, o las de 5 febrero 1996 y 8 julio 2002, entre otras. Posición particular sostiene GULLÓN BALLESTEROS, quien al principio (en su citada monografía, pp. 111 y 112), sigue la opinión de MANRESA, aunque, con BUTERA, la matiza al considerar que la línea divisoria entre la cuestión sobre la que no cabe transacción y sus consecuencias patrimoniales es muy delgada, muy sutil; y así opinaba hasta terminar negando (en *Comentarios del CC*, Ministerio de Justicia, p. 1772), aquella posibilidad, de transigir sobre las cuestiones patrimoniales, por entender aplicable por analogía el art. 2.b) de la Ley arbitral, la de por entonces (1988), cuando disponía: «1. No podrán ser objeto de arbitraje:... b) Las materias inseparablemente unidas a otras sobre las que las partes no tengan poder de disposición». Parece seguirle en esta segunda posición contraria, ROGEL VIDE, C., «Mediación y transacción en el Derecho civil», en *RGLJ*, n.° 3, 2009, p. 554.

estar fuera de aquella prohibición, una separación de hecho transigida[58] o la ruptura de una pareja no casada arbitrada, ni los conocidos como pactos prematrimoniales en los que, antes incluso del matrimonio, o ya una vez casados, se planifica en sus efectos una posible ruptura[59], al no quedar afectado el estado civil en ninguno de tales casos[60], no nos concierne a nuestro propósito.

Además, al ser la celeridad y la economía, entre otros fines, lo que se persigue con los sistemas (notarial y administrativo) de divorcio amistoso sin juez, en nada ayudan a ello la duplicidad procedimental que aquellas hipótesis provocan: la de un divorcio declarado judicialmente y la de sus consecuencias patrimoniales acordadas, transigidas, o resueltas por un árbitro, por separado. Ni, peor aún, la falta de seguridad y publicidad de que puedan adolecer, como sería el caso de la separación transigida, que legalmente no sería más que una separación fáctica o de hecho, al no ser declarada judicial ni notarialmente, con todos los problemas de prueba y oponibilidad que le son propios al tratarse de mera transacción, de un simple contrato con eficacia relativa o *inter partes* (*cfr.*, arts. 1809 y 1091 CC)[61]. Súmese a ello que, en lo relativo al convenio regulador, el art. 90 CC obliga a tratar todas las materias que en él se mencionan (siendo sólo excluible, remisible a otra ocasión, lo relativo a la liquidación del régimen económico, a la vista del

58 Admitida en España, por primera vez, por la STS de 31 enero 1985: se trataba en ella de una capitulación matrimonial de conversión de régimen de gananciales en régimen de separación, y de un documento privado acordando la separación (de hecho), la guarda y visita de los hijos y el destino de la vivienda familiar. En su Considerando 6.°, frente al recurrente que considera tales pactos nulos por no limitarse a las consecuencias estrictamente económicas de la separación, dice el TS que tales pactos son válidos —no ilegales, ni inmorales, ni perjudiciales (mucho menos para la mujer en el caso, quien, siendo adultero el marido, se queda con los hijos y con la vivienda)—, y que «no afectan a la esencia —dice— del matrimonio», al tratarse de una separación de hecho. En su Considerando 8.°, frente a la afirmación del recurrente de que se trataba de una transacción contraria al art. 1814 CC, dice el TS que tales acuerdos no vulneran tal norma «cuando ello —el pacto— se refirió a la situación económica del matrimonio y no afectó para nada a la sustancia del vínculo, ni a los derechos de filiación que son indisponibles».

59 Sobre tal figura, véase, recientemente y por todos, el magnífico estudio, aunque no se compartan todos sus extremos, de García Mayo, M., *Pactos prematrimoniales en previsión de crisis matrimonial*, Madrid, 2023.

60 En particular, que la situación de las parejas de hecho, aunque registradas, no sea estrictamente un estado civil, nos remitimos a Ramos Chaparro, E., *Ciudadanía y Familia: los estados civiles de la persona*, Barcelona, 1999.

61 Por supuesto, no vamos a tratar aquí de la naturaleza jurídica de la transacción, pero, con la común opinión, convenimos en su naturaleza especialmente contractual, a la vista de su ubicación, su definición legal (contenida en el art. 1809 CC), su esencia, ...; de modo que resulta innegable su eficacia relativa o *inter partes*, aunque pudiera a tales efectos gozar de la cosa juzgada (art. 1816 CC, al cual nos referimos seguidamente, en texto).

«cuando proceda», de la letra e] de tal norma; cuya disponibilidad también rige tratándose del divorcio notarial)[62].

Por aquella misma razón de economía y celeridad tampoco cabría como oportuno un divorcio transigido judicialmente al amparo del art 1816 CC (cuando dice: «La transacción tiene para las partes la autoridad de la cosa juzgada; pero no procederá la vía de apremio sino tratándose del cumplimiento de la transacción judicial»)[63]. Pues, aunque gozase del efecto de cosa juzgada entre las partes, una vez celebrado el convenio transaccional este debería ser homologado por el juez, de modo que, como sucede en las separaciones y divorcios consensuales, el poder del juez es simplemente homologatorio, limitado a aprobar o a rechazar la transacción alcanzada según se ajuste a la legalidad y al orden público (*cfr.*, art. 19 LEC)[64], mas sin poder modificarla, ni imponer un contenido alternativo[65]. Se trataría, en fin, de nuevo de un procedimiento judicial, en realidad idéntico al que hoy prevé el art. 777 LEC, o antes la disposición adicional 6.ª Ley-1981, con el inconveniente procedimental, de su mayor pérdida en tiempo y dinero.

Lo mismo cabría decir del arbitraje, que solo cabría admitir para solventar las consecuencias patrimoniales de la crisis matrimonial (como las cargas

62 Hacemos tal aclaración en texto a la vista del variopinto panorama habido en los diversos sistemas divorcistas extrajudiciales acerca de si la liquidación del patrimonio común en tales divorcios debe ser voluntaria o necesaria. En Cuba es voluntario hacerlo, así como en Portugal (aunque aquí, recuérdese, quien declara el divorcio es el Encargado del Registro Civil, en absoluto acostumbrado a tales menesteres, como, en cambio, lo está el notario). En los demás sistemas sí es obligatoria tal liquidación, exigiéndose que se realice con anterioridad al divorcio (como sucede en Perú y en Méjico), o que, al menos, se haga simultáneamente a la declaración de divorcio, como uno más de sus efectos (como sucede en Brasil), o incluso con posterioridad de forma obligada (como sucede en Ecuador, donde, téngase en cuenta, el divorcio se declara simplemente mediante acta notarial).

63 Marfil Gómez, J. A., cit., pp. 25-34, insinúa la idea de un divorcio transigido, aunque sea mediante el nombramiento judicial del árbitro (al amparo del art. 8.1 de la Ley de Arbitraje), y algo parecido afirma, en mi contra, López Barba, E., cit., pp. 81, 82, 86 y 87, al entender que como puede haber previo conflicto, este puede resolverse mediante transacción, aunque luego esta requiera de homologación judicial.

64 Que, íntegramente, dice: «1. Los litigantes están facultados para disponer del objeto del juicio y podrán renunciar, desistir del juicio, allanarse, someterse a mediación o a arbitraje y transigir sobre lo que sea objeto del mismo, excepto cuando la ley lo prohíba o establezca limitaciones por razones de interés general o en beneficio de tercero. (...) 2. Si las partes pretendieran una transacción judicial y el acuerdo o convenio que alcanzaren fuere conforme a lo previsto en el apartado anterior, será homologado por el tribunal que esté conociendo del litigio al que se pretenda poner fin. (...) 3. Los actos a que se refieren los apartados anteriores podrán realizarse, según su naturaleza, en cualquier momento de la primera instancia o de los recursos o de la ejecución de sentencia. (...) 4. Asimismo, las partes podrán solicitar la suspensión del proceso, que será acordada por el Letrado de la Administración de Justicia mediante decreto siempre que no perjudique al interés general o a tercero y que el plazo de la suspensión no supere los sesenta días».

65 Así explica el art. 1816 CC, VIOLA Demestre, I., pp. 238 ss.

familiares, las pensiones compensatorias y de alimentos futuros...), pero no para declarar el divorcio, ni para determinar sus consecuencias personales (estado civil, filiación...). Además, también con el inconveniente procedimental (en tiempo y costes) de que el laudo arbitral, referido a lo estrictamente económico, muy probablemente requeriría de homologación judicial —como parece reconocer, en parte, la propia KEMELMAJER[66]—.

III. Nuestra conclusión, contraria —incluso *de lege ferenda*— al divorcio arbitrado o transigido como privatización del matrimonio

No creemos que la negativa hasta aquí expuesta de admitir un divorcio transigido o arbitrado pueda ser tildada de reaccionaria, cuando, precisamente, yo mismo he sido vehemente defensor del divorcio amistoso desjudicializado. Nadie cuestiona, al menos hoy (salvo en casos extraños como el escocés, o extraoficiales, como el matrimonio según rito gitano o el «nikah» del Derecho islámico), que tanto el matrimonio, como el divorcio, por su interés público han de estar sometidos a una solemnidad, a una publicidad. Por eso mismo, los sistemas actuales de divorcio extrajudicial (ya sea el notarial o el administrativo) no son absolutamente equiparables al divorcio romano clásico, como tampoco el actual matrimonio es equiparable al matrimonio romano clásico, que se renovaba día a día. Como es bien sabido, en el Derecho romano, hasta la era cristiana, se permitía el divorcio sin formalidad ninguna, porque también sin formalidad ninguna se podía constituir el matrimonio; bastaba con el consentimiento matrimonial (la intención de vida plena y estable en común, la *affectio maritalis*), que había de ser renovado de forma continua y duradera, día a día. Mientras persistía tal intención, así lo hacía el matrimonio, y cuando esa *affectio* cesaba, también cesaba automáticamente el matrimonio, siendo únicamente necesario dar aviso al otro cónyuge de palabra, por carta *(per litteras)* o por mensajero *(per nuntium)*.

Pero los tiempos cambian. Ahora el divorcio guarda ciertas solemnidades, especialmente la intervención de una autoridad, por razones de control público de legalidad y de seguridad jurídica (de publicidad para terceros)[67].

---

66 Lo dicho íntegramente en el párrafo constituye la común opinión entre los estudiosos del arbitraje; así, GASPAR, cit., pp. 99-102, y 106, refiriéndose al art. 2 de la Ley arbitral-1988; y sobre la actual, PÉREZ-LLORCA, J. P., *Comentarios a la Ley de Arbitraje*, Navarra, 2005, pp. 33-35; LORCA NAVARRETE, A. M.ª, *Comentarios a la nueva Ley de Arbitraje 60/2003, de 23 de diciembre*, 2.ª reimp., San Sebastián, 2004, p. 40; YÁÑEZ VELASCO, R., cit., pp. 167, 196-198.

67 No es así del todo, sin embargo, en Francia y en Italia, donde el notario y el Encargado del Registro Civil, respectivamente, solo ejercen una «homologación» o control formal, no de fondo, lo que, sin duda, resulta objetable, como puede verse, por ejemplo, en el trabajo de FAVIER, J., «El nuevo divorcio contractual en Derecho francés, hijo ilegítimo de la reforma

Por idénticas razones también el acto opuesto, el de las nupcias, está hoy sujeto a solemnidades[68]. Y que tales controles y formalidades queden delegados en notarios o funcionarios encargados del Registro Civil tan solo implica la desjudicialización del matrimonio y del divorcio, mas no su privatización.

No cabe, por tanto, ni que los propios cónyuges se declaren por ellos mismos casados ni tampoco que declaren su divorcio, ni tampoco basta con que lo haga un árbitro, legitimado en su actuación —y en su autoridad— por las partes, pero que no lo está por el Estado. Porque, de nuevo es necesario recordarlo, con el divorcio no se trata de resolver simplemente un contrato, aunque sea por mutuo disenso, sino de disolver un matrimonio, algo que, a diferencia de cualquier contrato, por afectar al estado civil de las personas resulta de interés social o general. De nuevo, pues, es el orden público el que impide en esta sede cualquier mecanismo privado, sea auto o heterocompositivo.

Así las cosas, solo una fórmula que respete tal exigencia podría ser, en su caso, admisible. Piénsese, por ejemplo, en los —mal— llamados «jueces privados», provenientes de algunos países del *Common law*, un sistema híbrido (o judicial por prórroga o por delegación), donde, según nos explica Lauroba Lacasa, «corresponde pronunciarse sobre el conflicto a jueces retirados —*private decision makers*— investidos de la potestad pública para resolver ese caso, de modo que sus decisiones son vinculantes y pueden ser objeto de apelación ante el tribunal superior. Actúan con el consentimiento de las partes y tras una orden emanada del presidente del tribunal que estaba examinando con anterioridad el caso. Los legitima su reputación previa, que parece una garantía de solvencia. En sus pronunciamientos se ajustan a los parámetros legales, de modo que no hay riesgo de que obvien el principio del interés superior del menor. Pero, como aspectos propios del arbitraje, esos jueces privados actúan de un modo mucho más flexible, rápido y —lo más valorado—, sujetos a la confidencialidad. California los viene utilizando con éxito, aunque con críticas ligadas a esa garantía de confidencialidad y al hecho de considerarlo un instrumento reservado a pudientes. Otros Estados han seguido su ejemplo. Podemos mencionar el de Nueva York, en que los jueces privados constituyen un argumento para rechazar el arbitraje de familia»[69].

de modernización de la justicia», trad. y notas de M. García Mayo, en *Actualidad Civil*, n.° 10, 2017.

68 Así lo entienden, entre otros, Valladares Rascón, E. cit., pp. 324 y 325; Bonet Navarro, J., en *Matrimonio y divorcio. Comentarios al Título IV del Libro Primero del Código Civil*, coordinados por Lacruz Berdejo, 2.ª ed., Madrid, 1994, pp. 945 y 946, negando este, en particular, el divorcio mediante transacción judicial; GARCÍA CANTERO, G. L. (en Edersa), negando especialmente el divorcio ante notario; y, más recientemente, Montés Penadés, V. L., en *Comentarios al CC*, Ministerio Justicia, pp. 379 y 380.

69 Lauroba Lacasa, M. E., cit., pp. 46 y 47.

Proponer otra cosa (como un divorcio puramente arbitrado, privadamente transigido, o, como su reverso, pudiera ser la celebración del matrimonio ante un árbitro, ...), aunque se haga *de lege ferenda*, no supondría —solo— la desjudicialización del matrimonio, o de su contrario, el divorcio (como pretende, entre otros, KEMELMAJER, según anuncia al final del sugerente título de su trabajo: «¿Jurisdicción o arbitraje?»), sino su privatización o mera contractualización (como yo mismo anuncio en el subtítulo de mi trabajo, que aquí, por fin, finaliza).

CAPÍTULO 21

EL ARBITRAJE TESTAMENTARIO (MEJOR, SUCESORIO). PROPUESTAS *DE LEGE FERENDA*

Eugenio Pizarro Moreno
Profesor Titular de Derecho Civil
Universidad Pablo de Olavide

Sumario:

I. Introducción: Tan difícil como inútil

Suele atribuirse, por error, al profesor CAPILLA[1] la frase de que el arbitraje testamentario es una institución tan difícil como inútil. Realmente sí que es el ilustre profesor sevillano quien la trae a colación en sus conclusio-

---

1 *Vid.* «Artículo 7», *Comentarios a la ley de arbitraje: Ley 36/1988, de 5 de diciembre*, dir. por BERCOVITZ RODRÍGUEZ-CANO, R.; España, Madrid: Tecnos; 1991.
En el libro V.10 de Ética Nicomaquea, Aristóteles dice que la ley *(nómos)* regula los casos de forma general y los jueces *(dikastaí)* tienen que ocuparse de situaciones particulares... Si la ley no diera respuesta, hay que busca la equidad, que es «una rectificación de la justicia legal», y para hallarla, «mejor el árbitro, que la busca; antes que la juez, que solo mira la equidad mientras aplica la ley».

nes, pero porque ya la había recogido de otro ilustre, PANTALEÓN PRIETO[2], que había escrito que «seguirá siendo una norma tan difícil de interpretar, como inútil en la práctica».

Es cierto que ambos se referían a la norma de su Ley antecesora, el artículo 7 de la Ley 36/1988, de 5 de diciembre, de Arbitraje, que fijaba su regulación en los siguientes términos:

> «Excepcionalmente, será válido el arbitraje instituido por la sola voluntad del testador que lo establezca para solucionar las diferencias que puedan surgir entre herederos no forzosos o legatarios para cuestiones relativas a la distribución o administración de la herencia».

Pero su valoración sigue siendo esencialmente válida[3]. El primer adjetivo –«difícil»—está soberanamente acreditado por las enormes dificultades de carácter técnico e interpretativo que produce su regulación; el segundo —«inútil»— tiene su razón de ser en la realidad de que, a pesar de las enormes ventajas que produciría su uso en la práctica forense[4], apenas se aplica. La razón es sencilla: la regulación del art. 10 de la Ley 60/2003, de

---

2 PANTALEÓN PRIETO, F., «Notas sobre la nueva Ley de Arbitraje», *La Ley, Revista de Legislación*, 1987, p. 122.

3 Un desarrollo muy completo tanto de sus antecedentes históricos como de su regulación actual e implicaciones jurisprudenciales en VERDERA SERVER, R., «Artículo 10», *Comentarios a la Ley de Arbitraje, 60/2003, de 23 de diciembre*, coords. por Silvia BARONA VILAR, Thomson-Civitas, Madrid, 2004, pp. 412 a 444.

4 Desde siempre, se han ponderado los criterios de especialización, agilidad, flexibilidad, menor coste y pacificación de los conflictos. En este caso específico, podría añadirse como ventaja la preservación de cierta intimidad relacionada con el proceso de liquidación sucesoria. En contra de lo que podría pensarse e, incluso, valorarse, no la imparcialidad una ventaja del arbitraje: «la imparcialidad no es inversamente proporcional a la libertad que le otorga la equidad a un arbitraje», sic, PIZARRO MORENO, E., «La abstención y la recusación como mecanismos de evaluación de la imparcialidad del arbitraje», en *Revista Aranzadi de derecho patrimonial*, N.° 23, 2009, págs. 169-177, *in fine*.
PIZARRO MORENO, E. «Arbitraje y proceso; obligatoriedad y medidas coyunturales», en *Coronavirus y Derecho en estado de alarma/*coord. por M. GARCÍA MAYO; G. CERDEIRA BRAVO DE MANSILLA (dir.), A. CASTRO SÁENZ (pr.), 2020, págs. 471-486.
Ello hay que enlazarlo con la idea de que el arbitraje, que busca huir de procesos complejos y extensos, suele basarse en el sistema *one shot*, en el sentido de que no existe una segunda instancia, lo que está siendo fuertemente criticado. De hecho, la Corte Europea de Arbitraje (CEA), desde hace algunas décadas, ha introducido procedimientos de apelación intra-arbitrales, una práctica a la que se oponen firmemente los que abogan por la doctrina One-Shot.
La CEA ha sido prácticamente la única que ha defendido este tipo de procedimientos de apelación, ya que la mayor parte de las instituciones arbitrales que se ocupan del arbitraje comercial se han mostrado claramente en contra.
La Comisión de la Unión Europea, al abordar las negociaciones con los EE.UU. para la Asociación Transatlántica de Comercio e Inversión y en sus contactos con Canadá, ha argumentado firmemente que un procedimiento de apelación intraarbitraje es absolutamente necesario.

23 de diciembre, de Arbitraje[5].—LA, en adelante—, que ha sufrido cierta alteración desde su publicación, viene a determinar que:

> «También será válido el arbitraje instituido por disposición testamentaria para solucionar diferencias entre herederos no forzosos o legatarios por cuestiones relativas a la distribución o administración de la herencia».

Tres ideas permanecen, motivadas todas por su torpe regulación: el carácter excepcional de la institución —aunque ahora no se diga expresamente[6]—; la referencia a la administración y/o distribución de la herencia y la proscripción de su utilización respecto de lo que podríamos llamar, en sentido genérico, la herencia legitimaria. Y una interpretación clásica, quizá demasiado literal, conduce a pensar que, a contrario sensu, no será de aplicación el arbitraje testamentario a supuestos conflictuales que tengan que ver con herederos forzosos, lo que representa precisamente lo habitual en las particiones y liquidaciones testadas e intestadas. «Frente a la excepcionalidad con que la anterior Ley de Arbitraje admitía el arbitraje en materia testamentaria, la actual lo permite sin ningún reparo, siempre y cuando la controversia gire en torno a los herederos no forzosos o legatarios. Ello es así por cuanto lo relativo a los herederos forzosos no es materia de libre disposición por las partes, por lo que no es susceptible de arbitraje conforme a lo previsto en el artículo 2.1. LA. No obstante, se ha criticado esta restricción a los herederos no forzosos o legatarios, por cuanto prohíbe acudir al arbitraje a los herederos legitimarios sea cual sea la cuestión que motiva el conflicto, ya sea la legítima, o el resto de la herencia, cuando el resto de la herencia es de libre disposición por el tes-

5 Texto consolidado, B.O.E. núm. 309, 26/12/2003, última actualización 06/10/2015.

6 «Sin embargo, el arbitraje testamentario apenas se utiliza en los conflictos sucesorios. Esto se debe a una inadecuada regulación de esta institución que encorseta y limita el uso de este tipo de arbitraje, regulación que está lastrada por un tradicional recelo del legislador y de parte de la doctrina a la aplicación del arbitraje a los conflictos sucesorios, recelo que se fundamenta en que se considera que el arbitraje testamentario es un tipo excepcional y distinto de arbitraje», dice DE PRADA GUITA, C., «!Liberad al arbitraje!», *El notario del siglo XXI* - marzo - abril / N.° 114, D.O.I.: https://www.elnotario.es/opinion/opinion/11079-liberad-al-arbitraje-testamentario.
«El artículo 7 de la la Ley de Arbitraje de 5 de diciembre de 1988 es el que asigna al arbitraje testamentario el sambenito de su carácter excepcional al decir que «Excepcionalmente, será válido el arbitraje instituido por la sola voluntad del testador...», sambenito que prendió entre la doctrina que se refiere con frecuencia al carácter excepcional del arbitraje testamentario que, según ellos, justifica la imposición de límites a la aplicación de este tipo de arbitraje, lo que ha supuesto que esta figura apenas se use en la práctica. Esa supuesta especialidad o excepcionalidad del arbitraje testamentario se justifica en que se supone que el mismo es impuesto de forma unilateral por el testador, sin que los herederos y legatarios que se van a ver afectados por el arbitraje hayan participado en la redacción de la cláusula arbitral, ni prestado su consentimiento al mismo».

tador o causante, por lo que podría permitirse el arbitraje en los conflictos relativos a los bienes de libre disposición»[7].

De las dos cuestiones que vemos surgir aquí, genéricamente, y aunque pueden ir tangencialmente unidas —a saber, si cabe el arbitraje en sede intestada y si solo cabe para herederos no forzosos o legatarios—, solo vamos a resolver en esta introducción la primera, pues la segunda representa el núcleo duro de la narrativa de este trabajo de investigación. Tampoco entramos con detalle en la naturaleza jurídica de este tipo de arbitraje, llamado excepcional porque es el único caso donde nace de una voluntad unilateral —del testador—, y en la que el constituyente no será parte[8].

La posibilidad de que el arbitraje sucesorio solo pueda existir cuando hay testamento deriva del hecho de que el precepto habla claramente de «arbitraje instituido por disposición testamentaria», lo que nos lleva a dos posibilidades no reglamentadas. Una opción es que, existiendo el testamento y la cláusula arbitral, se abra la sucesión intestada por alguna de las causas previstas en el art. 912 CC[9], lo que abriría la puerta a la posibilidad de que, respecto de la administración y disposición sucesión intestada, se aplicara

---

7 ESCOLÁ BESORA, M.ª L.ª, *Comentarios a la Nueva Ley de Arbitraje*, coord. por YÁÑEZ VELASCO, R., Valencia, Tirant lo Blanch, p. 323 y 324.

8 Para reflejar estas ideas con acierto y precisión ya tenemos las palabras de YÁÑEZ VIVERO, F., en «Arbitraje y Derecho de sucesiones: el arbitraje testamentario», *El arbitraje en las distintas áreas del derecho* / Jorge Luis COLLANTES GONZÁLEZ (aut.), Vol. 2, 2007, págs. 75-112: «Lo normal no es que sea un testamento —negocio unilateral por excelencia— el que dé origen al arbitraje. El arbitraje nace, habitualmente, «a través de un acuerdo de voluntades formalizado a través del denominado convenio arbitral. Estamos, pues, ante un supuesto atípico de arbitraje, en el sentido —no de carencia de regulación del mismo— sino de irregularidad o excepcionalidad dentro de la institución del arbitraje. El arbitraje convencional supone una sumisión voluntaria al juicio (sea de derecho, sea de equidad) emitido por el árbitro, mientras que el arbitraje testamentario supone una imposición por parte de un sujeto, que no formará parte de la controversia porque ya ha fallecido. Como ha señalado alguna autora, el arbitraje testamentario es el único caso en que se permite que, por una voluntad ajena a las partes, éstas sometan la resolución de sus controversias a la decisión vinculante de un tercero, con renuncia a la vía judicial ordinaria». —pp. 81 y 82—. Se refiere la autora en cita a Carmen GONZÁLEZ CARRASCO, «Comentario del artículo 10 de la Ley de Arbitraje», En *Comentarios a la Ley 60/ 2003 de 23 de diciembre, de Arbitraje*. Garberí LLOBREGAT (director). Barcelona: Bosch, 2004, p. 226.

9 A efectos de recordatorio, la sucesión legítima tiene lugar:
1.º Cuando uno muere sin testamento, o con testamento nulo, o que haya perdido después su validez.
2.º Cuando el testamento no contiene institución de heredero en todo o en parte de los bienes o no dispone de todos los que corresponden al testador. En este caso, la sucesión legítima tendrá lugar solamente respecto de los bienes de que no hubiese dispuesto.
3.º Cuando falta la condición puesta a la institución del heredero, o éste muere antes que el testador, o repudia la herencia sin tener sustituto y sin que haya lugar al derecho de acrecer.
4.º Cuando el heredero instituido es incapaz de suceder.

un arbitraje; la otra posibilidad solo puede consistir en que los herederos —en principio, de cualquier clase— constituyan el arbitraje en cualquier tipo de herencia intestada; en tal caso, entendemos, no podría ser el albacea o el contador-partidor[10] el que instituyera el arbitraje porque éste necesita de una voluntad en el origen, que solo puede tener el testador o el herederos —incluidos los legatarios— que sean llamados a la herencia o, dicho en otros términos, tengan a su favor el *ius delationis*. Al margen de su designación testamentaria, podrían los herederos constituir un arbitraje, que tendría las limitaciones propias de la LA y no sería, en cualquier caso, un arbitraje propio del art. 10. Tampoco lo sería el contador partidor dativo, que tendría otros fines y limitaciones. Como dice VERDERA[11], «la designación testamentaria de una persona con la finalidad de ejecutar la voluntad del causante, sea con carácter general, sea con carácter limitado a la partición, no supone su consideración como árbitro».

II. Razones de su inaplicabilidad

Expresa GOMÁ LANZÓN[12], en un artículo complejo, inteligente y un tanto provocador[13], que «debido a un comprensible sesgo cognitivo de confirmación[14], tienden a ver inaplicable —reconozcámoslo— el poco claro precepto que la ley de arbitraje dedica a esta cuestión, al no sentirse cómodos en terrenos complicados...»[15].

Es obvio que no en todos los casos se plantearía el dilema con respecto a la aplicación del arbitraje, puesto que, por ejemplo, el supuesto de morir sin testamento se contradice con la existencia de un arbitraje instituido por disposición testamentaria.

10 Se ha estudiado con profundidad en la doctrina la instrumentalización del arbitraje a través de estas figuras, o la afinidad y relación que existe entre ambas. Cualquiera de las obras citadas anteriormente y algunas que se citarán a continuación, así lo hacen. En otro caso, más recientemente, BUCHHALTER-MONTERO, B., «Arbitraje instituido por disposición testamentaria», en *Rev. Boliv. de Derecho* N.° 34, julio 2022, pp. 498-533.

11 Cit., p. 421.

12 Sin duda, uno de los autores de referencia en esta materia: vid., GOMÁ LANZÓN, I., «El arbitraje en el derecho sucesorio. El arbitraje testamentario», en *El Notario del siblo XXI; Revista del Colegio Notarial de Madrid*, núm. 50, julio de 2013, disponible online el 15.04.2024.

13 Dicho sea con todo el respeto; queremos reflejar con ello que, en no pocas ocasiones, el autor deja entrever su malestar por alguna manifestación jurisprudencial u opinión que él considera desafortunadas o incorrectas.

14 Cursiva del propio autor.

15 El autor termina diciendo «terrenos complicados que no son su especialidad» —cit., p. 2—, pero hemos obviado esta consideración porque no estamos de acuerdo con ella. La complejidad del precepto no proviene, como parece considerar, del hecho de tratarse de una ley que puede enmarcarse dentro del ámbito de la *lex mercatoria ratione mercaturae*, pues el arbitraje es la jurisdicción propia de los comerciantes —o con ese ánimo al menos nació—, sino de los caracteres de excepcionalidad o no consensualidad y de las limitacio-

Sí estamos de acuerdo —*cfr.* nota *infra*— con lo que el autor denomina sesgo cognitivo de confirmación, y creemos que puede plantearse desde dos perspectivas: subjetiva y objetiva[16].

2.1. La lógica de la perspectiva del sujeto

2.1.1. Desconocimiento general sobre su alcance y significado

En la línea que hemos comentado en la introducción, el arbitraje sucesorio genera unas dudas teórico-prácticas lamentables. No invita en absoluto a su concreción. Y es obvio que no hablamos del arbitraje en general, que está demostrando su utilidad por momentos. Los caracteres que la dogmática más avezada ha puesto de manifiesto están demostrando ser argumentos muy poderosos para que no se aplique. Desde su establecimiento en los términos que conocemos hoy, el arbitraje sucesorio —mejor, como hemos dicho, que denominarlo testamentario— ha sido un foco de infecciones interpretativas sobre su alcance y significado. Como veremos con más detenimiento, las enormes dudas que se derivan de la regulación básica —es difícil que un precepto de apenas una frase más o menos extensa genere tanta discrepancia— hacen del arbitraje sucesorio, por utilizar una expresión clásica de un autor clásico[17], «un perro del hortelano jurídico».

2.1.2. Rigidez del derecho sucesorio

El cuerpo principal de la regulación del Derecho sucesorio se compone de normas de *ius cogens*; ello lo convierte en un derecho difícil y encorsetado, lo que, más allá del enjuague interpretativo, ofrece escasas posibilidades de adaptación. El oprimido mecanismo de la sucesión contractual y el incom-

---

nes de su regulación. Y ambos aspectos son puramente de Derecho civil. Más aún, si consideramos —como es nuestro caso— que el Derecho mercantil es una disciplina derivada del Derecho civil subjetivo, solo que orientada a la normación de los conflictos derivados de los actos de comercio.

16 Como bien dice C. De Prada («El arbitraje testamentario», *Anales de la Academia Matritense del Notariado,* Tomo 54, 2014, págs. 425-459): «se establecen tres límites al campo de actuación del arbitraje testamentario:
- Un límite formal, solo puede instituirse en disposición testamentaria.
- Un aparente límite subjetivo, solo puede afectar a herederos no forzosos o legatarios.
-Un límite objetivo, solo puede afectar a cuestiones relativas a la distribución y administración de la herencia».

17 Nos referimos a GUASP, J. quien, además de ser considerado padre putativo de la Ley de 1953, escribió una notable monografía sobre ella: *El arbitraje en el Derecho español,* ed. Bosch, Barcelona, 1956.

prensiblemente en vigor sistema de legítimas que representa, además, la masa egocéntrica de la partición, suponen un considerable lastre para cualquier iniciativa o impulso que quiera procurarse al arbitraje sucesorio. Esta rigidez no solo constriñe el sistema en sí mismo, sino que crea o prepara a veces un potencial escenario de conflictividad; piénsese, por ejemplo, que una manera de flexibilizarlo es la desheredación, que va a producir un considerable aumento del ya de por sí complejo —usado el término en su sentido etimológico— mecanismo de la partición.

Esta rigidez contrasta, en el caso del arbitraje sucesorio, con la posibilidad que sea instituido incluso mediante testamento ológrafo.

2.1.3. Falta de control y confusión con otras figuras

En cualquier trabajo de los que estamos manejando, suele aparecer un minucioso tratamiento de la distinción entre la eventual figura del árbitro y otras posibilidades más o menos afines. Comenzando por el amigable componedor, donde es más que probable que haya que buscar el origen de la instancia arbitral, hasta el albacea o el contador partidor (incluido el dativo, aunque éste no sería ya, propiamente, un arbitraje testamentario —en todo caso, sucesorio—). Quizá sea el trabajo de GOMÁ LANZÓN[18] el que con más sutileza aborda esas relaciones: «es un tema ya clásico en esta materia si los albaceas y contadores partidores son árbitros *per se* o, de no serlo, si al menos pueden ser árbitros si les nombre el testador como tales.

A la primera pregunta se contesta por la doctrina que no porque ni en las funciones que el Código civil atribuye a uno u otro se contemplan esas facultades ni se pueden entender incluidas en las que les corresponden. El *albacea* es el ejecutor del testamento, de la voluntad del testador, y al *contador partidor* le corresponde "la simple facultad de hacer la partición". No corresponde, pues, ni a uno ni a otro, facultades decisorias con carácter definitivo sobre aquellas diferencias que pudieran existir entre los herederos o legatarios...». A la segunda cuestión, a saber, si son acumulables las funciones de árbitro y de albacea o de contador-partidor, habrá que responder afirmativamente pues, «aunque sean heterogéneas, dado que el art. 901 autoriza al testador a atribuirle otras funciones, y lo mismo hay que entender respecto al contador partidor. De hecho, CAPILLA RONCERO señala que de las discusiones parlamentarias se deduce la creencia de que en un principio los albaceas iban a ser los árbitros naturales y que la función arbitral es una facultad que viene a completar las que tiene el albacea...». Y termina expresando su opinión al respecto: «Otros autores —notarios— como PILAR DE PRADA y CARLOS DE PRADA señalan que, aunque fuera posible a priori, es dudoso que lo sea cuando el arbitraje versa sobre la propia actuación del albacea y contador

18 Cit., pp. 9 y 10.

partidor y, como esto puede suceder, es por eso poco conveniente acumular los cargos.

Mi postura es más restrictiva incluso que la de estos dos últimos autores». El argumento basal es, según GOMÁ, que los albaceas o contadores partidores «están en principio contaminados en su imparcialidad», ya que, además de actuar como instructores de la herencia, resolverían como jueces. Además, la LA exige que no haya relación personal o profesional del árbitro con las partes, y este criterio o principio podría verse seriamente comprometido.

En el fondo, lo que trasluce este planteamiento de amplio recorrido en la dogmática jurídica es que la eventual existencia de una combinación de las figuras de árbitro y albacea o contador-partidor, es susceptible de producir una doble y profunda percepción, que no tiene por qué ser excluyente: por un lado, lo que parece ser una importante merma en las garantías de imparcialidad; por otro, la peligrosa sensación de una falta de control de legalidad sobre el proceso, lo que involucraría incluso la tutela judicial efectiva.

2.2. La lógica de la perspectiva del objeto

2.2.1. Mala regulación del art. 10 LA

El art. 10 de la LA es una norma anfibológica; entre los muchos achaques que se hacen a la regulación se encuentran la falta de una ubicación sistemática adecuada a la materia, su dudosa constitucionalidad, el carácter excepcional y, como ya hemos dicho en el epígrafe inicial, su inutilidad. Es de suponer que las dificultades interpretativas que genera se derivan de esta mala regulación.

Dado que la mayoría de estos aspectos han sido referidos ya en algún punto de este trabajo, nos fijamos aquí en las dudas sobre la constitucionalidad del precepto, sobre todo porque los argumentos *de lege ferenda* para una modificación normativa tienen que ver con principios constitucionales.

Con argumentos similares a los aportados en el punto anterior sobre el control del proceso arbitral que puede comprometer la tutela judicial, autores como ROGEL VIDE[19] o GARCÍA PÉREZ[20] entienden que la naturaleza contractual del arbitraje exige que la jurisdicción se constituya por las partes que van a ser sometidas a ella. Y no parece argumento suficiente que la cláusula arbitral testamentaria solo pueda activarse en la medida en que se acepte la

19 «El convenio arbitral y el arbitraje testamentario», *Revista General de Legislación y Jurisprudencia*, año CLIII, núm. 3, julio-agosto de 2006, p. 485 y ss.

20 *El arbitraje testamentario*, ed. Tirant Lo Blanch, Valencia, 1999, p. 109.

herencia, pues un heredero debería legítimamente poder elegir una u otra, aceptar o repudiar ambas[21].

2.2.2. Multidisciplinariedad

Otra particularidad que afecta a lo que hemos dado en denominar la lógica de la perspectiva del objeto, por razón de la materia, es que el arbitraje en Derecho sucesorio suele ver comprometidas numerosas materias. Aunque el propio precepto hace referencia a eventuales dispuestas por la administración y distribución de la herencia, es obvio que son muchas materias las que van a verse involucradas. Como diría el prof. CAPILLA, distribución solo puede equivaler a partición; y, en tal caso, tenemos que saber que al árbitro pueden caerle asuntos atinentes al Derecho procesal, administrativo o fiscal, aunque, parece obvio, el laudo ha de centrarse —por riesgos de *infra* o *extra petitum*— a lo que sea objeto del arbitraje.

Esta multidisciplinariedad tiene que ver con una de las ventajas predicadas respecto del arbitraje en general y del árbitro[22] en particular, pues está indisolublemente unida a la posibilidad de nombrar un juez-árbitro especialista en las materias afectadas.

2.2.3. Limitación de su aplicabilidad

Pero es sin duda la limitación incomprensible y objetiva de que el arbitraje no pueda aplicarse al ámbito de la herencia legitimaria o, por expresarlo en forma de interpretación literal, a supuestos de administración y distribución de la herencia entre los herederos forzosos, la que más perplejidad genera entre los operadores jurídicos. Como veremos en seguida, al margen de la redacción desafortunada, esta interpretación es insostenible.

III. *¿Quid iuris?*

Puede parecer un misterio jurídico explicitar los motivos —o el motivo— por el que el legislador, moderno ya, decidió optar por esta fórmula proscribiendo su uso nada más y nada menos que a supuestos «de herederos forzosos o legatarios»[23], lo que supone excluir la aplicación de este arbitraje a la mayoría de casos en que podría aplicarse, evitando contenciosos entre

---

21 En cualquier caso, no es esta una circunstancia extraña al Derecho sucesorio. Vgr., la doctrina se ha preguntado siempre si en la sucesión *iure transmissionis* del art. 1006 CC, hay una delación que supone aceptación de la herencia de origen, por eso se habla de concurso de delaciones, pues supondría aceptación diferida de un contenido sucesorio.

22 *Vid. Supra*.

23 Ha de entenderse que reciban la legítima por esta vía.

herederos con un coste personal, económico y temporal destructores en arte mayor de personas con lazos sentimentales muy poderosos.

Este misterio no lo es tal para autores como GOMÁ LANZÓN[24]: «Es preciso reconocer que el fundamento de la prohibición no es arbitrario o irracional. Dado que en Derecho Común (no en algunos Derechos forales)[25] los herederos forzosos son cotitulares del activo líquido de la herencia y no simplemente acreedores, se precisa su consentimiento para partir los bienes aunque no hayan sido instituidos herederos. Y este es el quid de la cuestión. Los herederos forzosos tienen unos derechos ineludibles, sean herederos o simples legatarios y no les podemos imponer ninguna carga o limitación por el principio de la "intangibilidad cualitativa y cuantitativa de la legítima». En este sentido, pudiera admitirse que el artículo 10 guarda cierta coherencia con la naturaleza de la legítima en Derecho común, si se entiende que imponer a los legitimarios un arbitraje supone afectar de alguna manera la intangibilidad cualitativa de la legítima. Y no cabe duda de que si el testador, queriendo perjudicar a algún hijo, le deja la legítima estricta, se la paga con bienes que sobrevalora ostentosamente y para dirimir las controversias con el otro hijo, instituido heredero, nombra como árbitro a un amigo de éste, podemos estar generando graves conflictos de intereses y, con ello, posibles injusticias. Por supuesto, éstas se tendrían que resolver en los tribunales con un recurso de anulación por inidoneidad del árbitro, pero quizá ello es exigir demasiado al hijo perjudicado[26]. Por supuesto, esto no significa que no haya fórmulas lícitas que permitan ordenar, a modo de la clásica cautela socini, que los legitimarios se sujeten al arbitraje y que si no lo aceptan queden reducidos a la legítima estricta. Tal cosa y otros muchos extremos derivados del arbitraje testamentario he tenido oportunidad de estudiarlos en el largo texto publicado en la versión digital del número 50 de esta revista. Pero ello es simplemente un remiendo voluntario para orillar una prohibición que plantea algunas dificultades prácticas, por lo que su existencia no desactiva en absoluto la conveniencia de que se amplíe a los herederos forzosos el arbitraje».

3.1. Listado de materias arbitrables y dudas razonables

En la línea dogmática, vamos a analizar distintos supuestos cuya potencialidad arbitral en materia sucesoria, es dudosa y se discute. Para ello, habrá

24 En «Una propuesta de reforma de la regulación del arbitraje testamentario», https://www.elnotario.es/opinion/opinion/11080-una-propuesta-de-reforma-de-la-regulacion-del-arbitraje-testamentario, consultado a fecha de 18.03.2024.

25 Que lo admiten ampliamente.

26 El perro del hortelano jurídico del que hablaba el ilustre Jaime Guasp. Además de que se frustraría así uno de los objetivos principales, que es evitar la intervención judicial de la herencia.

que tener en cuenta que el asunto principal, el más polémico, lo reservaremos para el epígrafe que trata del orden público[27]. En cualquier caso, es procedente también partir de lo que sí es materia arbitrable: conflictos de administración y distribución de bienes entre herederos no forzosos o legatarios —aunque el precepto no lo diga, se entienden forzosos también—.

A partir de aquí, todos son dudas.

a) La expresión textual de la LA: «administración y distribución de la herencia».

Hemos recogido antes que, según CAPILLA, esta expresión solo puede referirse a la partición. No obstante, O'CALLAGHAN[28] sugiere que pueden darse tres interpretaciones sobre la expresión:

- literal, entendiendo que solo puede referirse a lo que indica: administración y distribución de la herencia;
- extensiva, pues podría interpretarse que, además de las cuestiones principales indicadas, abarca las cuestiones «relacionadas», como por ejemplo la actuación del albacea;
- ilimitada o amplísima, pues podría interpretarse que se refiere a cualquier cuestión o supuesto que pueda darse en todo el proceso sucesorio que contiene la cláusula arbitral.

La doctrina aboga por considerar que, más allá de la limitación referida a las legítimas, no existe razón alguna para constreñir la amplitud de aplicación del arbitraje sucesorio. Por resumirlo en palabras de DE PRADA, «como regla general puede afirmarse que podrá someterse a arbitraje testamentario cualquier materia que afecte a la sucesión y, respecto de la cual, el testador tenga la libre disposición de la misma»[29].

Otro punto problemático es que si estos términos conducen a la partición, y, como reconoce la doctrina[30], «la mera posibilidad de arbitraje testamentario no supone que se excluya la posibilidad de solicitar judicialmente la división de la herencia...», estamos entrando de nuevo en el «perro del hortelano jurídico» del que hablaba Jaime GUASP, pues estaríamos frustrando una vez más los efectos positivo y negativos de la cláusula arbitral, si bien es cierto que no ante actuaciones de jurisdicción voluntaria aunque, a la postre, generarían los efectos perjudiciales que el arbitraje pretende diluir[31].

27 Infra, 3.3.

28 Principalmente en su trabajo «El arbitraje en Derecho sucesorio», *La Notaría*, noviembre-diciembre de 2007, núm. 47-48, p. 63 y ss.

29 Cit., *passim*.

30 Por todos, Verdera, cit., p. 530.

31 Cuestión distinta, aunque de alcance e interesante, es la posibilidad de articular una división patrimonial de la herencia a través del arbitraje; en este sentido, *vid*. DÍAZ FUENTES, A..: *División de la herencia y liquidación del régimen económico matrimonial*, ed. Bosch,

b) Validez del testamento.

La razón por la que se aduce la no permisividad de someter a arbitraje la validez del testamento es similar a la razón por la que no se permite legalmente someter a arbitraje las cuestiones sobre la legítima, en un sentido: el orden público. Pues, si el laudo entrara a resolver en cuestiones de legítimas provocaría un laudo contrario al orden público ex art. 41.1.f), en combinación integral con el art. 2.1. LA. Un concepto anfibológico y difícilmente descifrable, como veremos en seguida con la jurisprudencia de las altas instancias.

En otro sentido, tiene que ver con la posibilidad de que el propio árbitro analice su competencia, lo que habilita el art. 22.1 LA[32].

La posibilidad de que el árbitro dirima sobre su competencia no es incompatible con la imposibilidad de que declare nulo o válido el testamento. Son cuestiones distintas; en cualquier caso, la posibilidad de que el árbitro decida sobre su competencia es una «facultad, no una obligatoriedad»[33]. No obstante, dado el fuerte compromiso formal del testamento, la mayoría —salvo excepciones, vid. CAMPO VILLEGAS, RIVAS MARTÍNEZ O GOMÁ LANZÓN— se inclina por considerar que el arbitraje no puede recaer sobre la validez o nulidad del testamento; desde luego, no en aquellos casos en los que el CC regula cuestiones que afectan a herederos forzosos o legitimarios —*vgr.*, no cabría arbitraje para analizar una preterición—. Y se muestra más amable con supuestos típicamente contractuales —*vgr.*, nulidad por vicios del consentimiento—.

c) Liquidación de la sociedad conyugal.

En tal caso, explica GOMÁ que «LORCA NAVARRETE[34] (destaca), en este sentido, que no cabe la extensión de los términos "administración y distribución" a la disolución (liquidación, entiendo) de la sociedad de gananciales, citando al efecto una Sentencia de la APM de 15 de octubre de 1991. No estoy tan seguro de esta imposibilidad si el cónyuge participa en la herencia y en el testamento se le deja una porción hereditaria o unos derechos superiores a los que correspondería como legitimario, en cuyo caso, si los acepta, debería asumir también la cláusula arbitral en los términos que luego se indicarán

Barcelona, 2001; sobre todo, pp. 109 y ss. Veremos también esta cuestión infra, en relación con la reciente STS 27.04.2022.

32 Art. 22.1. Los árbitros estarán facultados para decidir sobre su propia competencia, incluso sobre las excepciones relativas a la existencia o a la validez del convenio arbitral o cualesquiera otras cuya estimación impida entrar en el fondo de la controversia. A este efecto, el convenio arbitral que forme parte de un contrato se considerará como un acuerdo independiente de las demás estipulaciones del mismo. La decisión de los árbitros que declare la nulidad del contrato no entrañará por sí sola la nulidad del convenio arbitral.

33 *Vid.* GUZMÁN FLUJA, V., «Art. 22», en *Comentarios...*, dir. por Barona, cit., p. 810.

34 LORCA NAVARRETE, A. M., «Comentarios a la Ley de Arbitraje 60/2033, de 23 de diciembre», *Revista Vasca de Derecho Procesal y Arbitraje*, 2004, p. 614.

pues, sin duda, la liquidación de la sociedad conyugal es paso ineludible para la distribución de la herencia, y en la práctica se realiza conjuntamente»[35].

3.2. El asunto de las legítimas

Toda la dogmática jurídica que trate el asunto acaba enfrentándose al complejo y escabroso tema de la limitación del arbitraje a situación fácticas que no tengan que ver con la atribución legitimaria. En todos los demás asuntos en que la cuestión no aparece impregnada del poderoso sello de las legítimas, generalmente y salvo contadas excepciones —como hemos visto con la impugnación del testamento—, es posible la articulación de un arbitraje sucesorio.

El problema, como puso de relieve el profesor CAPILLA en esta materia hace ya varios lustros, es que esta limitación hace que el arbitraje testamentario sea una institución inútil, pues es evidente que en la práctica totalidad de los casos, cuando ha habido testamento, hay que realizar un proceso de administración y adjudicación de bienes a legitimarios. En general, el testador solo acude al notario a hacer testamento —o a presentar uno cerrado— cuando hay legitimarios, y, parece obvio, no necesitaría siquiera imponer una cláusula arbitral para el la parte libre, o para la parte que exceda de la cuota legitimaria, pues la propia LA ya establece esa limitación, que es *ius cogens*, dado que nos encontramos en la sede del orden público.

El argumento general es que la LA es consecuente con la idea general aceptada de que no cabe arbitraje —en ningún caso— sobre aquellas materias que no sean de libre disposición conforme a Derecho, en la línea del contenido del art. 2.1. LA. Es decir, que no puede recaer sobre las tradicionalmente llamadas materias indisponibles, porque son cuestiones de orden público. Hay quizá aquí, por aportar algo que no se ha dicho tanto, un excesivo prurito del legislador en la ordenación de esta materia y en su relación con el orden público.

No creemos que haga falta que ninguna ley diga a un juez que hay materias sobre las que no puede disponer. Si el arbitraje fuera visto como un auténtico equivalente de la función jurisdiccional, no haría falta un mandato normativo que hiciera ver al juez o al juez árbitro que hay materias indisponibles: nadie se plantea que un juez de familia pueda disponer sobre la patria potestad para permitir, pongamos por caso, su enajenación a cambio de precio. Tampoco hay norma dirigida a la generalidad que advierta en el mismo sentido.

35 GOMÁ LÁNZÓN, cit., pp. 22, *in fine*, y 23.

El hecho de que no pueda arbitrarse sobre herederos forzosos o legatarios[36] tiene que ver con la archi-expresada intangibilidad cuantitativa y cualitativa de la legítima; aunque, insistimos, desde ya podemos abogar por un arbitraje sucesorio incluso en la legítima, cuando, como haría un juez ordinario, se respeta la antedicha intangibilidad en un procedimiento sucesorio (también la cautela socini, la facultad de mejorar del cónyuge supérstite o la posibilidad de ciertos pactos sucesorios son serios embates a la pretendida intangibilidad). También se ha planteado la doctrina si esta limitación es de naturaleza subjetiva —prohibición de arbitraje que afecte a herederos o legatarios forzosos— u objetiva —referida la limitación a la posibilidad de no arbitrarse sobre la denominada legítima amplia, estricta y mejora, y por el contrario sí cabría aunque hubiera herederos forzosos, en la parte libre—[37].

De forma genérica también, podemos alinearnos con la posición de O'CALLAGHAN, quien viene a entender, después de glosar la obra de VALLET DE GOYTISOLO sobre la naturaleza jurídica de las legítimas, que el arbitraje sucesorio cabe sobre la legítima «porque ésta entra en el marco de la disponibilidad en la delación de la herencia».

En definitiva, y es procedente que volvamos de nuevo a las palabras de GOMÁ LANZÓN, cuando señala «que pueden existir materias que, por su propia naturaleza sean de más difícil inclusión en la vía arbitral, como nos hace ver MARTÍNEZ SANCHÍS[38]: la validez del testamento; el reconocimiento de la cualidad de legitimario y la validez de las disposiciones testamentarias; el quantum legitimario (acción de complemento y de posible reducción de legados, así como la rescisión de la partición)». En nuestra posición y en estas ocasiones, si existiera un arbitraje sucesorio, debería poder llegarse al dictado del laudo sobre estas materias, y tanto monta si se hiciera a través de un arbitraje de derechos como de un arbitraje de equidad, que ha de respetar las normas de *ius cogens*.

3.3. El orden público, concepto clave

Aunque vamos a analizar este concepto en su margen jurisprudencial, hemos de hacer notar que, fiel reflejo del título del primer epígrafe de este tra-

36 Ya hemos dicho que la imprecisión de la redacción hace que deba interpretarse de forma que la referencia a los legatarios lo es en la medida en que pueda articularse su legítima a través de este mecanismo, y no de la institución de heredero —*vgr.*, cautela socini; aunque no faltan autores que piensan que, incluso en este caso, podría darse el arbitraje solo en la delación, cuando ésta es aún renunciable: vid., O'Callaghan, *ibidem*—.

37 Para una explicación adecuada del conflicto interpretativo que genera la norma, vid., una vez más, Gomá Lánzón, cit., p. 27.

38 «Función notarial y arbitraje», pendiente de publicación y cortesía del autor.

bajo, podemos apreciar que si cualquier investigador acude a los buscadores de la jurisprudencia de las máximas instancias —TC y TS— y se entrecomilla «arbitraje testamentario», el primero no arroja ningún resultado; y el segundo 6 sentencias que no tienen nada que ver con el arbitraje testamentario —solo alguna sentencia sobre distribución de legados a través de albaceas o contadores-partidores—. Por ello, el análisis que se hace aquí tiene que ver con el orden público en su contexto arbitral, pero no en el testamentario. Lo que haremos será extender estas consideraciones al ámbito que nos interesa. Y, en tal sentido, no hay mejores exponentes —a nuestro juicio— que los debates que se derivan de la STC 79/2022, de 27 de junio, en el asunto UTE-FCC contra Acuamed, y la STS de 27 de abril de 2022, propósito de una partición y liquidación de una comunidad hereditaria sobre un patrimonio familiar.

La base está en los apartados e) y f) del art. 41.1., que permiten el recurso a la anulación del laudo cuando se alegue y pruebe... «que los árbitros han resuelto sobre cuestiones no susceptibles de arbitraje» o «que el laudo es contrario al orden público». Curiosamente, en esta alternatividad se encuentra, para nosotros, la clave de la prohibición de realizar un arbitraje sucesorio sobre la herencia forzosa.

3.3.1. Jurisprudencia constitucional

Dado que lo más jurídico que tiene una sentencia son los hechos, hemos de comenzar por aclarar que se trata de una cláusula arbitral para dirimir un conflicto entre dos empresas[39] (las ya citadas UTE-FCC contra Acuamed). Cuando se presenta solicitud de arbitraje por parte de la UTE, Acuamed alega que existe una cuestión prejudicial penal sobre la demandante que implica la suspensión del procedimiento por efecto del art. 40.2 LEC. El órgano arbitral resuelve mediante laudo desestimando, entre otras pretensiones, la prejudicialidad penal. Ello conduce a un recurso ante el TSJ, que se va a estimar

39 En tal caso —nos referimos a la existencia de prejudicialidad penal—, «no se ordenará la suspensión de las actuaciones del proceso civil sino cuando concurran las siguientes circunstancias:

1.ª Que se acredite la existencia de causa criminal en la que se estén investigando, como hechos de apariencia delictiva, alguno o algunos de los que fundamenten las pretensiones de las partes en el proceso civil.

2.ª Que la decisión del tribunal penal acerca del hecho por el que se procede en causa criminal pueda tener influencia decisiva en la resolución sobre el asunto civil».

por contravención del orden público[40]. La reacción de la UTE es presentar recurso de amparo ante el TC: «La fiscal recoge, a continuación, la doctrina constitucional en materia de arbitraje, con cita de la STC 1/2018, de 11 de enero, señalando que el arbitraje se incardina en el principio de autonomía de la voluntad y excluye la vía judicial que, de esta manera, queda restringida a la acción de anulación del laudo, lo que significa que el control judicial está notoriamente limitado en los términos de la Ley de arbitraje. Así, no es factible una revisión del fondo de la cuestión y el análisis de la motivación debe estar considerablemente ceñido a su existencia. Para el Ministerio Fiscal yerra la sentencia impugnada al sostener que el orden público procesal se centra en los derechos del art. 24.1 CE y, por ello, el arbitraje no puede obviar el cumplimiento de las garantías procesales esenciales. Sobre este particular recuerda que nuestra doctrina constitucional ha especificado muy recientemente que la alusión al arbitraje como "equivalente jurisdiccional" debe entenderse tan solo en referencia a la equivalencia de sus efectos en cuanto a la cosa juzgada y la fuerza ejecutiva, ya que ir más allá supondría desnaturalizar la institución, privándole de su fundamento que no es otro que la autonomía de la voluntad ex art. 10.1 CE»[41].

En resumidas cuentas, por no hacer un recorrido fáctico por la extensa sentencia, el cuerpo de las argumentaciones jurídicas conducía a un debate inesquivable, del que solo de forma tangencial nos interesaba su segunda conclusión, pues la primera era si nos encontrábamos, en efecto, ante la afectación de una cuestión de orden público —prejudicialidad penal— que implicaría la procedencia de la anulación del laudo que se había dictado precisamente por afectar a ese núcleo esencial; si por el contrario, como segundo argumento, había una cuestión de afectación de la tutela judicial sin indefensión —pues se alegaba una motivación insuficiente por parte del TSJ—, lo que procedería sería la retroacción de las actuaciones al momento anterior del dictado del laudo.

---

40 «Visto que existen unas actuaciones penales que tienen íntima conexión con la cuestión litigiosa civil sometida a arbitraje, y pudiendo ser el resultado de dicha investigación penal determinante de la validez del contrato litigioso, o bien del conjunto de actuación de Acuamed , en relación con las obras en que se inscribe el contrato litigioso, objeto de arbitraje, el tribunal arbitral debió acordar la suspensión del procedimiento de arbitraje, una vez llegado éste a la fase de resolución y dictado del laudo, por ser imperativa la suspensión, vistos los términos del citado art. 40 LEC. Al contravenir dicha norma imperativa, el laudo dictado es contrario al orden público, por lo que resulta de aplicación el supuesto previsto en el apdo. f) del art. 41.1 LA, lo que conlleva la estimación de la nulidad planteada».

41 A pesar de que la abogacía del Estado había recogido la línea argumental de Acuamed, en el sentido de que debía advertirse la existencia de una cuestión prejudicial penal que convertía —perdonen la expresión que viene al caso— en agua de borrajas por contravención del orden público.

Esta última era la posición del ministerio fiscal[42]. Posición opuesta a la abogacía del Estado[43]. Lo determinante, sin embargo, vendrá del «repaso» con toque de advertencia que realiza el TC, en particular dirigido al TSJ de Madrid, STC., cit., p. 16: «Pues bien, son ya numerosas y todas ellas recientes las resoluciones de este tribunal acerca de la errada noción de "orden público" ex art. 41 f) LA que maneja la Sala de lo Civil y Penal del Tribunal Superior de Justicia de Madrid, especialmente respecto al control de motivación de los laudos arbitrales. Así, recordemos que en las SSTC 46/2020, de 15 de junio, FJ 4; 17/2021, de 15 de febrero, FJ 4; 65/2021, de 15 de marzo, FJ 3, a las que desde ahora nos remitimos; pero muy especialmente en la STC 50/2022, de 4 de abril, FJ 3, en la que analizamos un supuesto casi idéntico al presente, hemos señalado que la institución arbitral —tal como la configura la propia Ley de arbitraje— es un mecanismo heterónomo de resolución de conflictos, al que es consustancial la mínima intervención de los órganos jurisdiccionales por el respeto a la autonomía de la voluntad de las partes (art. 10 CE), que han decidido en virtud de un convenio arbitral sustraer de la jurisdicción ordinaria la resolución de sus posibles controversias y deferir a los árbitros su conocimiento y solución, que desde ese momento quedan vedados a la jurisdicción», para matizar más adelante —*cfr.* p. 17— que «ahora, de nuevo, hemos de reiterar que la valoración del órgano judicial competente sobre una posible contradicción del laudo con el orden público no puede consistir en un

42 «...Insistiendo en que el concepto de orden público del art. 41.1 f) LA es "un concepto de derecho necesario, en orden a salvaguardar el principio de seguridad jurídica, evitando la coexistencia de resoluciones judiciales incompatibles. La no apreciación de su concurrencia, a juicio de la Sala erróneamente, por parte del árbitro y en consecuencia dictar laudo entrando en el fondo de la cuestión civil litigiosa, infringe el concepto de orden público, sin que ello suponga sustituir o reexaminar la valoración sobre la cuestión litigiosa de fondo, encomendada al árbitro", perpetuando de esta manera la vulneración ya producida con la sentencia recurrida". Por todo lo anterior solicita el restablecimiento del derecho fundamental vulnerado, mediante la declaración de nulidad de las resoluciones impugnadas con retroacción al momento anterior a su dictado», p. 13, STC, cit.

43 «Para el abogado del Estado si la prejudicialidad penal es en el seno de un proceso civil cuestión de orden público, al afectar a la seguridad jurídica y a la tutela judicial efectiva, con mayor motivo lo debe ser en el seno de un procedimiento arbitral, cuyo objeto versa sobre los efectos de un contrato del sector público, respecto del que legalmente debe impulsarse la lucha contra la corrupción y el cumplimiento de las finalidades de la contratación pública. Añade que, en el presente caso, no ha existido el exceso de jurisdicción que imputa la demandante a la Sala de lo Civil y Penal del Tribunal Superior de Justicia de Madrid, en tanto efectivamente existía un proceso penal por el que el contrato sometido a arbitraje era objeto de investigación junto a otros suscritos por la misma entidad pública por varios delitos relativos a su financiación.
Por último, en cuanto a la intangibilidad y motivación del laudo arbitral, como posible vulneración del art. 24.1 CE, entiende que dado que el arbitraje —en palabras de este tribunal— no es "equivalente jurisdiccional" (STC 46/2021), la resolución arbitral no puede ser objeto de protección ex art. 24.1 CE, sino todo lo más de la Ley de arbitraje. Ninguna lesión constitucional, por consiguiente, puede apreciarse, a su juicio, en la sentencia ni en el auto impugnados», pp. 14 y 15, STC, cit.

nuevo análisis del asunto sometido a arbitraje, sustituyendo el papel del árbitro en la solución de la controversia, sino que debe ceñirse al enjuiciamiento respecto de la legalidad del convenio arbitral, la arbitrabilidad de la materia y la regularidad procedimental del desarrollo del arbitraje. Puede decirse que el orden público comprende los derechos fundamentales y las libertades garantizados por la Constitución, así como otros principios esenciales indisponibles para el legislador por exigencia constitucional o de la aplicación de principios admitidos internacionalmente» (STC 46/2020, de 15 de junio, FJ 4).

También, hemos advertido que el motivo previsto en el apartado 1, letra f) del art. 41 LA no permite sustituir el criterio alcanzado por el árbitro por parte de los jueces que conocen de la anulación del laudo, así como que la noción de orden público no puede ser tomada como un cajón de sastre o una puerta falsa —en palabras del propio Tribunal Superior de Justicia de Madrid (sentencia de 21 mayo de 2013)— que permita el control de la decisión arbitral. Por consiguiente, debe subrayarse una vez más que si la resolución arbitral no puede tacharse de arbitraria, ilógica, absurda o irracional, no cabe declarar su nulidad amparándose en la noción de orden público.

El fallo del TC es contundente y útil, a nuestros intereses, como veremos en seguida: «Como puede apreciarse, el razonamiento de la sentencia de anulación expresa en realidad tan solo una mera discrepancia en la valoración que el colegio arbitral ha realizado, habiéndose producido un exceso en el enjuiciamiento de la decisión arbitral por parte del órgano judicial, que resulta contraria al art. 24 CE, dado el ensanchamiento del concepto de "orden público" que se realiza en las resoluciones impugnadas para apreciar los requisitos de la prejudicialidad penal, lo que pertenece en esencia solo a los árbitros, desborda el alcance de la acción de anulación y desprecia el principio de autonomía de la voluntad de las partes que se someten al proceso arbitral (arts. 24 y 10 CE).

Por consiguiente, una vez determinada la inadecuación de la motivación contenida en las resoluciones impugnadas, en relación con los límites propios de la acción de anulación del laudo, procede otorgar el amparo y reconocer el derecho de la recurrente a la tutela judicial efectiva sin indefensión, por lesión del art. 24 CE, debiéndose retrotraer las actuaciones al momento anterior a dictarse la sentencia de 8 de noviembre de 2019, recaída en el procedimiento de anulación de laudo arbitral núm. 23-2019, examinado en la presente resolución, para que por la Sala de lo Civil y Penal del Tribunal Superior de Justicia de Madrid se proceda a dictar una nueva resolución que resulte respetuosa con el derecho fundamental vulnerado».

Esta argumentación sugiere que, en efecto, a juicio del TC, «en el razonamiento de la sentencia anulatoria se expresa solo la discrepancia con la valoración jurídica realizada por el colegio arbitral y, por ello, una vez más, habrá que recordar que *la anulación solo puede referirse a errores in procedendo, es decir, a la de la inobservancia de las garantías de la instancia arbitral, sin que el juicio revisorio pueda extenderse más allá, y mucho menos entrar en los razonamientos jurídicos del laudo. El debate sobre el contenido de las pruebas practicadas en el proceso arbitral, sobre la eficacia probatoria de las mismas, sobre su fuerza acreditativa, está, en principio, vedado al órgano judicial. Lo mismo cabe decir de la selección de la norma jurídica aplicable*[44], su interpretación y subsunción en ella de los hechos probados, porque es una facultad que le corresponde exclusivamente al colegio arbitral designado por las partes y al que han encomendado, en virtud de su autonomía de la voluntad, la decisión de su controversia, con exclusión de los tribunales de justicia ordinarios».

La valoración sobre este criterio y su relación con el arbitraje sucesorio susceptible de afectar al contenido forzoso o legitimario, la posponemos a las conclusiones.

3.3.2. Jurisprudencia suprema

El caso de la STS 27 de abril de 2022 es quizá de menor enjundia que el planteado, pero que deja entrever cuestiones interesantes a los efectos del análisis que estamos realizando de la limitación del arbitraje sucesorio a la administración y distribución entre herederos no forzosos o legatarios.

Trata de una partición-liquidación de la comunidad hereditaria sobre el patrimonio familiar. El resumen de antecedentes arroja que se trató de la siguiente relación de hechos:

i) Cinco hermanos compartían la titularidad sobre el patrimonio familiar que comprendía a diferentes paquetes de acciones de las sociedades Urbial, S.A., Imronda,S.A., Cuevalosa, S.A., Urbatorre, S.A. y Demagrisa, S.A.

El 13 de noviembre de 2000, firmaron un convenio[45] por el que acordaban someter sus diferencias a arbitraje de equidad que debía ser resuelto por un solo árbitro. Su objeto era determinar las últimas voluntades que regían las sucesiones de sus padres y su ejecución. En concreto, determinar las participaciones y derechos que correspondían a cada una de las partes del arbitraje en relación con las sociedades e inmuebles.

ii) El arbitraje concluyó mediante un laudo emitido el 12 de noviembre de 2001 y aclarado el 28 de noviembre de 2001, en el que se dicta laudo determinando la división patrimonial[46].

---

44 La cursiva es nuestra.

45 ROGEL VIDE, C. «Convenio arbitral y arbitraje testamentario», *Revista general de legislación y jurisprudencia*, N.º 3, 2006, págs. 467-488.

46 «La sentencia de primera instancia fue recurrida en apelación por los demandantes. La Audiencia Provincial, en una primera sentencia, apreció la excepción de inadecuación de procedimiento y, por ello, desestimó el recurso de apelación.

Se planteaban, en concreto, 3 cuestiones, a saber[47]: los eventuales efectos de cosa juzgada, —art. 37 LA—; la significación de que el arbitraje sea de derecho o de equidad; y la posible toma de decisiones sobre la asignación legitimaria del testamento, con la afectación del orden público, aunque, en este caso, no derivada de la materia —legítima—, sino por la posible existencia de una norma de caducidad que no había sido acogida por la AP.

Para el primer aspecto, dice el TS —FJ 4.°— «en su aspecto positivo, lo resuelto con fuerza de cosa juzgada en la sentencia (o laudo) firme que haya puesto fin a un proceso vinculará al tribunal de un proceso posterior cuando en éste aparezca como antecedente lógico de lo que sea su objeto, siempre que los litigantes de ambos procesos sean los mismos o la cosa juzgada se extienda a ellos por disposición legal" (art. 222.4 LEC). Los demandados recurrentes, mediante este motivo cuarto, pretenden negar al laudo este efecto vinculante de la cosa juzgada material en sentido positivo, por el cambio de circunstancias que presidieron su emisión y el tiempo transcurrido»[48].

Frente a esta sentencia de apelación, los demandantes interpusieron recurso extraordinario por infracción procesal y recurso de casación. Esta Sala Primera del Tribunal Supremo, mediante la sentencia 282/2019, de 23 de mayo, estimó el motivo tercero de infracción procesal, al entender que no debía haberse apreciado la inadecuación de procedimiento, con el siguiente razonamiento:

"En el presente caso, declarar la inadecuación del procedimiento supone negarles injustificadamente este acceso a la jurisdicción pues, ni es posible acudir a un declarativo ordinario ni a otro arbitraje para volver a resolver lo que fue resuelto por aquel laudo cuyo cumplimiento ahora se pretende, ni tampoco pueden volver a instar su ejecución porque les fue denegada por resolución firme. Sólo cabe acudir a la jurisdicción para que, sobre la base de lo decidido en el laudo, se dicten los pronunciamientos declarativos de condena necesarios para dar cumplimiento al laudo y acudir a una ejecución forzosa en caso de que los demandados no quieran cumplir voluntariamente". La sala dejó sin efecto esa primera sentencia de la Audiencia y le remitió los autos para que entrara a juzgar sobre lo pretendido por los demandantes.

La Audiencia, en la nueva sentencia, estima en parte el recurso de apelación. Primero entra a analizar la excepción de cosa juzgada que había la sentencia de primera instancia y concluye que resultaba improcedente su apreciación...", y, luego, "entra a analizar la cuestión de fondo y estima en parte el recurso...».

47 Para este apartado, vid., en general, el completo trabajo de Fernández Rozas, J.C., Stampa, G., Sánchez Lorenzo, S.: *Principios Generales del Arbitraje*, ed. Tirant lo Blanch; 2018. Disponible en: https://biblioteca--tirant--com.upo.debiblio.com/cloudLibrary/ebook/info/9788491900450.

48 Y añade: «Conviene no perder de vista que si, conforme a lo argumentado hasta ahora sobre la naturaleza y sentido del presente procedimiento, se trata de dar cumplimiento al laudo, precisamente por la eficacia de cosa juzgada que genera, no es posible alterar lo resuelto, sino que hay que partir de ello, que es lo que hace la sentencia recurrida, al ser respetuosa con lo decidido previamente por el laudo. Sin que las circunstancias aducidas del cambio de valor de los paquetes de acciones, con arreglo al cual se dictó el laudo de equidad, puedan justificar que se deje sin cumplimiento lo resuelto en el laudo. Máxime cuando los efectos que respecto de la equivalencia de valor ha podido provocar el transcurso del tiempo serían esencialmente imputables a los demandados, que han hecho todo lo posible para impedir el cumplimiento del laudo: instaron su anulación, pidieron su no

En cuanto al segundo aspecto, dice el TS —en total acuerdo— que «Y a estos efectos, resulta irrelevante que el laudo hubiera sido dictado en un arbitraje de equidad o de derecho. El auxilio judicial para dar cumplimiento a un laudo puede recabarse tanto respecto de los dictados en un arbitraje de derecho, como de los dictados en un arbitraje de equidad. Lo relevante es que este auxilio judicial se ajuste a lo resuelto por el laudo, en este caso de equidad, y se limite a lo imprescindible para dar cumplimiento a la solución adoptada por el árbitro. Lo anterior no contradice, sino que se enmarca, en la doctrina sentada por el Tribunal Constitucional en su sentencia 17/2021, de 15 de febrero: "cuando las partes se someten a un arbitraje de equidad, aunque ello no excluya necesariamente la posibilidad de que los árbitros refuercen "su saber y entender" con conocimientos jurídicos, pueden prescindir de las normas jurídicas y recurrir a un razonamiento diferente al que se desprende de su aplicación, porque lo que se resuelve ex aequo et bono debe ser decidido por consideraciones relativas a lo justo o equitativo. Y aquí también debe quedar meridianamente claro que es el tribunal arbitral el único legitimado para optar por la solución que considere más justa y equitativa, teniendo en cuenta todas las circunstancias del caso, incluso si tal solución es incompatible con la que resultaría de la aplicación de las normas del derecho material»[49].

Como hemos avanzado, la referencia de esta sentencia al orden público tiene que ver con los plazos de ejecución del laudo: «Los recurrentes entienden que el presente proceso es propiamente un acto preparatorio de la ejecución sujeto al control de caducidad del art. 518 LEC, cuestión de orden público apreciable de oficio en cualquier momento. El *dies a quo* se situaría en la fecha de la firmeza del título que se pretende hacer valer en el presente proceso, el 28 de noviembre de 2001, fecha en que el laudo fue aclarado. Desde esa fecha hasta la interposición de la demanda iniciadora de este proceso en 2014 transcurrieron 13 años. Y desde que resultó desestimada la acción de anulación del laudo que interpusieron los recurrentes han pasado 11 años. El procedimiento de división de la herencia dio comienzo cuando habían trascurrido ya siete años desde la firmeza del laudo» alegación que se desestima, pues «no se ha infringido este precepto, pues la acción ejercitada ahora no es ejecutiva, sino declarativa, sin perjuicio de que facilite el cumplimiento del laudo y permita el posterior acceso a la ejecución judicial, a la vista de la objeción planteada por los tribunales que conocieron de la inicial solicitud de ejecución»[50].

ejecución, se opusieron a la ejecución solicitada por los demandantes y, lo que es más importante, no se avinieron a cumplir voluntariamente».

49 Cuestión distinta es que el laudo de equidad haya de respetar también normas de derecho imperativo o *ius cogens*.

50 FJ 3.º

3.3.3. Orden público sucesorio

La Sentencia del Tribunal Supremo de 6 de marzo de 2014 vincula el concepto de orden público con los principios constitucionales. Dice el Tribunal que el orden público debe ser «entendido básicamente como el sistema de derechos y libertades individuales garantizados en la Constitución y en los convenios internacionales de derechos humanos ratificados por España, y los valores y principios que estos encarnan».

Nos parece conveniente entrelazar esta idea genérica con las expuestas por la Resolución DGRN de 20 de julio de 2016[51]. El Fundamento de Derecho 4.° que:

> «En la misma línea, que excluye el debate de la inclusión de las legítimas del concepto de orden público, aun recibidas por vía de abintestato, se sitúa el ordenamiento español constitucional que en el que el artículo 33.1 de la Constitución Española reconoce tras el derecho a la propiedad privada, el derecho a la herencia. Decae, por tanto, el argumento del recurrente, pues en España los aspectos cuantitativos y cualitativos de la legítima, podrán tener un encaje principal en el artículo 33 de la Constitución, pero no en el 14 del mismo texto, que recoge el principio fundamental de la interdicción de discriminación por razón de nacimiento, sexo, raza o religión. Así fue entendido, fuera de nuestras fronteras, por el Bundesverfassungsgericht alemán, en Sentencia de 19 de abril de 2005, respecto de la reforma del Derecho de sucesiones y prescripciones de Alemania, en vigor desde el 1 de enero de 2010 que consideró que la libertad de testar es un reflejo del derecho a la propiedad privada y del principio de la autonomía privada en la libre autodeterminación del individuo y que no hay mandato constitucional por el que el causante deba conceder un trato igualitario a sus descendientes si no es discriminatorio. En cualquier caso, la jurisprudencia en España ha sentado el principio de que la regulación de las legítimas en nuestro ordenamiento no integra el concepto de orden público internacional desde la Sentencia del Tribunal Supremo de 27 de abril de 1978[52], salvo que afectaran al principio constitucional de no discriminación por razón de nacimiento, sexo, raza o religión»[53].

En tal sentido, solo nos queda recurrir de nuevo a las acertadas y prometedoras conclusiones de DE PRADA[54], cuando dice que «igual que nadie piensa que el nombramiento por el testador de un albacea o de un conta-

51 Aunque no omitimos que se trata más bien de un asunto referido al orden público internacional, pues el conflicto se deriva de la aplicación de las leyes legitimarias iraníes y españolas.

52 El subrayado es, obviamente, nuestro.

53 Un excelso trabajo de la exposición de estas ideas en Gianluca Contaldi y Cristina Grieco, *The EU Succession Regulation. A commentary*, Ed. Alfonso CALVO CARAVACA, Angelo DAVÍ y Heinz Peter MANSEL, Cambridge, 2016.

54 *Ib.*, *Liberad al arbitraje testamentario...*

dor partidor se puede considerar un gravamen sobre la legítima, y que nadie duda de que las facultades de estos se extienden a la totalidad de la herencia, lo mismo debe predicarse respecto del árbitro en cuanto al tercio de mejora, y en el caso de que el árbitro realizase actos que perjudiquen las legítimas, los legitimarios podrán impugnarlos ante los tribunales por el cauce establecido en la letra f) del número 1 del artículo 41 de la Ley de Arbitraje.

Pero, aunque defendamos, como yo firmemente creo, que con la redacción actual del artículo 10 de la Ley de Arbitraje, el arbitraje testamentario puede afectar a los conflictos relativos a los tercios de mejora y libre disposición, lo cierto es que la figura se nos sigue quedando "coja", ya que es evidente que no cabe interpretación alguna de dicho artículo que permita aplicar el arbitraje testamentario a los conflictos relacionados con el tercio de legítima estricta y que en la práctica habrá que analizar con cuidado cada cuestión, ya que pueden presentarse situaciones en las que sea difícil determinar si un conflicto afecta únicamente al tercio de libre disposición y al de mejora, o también afecta a la legítima estricta puesto que, si afectase a ésta, sería posible impugnar el laudo por haber resuelto el árbitro sobre cuestiones no susceptibles de arbitraje. Es cierto que la superación de las limitaciones establecidas por la actual regulación del arbitraje testamentario se pueden lograr en gran parte acudiendo a la figura de la cautela socini, por la que el testador ordene la sujeción a arbitraje testamentario de cualquier disputa en relación a su herencia, incluso las que afecten al tercio de legítima estricta y disponga que los herederos que no lo acepten quedarán reducidos a su legítima estricta, mejorando a los que no reclamen en los tercios de mejora y libre disposición.

Pero ¿por qué tenemos que acudir a interpretaciones más o menos forzadas o a figuras intermedias como la cautela socini para conseguir que el arbitraje testamentario pueda ser usado por los testadores como lo que es, un instrumento más en sus manos, para solucionar problemas entre sus herederos de forma rápida y discreta, en definitiva, una figura similar al albacea o al contador partidor? Esta situación no tiene sentido, por lo que se precisa un reforma del artículo 10 de la Ley de Arbitraje que elimine las injustificadas limitaciones que al arbitraje testamentario impone su redacción actual, suprimiendo toda limitación en cuanto a las materias afectadas por el arbitraje de forma que, liberado de las limitaciones que le impone su actual corsé legislativo, el arbitraje testamentario pueda extenderse a cualquier disputa surgida en relación con la herencia, incluidas las que afecten a las legítimas, lo que sin duda supondría que rápidamente se generalizará su uso, beneficiando tanto a los particulares como a la propia Administración de Justicia».

Del mismo modo que Gomá Lanzón[55], entre los argumentos cuarto, quinto y sexto, deja entrever que no habría disintonía en que el arbitraje alcance a las legítimas, ya que «existen instituciones que da alguna manera

55 *Ib., Una propuesta de regulación...*

suponen una violación de la intangibilidad de la legítima, como por ejemplo el nombramiento de contador partidor, por cuyas decisiones tienen que pasar los herederos, aunque sean forzosos. De hecho, antes de la nueva Ley de Enjuiciamiento Civil del año 2000, para que la prohibición del testador vedara el juicio divisorio debería ir acompañada del nombramiento de un contador partidor y no alcanzaba a los herederos forzosos y, tras ella, el nombramiento de contador partidor impide la promoción del juicio divisorio tanto a herederos voluntarios como forzosos o legatarios de parte alícuota. Ello significa, como indica algún autor, que la legítima es ahora un poco menos intangible.

Además, aunque el legislador ha sido timorato en la modificación de la legítima —pues lo que tendría que hacer, en mi opinión, es reducir drásticamente la intangibilidad cualitativa y cuantitativa— sí que ha habido diversas reformas del Código Civil que de alguna manera suavizan su rigor en aras a proteger ciertos intereses. Por ejemplo, admitiendo en determinados casos el pago en metálico de la legítima (arts. 841 y ss.), disponiendo normas para conservar la empresa (art. 1056) e introduciendo otras muchas pequeñas medidas para proteger a las personas con discapacidad (Ley 41/2003 que modifica muchos preceptos del Código Civil), sin olvidar la reciente Ley 8/2021 sobre apoyo a las personas con discapacidad, que modifica los artículos 782, 808 y 822, entre otros muchos. Esto y el punto anterior muestran que en el presente caso estamos simplemente ante una decisión de política legislativa y no de esencia de las instituciones.

La jurisprudencia del Tribunal Supremo también ha templado la dureza de algunas normas que regulan la legítima, permitiendo, por ejemplo, la desheredación en ciertos casos que literalmente no se contemplan en la ley, como el maltrato psicológico».

IV. Conclusión y propuesta

Así las cosas, hemos llegado a este apartado final sin haber resuelto —pretensión que quizá sea excesiva— el debate sobre si la herencia forzosa es arbitrable. Pero entendemos que sí ha permitido alcanzar la conclusión de si, como recogen algunas de las resoluciones y parte de la doctrina citada —vid. supra, nota 53—, la vía correcta de articulación del sistema de legítimas es su defensa a través del art. 33 de la CE, y ésta no entra dentro del amplio espectro de los derechos fundamentales; un arbitraje sucesorio que entrara a valorar cuestiones relacionadas con la distribución y administración de la herencia forzosa no confrontaría la posibilidad de la anulación del laudo que resultara por la vía del art. 41.1.f) en relación con el art. 2.1. de la LA, pues no se trataría de materia indisponible por afectar a normas de orden público. Somos conscientes de lo arriesgado de esta interpretación doctrinal, pero solo hay dos caminos para glosar la norma en un sentido más útil y menos complejo: la primera opción es legislativa, como siempre, e implica que las futuras reformas se encaminen hacia una medida que abra el arbitraje a los herederos forzosos; la segunda opción solo puede coincidir con la facción interpretativa propuesta.

PACTOS DE CONVIVENCIA Y EN PREVISIÓN DE CRISIS FAMILIARES: PACTOS PREMATRIMONIALES, EN UNIONES DE HECHO Y PROTOCOLOS FAMILIARES

CAPÍTULO 22

PACTOS FAMILIARES CON PREVISIONES PATRIMONIALES PARA EL CASO DE RUPTURA, ¿HASTA DÓNDE LA LIBERTAD?

María Dolores Cervilla Garzón
Catedrática de Derecho Civil
Universidad de Cádiz

Sumario:

I. Introducción: la contractualización del Derecho de familia y sus límites

Quizás ya se ha quedado «antiguo» hablar de contractualización del Derecho de familia, pues lo que llamó la atención hace unas décadas (como lo llamara anteriormente su «publificación») se ha incorporado como una técnica habitual de resolver los conflictos familiares acudiendo al consenso de los sujetos implicados.

En esta línea de pactos y acuerdos, también comienza a normalizarse su implementación no cuando el conflicto ya ha surgido, sino cuando este, sin atisbarse, no se excluye pues nadie es conocedor de los designios que el futuro le depara. A diferencia de los ordenamientos jurídicos del *common law*, nada familiarizados con los pactos entre cónyuges, siempre, y aún hoy, mirados con recelo y desconfianza, el Derecho continental y en particular nuestro Derecho, ha asumido con naturalidad los contratos capitulares, previos o constante el matrimonio. Desde la reforma de 1981 con un objeto más amplio no constreñidos a la elección o diseño del régimen económico matrimonial.

Este caldo de cultivo ha favorecido que los acuerdos con previsiones de una hipotética ruptura, concertados antes del matrimonio o en cualquier momento del mismo, se incorporen con fluidez sin que ese hecho demande una profunda reflexión jurídica ni una construcción de reglas *ad hoc* como fue preciso en el Derecho estadounidense y, posteriormente, en el Derecho inglés. Asimismo, dado que nuestro Derecho tampoco ha distinguido entre acuerdos prematrimoniales o matrimoniales pues el pacto entre los cónyuges carece de reprobación alguna, no es necesario realizar tal diferenciación en orden a su régimen jurídico, como sí lo fuera en los ordenamientos de la *common law.* Ello facilita el reconocimiento de su validez por parte de nuestros Tribunales que se muestran proclives a, dentro de determinados límites, declarar su eficacia.

El *quid* de su delimitación frente a otros posibles acuerdos estriba no en el momento temporal en que se toman, sino sólo y exclusivamente si la ruptura es una realidad o, por el contrario, una posibilidad que siempre se encuentra presente en cualquier relación humana. En este sentido, la finalidad del consenso se concita en tomar medidas en previsión de la ruptura, de manera que si esta tuviera lugar no fuera necesario negociar en un ambiente viciado por la tensión que genera la crisis.

Soslayado el debate sobre su admisibilidad que considero del todo superado, dedico estas reflexiones a discernir sobre su eficacia; para lo que se requiere fijar los límites que, como railes, marcan el camino hacia ella. En cualquier caso, este discurso se sustenta básicamente en un análisis jurisprudencial sobre la interpretación de las normas en la que estos se residencian.

II. Los límites constitucionales

2.1. La pugna entre el artículo 14 y el artículo 10; en particular, la renuncia unilateral de derechos

La incidencia del principio de igualdad y no discriminación en las relaciones privadas encuentra un obstáculo en el artículo 10 de la Carta Magna en donde se ubica el principio de autonomía de la voluntad. Dicha tensión también se materializa en los pactos familiares como los que nos ocupan, aunque no de igual manera a como se manifiesta en las relaciones contractuales propias del intercambio de bienes y servicios en el tráfico económico.

Así, el artículo 14 de la Constitución que se contiene en sede de capitulaciones matrimoniales en el art. 1328 CC, establece, con carácter general, la prohibición de cláusulas que impliquen un desequilibrio manifiesto entre los miembros de la pareja carentes de una «justificación» objetiva y proporcional que asume la función de clave para testar la infracción de la norma.

Por otro lado, en el artículo 10 se ubica la fundamentación para mantener como eficaces acuerdos técnicamente desiguales en orden a los derechos y obligaciones que de ellos se dimanen ya que no podemos orillar que el libre consentimiento también incluye la opción de elegir, por las razones que sea, una situación más desfavorable que la del otro contratante. Limitar en exceso y de forma muy escrupulosa dicha posibilidad generaría una vulneración de este precepto que garantiza la libertad del sujeto para contratar y para decidir la modalidad de pacto que más se adecúa a sus intereses (y en el caso de los pactos familiares me atrevería a decir a «sus afectos»).

Esbozada la confrontación teórica entre los derechos enunciados (igualdad y libertad de contratación), de generarse el conflicto son los tribunales los llamados a construir criterios que permitan salvaguardarlos, ponderándolos en uno u otro caso de forma adecuada.

Ciertamente son escasas las resoluciones que han versado sobre la invalidez de cláusulas o acuerdos íntegros por infracción del artículo 14 al haberse detectado una desigualdad manifiesta carente de justificación[1], con carácter general.

No así cuando se alega de forma específica la situación de desequilibrio patrimonial entre los contratantes como evidencia de la desigualdad previa que tiñe de ineficaz el consentimiento. Para salvarla, se requiere constatar la existencia de un consentimiento informado, de manera que se garantice la voluntariedad del emisor (y por tanto su validez). El binomio voluntariedad-consentimiento informado se estima suficiente y así se ha venido utilizando como técnica argumentativa en distintas sedes y países donde este conflicto se ha suscitado. De ello nos ocuparemos con mayor detalle al abordar el análisis de la exigencia de consentimiento libre del artículo 1261 CC, causa eficiente de la validez de cualquier pacto.

Si cierto es que nuestros tribunales toman como punto de referencia el desequilibrio patrimonial como dato para analizar la vulneración del artículo

1 La sentencia AP de Vizcaya (sección 4.ª) núm. 591/2021 de 19 abril (ECLI:ES:APBI:2021:1138) es de las pocas que declara ineficaz un pacto familiar con previsión de ruptura por infracción del art. 1323 CC al incluirse una cláusula que situaba al marido en una situación manifiestamente desigual con relación a la esposa, sin que concurriera causa o fundamento que lo justificase.

14, también lo es que no se muestran particularmente escrupuloso en su observación, pues, aun detectándose cuantitativamente, no infiere de los datos consecuencias cualitativas que genere desigualdad no justificada[2]. Con ello se corrobora lo inicialmente afirmado: que el principio de igualdad no exige el equilibrio pleno entre las contraprestaciones, sino que, en respeto de la autonomía de la voluntad, solo puede imponerse antes situaciones injustificada y flagrantemente desproporcionadas.

La primera de las sentencias del Tribunal Supremo, la de 24 de junio 2015[3], que se pronunció abiertamente sobre los pactos prematrimoniales con previsiones de ruptura afrontó específicamente la trasgresión del artículo 14 al ser esta una de las causas de impugnación alegada por la reclamante. Para analizar la posible conculcación el Tribunal recurre, en primer lugar, a criterios patrimoniales (desequilibrio financiero), constatando la inexistencia de tal desequilibrio entre ambos contratantes, ya que su situación era de solvencia. Este análisis previo se suscita con la finalidad de detectar la incidencia de una posible desigualdad patrimonial en el consentimiento emitido. En segundo lugar, y superado este primer test de validez, acomete la valoración de las consecuencias del acuerdo desde la perspectiva de un posible sometimiento o abuso de una de las dos partes contratantes concluyendo que esta no tiene lugar, por lo que no procede declarar la ineficacia del pacto por vulneración del artículo 14[4].

Hablar de igualdad en los pactos familiares con previsiones de ruptura nos conduce a cuestionarnos la validez de la renuncia de los derechos en ellos contenidos. Sobre todo, cuando la renuncia es unilateral de manera que uno de los sujetos se beneficia del pacto frente al perjuicio patente del que lleva a cabo la renuncia, o bien genera desequilibrio patrimonial considerable o manifiesto.

La validez de la renuncia de derechos queda sometida al régimen general, que no se ve afectado porque esta acaezca en sede de pactos familiares. El

---

2 La sentencia AP de A Coruña (sección 4.ª) núm. 299/2021 de 21 julio (ECLI:ES:APC:201:1892) sirve como un ejemplo, pues califica como meras «contraprestaciones» las derivadas del pacto que, si bien, no son equitativas, existen y, por consiguiente, soslayan el desequilibrio.

3 TS (sala de lo civil, sección 1.ª) núm. 392/2015 de 24 junio (ECLI:ES:TS:2015:2828).

4 «En cuarto lugar, no queda cuestionada la igualdad de los cónyuges, pues no consta que los pactos hayan sido gravemente perjudiciales para el recurrente, de profesión abogado y divorciado de un matrimonio anterior, manteniendo ambos una saneada situación económica, lo que impide limitar los efectos de los pactos que libremente acordaron. De los pactos tampoco puede inferirse que uno de los cónyuges quede en situación de abuso de posición dominante, ni que haya sumido al otro en una clara situación de precariedad que genere la necesidad de asistencia de instituciones públicas o privadas.....No se aprecia que a través de los pactos se haya impuesto una situación de sometimiento a una de las partes, por lo que no se declara infracción del principio de igualdad (art. 14 de la Constitución) ni lesión del derecho a la dignidad (art. 10 de la Constitución) o libertad personal (arts. 17 y 19 de la Constitución)».

art. 6.2 del CC y la regla en él referida («la renuncia a los derechos en ella reconocidos sólo serán válidas cuando no contraríen el interés o el orden público ni perjudiquen a terceros») conforman el eje vertebrador de cualquier disquisición sobre la validez de la renuncia de derechos. Que se completa con la prohibición expresa de la renuncia a la herencia futura de los arts. 816 («Toda renuncia o transacción sobre la legítima futura entre el que la debe y sus herederos forzosos es nula, y éstos podrán reclamarla cuando muera aquél; pero deberán traer a colación lo que hubiesen recibido por la renuncia o la transacción») y 991 («Nadie podrá aceptar ni repudiar sin estar cierto de la muerte de la persona a quien haya de heredar y de su derecho a la herencia») del CC.

En realidad, de las consecuencias patrimoniales típicas derivadas de la ruptura, solo la pensión compensatoria, la indemnización por el trabajo doméstico prevista en el art 1438 CC y la indemnización en caso de nulidad ex art. 98 CC[5] podrán ser objeto de renuncia previa. De todas ellas es, sin duda, la pensión compensatoria la que acapara un mayor protagonismo, no solo por su naturaleza netamente dispositiva y no asistencial, sino por concurrir en un mayor número de supuestos, dada los presupuestos que la generan y el ámbito más amplio en el que tiene lugar. El hecho de que en nuestro Derecho no se cuestione el interés privado que subyace en la pensión compensatoria, es una de las claves de la amplia acogida en la jurisprudencia. A diferencia de otros países, como nuestra vecina Italia, en la que, por considerarse que la pensión compensatoria es una medida asistencial, que atiende, pues, a un interés público, los pactos preventivos que versan sobre su renuncia o su mera disposición se califican como ineficaces[6].

Partiendo de la disponibilidad de las prestaciones y superado el primer parámetro de validez derivado de las normas generales enunciadas, la eficacia de la renuncia vendrá fijada por la vulneración del principio de igualdad. A tal fin, deberá procederse a valorar el desequilibrio patrimonial y la constatación de la existencia del consentimiento informado en los términos en los que nos referiremos más adelante y a los que nos remitimos.

---

5 «El cónyuge de buena fe cuyo matrimonio haya sido declarado nulo tendrá derecho a una indemnización si ha existido convivencia conyugal, atendidas las circunstancias previstas en el artículo 97».

6 Además de otros argumentos, como la imposibilidad de renunciar a derechos futuros y la inexistencia de causa. Invito al lector a ilustrarse sobre el particular en los dos interesantes artículos doctrinales de Barba, V.: «Los pactos prematrimoniales en el Derecho italiano. Propuesta de reforma de acuerdo con el Derecho catalán», *Anuario de Derecho Civil,* tomo LXXIV, 2021, pp. 21 y ss. y «Pactos en previsión de ruptura familiar: una comparación entre la jurisprudencia italiana y la española, en la esperanza de que la primera aprenda de la segunda», *Cuadernos de Derecho Privado,* 3, 2022, pp. 45 y ss.

La habitualidad y conflictividad en el tráfico de este tipo de renuncia a la cuantía[7], o modalidad[8] ha generado una doctrina jurisprudencial importante que merece le dediquemos unas líneas.

A diferencia del Derecho catalán, no existe en Derecho común una norma limitativa de la libertad de los contratantes en orden a la renuncia de derechos en los pactos de los que nos ocupamos. En esta línea de voluntarismo, se admite, sin dificultad, la renuncia de cualquiera de las partes o de ambas al posible derecho a percibir una pensión compensatoria, también con carácter previo a la ruptura. Bien es cierto que hubo reticencias en nuestros tribunales[9] e, incluso, en la doctrina autorizada[10], hoy del todo superadas, a la renuncia anticipada. Pero, dado que hoy la unanimidad doctrinal y jurisprudencial es patente y que no se atisba quiebra alguna, orillaremos reproducir argumentos superados y que, por otra parte, tampoco compartimos[11].

Muy interesante la sentencia del Tribunal Supremo de 13 de marzo de 2023[12] que aborda el tema de la validez de la renuncia a la pensión compensatoria fijada en capitulaciones previas al matrimonio, que el juzgado de primera instancia había estimado como procedente y que, en cambio, la Audiencia Provincial habían declarado su ineficacia al no haberse acontecido las circunstancias que en el acuerdo se habían presupuesto para que esta tuviera lugar. Para concluir sobre su ineficacia se aprecia, a juicio del Tribunal, un cambio en las circunstancias en las que la renuncia tuvo lugar, en la

7 AP Barcelona (sección 12.ª), núm. 326/2021 de 31 mayo (ECLI:ES:APB:2021:6627) y AP Granada (sección 5.ª), núm 37/2022 de 17 febrero (ECLI:ES:APGR:2022:376) entre otras.

8 Por ejemplo, AP Las Palmas (sección 3.ª), núm. 614/2019 de 21 octubre (ECLI:ES:APGC:2019:2523)

9 Sobre la posición de los Tribunales, vid. PINTO ANDRADE, C.: *Pactos matrimoniales en previsión de ruptura*, Bosh, Barcelona, 2010, pp. 323 a 359. La doctrina también es unánime al emitir juicio sobre su validez. Así, PASTOR VITA, F.J.: «La renuncia anticipada de la pensión compensatoria en capitulaciones matrimoniales», *Revista de Derecho de familia*,, n.° 19, 2003, pp. 25-55; García Rubio, M.P.: «Los pactos prematrimoniales de renuncia a la pensión compensatoria», en ADC, 2003, pp. 1653-1673; EGEA FERNÁNDEZ, J.F.: «Pensión compensatoria y pactos en previsión de ruptura matrimonial», en *Estudios jurídicos en homenaje al profesor Luis Diez Picazo*, tomo III, Madrid, 2003, pp. 4551-4574; HORNERO, C MÉNDEZ Y AGUILAR RUIZ, L.: «Los pactos conyugales de renuncia a la pensión compensatoria: autonomía de la voluntad y control judicial», *Revista Jurídica del Notariado* n.° 57, 2006, pp. 9-43; MARTÍNEZ ESCRIBANO, C.: *Pactos prematrimoniales,* Madrid, 2011, p. 165 a 171, entre otros.

10 En la doctrina se manifiesta contraria al reconocimiento por atentar a la esencia del matrimonio, Cabezuelo ARENAS, A.L.: «¿Es válida la renuncia a una eventual pensión compensatoria formulada años antes de la separación en capitulaciones matrimoniales?», *Aranzadi Civil,* n.° 18, febrero 2005, pp. 15-35, p. 30.

11 MORENO, V.: «La validez de los acuerdos prematrimoniales», en el *Diario La Ley*, n.° 7049, 5 noviembre 2008, p. 3, se refiere uno de los ejemplos de jurisprudencia que, en su momento, negaba efectividad a estos pactos de renuncia previa.

12 TS (sala civil sección 1.ª), núm. 879/2023 de 13 marzo (ECLI:ES:TS:2023:879)

medida que esta debe ubicarse en el escenario de independencia económica, causada por ostentar cada uno un trabajo remunerado, que se altera al abandonarlo la esposa y dedicarse al cuidado del hijo común. En consecuencia, acude a los criterios del art. 97 y, en su virtud, estiman la procedencia de la pensión compensatoria a favor de la renunciante[13].

El pronunciamiento anterior es traído al discurso como muestra de lo matices que este tema presenta y que no permite despacharlo con rotundas afirmaciones. Puesto que, como suele suceder en las relaciones familiares, muchos son los intereses en conflictos a los que atender cuando se interpretan convenios que pudieran afectarles. En el supuesto anterior el Tribunal opta por declarar inválida la renuncia introduciendo el factor del cambio de circunstancias o *cláusula rebus* para ponderar hasta qué punto la decisión tomada libre y conscientemente puede decaer ineficaz a causa del cambio acecido.

En conclusión, si bien la renuncia unilateral debe estimarse como plenamente eficaz, con carácter general, al no encontrarse prohibida ni directa ni indirectamente por norma alguna, ello no debe conducirnos a mantener su validez, en cualquier caso[14]. Por el contrario, consideramos que el juzgador debería exigir, aparte de claridad y nitidez de la misma evitándose la admisión de renuncias tácitas[15], una cierta reciprocidad en la renuncia, derivada de la exigencia del principio de buena fe y no del principio de igualdad. De manera que ello condujera a una inversión de la carga de la prueba de aquel que reclama el cumplimiento de obligaciones derivadas de un pacto familiar preventivo, en que no existe reciprocidad alguna en la renuncia o limitación de derechos. En este sentido, para medir esa «cierta reciprocidad» deberá

13 «La exesposa entiende, al igual que el exesposo, que los términos acordados en la escritura de capitulaciones comportan una renuncia tanto a la prestación por desequilibrio (art. 97 CC) como a la compensación por el denominado trabajo para la casa (art. 1438 CC), pero argumenta, y su tesis ha sido acogida por la sentencia recurrida, que en este caso no rige la renuncia acordada porque, al no haberse dado la contribución paritaria en el cuidado del hijo, no se dan las condiciones y circunstancias pactadas en las capitulaciones. Partiendo de este presupuesto, la sentencia recurrida analiza si concurren los requisitos para reconocer la prestación por desequilibrio y la compensación por el trabajo para la casa, entiende que sí, y condena al exesposo a pagar por los dos conceptos».

14 De Verda y Beamonte, J.R.: «La compensación por desequilibrio económico en la separación y el divorcio: últimas tendencias jurisprudenciales», *Actualidad Civil,* n.º 10, octubre 2020, afirma que «Es dudosa la validez de un pacto prematrimonial de renuncia anticipada de la pensión compensatoria que excluyera toda posibilidad de reclamación, a no ser que se previese otro tipo de compensaciones».

15 TS (sala de lo civil) núm. 1423/2023 de 17 de octubre (ECLI:ES:TS:2023:4408) se expresa sobre la renunciabilidad de dicha prestación y el carácter de dicha renuncia para que se estime procedente y considera que no existe renuncia tácita a la compensación establecida en el art. 1438 CC porque se omita el particular en el acuerdo de separación de hecho suscrito entre ambos ex esposos; por lo que procede su reclamación por parte del ex cónyuge que, de acuerdo con la ley, tenía derecho a ello.

valorarse el pacto, en su conjunto, así como las circunstancias patrimoniales reales y potenciales[16].

2.2. El derecho a contraer matrimonio (y a no contraerlo) del artículo 32

Una atención especial merece el análisis de los límites a la autonomía de la voluntad contenidos en el art. 32 de nuestra Constitución que establece: «1. El hombre y la mujer tienen derecho a contraer matrimonio con plena igualdad jurídica. 2. La ley regulará las formas de matrimonio, la edad y capacidad para contraerlo, los derechos y deberes de los cónyuges, las causas de separación y disolución y sus efectos».

Por un lado, el primer párrafo consagra el derecho a contraer matrimonio (y a no contraerlo). En este sentido, podemos afirmar que el concepto de matrimonio contemplado en la Constitución discurre entre dos linderos que marcan las fronteras y que no pueden traspasarse so pena de caer en la inconstitucionalidad. De un lado, el diferente tratamiento jurídico que el legislador tiene que dispensar al matrimonio y pareja de hecho; de forma que la protección, con base constitucional como modalidad de familia de la pareja de hecho[17], si bien debe existir, necesariamente será menor que la establecida para el matrimonio. Por tanto, cualquier regulación o aplicación vía analógica de normas del matrimonio, «matrimonializando» las uniones de hecho, supone una infracción del derecho a no contraer matrimonio.

La opción de entablar relaciones familiares fuera del matrimonio, pues, solo pueda ser fruto de la libre voluntad de los sujetos, que deciden ubicar sus relaciones al margen del Derecho (ya que, en otro caso, hubieran contraído matrimonio) De ello se colige que durante la convivencia no debe existir límite o norma alguna que, desde fuera, se pueda imponer a los componentes de la unión y que afecte al contenido esencial de estas uniones (denominadas «uniones libres» por Gavidia Sánchez)[18], que, de acuerdo con

16 No opina así, GASPAR LERA, S.: «Acuerdos prematrimoniales sobre relaciones personales entre cónyuges y su ruptura: límites a la autonomía de la voluntad», *ADC*, tomo LXIV, 2001, fasc. III, pp. 1041 a 1074, concretamente la cita es a las pp. 1063 y 1064. Esta autora entiende que el principio de igualdad no exige la simultaneidad de las renuncias, ya que, una de ellas, será, en todo caso inútil, pues sólo uno de los ex cónyuges pudiera, en su caso, ser deudor de la prestación. Recordemos que la base de nuestra afirmación se ubica en el principio de buena fe y no en el principio de igualdad como límite legal a la autonomía de la voluntad.

17 Sobre la influencia de la entrada en vigor de la Constitución en el Derecho de familia, LASARTE, C.: «Constitución y Derecho de familia», *AAMN*, tomo 53, 2012-2013, pp. 493-513.

18 Por ejemplo, y entre otros trabajos, en: «La unión libre: familia, no matrimonio», La Ley, n.° 3, 2004, pp. 1871-1833; *La unión libre: (el marco constitucional y la situación del conviviente supérstite)*, Tirant lo Blanch, Valencia, 1995; «La libertad de elegir como cónyuge

la mejor doctrina en la materia, se concreta en la «libertad de ruptura»[19]. Dicha afirmación no impide a los miembros de la pareja pactar sobre sus relaciones patrimoniales durante la convivencia e, incluso, cuando esta llegue a su fin, posibilidad coherente con la libertad que la conceptúa y que les da sentido. Siempre que dichos acuerdos respeten el contenido esencial que las define: la susodicha libertad de ruptura.

Ello nos lleva a aseverar que un pacto familiar en el que se contenga, para el caso de ruptura, consecuencias idénticas a las que se producen cuando el matrimonio se rompe o algunas tan gravosas para el conviviente de forma que se ve limitado o imposibilitado para finalizar la unión (por el temor a las consecuencias económicas de su decisión), violaría el derecho de los convivientes a no contraer matrimonio. Y, por tanto, sería coherente tildarlo de inconstitucional.

En consecuencia, el art. 32.1 de la Constitución limita la libertad de los convivientes de pactar sobre consecuencias que tendrían lugar en caso de ruptura de la unión, al impedir que estas afecten al derecho a contraer matrimonio (y a no contraerlo) que en el mismo se consagra.

Asimismo, el párrafo segundo del meritado precepto expresa un mandato palmario al legislador para regular la disolución del matrimonio, que este obedeció en 1981 y volvió a hacerlo en 2005. Pero, al mismo tiempo que instaura el divorcio como un componente del contenido esencial del matrimonio, en el párrafo primero del artículo referido, al regular el derecho a contraer matrimonio (y a no contraerlo), consagra la permanencia del vínculo conyugal que lo define, frente a la libertad de ruptura que caracteriza a las parejas de hecho. Se instaura la necesidad, por imperativo constitucional, de que el matrimonio regulado contemple el divorcio como forma de disolución del vínculo. Por ende, el establecimiento mediante pactos de penalizaciones o consecuencias tendentes a imposibilitar el ejercicio del divorcio con el fin de perpetuar la relación, trasgrediría el art. 32.2 y, en su virtud, será calificada como inconstitucional. Igualmente, sería ilícito el pacto que convirtiera en causal de forma directa o indirecta el divorcio, por ser contrario a la legislación vigente que eliminó tal requisito.

---

a otra persona del mismo sexo y de optar entre el matrimonio y una unión libre (Análisis crítico de la constitucionalidad del Matrimonio Homosexual y del llamado "Divorcio Express"», La reforma del matrimonio : (Leyes 13 y 15/2005)/(coordinado por Gavidia Sánchez, J.V.), Marcial Pons, Madrid, 2007.

19 Gavidia Sánchez defiende esta tesis con brillantez en todos sus trabajos sobre la materia (también en los citados en la nota anterior y en otros muchos, pues es el civilista que más ha estudiado las parejas de hecho); particularmente, y por citar algunos, en los siguientes trabajos: «Enriquecimiento injusto entre convivientes y respeto a la libre ruptura de las uniones no matrimoniales», *La Ley*, n.° 3, 2006, pp. 1890-1909; «Analogía entre el matrimonio y la unión libre en la jurisprudencia del Tribunal Supremo y principio de libre ruptura de las uniones no matrimoniales: la unión libre en la jurisprudencia (y II)», *Aranzadi civil: revista quincenal*, N.° 1, 2002, pp. 2355-2418

III. Los límites del Código Civil

3.1. Los artículos 66, 67 y 68: El pacto sobre los derechos y obligaciones del matrimonio

Algún sector de la doctrina con argumentos, a nuestro juicio, no convincentes, se muestra partidario de considerar que los derechos y deberes del matrimonio de los arts. 66, 67 y 68 del CC actúan, con carácter general[20], como límite a la autonomía de la voluntad. Otro, en cambio aboga por que a día de hoy no deberían ser calificados como límites a la autonomía de la voluntad de los cónyuges o futuros cónyuges, resultando de ello la validez de los acuerdos que su incumplimiento permitiesen. Este sector entiende que la posibilidad de pactar sobre dichos deberes es una consecuencia directa de las modificaciones operadas por la Ley 15/2005, de 8 de julio, por la que se modifican el Código Civil y la Ley de Enjuiciamiento Civil en materia de separación y divorcio, al eliminar esta la necesidad de alegar una causa para que fuera posible la separación (que, a su vez, era requisito indispensable para divorciarse), causas entre las que se encontraba el incumplimiento de los deberes conyugales[21]. Por lo tanto, según estos autores, la modificación supuso una cierta merma en la importancia de los deberes mencionados por lo cual ha de entenderse posible el pacto sobre ellos.

En este «aire de libertad» que caracteriza a nuestro discurso, alineado con la libertad que también respira nuestro CC y que inspira a nuestros tribunales, nos sentimos más cercanos a la segunda de las tesis, si bien, con las matizaciones necesarias para evitar que se menoscaben derechos de los contratantes. Pues, la admisión de pactos que versen sobre el contenido o la forma de apreciar el cumplimiento (o no) de estos derechos y deberes, se encuentra condicionado al respeto de la dignidad de la persona y a su libre desarrollo de la personalidad establecidos en el art. 10 de la Constitución. Este será el único filtro que actuará como tamiz para discriminar la validez de los pactos, tensionando, adecuadamente, la libertad con la dignidad de los sujetos concernidos.

Aterrizando en la realidad y a fin de ilustrar al lector, por ejemplo, pactar sobre la fidelidad en las relaciones conyugales, estableciendo indemnizaciones por su contravención o conectando el reconocimiento de derechos patri-

20 Berrocal Lanzarot, A.I..: «Pactos en previsión de ruptura matrimonial», *La Ley Derecho de Familia: Revista jurídica sobre familia y menores*, N.º. 5, 2015 (Ejemplar dedicado a: Autonomía de la voluntad y Derecho de familia), p. 3. En igual sentido, Hijas Cid, E.: «Pactos prematrimoniales», *Diario La Ley*, Derecho de familia, N.º 24, Cuarto trimestre de 2019.

21 Sin embargo, se encuentra en el extremo opuesto Figueroa Torres, M.: *Autonomía de la voluntad, capitulaciones matrimoniales y pactos en previsión de ruptura en España, Estados Unidos y Puerto Rico*, Dykinson, Madrid, 2016, p. 216.

moniales a su observancia, en principio, no debe considerarse que, por su objeto, adolezca de motivo de nulidad. Siempre, claro está, que no infrinja el art. 32 de la Constitución en los términos expresados en epígrafes precedentes, al gravar en exceso la ruptura dificultando la disolubilidad sin causa que impera en nuestro ordenamiento jurídico[22].También se ha cuestionado la validez de un pacto en el que los cónyuges acuerden excluir la fidelidad, diseñando, de este modo, un matrimonio «abierto» en el que esta no tiene cabida[23]. En este sentido, y tras la entrada en vigor de la Ley 13/2005, la fidelidad entre los cónyuges no constituye una obligación en el sentido técnico (pues de su incumplimiento no se deriva consecuencia alguna), siendo plenamente disponible por las partes y operando, muy débilmente[24], sólo si no existiera ninguno de los pactos aludidos. Desde otra perspectiva y relacionado con la fidelidad, el hecho de consensuar un número de relaciones sexuales en un periodo de tiempo o una determinada frecuencia en las mismas, será tildado como un acuerdo ineficaz por atentar a la dignidad de la persona ex artículo 10.

3.2. El artículo 1255

3.2.1. La ley: en particular la disponibilidad sobre las causas de extinción de la pensión compensatoria del artículo 101

Los límites legales a la autonomía de la voluntad se muestran como el eje vertebrador de cualquier discurso jurídico sobre la eficacia de los convenios. En este sentido, nuestra disertación se articula sobre la interpretación de los preceptos legales a fin de dilucidar su proyección sobre los acuerdos familia-

---

22 Muy interesante el trabajo de López-Rendo Rodríguez, C. y Azaustre Fernández, M.J.: «Acuerdos matrimoniales e infidelidad. Ayer y hoy», *Glossae, European Journal of Legal History 19* (2022), pp. 475 y ss. que nos aporta una perspectiva amplia e histórica de estos pactos. En particular, remito al lector a las pp. 54 y ss. dedicadas al análisis del Derecho español sobre la validez de pactos indemnizatorios por incumplimiento del deber de fidelidad entre los cónyuges. Concluyendo, tras un análisis de las dos posturas doctrinales en orden a su eficacia que «En definitiva, es un acuerdo conforme ley, que recoge el deber de fidelidad entre los cónyuges y no es contrario a las *bonas mores*»

23 En este sentido, no son considerados válidos por infracción del orden público todos aquellos pactos que impliquen la posibilidad de que los cónyuges sean infieles entre sí a los ojos de González del Pozo, J. P.: «Acuerdos y contratos prematrimoniales (I)», *op. cit.*, p. 2-4, Vilella Llop, M.P.: *Hacia un nuevo modelo de derecho de familia: Análisis de las figuras y herramientas emergentes*, Dykinson, 2021, p. 176 califica como nulos «todos aquellos pactos que recojan pactos de matrimonio abierto, donde se permita a los cónyuges mantener relaciones adúlteras, por ser contrarios a la moral y al orden público».

24 Y digo «débilmente» porque ni siquiera genera responsabilidad civil al que la incumpliera.

res que nos ocupan. Desde esta perspectiva carecería de cualquier justificación aludir a la ley como límite en un epígrafe independiente de un texto que se dedica, expresamente y en todo recorrido, a ello en la medida es este es «el límite» (el único) sobre el que pivota el juicio validez.

Sin embargo, la reciente jurisprudencia del Tribunal Supremo, ha llamado mi atención y me invita a reflexionar sobre un límite legal concreto: el que pudiera derivarse de lo establecido en los artículos 101 del CC. En este sentido, y siguiendo una línea de «disposición» en sentido amplio sobre la pensión compensatoria, se ha planteado si la autonomía de la voluntad pudiera regular las causas que dan lugar a la extinción, distintas de las establecidas por el legislador en el artículo 101 del CC; pretiriendo el régimen legal establecido en el CC. Ello nos ha llevado a reflexionar sobre los límites legales a la autonomía de la voluntad en los pactos familiares en este supuesto concreto que promete tener recorrido en nuestros tribunales. Procederemos, a continuación, a ello deteniéndonos en las sentencias del Tribunal Supremo de 21 de febrero 2022[25] y de 30 de mayo de 2022[26], en las que se contienen afirmaciones de calado y que van más allá de la eficacia de un pacto cuyo objeto verse en cuantificar o renunciar o pactar otras prestaciones compatibles o en sustitución de la compensatoria, como los que, hasta ese momento, se habían analizado por nuestro Alto Tribunal.

Así, en la sentencia del Tribunal Supremo de 21 de febrero 2022 se dilucida la validez de un acuerdo en el que, entre otros aspectos, se fija la causa de extinción de la pensión compensatoria referida solo al hecho de contraer matrimonio por parte del beneficiario, apartándose del dictado de las causas de extinción del citado derecho establecidas en el art. 101 CC Expresándose el tribunal de forma generosa, prevaleciendo el carácter dispositivo del régimen jurídico de la pensión compensatoria en todos los sentidos. Así, las partes acordaron que la pensión se extinguiría, no por la convivencia marital como prescribe nuestro CC, sino por el hecho de contraer nuevo matrimonio; lo que, en verdad, contradice el interés protegido por la norma y la finalidad de la pensión compensatoria que se deriva del régimen jurídico expresado el CC[27]. La *causa iuris del* fallo se localiza en la validez del consentimiento emi-

25 TS (sala de lo civil, sección 1.ª), núm. 130/2022 de 21 febrero (ECLI:ES:TS:2022:696).

26 TS (sala de lo civil, sección 1.ª), núm. 428/2022 de 30 mayo (ECLI:ES:TS:2022:2176).

27 Sobre el particular dice, textualmente, la meritada sentencia: «En efecto, las partes son muy libres de convenir las reglas que rijan la prestación de la pensión compensatoria pactada. En el ejercicio de tales facultades, determinaron el concreto régimen de extinción de dicha pensión, en vez de quedar sometidas a las causas legales de los arts. 100 y 101 del CC, lo que, desde luego, no podían ignorar cuando, al suscribir el convenio, se hallaban debidamente asesoradas por sus respectivas abogadas, las cuales además lo suscribieron, conjuntamente, con los litigantes.... En definitiva, las partes decidieron determinar convencionalmente cuando la prestación del actor quedaba extinguida; es decir, cuando sobreviniera carencia de medios (trabajo o bienes) para hacer frente a la pensión, e igualmente en el caso de que D.ª Ángeles contrajera un nuevo matrimonio. Este acuerdo, al

tido, valorando, particularmente, el hecho de que concurrió asesoramiento legal independiente en ambas partes contratantes lo que garantiza la madurez de este y la existencia de una información previa a su emisión. No se plantea el tribunal la disposición o no del precepto o la desnaturalización de la figura que pudiera suponer ampliar las causas de extinción al primar la voluntariedad sobre este aspecto.

De manera semejante se expresa la sentencia del Tribunal Supremo de 30 de mayo de 2022, que aborda el alcance de un pacto sobre el régimen jurídico de la pensión compensatoria de forma, igualmente amplia[28].

Esta forma de proceder del Tribunal Supremo que se proyectará, como es natural, en las sentencias de las audiencias es una muestra de la flexibilidad con la que se abordan los límites legales que pudieran constreñir la libertad de pacto. Muestra de una tendencia que favorece el contractualismo diluyendo posibles límites legales, siempre que no se afecten intereses públicos de calado como el del menor o el del cónyuge/conviviente más necesitado de protección.

3.2.2. ¿La moral?

Como consecuencia de lo «resbaladizo» del término moral en el ámbito jurídico; pocos juristas se atreven a mencionarlo como límite de la autonomía

que le dieron carácter vinculante, es perfectamente válido, al entrar en el marco de las facultades dispositivas de las partes, y sin que plantearan cuestión alguna relativa a que su suscripción se llevara efecto bajo la concurrencia de un vicio en el consentimiento (arts. 1265 y siguientes del CC), de difícil apreciación, además, cuando los litigantes estaban debidamente asesorados por sus respectivas letradas... Por lo tanto, al no concurrir el supuesto que pactaron las partes para la extinción de la pensión, el recurso debe ser estimado, con lo que carece de interés legítimo entrar en el análisis del segundo de los motivos interpuestos, relativo a la interpretación indebida del art. 101 del CC, que contempla como supuesto normativo de extinción de la pensión compensatoria vivir maritalmente con otra persona».

28 «Pues bien, en el contexto expuesto, el recurso debe ser estimado, toda vez que las partes pactaron, al amparo de la libre autonomía de la voluntad, dentro del marco de sus facultades dispositivas, la fijación de una pensión compensatoria a favor de la recurrente, su importe, su periodicidad mensual, las concretas causas de extinción de la misma, con lo que la sentencia del tribunal provincial, al desconocer los términos de lo pactado, infringió lo dispuesto en el art. 1255 del CC, sin que la validez y cumplimiento de los contratos pueda quedar al arbitrio de una de las partes contratantes como establece el invocado art. 1256 CC. La pensión compensatoria no se fijó con ningún límite temporal, sino con «carácter vitalicio», y su extinción quedó condicionada a que la demandada «conviva maritalmente con otra persona, contraiga nuevo matrimonio, o bien tenga un trabajo por cuenta propia o ajena, cuya retribución sea superior a 1500 euros mensuales brutos, sin incluir pagas extras», ninguno de cuyos supuestos es declarado probado por la Audiencia. El pacto sobre la pensión compensatoria, obrante en el convenio regulador suscrito, no es contrario a la ley, la moral, ni al orden público (art. 1255 CC), no exige un especial requisito de forma, y concurren para su validez los requisitos del art. 1261 del CC —consentimiento, objeto y causa—, que no se cuestionan».

de la voluntad, pasando de puntillas cuando pudiera plantearse su infracción. Confieso que yo soy una de ellos, aunque, esta vez no he podido evitarlo. Es cierto que normalmente, no suele ser necesario, pues las posibles vulneraciones a la moral se reconducen, con facilidad, al ámbito de la ley o el orden público, por lo que no es preciso entrar en una materia que tantos tintes subjetivos presenta.

No obstante, entendemos que encaja correctamente en el concepto de moral, como límite a la autonomía de la voluntad, el hecho de que los pactos familiares con previsiones de ruptura afecten o modifiquen el concepto de matrimonio que se ha mantenido durante muchos años, hoy ya superado, al menos, en nuestro país. El hecho de la aludida superación encuentra su fundamento en el concepto contingente de «moral social»; pues, si repugnaba en una determinada época, que los esposos o futuros esposos se plantearan lo qué va a acaecer si su matrimonio (en algunos casos ni siquiera celebrado) se disuelve, en la actualidad ello no es extraño, sino, incluso, recomendable. El convencimiento de que la autonomía de la voluntad es el instrumento más adecuado para solventar la crisis, la normalización de la ruptura conyugal que aparece como una solución deseable y beneficiosa cuando se constata la crisis afectiva, los distintos modelos de familia, son, entre otros, factores que han incidido en el concepto moral del matrimonio, que no es el que se deriva, necesariamente, del mandato constitucional. Pues como dijo, en su día el profesor De Castro, «la moral es un conjunto de convicciones de orden ético imperantes en un determinado momento histórico en la comunidad jurídica»[29].

Dicho lo anterior, los tribunales españoles y extranjeros suelen referirse a este aspecto como infracción al orden público (y no a la moral). Nosotros hemos optado por calificarlo como contrarios a la moral, reservando el concepto orden público al interés del menor o al del cónyuge o conviviente más necesitados de protección, pues nos parece más adecuado. De todas formas, no entraremos en debate sobre el particular y «aceptaremos pulpo como animal de compañía» si algún estudioso del Derecho discute sobre la inclusión o no de este hecho, indudablemente restrictivo durante muchas décadas y que ha actuado como barrera de contención a la admisión de los pactos familiares preventivos, en la categoría de la moral[30].

29 Lasarte, C. y Calaza, A.: *Principios de Derecho Civil III,* Marcial Pons, Madrid, 2022, p. 6.

30 A pesar de lo mantenido previamente, algunos autores han atribuido las reticencias de las que hablábamos en lugar de a la moralidad o inmoralidad de estos pactos, a una infracción del orden público. Así lo hace ver Rodríguez Guitián, A.M.: «Los pactos de pre-ruptura conyugal: el difícil equilibrio entre la autonomía privada de los cónyuges y la solidaridad», *op. cit.*, p. 102, «la fuerte influencia cristiana en la mayoría de los países occidentales se traduce en un cierto rechazo inicial de los acuerdos de este tipo. Como el matrimonio cristiano se caracteriza por la indisolubilidad, pactos cuyo contenido consiste en planear las consecuencias del final del matrimonio se consideran contrarios al orden público». Sin embargo, tal y como la autora afirma, en línea con lo defendido en este tra-

Hasta hace relativamente poco tiempo, los argumentos contrarios a su admisión se centraban en la calificación como infracción del artículo 1255 CC al hecho de que un contrato determine *ex ante* las consecuencias de la crisis matrimonial cuando no hay ni indicios de que pueda llegar a producirse. La clave se ubica en el concepto de matrimonio y el carácter de estabilidad o permanencia que es inherente al mismo. Dada, además, la función dentro del orden público que la institución matrimonial lleva a cabo, como célula básica sobre la que se articula la familia, los argumentos que han rechazado el reconocimiento y la eficacia jurídica se han apoyado en la calificación de acuerdos inmorales y, por consiguiente, contrarios al orden público. Moral y orden público se entremezclan sin pudor algunos tanto en la doctrina como en la jurisprudencia.

En este sentido, se califican como contrarios a la moral aquellos acuerdos que generen una «promoción de la crisis» al anticipar, en un momento de armonía conyugal, lo qué sucedería en un hipotético divorcio o separación; por lo que, dichos pactos, y desde esa perspectiva, no se ajustan a nuestro ordenamiento. El núcleo de esta argumentación se focaliza en el concepto de matrimonio construido sobre la permanencia del vínculo, puesta en entredicho si los futuros contrayentes o cónyuges pactan sobre una crisis que no ha acaecido y que, en ese momento, carece de visos de suceder.

Aunque, en verdad, este es un argumento relegado en nuestro país y en otros, ha sido, y es en aquellos lugares en los que todavía carecen de eficacia, una justificación muy recurrente. El motivo se encuentra en que es el «argumento» del que se valieron los tribunales para negarle eficacia, por lo que, al evolucionar la jurisprudencia en sentido contrario, ha sido preciso «desmontarlo», aportando fundamentos y razones que fundamenten la tesis, ahora, contraria.

En España no encontramos pronunciamientos contundentes como los acecidos en Derecho anglosajón (EE. UU. y Derecho inglés y galés). Lo que, por otro lado, no sorprende al jurista, ya que nuestro ordenamiento jurídico siempre ha contemplado los pactos prematrimoniales (capitulaciones matrimoniales previas al matrimonio) con un amplio contenido desde la reforma de 1981, por lo que el pacto, en principio, no le es nada ajeno.

Sin embargo, la inmoralidad en los términos expresados (o contravención del orden público) no ha aparecido ni en nuestra jurisprudencia ni en nuestra doctrina, pero no por ello no ha estado presente. Pues, qué duda cabe que se escondía tras los argumentos de los que se valieron nuestros tribunales para negar eficacia a la renuncia previa a la pensión compensatoria, un pacto

bajo con anterioridad, estas son cuestiones del pasado, sirviendo en la actualidad el orden público ya no de límite a los pactos matrimoniales o prematrimoniales *per se* sino más bien a los contenidos que pudieran estos cobijar: «Hoy en día, no obstante, el concepto de orden público ha pasado de constituir la razón de ser de la inadmisión de tales pactos a ser un límite puntual a la autonomía de las partes a la hora de celebrarlos».

familiar de carácter preventivo de los aquí analizados. Esta afirmación se refuerza si acudimos a la jurisprudencia actual en el que sí figuran las referencias al orden público para mantener la eficacia de los pactos en previsión de ruptura.

Como decíamos, curiosamente, las alusiones al orden público o a la moral que fueron esgrimidas en otros países para negarles eficacia, se asoman a la jurisprudencia española para reconocerla. Cuando, en verdad, su ineficacia no se había planteado por este motivo abiertamente, como había tenido lugar en otros lugares.

La primera sentencia del Tribunal Supremo que emite un juicio sobre la validez del acuerdo prematrimonial preventivo, sentencia del Tribunal Supremo de 24 de junio 2015, sitúa el eje sobre el que pivotan los demás argumentos, en la posible nulidad del contrato por la infracción del art. 1255 del CC; pues, si ello fuere así, cualquier otra consideración «está de más». Así afirma que no existe contravención del citado precepto por el hecho de que el objeto del pacto sea una hipotética crisis matrimonial, en la medida que plantearse tal posibilidad "no supone promoción de la crisis" (y, por consiguiente, no puede ser calificado como contrario a la moral) y que este tipo de acuerdo es admitido en nuestro ordenamiento jurídico (citando a los art. 1323 CC, de cuestionada oportunidad, y el 1325 CC, este muy bien «traído» al argumentario) y en otros ordenamientos jurídicos y forales[31]. Se hace eco la propia sentencia del cambio, calificado como "profundo", que ha tenido lugar en la sociedad y en el matrimonio para justificar la plena admisibilidad que, por otra parte, nunca se había cuestionado abiertamente en nuestro país. La alusión al cambio en los términos expresados en la resolución, acredita la conexión con la «moral social» que había estado presente en la implementación de los acuerdos familiares con previsiones de ruptura[32]. La máxima latina «excusatio non petita, accusatio manifiesta» cobra aquí todo su significado.

---

31 «En segundo lugar, los pactos no son contrarios a la ley, moral u orden público, en cuanto se limitan a pactar un acuerdo económico para el caso de separación conyugal, lo cual ya tiene cabida en los ordenamientos autonómicos, en otros Estados de la Unión Europea y con un refrendo normativo en los arts. 1323 y 1325, del C. Civil...Igualmente no supone promoción de la crisis».

32 «En el profundo cambio del modelo social y matrimonial que se viene experimentando (art. 3.1 del C. Civil) la sociedad demanda un sistema menos encorsetado y con mayor margen de autonomía dentro del derecho de familia, compatible con la libertad de pacto entre cónyuges que proclama el art. 1323 C. Civil , a través del cual debe potenciarse la facultad de autorregulación de los cónyuges (art. 1255 C. Civil) que ya tiene una regulación expresa en lo que se refiere a los pactos prematrimoniales, previsores de la crisis conyugal, en los arts. 55 231-19 del Código Civil Catalán y en el art. 25 del ley 10/2007 de 20 de marzo de la Comunidad Valenciana».

Este razonamiento se reitera en resoluciones posteriores del propio TS[33] y de las Audiencias Provinciales por lo que podemos afirmar que es esta una línea consolidada que deja un ámbito para la negociación amplio al menos en lo que respecta a este límite.

3.2.3. El orden público: el interés del menor

Somos conscientes de la dificultad de deslindar entre moral y orden público como límite a los pactos que protagonizan nuestro ensayo, pues, dicha confusión se encuentra presente en la doctrina y en la jurisprudencia[34]. Sin embargo, acudir al concepto de «orden público familiar» [35] coadyuva a visibilizar la diferencia que, en puridad, existe.

En este sentido, componen el concepto de orden público familiar los principios indisponibles, orientadores y fundamentadores de la normativa actual española y, en su caso europea (orden público familiar europeo)[36], que actúan como barrera defensora del concepto moderno de familia y de los intereses que hoy por hoy deben atender nuestras normas con carácter preferente. Partiendo de este concepto de «orden público familiar», hemos seleccionado dos aspectos en los que puede apreciarse su conculcación. El primero, de menor entidad y más propio del orden público general traído al discurso por su presencia en la jurisprudencia española y extranjera; el segundo, un clásico con importantes implicaciones en nuestra materia.

A fin de valorar si la renuncia a derechos patrimoniales que pudiera corresponder al renunciante, el hecho de que, como consecuencia de la situación precaria en que dicha renuncia lo sitúa, le convierta en beneficiario de una prestación económica de carácter público, se considera un síntoma de contravención de lo pactado con el orden público. Dicho «síntoma» pudiera ser técnicamente discutible y se aleja del concepto «orden público familiar» sobre el que construiremos el discurso; no obstante, dada su presencia en la jurisprudencia y los antecedentes en Derecho comparado hemos decido

33 TS (sala de lo civil, sección pleno), núm. 569/2018 de 15 octubre (ECLI:ES:TS:2018:3485 y TS (sala de lo civil, sección 1.ª), núm. 130/2022 de 21 febrero (ECLI:ES:TS:2022:696), por ejemplo.

34 Pero no solo entre moral y orden público, sino también en el concepto mismo de orden público como límite a la autonomía de la voluntad. Como muestra, la desafortunada AP Cantabria (sección 2.ª), núm. 499/2020 de 21 septiembre (ECLI:ES:APS:2020:1057) que dice, textualmente: «Fijado este extremo, cabe analizar si los pactos prematrimoniales, son contrarios al orden público. Debemos declarar que la formación, edad, escasa duración del matrimonio, ausencia de descendencia común, posibilitan un desenvolvimiento de ella que posibilitan un marco fluido, por lo que no consta alteración del orden público».

35 Emplea esta expresión Berrocal Lanzarot A.I.: «Pactos en previsión de ruptura matrimonial», *op. cit.*, p. 3.

36 Rodríguez Rodrigo, J.: «Orden público europeo en Derecho de familia», *Anuario Español de Derecho Internacional Privado,* N.º. 21, 2020, págs. 305 y ss.

dedicarles unas líneas en este contexto (que, si bien no es el idóneo, sí el más adecuado).

Al respecto, nuestro Alto Tribunal en la sentencia de 24 de junio de 2015 trae a los fundamentos de la resolución, como argumento sobre el que se pudiera concluir la infracción al orden público, el hecho de que el posible perjudicado patrimonialmente por el pacto se convierta en beneficiario de una pensión a cargo del erario público; cosa que, como no sucede, excluye tal posibilidad de ineficacia[37]. La conexión orden público-beneficiario de una pensión no es novedosa, y, una vez más, se deja sentir la influencia del Derecho norteamericano ya que fue allí donde surgió, por primera vez, dicha alineación. La limitación que ello comporta se puso de manifiesto como límite a la renuncia de derechos patrimoniales considerándose que, si, como consecuencia de la misma, se convertía el renunciante en beneficiario de una prestación económica a cargo de Estado, la renuncia era ineficaz por vulnerar el orden público.

En segundo lugar, el posible menoscabo del interés del menor, principio vertebrador del orden público familiar, nos conduce a cuestionarnos si de dicho principio se colige la imposibilidad de pactar sobre cuestiones que les afecten directamente, o, por el contrario, el principio actúa como criba para admitir la validez de determinados pactos. En cualquier caso, es absolutamente incuestionable que, para ser válidos, estos pactos tendrán necesariamente que velar por su protección y porque lo en ellos acordado sea favorable a estos.

La relevancia del interés del menor en nuestro Derecho nos conduce a afirmar, con carácter general, que cualquier pacto que contenga medidas que les afecten, y, en consecuencia, también los pactos familiares con previsiones de ruptura de no ser perjudicial sí serían ejecutable[38]. Así, conforme con la tendencia actual de potenciar el acuerdo en las relaciones familiares, más que poner el acento en el contenido (es decir, si aborda aspectos patrimoniales o no patrimoniales) a la hora de discernir sobre la validez de los pactos por esta causa, se atiende, exclusivamente, a si estos son beneficiosos para los menores en el momento de ser aplicados.

La premisa anterior, de entrada, nos sitúa en una postura, favorable a su admisibilidad, pues, entendemos, que no puede apreciarse relación causa-efecto entre interés del menor y orden público, de manera que se excluya la eficacia de cualquier pacto que le afecte si no se tomara en sede judicial.

37 Como podemos leer en su fundamento jurídico sexto: «la insuficiencia de medios podría atentar contra el orden público al implicar la necesaria intervención del erario público, lo que queda descartado, en este caso, por la holgura de recursos de ambos».

38 Se pronuncia a favor de esta reflexión ANTÓN JUÁREZ, I.: «Acuerdos prematrimoniales en previsión de ruptura matrimonial: el test conflictual y material a tener en cuenta para que un acuerdo prematrimonial supere una revisión judicial ante tribunales españoles», *Cuadernos de Derecho Transnacional*, vol. 11, núm. 1, 2019, pp. 99-100.

Como decíamos, la jurisprudencia española ha mostrado un vuelco relevante a la hora de abordar la validez de los acuerdos que nos ocupan. La susodicha tendencia en relación a los pactos sobre menores se consagra en la sentencia del Tribunal Supremo del pleno de 15 de octubre de 2018 apartándose de sentencias anteriores en las que, tradicionalmente, se consideraba indisponible y, por tanto, fuera de cualquier pacto o acuerdo que no sea el convenio regulador, la cuantificación de la pensión alimenticia que los progenitores deben satisfacer cuando tiene lugar una ruptura en sus relaciones.

En concreto, nuestro Alto Tribunal se encuentra llamado a dilucidar si la pensión alimenticia a favor de los menores, contenida en un convenio regulador suscrito por los cónyuges, pero no ratificado ante la autoridad judicial, es exigible o, por el contrario, dicha cláusula es nula por ser esta una materia excluida del pacto privado al concurrir un interés público. Trayendo a colación en su argumentación la doctrina sobre la necesidad de dotar una mayor autonomía de la voluntad entre los cónyuges o futuros cónyuges que extrae literalmente de la sentencia de 24 junio 2015, a la que ya nos hemos referido en líneas precedentes, concluye, afirmando de manera taxativa lo siguiente: «Los acuerdos sobre medidas relativas a los hijos menores, serán válidos siempre y cuando no sean contrarios al interés del menor, y con la limitación impuesta en el art. 1814 CC, esto es, no cabe renunciar ni disponer del derecho del menor a la pensión de alimentos, ni puede compensarse con una deuda entre los progenitores, ni someterse condicionalmente en beneficio de los menores».

Esta aseveración abre el campo a los pactos sobre la cuantía y forma de pago de la pensión alimenticia en cualquier momento de la relación conyugal o previa al matrimonio. Basta que, por su contenido, no resulten perjudiciales para el menor. Asimismo, se colige que el límite aludido debe observarse, no cuando fueron tomados, sino cuando, efectivamente, sean exigibles por haber acaecido la ruptura. Efectivamente, un acuerdo de contenido patrimonial, tal cual es la pensión alimenticia, se califica de perjudicial por su montante económico en función de las necesidades del beneficiario y los medios del que está obligado a satisfacerla. Circunstancias que deben observarse cuando la deuda fuera exigible y no cuando se consensuó.

La sentencia citada ha gozado de gran repercusión, habiéndose producido múltiples pronunciamientos en las audiencias provinciales[39], de manera que puede calificarse como una tendencia consolidada que acredita una forma de proceder en el tráfico jurídico. Dicha repercusión, obviamente, no se cons-

---

39 Entre otras muchas, AP Zaragoza (sección 5.ª) núm. 387/2017 de 23 junio (ECLI:ES:APZ:2017:1459), AP Lugo (sección 1.ª) núm. 16/2019 de 15 enero, (ECLI:ES:APLU:2019:30), AP Murcia (sección 4.ª) núm. 746/2019 de 10 octubre, (ECLI:ES:APMU:2019/2181), AP Salamanca (sección 1.ª) núm. 325/2020 de 7 julio, (ECLI:ES:APSA:2020:399) y AP Madrid (sección 22.ª), núm 309/2020 de 10 julio, (ECLI:ES:APM:2020:7088).

triñe a posibles acuerdos preventivos sino a cualquier pacto entre los progenitores que contenga tal acuerdo. Ciertamente, la mayoría de las resoluciones se refieren a convenios reguladores no ratificados, tomados en el seno de la crisis; aunque los argumentos esgrimidos giran en torno a justificar la disponibilidad de las prestaciones o derechos económicos a los que pudiera tener derecho el menor como consecuencia de la crisis de sus progenitores, con independencia del momento temporal en el que se pactaron.

Caracteriza las resoluciones dictadas siguiendo la estela de la de 15 de octubre 2018, el hecho de que el objeto de la *litis* recaiga sobre la eficacia de un pacto en el que se establece el derecho de los menores a cobrar una pensión alimenticia y su importe. Desde la óptica del interés del menor, sentado como queda la legitimidad del acuerdo, será el importe el objeto de análisis a fin de concretar si este es adecuado y, por consiguiente, alineado con el interés del menor. No obstante, el citado análisis puede trascender a otras cuestiones cuando el contenido del pacto no se limita a los extremos indicados.

Conectado con otro de los argumentos expuestos, consideramos como válido cualquier pacto sobre el uso de la vivienda familiar (también el que contenga su renuncia), cuando existen hijos menores, siempre que su interés se vea atendido[40]. En caso de que el pacto excluya el uso de la que fuera vivienda familiar a los menores, la validez no debiera verse afectada si se les hubiese dotado de otra vivienda de similares características que no necesariamente y en todos los escenarios debe coincidir con la que hasta el momento de la crisis fuera la ocupada por el núcleo familiar. La interpretación sugerida no infringe norma alguna, ya que el criterio 96.1 del CC que

40 No lo fue en la sentencia de la AP Granada (sección 5.ª) núm. 284/2021 de 1 octubre (ECLI:ES:APGR:2021:1619) en la que se desestima el recurso planteado al calificarse como contrario al interés del menor la previsión de un pacto prematrimonial que no preveía el uso de otra vivienda alternativa a la familiar para los menores. «El recurso de apelación ha de ser desestimado por razones obvias, puesto que la jurisprudencia citada excluye del ámbito de los pactos prematrimoniales aquéllos que no atañen estrictamente al ámbito patrimonial entre los futuros cónyuges contratantes; de modo que, en ningún caso, tienen eficacia cuando perjudican al interés superior del menor, habiendo de entenderse la referencia del art. 96 del Código Civil a que *"en defecto de acuerdo con los cónyuges aprobado por el Juez"*, el uso de la vivienda familiar y de los objetos de uso ordinario en ella corresponde a los hijos y al cónyuge en cuya compañía queden, en el sentido de que el juez convalide un acuerdo en el que el interés de los menores a disponer de una vivienda se satisfaga con un acuerdo concreto en el que la que fue vivienda familiar se sustituya por otra que proporcione idénticas o parecidas prestaciones teniendo en cuenta las circunstancias sobrevenidas, no siendo este el caso del acuerdo prematrimonial alcanzado, puesto que no se designa otra vivienda alternativa para el caso de que nacieran hijos del matrimonio, como ha sido el caso, siendo lo cierto que precisamente el pacto prevé esa eventualidad para establecer que D.ª Inés tendría que abonar a D. Arsenio 2000 € mensuales en caso de que se le atribuyera el uso y disfrute de la vivienda con sus hijos, a lo que ni siquiera hace referencia el apelante porque es revelador del carácter punitivo y, por ende, abusivo del mismo que invalida por completo para contemplarlo como motivo de impugnación de la medida acordada».

impone al juez, en caso de falta de acuerdo, la atribución del uso al progenitor custodio, es un criterio que solo procede si existe desacuerdo entre los progenitores. Del que no debe deducirse que, necesariamente, el interés del menor cohoneste con el uso de la vivienda familiar; pues si bien, ello se presume, si se acredita que dicha relación es inexistente, decae la citada conexión. Y, en consecuencia, la eficacia del pacto que así lo haya previsto no se ve afectada. A diferencia de la pensión alimenticia de los menores determinada en el pacto de sus progenitores que ha generado abundante conflictividad, las cuestiones apuntadas en torno al acuerdo sobre el uso de la vivienda no han sido objeto de un detallado examen por la jurisprudencia al no ser objeto de contienda entre los implicados.

Si bien es cierto que el interés del menor se percibe con mayor nitidez en los pactos sobre cuestiones patrimoniales (pensión alimenticia, por ejemplo), ello no nos impide incluir, también, los pactos sobre régimen de visita o ejercicio de la custodia, cuya eficacia no debe depender de la aprobación judicial si son razonables y adecuados. Razonabilidad y adecuación que debe constatar el juez atendiendo a las circunstancias de los progenitores y los hijos, pero, sobre todo, a la voluntad de estos de cumplir lo consensuado. En una materia tan sensible como esta, no se trata solo de analizar, objetivamente, si el número de días u horas pactados de visita, por ejemplo, es suficiente para el menor o si es posible construir un régimen más racional o técnicamente más perfecto. El juez debe analizar las circunstancias de cada uno de los progenitores, la relación que mantienen con sus hijos y, sobre todo, el hecho de que ese es el acuerdo que ambos libremente quieren. Factor, este último, muy a tener en cuenta y decisorios, pues si es lo querido es lo que van a cumplir. Cualquier otra opción impuesta, aun cuando pedagógicamente sea mejor, no lo será si es rechazada por los llamados a llevarla a cabo.

Empezamos a encontrar destellos en algunas resoluciones de las Audiencias Provinciales que se caracterizan porque no distingue el juzgador entre consecuencias patrimoniales y personales con relación a los menores, sometiendo a ambas al límite del interés del menor para determinar su eficacia. Considero, como ya anuncié hace años, que esta línea, entonces no iniciada ni atisbada, y que hoy tímidamente comienza a asomarse, no solo es, a mi juicio, adecuada por no estar esta materia, por sí misma, excluida del ámbito de disposición de los progenitores, sino acorde con la contractualización de las relaciones matrimoniales que venimos observando (y aplaudiendo)[41].

41 AP Barcelona (sección 12.ª) núm. 456/2021 de 26 julio (ECLI:ES:APB:2021:8278), en línea con las anteriores, afirma «La ley solo supedita la eficacia de los pactos en materia de guarda y relaciones personales con los hijos y los alimentos a favor de éstos a que prioricen el interés de los menores». Las SAP Murcia 30.05.2019, JUR 2019\222566 y Madrid 10 julio 2020, JUR 2021\166627 dotan de eficacia a acuerdos tomados, también, sobre la guarda y custodia de los menores en sendos convenios reguladores no ratificados judicialmente.

3.3. El consentimiento libre del artículo 1261

Como en cualquier contrato que se precie, la causa eficiente de su validez radica, esencialmente, en la existencia de un consentimiento libre y debidamente formado que garantice la voluntad de los sujetos concernidos.

En este sentido, son tres los aspectos que son tomados en cuenta por nuestros tribunales para apreciar el voluntarismo necesario para derivar consecuencias jurídicas a lo pactado en los acuerdos familiares preventivos: las circunstancias personales de los contratantes, el conocimiento de la trascendencia del contenido del acuerdo y la precipitación en su celebración.

Las circunstancias personales se traducen en el análisis forma explícita de factores como la edad, experiencia, profesión, experiencia previa... de los que se infiere la comprensión y, por consiguiente, la voluntariedad del consentimiento emitido[42]. La madurez y formación de los sujetos pueden llegar a eximir la obligación de información que, de adoptar el pacto la forma de los capítulos matrimoniales se asume de forma natural por el notario. De ello se infiere el papel garantista del fedatario público de manera que su intervención dificulta que prosperen impugnaciones de pactos en las que se alegue vicios en el consentimiento.

En segundo lugar, e íntimamente conectado con lo anterior, la declaración de voluntad asertiva para que pueda ser calificada como libre y consciente se sustenta en el conocimiento sobre la trascendencia de lo acordado. Piense el lector que se están pactando consecuencias pro-futuro que es posible que nunca lleguen a materializarse y que, en verdad, cuando se toman los contrayentes están previendo, pero no regulando una situación actual. El hecho de que quizás nunca lleguen a materializarse puede que sean objeto de una menor reflexión. Sobre todo cuando existe un desequilibrio patrimonial entre los contratantes, o desconocen la situación financiera del otro de manera que no es capaz de medir la incidencia de lo conveniado. Y, como no, cuando el objeto del pacto verse sobre renuncia unilaterales de derechos en las que el renunciante carece de ninguna contraprestación que compense ese acto de liberalidad futura.

---

42 AP Cantabria (sección 2.ª), núm. 499/2020 de 21 septiembre (ECLI:ES:APS:2020:1057) «... pues, como se desprende de los autos ambos, por edad, profesión y experiencia anterior, eran plenamente conscientes del acuerdo a que habían llegado de tipo económico, entre los dos, ante Notario, afectando sólo y exclusivamente a los mismos en el orden económico, dada la inexistencia de hijos comunes, lo que se traduce en que mal puede alegarse, y estimarse, posteriormente, que dicho pacto limitaba la igualdad entre ambos, cuando los dos conocen perfectamente —no se olvide su edad y cualificación profesional— las consecuencias de tal pacto, pues de admitirse la demanda quebraría el principio de libertad de pactos, permitiéndose que se pudiese firmar válidamente cualquier pacto, ante la seguridad de, más tarde, dejarlo sin efecto, pese a conocer plenamente la trascendencia y alcance del mismo». En igual sentido y, entre otras, AP Valencia (sección 10.ª), núm. 325/2017 de 6 abril (ECLI:ES:APV:2017:1323)

Así como es claro que la eficacia del pacto preventivo no se encuentra conectado con la existencia del asesoramiento legal independiente (al ser válido en nuestro Derecho los pactos familiares de esta naturaleza sin formalidad alguna)[43], no podemos decir lo mismo en relación con la obligación de información. Pues, por un lado, la función normativa de la buena fe en sede contractual ex art. 1258 CC impone a los contratantes, obligaciones, no queridas, pero surgidas bajo su amparo; aunque, eso sí, en este caso, posteriores a la emisión del consentimiento, habida cuenta que surgen una vez el contrato se ha perfeccionado. Ello nos permite sostener que, con causa en el pacto familiar, los sujetos se encuentran obligados a informarse mutuamente de posibles diferencias significativas en sus respectivos estados o situaciones financieras que pudieran incidir en el contenido de lo pactado. Si bien, el recorrido de esta obligación es relativamente reducido, ya que dicha información fluye con naturalidad en una situación de armonía, sin que sea preciso una actividad específica en este sentido. No obstante, de producirse cambios señalados y no detectados el sujeto afectado debe informar a su pareja como demanda la buena fe. Por otro lado, y es ahí donde se ubica la *causa iuris* de la que pende la incidencia en la validez del pacto, podría entenderse, tal y como mantenemos, que la falta de información suficiente previa a su emisión (siempre y cuando no existiera tal conocimiento y la información fuera relevante en función del tipo de pacto y su contenido) provocaría un consentimiento no eficiente ex el artículo 1261 CC, lo que convierte en impugnable el pacto por ese motivo[44].

Todo ello nos conduce a concluir que, a pesar de que la obligación de información que antecede a la emisión del consentimiento no se encuentra regulada en nuestro Derecho (aunque sí en el Código Catalán), debe concurrir si una de las partes no contara con la información necesaria para medir las consecuencias del contrato que va a suscribir. Y, en cualquier caso, si existiera un desequilibrio patrimonial entre ambos y/o se produjera una renuncia unilateral de derechos particularmente gravosa para el sujeto que la emite. El hecho de que el pacto se formalice en escritura pública garantiza el cumpli-

43 La sentencia de la AP Málaga (sección 6.ª) núm. 1432/2021 de 27 octubre (ECLI:ES:APMA:2021:3612) otorga validez a un papel firmado y redactado a mano en una hoja cuadriculada en el que se contiene la renuncia a la pensión compensatoria.

44 TSJC Cataluña (sala de lo civil y de lo penal) núm. 26/2021 de 13 abril, (ECLI:ES:TSJCAT:2021:5401) en relación a la información dice: «Se impone igualmente un deber específico de información entre los futuros cónyuges sobre el patrimonio, ingresos y expectativas económicas siempre y cuando esa información sea relevante en relación con el contenido del pacto de que se trate. La información a facilitar —sin que la ley exija una forma especial— ha de ser suficiente». En sentido semejante, entre otras, y del mismo órgano y sala, núm. 19/2016 de 31 marzo (ECLI:ES:TSJCA:2016:2419).

miento de la obligación descrita y blinda el pacto ante posibles impugnaciones por esta causa[45].

Por último, nos hemos referido a un tercer elemento a tener en cuenta; que, si bien de menor entidad de los previamente abordados, aparece en algunas resoluciones como síntoma de que el consentimiento emitido carece de los requisitos para ser considerado libre y eficiente. Siempre, claro está, que concomite con otros factores o circunstancia de los ya enunciados. Es de observar que los pactos prematrimoniales (aunque pudiera observarse también en los matrimoniales) se toman en un ambiente de confianza y efusión sentimental que rodea a los momentos previos a la celebración del vínculo. Por ello si se observa una precipitación entre la firma y el matrimonio, de manera que de ella pueda inferirse una falta de reflexión por parte del sujeto que impugna el contrato, los tribunales pueden tener en cuenta este dato para reforzar la declaración de invalidez por falta de consentimiento.

A modo de ejemplo, el Tribunal Supremo en sentencia de 30 de mayo de 2018[46] considera que el hecho de haberse firmado los pactos con suficiente antelación y ser la relación matrimonial extensa, evitan que se califiquen

45 Residencia el núcleo de la validez de lo acordado la sentencia del TS (sala civil, sección 1.ª) núm 362/2023 de 13 de marzo (ECLI:ES:TS:2023:879), en primer lugar, en el consentimiento libremente emitido que se ve reforzado por la intervención del notario autorizante y de las circunstancias personales de los otorgantes, ambas personas maduras y con formación y experiencia suficiente para comprender el alcance de la renuncia «Partiendo del respeto a la autonomía de la voluntad de los cónyuges, la validez de sus acuerdos exige la formación libre del consentimiento. En el caso, no se ha denunciado por la esposa ningún vicio del consentimiento ni tampoco cabe presumir una relación de superioridad del futuro esposo respecto de ella que diera lugar a que su consentimiento no fuera libremente formado y emitido. Se trata de un matrimonio celebrado por dos personas con cierta madurez, que llevaban cuatro años de relación sentimental, incluido un periodo de convivencia. Cuando otorgaron las capitulaciones, días antes de contraer matrimonio, los dos se encontraban divorciados (él con tres hijos de su matrimonio anterior e importantes cargas económicas), es decir, contaban con una experiencia matrimonial fracasada y el conocimiento de lo que eso conlleva. La futura esposa disponía de una trayectoria personal y vital que impide hablar de una parte "débil" o ignorante que pudiera haber padecido error sobre las consecuencias de su renuncia: tenía en ese momento 43 años y era, según ha mantenido el recurrente, y ella no lo ha negado, licenciada en economía y empresaria autónoma. Por otra parte, la intervención del notario que autoriza la escritura pública de capitulaciones matrimoniales garantiza que la futura esposa pudiera ser consciente de lo que implicaba la renuncia que firmaba, y en este sentido es significativo que en la escritura el notario hiciera constar lo siguiente: "manifiestan asimismo los señores comparecientes, aun advertidos por mí, (el notario) de la trascendencia y contundencia de este pacto, que quieren pactar, y en efecto pactan, que, en caso de disolución, divorcio o nulidad del matrimonio proyectado nada se reclamarán el uno al otro por ningún concepto o acción que pudiera generarse por razón del matrimonio, la convivencia, gastos, bienes, derechos u obligaciones matrimoniales, independientemente de la cuantía de los ingresos de cada uno de ellos. A excepción de las acciones que amparen a los hijos comunes, en su caso».

46 TS (sala de lo civil, sección 1.ª), núm. 428/2022 de 30 mayo (ECLI:ES:TS:2022:2176).

como sorpresivos, de manera que se aprecie una relación de desigualdad con incidencia en la validez del consentimiento.

IV. Reflexión final: «hasta el infinito y más allá»

No soy de dejar interrogantes en el aire. ¿Hasta dónde la libertad? me preguntaba al iniciar este discurso. Tras esta disertación, creo que puedo ofrecer una respuesta. Ciertamente, quizás la que no esperaba el lector, que confiaba encontrar una afirmación clara y contundente. Lo cual, confieso, es del todo imposible. No solo porque en Derecho nunca lo es; sino también porque esta es una materia cambiante, que, actualmente se encuentra en evolución. Por lo que cualquier aseveración hoy, será cuestionada y, posiblemente, desmentida mañana.

Sin embargo, en este trabajo podrá encontrar muchas «pistas» hacia donde vamos; e, incluso, respuestas de «hasta donde la libertad» relativa a cuestiones y conflictos puntuales ya surgidos y abordados por los tribunales consolidando una todavía, por incipiente, tímida doctrina jurisprudencial. También previsiones de futuro construidas sobre tendencias que asoman en nuestros aplicadores del Derecho o que percibimos en la sociedad.

En otras ocasiones que he escrito sobre la materia, pues desde que comencé a estudiarla se han sucedido muchos cambios que me han invitado al análisis y la reflexión, he finalizado concluyendo con la frase «siempre la libertad» en la que se resume mi alineación con la tendencia jurisprudencial que facilita el consenso. Y que puede percibirse, sin dificultad, en este discurso.

Pero he encontrado una frase, que pronuncia repetidas veces Buzz Lightyear en la película *Toy Story* que, aunque sin muchas diferencias de la que hasta ahora ha sido mi preferida, introduce un matiz de prospección que refleja lo difuso de los límites o fronteras al pacto. Pues, aunque muchas de las consideradas hace décadas líneas rojas se han ido quedando en el camino, permanecen las que considero infranqueables: interés superior del menor (interpretado adecuadamente en el contexto actual) y dignidad del cónyuge/conviente desfavorecido por el pacto (que no necesariamente implica protegerlo frente a una situación que le perjudica si libremente la eligió, a no ser que incidan nuevos factores no previsibles cuando consintió).

¿Hasta dónde la libertad? Hasta el infinito y más allá.

CAPÍTULO 23

EL NOTARIADO Y LOS PACTOS PREMATRIMONIALES. UN MATRIMONIO INDISOLUBLE[1]

Manuel García Mayo
Profesor Permanente Laboral de Derecho Civil
Universidad de Sevilla

Sumario:

I. Introducción

El recurso a los pactos prematrimoniales es cada vez más habitual por aquellos que desean contar con la seguridad de qué ocurrirá si en el futuro desean poner fin a la relación matrimonial iniciada o que pretenden iniciar próximamente. Sus ventajas son evidentes: las posibles consecuencias de las crisis o ruptura familiar son acordadas por los propios cónyuges —y no impuesta por un juez— en un momento de confianza mutua y, sobre todo, de estabilidad emocional, a diferencia de cuanto ocurre cuando se pretende confeccionar un convenio regulador.

1 Este mismo trabajo fue publicado en Revista Jurídica del Notariado, núm. 116, 2023, pp. 59-115.

Sin embargo, frente a esta realidad, lo cierto es que los pactos prematrimoniales no se encuentran regulados actualmente en nuestro derecho común.

Su falta de regulación no es un problema para la admisibilidad de estos pactos en previsión de crisis matrimonial, pues al respecto ya se ha pronunciado en más de una ocasión nuestro Tribunal Supremo. Valga referir la reciente STS 362/2023, de 13 de marzo, la cual afirma: «Nos encontramos por tanto ante unos pactos en previsión de una crisis matrimonial, plenamente admisibles como negocios de familia siempre que se cumplan los requisitos de los contratos (en especial, art. 1261 CC) y que respeten los límites infranqueables que resultan de la Constitución y del resto del ordenamiento (arts. 1255 y 1328 CC), en el entendido de que el orden público como límite a la autonomía de la voluntad para la ordenación de los efectos de la crisis matrimonial se identifica sustancialmente con los principios y valores constitucionales. Así, señaladamente, los pactos no pueden romper la igualdad jurídica en la posición de los esposos, dando lugar a situaciones de sumisión en lo personal o en lo patrimonial, ni excluir la libertad personal de permanecer o poner fin a la relación matrimonial (art. 32 CE), ni ser contrarios al interés de los hijos menores (art. 39 CE). Tampoco pueden contravenir normas imperativas, como la renuncia a alimentos futuros, cuando procedan».

En cambio, esa falta de regulación sí que lleva consigo una cierta inseguridad jurídica, pues no son pocas las cuestiones que se suscitan en estos pactos y que no cuentan con una respuesta clara en el ordenamiento. Muchas de esas cuestiones están relacionadas con los límites que se le han de imponer —o no— a la autonomía de la voluntad a la hora de confeccionar esos pactos.

Más allá de lo anterior, otra cuestión esencial, y que va a constituir el objeto de este trabajo, es la que tiene que ver con la forma de estos pactos. Nótese que, al no existir regulación alguna, cabría que el pacto se documentase tanto en documento público como privado, y así ha sido reconocido expresamente por parte de la jurisprudencia. Ahora bien, ello no es óbice para que este trabajo pretenda ser una defensa viva no solo de la conveniencia, sino de la necesidad de la intervención de un fedatario público en el otorgamiento de los pactos prematrimoniales. Este trabajo no deja de ser, pues, una propuesta *de lege ferenda* sobre la intervención notarial en esa hipotética regulación de los pactos prematrimoniales que —esperemos— próximamente sea una realidad como lo es, desde hace un tiempo, en algunos derechos forales, como el catalán.

II. La necesidad de un consentimiento libre y consciente

2.1. Los vicios del consentimiento como excusa para evitar el cumplimiento del pacto

Siendo el pacto prematrimonial un contrato con fuerza vinculante para las partes, el consentimiento prestado por estas, en virtud de lo dispuesto por las normas generales de nuestro Código Civil, ha de ser libre, espontáneo e íntegro, no estando viciado por error, violencia, intimidación o dolo (*cfr.* art. 1265 CC)[2]. Los posibles vicios de voluntad o del consentimiento funcionan en los negocios jurídicos de derecho de familia en las mismas condiciones que lo hacen en el resto del derecho privado[3].

El ámbito del consentimiento ha sido uno de los que más interés ha suscitado, y debe suscitar, en relación con los pactos prematrimoniales. Ello en tanto que, entre los argumentos más recurrentes por quien, aun habiendo formado parte de un pacto pre-ruptura, pretende, llegado el momento del cumplimiento, apartarse del mismo y cuestionar su validez, se encuentran los posibles vicios del consentimiento.

Una muestra de ello es que con ocasión de la renuncia anticipada a la pensión compensatoria —el acuerdo más habitual en los pactos prematrimoniales—, uno de los argumentos que se han esgrimido en contra de tal posibilidad es el relativo a los vicios del consentimiento que podrían existir ante el desconocimiento de las circunstancias futuras. Sin embargo, en relación con este argumento cabe hacer varias puntualizaciones. En primer lugar —y esto no es ninguna novedad—, habrá de controlarse que el consentimiento de las partes al alcanzar el acuerdo haya sido libre, voluntario y no estuviera viciado[4]. En segundo lugar, obviamente, es muy probable que se desconozcan tales circunstancias, pero eso no tiene por qué viciar el consentimiento. Cuestión distinta será que se haya producido una alteración tal de las circunstancias que, cumpliéndose los requisitos, nos permita acudir a la cláusula *rebus sic stantibus* para dejar sin efecto lo acordado[5].

Aun no referida a un pacto prematrimonial, sino a un convenio regulador, valga citar la STS 88/2003, de 8 de febrero, que precisamente se pronuncia en relación con la solicitud de pensión compensatoria por parte de la esposa

2 Mantiene Hijas Cid, E., «Pactos capitulares en previsión de crisis matrimonial», en *LA LEY Derecho de Familia*, núm. 35, 2022, que el consentimiento ha de ser libre, voluntario y racional, y que tal cumplimiento será dudoso en aquellos casos en los que el contratante esté influenciado bien por la presión o el temor de que, si no lo hace, el matrimonio no llegará a celebrarse; o bien por un particular estado emocional y psicológico, caracterizado por sentimientos irreflexivos y un optimismo excesivo acerca del éxito del matrimonio.

3 Díez Picazo, L., «El negocio jurídico del Derecho de familia», en *Revista General de Legislación y Jurisprudencia,* núm. 1, 1962, p. 788.

4 Zarraluqui Sánchez-Eznarriaga, L., «Acuerdos prematrimoniales: hacia la validez de los pactos preventivos de la ruptura conyugal», en *Economist & Jurist*, núm. 118, 2008, p. 25, defiende que prime la libertad contractual, por lo que la disponibilidad clara de la pensión compensatoria ha de comprender la posibilidad de renuncia preventiva de la misma, siempre que exista un consentimiento debidamente informado.

5 Sobre la cláusula *rebus sic stantibus* aplicada a los pactos prematrimoniales, *vid*. García Mayo, M., «Cláusula rebus sic stantibus y renuncia anticipada a la pensión compensatoria», en *Familia y Derecho en la España del siglo XXI: libro homenaje al profesor Luis Humberto Clavería Gosálbez*, Reus, Madrid, 2021, pp. 459-482.

pese a haber renunciado a ella previamente en el convenio regulador, alegando, al momento del cumplimiento, que firmó el convenio bajo la presión de haber sufrido grave intimidación por parte de su marido. Y dice, al respecto, el Alto Tribunal que si bien la firma del convenio regulador bajo la presión de haber sufrido grave intimidación por parte del marido actuaría como vicio invalidante del consentimiento (*cfr.* art. 1265 CC), tales intimidaciones y violencias alegadas por la esposa no han quedado acreditadas ni tan siquiera de manera indiciaria: «Tal situación que actúa como vicio invalidante del consentimiento, conforme al artículo 1265 del Código Civil, no se tuvo por demostrada, ni siquiera por vía de presunción, sin perjuicio de las situaciones de violencia y quiebra matrimonial acaecidas antes de la suscripción del Convenio, pero sin acreditación precisa respecto al momento en el que el mismo fue aceptado y firmado por la demandante, sin dejar de lado que dicho Convenio fue ratificado a presencia judicial por separado y era el momento más procedente, bien para denunciar la agresión psíquica que se dice sufrió o no llevar a cabo su aceptación. [...]». Es por ello por lo que considera el Tribunal Supremo que la cláusula sigue desplegando todos sus efectos liberatorios «al tratarse de pacto lícito, enmarcado en la libre voluntad de los otorgantes y los vincula conforme a los artículos 1254, 1255 y 1258 del Código Civil».

También el consentimiento fue objeto de análisis por la STS 392/2015, de 24 de junio, la cual sí que trae causa de un pacto prematrimonial ante notario, y en el que se manifestó, entre otras cosas, lo siguiente: «Primero.- Que tienen previsto contraer matrimonio el próximo día ocho del mes de agosto del presente año bajo el régimen legal de separación de bienes. Segundo.- Que en el supuesto hipotético, de que su relación se deteriorara, y esto les llevara a solicitar la separación matrimonial, y con objeto de evitar entre ellos mutuas reclamaciones y contenciosos judiciales, acuerdan en este acto que el Sr. Cecilio abonará a la Sra. Tomasa, por todos los conceptos, y como renta mensual vitalicia la cantidad de mil doscientos (1.200) euros. Tercero.- En el supuesto de producirse dicha separación la cantidad mensual antes mencionada se actualizará anualmente por aplicación del IPC». Unos meses más tarde, el esposo comparece ante el mismo notario y puntualiza, en relación con aquella otra comparecencia, que «la aplicación de la actualización anual de I.P.C. empezará a contarse a partir de la boda, es decir desde el día 8 de agosto de dos mil tres». En este caso, y en relación con el consentimiento, fue la sentencia de la Audiencia Provincial la que descartó la existencia de vicios, apoyándose, precisamente, en la forma de actuar del esposo, que, incluso, tiempo después del pacto compareció de nuevo ante el notario para realizar una aclaración respecto a la actualización de las cantidades fijadas, y que cumplió, durante un tiempo, el acuerdo alcanzado de forma voluntaria.

Entre las sentencias que en la jurisprudencia menor se han tenido que pronunciar sobre los vicios del consentimiento en relación con los pactos prematrimoniales, valga citar la SAP de Valladolid 132/2002, de 13 de mayo, que descarta la existencia de vicio del consentimiento amparándose, sobre todo, en que la renuncia se produjo en dos documentos diferentes —privado y público— y que entre ambos hubo un periodo de tiempo suficiente como para mover a la parte a un reflexión; o la SAP de Santa Cruz de Tenerife 927/2001, de 30 de noviembre, que considera no probado el error en el contenido del acuerdo instado por la esposa ante la inexistencia de traductor, y descarta, pues, la nulidad del pacto suscrito en capitulaciones, apoyándose, para ello, en los actos realizados por la propia impugnante, los documentos formalizados en castellano y la propia celebración del matrimonio contraído al día siguiente sin necesidad de intérprete, de todo lo cual cabe deducir su conocimiento del idioma.

Valga destacar, por último, la —cuanto menos— curiosa SAP de Valencia 418/2020, de 25 de septiembre. La misma trae causa de un pacto privado firmado por las partes el mismo día en el que contrajeron matrimonio. En ese contrato, que titularon «Convenio Regulador de Custodia Compartida», acordaron cómo se desarrollaría la tenencia y disfrute del perro llamado «Chato» si sobrevenía la crisis matrimonial, y con tal objeto establecieron unos periodos de tenencia de la mascota, que podrían ser semanales o quincenales; igualmente, acordaron distribuirse alternativamente la tenencia del animal, en los meses de julio y de agosto. En dicho documento ellos se denominan progenitores y a la mascota la denominan como «perhijo».

La demandada negó la existencia del referido convenio por cuanto alega que confeccionó y redactó únicamente ella el convenio regulador y no era su intención, en ningún momento, vincularse para con su marido mediante un contrato del cual desconoce su funcionamiento por ser —dice— lega en Derecho. Únicamente —mantuvo— pretendía pasar un rato agradable con su esposo en una ficción en la que llamaban «hijo» a su perro empleando la fórmula «perhijo» y del que los dos, en un arrebato de humor, eran padres del mismo.

La Audiencia Provincial, en contra de lo mantenido por la sentencia apelada, mantiene que de la lectura del documento se desprende que ha sido copiado de un modelo de propuesta de convenio para regular la custodia compartida de los hijos del matrimonio y se ha adaptado a la mascota, pero sus términos son claros y reflejan la voluntad de ambas partes de compartir la custodia del perro Chato. Es decir, defiende el tribunal que se dan los elementos del art 1261 CC, de forma tal que para invalidar el consentimiento, debe quedar probada la existencia de error en el mismo, lo que en este caso no considera probado, como tampoco entiende probada la inexistencia de voluntad de las partes de vincularse a su contenido y aceptar las consecuencias de haberlo suscrito, porque el hecho de que se suscribiera el documento el día de la boda no es extraño, y que se exhibiera ante algunos amigos ese día tampoco indica que se hubiera suscrito con un ánimo jocoso o de hacer una broma. Así, ese «convenio», aunque no ratificado judicialmente, tiene eficacia como negocio jurídico, como contrato de carácter consensual y bilateral, aceptado y reconocido por las partes, en virtud del principio de la autonomía de la voluntad del artículo 1255 CC, no siendo sus estipulaciones contrarias a las leyes, a la moral ni al orden público, entrando su objeto de lleno en el ámbito del derecho dispositivo. Es por ello por lo que se considera válido y vinculante conforme a la doctrina reiterada del Tribunal Supremo[6].

2.2. Propuesta de medidas tendentes a evitar los vicios del consentimiento

Precisamente por la frecuencia del recurso a los vicios del consentimiento por quienes no quieren cumplir lo pactado, así como por la posibilidad real de que tales vicios puedan existir, es por lo que, aunque se le apliquen las normas generales sobre derecho contractual, considero que estas deberían ir acompañadas por otra serie de medidas adicionales encaminadas, fundamentalmente, a la protección del más débil y a evitar tales vicios del consentimiento. La necesidad de estas medidas viene motivada por las especificidades propias de este tipo de contratos[7]: por una parte, la especial naturaleza de la materia objeto de estos pactos y la alteración que estos suponen en el régimen legal establecido; por otra parte, la especial relación de confianza —y correspondiente riesgo de abuso de confianza— que existe entre quienes alcanzan el acuerdo.

En relación con esto último, la especial vulnerabilidad puede existir tanto antes como después del matrimonio. Con carácter previo al matrimonio, las partes pueden estar sometidas a una especial presión para prestar el consen-

---

6 Se descarta, asimismo, la existencia de vicios del consentimiento en la SAP de Málaga 1432/2021, de 27 de octubre, que trae causa de un pacto prematrimonial firmado en un documento privado, y en el que el apelante manifiesta que firmó tal documento para hacer las paces con la mujer. Dice el tribunal: «El consentimiento en el presente supuesto existe, aparece firmado dicho documento por ambas partes, y no se ha expresado ningún vicio del mismo de los recogidos en el art. 1265 CCi (error, violencia, intimidación o dolo), más allá de la manifestación de que el apelante firmó tal documento para hacer las paces con la mujer. Esto puede constituir un vicio del consentimiento, cuando una declaración de voluntad expresada no coincide con la voluntad interna o real; se trata de lo conocido como reserva mental, pero en estos casos en los cuales se manifiesta el consentimiento para producir en el otro sujeto la opinión errónea de que el declarante tiene la voluntad declarada, prevalecerá la declaración manifestada salvo que la otra parte conozca la reserva mental (en cuyo caso el acto sí sería nulo). En el supuesto de autos aun cuando fuera verdad que el Sr. Jesús manifestó su consentimiento únicamente para hacer las paces con su mujer (lo cual únicamente se sustenta en sus manifestaciones), no se ha acreditado que la Sra. Paula tuviera conocimiento de esa reserva mental por lo que debe de prevalecer el consentimiento firmado».
También a vicios del consentimiento en los pactos prematrimoniales, y a fin de descartarlos, se refiere la SAP de Toledo 251/2021, de 29 de noviembre.

7 RODRÍGUEZ GUITIÁN, A. M., «Los pactos pre-ruptura conyugal: el difícil equilibrio entre la autonomía privada de los cónyuges y la solidaridad», en *Revista jurídica Universidad Autónoma de Madrid*, núm. 38, 2018, p. 114.

timiento —o pueden estar «ciegos de amor»—. Una vez ya casados, si bien es cierto que precisamente por haber contraído ya matrimonio no se condiciona el hecho mismo de casarse al otorgamiento del pacto, no es menos cierto que el consentimiento de los que ya permanecen casados se podría ver alterado por la especial confianza que ya tienen el uno en el otro. Como mantiene Paz-Ares, «a veces no es fácil conciliar el razonamiento lógico con el planteamiento romántico, que es deseable acompañe en alguna medida a la relación afectiva conyugal»[8]. Esta especial confianza entre los cónyuges —o incluso futuros cónyuges— puede conllevar la eliminación o atenuación de la «natural capacidad de autoprotección que en otro tipo de negociación sí se tendría»[9]; podría facilitar, en definitiva, que uno de los cónyuges influyera sobre la voluntad del otro.

Sin embargo, esto no ha de ser óbice para reconocer la eficacia del pacto. Aun reconociendo la situación de especial vulnerabilidad de los que aún no han contraído matrimonio —que yo extiendo también a los que ya están casados—, tal dificultad puede salvarse adoptando todas las medidas y cautelas necesarias para poder acreditar que se ha prestado un consentimiento libre; se puede acudir, así, a los instrumentos que nos proporciona nuestro ordenamiento jurídico a tal fin con carácter general.

Especial interés reviste, a la vista de lo anterior, que el consentimiento sea informado, al cual nos podríamos acercar a través de una doble medida:

En primer lugar, advierto como necesario un asesoramiento legal independiente a las partes contratantes por un profesional jurídico, siendo —considero— el notario el operador jurídico idóneo para este cometido[10]. Y para eso es necesario, además, que el pacto no adolezca de claridad, siendo necesario que se especifique de forma clara lo que se acuerda o renuncia, sin que sean suficientes meras referencias genéricas a disciplinas legislativas, a derechos en general, o a número de preceptos[11].

En segundo lugar, otra medida a considerar es la puesta a disposición de cada uno los cónyuges de información suficiente sobre el patrimonio del otro que pueda ser relevante en atención a los acuerdos que se van a recoger en el reiterado pacto pre-ruptura. La ausencia, en su caso, de esta información, habría de ser valorada, junto con otros factores, a fin de concluir sobre la validez o no del consentimiento prestado.

8 Paz-Ares, I., «Previsiones capitulares», en *Recientes modificaciones legislativas para abogados de familia: modificaciones fiscales, el síndrome de alienación parental y previsiones capitulares*, Dykinson, Madrid, 2008, p. 112.

9 Rodríguez Guitián, A. M., «Los pactos pre-ruptura...», ob. cit., p. 115.

10 *Id.*

11 En este sentido, Barba, V., «Los pactos prematrimoniales en el derecho italiano. Propuesta de reforma de acuerdo con el derecho catalán», en *Anuario de Derecho Civil*, núm. 1, 2021, pp. 59 y ss.

Este consentimiento informado al que me he referido es contemplado —quizás por influencia de los textos americanos— por el Código Civil catalán, cuyo artículo 231-20.2 establece que, con carácter previo al otorgamiento de la escritura donde se contienen los pactos en previsión de ruptura matrimonial, el notario tiene una doble función[12]:

Por una parte, el notario debe informar por separado a cada uno de los otorgantes sobre el alcance de los cambios que pretenden introducirse con los pactos respecto al régimen legal supletorio[13]. Así, aquel asesoramiento legal independiente al que nos hemos referido podría entenderse cubierto en el derecho foral catalán con la presencia del fedatario público[14]. Esta intervención notarial ayudaría a que lo acordado por las partes no fuese posteriormente declarado nulo, por ejemplo, por atentar contra un precepto imperativo o ser contrario al orden público. Defiende Solé Feliu[15] que esta disposición es necesaria en tanto que no es algo reiterativo respecto de lo dispuesto en el art. 147 del Reglamento Notarial[16], sino que se trata de dar forma concreta al deber de asesoramiento[17].

---

12 *Vid.*, al respecto, la STSJ de Cataluña 26/2021, de 13 de abril, que da por probado que la esposa, por las circunstancias que se recogen en la sentencia recurrida, contaba con información suficiente para poder decidir con libertad; la esposa conocía el patrimonio y los medios de fortuna de su esposo.

13 Montserrat Valero, A., «Pactos en previsión de una ruptura de la convivencia», en *El nuevo Derecho de la persona y de la familia* (coords. Barrada, R., Garrido, M. y Nasarre, S.), Bosch, Barcelona, 2011, p. 403, considera que, si el notario informa a los dos conjuntamente, en lugar de por separado, quizás sea riguroso decretar la ineficacia del pacto. Barba, V., ob. cit., pp. 59 y ss., propone que ese asesoramiento sea, tanto de forma individual como, posteriormente, de forma conjunta.

14 No obstante, autores como Martínez Escribano, C., *Control notarial de la legalidad*, Civitas, Madrid, 2010, p. 203, defienden que sería una garantía añadida que cada parte del contrato consulte con un abogado para lograr una mejor defensa de sus intereses personales. En cualquier caso, lo que sí parece recomendable, de admitirse esta posición, es la existencia de dos abogados, uno para cada parte, para evitar la parcialidad del letrado respecto a uno de los cónyuges.

15 Solé Feliu, J., «Comentario al article 231-20 del Codi Civil de Catalunya», en *Comentari al Llibre segon del Codi Civil de Catalunya. Família i relacions convivencials d'ajuda mútua*, (dirs. Egea i Fernández, J. y Ferrer i Riba, J.), Atelier, Barcelona, 2014, pp. 146-161.

16 El art. 147 del Reglamento Notarial establece: «El notario redactará el instrumento público conforme a la voluntad común de los otorgantes, la cual deberá indagar, interpretar y adecuar al ordenamiento jurídico, e informará a aquéllos del valor y alcance de su redacción, de conformidad con el artículo 17 *bis* de la Ley del Notariado».

17 Por su parte, Barba, V., ob. cit., pp. 59 y ss., defiende la conveniencia de que el incumplimiento de esta regla no suponga la invalidez del acuerdo, sino la responsabilidad patrimonial del notario, quien habría de indemnizar al cónyuge perjudicado como consecuencia de la falta de información.

Convendría, además, aunque no se exija, distanciar temporalmente el referido asesoramiento notarial del momento de la firma[18]. Parecería, así, conveniente una previsión en virtud de la cual el notario asesorase de forma individual a cada uno de los —futuros— cónyuges y que lo hiciese, además, con cierta antelación respecto al día de otorgamiento de las capitulaciones matrimoniales, a efectos, precisamente, de que los otorgantes puedan asumir la información recibida y tomar una decisión suficientemente deliberada al respecto[19].

Por otra parte, el notario debe advertir a los otorgantes de su deber recíproco de proporcionarse información suficiente sobre su patrimonio, sus ingresos y sus expectativas económicas, siempre que esta información fuese relevante en relación con el contenido del pacto[20] (*cfr.* art. 231-20.4 CCcat.), sin que —como defienden Añoveros Terradas y Ginés Catellet[21]— ese deber de advertencia alcance a la obligación del notario de cerciorarse de que ambos otorgantes, efectivamente, se han facilitado mutuamente esa información. Así, en tanto que el notario se limita a advertir de la obligación de suministrarse tal información, el acuerdo no acredita que los cónyuges hayan cumplido con esa obligación. No obstante, tal prueba sería tan fácil como aportar esa información por escrito y que se acompañase a la escritura pública en que se documente el pacto.

---

18 En este sentido, Serrano de Nicolás, A., «Los pactos en previsión de una ruptura matrimonial en el Código Civil de Cataluña», en *El nuevo derecho de la persona y de la familia*, Bosch, Barcelona, 2011, p. 360.

19 Recuerda esta previsión que se propone a lo dispuesto en la Ley 5/2019, de 15 de marzo, reguladora de los contratos de crédito inmobiliario, cuyo art. 15, en relación con el cumplimiento del principio de transparencia material, establece la obligación del prestatario de comparecer ante el notario a efectos de obtener presencialmente un asesoramiento personalizado, comparecencia que —dispone expresamente el precepto— habrá de producirse como tarde el día anterior al de la autorización de la escritura pública del contrato de préstamo.

20 Carácter relevante que lleva a Quicios Molina, S., «Pacto prematrimonial de constitución de renta vitalicia a favor de la esposa: STS de 24 de junio de 2015», en *Cuadernos Civitas de Jurisprudencia Civil*, núm. 101, 2016, p. 205, a considerarlo aplicable respecto a aquellos acuerdos que supongan limitación o renuncia a derechos reconocidos por la ley (a fin de evitar el error, *ex* arts. 1265 y 1266 CC) y no a aquellos acuerdos que atribuyan derechos no previsto por la misma. Para Montserrat Valero, A., ob. cit., p. 404, la información suficiente se ha de interpretar en el sentido de información relevante, constituyendo un concepto jurídico indeterminado cuya fijación corresponde al juez; considera, además, que la referencia a la relevancia no se limita a excluir la necesidad de la información cuando los pactos no tienen contenido patrimonial, sino también cuando probablemente el pacto hubiera sido el mismo si se hubiera conocido esa información.

21 Añoveros Terradas, B. y Ginés Castellet, N., «Los pactos en previsión de ruptura matrimonial como mecanismo de prevención y solución de posibles conflictos intraconyugales: una perspectiva sustantiva y conflictual», en *Las medidas preventivas de conflictos jurídicos en contextos económicos inestables*, Bosch, Barcelona, 2014, p. 403.

El cumplimiento o no de la puesta a disposición de esta información redundará en la oponibilidad de lo pactado frente a la otra parte, pues, como establece el mismo art. 231-20.4 CCcat., el cónyuge que pretenda hacer valer uno de estos pactos tiene la carga de acreditar que la otra parte disponía, en el momento de firmarlo, de esta información; si esa información no es veraz, el pacto carecerá de eficacia[22]. Al respecto, se refiere la STSJ de Cataluña 19/2016, de 31 de marzo, en los siguientes términos:

> «[...] el CCCat exige una serie de requisitos específicos para su validez, que deben concurrir en el momento del otorgamiento, en la medida en que todos ellos están relacionados, directa o indirectamente, con la correcta formación del consentimiento negocial de los otorgantes, a fin de garantizar que este sea libre, voluntario y suficientemente informado.
>
> Estos requisitos se hallan referidos: a) al tiempo de su otorgamiento en relación con el de celebración del correspondiente matrimonio (art. 231-20.1, modificado por la Llei 6/2015, de 13 mayo, en relación con el art. 231-19.2); b) al cumplimiento de ciertos deberes de asesoramiento imparcial del notario autorizante para con los otorgantes (art. 231-20.2); y c) a la reciprocidad y a la claridad de aquellos pactos que comporten la exclusión o la limitación de derechos (art. 231-20.3).
>
> Por otro lado, el CCCat impone también una carga que debe cumplirse y prevé una condición que ha de concurrir, en ambos casos, para la eficacia de dichos pactos en el momento en que uno de los otorgantes pretenda hacerlos valer frente al otro [...].
>
> Tal sucede con: a) la carga de acreditar que la otra parte disponía, en el momento de firmarlo, de información suficiente sobre su patrimonio, sus ingresos y sus expectativas económicas, siempre y cuando esta información sea relevante con relación al contenido del pacto de que se trate (art. 231-20.4); y b) que los pactos de que se trate no sean gravemente perjudiciales para el otro cónyuge a causa de circunstancias sobrevenidas que sean relevantes y que no se previeron ni podían razonablemente preverse en el momento en que se otorgaron (art. 231-20.5)».

Y la misma sentencia descarta que el cumplimiento del deber de información constituya un requisito formal de la validez, cuestión distinta es que su incumplimiento tenga efectos sobre la correcta formación del consentimiento, siendo este necesario para su validez[23].

---

22 Se trata, además, como mantiene Barba, V., ob. cit., pp. 59 y ss., de una eficacia relativa, que solo podría ser invocada por la parte que no haya recibido la información o la haya recibido de forma incompleta o incorrecta, pudiendo esa misma parte reclamar el cumplimiento del acuerdo.

23 En este sentido, afirma la referida sentencia:
«El cumplimiento del deber de información que regula el art. 231-20.4 CCCat no constituye, propiamente, un requisito formal de la validez, sin perjuicio de los efectos que su incumplimiento pudiera tener sobre la correcta formación del consentimiento necesario, este sí, para su validez (*cfr.* STSJCat 46/2012 de 12 jul (RJ 2012, 10025). FD2§2).

Fruto también de esa especial confianza a la que nos venimos refiriendo, se ha planteado también, como medida adicional, la posibilidad, a efectos de alcanzar tales acuerdos, de establecer posibles límites temporales mínimos y máximos de antelación respecto a la fecha de celebración del matrimonio. La conveniencia de tales límites podría justificarse en la idea de evitar que, en caso de pactos prematrimoniales, la cercanía de las nupcias condicione la voluntad de los futuros contrayentes, o bien que la existencia de un plazo dilatado entre un momento y otro —pacto y boda— conlleve que la voluntad de los contrayentes al momento de contraer matrimonio no se corresponda fielmente con lo manifestado tiempo atrás.

Estos límites temporales han sido tenidos en consideración también por el Código Civil de Cataluña que, en su art. 231-20 CCcat., establece que «en el supuesto de que sean antenupciales, solo son válidos si se otorgan antes de los treinta días anteriores a la fecha de celebración del matrimonio, y caducan de acuerdo con lo establecido por el artículo 231-19.2». El límite temporal mínimo es, pues, de treinta días previos a la celebración del matrimonio —bajo sanción de nulidad—, mientras que, en cuanto al límite máximo, se aplica, por remisión, lo dispuesto en el precepto precedente para las capitulaciones matrimoniales, por lo que se ha de contraer el matrimonio, como máximo, en el plazo de un año desde el otorgamiento —bajo sanción de caducidad—. En el País Vasco, el art. 4 LVRF solo se refiere al límite máximo de antelación respecto al momento del matrimonio o la convivencia: «queda-

---

En cambio, la carga de probar dicho cumplimiento, o, alternativamente, de que el otorgante frente al que se invoca el pacto disponía por cualquier otro medio de dicha información al tiempo de su otorgamiento, sí constituye un presupuesto de su eficacia vinculante (art. 233-5.1 CCCat), con independencia de que el notario autorizante hubiere cumplido adecuadamente su deber de asesoramiento (art. 231-20.2 CCCat).

Por lo demás, la información de que se trata ha de ser sustancialmente fiel a la realidad económica que pretende transmitir, lo que podrá hacerse por cualquier medio de comunicación, no necesariamente documental y aunque no responda a estándares contables, siempre que sea con el detalle y la precisión suficientes como para que los otorgantes puedan formarse recíprocamente un cabal conocimiento sobre la composición de sus respectivos patrimonios al tiempo del otorgamiento de los pactos, sobre la fuente de sus ingresos o rentas de cualquier procedencia vigentes entonces y sobre sus correspondientes expectativas económicas que sean razonablemente previsibles en ese momento, con sus valores aproximados respectivos, a fin de que —por lo que se refiere en concreto al pacto previsto en el art. 233-16.1 CCCat sobre la pensión compensatoria, que es del que se trata aquí— aquellos puedan valorar fundadamente si las obligaciones que asumen o las renuncias que aceptan en previsión de la ruptura de la convivencia se adecuan o no a los específicos y respectivos planteamientos o intenciones negociales que inspiren su consentimiento a los pactos (*cfr.* SSTS1 167/2012 de 16 mar (RJ 2012, 5446). FD4 y 244/2012 de 4 abr. FD2).

Precisamente por ello, la relevancia de la información de que habla el art. 231-20.4 CCCat habrá de medirse no solo en relación con el contenido del pacto, sino también en atención a la intención evidenciable de las partes al otorgarlo, de modo que, si el eventual déficit no hubiera podido condicionar razonablemente el consentimiento del otorgante ni su decisión de pactar, deberá considerase intrascendente».

rán sin efecto en caso de no contraerse matrimonio o iniciarse la convivencia en el plazo de un año».

Como defiende Barba[24], una norma que impone un plazo de este tipo ha de considerarse positiva. Ahora bien, teniendo en cuenta que por sí sola no puede considerarse suficiente para admitir o excluir la existencia de un consentimiento informado, sería más recomendable que tal plazo no constituyese un requisito de validez, sino que valiese como una presunción *iuris tantum* de la libertad de consentimiento.

Es, por ello, quizás, la foral, una medida excesiva, en tanto que se puede otorgar un consentimiento que sea perfectamente libre cerca de la boda y otro que no sea libre aun existiendo suficiente antelación al enlace matrimonial. Especialmente en lo que al establecimiento de un límite mínimo se refiere, si bien puede ser recomendable a efectos de mitigar la posible presión a la hora de prestar el consentimiento, no consideramos, en cambio, que la sanción, en caso de incumplimiento, haya de ser la nulidad; más bien, debería de tratarse de un plazo orientador que, en caso de incumplimiento, habría de valorarse junto con el resto de circunstancias del caso concreto para determinar, en su caso, la validez o no del consentimiento prestado[25]. Es más, puestos a exigir límites temporales, quizás el más conveniente fuese el que estableciese un plazo mínimo a transcurrir entre el pacto y el divorcio —especialmente en los acuerdos en previsión de crisis celebrados después del matrimonio— a fin de evitar que la inminente ruptura lleve a uno de los cónyuges a procurar un acuerdo a sabiendas en beneficio propio (*v. gr.* aprovecha la confianza de su cónyuge para alcanzar un acuerdo con él en previsión de una ruptura matrimonial que se producirá de forma inminente por decisión propia y sin sospecha alguna de la otra parte).

En cualquier caso, lo cierto es que estas medidas adicionales que —según lo referido— la doctrina defiende —y algunos ordenamientos contemplan— a fin de alcanzar un consentimiento libre, informado y no viciado, no están con-

24 Barba, V., ob. cit., p. 57.

25 No son pocas las sentencias que han reconocido la validez de un pacto, aun habiéndose acordado poco tiempo antes de contraer matrimonio. *Vid.*, en este sentido: SAP de Madrid 141/2007, de 27 de febrero, que considera válida la renuncia a la pensión compensatoria realizada por la esposa en capitulaciones matrimoniales tan solo cuatro días antes de contraer matrimonio; SAP de Murcia 374/2002, de 29 de octubre; SAP de Almería 44/2003, de 17 de febrero, que se refiere a unas capitulaciones otorgadas dos días antes de las nupcias; SAP de Santa Cruz de Tenerife 927/2001, de 30 de noviembre, referida a unas capitulaciones otorgadas el día antes de la boda; o SAP de Granada 377/2001, de 14 de mayo, en cuanto a unas capitulaciones otorgadas once días antes del enlace. Quicios Molina, S., ob. cit., p. 204, critica que el ordenamiento actúe con paternalismo presumiendo que en el periodo previo a la celebración del matrimonio las personas mayores de edad y plenamente capaces no se encuentran en el pleno uso de sus facultades mentales; defiende que el riesgo de influencia indebida de un cónyuge en la formación de la voluntad del otro debe combatirse con las normas generales sobre los vicios del consentimiento.

templadas en nuestro derecho civil común, razón por la cual se viene haciendo hincapié en la necesidad de que los tribunales sean especialmente cautos a la hora de controlar el proceso formativo del pacto[26]. Y, precisamente por ello, de todo cuanto se ha expuesto en este apartado, cabe extraer una conclusión clara, y es que la ausencia en derecho común de todo este tipo de medidas nos hace pensar en la peligrosidad de la figura —del pacto prematrimonial—, pues no hay garantía alguna de su validez ni de su legalidad.

En este sentido, es cierto, como mantiene Zarraluqui[27], que la eficacia y la inexpugnabilidad de lo pactado se fortalecería haciendo mención en el convenio a que ambas partes han recibido asesoramiento independiente y que, en prueba de ello, se mencionase la identidad de los abogados que hayan asesorado a cada uno de los otorgantes. Ahora bien, no es menos cierto que ello serviría a efectos de considerar el consentimiento informado, pero la existencia de un consentimiento plenamente válido solo podría controlarse —aunque tampoco plenamente— mediando la existencia de un fedatario público.

Es, precisamente, en la presencia de este operador jurídico —el notario— en lo que se apoyan algunas sentencias para descartar la existencia del vicio de consentimiento alegado por una de las partes. Así se habría evitado, por ejemplo, el supuesto del que traía causa la SAP de Granada 37/2022, de 17 de febrero, en el que actor discutía la autenticidad de su firma en el pacto prematrimonial suscrito en documento privado[28].

En este sentido, la STS 315/2018, de 30 de mayo, trae causa de un pacto prematrimonial realizado ante notario seis meses antes de las nupcias y en el que se renuncia a la pensión compensatoria; la renunciante acaba recu-

---

26 *Vid.* García Rubio, M. P., «Los pactos prematrimoniales de renuncia a la pensión compensatoria en el Código civil», en *Anuario de Derecho civil*, núm. 4, 2003, pp. 1667-1668.

27 Zarraluqui Sánchez-Eznarriaga, L., «Capitulaciones matrimoniales, ¿hasta dónde llega la voluntad de pactos», en *Economist & Jurist*, núm. 127, 2009, p. 26, llega a proponer que los abogados firmasen, incluso, el acuerdo.

28 En el presente supuesto también se alega por parte del actor que, con posterioridad al pacto en documento privado, se otorgaron capitulaciones matrimoniales para acordar el régimen económico del matrimonio, sin que se hiciera referencia alguna al documento previo. En relación con ello, mantiene el tribunal: «Debemos precisar, por último, que la firma de escritura pública de capitulaciones matrimoniales en fecha posterior a la del documento privado que se impugna, en nada afecta al alcance obligacional de este último, en lo concerniente a la pensión compensatoria acordada. Dados los contenidos divergentes sobre los que inciden uno y otro documento, en cuanto a la materia aquí confrontada; y atendida la inexistencia de manifestación de voluntad en dicha escritura pública sobre exclusión de la eficacia de pactos anteriores, así como de contradicción alguna en el sentido de ambos documentos, apreciable de forma clara, manifiesta, determinante, inequívoca y sin posibilidad de interpretación, como requisito necesario para la apreciación de la renuncia tácita, en los términos en que así se pronuncia reiterada jurisprudencia, plasmada en sentencias como las de 31 de octubre de 1996 y 18 de octubre de 2001».

rriendo en casación alegando, entre otros motivos, el desconocimiento, tanto de la trascendencia de lo efectuado, como de la lengua española, encontrándose en una situación de precariedad. Al respecto, el Alto Tribunal afirma: «De lo expuesto cabe razonar que Dña. Gloria conocía lo que firmó y la trascendencia de lo declarado, por su conocimiento del idioma, por su experiencia en una crisis matrimonial previa, y por la posibilidad de obtener explicaciones del notario»[29].

Más recientemente, la STS 362/20023, de 13 de marzo, tras afirmar que la validez de los acuerdos de los cónyuges exige la formación libre del consentimiento, hace especial hincapié en la figura del fedatario público: «la intervención del notario que autoriza la escritura pública de capitulaciones matrimoniales garantiza que la futura esposa pudiera ser consciente de lo que implicaba la renuncia que firmaba».

Ya en la jurisprudencia menor, la SAP de Madrid 1117/2002, de 27 de noviembre, sobre error en el consentimiento, declara la validez de la renuncia a la pensión compensatoria realizada en capitulaciones matrimoniales, considerando que carecen de todo fundamento las dificultades idiomáticas a las que la parte alude, las cuales, en su caso —afirma la sentencia—, hubieran sido advertidas por el notario autorizante[30].

---

29 Se apoya el Tribunal en los siguientes hechos:
«1. Ambos cónyuges habían contraído matrimonios previos, de los que habían obtenido el divorcio.
2. Dña. Gloria se desplazó desde Rusia, para luego traer a su hija, con consentimiento de D. José Miguel.
3. Convivieron desde 2006 y el acta de notarial de manifestaciones se otorga en 2009, seis meses antes de contraer matrimonio. La demanda de divorcio se interpone seis años después.
4. En la sentencia de instancia, no contradicha en este aspecto por la de apelación, consta que Dña. Gloria conocía el idioma castellano cuando firmó el acta de manifestaciones, como lo garantiza la presencia del fedatario público.
5. D. José Miguel otorgó testamento el 21 de diciembre de 2011 instituyendo heredera a Dña. Gloria y mejorándola. Igualmente la nombró beneficiaria en las prestaciones de la Mutualidad de la Abogacía».

30 También valga citar la SAP de Tarragona 520/2022, de 29 de junio, que se refiere a la validez de unos pactos y a la inexistencia de vicios del consentimiento: «La Sra. María Esther, cuando procede a firmar las capitulaciones matrimoniales, tiene 30 años y fue informada del contenido del documento que suscribía no solo por el Notario autorizante del documento en base al artículo 147 de la Ley Notarial y como se reseña en la escritura, sino que a la misma se le facilita una traducción en ruso, sin que se haya hecho mención alguna de que esa traducción no fuera conforme a la escritura.
La misma tenía pleno conocimiento de cuál era el patrimonio y negocios del que sería unos meses después su marido, pues la convivencia con el mismo se había venido produciendo desde hace más de dos años antes de contraer matrimonio, sin que se haya constatado en las actuaciones que haya habido por parte del Sr. Hugo ningún tipo de ocultación de su patrimonio, solvencia y situación económica a la Sra. María Esther».

III. La necesidad de adoptar la forma de escritura pública

3.1. La libertad de forma como regla general

La regla general respecto a los pactos prematrimoniales ha de ser la libertad de forma consagrada para los contratos en el art. 1278 CC. La excepción vendrá marcada por aquellos otros supuestos que requieran de forma *ad substantiam*. Entre estos últimos se encuentran aquellos pactos que incorporen donaciones entre los esposos de bienes futuros en caso de fallecimiento, donaciones *propter nuptias* de bienes inmuebles presentes, promesas de mejorar o no mejorar, o aquellos otros que estipulen, modifiquen o sustituyan el régimen económico matrimonial. En todos estos casos, los pactos habrán de constar en escritura pública (*cfr.* arts. 1341, 633, 826 y 1327 CC)[31]. Ahora bien, más allá de estos supuestos excepcionales que acaban de referirse, en los demás casos las partes podrían optar fundamentalmente entre la forma de un contrato privado —incluso verbal, aun con el problema de prueba— y la elevación del pacto a escritura pública[32].

Concretamente, en relación con la posibilidad de alcanzar el pacto en documento privado, la STS 61/2006, de 3 de febrero, afirmó: «La autonomía privada de los cónyuges les permite pactar lo que crean más conveniente para sus intereses y para ello pueden utilizar los documentos privados, siempre que las Leyes no exijan, para la validez del acto que estén realizando, el otorgamiento de escritura pública».

---

31 La STS 38/1995, de 4 de febrero, afirma que la liquidación del régimen económico matrimonial no exige escritura pública, puede hacerse en documento privado, en tanto que el art. 1327 rectamente interpretado se refiere exclusivamente a las capitulaciones matrimoniales, o sea, a las estipulaciones a través de las cuales los esposos establezcan el régimen económico de su matrimonio, lo modifiquen o lo sustituyan por otro. Supuesto distinto es el de la STS 61/2006, de 3 de febrero, que considera que no es suficiente el documento privado para disolver y liquidar la sociedad de gananciales durante la separación de hecho, en tanto que la referida liquidación exigiría como paso previo la disolución por medio de capitulaciones. Frente a la postura de esta última sentencia se alza PÉREZ HEREZA, J., «La autonomía de la voluntad en las crisis matrimoniales», en *Anales de la Academia Matritense del Notariado*, t. 48, Edersa, Madrid, 2009, pp. 587-588, quien considera que «la falta de efectos reales no excluye que pueda tener una eficacia obligacional de modo que el convenio pudiese tener un valor vinculante para una futura liquidación una vez disuelta la sociedad».

32 REBOLLEDO VARELA, A., «Pactos en previsión de una ruptura matrimonial», en *Homenaje al Profesor Manuel Cuadrado Iglesias*, vol. I, Aranzadi, Navarra, 2008, p. 743, aun reconociendo esta postura mayoritaria, mantiene que, si estos pactos previos se vinculan a las capitulaciones matrimoniales dentro del ámbito del art. 1325 CC, ello implica, al menos, la necesidad de su constancia en escritura pública, *ex* art. 1327 CC.

Asimismo, entre las pocas sentencias de la jurisprudencia menor sobre el particular, podemos referir la STSJ de Cataluña 46/2012, de 12 de julio, la SAP de Valencia 255/2012, de 3 de abril, SAP de Valencia 418/2020, de 25 de septiembre, la SAP de La Coruña 299/2021, de 21 de julio, o la SAP de Guadalajara 378/2022, de 11 de julio, que declaran válido un pacto de renuncia anticipada a la pensión compensatoria en documento privado. También la SAP de Málaga 1432/2021, de 27 de octubre, gira en torno a un documento consistente en una cuartilla de papel cuadriculado donde se expresa que las partes llegan a un acuerdo de separación de recibir una compensación económica de 215000 euros; y afirma la referida sentencia que «tan válido es el contrato firmado en una cuartilla como realizado en documento público».

En derecho civil común, aun no existiendo regulación al respecto, en el caso de que se opte por el documento público, las partes pueden, tanto otorgar una escritura pública *ex* profeso para tales acuerdos en previsión de una eventual ruptura familiar, como incorporar los mismos en las propias capitulaciones matrimoniales que —según lo advertido— requieren de escritura pública como requisito de forma esencial sin el cual serían nulas (art. 1327 CC)[33].

3.2. El acceso de los pactos prematrimoniales a los registros públicos

En lo que a publicidad se refiere, y a la correlativa eficacia *erga omnes* de lo inscrito, se ha de hacer referencia tanto al Registro de la Propiedad como al Registro Civil.

En cuanto al primero —Registro de la Propiedad—, constando los acuerdos alcanzados en documento público, y siempre que afecte a derechos inmobiliarios, nada parece obstar a la aplicación del art. 75 del Reglamento Hipotecario que, referido a las capitulaciones matrimoniales, y de conformidad con lo dispuesto en el art. 1333 CC, dispone que las mismas serán inscribibles «en cuanto contengan respecto a bienes inmuebles o derechos reales determinados, alguno de los actos a que se refieren los artículos 2 de la Ley y 7 de este Reglamento»; ahora bien, no habiéndose aún contraído matrimonio, establece el párrafo segundo del precepto que «se suspenderá la inscripción y podrá tomarse anotación preventiva de suspensión, que se convertirá en inscripción cuando se acredite la celebración de aquél o se cancelará a solicitud de cualquiera de los otorgantes si, transcurridos un año y dos meses desde la fecha de las capitulaciones, no se hubiere acreditado que el matrimonio se celebró dentro del plazo de un año desde dicha fecha».

En nuestro caso, tratándose de medidas en previsión de una ruptura familiar, hay quien defiende el acceso de estos pactos preventivos liquidatorios al

33 *Vid*. ESPÍN CÁNOVAS, D., *Manual de Derecho Civil español*, vol. IV, Editorial Revista de Derecho Privado, Madrid, 1963, p. 171.

Registro de la Propiedad por la vía del negocio bajo condición suspensiva[34]. Sin embargo, en estos casos, más que de transmisión de presente sometida a condición, cabría hablar de una mera obligación —un compromiso de futuro que obligará si se da el supuesto de la crisis familiar—. En general, los pactos capitulares en previsión de una futura ruptura matrimonial tienen un valor meramente obligacional y, como tal, no tienen acceso al Registro de la Propiedad por no tener trascendencia real. Dispone el art. 9 RH que «no son inscribibles la obligación de constituir, transmitir, modificar o extinguir el dominio o un derecho real sobre cualquier inmueble, o la de celebrar en lo futuro cualquiera de los contratos comprendidos en los artículos anteriores, ni en general cualesquiera otras obligaciones o derechos personales», y ello sin perjuicio, como mantiene el propio precepto, de que en cada uno de esos casos se inscriba la garantía real constituida para asegurar su cumplimiento o bien se tome anotación cuando proceda, de conformidad con el art. 42 LH.

En este sentido se pronuncia también la Resolución de la Dirección General de Derecho y Entidades Jurídicas de Cataluña 3874/2007, de 9 de noviembre. En la misma se cuestiona si es posible inscribir en el Registro de la Propiedad el pacto contenido en una escritura pública de capítulos matrimoniales posnupciales donde los cónyuges convienen que, en caso de una hipotética separación del matrimonio, la vivienda familiar (de titularidad exclusiva del marido) quedará propiedad de ambos por mitades como compensación económica a la esposa por razón del trabajo dentro del régimen de separación de bienes[35].

La inscripción se deniega por considerar que no se trata una condición suspensiva, sino que la estipulación tiene un valor meramente obligacional, apoyándose, además, en lo dispuesto en el art. 9 RH, que impide la constancia registral de la obligación de constituir, transmitir, modificar o extinguir el dominio o un derecho real sobre cualquier inmueble[36]. Y señala, asimismo,

---

34 PÉREZ HEREZA, J., «La autonomía...», ob. cit., p. 588.

35 Concretamente, la mencionada escritura contenía dos únicas cláusulas del siguiente tenor: «Primero.- El matrimonio de los otorgantes se rige por el régimen de separación de bienes vigente en Cataluña. Segundo.- En el caso de una hipotética separación del matrimonio, convienen que: 1.- La casa de la Avenida Castilla-La Mancha, número 18, de esta ciudad, que constituye el domicilio conyugal, quedará propiedad de los dos consortes, por partes iguales. Esta atribución de la mitad indivisa a la señora V se hace como compensación económica por sus aportaciones y a los efectos de regular el artículo 41 del Código de familia (LCAT 1998, 422, 521). 2.- Los temas de atribución de domicilio, guarda y custodia de los hijos, pensiones alimenticias, etc. se pactarían en función de la edad y necesidad de los menores, aplicando siempre el principio *bonum filii*».

36 Afirma, textualmente, la referida resolución: «1.5 La estipulación que aquí estamos analizando (como, en general, los pactos capitulares en previsión de una futura ruptura matrimonial) tiene un valor meramente obligacional. De hecho, una interpretación literal de la presente cláusula, donde se afirma que la casa que constituye el domicilio conyugal, quedará propiedad de los dos consortes (en formulación de futuro) ya nos indica que la mitad indivisa de la vivienda no se adjudica de presente a la esposa, sino que se pospone

que, en este caso, la previsión de una hipotética separación del matrimonio no se puede considerar una condición suspensiva impuesta a una transmisión de presente, máxime en tanto que los otorgantes causalizaron la atribución de la mitad de la casa en la regulación de la compensación del art. 41 del Código de Familia: «Para que se pudiera decir que hay un negocio jurídico *sub conditione* de naturaleza dispositiva tendría que ser posible que, si no se hubiera interferido la condición, se produjeran los efectos jurídicos de un negocio puro. Y aquí eso no es posible, porque —como decíamos— la atribución viene causalizada como previsión del pago de la compensación del artículo 41 del Código de familia, que, no lo olvidemos, siempre nace con la crisis. La condición suspensiva se tiene que insertar necesariamente en un acto inscribible y se tiene que registrar junto con éste: en la cláusula objeto de calificación no tenemos un acto inmediatamente inscribible, pues el título atributivo es la compensación económica prevista en el artículo 41 del Código de familia y ésta no nace, de acuerdo con el derecho vigente, sino con la separación judicial, el divorcio o la nulidad del matrimonio»[37].

En cuanto al Registro Civil, habrá de atenderse al art. 60 de la Ley 20/2011, de 21 de julio, del Registro Civil, cuyo apartado primero establece que «junto a la inscripción de matrimonio se inscribirá el régimen económico matrimonial legal o pactado que rija el matrimonio y los pactos, resoluciones judiciales o demás hechos que puedan afectar al mismo».

---

al momento en que se produzca la crisis matrimonial y la subsiguiente liquidación del régimen económico matrimonial de separación de bienes por aquel motivo. El mencionado acuerdo de voluntades no tiene la trascendencia real que pretende la recurrente, sino que constituye un compromiso de futuro que no puede acceder al Registro de la Propiedad, porque el artículo 9 del Reglamento hipotecario (y el artículo 51.6.ª del mismo cuerpo legal) impide la constancia registral de la obligación de constituir, transmitir, modificar o extinguir el dominio o un derecho real sobre cualquier inmueble, sin perjuicio, obviamente, que cupiera la inscripción de la garantía real que se hubiera podido constituir con el fin de asegurar el cumplimiento».

37 Y continúa diciendo la resolución: «Otra cosa sería que el acuerdo alcanzado lo fuera para retribuir de presente el trabajo realizado hasta el momento del otorgamiento de los capítulos por la esposa, sin embargo, no es eso lo que se estipula en el presente caso: el pacto se limita a reconocer, ya en el acto de otorgamiento de los capítulos pero con el horizonte hipotético de una crisis matrimonial, la procedencia de la compensación económica del artículo 41 del Código y su concreción en la mitad indivisa de la vivienda, con independencia, eso sí, que las contribuciones efectivas de la esposa se sigan produciendo con la misma intensidad o disminuyan. En cualquier caso, el crédito (compensación) que tiene que sustentar la atribución nacerá con la separación judicial, el divorcio o la nulidad. De hecho si el mismo pacto se hubiera estipulado en unos capítulos matrimoniales prenupciales, difícilmente alguien osaría defender que implica la atribución *ex tunc* de la mitad de la vivienda condicionada al hecho de que efectivamente se produzca la crisis e inscribible en el Registro de la Propiedad. El hecho de que en este caso los otorgantes de los capítulos lleven diez años de matrimonio no tiene que hacer cambiar la naturaleza del pacto, presupuesto del cual, según se hace constar expresamente, es regular la compensación del artículo 41 del Código de familia para el caso de separación futura».

El último inciso de este apartado podría generar un debate similar al que ya originó el último inciso del art. 1325 CC: el término «mismo», ¿se refiere al matrimonio o al régimen económico matrimonial? Aquí la respuesta ha de ser diversa.

Cierto es que el art. 77 de la Ley de 8 de junio de 1957 sobre el Registro Civil, establecía que «al margen también de la inscripción del matrimonio podrá hacerse indicación de la existencia de los pactos, resoluciones judiciales y demás hechos que modifiquen el régimen económico de la sociedad conyugal». Así, la RDGRN de 19 de junio de 2003, denegó el acceso al Registro Civil de una escritura de capitulaciones en previsión de ruptura con cláusulas liquidatorias, al afirmar: «[...] los pactos en previsión de una ruptura quedan al margen de la publicidad registral, que como queda dicho (*cfr.* art. 77 LRC) se limita a la indicación de la existencia de los pactos, resoluciones judiciales y demás hechos que modifiquen el régimen económico de la sociedad conyugal».

También la RDGRN de 5 de mayo de 2011, que trae causa de una denegación a practicar la indicación registral solicitada, afirma: «Las capitulaciones matrimoniales son un contrato accesorio del matrimonio que tiene por fin fijar un régimen económico del consorcio conyugal distinto del legal, siendo aquél y no éste el objeto de la publicidad que brinda el Registro Civil. Si se tiene en cuenta que el documento calificado no entra, según lo indicado, en el concepto de capitulaciones matrimoniales y que la finalidad del mismo es dejar constancia del establecimiento de determinados pactos sucesorios y confirmar el régimen económico matrimonial legalmente aplicable por razón del juego de los puntos de conexión establecidos en el artículo 9, núms. 2 y 3, del Código civil (en su redacción dada por el Decreto 1.836/1974, de 31 de mayo [RCL 1974, 1385], vigente a la fecha de celebración de ambos matrimonios) entre posibles distintas legislaciones territoriales concurrentes, se ha de llegar a la conclusión, con independencia de las posibles utilidades prácticas de la publicidad de lo pretendido en términos de salvaguardia de la seguridad jurídica de las relaciones económicas entre los cónyuges y de estos con terceros, que sólo es posible plantear que procede, por ser conforme a Derecho, ratificar la calificación recurrida».

Sin embargo, es obvio que el art. 77 de la Ley de 1957 ya fue derogado con la entrada en vigor del art. 60 de la Ley de 2011 —al que nos estamos refiriendo—.

Cierto es, también, que el art. 1333 CC, refiriéndose a la inscripción del matrimonio en el Registro Civil, dispone que en la inscripción se hará mención tanto de las capitulaciones matrimoniales otorgadas como de «los pactos, resoluciones judiciales y demás hechos que modifiquen el régimen económico del matrimonio». Sin embargo, y aunque este artículo es claro al respecto, en tanto que solo se refiere a la modificación del régimen económico del matrimonio —y no a hechos que afecten al matrimonio en general—, tampoco podría servirnos de referencia o base porque ello nos estaría llevando a interpretar una norma especial y posterior en el tiempo desde una norma común y anterior en el tiempo. Es cierto que el art. 1333 se refiere al Registro Civil, pero no es la norma especial, por lo que no nos podemos limitar a ella.

En cualquier caso, considero que cuando el art. 60 de la Ley de 2011 dispone que junto a la inscripción de matrimonio se podrán inscribir «los pactos, resoluciones judiciales o demás hechos que puedan afectar al mismo», ese «mismo» se refiere al régimen económico del matrimonio[38]. Así se ha de entender atendiendo al propio título del artículo: «Inscripción del régimen económico del matrimonio»; y, sobre todo, atendiendo al tenor del resto del precepto, pues valga observar cómo el apartado tercero del precepto establece: «En las inscripciones que en cualquier otro Registro produzcan las capitulaciones y demás hechos que afecten al régimen económico matrimonial, se expresarán los datos de su inscripción en el Registro Civil».

En definitiva, considero que, en virtud de lo dispuesto en el art. 60 LRC, junto a la inscripción de matrimonio se inscribirá el régimen económico matrimonial legal o pactado que rija el matrimonio y los pactos, resoluciones judiciales o demás hechos que puedan afectar al referido régimen económico matrimonial. En el caso de que el matrimonio no se hubiera celebrado aún, el encargado del Registro procederá a su anotación en el registro individual de cada contrayente (art. 60.2.II LRC). El resto de pactos —como serán, por lo general, los realizados en previsión de una ruptura matrimonial— no tienen cabida en el Registro Civil[39].

IV. La necesaria intervención del notario en los pactos prematrimoniales

4.1. La escritura pública como forma idónea para los pactos

Una cosa es que haya referido el principio de libertad de forma que existe actualmente en derecho civil común ante la falta de regulación especial sobre los pactos prematrimoniales, y otra cosa bien distinta es que considero que la intervención —y control— del notario como fedatario público debería de ser un requisito *sine qua non* a efectos de la validez de un pacto prematrimonial.

---

38 En el mismo sentido, puede verse a SERNA MEROÑO, E., «Comentario al art. 60», en *Comentarios a la Ley del Registro Civil* (dirs. COBACHO GÓMEZ, J. A., Y LECIÑENA IBARRA, A.), Aranzadi, Cizur Menor (Navarra), 2012, p. 894, quien ni tan siquiera se plantea que ese «mismo» se pueda referir a otra cosa que no sea el régimen económico del matrimonio. Es más, especifica que en la referencia a «demás hechos» podría tener cabida el supuesto en el que se embarguen bienes comunes por deudas privativas de un cónyuge, cuando notificado el cónyuge no deudor, este exija que se sustituyan los bienes comunes por la parte que ostente el deudor en la sociedad de gananciales.

39 En consonancia con esto, SERRANO DE NICOLÁS, A., ob. cit., p. 358, mantiene que la inoponibilidad frente a terceros que dispone el art. 231-22.2 CCcat. para los capítulos matrimoniales no inscritos en el Registro Civil no puede predicarse respecto de los pactos pre-ruptura contenidos en dichos capítulos.

A pesar de la concepción «espiritualista» del Ordenamiento de Alcalá, que tiene su reflejo en preceptos tales como los arts. 1261 y 1279 CC, el propio Código Civil contempla excepciones referidas a contratos que necesitan del requisito de una forma *ad solemnitatem*, hasta el punto de que sin ella no hay contrato.

Entre las características que Díez Picazo refiere del negocio jurídico familiar, cabe hacer hincapié en la existencia «de un interés público evidente en el amparo y sostenimiento de la estructura familiar, de su sentido social y de su espíritu»[40], razón por la que justifica una intervención de los órganos del Estado mucho más frecuente que en el resto del derecho privado. Sin embargo, no porque la ley dé intervención a un órgano del Estado en determinados actos familiares pueden estos ser calificados como actos estatales, pues tal intervención no pertenece a la esencia del acto; este es, en esencia, «un acto privado al que por razones de orden técnico o político —certidumbre, claridad, publicidad, tutela de la familia— se adiciona la intervención estatal, que no parece traspasar la naturaleza de una solemnidad constitutiva»[41]. La certidumbre, la seguridad jurídica, la publicidad o la tutela de los miembros de la familia más necesitados de protección son razones que, en el caso de los pactos prematrimoniales —consideramos— justifican la intervención del Estado.

Ya Díez Picazo apuntó que el negocio jurídico familiar se presenta como un negocio eminentemente formal y, entre las razones que le llevan a tomar tal posición destaca la seguridad, la publicidad o la trascendencia de un negocio que, como mantiene, está «destinado a marcar su impronta a lo largo de toda la vida de la persona». Y hace hincapié en el carácter eminentemente formal del negocio hasta el punto de que llega a hablar de un principio de solemnidad frente al principio de libertad de forma imperante en el derecho privado[42].

También De Castro y Bravo, en su obra *El negocio jurídico*, mantiene que «dado este carácter excepcional de la forma, cada supuesto de contrato formal se justifica o explica por la naturaleza peculiar del dicho contrato»[43]. Y refiere concretamente que requieren una forma especial ciertos contratos cuya causa no encaja en la enumeración del art. 1274 CC y a los que denomina constitutivos porque predomina en ellos una finalidad organizadora o constitutiva. Entre ellos cita a las capitulaciones matrimoniales y cabría también —considero— incluir los pactos prematrimoniales por esa misma razón.

40 Díez Picazo, L., ob. cit., p. 780.

41 *Ib.,* p. 776.

42 *Ib.,* p. 784.

43 De Castro y Bravo, F., *Derecho civil de España*, vol. III (El negocio jurídico), Civitas, Madrid, 2008, pp. 284-285.

A mi entender, encontrándonos ante una materia de derecho público, para que el pacto tenga trascendencia jurídica, ha de pasar por un notario. Nótese que, en el ámbito del convenio regulador, con independencia del peso que tiene la autonomía de la voluntad en el mismo, la intervención judicial —o notarial o del letrado de la Administración de Justicia— resulta esencial. En este sentido, mantiene LÓPEZ BURNIOL que, siendo esencial la autonomía de la voluntad en el convenio, aquella «no puede intentar configurar unas situaciones que se aparten de los criterios socialmente dominantes»[44]. Esto, precisamente, —dice— será tenido en cuenta por el juez al aprobar o no el convenio; aprobación judicial que es considerada como un requisito de eficacia para controlar la legalidad y conveniencia del contenido del convenio.

Es obvio que, en el caso del pacto prematrimonial, otorgado cuando aún no hay una crisis familiar, no puede haber intervención judicial —como puede haberla, en su caso, en el convenio regulador que entra en escena cuando la crisis ya es una realidad—. Precisamente por ello, considero que es el notario el operador jurídico idóneo para intervenir en el otorgamiento de un pacto prematrimonial. Podemos traer aquí la defensa del notario que ya hiciera CARRIÓN GARCÍA DE PARADA[45] al hablar, en su momento, sobre el divorcio notarial. Decía, entonces, que era la figura idónea en tanto que reunía una serie de condiciones que no necesitaban ser probadas, sino que se presumen: «ser juristas, poder asesorar jurídicamente; estar revestidos de respeto social y de fuerte credibilidad; ser imparciales (tutela de los intereses de la parte más débil); gozar de independencia funcional; estar habituados a mediar». Y continuaba diciendo: «Como redactor de documentos, autenticador de hechos y de actos y controlador de la legalidad, la consecuencia es un documento con valor probatorio, ejecutivo, registral y legitimador, del que el notario es responsable»[46].

En una argumentación parecida, el propio CARRIÓN ya insistió en que los notarios juegan un papel importantísimo, asimismo, en la protección de las personas vulnerables, de forma que constituye para estos operadores jurídicos un deber inexcusable garantizar la protección de las mismas[47]. Y para ello

---

44 LÓPEZ BURNIOL, J. J., *Convenios reguladores de las crisis matrimoniales*, Universidad de Navarra, Pamplona, Navarra, 1989, p. 50, mantiene que ocurre algo similar con las capitulaciones matrimoniales, que no pueden definir un modelo de matrimonio y de familia que se aparte del comúnmente aceptado y reflejado en el ordenamiento.

45 CARRIÓN GARCÍA DE PARADA, P., «El divorcio ante notario», en El *notario del siglo XXI: revista del Colegio Notarial de Madrid*, núm. 42, 2012.

46 *Id.*, dice, además, que facilita la atribución de tales competencias su implantación social, su estructura territorial y el principio de libre elección de notario, dado el carácter privado, familiar e íntimo de los intereses en juego.

47 CARRIÓN GARCÍA DE PARADA, P., «Protección de las personas vulnerables», en *La notaría*, núms. 2-3, 2016, p. 95. En p. 94, refiere que la persona puede ser vulnerable por muy diversos motivos, como carecer de alimentos, tener reducidas sus facultades físicas o sensoriales, no saber leer o escribir, sufrir algún tipo de violencia o malos tratos o exclusión social, así como por carecer de sus facultades mentales o intelectuales, ya sea esto último

considera que los notarios se sirven de su imparcialidad (protegiendo a la parte más débil —vulnerable— pero sin perjudicar a la otra, de forma que se equilibren las asimetrías de información que exista entre ellas); de su independencia (tanto de la Administración como de las personas que acuden a la notaría); de su conocimiento y formación (que les permite prestar toda la información, asesoramiento e incluso consejo legal que los interesados necesiten); así como de su experiencia al apreciar la capacidad de los otorgantes. Cabe citar, refiriéndose a esta función notarial, a Ruiz Gómez, quien ya defendió antaño que entre las funciones del notario se encuentra «impedir en los contratos que unas partes, con artificio, astucia ó engaño, abusen de la ignorancia o sencillez, inexperiencia, descuido ó excesiva confianza de las otras»[48].

Ya dijo, también, Cerdeira Bravo de Mansilla, al rechazar el divorcio privado, transigido o arbitrado, que la intervención del notario tiene su razón de ser, más allá de en la inexistencia de una verdadera *litis* en el divorcio consensuado, en «la exigencia de que éste se someta a un control público, como también lo hay para celebrar el matrimonio, por razones de legalidad y seguridad jurídica; al ser el matrimonio una cuestión que afecta al estado civil de las personas y, en caso de haberlos, al interés superior de los hijos, constituye sin duda una materia de Orden Público, que afecta e interesa a todos, y que, por ello, resulta indisponible privadamente, ya sea mediante transacción o a través del arbitraje»[49].

La intervención del notario —considero— no debe ser, pues, una opción, como lo es ahora en derecho común ante la ausencia de regulación expresa que diga lo contrario, sino que habría de ser un requisito *sine qua non*[50]. A nadie escapa que el otorgamiento de escritura pública ante notario es altamente recomendable por varios motivos fundamentales:

En primer lugar, por la mayor fuerza probatoria que tiene el documento público (art. 1218 CC).

---

como consecuencia de una discapacidad, de la minoría de edad o por ser una persona de edad avanzada.

48 Ruiz Gómez, J. E., *La notaría según la legislación y la ciencia. Tratado completo de la misma facultad-cargo, profesores que la ejercen, actos e instrumentos de su competencia, protocolos, archivos, etc.*, t. I, Imprenta de D. Antonio Pérez Dubrull, Madrid, 1879, p. 26.

49 Cerdeira Bravo de Mansilla, G., «Separaciones y divorcios por mutuo acuerdo ante notario, en España: entre su oportunismo político y su exigencia constitucional», en *Separaciones y divorcios ante notario* (dir. Cerdeira Bravo de Mansilla, G.), Reus, Madrid, 2016, pp. 58-59.

50 Barba, V., ob. cit., pp. 59 y ss., también considera fundamental, a fin de implementar los pactos prematrimoniales en Italia, la intervención del notario. Y lo defiende así, en tanto que —dice— es el único profesional con capacidad para conferir fe pública al acto jurídico, ofrece la garantía de que las partes se encuentran en una situación de capacidad natural, y puede garantizar que los cónyuges dispongan de información sobre la eficacia y el alcance del pacto.

En segundo lugar, porque supone una garantía de la libre emisión y conformación del consentimiento. Y no es esta una cuestión baladí con carácter general y menos aún en el ámbito de los pactos prematrimoniales, pues, sin ánimo de ser reiterativo, baste recordar o remitirme a cuanto he mantenido más atrás sobre el consentimiento de los otorgantes del pacto, que constituye uno de los argumentos más utilizados por quienes, habiendo firmado el pacto, llegado el momento del cumplimiento, no están interesados en su cumplimiento. Y ya, en la escasa jurisprudencia existente sobre el particular, se ha podido comprobar cómo la presencia de un notario —en los casos en que ha intervenido— ha sido el argumento al que más han acudido los tribunales para descartar la existencia de vicios del consentimiento.

En tercer lugar, por el control que realiza el fedatario público con carácter previo al otorgamiento, tanto de los requisitos del contrato como de los límites del acuerdo. Y consabido es que, junto con el consentimiento, los referidos límites constituyen el gran caballo de batalla de los pactos prematrimoniales en orden a saber hasta dónde puede llegar la autonomía de la voluntad de las partes.

Así, la escritura notarial es título ejecutivo (art. 517 LEC), legitimador de derechos y probatorio (*ex* arts. 319 LEC, 1218 CC y 17 *bis* de la Ley Notarial): *inter partes* la escritura constituye prueba de su contenido, *erga omnes* de su existencia y fecha, y en general de su presunta legalidad —lo que no impide su impugnación—, de la suficiencia en capacidad y legitimación y de la libertad de consentimiento de los intervinientes (*cfr.* art. 145 RN, y los arts. 51.1 y 56 CC); asimismo, la escritura notarial, al ser documento público, goza de acceso directo a los registros públicos.

En esta línea de necesaria intervención del notario en los pactos prematrimoniales se sitúa el Derecho foral catalán, pues el art. 231-20.1 CCcat. establece que estos pactos en previsión de ruptura pueden otorgarse «en capítulos matrimoniales o en escritura pública», es decir, en capitulaciones matrimoniales o en escritura no capitular[51]. También en el País Vasco, el art. 4 LVRF establece un requisito de forma *ad solemnitatem*, disponiendo que «para su validez, estos pactos habrán de otorgarse en escritura pública».

51 Según se afirma en la STSJ de Cataluña 32/2014, de 8 de mayo, no habiéndose otorgado, en el caso de autos, las capitulaciones matrimoniales en escritura pública, sino mediante contrato privado protocolizado por notario, no pueden ser consideradas válidas: «No se trata, pues, de que el notario redactara un documento (escritura pública) conforme a la minuta que le fue entregada por los litigantes, sino que como se desprende del documento núm. 4 controvertido, el Notario se limitó a unir un documento privado, firmado por las partes, mediante un acta de protocolización —sin que la ratificación de los litigantes que se contiene en el acta, comporte un aditamento nuevo que convierta el documento privado unido al acta, en escritura pública— y que por sí sola —dicha acta— no tiene efectos jurídicos cuando los capítulos matrimoniales de acuerdo con la tradición jurídica catalana ya recogida en el art. 7 de la Compilación, requiere como forma *ad solemnitatem*, que se otorguen en escritura pública lo que no se ha realizado en el caso examinado».

Es más, con la intervención de fedatario público, ni tan siquiera se reputa necesaria la intervención de abogado, cuya necesaria presencia, en su caso, por imperativo legal, podría deberse más bien a razones políticas. La neutralidad e independencia del notario le permiten asesorar, a la vez que redactar el acuerdo conforme a las exigencias de legalidad e igualdad. Como decía Cerdeira Bravo de Mansilla al referirse al divorcio notarial[52]: «El notario es una especie de híbrido como profesional del Derecho: como el juez, y a diferencia del abogado, el notario es funcionario público, imparcial y neutral; y como el abogado, pero a diferencia del juez, entre sus funciones está la de asesoramiento jurídico». Si defendía el autor la innecesaridad de la presencia del abogado en el divorcio notarial, más aún podemos defender tal innecesaridad en el otorgamiento de un pacto prematrimonial, pues, haciendo nuestras aquellas preguntas que se planteaba el autor, podríamos decir: ¿acaso es preceptiva la intervención de abogado en el acto de celebración del matrimonio? O, ¿acaso es preceptiva en la elaboración de capitulaciones matrimoniales?

4.2. El control de legalidad del pacto

En este sentido, en relación con el control de los límites del pacto —control de legalidad, en definitiva—, valga hacer una importante apreciación —o aclaración, más bien[53]—. El Decreto de 2 de junio de 1944, por el que se aprueba con carácter definitivo el Reglamento de la organización y régimen del Notariado («Reglamento Notarial»), en su art. 145, establece que la autorización o intervención del instrumento público implica el deber del notario de dar fe de la identidad de los otorgantes, de que a su juicio tienen capacidad y legitimación, de que el consentimiento ha sido libremente prestado y de que el otorgamiento se adecua a la legalidad y a la voluntad debidamente informada de los otorgantes e intervinientes.

Con carácter general, el control de legalidad es una parte fundamental de la actuación del notario. Ahora bien, el art. 145.5.º RN establecía que el notario, en su función de control de legalidad, no solo debía excusar su ministerio, sino negar la autorización o intervención notarial cuando a su juicio «el acto o contrato en todo o en parte sean contrarios a las leyes o al orden público o se prescinda por los interesados de los requisitos necesarios para su plena validez o para su eficacia».

---

52 Cerdeira Bravo de Mansilla, G., «Separaciones y divorcios por mutuo acuerdo ante notario, en España...», ob. cit., pp. 73 y ss.

53 También Barba, V., ob. cit., pp. 72 y ss. defiende que estos pactos prematrimoniales, tratándose de un acto de autonomía privada, más allá de la disciplina específica, deben, en cualquier caso, estar sujetos a un control de legalidad, es decir, de no contrariedad a las normas imperativas, al orden público y a la moral.

Por su parte, el art. 147 RN establecía que el notario había de redactar el instrumento público conforme a la voluntad de los otorgantes, la cual debería indagar, interpretar y adecuar al ordenamiento jurídico, «incluso en los casos en que se pretenda un otorgamiento según minuta o la elevación a escritura pública de un documento privado».

Es decir, se imponía al notario la obligación, no solo de excusar su ministerio, sino de negar la autorización o intervención, cuando el acuerdo fuese contrario a la ley o al orden público o se prescindiese por los interesados de los requisitos necesarios para su plena validez o eficacia.

Sin embargo, parte de estos artículos fueron declarados nulos por la STS de 20 de mayo de 2008. En esta sentencia, por parte de la Abogacía del Estado y del Consejo General del Notariado, se defendía que el art. 145 RN era una concreción de lo establecido en el art. 2 de la Ley de 28 de mayo 1862, Orgánica del Notariado (en adelante, LN)[54], cuando prevé la posibilidad de que el notario se niegue a dar fe si concurre «justa causa», debiéndose entender incluido en esta «justa causa» el control de legalidad.

Sin embargo, la parte recurrente en el proceso entendía que «la inserción de un control de legalidad determinante de la denegación de la autorización, en los amplios términos en que se hace, es contrario a la legalidad vigente, desbordando el contenido propio de un Reglamento, señalando que una cosa es la obligación de emitir un juicio sobre los extremos a que se refiere el art. 17.*bis*.2.a) y dar fe de los mismos y otra negar de plano el otorgamiento». Ante ello, el Tribunal se pronunció en este sentido: «En lo que atañe al alcance del denominado control de legalidad, conviene señalar que tal terminología no se utiliza por la Ley del Notariado, (...) con el término control el Reglamento viene a referir una decisión notarial sobre la legalidad del acto o negocio jurídico con los correspondientes efectos para la solicitud formulada por los interesados, facultad que por propia naturaleza y en cuanto afecta a la determinación de la legalidad sustantiva del acto o negocio jurídico pretendido por los interesados, no puede ejercerse sino en cuanto venga reconocida por la Ley, en los términos o medida que la misma establezca y por el procedimiento y régimen de revisión de la decisión igualmente establecido en la Ley». Si bien las partes demandadas pretendían amparar el precepto

54 Art. 2 LN: «El Notario que requerido para dar fe de cualquier acto público o particular extrajudicial negare sin justa causa la intervención de su oficio, incurrirá en la responsabilidad a que hubiere lugar con arreglo a las leyes».

en las previsiones del art. 17.*bis*.2.a)[55] y en el art. 24.II LN[56], considera el Tribunal que dichos preceptos no incorporan ese denominado «control de legalidad»[57].

Así pues, no se trata de que el notario no haya de evaluar la legalidad del acto o negocio jurídico. No solo puede hacerlo, sino que ha de hacerlo, ya que a tal efecto las partes acuden al mismo para instrumentalizar adecuadamente el acto o negocio jurídico. Afirma Cerdeira Bravo de Mansilla que nadie debe dudar del control de legalidad y de seguridad jurídica que, a modo de justicia preventiva o cautelar alternativa (no sustitutiva) a la judicial, cumple el notariado como función pública —aunque sea— desempeñada privadamente y carezca de *imperium* (*cfr.* los arts. 1 de la Ley y del Reglamento Notariales)[58]. El control de legalidad —dice— forma parte esencial de la función notarial: «desde arriba de la pirámide de nuestro sistema de fuentes, porque el propio art. 9.1 CE impone la sujeción de todos al ordenamiento jurídico (la libertad, pues, no consiste en optar entre lo legal y lo ilegal, entre lo moral y lo inmoral, sino libertad de opción dentro de la legalidad, y de la moralidad; *cfr.* art. 1255 CC); y en la base de la pirámide, por exigencia de los propios principios (notariales)». Es más, mantiene que, son tantos los casos puntuales en que las leyes imponen al notario el deber de controlar la legalidad de sus documentos (en materia de consumidores, de hipotecas, de cláusulas abusivas, multipropiedad, y un larguísimo etcétera), que, antes de

---

55 Art. 17.*bis*.2.a) LN: «Con independencia del soporte electrónico, informático o digital en que se contenga el documento público notarial, el notario deberá dar fe de la identidad de los otorgantes, de que a su juicio tienen capacidad y legitimación, de que el consentimiento ha sido libremente prestado y de que el otorgamiento se adecua a la legalidad y a la voluntad debidamente informada de los otorgantes o intervinientes».

56 Art. 24.II LN: «Los notarios en su consideración de funcionarios públicos deberán velar por la regularidad no sólo formal sino material de los actos o negocios jurídicos que autorice o intervenga, por lo que están sujetos a un deber especial de colaboración con las autoridades judiciales y administrativas».

57 Continúa diciendo el Tribunal: «Ello no supone desconocer que en el ejercicio de su función de carácter complejo a la que nos hemos referido al examinar el art. 1, el Notario evalúa la legalidad del acto o negocio jurídico de que se trate y que a tal efecto los interesados acuden al mismo, fiados en su cualificación jurídica, para instrumentalizar adecuadamente tal acto o negocio jurídico (...) se trata de precisar que ese deber de los notarios de velar por la regularidad formal o material de los actos o negocios jurídicos en que intervenga o el examen de la adecuada legalidad habrá de efectuarse en los términos y con el alcance que resulta de la Ley que la propicia, antes señalados, materializándose en las correspondientes reservas y advertencias establecidas en la Ley (...) así como en la adecuada información de la voluntad de los intervinientes, en los términos que resultan del art. 1 del propio Reglamento, e incluso otras previsiones legales como la ya indicada del art. 24 de la Ley».

58 Cerdeira Bravo de Mansilla, G., «Separaciones y divorcios por mutuo acuerdo ante notario, en España...», ob. cit., p. 60. En este mismo sentido, Pérez de Madrid Carreras, V., *Introducción al derecho notarial*, Comares, Granada, 2006, pp. 82 y ss. En contra, favorable a un control formal, *vid.* Martínez Escribano, C., ob. cit.

pensar en un elenco de excepciones confirmadoras de una —pretendida— regla (que sería la falta de tal deber de control de legalidad), más bien son la expresión en tan numerosos casos de un principio general del Derecho (no solo del notarial), que confiere el control de legalidad a toda autoridad pública, y que los inspira, en el papel que a los principios confiere el art. 1.4 CC[59].

Es más, en materia matrimonial concretamente, ya hace tiempo que el notario venía interviniendo con una importante función de control de legalidad y de seguridad jurídica (habilitando la publicidad para los terceros), como sucede con las capitulaciones, cuya consignación en escritura pública es obligada por ley (*ex* art. 1327 CC), y cuya licitud, en su contenido, queda al criterio del notario (art. 1328 CC), permitiendo que, de ser conforme a Derecho, tal documento público sea título suficiente registrable, para que así su contenido sea cognoscible y oponible *erga omnes* (*cfr.* arts. 1332 y 1333 CC).

Eso sí, el examen de la legalidad se materializará en las correspondientes reservas y advertencias. El problema no estriba tanto en el examen que realiza el notario como en que un Reglamento establezca la denegación de la autorización o intervención notarial en caso de no superar dicho control de legalidad[60].

Por tanto, lo que realmente se llegó a cuestionar en la citada sentencia, no es la procedencia de que el notario pueda denegar su autorización o intervención en determinadas situaciones, sino que ello no se haya establecido en norma de adecuado rango legal. Al no encontrarse recogida esta posibilidad en la Ley Notarial, lo dispuesto en el Reglamento no puede considerarse un desarrollo de la misma. Como establece la propia sentencia, «no se excluye que las Leyes contengan remisiones a normas reglamentarias, pero sí que tales remisiones hagan posible una regulación independiente y no cla-

---

59 CERDEIRA BRAVO DE MANSILLA, G., «Separaciones y divorcios por mutuo acuerdo ante notario, en España...», ob. cit., pp. 60-61.

60 En este sentido, continúa diciendo la reiterada sentencia:
«[...] aparte de lo ya expuesto sobre el control de legalidad en cuestión, falta una concreta habilitación legal que permita establecer reglamentariamente la denegación de la autorización o intervención notarial como consecuencia del juicio de legalidad desfavorable. Como se desprende de lo ya expuesto antes, no puede hallarse la misma en los citados arts. 17.*bis* y 24 LN, a pesar de su reciente modificación (...) que ni siquiera sirven de amparo para justificar un control de legalidad en los términos que resultan del precepto reglamentario, según se ha razonado antes y que ninguna previsión contienen sobre la posibilidad de denegación por los notarios de su ministerio».
«Tampoco puede considerarse como norma habilitante el art. 2 LN (...) porque el mismo se refiere genéricamente a la obligación del Notario, requerido para dar fe de cualquier acto público o particular extrajudicial, que no puede negar sin justa causa, la intervención de su oficio (...) aun considerando que el concepto justa causa se refiera genéricamente a cualquier circunstancia que pudiera calificarse como tal, incluido el juicio de legalidad desfavorable, el art. 2 LN, en el mejor de los casos, supondría una deslegalización de la materia, facilitando un desarrollo reglamentario independiente».

ramente subordinada a la Ley», pues esto supondría una degradación de la reserva formulada por la Constitución en favor del legislador.

De hecho, el legislador, a la hora de establecer concretas limitaciones al acceso a la autorización notarial de actos o negocios jurídicos, ha acudido siempre a disposiciones con rango de ley. Como muestra, pueden citarse los supuestos contemplados en las siguientes normativas: el art. 84 del Real Decreto Legislativo 1/2007, de 16 de noviembre, por el que se aprueba el texto refundido de la Ley General para la Defensa de los Consumidores y Usuarios y otras leyes complementarias[61]; el art. 25.4 de la Ley 4/2012, de 6 de julio, de contratos de aprovechamiento por turno de bienes de uso turístico, de adquisición de productos vacacionales de larga duración, de reventa y de intercambio y normas tributarias[62]; el art. 20.1 de la Ley 38/1999, de 5 de noviembre, de Ordenación de la Edificación[63]; o el art. 25.5 de la Ley 43/2003, de 21 de noviembre, de Montes[64].

Más directamente relacionado con nuestro ámbito de estudio, valga referir lo dispuesto en el art. 90.2.IV CC —sobre el que posteriormente volveremos—, introducido —entonces como art. 90.2.III— por la Ley 15/2015, de 2 de julio, de la Jurisdicción Voluntaria, que introdujo en España el divorcio notarial. Este último precepto, en relación con el acuerdo de las partes, presentado ante notario, para regular las consecuencias del divorcio, establece que «cuando los cónyuges formalizasen los acuerdos ante el letrado de la Administración de Justicia o notario y éstos considerasen que, a su juicio, alguno de ellos pudiera ser dañoso o gravemente perjudicial para uno de los cónyuges o para los hijos mayores o menores emancipados afectados, o gravemente perjudiciales para el bienestar de los animales de compañía, lo advertirán a los otorgantes y darán

---

61 Art. 84 RDL 1/2007: «Los Notarios y los Registradores de la Propiedad y Mercantiles, en el ejercicio profesional de sus respectivas funciones públicas, no autorizarán ni inscribirán aquellos contratos o negocios jurídicos en los que se pretenda la inclusión de cláusulas declaradas nulas por abusivas en sentencia inscrita en el Registro de Condiciones Generales de la Contratación».

62 Art. 25.4 Ley 4/2012: «Los notarios no autorizarán una escritura reguladora de un régimen de aprovechamiento por turno y los registradores no lo inscribirán mientras no se les acredite el cumplimiento de los requisitos establecidos en los apartados 1 y 2 de este artículo».

63 Art. 20.1 Ley 38/1999: «No se autorizarán ni se inscribirán en el Registro de la Propiedad escrituras públicas de declaración de obra nueva de edificaciones a las que sea de aplicación esta Ley, sin que se acredite y testimonie la constitución de las garantías a que se refiere el artículo 19».

64 Art. 25.5 Ley 43/2003: «Los notarios y registradores no autorizarán ni inscribirán, respectivamente, las correspondientes escrituras sin que se les acredite previamente la práctica de dicha notificación de forma fehaciente». Este apartado se refiere a la notificación fehaciente que ha de realizar el transmitente a la Administración pública para posibilitar el ejercicio de su derecho de adquisición preferente a través de la acción de tanteo. Dicho precepto no sufrió modificación alguna por la Ley 21/2015, de 20 de julio, por la que se modifica la Ley 43/2003, de 21 de noviembre, de Montes.

por terminado el expediente. En este caso, los cónyuges sólo podrán acudir ante el juez para la aprobación de la propuesta de convenio regulador»[65].

4.3. El control de lesividad del pacto

4.3.1. La protección de uno de los cónyuges como parte débil del pacto

En derecho de familia, hay que destacar una figura nacida al amparo de los principios de justicia o equidad: la protección del más débil o del más necesitado de protección, que podría incardinarse en lo que Federico DE CASTRO denomina tendencia «moralizadora» del Derecho[66]. No deja de ser una necesaria intervención del Estado. La defensa, por parte de este, de la autonomía privada, supone, ya de por sí, su intervención, a fin, no solo de calificarla y definirla, sino también de limitarla. Como apunta el autor, esa actuación moderadora o armonizadora de las libertas individuales por parte de la Administración se hace a costa de la misma autonomía que se pretende proteger[67].

Contra lo que acabo de mantener se podría decir —o argumentar— que, en la actualidad, no existe, por norma general, un cónyuge más débil que otro al que proteger, por lo que habría de abandonarse esa idea de protección del cónyuge más débil y habría que acudir a las normas generales del derecho patrimonial[68]. Ello conllevaría que, en sede de acuerdos en previsión de

65 *Vid*. CERDEIRA BRAVO DE MANSILLA, G., «Separaciones y divorcios por mutuo acuerdo ante notario en el Anteproyecto de Ley de Jurisdicción Voluntaria: su elogio, no exento de crítica», en *Revista de derecho privado*, núm. 98, mes 3-4, 2014, pp. 97-115.

66 DE CASTRO Y BRAVO, F., ob. cit., p. 16. Por su parte, ONECHA Y SANTAMARÍA, C., «La igualdad de los cónyuges en derechos y deberes», en *Poder Judicial*, núm. 35, 1994, p. 346, considera que la protección del cónyuge más débil encuentra el fundamento de su amparo jurídico en la «metamorfosis que experimenta el principio de igualdad al aplicarse a situaciones desiguales» como consecuencia de la identidad y posición de cada uno de los cónyuges y sus diferentes posibilidades humanas y materiales.

67 DE CASTRO Y BRAVO, F., ob. cit., p. 16.

68 En este sentido, BARRIO GALLARDO, A., «Los límites a la autonomía de la voluntad en el derecho de familia», en *Autonomía privada y límites a su libre ejercicio* (dir. PARRA LUCÁN, M. A.), Comares, Granada, 2016, p. 55. En el mismo sentido se pronuncia el autor en «Pactos en previsión de una ruptura matrimonial: problemas y soluciones a la luz del Derecho español», en *Revista Anales de la Facultad de Ciencias Jurídicas y Sociales*, núm. 46, 2016, p. 82. En una posición contraria se muestra Egea Fernández, J., «Pensión compensatoria y pactos en previsión de una ruptura matrimonial», en *Estudios jurídicos en homenaje al profesor Luis Díez-Picazo*, Civitas, Madrid, 2003, p. 4559, para quien «no debe perderse de vista que, en la relación matrimonial, y antes aún, en la previa negociación suele haber una parte débil (normalmente la mujer)».

una crisis familiar, se considerase que la reciprocidad no tendría por qué ser exigible en el ámbito de las relaciones patrimoniales, donde debería de respetarse, en principio, la autonomía de la voluntad de las partes[69].

Esta interpretación es llevada hasta el límite por RAMS ALBESA, quien llegó a proponer la derogación del art. 1328 CC, «porque además de no añadir ni una sola idea jurídica distinta de la que adornan el tradicional y literariamente perfecto art. 1255 CC, sirve para confundir cualquier interpretación racional de la igualdad, pues este derecho viene impuesto por la ley (primera referencia limitativa del precepto), nada menos que por el artículo 32.1 CE, sí sirve para desvirtuar la libertad de pactos con retorcidas interpretaciones sobre la igualdad de los cónyuges para conducir a dar sentido a una idea antidemocrática de la igualdad, por la cual solo hay igualdad cuando en la convivencia y en los pactos matrimoniales se llega al resultado previsto de antemano como única solución igualitaria»[70].

Quienes se acercan a esa postura vienen a defender que el único límite, el único supuesto en que sí podría considerarse la existencia de una parte débil, se encontraría en aquellos supuestos en los que, por las circunstancias concretas del caso, la persona en cuestión pudiera verse afectada por un abuso de poder, dependencia, o sumisión al otro cónyuge[71]. Así parece entenderlo MARTÍNEZ ESCRIBANO, quien, al hablar de la pensión compensatoria, considera que la igualdad no ha de entenderse como un mismo derecho a la compensación reconocido a cada esposo, sino que tal igualdad se proyecta sobre la facultad de instar la separación o el divorcio, materia indisponible y que, como tal, no puede ser alterada mediante pacto: un pacto que dejara a un cónyuge en clara posición de desventaja económica ante la crisis matrimonial podría impedirle, *de facto*, el ejercicio de la acción, por lo que habría que atender a cada caso concreto. Y considera la autora que, en cualquier caso, no habría de concebirse el pacto como desigual si simplemente hiciera más

---

69 Para REBOLLEDO VARELA, A. L., ob. cit., p. 752, no es fácil hoy encontrar un sentido al inciso del art. 90.2 CC que se refiere a la denegación de la homologación cuando sea gravemente perjudicial para uno de los cónyuges.

70 RAMS ALBESA, J. J., «La autonomía de la voluntad en las instituciones matrimoniales», en *Autonomía de la voluntad y negocios jurídicos de familia*, Dykinson, Madrid, 2009, p. 77.

71 En esta misma línea, AGUILAR RUIZ, L. Y HORNERO MÉNDEZ, C., «Los pactos conyugales de renuncia a la pensión compensatoria: autonomía de la voluntad y control judicial», en *Revista Jurídica del Notariado*, núm. 57, 2006, pp. 28-29, consideran que, no obstante no existir, por lo general, una parte débil, sí que debe seguir vigente la función reequilibradora del Derecho en aquellos casos particulares en que la desigualdad (económica, psicológica) entre los esposos haga pensar en situaciones de abuso de poder y justifiquen, por ello, la tutela de la parte débil de la relación; O'CALLAGHAN MUÑOZ, X., «Comentario al art. 1328 CC», en *Código Civil comentado y con jurisprudencia*, Wolters Kluwer, Madrid, 2019, p. 1368, mantiene, por su parte, que la desigualdad se daría en el caso de que se quisiera establecer la antigua licencia marital o que uno de los cónyuges quedara, de una forma u otra, sometido, en su capacidad de obrar, al otro.

gravosa para un cónyuge que para otro la solicitud de divorcio; solo en casos extremos habría de considerarse la existencia de tal quiebra de la igualdad, pues, considerar este principio ampliamente conllevaría una nulidad de gran parte de los acuerdos, restringiéndose, así, la autonomía de la voluntad que en este ámbito se viene abriendo paso de un tiempo a esta parte[72].

También en esta línea se pronuncia la STS 315/2018, de 30 de mayo, referida a un pacto prematrimonial de renuncia a la pensión compensatoria, a la compensación *ex* art. 1438 CC, así como al uso del domicilio conyugal, y en la que, pese a tratarse de una renuncia recíproca —por ambos futuros cónyuges— se acaba cuestionando la existencia o no de igualdad[73]. En primera instancia, se declara nula tal renuncia por contrariar la igualdad, refiriendo la sentencia la precariedad económica en la que se encontraba la mujer tanto al momento de la firma como al momento de la ruptura. En cambio, recurrida en apelación, la Audiencia Provincial revoca la de instancia y tiene en cuenta el carácter disponible de la pensión compensatoria, de puro contenido económico, la autonomía de la voluntad y entiende que es un negocio jurídico válido en tanto que «no existe conculcación del derecho de igualdad de ambos cónyuges, pues, como se desprende de los autos ambos por edad, profesión y experiencia anterior, eran plenamente conscientes del acuerdo a que habían llegado de tipo económico, entre los dos, ante Notario, afectando sólo y exclusivamente a los mismos en el orden económico»[74]. En casación, interesa aquí atender al motivo que se refiere al derecho a la libertad, dignidad e igualdad, respecto a lo que el Alto Tribunal mantiene que «de lo declarado probado no puede deducirse atentado alguno a la igualdad, libertad o dignidad de Dña. Gloria, por el hecho de firmar pactos prematrimoniales, dado que lejos de percibirse un sometimiento al esposo o predominio del marido, lo que se evidencia es una relación de confianza en el que la esposa resulta beneficiaria de prestaciones».

72 Martínez Escribano, C., ob. cit., pp. 181 y ss., precisa que cuestión distinta sería que la desigualdad económica se produjese de forma espontánea y no como consecuencia de un pacto entre los cónyuges. También en esta postura cabe situar a Egea Fernández, J., ob. cit., p. 4561, quien defiende que «cuando los pactos no sean expresión de una comunidad de vida en igualdad de derechos, sino de una posición negociadora desigual fundamentada en el dominio o la imposición de una de las partes, los tribunales podrán intervenir restableciendo dicha igualdad (*v. gr.* art. 90 CC), con base en la concurrencia de error, dolo o intimidación o, en su caso, la mala fe o el abuso de derecho (art. 7.2 CC)».

73 Un comentario a esta STS 315/2018, de 30 de mayo, puede verse en Rodríguez Guitián, A. M., «Los pactos en previsión de crisis y los límites de su validez», en *Cuadernos Civitas de Jurisprudencia Civil*, núm. 109, 2019.

74 Como ya había afirmado en segunda instancia la SAP de Valencia 325/2017, de 6 de abril: «de admitirse la demanda quebraría el principio de libertad de pactos, permitiéndose que se pudiese firmar válidamente cualquier pacto, ante la seguridad de, más tarde, dejarlo sin efecto, pese a conocer plenamente la trascendencia y alcance del mismo».

Es más, en esta línea que vengo diciendo, hay incluso quienes consideran que la validez de aquellas cláusulas en virtud de la cuales se establece el pago de una indemnización por uno de los cónyuges al otro como consecuencia de la mera ruptura matrimonial solo habrá de rechazarse en la medida en que supongan un abuso de poder o una sumisión de uno de los cónyuges al otro, pues consideran que se trata de una medida esencialmente de carácter económico sin una naturaleza asistencial —aunque sí indemnizatorio, cabría alegar[75]—. Así, para QUICIOS MOLINA, en estos pactos que suponen una atribución patrimonial no exigida por la ley y cuyo único motivo es la ruptura matrimonial, no se ha de atender —dice— al principio de igualdad: cuando «se concede *ex novo* un derecho patrimonial a uno de los cónyuges por el otro con ánimo estrictamente liberal o con cierto carácter remuneratorio, se está ejerciendo la libertad de disposición en materia patrimonial sin que quede afectada la igualdad de los cónyuges [...] la reciprocidad derivada del principio de igualdad es ontológicamente imposible cuando los cónyuges celebran contratos entre sí con base en el art. 1323 CC»[76].

Y ese es el error: que el motivo no debe ser el mero hecho de la ruptura, sino, en su caso, el incumplimiento de algún deber conyugal, para que, así, no se trate de una penalización del divorcio, sino del incumplimiento de los deberes conyugales. En caso contrario, tales cláusulas son contrarias a la libertad e igualdad de los cónyuges. Es más, aun tratándose del incumplimiento de deberes conyugales, habría de respetarse el reiterado principio de igualdad o, acaso, ¿valdría penar la infidelidad de uno y no la del otro cónyuge? Eso, sustentado en la reciprocidad, solo podría estar justificado en casos muy evidentes en los que uno haya sido especialmente pendenciero.

Esa postura en torno al principio de igualdad —a la que nos venimos refiriendo— parece ser, además, la que adopta el Alto Tribunal en la —ya referida— STS 392/2015, de 24 de junio, que trae causa de un pacto prematrimonial ante notario, y más concretamente, de una de sus cláusulas que

---

75 En cambio, GASPAR LERA, S., «Acuerdos prematrimoniales sobre relaciones personales entre cónyuges y su ruptura: límites a la autonomía de la voluntad», en *Anuario de Derecho Civil*, núm. 3, 2011, p. 1055, interpreta la referida igualdad en el sentido de que la facultad de instar la separación o el divorcio no puede resultar —aun indirectamente— más gravosa para un cónyuge que para otro; y añade, además, que esta igualdad ha de ser entendida en términos de proporcionalidad, de forma tal que, atendiendo a los recursos de cada cónyuge, podrían establecerse cuantías diferentes en función de quién fuese el que instase la disolución, o, incluso, que, atendiendo a estos mismos parámetros, la indemnización solo se contemplase en el caso de que fuera el cónyuge con mayor capacidad económica el que instase el divorcio. Por su parte, MARTÍNEZ ESCRIBANO, C., ob. cit., p. 95, considera que, en el caso de que el fin de la indemnización fuese proteger los intereses económicos de uno solo de los cónyuges, entonces el pacto debería reconducirse al ámbito de la compensación por desequilibrio y no anudarse al mero ejercicio de la facultad de instar la separación o el divorcio, pues esta solo podría limitarse por igual para ambos esposos.

76 QUICIOS MOLINA, S., ob. cit, pp. 197 y 199.

establecía: «Que en el supuesto hipotético, de que su relación se deteriorara, y esto les llevara a solicitar la separación matrimonial, y con objeto de evitar entre ellos mutuas reclamaciones y contenciosos judiciales, acuerdan en este acto que el Sr. Cecilio abonará a la Sra. Tomasa, por todos los conceptos, y como renta mensual vitalicia la cantidad de mil doscientos (1200) euros».

En lo que respecta a la tan reiterada igualdad entre los cónyuges, considera el Tribunal que no queda cuestionada en tanto que: i) no resulta el pacto gravemente perjudicial para el recurrente, pues mantienen ambos cónyuges una saneada situación económica; ii) tampoco puede inferirse que uno de los cónyuges quede en situación de abuso de posición dominante ni que haya sumido al otro en una clara situación de precariedad; iii) no se aprecia que se haya impuesto una situación de sometimiento a una de las partes.

Me posiciono, en cambio, en contra de esa corriente que rechaza, en la actualidad, la posible existencia de un cónyuge más débil y, con ello, la idea de igualdad entre los mismos como límite a la autonomía de la voluntad. De lo contrario, de no aceptar esa existencia de un cónyuge más débil y su correspondiente protección, estaríamos rehusando la idea de igualdad proporcional, de justicia, así como tantas normas que, precisamente en materia de nulidad, separación y divorcio, se refieren a la protección del cónyuge más débil. No contemplar ese límite de igualdad proporcional, de justicia, amén de ilegal —e inconstitucional—, sería inmoral. Y, para considerar a uno de los cónyuges como la parte más débil no es necesario, ni tan siquiera, que exista el referido abuso de poder o dependencia. No hace falta llegar tan lejos. Habrá un cónyuge más débil que el otro, por ejemplo, si hay una clara diferencia económica o patrimonial entre ambos (*v. gr.* uno trabaja fuera de casa y el otro se dedica al hogar; uno es rico y el otro no; o ambos trabajan, pero con diferencias notables de sueldo, etc.).

4.3.2. El control de lesividad a realizar por el notario

Como apunta Parra Lucán, «hay razones que explican que en el ámbito de la familia sea necesaria la intervención de autoridades y, señaladamente, del juez, con más frecuencia que en otras ramas del Derecho» y ello en tanto que —dice— las relaciones jurídicas familiares determinan a otros efectos la posición de la persona en la sociedad y el acceso a situaciones en las que el Estado tiene un interés[77].

Es necesario, en este punto, acudir al art. 90.2 CC, en virtud del cual los acuerdos de los cónyuges adoptados para regular las consecuencias de la nulidad, separación y divorcio, serán aprobados por el juez «salvo si son dañosos para los hijos o gravemente perjudiciales para uno de los cónyuges».

---

77 Parra Lucán, M. A., *La autonomía privada en el derecho civil*, Universidad de Zaragoza, Zaragoza, 2018, pp. 32-33.

Asimismo, cuando los cónyuges formalizasen los acuerdos ante el letrado de la Administración de Justicia o notario y estos considerasen que, a su juicio, alguno de ellos pudiera ser dañoso o gravemente perjudicial para uno de los cónyuges o para los hijos mayores o menores emancipados afectados, lo advertirán a los otorgantes y darán por terminado el expediente. Todo esto no deja de ser un reflejo de los principios constitucionales de protección de los hijos e igualdad conyugal (arts. 39 y 32 CE)[78]. Un control que, al igual que se prevé para el convenio regulador, también debe de existir para el pacto prematrimonial. Así lo mantiene la STS 392/2015, de 24 de junio, cuando afirma: «no existe prohibición legal frente a los denominados pactos prematrimoniales, debiendo ponerse el acento en los límites a los mismos, que están en la protección de la igualdad de los cónyuges y en el interés de los menores, si los hubiere, pues, no en vano, el art. 90.2 del C. Civil establece como requisito para los convenios reguladores, aplicable por analogía en ese caso, para su aprobación, que no sean dañosos para los menores o gravemente perjudiciales para uno de los cónyuges. En igual sentido el art. 39 de la Constitución cuando establece la protección de la familia y de la infancia».

Hay quienes, como Aguilar Ruiz[79], consideran la previsión del art. 90.2 como un sesgo, en la legislación vigente, de la función reequilibradora del Derecho en aquellos casos en que la desigualdad (económica, psicológica, etc.) entre los esposos justifique una cierta tutela de la parte débil de la relación. En la jurisprudencia, por su parte, ya la SAP de Madrid de 6 de marzo de 1998, en relación con las cláusulas que afectan exclusivamente a los cónyuges, se refiere a ese control judicial como una reminiscencia histórica, latiendo la idea de la debilidad de la esposa: «Es difícilmente concebible, en el vigente estado de nuestro ordenamiento jurídico, la fiscalización por los órganos jurisdiccionales de las cláusulas que tengan una repercusión directa y exclusiva sobre los propios cónyuges. En efecto, y a salvo de aquellas hipótesis en que las mismas fueran contrarias a las leyes, a la moral o al orden público, parece dicha previsión legal una obsoleta reminiscencia de épocas no lejanas, se establecían claras discriminaciones legales por razón de sexo y matrimonio, en perjuicio de la esposa, y en la que, en el fondo, se atisba un intento protector a través del precepto estudiado, precisamente por su hipo-

---

78 Así lo mantiene Díaz Martínez, A., «Comentario al art. 90 CC», en *Comentarios al Código Civil,* t. I, Tirant lo Blanch, Valencia, 2013, p. 888; en p. 907, se refiere, asimismo, a la opinión cada vez más mayoritaria en pro de la supresión del control judicial de los pactos perjudiciales para uno de los esposos o, en su defecto, la limitación de tal control a las cláusulas que afecten a derechos fundamentales. En el mismo sentido, Alfonso Rodríguez, M. E., «Comentario al art. 90 CC», en *Código Civil comentado*, vol. I, Civitas, Navarra, 2016, p. 505.

79 Aguilar Ruiz, L., «Pacto prematrimonial de fijación de indemnización por ruptura de la convivencia a favor de la esposa. Límite a la autonomía de la libertad de los cónyuges, principio de igualdad y exigencia de reciprocidad», en *Revista de Derecho Patrimonial,* núm. 33, 2014, p. 427.

tética menor capacidad jurídica. Sin embargo, tales discriminaciones han quedado ya claramente superadas por el desarrollo legislativo ordinario del artículo 14 de la Constitución, lo que deriva en la práctica inaplicabilidad del referido control judicial, en tanto el convenio no traspase los límites consagrados por el artículo 1255 del Código Civil». En cambio, la misma sentencia diferencia de las anteriores aquellas otras cláusulas que puedan afectar a los hijos menores de edad, respecto a los cuales sí defiende el referido control[80]: «Perspectivas claramente distintas, por lo ya anticipado, se ofrecen en los casos en que el convenio afecta a los hijos menores de edad del matrimonio, pues la protección de sus intereses se manifiesta como prioritaria, de conformidad con el principio del "favor filii" que consagra el artículo 39 de la Constitución y desarrollan, a nivel de ordinaria legalidad y en lo que concierne a la litis matrimonial, los artículos 92, 93, 94 y 96 del Código Civil, que, en definitiva, hacen prevalecer los derechos de quienes no tienen una plena aptitud jurídica sobre la de sus progenitores, excluyendo los pronunciamientos judiciales que a los mismos se refieren de la rigidez impuesta, a nivel general en toda litis civil, por los principios de rogación y congruencia».

También Pérez Hereza[81] propone que el control del notario al respecto debe estar presidido por el principio de mínima intervención, proponiendo que se refiera más a lo que afecte a los hijos que a lo que ataña a los cónyuges, entre quienes ha de prevalecer —dice— el principio de libertad, aun en el caso de que se pacten derechos desiguales entre ellos. Olvida, con ello, que hace ya tiempo se exige la observancia de la igualdad entre cónyuges en materia de capitulaciones matrimoniales (art. 1328 CC); y que, ahora, idéntica observancia habrá de darse en los convenios notariales de separación y divorcio. Porque, más allá del art. 1255 CC, que limita cualquier pacto a la ley y a la moral, y de la posible analogía con el art. 1328 CC, el propio art. 90.2 CC así lo impone expresa y específicamente en su redacción actual, intencionadamente frente a la inicial proyectada —como se verá más adelante—. Cualquier otra interpretación reduccionista o relajada que quiera hacerse de dicha norma no será otra cosa que hacer apología de la rebeldía al mandato legal.

Frente a esa postura que acabo de referir, contraria al control de los pactos atinentes a los cónyuges, considero que ese mismo control por parte del juez, del letrado de la Administración de Justicia o del notario —ese límite, en definitiva, a la autonomía de la voluntad— debe aplicarse, asimismo, a los

80 Barrio Gallardo, A., ob. cit., p. 59, defiende que lo pactado será válido y vinculará a las partes, pero, respecto de los hijos a cargo, quedará su eficacia suspendida hasta que se supere el control: «Ante la presencia de un fuerte interés público —la protección de persona que no pueden valerse por sí con plena autonomía— la intervención estatal, encargada en la potestad jurisdiccional, operará como *conditio iuris* del convenio».

81 Cerdeira Bravo de Mansilla, G., «Separaciones y divorcios por mutuo acuerdo ante notario, en España...», ob. cit., pp. 72 y ss.

pactos referidos a los cónyuges. No se puede caer en el error del prejuicio sexista o feminista que lleva a siempre creer que el cónyuge más débil es la mujer. Tradicionalmente, ha sido así, pero no tiene por qué serlo ahora. La debilidad que el Código Civil contempla, por innegables razones constitucionales de justicia, de igualdad proporcional, no es por el sexo, sino por cualquier otra condición —como ya se ha advertido— y que puede ser de tipo económica, social, de formación profesional, etc.

Como mantenía CERDEIRA BRAVO DE MANSILLA[82], «el matrimonio no es un contrato, o al menos, no un contrato más, sino un contrato tan *sui generis*, que resulta incomparable con los demás contratos». Y en apoyo de su tesis, recuerda cómo ni el mutuo disenso ni el desistimiento unilateral que rige en algunos contratos han de estar declarados por un juez; en cambio, la separación y el divorcio sí necesitan del pronunciamiento de un juez —o, ahora, también de un letrado de la Administración de Justicia o notario—. Esa labor de control y de investigación de la situación familiar por parte del juez —dice— ya existía en la Ley de 1981 en normas que, o bien no han sido alteradas en la Ley de 2005 (*v. gr*. arts. 90 a 107), o que lo han sido para, precisamente, asegurar ese control judicial en aras del interés familiar en general y del más débil en particular (*v. gr.*, el de los hijos *ex* art. 92 CC, sobre guarda compartida).

También CARRIÓN GARCÍA DE PARADA[83], a colación de las primeras ocasiones en las que se comenzó a hablar del divorcio notarial, mantenía que la voluntad común de los cónyuges no podía ser suficiente, *per se*, para la disolución del matrimonio, sino que debía exigirse la intervención de una autoridad extraña a los cónyuges, que declarase y supervisase la referida disolución, evitando, así, que se trate de una decisión precipitada y, sobre todo, a fin de asegurar la preservación de los derechos e intereses de los más débiles. Sin embargo, y en relación con esto último, defendía que «ese control ha de ser muy restringido en lo que atañe a los cónyuges, la autoridad debería limitarse a controlar la legalidad de tales acuerdos, y, sólo si el legislador expresamente lo impusiese, a velar para que no fuesen perjudiciales a ninguno de ambos cónyuges». La cuestión es —añado— que, en nuestro caso, lo exige el legislador del Código Civil en el referido art. 90.2 CC, a diferencia de lo que ocurre, por ejemplo, con el legislador catalán[84].

---

82 CERDEIRA BRAVO DE MANSILLA, G., «Divorcio a la española», en *Estudios jurídicos en homenaje al profesor Enrique Lalaguna Domínguez*, t. I, Universidad de Valencia, Valencia, 2008, pp. 270-271.

83 CARRIÓN GARCÍA DE PARADA, P., «El divorcio ante notario», ob. cit. *Vid.*, asimismo, del mismo autor, «Separación y divorcio consensual», en *La reforma de la justicia preventiva: seminario organizado por el Consejo General del Notariado en la UIMP* (coord. MARÍN ROMERO, J. C.), Civitas, Madrid, 2004, pp. 390-519.

84 También PÉREZ GALLARDO, L., «El divorcio por mutuo acuerdo ante notario: mitos y tabúes», en *Revista de Derecho Privado*, núms. 1-2, 2007, pp. 65-103, defendió que el control del

En definitiva, sigue siendo necesaria la protección del más débil, ya sean los hijos o los propios cónyuges. Así lo sigue considerando el legislador. Una prueba de ello la tenemos en una reciente reforma legislativa que ha afectado, precisamente, al art. 90.2 CC. Veámoslo.

Me estoy refiriendo a la Ley de Jurisdicción Voluntaria. El Proyecto de Ley, que se publicó en el Boletín Oficial de las Cortes Generales (Congreso de los Diputados) el 5 de septiembre de 2014, contemplaba la modificación del art. 90.2 CC: tras disponer que «Los acuerdos de los cónyuges adoptados para regular las consecuencias de la nulidad, separación y divorcio presentados ante el órgano judicial serán aprobados por el Juez salvo si son dañosos para los hijos o gravemente perjudiciales para uno de los cónyuges», en el párrafo tercero, establecía que «cuando los cónyuges formalizasen los acuerdos ante el Notario y este considerase que, a su juicio, alguno de ellos pudiera ser dañoso o gravemente perjudicial para uno de los cónyuges o para los hijos afectados, lo advertirá a los otorgantes, quienes expresamente deberán consentir estos acuerdos y dejará constancia en la escritura de haber hecho tal advertencia y del consentimiento prestado».

Este último párrafo fue arduamente criticado por CERDEIRA BRAVO DE MANSILLA[85]. Consideró el autor que el control del notario debía alcanzar también los referidos extremos. El control del notario no puede limitarse a una «legalidad mal entendida», que no se encuentre íntimamente unida a la equidad o a la moral (*cfr.* arts. 3.2 y 1255 CC). Esa legalidad no se entiende si no alcanza, por una parte, la protección de los hijos dependientes económicamente —aunque emancipados— y, por otra parte, la protección de los propios cónyuges. Es más, el notario ya venía haciendo esto último con ocasión de las capitulaciones matrimoniales, pues consecuencia del art. 1328 CC el notario debía controlar que en los pactos alcanzados por las partes hubiera equilibrio y se respetase la igualdad entre los cónyuges. En definitiva, el notario debe proteger, velar por los intereses de la parte más débil del negocio del que da fe pública (*cfr.* arts. 1 y 147 RN)[86]. En el referido supuesto, la fe pública venía referida al convenio regulador, y aunque los hijos no podríamos considerarlos estrictamente partes del mismo, no dejan de ser terceros directamente afectados (arts. 6.2 y 19.1 LEC).

De haberse mantenido aquella propuesta inicial, en virtud de la cual —como he apuntado— se podía otorgar el instrumento público con una mera advertencia y consentimiento por los intervinientes, ello hubiera supuesto una acuciada desigualdad y, con ella, una indefensión que podría haber conllevado incluso

notario en el divorcio cubano debía ser doble: tanto de legalidad, como de justicia y equidad.

85 CERDEIRA BRAVO DE MANSILLA, G., «Separaciones y divorcios por mutuo acuerdo ante notario, en España...», ob. cit., pp. 69 y ss.

86 *Vid.* PÉREZ DE MADRID CARRERAS, V., ob. cit., p. 76.

la inconstitucionalidad de la propuesta[87], si se compara con el tratamiento que recibía, en aquella propuesta, la intervención del juez. Así, respecto a la intervención judicial, en virtud del entonces primer párrafo del art. 90.2 CC —que hoy permanece indemne—, se establecía «los acuerdos de los cónyuges adoptados para regular las consecuencias de la nulidad, separación y divorcio presentados ante el órgano judicial serán aprobados por el juez salvo si son dañosos para los hijos o gravemente perjudiciales para uno de los cónyuges», para continuar diciendo en párrafos sucesivos que «la denegación de los acuerdos habrá de hacerse mediante resolución motivada y en este caso los cónyuges deberán someter, a la consideración del juez, nueva propuesta para su aprobación, si procede». Así pues, en aquella propuesta, el juez, a diferencia del notario, sí podía rechazar la propuesta de convenio en el mismo caso en que el notario solo podía advertir a las partes, sin posibilidad de negarse a escriturar.

Tales críticas al Proyecto tuvieron su eco en la tramitación parlamentaria, hasta el punto de que —afortunadamente— se corrigió aquella propuesta, de forma que, en la aprobación definitiva de la Ley de Jurisdicción Voluntaria, el art. 90.2 CC, en su tercer párrafo, decía «cuando los cónyuges formalizasen los acuerdos ante el Secretario judicial o Notario y éstos considerasen que, a su juicio, alguno de ellos pudiera ser dañoso o gravemente perjudicial para uno de los cónyuges o para los hijos mayores o menores emancipados afectados, lo advertirán a los otorgantes y darán por terminado el expediente. En este caso, los cónyuges sólo podrán acudir ante el Juez para la aprobación de la propuesta de convenio regulador»[88]. Y, en el mismo sentido, se pronuncia el art. 777.10.III LEC cuando se trata de una separación o divorcio de mutuo acuerdo tramitado ante el letrado de la Administración de Justicia.

Así —como mantiene Cerdeira—, con tal modificación, propiciada —como he advertido— por las fundadas críticas del autor en contra de lo previsto en el Proyecto, se asegura la constitucionalidad de la Ley de Jurisdicción Voluntaria y —en lo que a nosotros, aquí, nos interesa— se asegura la justicia mediante la salvaguarda de los más débiles en el proceso de separación

87 *Vid*. Cerdeira Bravo de Mansilla, G., «Separaciones y divorcios por mutuo acuerdo ante notario, en España...», ob. cit., pp. 71 y 72, quien continúa diciendo que el hecho de que se trate de una cuestión de jurisdicción voluntaria, con una propuesta de acuerdo, no es obstáculo que exista un control de legalidad pleno, ya se deje este último en manos del notario, del juez o del letrado de la Administración de Justicia.

88 Tras la reciente reforma por la Ley 17/2021, de 15 de diciembre, de modificación del Código Civil, la Ley Hipotecaria y la Ley de Enjuiciamiento Civil, sobre el régimen jurídico de los animales, el referido párrafo ha pasado a ser el cuarto del art. 90.2 CC, disponiendo actualmente lo siguiente: «Cuando los cónyuges formalizasen los acuerdos ante el letrado de la Administración de Justicia o notario y éstos considerasen que, a su juicio, alguno de ellos pudiera ser dañoso o gravemente perjudicial para uno de los cónyuges o para los hijos mayores o menores emancipados afectados, o gravemente perjudiciales para el bienestar de los animales de compañía, lo advertirán a los otorgantes y darán por terminado el expediente. En este caso, los cónyuges sólo podrán acudir ante el juez para la aprobación de la propuesta de convenio regulador».

o divorcio, por más que el mismo sea de mutuo acuerdo: tanto de los hijos como de los propios cónyuges —de los más débiles, en definitiva—.

Es, pues, esta —como he apuntado— una razón más para justificar el necesario control de legalidad y de justicia o equidad por parte del notario, a fin de proteger a la parte más débil de la relación, pues así se prevé expresamente en el actual art. 90.2 CC, frente a lo que se mantenía en el Proyecto[89], y así se debe entender aplicable también por interpretación extensiva —que no analógica— en materia de pactos prematrimoniales. Hay *eadem ratio*. Absurdo sería que, en caso de divorciarse, fueran al mismo notario que homologó el acuerdo previo, y sea ahora cuando deba hacer ese control de equidad, y no antes, y ahora se niegue a homologar lo que él mismo homologó antes.

A ese control de lesividad, que se contempla en el art. 90.2 CC, se refiere la reciente STS 364/2023, de 13 de marzo, afirmando que los acuerdos que incluyen la renuncia a la pensión compensatoria o a la compensación por trabajo doméstico pueden formar parte de los convenios reguladores, los cuales han de someterse al «control de lesividad» del art. 90.2 CC, control que «resultaría también aplicable a los pactos prematrimoniales que incluyan contenido propio de un convenio regulador». Y continúa diciendo la referida sentencia: «Por la excepcionalidad con la que se regula, es evidente que la lesividad no puede apreciarse sin más por el hecho de que se renuncie a derechos que corresponderían legalmente en caso de no existir renuncia, pero que se configuran por el legislador como derechos disponibles»[90].

4.3.3. Alcance del control de lesividad o equidad en relación con los cónyuges

Más allá de la conclusión a la que he llegado en el apartado anterior, otra cuestión podría ser hasta dónde ha de llegar ese control. O, dicho de otra forma, hasta qué punto el perjuicio a uno de los cónyuges puede llevar al juez o al notario a denegar lo acordado voluntariamente por los cónyuges. Ese control a realizar por el juez —o por el notario o el letrado de la Administración de Justicia—, en virtud de lo dispuesto en el art. 90.2 CC, tiene

89 Pese a todo cuanto se ha argumentado, PÉREZ HEREZA, J., «La separación y divorcio notarial», en *El Notario del siglo XXI*, núm. 663, 2015, p. 24, defiende que el control del notario al respecto debe ser mínimo y, en cualquier caso, referido más a lo que afecte a los hijos que a los cónyuges, respecto a los que considera que ha de prevalecer el principio de libertad, aun pactándose derechos desiguales.

90 En relación con el caso concreto, dice la referida sentencia: «En el momento de celebrarse el pacto, por tanto, partiendo del reconocimiento de la cualificación y capacidad de ambos, y en consecuencia de la posibilidad de obtención de ingresos propios y de la voluntad de mantener esa situación independientemente de la cuantía de sus patrimonios, la renuncia preventiva no puede considerarse lesiva para la esposa. En el caso, tampoco se perjudican los intereses del hijo común, que quedan garantizados por los alimentos reconocidos a su favor».

especial incidencia en las medidas atinentes a los hijos del matrimonio. Sin embargo, ciertamente es posible que sea más difícil de delimitar el alcance de ese control en relación con las medidas atinentes únicamente a los propios cónyuges.

En relación, por ejemplo, con la renuncia anticipada a la pensión compensatoria —acuerdo por antonomasia de los pactos prematrimoniales—, y como ya he adelantado anteriormente, hay autores que directamente descartan la necesidad de homologación o aprobación del acuerdo de renuncia a la referida pensión llegado el momento de la crisis familiar; así, REBOLLEDO VARELA señala que «el eventual perjuicio que en el futuro pudiera producirse para el cónyuge renunciante no sería consecuencia sino de una determinación adoptada de manera libre, meditada y deliberada por quien siendo titular de su propio patrimonio puede disponer de él libremente»[91]. En definitiva, defienden que no es necesario el control del juez, notario o letrado de la Administración de Justicia, a fin de determinar si es —o no— gravemente perjudicial para uno de los cónyuges.

Esta última parece ser también la posición adoptada tanto por algunas sentencias de la jurisprudencia menor que se han pronunciado sobre el particular[92], como por la Dirección General de Seguridad Jurídica y Fe Pública que, en distintas resoluciones, ha considerado que los pactos de renuncia a la pensión compensatoria no requieren homologación judicial para ser inscritos en el Registro. Concretamente, la RDGRN de 10 de noviembre de 1995[93]

---

91 REBOLLEDO VARELA, A. L., ob. cit., pp. 749 y 752.

92 La SAP de Valladolid 132/2002, de 13 de mayo, referida a una renuncia anticipada a la pensión compensatoria tanto en documento privado como en capitulaciones matrimoniales, afirma: «con independencia de que los mismos no hayan sido sometidos a la aprobación judicial, la voluntad que expuso a través de los documentos la demandada la vinculan, pues a diferencia de los alimentos, que son irrenunciables, no ocurre lo mismo con la pensión compensatoria»; la SAP de Córdoba 40/2003, de 11 de febrero, que trae causa de un acuerdo elevado a escritura pública pero que no llegó a ser homologado judicialmente, dice: «si bien la Jurisprudencia del TS e incluso la DGRN, ha afirmado [...] que los acuerdos entre los cónyuges para regular situaciones de crisis matrimonial son válidos [...] siempre quedan al margen de la autonomía de la voluntad, necesitando de la pertinente aprobación judicial, aquellos pactos ajenos a las meras cuestiones económicas y patrimoniales exclusivamente, afectantes a los esposos, o en especial aquellos pactos que afecten a los hijos o que incidan sobre aspectos que de modo expreso quedan sustraídos por la especial naturaleza pública y privada de todo negocio jurídico familiar a la autonomía de la voluntad [...] aun cuando el citado acuerdo de 1992 no fuera judicialmente aprobado de una forma previa al presente proceso de divorcio, claro es, por la especial naturaleza indemnizatoria de dicha pensión compensatoria [...] la misma en principio participa totalmente del principio de la autonomía de la voluntad».

93 Tal resolución trae causa de un acuerdo, en escritura pública, por el que el marido cede a la mujer una serie de bienes en pago de la pensión compensatoria fijada en un convenio anterior, dándose la mujer por «totalmente pagada de cuantas cantidades pudieran corresponderle en concepto de pensión compensatoria, comprometiéndose a nada más pedir ni reclamar por dicho concepto».

plantea el impedimento que supone el art. 90 CC («los acuerdos de los cónyuges [...] serán aprobados por el Juez salvo si son [...] gravemente perjudiciales para uno de los cónyuges») a efectos de incluir la pensión compensatoria en el ámbito del autonomía de la voluntad, y, al respecto, considera que «existen importantes razones que obligan a concluir que esa aprobación judicial no se ha de predicar respecto de todos los acuerdos recogidos en el convenio regulador sino, exclusivamente, de los que afectan a los hijos o de aquellos que de modo expreso quedan sustraídos a la autonomía de la voluntad, como el eventual derecho de alimentos»[94].

En cambio, una posición más moderada mantienen Aguilar Ruiz y Hornero Méndez, quienes, refiriéndose a la renuncia a la pensión compensatoria, consideran que la misma deberá ser homologada por el juez —o, en la actualidad, añadiríamos o aprobada por el notario o el letrado de la Administración de Justicia—, que deberá validarla siempre que no sobrepase los límites previstos legalmente, respete el interés general y no conlleve grave perjuicio a terceros[95].

Y en esa última línea me sitúo. Es necesario, en cualquier caso, el control de legalidad, de justicia, de equidad, que lleva a cabo el juez, el notario o el letrado

94 Entre las consideraciones que emplea la RDGRN de 10 de noviembre de 1995, valga destacar las siguientes:
«7.ª Que el tenor literal del artículo 90, D del Código Civil llevaría a exigir igualmente la necesaria aprobación judicial para la eficacia de la liquidación del régimen económico matrimonial pactada durante la tramitación de la separación o divorcio, lo cual no resulta congruente con el derecho de los cónyuges para, en cualquier momento (y, por tanto, también durante la tramitación de la separación o el divorcio), pactar el régimen de separación de bienes (*cfr.* artículos 1315 y 1326 CC) y la consiguiente liquidación del anterior consorcio conyugal.
8.ª Por otra parte, si se analiza la regulación del procedimiento previsto para la tramitación de las peticiones de separación y divorcio, contenido en las propias disposiciones adicionales de la misma Ley 30/1981, de 7 julio, en especial, la disposición adicional sexta que regula el trámite para las separaciones y divorcios solicitados de mutuo acuerdo, se advierte claramente en los números 6 y 7 de dicha disposición, que la aprobación judicial no se predica respecto de todos los acuerdos a que se refiere el artículo 90 del Código Civil sino exclusivamente de los acuerdos relativos a los hijos [...].
9.ª Que la frase *gravemente perjudicial para uno de los cónyuges* del párrafo segundo del artículo 90 del Código Civil, mantiene pleno sentido aun cuando la aprobación judicial se contraiga a los acuerdos relativos a los hijos, pues no cabe asegurar los intereses de los hijos con grave detrimento de uno solo de los cónyuges».
Doctrina que es reiterada posteriormente por las RRDGRN de 1 de septiembre de 1998 o de 5 de febrero de 2003, así como por las SSAP de La Coruña 28/2003, de 10 de febrero; Córdoba 40/2003, de 11 de febrero; o Barcelona 268/2006, de 28 de noviembre.

95 Aguilar Ruiz, L. y Hornero Méndez, C., ob. cit., p. 42. Cuestión distinta es que —apuntan— en la realidad, pese a la validez teórica de estos pactos, su posterior eficacia procesal queda condicionada por una elevada discrecionalidad judicial, que frecuentemente declara la inaplicación del pacto basándose en argumentos tales como la existencia de vicios del consentimiento, la contravención de los límites a la autonomía de la voluntad, el grave perjuicio para el cónyuge renunciante, etc.

de la Administración de Justicia y que yo defiendo que ha de hacer el notario al momento del otorgamiento del pacto prematrimonial. Ese control, tendente a evitar el «grave perjuicio» de uno de ellos en estos casos —considero—, está íntimamente unido a la igualdad contemplada tanto en el Código Civil como en la Constitución Española. Es cierto que tal igualdad se cuidará especialmente que exista en las medidas de carácter personal, pero ello no obsta a que en las de tipo patrimonial también tenga incidencia.

En estas últimas —medidas de tipo patrimonial que afectan exclusivamente a los cónyuges— el juez o el notario se amparará especialmente en el perjuicio a uno de los cónyuges para denegar la aprobación del pacto cuando la medida en cuestión tenga un contenido asistencial (fundamentalmente, la vivienda familiar, los alimentos entre cónyuges y —más discutida— la pensión compensatoria)[96]. Así parece entenderlo también la SAP de Cantabria 499/2020, de 21 de septiembre, cuando, a colación de una renuncia anticipada a la pensión compensatoria realizada en capitulaciones matrimoniales, mantiene: «Si las partes deben cumplir el negocio jurídico concertado según el principio de la autonomía de la voluntad, en el propio art. 1255 CC se encuentra los límites para su eficacia. Pero cuando, como aquí ocurre, no se ha justificado la ausencia o la invalidez de ninguno de sus requisitos esenciales [...] o no puede considerarse que el sistema de actualización pactada es contrario a la ley, moral o al orden público, no puede el juez, con el argumento de no estimar equitativo el sistema pactado, alterar el régimen de libre disposición que ha llevado al acuerdo que se acompañan de una motivación de su sentido y finalidad».

En cualquier caso, no será necesaria una situación de abuso de poder o sumisión de un cónyuge al otro para que entre en funcionamiento este límite, sino que la desigualdad que se pretende salvar puede presentarse —como ya he defendido— simplemente ante un desequilibrio económico o de formación profesional[97].

Esta es la línea, además, que sigue, en cierta medida, el Derecho foral de Cataluña, en tanto que contempla expresamente la ineficacia de lo acordado por los cónyuges respecto a la vivienda familiar y la pensión compensato-

96 Nótese que, aunque yo defiendo que la pensión compensatoria no tiene, ni tan siquiera en parte, carácter asistencial, la STS 392/2015, de 24 de junio, llega a plantearse que dejar sin medios para subsistir a un excónyuge en virtud de lo pactado podría considerarse que atenta contra el orden público si implicase la necesaria intervención del erario público. A lo que añado: ¿En ese caso, no tiene a su disposición los alimentos entre parientes? En la misma posición que yo mantengo, se sitúa también Hijas Cid, E., ob. cit., quien defiende que estos pactos de renuncia anticipada a la pensión compensatoria deben vincular al juez en base a los principios de seguridad jurídica y de la prohibición de ir contra los actos propios.

97 En contra, Pérez Hereza, J., «La autonomía...», ob. cit., p. 565, quien afirma que está consolidada la posición que limita la aprobación judicial al papel de mera homologación negando al juez una función fiscalizadora de la equidad de los pactos patrimoniales.

ria en cuanto que comprometa la posibilidad de atender a las necesidades básicas del cónyuge beneficiario o acreedor (*cfr.* arts. 233-21.3 y 233-16.2 CCcat.)[98]. Cabe apuntar que ambas medidas, en la regulación catalana, sí que tienen carácter asistencial.

Cuestión distinta sería que el grave perjuicio que el pacto provoca en uno de los cónyuges se deba a una variación de las circunstancias que se tomaron en consideración al momento del pacto. En estos casos el pacto podrá ser considerado ineficaz; así lo prevé en Cataluña el art. 231-20.5 CCcat., y así lo considero yo también respecto al derecho civil común, aun no estando previsto expresamente en nuestro ordenamiento jurídico, por aplicación de la cláusula *rebus sic stantibus*.

98 El art. 233-16.2 CCcat., es considerado por PUIG BLANES, F. P., «Comentario al art. 233-16», en *Comentarios al Código Civil de Cataluña*, Civitas, Cizur Menor (Navarra), 2020, p. 414, como una norma protectora de la parte más débil que, incluso habiendo renunciado a la prestación, y aunque ello conlleve no mantener su nivel de vida, siempre verá cubiertas sus necesidades básicas.

CAPÍTULO 24

EMPRESA FAMILIAR Y RIESGOS DERIVADOS DEL RÉGIMEN ECONÓMICO MATRIMONIAL DEL GANANCIALES Y DE LA CONVIVENCIA COMO PAREJA DE HECHO DE LOS SOCIOS. EL PAPEL DE LOS PROTOCOLOS FAMILIARES

Ignacio Gallego Domínguez
Catedrático de Derecho Civil
Universidad de Córdoba

Sumario:

I. Introducción a la empresa familiar y al protocolo familiar

Las empresas familiares constituyen la base de la organización económica de nuestro país y representan la mayor fuente de riqueza y empleo. Según datos ofrecidos por el Instituto de la Empresa Familiar, las empresas familiares representan aproximadamente el 90 % del tejido empresarial, generando casi el 70 % del empleo total y facturando aproximadamente el 60 % del PIB[1] en España.

1 https://www.iefamiliar.com/empresafamiliar/ (fecha de consulta 15 mayo 2024).

Ni el Derecho Civil, ni el Derecho mercantil definen qué debemos entender por empresa familiar, a pesar de ser una realidad considerada, con mayor o menor extensión, como ocurre en normas concretas. Así, por ejemplo, el art. 1056.2 del Código Civil, el art. 1347.5.° CC, el art. 1352 CC, el art. 1406.2.° CC, el Real Decreto 171/2007, de 9 de febrero, por el que se regula la publicidad de los protocolos familiares ...

Diversas normas fiscales contemplan ciertos beneficios para las empresas familiares, delimitando qué debe entenderse por tales. Nos referimos a la exención en el Impuesto sobre el Patrimonio[2] —e indirectamente en el Impuesto de Solidaridad sobre las grandes Fortunas[3]—, y a la bonificación en la base imponible del Impuesto sobre Sucesiones y Donaciones[4].

Podemos entender que estaremos ante una empresa familiar, en aquellos casos en los que quepa identificar una empresa cualquiera que sea su forma jurídica —sea una sociedad civil o mercantil, incluso una empresa individual—, en la que la propiedad pertenece a la familia, en un porcentaje tal que le permita gobernar la misma, y efectivamente lo haga, existiendo una voluntad del o los propietarios de que la empresa permanezca en manos de familiares más allá de la generación actual[5]. PÉREZ-SERRABONA GONZÁLEZ[6], con referencia más directa a la sociedad (empresa) familiar, señala que será aquella en la que «la titularidad de una parte significativa de su capital social, que les permite el control de decisión, pertenece a una o varias familias (entendiendo ahora este concepto como personas vinculadas por lazos de consanguinidad o afecto) y cuyos miembros intervienen de forma directa o indirecta, en la administración y gestión del negocio de una manera activa, siendo su voluntad (que quedará condicionada a que la de quienes les sucedan quieran recibirla) la de transmitirla de modo que no salga del grupo familiar».

En el seno de las familias empresarias, podemos encontrar los denominados protocolos familiares, que tienden a sentar las bases de conviven-

2 *Vid.* art. 4.8 de la Ley 19/1991, de 6 de junio, del Impuesto sobre el Patrimonio.

3 *Vid.* art. 3, cuatro de la Ley 38/2022, de 27 de diciembre, por la que se crea el impuesto temporal de solidaridad de las grandes fortunas, prorrogado por la Disp. Adic. Quinta del Real Decreto-ley 8/2023, de 27 de diciembre.

4 Art. 20.2c y 20.6 de la Ley 29/1987, de 18 de diciembre, del Impuesto sobre Sucesiones y Donaciones y normas autonómicas.

5 Hemos tenido ocasión de ocuparnos del concepto de empresa familiar en otros lugares, por todos, GALLEGO DOMÍNGUEZ, I., «La empresa familiar. Su concepto y delimitación jurídica», en *Estudios de Derecho Civil en homenaje al profesor Joaquín José Rams Albesa*, coord. por M. CUENA CASAS, L.A. ANGUITA VILLANUEVA y J. ORTEGA DOMÉNECH, Dykinson, Madrid, 2013, págs. 1331 y 1332.

6 PÉREZ-SERRABONA GONZÁLEZ, J.L., «El concepto de "empresa" y de "empresa familiar". ¿Una cuestión doctrinal?, en *Cuestiones civiles y mercantiles en la empresa familiar*, coordinado por I. GALLEGO DOMÍNGUEZ, La Ley, Madrid, 2022, pág. 424.

cia de los familiares y de la empresa o empresas familiares, en la práctica sociedades, y de modo particular el relevo generacional. En otro lugar hemos definido el protocolo familiar como el «pacto o acuerdo en el que los componentes de una familia, vinculados con una empresa familiar en la actualidad, o que se espera lo estén en el futuro, se proponen regular las relaciones entre familia, propiedad y gestión, entre familia, propiedad y empresa, los tres círculos a los que se refirieron, con su famoso modelo, RENATO TAGIURI y JOHN DAVIS. En el protocolo familiar, los familiares interesados en la empresa, libre y voluntariamente —no es obligatorio celebrar un protocolo familiar, ni existe un contenido predeterminado—, dictan las normas que entienden apropiadas a su familia y a su empresa para mantener el equilibrio entre los tres ámbitos antes señalados, evitando la confusión de los mismos, lo que ayudará a un adecuado desarrollo en la vida de la empresa y facilitará el cambio generacional. En previsión de futuros problemas que puedan surgir en el seno de la empresa dan u ofrecen cauces de solución a los mismos. El Leitmotiv del protocolo es regular la relación de los familiares con la empresa familiar, favoreciendo el entendimiento y una adecuada convivencia, con la finalidad de la conservación de la empresa en el seno de la familia más allá de la presente generación. Es un instrumento que ayuda a la cohesión familiar, a la plasmación y toma de conciencia de los valores que defiende cada familia y al orgullo de la pertenencia a una familia empresaria»[7].

El protocolo familiar es un negocio complejo, que englobará simples pactos de caballeros o de conciencia, junto a verdaderas obligaciones que asumen los firmantes. Su ejecución requerirá, en su caso, modificaciones estatutarias, reestructuraciones societarias, transmisión de acciones o participaciones entre ramas familiares, otorgamiento de capitulaciones matrimoniales y de testamentos.

Uno de los temas que, tradicionalmente se tratan en los protocolos familiares, por la influencia que tendrá en la titularidad de la empresa y en la gestión de la misma, es el régimen económico matrimonial de los socios casados. Dada la proliferación de las parejas de hecho en nuestro sistema, no podemos dejar de reflexionar sobre la situación que se genera cuando alguno de los socios no está casado, sino que convive de hecho con otra persona.

Sin perjuicio de tratar aspectos relativos al régimen económico matrimonial de los cónyuges y del régimen patrimonial de los unidos de hecho, partiendo de que los socios de una empresa familiar pueden transmitir ya

7 GALLEGO DOMÍNGUEZ, I., «El protocolo familiar. Su publicidad registral», en *Cuestiones civiles y mercantiles en la empresa familiar*, coordinado por I. GALLEGO DOMÍNGUEZ, La Ley - Wolters Kluwer, Las Rozas (Madrid), 2022, págs. 107 a 140. *Vid.* igualmente, ENCISO ALONSO-MUÑUMER, M.ª, «El protocolo familiar», en *Tratado jurídico y fiscal de la empresa familiar*, dirigido por E. ORTEGA BURGOS, coordinado por M. ENCISO ALONSO-MUÑUMER, M.ª T. ECHEVARRÍA DE RADA, M.ª P. CHARRO BAENA Y J.P. RABADÁN VILLANUEVA, Tirant lo Blanch, Valencia, 2021, págs. 126 a 158.

sea *inter vivos* o *mortis causa* a sus cónyuges acciones o participaciones, es necesario, que junto a las previsiones antes señaladas sobre régimen económico matrimonial de los cónyuges o régimen patrimonial de los convivientes es conveniente, para mantener la empresa familiar en el seno de la familia de sangre, recoger en los protocolos familiares restricciones a la transmisibilidad *inter vivos* y *mortis causa* de acciones y participaciones[8] y el compromiso de modificar estatutos en tal sentido, de modo que tales acuerdos no queden en meros pactos parasociales no vinculantes para la sociedad (art. 29 del Real Decreto Legislativo 1/2010, de 2 de julio, por el que se aprueba el texto refundido de la Ley de Sociedades de Capital [LSC]).

En principio la transmisión de las acciones es libre, si bien pueden establecerse restricciones estatutarias a la transmisión de acciones nominativas, ya afecten a la transmisión *inter vivos*, ya a la *mortis causa*, de conformidad con los arts. 123 y 124 de la LSC y el art. 123 del Real Decreto 1784/1996, de 19 de julio, por el que se aprueba el Reglamento del Registro Mercantil (RRM).

Por lo que se refiere a la transmisión *inter vivos* de participaciones de una sociedad limitada, si bien la LSC señala que la transmisión a favor del cónyuge es libre, sin que necesite el consentimiento de la sociedad, este régimen puede ser alterado en estatutos (art. 107.1 LSC). La transmisión *inter vivos* a favor de un unido de hecho quedará sometida a las reglas generales de consentimiento de la sociedad del art. 107.2 LSC. En caso de transmisiones *mortis causa* los estatutos podrán establecer a favor de los socios sobrevivientes y, en su defecto, a favor de la sociedad, un derecho de adquisición de las participaciones del socio fallecido en los términos del art. 110.2 LSC.

Adoptando medidas como las señaladas lograremos evitar o limitar la adquisición *inter vivos* o *mortis causa* de acciones o participaciones por cónyuges o unidos de hecho de los socios, permitiendo que las mismas, queden en manos de familiares de sangre.

No olvidemos, por lo que se refiere a las adquisiciones *mortis causa*, que los cónyuges, en el CC tienen derechos legales en la herencia del esposo premuerto —son herederos forzosos (art. 807 CC) y, además, en caso de apertura de la sucesión intestada, son llamados como herederos intestados tras los descendientes y ascendientes del causante (arts. 943 y ss CC)—. Si bien en el CC los unidos de hecho no tienen derechos sucesorios legales en la herencia del causante, —quien podrá hacer los llamamientos o atribuciones voluntarias que desee respetando los derechos de los legitimarios que en su caso existan—, sin embargo, en muchos Derechos forales, los unidos de hecho tienen derechos sucesorios legales.

8 *Vid.* VALENZUELA GARACH, J., «Protocolo familiar y régimen de transmisión de las participaciones sociales», en *Derecho Societario, Derecho Privado y Empresa Familiar*, dirigido POR J.L. PÉREZ-SERRABONA GONZÁLEZ, Aranzadi, Cizur Menor (Navarra), 2023, págs. 117 a 156.

II. Matrimonio, sociedad de gananciales, empresa familiar y protocolo familiar

2.1. Los riesgos del régimen de gananciales para la empresa familiar

La existencia de un régimen económico de comunidad, como régimen económico matrimonial de los socios de una sociedad familiar, puede suponer ciertos riesgos, para la empresa familiar, de modo que acciones o participaciones de una empresa que corresponda a la familia de sangre de uno de los cónyuges, pueden llegar a ser gananciales, lo que podrá tener influencia en la gestión y disposición de dichas acciones o participaciones durante la vida de la sociedad, riesgos que se agravan al tiempo de la liquidación de la comunidad conyugal, pues, en la liquidación de la misma, podrán llegar a ser adjudicadas con carácter privativo al cónyuge o excónyuge que no sea familiar de sangre de la familia titular de la sociedad. Todo ello, dejando al margen la posible responsabilidad de los bienes conyugales por deudas contraídas por uno de los cónyuges, por uno con el consentimiento del otro, o por ambos (ex arts. 1365 y ss CC).

El matrimonio es una relación —personal y jurídica— de contenido complejo, que conlleva en conjunto de derechos y deberes referidos a la vida en común de los cónyuges —efectos personales—, así como un conjunto de derechos y deberes de contenido y de proyección económica —efectos patrimoniales—.

Centrándonos en estos últimos debemos señalar que todo matrimonio tiene un régimen económico matrimonial que regula la economía doméstica. No puede haber matrimonio sin régimen económico matrimonial.

El régimen económico matrimonial tiende a dar respuesta a muy diferentes cuestiones: a la concreción y fijación de la titularidad de los bienes de los cónyuges, ya hayan sido adquiridos antes o durante la vida del concreto régimen económico matrimonial; a la administración y disposición de bienes de los cónyuges; a la obligación de los cónyuges de atender las cargas matrimoniales; a qué bienes responden frente a terceros por deudas contraídas por los cónyuges; al modo de liquidación a la extinción del mismo.

Cabe encontrar distintos regímenes económicos matrimoniales, a grandes rasgos podemos concretar: regímenes de comunidad —sea universal o particular (así, de adquisiciones onerosas)—, de separación de bienes o de participación en las ganancias.

En España, por una serie de razones históricas, no existe una unidad jurídico civil, de modo que junto al tradicional e incorrectamente denominado «Derecho común», conformado por el Código Civil de 1889 y ciertas leyes generales, encontramos una serie de «Derechos civiles, forales o especiales», como los denomina el art. 149.1.8.º de la Constitución de 1978, que han pasado a formar Derecho autonómico de las distintas CC. AA. con competencias en la materia. Históricamente las dos grandes materias reguladas en los mismos fueron el régimen económico matrimonial y la sucesión hereditaria, habiéndose hoy día, desarrollado estos Derechos en gran manera.

La regulación del régimen económico matrimonial en el Código Civil se encuentra en el Título III del Libro IV, en los arts. 1315 y ss, y procede de la reforma de la Ley 11/1981, de 13 de mayo, de modificación del Código Civil en materia de filiación, patria potestad y régimen económico del matrimonio. En todos los años transcurridos desde esa fecha, las modificaciones en la materia han sido pocas: en concreto nos referimos a la reforma del art. 1406.2.° por la Ley 7/2003, de 1 de abril, de la Sociedad Limitada Nueva Empresa; a las modificaciones operadas por la Ley 13/2005, de 1 de julio, por la que se modifica el Código Civil en materia de derecho a contraer matrimonio, en los arts. 1323, 1344, 1348, 1351, 1361 y 1404 CC para adecuar su redacción a la nueva realidad de los matrimonios entre personas del mismo sexo. En particular el CC señala que el régimen económico será el que los cónyuges o futuros cónyuges pacten en capitulaciones matrimoniales, las cuales exigen como requisito de validez que se respete la forma *ad solemnitatem* de escritura pública, y como requisito de plena eficacia su constancia en el Registro Civil (arts. 1315 y 1325 y ss CC). El CC regula como régimen supletorio de primer grado el régimen económico de gananciales, contemplando, igualmente, los regímenes de separación de bienes y de participación en las ganancias.

Volviendo a los Derechos civiles, «forales o especiales», encontramos que, en general, regulan de modo particular el régimen económico del matrimonio, permitiendo la elección de régimen por los cónyuges o futuros cónyuges vía capitular, fijando un régimen supletorio para cada sistema, para el caso en que no se hayan otorgado capitulaciones. Así, como regímenes supletorios encontramos: a) regímenes de separación de bienes, en Cataluña y en las Islas Baleares; b) regímenes de comunidad parcial, en Aragón, con el régimen de consorciales; en Navarra, con el régimen de conquistas; en el País Vasco, rige en ocasiones, como supletorio, el régimen de gananciales del CC y en otras el régimen la comunidad foral; en Galicia, hay una remisión expresa al régimen de gananciales del CC; c) finalmente encontramos un régimen de comunidad universal en el Fuero del Baylío, que rige en ciertas zonas de Extremadura y en Ceuta[9].

Apuntada la pluralidad de regímenes económicos existentes en España qué concreto régimen es el que rige un determinado matrimonio constituye un problema de Derecho interregional, que ha de resolverse, a falta de pacto

9 *Vid.* sobre los distintos regímenes económicos forales MINGORANCE GOSÁLVEZ, C., «Organización económica del matrimonio y empresa familiar I», en *Tratado jurídico y fiscal de la empresa familiar*, dirigido por E. ORTEGA BURGOS, coordinado por M. ENCISO ALONSO-MUÑUMER, M.ª T. ECHEVARRÍA DE RADA, M.ª P. CHARRO BAENA Y J.P. RABADÁN VILLANUEVA, Tirant lo Blanch, Valencia, 2021, págs. 233 y ss.

en capitulaciones, de conformidad con las normas de conflicto que recoge el CC para los problemas de Derecho internacional privado, sustituyendo la nacionalidad por la vecindad civil de los cónyuges (arts. 9.2, 9.3 y 13 a 16 CC). A falta de capitulaciones que concreten el régimen económico de un matrimonio, si ambos cónyuges tienen la misma vecindad civil, regirá el régimen supletorio correspondiente a la ley de la vecindad civil común y, a falta de la misma, habrá que atender a «la ley de la residencia habitual común inmediatamente posterior a la celebración, y, a falta de dicha residencia, por la del lugar de celebración del matrimonio». El posterior cambio de la vecindad civil de los cónyuges o de la residencia habitual común determinante de la fijación del régimen económico matrimonial no afectará al mantenimiento del mismo.

Centrándonos en el CC español, señalemos que el mismo regula una serie de disposiciones generales (arts. 1315 a 1324) y tres regímenes económicos concretos: el régimen de gananciales, el de separación de bienes y el de participación en las ganancias.

Las disposiciones generales, a las que la doctrina denomina «régimen económico matrimonial primario», agrupan un conjunto de normas, en principio imperativas y aplicables a todos los regímenes económicos matrimoniales regulados por el CC (arts. 1315 a 1324 CC). No se trata, pues de un cuarto régimen económico matrimonial.

El régimen de gananciales (arts. 1344 a 1410 CC) es el régimen supletorio de primer grado, que rige, por tanto, cuando los cónyuges o futuros cónyuges tienen la misma vecindad civil de Derecho común y no han pactado que rija otro régimen en su matrimonio. Se caracteriza por ser un régimen de comunidad parcial, un régimen de comunidad de adquisiciones onerosas, de modo que en el matrimonio podemos encontrar tres masas patrimoniales: una masa común, ganancial, formada, en principio, por todo lo adquirido a título oneroso con bienes o dinero ganancial durante la vigencia del régimen, así como por lo adquirido por el trabajo o esfuerzo de los cónyuges y los rendimientos y frutos de todos los bienes, sean gananciales o privativos —desde el punto de su naturaleza se trata de una comunidad germánica, no de una comunidad romana—; las otras dos masas son las masas de bienes privativos correspondientes a cada uno de los cónyuges, formada por los bienes y derechos que tuvieran con anterioridad al inicio de la vigencia de este régimen, por los bienes adquiridos individualmente durante la vigencia del régimen a título gratuito, así como por lo adquirido con bienes o dinero privativo. Rige como norma general, un principio de actuación conjunta en la gestión y disposición de los bienes gananciales, con amplias excepciones. A la disolución del régimen procede su liquidación, en la que, el activo neto, después de liquidar las deudas, se repartirá por mitad entre los cónyuges, o entre el cónyuge sobreviviente y el premuerto.

En el régimen de separación (arts. 1435 a 1444 CC) los cónyuges mantienen separados sus respectivos patrimonios, de modo que cada uno será titular de los bienes y derechos que tenía antes de la vigencia del régimen así como de los que adquiera con posterioridad por cualquier título —ya sea oneroso o gratuito— y a él corresponderá la gestión y disposición de los mismos (con la especialidad del art. 1320 CC), todo ello, sin perjuicio de quedar obligados ambos cónyuges al levantamiento de las cargas del matrimonio. Es un régimen que rige cuando así lo han pactado los cónyuges en capitulaciones matrimoniales, en los casos de separación legal y como régimen supletorio de segundo grado —cuando los cónyuges han excluido la vigencia del régimen de gananciales sin haber concretado el que haya de regir su matrimonio.

El tercer régimen que regula el CC es el régimen de participación en las ganancias (art. 1411 a 1434 CC), régimen que sólo rige cuando así se ha pactado (sin olvidar los arts. 95.2 y 1395 CC) y que realmente tiene una nula aplicación práctica, a pesar de aunar las ventajas de un régimen de separación con las de un régimen de comunidad. Durante su vida este régimen funciona como si de un régimen de separación de bienes se tratase. Será, a su extinción, cuando haya que realizarse una liquidación de modo que aquel cónyuge que haya experimentado un menor incremento patrimonial durante la vida del régimen tiene un derecho de crédito frente al otro por la mitad de la diferencia de los incrementos patrimoniales de ambos cónyuges.

Por todo lo dicho, nos encontramos que en aquellos casos en los que rija un régimen de comunidad de bienes y, en particular, el régimen de gananciales —en el que nos centraremos—, y uno de los cónyuges sea titular de una empresa familiar con sus padres, hermanos, u otros parientes por consanguinidad, existen riesgos para la misma derivados de la existencia del régimen matrimonial, pues el mismo puede llevar a que el cónyuge se inmiscuya de algún modo en la titularidad o marcha de la empresa, lo que atenta contra el principio base de mantenimiento de la empresa familiar en el seno de la familia. Ello sin olvidar que los rendimientos, dividendos, obtenidos de una empresa privativa, son gananciales.

Estos riesgos intentan salvarse pactando en el protocolo la recomendación u obligación para los socios de estar casados en un régimen que no sea de comunidad, así, en particular, el régimen separación de bienes, o que aun estando casados en el mismo, se otorguen capitulaciones que intenten superar tales riesgos mediante pactos concretos.

2.1.1. Titularidad privativa/ganancial de acciones o participaciones

Durante la vida de un matrimonio casado en régimen de gananciales, conviven, como antes apuntamos, tres posibles masas patrimoniales: el patrimonio privativo de uno de los cónyuges, el patrimonio privativo del otro y un patrimonio común ganancial. Tal y como señala el art. 1344 CC: «Mediante la sociedad de gananciales se hacen comunes para los cónyuges las ganancias o beneficios obtenidos indistintamente por cualquiera de ellos, que les serán atribuidos por mitad al disolverse aquella».

El CC concreta qué bienes han de ser considerados privativos y qué bienes han de ser considerados gananciales. Lo hace en los arts. 1346 y ss.

Centrándonos en sociedades anónimas y en las sociedades limitadas, formas jurídicas preponderantes en empresas familiares afectadas por protocolos familiares, pasamos a concretar cuándo unas concretas acciones de una sociedad anónima o participaciones de una sociedad limitada serán privativas o gananciales.

Previamente recordemos que todos los frutos y rendimientos que procedan de los bienes titularidad de los cónyuges, no importan sean privativos o gananciales serán gananciales (art. 1347.2.° CC).

a) Serán privativas las siguientes acciones o participaciones:

1.- Aquellas que fuesen titularidad de uno de los cónyuges antes de iniciarse la sociedad de gananciales (art. 1346.1.° CC).

2.- Aquellas que adquiera uno de los cónyuges constante el régimen de gananciales a título gratuito, ya sea por herencia, legado o donación (art. 1346.2.° CC).

3.- Aquellas que sean adquiridas a costa o en sustitución de bienes privativos (art. 1346.3.° CC). Así, uno de los cónyuges compra a su padre acciones o participaciones de la empresa familiar y las paga con dinero privativo (principio de subrogación real).

4.- Las adquiridas en ejercicio de un derecho de preferente adquisición que corresponda a uno de los cónyuges (art. 1346.4.° CC). Así, si en los estatutos de una sociedad se consagra un derecho de preferente adquisición en la venta de acciones o participaciones a favor de los socios y uno de los cónyuges es socio privativo y ejercita el mismo, las acciones o participaciones adquiridas serán privativas aun cuando el dinero para la adquisición sea ganancial o presuntivamente ganancial, en cuyo caso surge un derecho de reembolso por el importe actualizado a favor de la sociedad de gananciales y a cargo de dicho cónyuge a satisfacer a la liquidación de la sociedad, si es que no se ha hecho con anterioridad (art. 1358; at. 1397.3.° CC).

5.- Son privativas las nuevas acciones o participaciones adquiridas en ejercicio del derecho de suscripción preferente de acciones o de asunción preferente de participaciones con motivo de una ampliación de capital, en los términos del art. 1352 CC, precepto que señala: «Las nuevas acciones u otros títulos o participaciones sociales suscritos como consecuencia de la titularidad de otros privativos serán también privativos. Asimismo, lo serán las cantidades obtenidas por la enajenación del derecho a suscribir. —Si para el pago de la suscripción se utilizaren fondos comunes o se emitieran las acciones con cargo a los beneficios, se reembolsará el valor satisfecho».

Todos estos supuestos no plantean especiales problemas para la empresa familiar, sin olvidar que los dividendos que repartan las sociedades familiares y correspondan a acciones o participaciones privativas de uno de los cónyuges será gananciales (art. 1347.2.° CC).

Con relación a los beneficios no repartidos por las sociedades en forma de dividendos se planteaba el problema de si la comunidad de gananciales debía participar de algún modo en el incremento del valor de las acciones o participaciones. Finalmente, la STS, Pleno, de 3 febrero 2020 (ECLI:ES:TS:2020:158) rechaza que generen un derecho de crédito a favor de la comunidad de gananciales al tiempo de la liquidación de la misma, salvo supuestos de fraude[10].

b) Durante la vida de la comunidad de gananciales se pueden adquirir acciones o participaciones de una empresa familiar, de la familia de sangre de uno de los cónyuges, que pasen a ser gananciales, ya se haga la adquisición por ambos cónyuges o sólo por uno de ellos.

1.- Así, en adquisiciones por ambos cónyuges, serán gananciales las acciones o participaciones, en los siguientes casos, siendo cotitulares los dos consortes y ambos socios de la sociedad a la que se refieran. Tales adquisiciones se pueden producir originariamente (con ocasión de la fundación de una sociedad o de aumento de capital correspondiente) o derivativamente (cuando se adquieren al margen de los dos supuestos anteriores, así, por venta, donación, sucesión *mortis causa*).

- Serán gananciales las acciones o participaciones adquiridas derivativamente por ambos cónyuges con dinero ganancial o dinero presuntivamente ganancial (ex art. 1347.3.° CC).
- Si bien como norma general lo adquirido a título gratuito en el régimen de gananciales es privativo, sin embargo, cuando la adquisición se hace por ambos cónyuges, sin especial designación de partes y el transmitente no ha señalado otra cosa, lo adquirido es ganancial, en los términos del art. 1353 CC.
- Serán gananciales las acciones o participaciones adquiridas originariamente por ambos cónyuges en los siguientes casos: a.- si ambos cónyuges concurren a la constitución de una sociedad anónima o limitada y suscriben acciones o asumen participaciones en dicha constitución; b.- lo mismo ocurrirá en los casos de suscripción o asunción de nuevas acciones o participaciones en ejercicio de un derecho de suscripción o asunción preferente derivado de una ampliación de

10 *Vid.* igualmente la STS de 15 junio 2020 (ECLI:ES:TS:2020:2184) y Auto TS de 16 junio 2021 (ECLI:ES:TS:2021:8182A).

capital que les corresponda por ser cotitulares de anteriores acciones o participaciones gananciales, de conformidad con el principio que resulta del art. 1352 CC; c.- en los casos de suscripción o asunción de nuevas acciones o participaciones en casos de ampliación de capital, siempre que las mismas no se hagan a consecuencia de la titularidad anterior de acciones o participaciones ex art. 1352 CC (así, por ejemplo, adquieren ambos cónyuges con dinero ganancial el derecho de adquisición preferente de un socio y ejercitan el mismo; o si la adquisición se hace una vez que ha caducado el plazo para el ejercicio de los derechos preferentes, o se trata de ampliaciones de capital en los que no surge o se ha excluido el derecho de suscripción o asunción preferente).

2.- Del mismo modo es posible que acciones o participaciones adquiridas por uno solo de los cónyuges, que será quien sea el socio, sean gananciales, produciéndose una disociación entre titularidad formal (individual) y material (común, ganancial) de la acción o participación. Así, por ejemplo, podemos identificar los siguientes casos:

- Uno de los cónyuges puede adquirir derivativamente acciones o participaciones de una sociedad de su familia de sangre, con dinero ganancial o presuntivamente ganancial, pasando las mismas a tener carácter ganancial o presuntivamente ganancial (ex art. 1346.3.º CC, en virtud del principio de subrogación real).
- En adquisiciones originarias: a.- así, si un cónyuge suscribe acciones o asume nuevas participaciones en la constitución de sociedades con sus familiares de sangre y el desembolso de las acciones o participaciones se hace con dinero ganancial o presuntivamente ganancial, las acciones o participaciones tendrán este mismo carácter (ex art. 1346.3.º CC); b.- en caso de suscripción de nuevas acciones con desembolsos pendientes constante la sociedad de gananciales, será el primer desembolso el que determine el carácter ganancial o privativo de las nuevas acciones (por aplicación analógica del art. 1356 CC), de modo que serán gananciales si el primer desembolso lo es; c.- lo mismo ocurrirá en los casos de suscripción o asunción de nuevas acciones o participaciones en casos de ampliación de capital, siempre que no se haga como consecuencia de la titularidad anterior de acciones o participaciones ex art. 1352 CC, y el desembolso fuera ganancial o en caso de acciones con desembolsos pendientes fuere ganancial el desembolso inicial que se realice (ex art. 1356 CC).

c) Además los cónyuges de común acuerdo pueden alterar el carácter ganancial o privativo que corresponderían a unas determinadas acciones o participaciones conforme a las normas generales (arts. 1323, 1355 CC).

d) Existe una presunción de ganancialidad del carácter de los bienes de los cónyuges, en tanto, no se pruebe o se admita su carácter privativo ex art. 1361 CC.

2.1.2. El carácter ganancial afectará a la gestión y disposición de las acciones o las participaciones

a) Como antes hemos apuntado, rige en materia de gestión y disposición de bienes gananciales un principio de actuación conjunta de los cónyuges —de conformidad con el principio de igualdad de los cónyuges en el matrimonio (art. 32 CE)—, que consagra el art. 1375 CC, principio, que, no obstante, cuenta con numerosas excepciones, sean voluntarias o legales, conforme apunta dicho precepto y recogen los arts. 1376 y ss.

Pero no podemos detenernos exclusivamente, al menos por lo que se refiere a la administración y ejercicio de los derechos de socio, en el puro Derecho civil, debiendo tener en cuenta la LSC, de la que se extrae la idea de que el ejercicio de los derechos de socio corresponde exclusivamente al socio, aun cuando materialmente la acción o participación sea ganancial. En caso de participaciones de sociedades limitadas la sociedad sólo reputará socio al inscrito como tal en el Libro Registro de Socios (art. 104 LSC) y, en caso de sociedades anónimas con acciones nominativas, al que figure como tal en el Libro-registro de acciones nominativas (art. 116 LSC).

Nos encontramos, por tanto, dos tipos de relaciones: internas, reguladas por el CC, y externas, con relación a la sociedad, reguladas por la LSC.

Como vemos a continuación es posible que tratándose de acciones o participaciones gananciales el cónyuge que no pertenece a la familia de sangre a la que corresponde la empresa familiar se inmiscuya en la gestión y disposición de las mismas con los problemas que, en su caso, ello pueda acarrear a la sociedad.

b) Si las acciones o participaciones gananciales están a nombre de ambos cónyuges, ambos son titulares formales y ambos cónyuges son socios.

Desde la perspectiva del CC, al tratarse de bienes gananciales, el principio general de gestión y disposición conjunta se impone, ex art. 1375 CC, con las excepciones que marca el propio CC.

Desde la perspectiva de la LSC, ambos cónyuges serán socios y será de aplicación en las relaciones con la sociedad, la necesidad de designar un representante que el art. 126 LSC impone para los supuestos de cotitularidad de acciones o participaciones sociales: «En caso de copropiedad sobre una o varias participaciones o acciones, los copropietarios habrán de designar una sola persona para el ejercicio de los derechos de socio, y responderán solidariamente frente a la sociedad de cuantas obligaciones se deriven de esta condición. La misma regla se aplicará a los demás supuestos de cotitularidad de derechos sobre participaciones o acciones». El art. 126 LSC no restringe su juego a las comunidades romanas, siendo igualmente aplicable al caso de comunidades germánicas en las que varias personas aparecen como socios[11].

Por todo lo dicho:

- Para la disposición de acciones o participaciones gananciales de las que ambos cónyuges sean cotitulares, se hace necesario el consentimiento de ambos cónyuges, ex art. 1375 CC. Así para venderlas o gravarlas —constituir un usufructo, darlas en prenda.
- Para los actos de administración, dentro de los que debemos incluir el ejercicio de los derechos de socio, de acciones o participaciones de las que ambos cónyuges sean cotitulares y, por tanto, socios, si bien el CC parte de la actuación conjunta de ambos cónyuges, hay que conectar la legislación civil con la social, en concreto con el señalado art. 126 LSC, y proceder al nombramiento de un representante. Es por ello que, para asistir y votar en junta general, cobrar dividendos, solicitar información, y ejercitar el resto de los derechos de socio frente a la sociedad, los cónyuges deberán designar un representante ex art. 126 de la LSC, sin perjuicio de que ambos socios queden obligados solidariamente frente a la sociedad por sus obligaciones (así, desembolsos pendientes en casos de acciones no desembolsadas totalmente).

c) Al margen de lo señalado es posible que las acciones o participaciones aun siendo materialmente gananciales se encuentren a nombre de uno solo de los cónyuges (supuesto de disociación entre titularidad formal y material), en cuyo caso él es el socio, sin que el otro cónyuge deba ser considerado socio.

En este caso de acciones o participaciones gananciales a nombre de uno solo de los cónyuges, hay que tener en cuenta el 1384 CC, así como las normas de la LSC. Señala el art. 1384 CC como excepción legal al principio de cogestión y disposición conjunta de bienes y derechos gananciales, lo siguiente: «Serán válidos los actos de administración de bienes y los de disposición de dinero o títulos valores realizados por el cónyuge a cuyo nombre figuren o en cuyo poder se encuentren». La LSC tan solo permite el ejercicio de los derechos de socio a los que sean socios, y en caso de acciones o participaciones que aun siendo gananciales se encuentren a nombre de uno solo de los cónyuges, él será el único socio. De todo lo dicho resulta lo siguiente:

- Para la administración —ejercicio de los derechos de socio— de acciones o participaciones gananciales a nombre de un solo cónyuge,

11 *Vid.* Fernández del Pozo, L., «El socio casado ejercita sus derechos», *Almacén de Derecho*, 24 enero 2016, donde se recoge la evolución de la antigua DGRN con relación a la legitimación activa para solicitar la designación de auditor.

actuará por sí solo dicho cónyuge, único socio de la sociedad (ex art. 1384 CC y normas de la LCS).

- Para la disposición de acciones gananciales que se encuentren a nombre de uno solo de los socios, puede actuar el cónyuge titular, sobre la base de la excepción recogida en el art. 1384 CC, y ello, tanto se trate de acciones representadas mediante títulos nominativos, como de acciones representadas mediante anotaciones en cuenta[12].
- Para la disposición de participaciones de sociedades limitadas gananciales que se encuentren a nombre de uno solo de los cónyuges se hace necesario el consentimiento de ambos cónyuges ex art. 1375 CC, sin que afecte a las mismas la excepción del art. 1384 CC al no ser las participaciones «títulos valores» excepcionados en dicho precepto, no son valores, tal y como resulta del art. 92.2 LSC.

2.1.3. Al tiempo de la liquidación de la sociedad de gananciales, las acciones o participaciones gananciales pueden llegar a manos del cónyuge que no pertenece a la familia de sangre de la empresa familiar

Una vez disuelta la sociedad de gananciales, por alguna de las causas del art. 1392 o del art. 1393 CC, procede la liquidación de la misma.

El art. 1392 CC contempla una serie de supuestos de disolución o extinción de la sociedad de gananciales de pleno derecho —por disolución del matrimonio (divorcio, muerte o declaración de fallecimiento de uno de los cónyuges), por declaración de nulidad del mismo, por separación legal, por pacto de un régimen económico matrimonial distinto en capitulaciones matrimoniales—. El art. 1393 CC contempla una serie de supuestos en los que concluye el régimen de gananciales por decisión judicial, a petición de uno de los cónyuges, concurriendo alguna de las causas que concreta el precepto.

Disuelta la sociedad de gananciales procede la liquidación de la misma, que conlleva la formación de un inventario del activo y del pasivo, su avalúo, la liquidación del pasivo, la determinación del activo neto, que de distribuirá en dos lotes de bienes, en principio equivalentes, que serán adjudicados a cada uno de los cónyuges si la liquidación de la sociedad se produce en vida de ambos, o a uno de los cónyuges y a los herederos del otro en caso de muerte de uno de ellos (art. 1404 CC).

---

12 *Vid.* la justificación en Gallego Domínguez, I., «Organización económica del matrimonio y empresa familiar II», en *Tratado jurídico y fiscal de la empresa familiar*, dirigido por E. Ortega Burgos, coordinado por M. Enciso Alonso-Muñumer, M.ª T. Echevarría de Rada, M.ª P. Charro Baena y J. P. Rabadán Villanueva, Tirant lo Blanch, Valencia, 2021, págs. 281 a 361.

Resulta aplicable en las liquidaciones de gananciales el principio de igualdad de lotes que el art. 1061 CC consagra para la partición hereditaria, —cuyas normas rigen supletoriamente a la liquidación ganancial por remisión del art. 1410 CC—. Conforme al art. 1061 CC: «En la partición de la herencia se ha de guardar la posible igualdad, haciendo lotes o adjudicando a cada uno de los coherederos cosas de la misma naturaleza, calidad o especie». El cualquier caso el TS ha tenido ocasión de señalar que este principio no es imperativo y que no impone la absoluta igualdad de lotes[13].

Por otra parte, este principio se encuentra excepcionado por el propio CC con los derechos de adjudicación preferente legales de los arts. 1406 y 1407 de dicho texto, pudiendo, además, los interesados pactar lo que les convenga, y liquidar sin respetar el señalado principio de homogeneidad de lotes.

En la liquidación señalada, existiendo acciones o participaciones gananciales que correspondan a una empresa familiar de la familia de sangre de uno de los cónyuges o excónyuges, se puede producir el efecto apuntado de que se adjudiquen parte de las mismas al cónyuge o excónyuge que no pertenezca a la familia de sangre titular de la sociedad, lo que es contrario a la idea base de mantenimiento de la empresa familiar en el círculo de los parientes de sangre.

Este efecto «indeseable» puede producirse tanto en los supuestos en los que ambos cónyuges sean cotitulares de las acciones o participaciones gananciales, como en los casos en los que lo sea uno solo de ellos:

a) En aquellos casos en los que los dos cónyuges son cotitulares formales de las acciones o participaciones gananciales y, por tanto, ambos socios, el principio de igualdad de lotes llevará a la adjudicación de la mitad de las acciones o participaciones gananciales a uno de los cónyuges y la otra mitad al otro, sin olvidar que el principio de igualdad de lotes no es imperativo.

b) Este efecto puede ocurrir, igualmente, si las acciones o participaciones gananciales son titularidad de uno solo de los cónyuges, y por tanto es el único socio, y ello incluso en el caso de exista una limitación estatutaria a la libre transmisión *inter vivos* de acciones o participaciones entre cónyuges.

El hecho de que exista una posible limitación estatutaria en la transmisión *inter vivos* a favor del cónyuge, no afecta a la adjudicación entre cónyuges derivada de una liquidación de la sociedad de gananciales, pues en este

13 El TS al referirse al art. 1061 CC ha señalado que su aplicación debe estar presidida por un criterios de equitativa ponderación, atendiendo a las circunstancias de cada caso, que tiene un carácter orientativo, norma *«dotada de un carácter de imperatividad solo relativo»*, con un *«carácter facultativo más que imperativo»* Son muchas las sentencias que se refieren a este carácter relativo: STS núm. 563/2006, de 1 junio 2006 (ECLI:ES:TS:2006:3326), STS núm. 2/2008, de 16 enero 2008 (ECLI:ES:TS:2008:9), STS núm. 77/2013, de 14 febrero 2013 (ECLI:ES:TS:2013:501), STS núm. 1093/2006, de 7 noviembre 2006 (ECLI:ES:TS:2006:7778) (que a su vez citan gran número de resoluciones judiciales en este sentido).

caso, entiende el TS, no se produce una transmisión, sino una especificación[14]. Así ha tenido el TS ocasión de concretarlo en diversas ocasiones: así en la STS núm. 265/1967, de 17 abril 1967 (ECLI:ES:TS:1967:1740) —caso de «Hijos de Sabino Santos, S.A»— y en la STS núm. 561/1988, de 4 julio 1988 (ECLI:ES:TS:1988: 9460) asunto «Joyería Pedro Álvarez, S.A»[15].

Aún sin pacto expreso de las partes, entendemos que el cónyuge que pertenezca a la familia de sangre de la empresa familiar podrá beneficiarse analógicamente en algún caso del derecho de adjudicación preferente del art. 1406.2.° CC, cuando sea titular de un paquete de acciones o participaciones de control cuyo valor no exceda de su haber ganancial y dicho cónyuge efectivamente venga ejerciendo el control de la sociedad. El art. 1406 CC regula los supuestos de adjudicación preferente en la liquidación de la sociedad de gananciales, señalado: «Cada cónyuge tendrá derecho a que se incluyan con preferencia en su haber, hasta donde este alcance: ... 2.° La explotación económica que gestione efectivamente ...» (redacción Ley 7/2003). La STS, Pleno, núm. 458/2020, de 28 julio 2020 (ECLI:ECLI:ES:TS:2020:2502) considera como bien indivisible un paquete de control[16].

2.2. Formas de evitar estos riesgos

Con la finalidad de asegurar el mantenimiento de la titularidad de acciones o participaciones en el seno de la familia de sangre, son muy frecuentes en los protocolos familiares los pactos por los que los firmantes señalan que se recomienda que los socios estén casados en régimen de separación de bienes, o directamente se señala la «obligatoriedad» de dicho régimen. En cuanto que estos pactos, capitulaciones matrimoniales, requieren el consentimiento del cónyuge o futuro consorte, la falta de voluntad de éste de concurrir al otorgamiento de las correspondientes capitulaciones matrimoniales hará ineficaz el *desiderátum* recogido en el protocolo familiar, sin que se pueda imponer imperativamente a los socios, ni establecer alguna sanción para el caso de incumplimiento[17]. Lo que se puede imponer es intentar llegar a un acuerdo, no más.

---

14 *Vid.* sobre el tema, Martínez-Echevarría Ozámiz, P., «La liquidación de la sociedad de gananciales y la adjudicación de acciones o participaciones sociales al cónyuge no socio de la empresa familiar», en *Cuestiones civiles y mercantiles en la empresa familiar*, coordinado por I. Gallego Domínguez, La Ley, Madrid, 2022, pág. 274 a 276.

15 *Vid.* igualmente la STSJ de Navarra (Sala Civil y Penal) núm. 9/2002, de 30 marzo 2002 (ECLI:ES:TSJNA:2002:410), con relación a la sociedad legal de conquistas.

16 *Vid.* STS, Pleno, núm. 458/2020, de 28 julio 2020 (ECLI:ECLI:ES:TS:2020:2502).

17 Cárdenas Armesto, L. y otros, *El protocolo familiar: Consejos prácticos para su elaboración*, AEDAF, Madrid, 2019, pág. 133.

Igualmente es posible recoger en los protocolos familiares, que en aquellos casos en los que los socios estén casados en régimen de gananciales, se les recomienda u «obliga» a superar los efectos negativos de la sociedad de gananciales para la empresa familiar con pactos relativos: a) a la gestión de las acciones o participaciones gananciales, fijándose que corresponda al cónyuge que pertenezca a la familia de origen de la sociedad; b) a la liquidación del régimen de comunidad, de especial interés en aquellos casos en los que el mismo termina por razón de crisis conyugal: nulidad, separación o divorcio. Estos pactos, en cualquier caso, requieren la participación del otro cónyuge o futuro cónyuges que no habrá intervenido en el protocolo familiar, por lo que en caso de falta de cooperación no dejarán de ser un *desiderátum*, sin que, por tanto, puedan imponerse con carácter imperativo, ni imponer sanciones en caso de no alcanzarse los mismos.

a) Por lo que se refiere a los pactos sobre gestión del patrimonio ganancial, los mismos son admisibles siempre que se hagan en capitulaciones matrimoniales, con respeto de los límites marcados por el CC. Ciertamente la primera excepción que contempla el art. 1375 CC al principio de cogestión y codisposición de los bienes gananciales, es precisamente aquella que se recoja en capitulaciones matrimoniales. Con relación a los límites, resultan aplicables los límites genéricos del principio de autonomía de la voluntad recogidos en el art. 1255 CC «las leyes [imperativas], la moral y el orden público», y los marcados en el art. 1328 CC: «Será nula cualquier estipulación contraria a las Leyes o a las buenas costumbres o limitativa de la igualdad de derechos que corresponda a cada cónyuge».

b) Por otra parte son admisibles pactos de los cónyuges sobre la liquidación del patrimonio ganancial, de modo que puede establecerse convencionalmente un derecho de adjudicación preferente con relación a concretas acciones o participaciones, en la liquidación de la sociedad de gananciales, a favor de uno de los cónyuges —aquel que pertenezca a la familia de sangre de la sociedad familiar—sobre las acciones o participaciones gananciales. Estos pactos de adjudicación preferente, entendemos se pueden celebrar en capitulaciones matrimoniales o fuera de ellas:

No hay duda alguna que los pactos sobre adjudicación preferente se pueden celebrar en capitulaciones matrimoniales. Ha surgido con fuerza en los últimos años la cuestión del papel que las capitulaciones matrimoniales pueden jugar en previsión de crisis conyugales futuras y, en particular, en la liquidación del régimen de gananciales en tales situaciones. Si bien el CC no dice nada expresamente sobre esta posibilidad, es claro que cabe, tal y como se deduce del amplio contenido que atribuye a las capitulaciones el art. 1325 CC, siempre respetando los límites de los arts. 1328 y 1255 CC. Por el contrario, alguno de los Derechos civiles, especiales o forales contemplan de modo expreso el valor de las capitulaciones y de los pactos en escritura pública en previsión de futuras crisis conyugales, como es el caso del Derecho Catalán (art. 231.19 y 231.20 Código Civil de Cataluña).

Estos pactos se pueden encontrar igualmente fuera de capitulaciones matrimoniales[18/19]. Estos pactos no capitulares pueden otorgarse por los cónyuges en cualquier forma, sea en documento público, privado o aun verbalmente, siendo especialmente interesante quedar recogidos en escritura pública notarial. Como hemos visto el Derecho catalán admite pactos en previsión de ruptura matrimonial hechos en escritura pública, aunque no sea de capitulaciones matrimoniales.

c) Se ha defendido en ocasiones la conveniencia de pactar en capitulaciones matrimoniales que los rendimientos obtenidos de una empresa familiar, en vez de ser gananciales (ex. art. 1347.2.° CC), sean privativos, de modo especial en aquellos casos en los que las acciones o participaciones sean privativas.

d) Es posible el pacto capitular de exclusión del régimen de gananciales en el ámbito de las empresas familiares, si bien en la práctica, en atención a las circunstancias, puede encontrarse con el problema de los límites del art. 1328 CC si el otro cónyuge no es titular de capital de una sociedad de su familia.

III. Parejas de hecho

3.1. Introducción

A pesar de que cada vez es más frecuente en la sociedad la convivencia extramatrimonial y, por tanto, que los socios o futuros socios de una empresa familiar se encuentren unidos de hecho, los protocolos familiares

18 García Urbano, J. M.ª, «Art. 1406», en *Comentarios del Código Civil*, tomo II, 2.ª edic., Ministerio de Justicia, Madrid, 1993, pág. 798, señala: «los cónyuges pueden convenir (en forma capitular o no, pues propiamente no estamos ante una modificación del régimen económico-matrimonial) la extensión de esta facultad [se refiere al derecho de adjudicación preferente] a bienes diferentes de los señalados en este artículo». Martínez-Echevarría Ozámiz, P., *Régimen económico de gananciales y Sociedades de capital*, Tesis Doctoral, Universidad de Córdoba, 2020, pág. 305 admite que los interesados hayan podido realizar el pacto tanto en capitulaciones matrimoniales, como fuera de ellas.

19 *Vid.* Cervilla Garzón, M.ª D., *Los acuerdos prematrimoniales en previsión de ruptura. Un estudio de Derecho Comparado*, Tirant lo Blanch, Valencia, 2013; Barrio Gallardo, A., «Pactos en previsión de una ruptura matrimonial: problemas y soluciones a la luz del Derecho español», *Anales de la Facultad de Ciencias Jurídicas y Sociales de la Universidad de la Plata*, n.° 46, 2016, págs. 74 y ss; Gallego Domínguez, I., «Pactos prematrimoniales o matrimoniales en previsión de crisis *conyugales en el Derecho Español», en Autonomia della famiglia e controlli. Prime riflessioni,* a cura di G. Castellani, A. Cordiano, G.A. Parini y M. Vivirito Pellegrino, Edizioni Scientiche Italiane, Napoli, 2017, págs. 95 a 117; Cervilla Garzón, M.ª D., «Acuerdos prematrimoniales y ruptura conyugal: Algunas consideraciones al hilo de las Sentencias del Tribunal Supremo de 30 de mayo de 2018 y de 15 de octubre 2018», *La Ley*, n.° 9301, 2018; García Mayo, M., *Pactos prematrimoniales: en previsión de crisis matrimonial*, Bosch, Barcelona, 2023.

suelen guardar silencio sobre esta situación, a pesar de que las reclamaciones patrimoniales que suelen producirse a la extinción de una unión de hecho de algún socio pueden suponer algún riesgo para la permanencia de la empresa familiar en la familia de sangre. A evitar esta situación puede ayudar de algún modo un protocolo familiar[20].

El gran problema que plantean las parejas de hecho es la indeterminación patrimonial que en la práctica pueden generar, como desarrollamos a continuación, pero lo cierto es no es que no el único problema que presentan.

3.1.1. La ley ante las parejas de hecho. La delimitación de las parejas de hecho que producen efectos jurídicos

El CC y ciertas leyes estatales contemplan fragmentariamente la realidad de las parejas de hecho, ocupándose de las mismas desde aspectos concretos, sin que exista una regulación estatal que las regule globalmente, lo cual, entendemos, es algo correcto, pues dotar a la mismas de un estatuto global bien nos llevaría a asimilarlas al matrimonio —cuando son dos realidades diferentes—, bien a crear una especie de matrimonio de segundo grado.

Si bien el TC entiende que la convivencia extramatrimonial, constituye un modo de familia protegible ex art. 39 CE[21], sin embargo, nuestro TS y el TC mantienen reiteradamente la idea de que uniones de hecho y matrimonio son dos realidades jurídicas diferentes, no son situaciones equivalentes[22], por lo que cabe legítimamente fijar efectos y consecuencias jurídicas distintas sin atentar al principio de igualdad constitucional[23].

El primer problema que presentan las parejas de hecho para poder anudarles efectos jurídicos es la delimitación de las mismas. Concretar cuándo existe un matrimonio que comience a surtir efectos es tarea bien sencilla: al tratarse de una institución delimitada legalmente con claridad, el matrimonio existe de que se celebra con los requisitos formales exigibles, surtiendo plenos efectos frente a terceros desde que se inscribe en el Registro civil. Todo matrimonio cuenta con un régimen económico matrimonial, delimitado por

---

20 *Vid.* Llebaría Semper, S., «El patrimonio de las parejas de hecho», en *El patrimonio familiar, profesional y empresarial. Sus protocolos*, coordinado por M. Garrido Melero y J.M. Fugardo Estivill, tomo II, *Patrimonios personales, familiares, sucesorios y profesionales*, coordinado por A. Serrano de Nicolás y D. Vázquez Albert, Consejo General del Notariado - Bosch, Barcelona, 2005, págs. 363 a 421.

21 STC, Pleno, 222/1992, de 11 diciembre (ECLI:ES:TC:1992:222).

22 Ya desde el Auto TC 156/1987, de 19 de mayo (ECLI:ES:TC:1997:156A), STC, Pleno, 184/1990, de 15 noviembre (ECLI:ES:TC:1990:184).

23 Ya desde la STS de 21 octubre 1992 (ECLI:ES:TS:1992:7878), STS 18 febrero 1993 (ECLI:ES:TS:1993:734).

la ley a falta de pacto de las partes. Las capitulaciones matrimoniales que se otorguen surtirán plenos efectos frente a terceros desde que se publique su existencia en el Registro Civil. Por el contrario, faltan estas notas en las uniones de hecho: su inicio no requiere para algunos efectos jurídicos fijados por las leyes de formalidad alguna —para otros sí—, no existe una normativa propia que imponga un régimen económico legal para las mismas, no gozan de publicidad legal, pues no se inscriben en el Registro Civil, y si bien tienen abiertos los Registros Administrativos de parejas de hecho, un gran número omiten inscribirse en los mismos, sin que, por otra parte, estos registros sean públicos.

El CC y las leyes estatales contemplan en numerosas ocasiones a las uniones de hecho, ya sea para atribuirles en aspectos concretos los mismos efectos que si se tratara de un matrimonio, bien unos efectos diferentes. En unos casos los efectos se les reconoce a cualquier convivencia *more uxorio* (así, por ejemplo, el art. 101 CC), y en otros, sólo a concretas uniones de hecho que cumplan determinados requisitos que varían según la norma de que se trate: que tengan hijos en común, que lleven un período mínimo de convivencia, que se hayan constituido en documento público, que se hayan inscrito en un Registro Administrativo.

Junto a las leyes estatales que contemplan de algún modo a las parejas de hecho nos encontramos con que casi todas las CC. AA. han dictado normas que regulan esta realidad. Han sido las CC. AA. las que dentro de sus competencias —y a veces fuera— han ido regulando, de una formar dispar, el fenómeno de las uniones de hecho. De esta forma nos encontramos un número de leyes autonómicas de parejas de hecho que regulan esta realidad con distinta extensión, en unas ocasiones regulando aspectos civiles —efectos personales y patrimoniales—, en otras cuestiones jurídico-públicas.

Ha señalado el TC que la regulación sobre los efectos personales y patrimoniales de las uniones de hecho «tiene naturaleza propia de la materia regulada por el Derecho civil». Partiendo de esta idea el TC ha declarado parcialmente inconstitucionales ciertas normas autonómicas de parejas de hecho, por afectar a materia civil habiendo sido dictadas por CC. AA. sin competencia civil, en los términos del art. 149.1.8.º CC. Nos referimos a las STC, Pleno, 81/2013, de 11 abril 2013 (ECLI:ES:TC:2013:81), con relación a la Ley 11/2001, de 19 de diciembre, de Uniones de Hecho de la Comunidad de Madrid y a la STC, Pleno, 110/2016, de 9 junio 2016 (ECLI:ES:TC:2016:110) relativa a la Ley 5/2012, de 15 de octubre, de Uniones de Hecho Formalizadas de la Comunitat Valenciana[24].

24 Tuvo su antesala en la STS, Pleno, 82/2016 de 28 abril 2016 (ECLI:ES:TC:2016:82), declara la inconstitucionalidad y nulidad del articulado y disposiciones de la Ley de la Comunidad Valenciana 10/2007, de 20 de marzo, de Régimen Económico Matrimonial Valenciano, por invasión de la competencia exclusiva del Estado en materia de legislación civil derivada del art. 149.1.8.ª CE.

Por otra parte la STC, Pleno, 93/2013, de 23 abril 2013 (ECLI:ES:TC:2013:93), dictada con relación a la Ley Foral navarra 6/2000, de 3 de julio, para la igualdad jurídica de las parejas estables, con relación, pues a una C.A. con competencia civil, entiende lo siguiente: «La unión de hecho, en cuanto realidad social relevante, sí puede ser objeto de tratamiento y de consideración por el legislador respetando determinados límites, ya que supondría una *contradictio in terminis*, convertir en "unión de derecho" una relación estable puramente fáctica integrada por dos personas que han excluido voluntariamente acogerse a la institución matrimonial, con su correspondiente contenido imperativo de derechos y obligaciones». Lo que supone que, si bien la unión de hecho puede ser tenida en cuenta por el legislador, ello no supone que se pueda legislar sin límites sobre la misma, creando un entrado de derechos y obligaciones entre los miembros que se imponga imperativamente a los mismos[25].

Debemos distinguir, para aproximarnos a la normativa autonómica, entre CC. AA. con competencia y sin competencia civil:

a) Las CC. AA. con competencia civil regulan las parejas de hecho en las siguientes normas: en Aragón se regulan las uniones de hecho en el Decreto Legislativo 1/2011, por el que se aprueba, con el título de «Código del Derecho Foral de Aragón», el Texto Refundido de las Leyes civiles aragonesas; en Cataluña hay que atender a la Ley 25/2010, de 29 de julio, del libro segundo del Código civil de Cataluña, relativo a la persona y la familia; en Galicia se ocupa de las parejas de hecho la Disposición Adicional Tercera de la Ley 2/2006, de 14 de junio, de Derecho Civil de Galicia, modificada por la Ley 10/2007, de 28 junio; en las Islas Baleares debemos atender a la Ley 18/2001, de 19 de diciembre, de Parejas Estables; en Navarra, la Ley Foral 6/2000, de 3 de julio, para la igualdad jurídica de las parejas estables, fue declarada parcialmente inconstitucional por la STC, Pleno, 93/2013, de 23 abril 2913. Hoy día la Ley Foral 21/2019, de 4 de abril, de modificación y actualización de la Compilación del Derecho Civil Foral de Navarra o Fuero Nuevo (Ley 1/1973), ha derogado expresamente diversos preceptos de la Ley Foral 6/2000 y pasa a regular ciertos aspectos de las parejas de hecho en su seno; por su parte, en el País Vasco encontramos la Ley 2/2003, de 7 de mayo, reguladora de las parejas de hecho. Igualmente, la Ley 5/2015, de 25 de junio, de Derecho Civil Vasco, se ocupa de ciertas cuestiones de las parejas de hecho.

b) Tratándose de CC. AA. sin competencia civil:

Encontramos diversas CC. AA. que han dictado una ley específica de parejas de hecho: en Andalucía, encontramos la Ley 5/2002, de 16 de diciembre,

25 *Vid.* con relación a estas SSTC sobre las leyes de parejas de hecho madrileña y navarra, De Amunátegui Rodríguez, C., «La situación actual de las parejas no casadas», *Indret*, 2015, págs. 1 a 46; Gallego Domínguez, I., «Las parejas de hecho en el Derecho español. Cuestiones actuales sobre su regulación», en *La famiglia nella società contemporanea*, a cura di G. Castellani e A. Cordiano, Aracne, Ariccia (Roma), 2016, págs. 37 a 63.

de Parejas de Hecho; en Asturias, la Ley 4/2002, de 23 de mayo, de Parejas Estables; en Canarias, la Ley 5/2003, de 6 de marzo, para la regulación de las parejas de hecho; en Cantabria, Ley 1/2005, de 16 de mayo, de parejas de hecho de la Comunidad Autónoma de Cantabria; en Extremadura, la Ley 5/2003, de 20 de marzo, de parejas de hecho de la Comunidad Autónoma de Extremadura; en Madrid, Ley 11/2001, de 19 de diciembre, de Uniones de Hecho de la Comunidad de Madrid, parcialmente declarada inconstitucional por la STC, Pleno, 81/2013, de 11 abril 2013; en Murcia, la Ley 7/2018, de 3 de julio, de Parejas de Hecho de la Comunidad Autónoma de la Región de Murcia; en Valencia, la Ley 5/2012, de 15 de octubre, de Uniones de Hecho Formalizadas de la Comunitat Valenciana, parcialmente declarada nula e inconstitucional por la STC 110/2016, de 9 de junio. (art. 1.1 y los arts. 2 y 6 a 14).

Finalmente, algunas CC. AA. no han dictado una ley específica de parejas de hecho, pero es una realidad contemplada en algunas cuestiones en normas diversas y han creado un registro administrativo de parejas de hecho: Así en Castilla y León, Castilla La Mancha y en la Rioja[26].

3.1.2. Las relaciones patrimoniales entre los unidos de hecho. La inseguridad patrimonial que genera la convivencia extramatrimonial. La vía de los pactos para intentar dar seguridad

3.1.2.1. Introducción

El gran problema que plantean las parejas de hecho desde el punto de vista jurídico patrimonial es el de la inseguridad, que fundamentalmente se pondrá de manifiesto al tiempo de la extinción de la convivencia *more uxorio*, de modo particular en los casos de ruptura por voluntad de uno de los convivientes.

Si bien *a priori* los unidos de hecho deben patrimonialmente considerarse como extraños, es lo cierto, que son muchas las reclamaciones patrimoniales que existen en la práctica a la extinción de la convivencia. Estas reclamaciones pretenden, fundamentalmente: a) la declaración de copropiedad de bienes concretos adquiridos por uno solo de los convivientes durante la vigencia de la unión extramatrimonial, particularmente del único bien importante que existe en muchas familias, cual es el inmueble que constituye la base del hogar familiar; b) la declaración de copropiedad no ya de un bien

26 *Vid.* Decreto 117/2002, de 24 de octubre, por el que se crea el Registro de Uniones de Hecho en Castilla y León; Decreto 124/2000, de 11 de julio, por el que se regula la creación y el régimen de funcionamiento del Registro de Parejas de Hecho de la comunidad autónoma de Castilla-La Mancha; Decreto 30/2010, de 14 mayo, por el que se crea el Registro de Parejas de Hecho de La Rioja.

concreto sino de la globalidad de los bienes adquiridos por los convivientes durante la unión; c) reclamaciones de indemnización por ruptura, etc.

La jurisprudencia viene sentando, con relación a las reclamaciones entre unidos de hecho, los siguientes principios:

a) En las parejas de hecho no rige el régimen económico de gananciales. Son muchas las sentencias del TS que lo han señalado debiendo destacarse de modo especial, la STS, Pleno, núm. 611/2005, del 12 septiembre 2005 (ECLI:ES:TS:2005:5270)[27].

Es más, realmente no rige en ellas ningún régimen económico matrimonial, ni siquiera el de separación de bienes[28]. No podemos hablar de régimen económico matrimonial en una unión de hecho, por varios motivos: no estamos ante un matrimonio; el régimen económico matrimonial, al menos parcialmente, es trasunto de las obligaciones derivadas del matrimonio, que no existen en las parejas de hecho29; el régimen económico matrimonial para tener plena eficacia frente a terceros debe partir de la publicidad del matrimonio en el Registro civil, las capitulaciones matrimoniales que se otorguen, deben igualmente, para tener plena eficacia constar en el Registro Civil, lo que no acontece en modo alguno con ni con las uniones de hecho, ni con los pactos patrimoniales entre los miembros de las mismas.

b) Las unidos pueden regular sus relaciones patrimoniales mediante pactos, siempre que respeten los límites propios del principio de autonomía de la voluntad, recogidos, por lo que se refiere al Derecho común en el art. 1255 CC.

Estos pactos pueden dar lugar a comunidades romanas de bienes concretos y determinados, o pueden dar lugar a comunidades globales. Son muy numerosas las SSTS que en el caso concreto ha admitido la existencia de comunidad sobre un bien concreto o sobre un grupo de bienes, por entender

27 *Vid.*, por ejemplo, STS núm. 493/1992, de 18 mayo 1992 (ECLI:ES:TS:1992:19732), STS núm. 913/1992, 21 octubre 1992 (ECLI:ES:TS:1992:7878), STS núm 1148/1992, de 11 diciembre 1992 (ECLI:ES:TS:1992:9009), STS núm 116/1993, de 18 febrero 1993 (ECLI:ES:TS:1993:734), STS núm 764/1993, de 22 julio 1993 (ECLI:ES:TS:1993:5604), STS núm 500/1994, de 27 mayo 1994 (ECLI:ES:TS:1994:22372), STS núm 894, de 11 octubre 1994 (ECLI:ES:TS:1994:6430), STS núm 1075/1994, de 24 noviembre 1994 (ECLI:ES:TS:1994:7619) STS núm 1182/1994, de 30 diciembre 1994 (ECLI:ES:TS:1994:21858), STS núm 1085/1996, de 16 diciembre 1996 (ECLI:ES:TS:1996:7256), STS de 4 marzo 1997, rec. 923/1993 (ECLI:ES:TS:1997:1516), STS núm. 504/1998, de 27 mayo 1998 (ECLI:ES:TS:1998:3473), STS núm 550/1998, de 4 junio 1998 (ECLI:ES:TS:1998:3668), STS núm 790/1998, 23 julio 1998 (ECLI:ES:TS:1998:4979), STS núm 8/2001, de 22 enero 2001 (ECLI:ES:TS:2001:295), STS núm 5/2003, de 17 enero 2003 (ECLI:ES:TS:2003:122), STS núm 584/2003, de 17 junio 2003 (ECLI:ES:TS:2003:4196), STS núm 455/2004, de 27 mayo 2004 (ECLI:ES:TS:2004:3667), STS, Pleno, núm. 611/2005, del 12 septiembre 2005 (ECLI:ES:TS:2005:5270)

28 En contra de que rija un régimen de separación de bienes la STS de 18 mayo 1992 (ECLI:ES:TS:1992:19732), a favor la STS de 27 marzo 2001 (ECLI:ES:TS:2001:2513).

29 *Vid.* STS 4 marzo 1997 rec. 923/1993 (ECLI:ES:TS:1997:1516).

que en el caso concreto existía un pacto, aun tácito, de los convivientes[30]. Igualmente son muy numerosas la SSTS que entienden que en el caso concreto no existió o no quedó acreditado un pacto que dé lugar a una comunidad, ni sobre bienes concretos, ni mucho menos global[31].

La cuestión práctica, realmente se complica, porque como hemos apuntados el TS ha admitido que los pactos de formación de comunidad o comunidades puedan ser tácitos, deducidos de *facta concludentia*.

3.1.2.2. Los pactos en las leyes CC. AA. sobre parejas de hecho

Los pactos entre los unidos de hecho para regular las cuestiones patrimoniales han sido admitidos por el TS y por la generalidad de las CC. AA. que han regulado el fenómeno de las parejas de hecho, ya lo hayan hecho en una ley especial, ya en las normas civiles propias.

En cualquier caso, en este punto, debemos señalar que la regulación o la simple referencia de estos pactos en aquellos CC. AA. sin competencia civil, son claramente inconstitucionales por exceder de las competencias de las mismas, al tratarse de una materia propia de Derecho civil. Y con relación a las CC. AA. con competencia en materia civil, se viene admitiendo sin especial problema que las mismas regulen o hagan referencia a este tipo de pac-

30 *Vid.* estima la existencia de comunidad sobre algún bien concreto o sobre una pluralidad de bienes adquiridos durante la vigencia de la unión de hecho: STS núm. 432/1984, de 3 julio 1984 (ECLI:ES:TS:1984:1270), STS núm 493/1992, de 18 mayo 1992 (ECLI:ES:TS:1992:19732), STS núm 116/1993, de 18 febrero 1993 (ECLI:ES:TS:1993:734), STS núm 894, de 11 octubre 1994 (ECLI:ES:TS:1994:6430), STS núm. 253, de 18 marzo 1995 (ECLI:ES:TS:1995:10227), STS de 31 octubre 1996, rec. 33/1993 (ECLI:ES:TS:1996:6029), STS núm 975/1997, de 29 octubre 1997 (ECLI:ES:TS:1997:6443), STS núm 550/1998, de 4 junio 1998 (ECLI:ES:TS:1998:3668), STS núm 790/1998, 23 julio 1998 (ECLI:ES:TS:1998:4979), STS núm 403/2004, de 14 mayo 2004 (ECLI:ES:TS:2004:3286), STS núm 927/2005, de 5 diciembre 2005 (ECLI:ES:TS:2005:7435), STS núm 13/2006, de 26 enero 2006 (ECLI:ES:TS:2006:153), STS núm 160/2006, de 22 febrero 2006 (ECLI:ES:TS:2006:734), STS núm 797/2007, de 4 julio 2007 (ECLI:ES:TS:2007:4484), STS núm de 7 julio 2010 (ECLI:ES:TS:2010:3530), STS núm 40/2011, de 7 febrero 2011 (ECLI:ES:TS:2011:270).

31 Rechaza el TS en que el caso concreto exista un pacto entre los convivientes que dé lugar a una comunidad de bienes: STS núm. 913/1992, 21 octubre 1992 (ECLI:ES:TS:1992:7878), STS núm 1148/1992, de 11 diciembre 1992 (ECLI:ES:TS:1992:9009), STS núm 764/1993, de 22 julio 1993 (ECLI:ES:TS:1993:5604), STS núm 272/1997, de 4 abril 1997 (ECLI:ES:TS:1997:2386), STS núm. 504/1998, de 27 mayo 1998 (ECLI:ES:TS:1998:3473), STS núm 8/2001, de 22 enero 2001 (ECLI:ES:TS:2001:295), STS núm 5/2003, de 17 enero 2003 (ECLI:ES:TS:2003:122), STS núm 1248/2003, de 31 diciembre 2003 (ECLI:ES:TS:2003:8571), STS núm 455/2004, de 27 mayo 2004 (ECLI:ES:TS:2004:3667), STS núm 326/2008, de 29 abril 2008 (ECLI:ES:TS:2008:1728), STS núm 299/2008, de 8 mayo 2008 (ECLI:ES:TS:2008:2187), STS núm 31/2010, de 4 febrero 2010 (ECLI:ES:TS:2010:153), STS núm 416/2011, de 16 junio 2011 (ECLI:ES:TS:2011:3634).

tos, pero, no dejan igualmente de plantear problemas competenciales salvo que entendamos que la unión de hecho es una materia «conexa» al matrimonio y por esta vía se admita la regulación autonómica civil de las relaciones patrimoniales entre los unidos de hecho en aquellos Derechos forales que han regulado históricamente aspectos de régimen económico matrimonial.

La normativa suele reconocer la inscribibilidad de los pactos en los registros administrativos de parejas de hecho, registros que no tienen publicidad general.

Distingamos pues, CC. AA. con competencia civil y CC. AA. sin competencia civil y el tratamiento que hacen de la figura.

a) CC. AA. con competencia civil:

En general, las CC. AA. con competencia en Derecho civil se refieren expresamente a la regulación de las relaciones de los unidos de hecho y, entre ellas, las relaciones patrimoniales, mediante pactos, los cuales son —en general— inscribibles en los registros administrativos de uniones de hecho. Así, ocurre con Aragón (art. 307 del D. Leg. 1/2011)[32], Cataluña (art. 234-3 de la Ley 25/2010), Galicia (Disp. Adic. 3.ª de la Ley 2/2006), Islas Baleares (art. 4 de la Ley 18/2001), Navarra (Ley 109 de la Ley 1/1973, en redacción dada por la Ley Foral 21/2019)[33], País Vasco (art. 5 de la Ley 2/2003). En ocasiones las normas exigen una forma determinada a dichos pactos, en otras no. En Aragón y Galicia se exige «escritura pública», en el País Vasco se haba de «documento público o privado». Por el contrario, no se exige forma especial en Cataluña, Islas Baleares —se habla de «cualquier forma admitida en derecho, oral o escrita» y Navarra.

En defecto de pacto entre los unidos de hechos algunas CC. AA. han dictado normas de aplicación supletoria en materia de gastos/cargas comunes y responsabilidad derivada de la potestad doméstica. Así, con alguna diferencia, Aragón (art. 307 del D.Leg. 1/2007), Baleares (art. 5 de la Ley 18/2001), Navarra (art. 109 de la Ley 1/1973, en redacción dada por la Ley Foral 21/2019). En el País Vasco, la Ley 2/2003 se remite directamente al régimen de separación del CC, señalando: «A falta de pacto expreso el régimen económico-patrimonial de las parejas de hecho reguladas en esta ley será el de separación de bienes establecido en el Código Civil» (art. 5.3). Por el contrario, no se fija régimen supletorio alguno ni en Cataluña ni en Galicia.

---

32 Decreto 203/1999, de 2 de noviembre, del Gobierno de Aragón, por el que se regula la creación y el régimen de funcionamiento del Registro Administrativo de parejas estables no casadas

33 En Navarra había que atender a Ley foral 6/2000 (art. 5.3), si bien fue considerado parcialmente inconstitucional por la STC 93/2013, en concreto en la parte que decía: «*respetando, en todo caso, los derechos mínimos contemplados en la presente Ley Foral, los cuales son irrenunciables hasta el momento en que son exigibles*».

b) CC. AA. sin competencia civil:

Alguna C.A. sin competencia en materia civil es consciente de que su regulación sólo puede referirse a aspectos jurídico-públicos, de modo que no se ocupa de regular ningún régimen económico convivencial, ni hace referencia a pactos sobre cuestiones patrimoniales. Así ocurre en Murcia (Ley 7/2018).

Otras leyes autonómicas de CC. AA. sin competencia en materia civil, si bien no regulan los aspectos patrimoniales de los unidos de hecho dicen que rige un principio de libertad de pactos en sus relaciones patrimoniales, añadiendo que se trata de pactos inscribibles en el Registro Administrativo correspondiente (que no tiene la consideración de registro público). Así como ocurre con Andalucía (art. 10 de Ley 5/2002), Asturias (art. 5 de la Ley 4/2002).

Alguna otra C.A., fija o fijaban una presunción o directamente un régimen supletorio, lo que ha sido declarado inconstitucional por el TC en los casos en que ha tenido oportunidad de conocer, por falta de competencia. En Canarias, el art. 7 de la Ley 5/2003 fija una presunción de que los miembros contribuyen al sostenimiento de las cargas de la unión en proporción a sus recursos. En Madrid el art. 4 de la Ley 11/2001, declarado inconstitucional por la STC, Pleno, 81/2013, señaba: «A falta de pacto se presumirá, salvo prueba en contrario, que los miembros de la unión contribuyen equitativamente al sostenimiento de las cargas de ésta en proporción a sus recursos». En Valencia el art. 7 de la Ley 5/2012, declarado inconstitucional por la STC, Pleno, 110/2016, señalaba: «En defecto de pacto, los miembros de la pareja estable contribuirán, proporcionalmente a sus posibilidades, al mantenimiento de la vivienda y de los gastos comunes, mediante aportación económica o trabajo personal ...».

3.2. Pactos para evitar los riesgos para la empresa familiar en caso de uniones de hecho

Constituye, como hemos apuntado y justificado en las líneas anteriores, sin duda, un riesgo para la empresa familiar, la existencia de socios unidos de hecho, por la posibilidad de que, de un modo u otro, llegue el conviviente o exconviviente que no pertenece a la familia de sangre titular de la empresa familiar a ser titular de acciones o participaciones de la misma.

Ello se podrá producir porque ambos convivientes adquieran conjuntamente acciones o participaciones de dicha empresa familiar, o, lo que es más preocupante, si a la disolución de la unión de hecho, tras una demanda de uno de los exconvivientes, si los tribunales consideran que hay pactos —incluso tácitos— para hacer comunes tales bienes en particular o todos los bienes adquiridos a título oneroso en general, debiendo, pues, incluirse las acciones o participaciones adquiridas constante la unión por el exconviviente demandado.

Con la finalidad de evitar tales riesgos es conveniente que en los protocolos familiares se reflexione estas cuestiones y recomiende a los socios que convivan en pareja clarificar, mediante pactos expresos, las relaciones económicas de los miembros de la pareja, con el compromiso de que a la extinción de la pareja de hecho las acciones o participaciones de sociedades familiares correspondan en exclusiva a aquel conviviente o exconviviente de la familia de origen, aunque el otro haya intervenido de algún modo en su adquisición, sea originaria o derivativa, sin perjuicio del derecho de reembolso que en su caso proceda, por el dinero que el mismo haya aportado o directamente surja de haber pactado —aun tácitamente— una comunidad de bienes. Estos pactos, a la vista de que deben ser celebrados con una persona que no ha firmado el protocolo familiar, no se pueden imponer imperativamente a los socios, ni establecer alguna sanción para el caso de incumplimiento[34]. Los que se puede imponer es intentar llegar a un acuerdo, no más.

34 Cárdenas Armesto, L. y otros, *El protocolo familiar: Consejos prácticos para su elaboración*, AEDAF, Madrid, 2019, pág. 129.

CAPÍTULO 25

PACTOS DE CONVIVENCIA EN PAREJAS DE HECHO, EN RECIPROCIDAD CON LAS UNIONES MATRIMONIALES. OTRA «VUELTA DE TUERCA»[1]

Guillermo Cerdeira Bravo de Mansilla
Catedrático de Derecho Civil
Universidad de Sevilla

---

1 El presente estudio supone un compendio, extendido y actualizado, de dos trabajos anteriores de su autor: por un lado, el de «Parejas de hecho, pactos de convivencia y en previsión de posible ruptura, en España: "status quaestionis"», publicado en la obra colectiva internacional *Autonomía privada, familia y herencia en el siglo XXI. Cuestiones actuales y soluciones de futuro*, que él mismo coordinaba con los profesores Aguilar Ruiz y Arjona Guajardo-Fajardo, de la Editorial Thomson Reuters-Aranzadi, Navarra, 2014, pp. 61-81; y, por el otro, el más reciente titulado: «De nuevo, sobre las parejas de hecho y su pertinaz voluntad de someterse a un régimen económico matrimonial. Comentario a la Resolución de la Dirección General de la Seguridad Jurídica y de la Fe Pública de 21 de junio de 2021», en *Revista Jurídica del Notariado*, 2021, n.° 113, pp. 287-308.
Aprovecho, igualmente, para dejar claro que el presente estudio versa sobre los pactos de convivencia, no en previsión de posible ruptura, ni tampoco a los acuerdos adoptados una vez que la ruptura se hace efectiva; todo lo cual excede, con mucho, del objeto y extensión del presente trabajo, aunque, bien mirado, las diversas «vueltas de tuerca» que en él proponemos puedan ser extendidas a tales supuestos de acuerdos (en previsión de ruptura o una vez esta se produce).

I. Como detonante: ¿pueden las parejas de hecho pactar someterse al régimen de gananciales, o a cualquier otro?

En España[2], no hace mucho que la Dirección General de la Seguridad Jurídica y la Fe Pública (en adelante, DGSGyFP), vino a resolver en su Resolución de 21 junio 2021 un caso de una pareja de hecho registrada conforme a la legislación gallega sobre parejas no casadas, a que los convivientes estaban aforados, y que, conforme permite la propia legislación gallega (en su Disposición adicional 3.ª), pretendía inscribir un inmueble adquirido por compraventa como ganancial, a lo que el Registrador de la Propiedad se había opuesto.

Idéntico caso, aunque referido a una pareja de hecho registrada en Andalucía, conforme a su legislación, fue hace un tiempo resuelto por el mismo organismo, por entonces llamada Dirección General de los Registros y del Notariado (en adelante, DGRyN), en su Resolución de 7 febrero 2013, y luego, sobre un caso en que se aplicaba la ley vasca de parejas no casadas, en la RDGRyN de 11 junio 2018, cuya misma solución ha sido reiterada como doctrina oficial por la más reciente de 2021, todas ellas contrarias a la pretensión de inscribir un bien común como ganancial de una unión no casada.

No es, sin embargo, tal doctrina oficial la mayoritaria aún hoy en la doctrina científica[3], lo que abunda en la necesidad de su estudio a fin de saber cuál de ambas, en nuestra opinión, parece la más acertada.

---

2 Para una visión comparatista de la cuestión, entre otros, ALARCÓN PALACIO, Y., «Capitulaciones y rupturas de pareja en Colombia: una revisión de la autonomía privada y sus límites frente al desarrollo en España, Estados Unidos e Inglaterra», en *Revista jurídica Universidad Autónoma de Madrid*, n.º 39, 2019, pp. 45-108.

3 Según puede verse, recientemente expuesta, por BARRIO GALLARDO, A., «Parejas de hecho, autonomía privada y régimen económico-matrimonial», en *Derecho y autonomía privada: una visión comparada e interdisciplinar*, Granada, 2017, pp. 127-142; y en su otro trabajo, del mismo año, «La organización económica de las parejas de hecho y sus límites institucionales», en *RGLJ*, n.º 3, 2017, pp. 447-482; mostrándose en ambos conforme a que por pacto la pareja no casada se someta a un régimen económico matrimonial (*vgr.*, en *RGLJ*, pp. 473-475).

II. Como premisa: las parejas de hecho y su consabida falta de analogía con el matrimonio

Existe aún hoy en España un problema no resuelto satisfactoriamente, al menos en mi opinión, que por extensión también afecta al matrimonio y, por tanto, al propio concepto de familia nuclear: el fenómeno de las parejas no casadas.

Ya hace tiempo que la práctica unanimidad de la doctrina y de la jurisprudencia, tanto del Tribunal Supremo, como del Tribunal Constitucional[4], niega esa analogía entre el matrimonio y las uniones de hecho, y niega también, por ello, que se deban equiparar en sus efectos[5].

---

4 Para una visión de conjunto sobre la jurisprudencia constitucional en materia de uniones de hecho, *vid.* EGUSQUIZA BALMASEDA, M. A., «Las parejas de hecho y el Tribunal Constitucional», en la obra colectiva *La Constitución española y los derechos civiles españoles cuarenta años después. Su evolución a través de las sentencias del Tribunal Constitucional,* dirigida por Carmen BAYOD LÓPEZ, Valencia, 2019, pp. 91-106.

5 Adviértase, así mismo, la elefantiasis doctrinal habida sobre el tema —entonando por ello el *mea culpa*—, de la que, sin embargo, merecen recordarse aquí, al menos, citados trabajos pioneros, a veces ya hoy olvidados, en la materia. Entre otros, y todo ello sin demérito de las obras omitidas injustamente, por nuestro olvido o ignorancia: ALONSO PÉREZ, M., «La familia entre el pasado y la modernidad. Reflexiones a la luz del Derecho Civil», en *AC*, 1998); BERCOVITZ RODRIGUEZ-CANO, R., «Las parejas de hecho», en *Aranzadi Civil*, 1993, pp. 1823-1837); CLAVERÍA GOSÁLBEZ, L.H., en sus dos trabajos: «Hacia una nueva concepción del matrimonio», en *La Ley*, 1983-2; y «Lo que sí es y lo que no es el matrimonio», en *Anuario de Derecho Eclesiástico del Estado*, 1996, pp. 259-280; ESPINAR VICENTE, V., «Sobre la urgente necesidad de reformar la regulación jurídica del matrimonio», en *AC*, 2003, pp. 477-493; ESTRADA ALONSO, E., *Las uniones extramatrimoniales en el Derecho Civil español*, 2.ª ed., Madrid, 1991; GAVIDIA SÁNCHEZ, J., con sus múltiples trabajos: «¿Es la unión libre una situación análoga al matrimonio?», en *RJN*, 1999, pp. 199-235; *La unión libre [el marco constitucional y la situación del conviviente supérstite]*, Valencia, 1995; «Matrimonio y uniones libres; el matrimonio homosexual [Consideraciones de política legislativa]», en *La Ley*, 2001; y «Pactos entre convivientes, enriquecimiento injusto y libre ruptura de las uniones no matrimoniales», en *La Ley*, 2003; GONZÁLEZ PORRAS, J. M., en sus obras: *La familia, el Derecho y la libertad*, Córdoba, 1987; «La familia sin matrimonio...», en *AC*, 1990; *Uniones de hecho y pensiones de la seguridad social*, Madrid, 1992; y «El matrimonio y la familia en la sociedad actual», en *RDP*, 2003, pp. 147-165; JORDANO BAREA, J. B., «Matrimonio y unión libre», en *AC*, 1999, pp. 181-198; LACRUZ BERDEJO, J. L., «Convivencia "more uxorio". Estipulaciones y presunciones», en *Centenario del Código Civil, Tomo I*, Madrid, 1990, pp. 1061-1069; GALLEGO DOMÍNGUEZ, I., *Las parejas no casadas y sus efectos patrimoniales*, Madrid, 1995; MARTÍNEZ DE AGUIRRE Y ALDAZ, C., «Las uniones de hecho: Derecho aplicable», en *AC*, 1999; O'CALLAGHAN MUÑOZ, X. (Dir.): *Consecuencias jurídicas de las uniones de hecho*, ed. CGPJ, Madrid, 1998; PANTALEÓN PRIETO, A. F., *La autorregulación de la unión libre*, en PJ, 1986, pp. 119-125; PUIG PEÑA, F., «Las uniones maritales de hecho», en *Revista General de Derecho*, 1949; ROCA I TRIAS, E., «Familia, familias y Derecho de familia», en *ADC*, 1990, pp. 1055-1091; TALAVERA FERNÁNDEZ, P. A., «La institucionalización de las uniones homosexuales en España», en *La Ley*, 2001; y *La unión de hecho y el derecho a no casarse*, Granada, 2001.

Dentro de la jurisprudencia constitucional, pueden citarse, entre otras, para casi todo lo que a continuación se va a decir, las SSTC de 15 noviembre 1990, de 14 febrero 1991, de 14 diciembre 1992, de 18 enero 1993, de 8 febrero 1993, de 17 junio 1999, de 15 febrero 2001, o, más recientemente, la sentencia de 23 abril 2013, que, precisamente por negar la semejanza entre las uniones de hecho y las casadas, acepta la constitucionalidad de la Ley navarra. Dentro del Tribunal Supremo, se pueden citar, entre muchísimas otras, las sentencias de 18 mayo 1992, de 21 octubre 1992 y 11 diciembre 1992, de 18 febrero y de 22 julio, ambas de 1993; las de 27 mayo, de 12 octubre y de 24 noviembre, las tres de 1994, 18 marzo 1995, de 27 octubre 1997, de 27 mayo y 4 junio, ambas de 1998, 22 enero 2001, 17 enero 2003... O, como las más importantes, dictadas ambas en Pleno (aunque no exenta de votos particulares la primera), la STS de 12 septiembre 2005, y, más recientemente, ante la terquedad de muchos de los juzgados inferiores, la STS (también en Pleno) de 15 enero 2018[6].

---

6 No fue, sin embargo, esta posición unánime en el Tribunal Supremo desde un principio. Hubo, al comienzo, algunos pronunciamientos que, sobre todo, para resolver las consecuencias económicas tras la ruptura de la pareja, permitieron aplicar, ora directamente, ora por analogía, determinadas normas del matrimonio a las parejas de hecho. Así, por ejemplo, la STS de 27 marzo 2001 aplicó el régimen económico matrimonial de separación de bienes, aplicando en concreto, por analogía legis, la compensación del trabajo doméstico del art. 1438 CC *in fine*. La STS de 16 diciembre 1996, por su parte, tras negar la aplicación por analogía de los regímenes matrimoniales, aplicaría en cambio, por analogía legis, el art. 96.3 CC, sobre vivienda familiar. Por otro lado, las SSTS de 5 julio 2001 y de 16 julio 2002 aplicarían, también por analogía *legis,* el art. 97 CC sobre pensión compensatoria prevista para el caso de separación o divorcio conyugal. Finalmente, las SSTS de 10 marzo 1998 y la ya citada de 27 marzo 2001, al amparo de los aps. 1 y 4 del art. 1 CC, establecerán una compensación económica a favor de uno de los convivientes separados por aplicación del principio general del Derecho «de protección del conviviente injustamente perjudicado por la situación de hecho», que extraen, por analogía *iuris*, de los principios constitucionales de dignidad (art. 10 CE), de igualdad (art. 14 CE), y de protección de la familia (art. 39 CE), y, descendiendo, de los arts. 96 CC y 16.1.b) LAU-1994 (y de la jurisprudencia constitucional —antes citada— que aplicaba el art. 58.1 LAU-1964 al conviviente *more uxorio*).

También hoy hay algunos pronunciamientos dentro del propio Tribunal Supremo que aún hablan de la aplicación analógica, cuando rectamente se trata de aplicar directamente ciertas normas, no tanto a las parejas de hecho como tales, sino como progenitores, tratándose, entonces, de aplicar directamente tales normas a los hijos habidos en tales parejas, todo lo cual resulta ser así no por una supuesta analogía habida entre parejas casadas y no casadas, sino por la exigencia de igualdad y no discriminación de filiación, sea esta matrimonial o extramatrimonial, que imponen los arts. 14 y 39 de nuestra Constitución española (en adelante, CE), y así refleja el art. 108 CC, y que exigen la aplicación directa y sin más de tales normas a todo tipo de hijos cualquiera que sea el estado civil y la relación entre sí de sus progenitores. Aplíquese, por ejemplo, lo dicho en materia de atribución del uso de la vivienda tras la ruptura de la pareja *ex* art. 96 CC, donde, al principio, la jurisprudencia hablaba de su aplicación analógica a las parejas de hecho con hijos (así, las SSTS de 16 diciembre 1996 y de 10 marzo 1998, recurriendo esta, no a la analogía, sino a la aplicación supletoria de un —pretendido— principio general del Derecho de protección del conviviente más débil perjudicado por la ruptura), para luego entender que se aplicaba

Ciertamente, no se puede cifrar ya la diferencia en la licitud del matrimonio frente a la ilicitud de las parejas no casadas por su inmoralidad (por ser ilícitos en su causa *ex* art. 1275 CC[7]), como antes de nuestra Constitución de 1978 (en adelante, CE) se decía[8]. Actualmente, el matrimonio no es ya la única vía legal, ni lícita para la cohabitación y la procreación. Equiparada hoy toda filiación (matrimonial, extramatrimonial y adoptiva), y permitidas la adopción y la reproducción asistida a matrimonios y a uniones de hecho, cualquiera que sea el sexo, o el género, de sus componentes, dice el Tribunal Constitucional que la posibilidad de fundar una unión extramatrimonial, en cuanto posible comunidad de vida diversa del matrimonio, constituye una expresión de la dignidad humana y del libre desarrollo de la personalidad (art. 10 CE)[9] y, también, una manifestación de la libertad en general (art. 16 CE)[10], y, en particular, del derecho —o la libertad— a no casarse que, como integrante del *ius connubi* en sentido pleno, consagra el art. 32.1 CE[11], interpretado este *a contrario sensu*. Hoy no sólo el matrimonio sirve para fundar una familia; no sólo existe ya la familia matrimonial, amén de la parental y la afín. Cierto que el art. 32 CE se refiere a la familia fundada en el matrimonio. Pero no es la única. Separado, no por casualidad, de esa norma, el art. 39 CE hace referencia a una familia más amplia en su referencia, *a.e.*, a las madres, cualquiera

analógicamente a los hijos habidos en tales uniones no maritales (así, según las SSTS de 28 marzo 2008, 1 y 14 de abril 2011 y 6 octubre 2011, entre otras), para, finalmente, dejar ya de hablar de analogía (según puede verse, por ej., en las SSTS de 31 mayo 2012, 16 enero 2015 y 25 abril 2016). Para mayor detalle al respecto, me remito a mi estudio, actualizado y completado en su referencia al Derecho foral por García Mayo, M., «Atribución de la vivienda familiar en las parejas de hecho tras su ruptura», en el libro *Menores y crisis de pareja: la atribución del uso de la vivienda familiar*, Madrid, 2017, pp. 239-276.

7 Cuando dice: «Los contratos sin causa, o con causa ilícita, no producen efecto alguno. Es ilícita la causa cuando se opone a las leyes o a la moral».

8 En la jurisprudencia preconstitucional, amén de estimarse que tales uniones eran de suyo ilícitas por su inmoralidad y por ser contrarias al Orden Público, también los pactos que en ellas se acordasen se estimaban nulos, por igual razón, por ser ilícitos en su causa *ex* art. 1275 CC (así, entre otras, las SSTS de 16 octubre 1906, de 8 marzo 1918 y de 2 abril 1941).

9 Que dice: «La dignidad de la persona, los derechos inviolables que le son inherentes, el libre desarrollo de la personalidad, el respeto a la ley y a los derechos de los demás son fundamento del orden político y de la paz social».

10 Que dispone íntegramente: «1. Se garantiza la libertad ideológica, religiosa y de culto de los individuos y las comunidades sin más limitación, en sus manifestaciones, que la necesaria para el mantenimiento del orden público protegido por la ley. (...) 2. Nadie podrá ser obligado a declarar sobre su ideología, religión o creencias. (...) 3. Ninguna confesión tendrá carácter estatal. Los poderes públicos tendrán en cuenta las creencias religiosas de la sociedad española y mantendrán las consiguientes relaciones de cooperación con la Iglesia Católica y las demás confesiones».

11 Que dice en sus dos apartados: «1. El hombre y la mujer tienen derecho a contraer matrimonio con plena igualdad jurídica. (...) 2. La ley regulará las formas de matrimonio, la edad y capacidad para contraerlo, los derechos y deberes de los cónyuges, las causas de separación y disolución y sus efectos».

que sea su estado civil, a los hijos habidos fuera del matrimonio, que en sus derechos y deberes deben equipararse a los hijos matrimoniales[12]. Y más allá de su letra, hay también otros vínculos familiares, que ni siquiera menciona: como la afinidad, el parentesco... Cabría hoy, pues, como legítima, la posibilidad de una familia extramatrimonial. Y es ahí donde tienen encaje según el Tribunal Constitucional las parejas no casadas, como fundamento de una familia extramatrimonial. Nuestro Derecho, pues, puede «familiarizar» las uniones de hecho como vía alternativa —cohabitadora y procreadora, si se quiere— al matrimonio; pero no debe también «matrimonializarlas» sin más, esto es, equipararlas como tales uniones al matrimonio, porque, como dice el propio Tribunal Constitucional, el matrimonio y las parejas no casadas no son situaciones idénticas, ni siquiera equivalentes. Es su consideración como familia, como comunidad de vida, lo único que identifica el matrimonio con las parejas no casadas; todo lo demás, se dice, son diferencias:

En primer lugar, el matrimonio es una institución constitucional, y el *ius connubi* es un derecho —una libertad— constitucional, reconocidos ambos de forma expresa (en el art. 32.1 CE). Tan es así que al respecto se consagra un principio de reserva legal; sólo por ley puede, debe, regularse el matrimonio (art. 32.2 CE). Nada de esto sucede con las parejas no casadas, porque, aunque expresen la libertad de no casarse (32.1 CE), y se amparen genéricamente en aquellos arts. 10, 16 y 39 CE, no hay para ellas un reconocimiento constitucional expreso, ni un principio de reserva de ley que obligue a regularlas. Así lo vuelve a recordar la STC de 23 de abril de 2013, estableciendo que «el matrimonio y la convivencia extramatrimonial no son realidades equivalentes. El matrimonio es una institución social garantizada por nuestra norma suprema, y el derecho a contraerlo es un derecho constitucional (art. 32.1), cuyo régimen jurídico corresponde a la ley por mandato constitucional (art. 32.2) mientras que nada de ello ocurre con la unión de hecho "more uxorio", que ni es una institución jurídicamente garantizada ni hay un derecho constitucional expreso a su establecimiento». Sería, por tanto, una cuestión de política legislativa el legislar, o no, sobre ellas[13]. De ahí, incluso, —como dice la STS de 30 diciembre 1994— el peligro de que por vía jurisprudencial se llegue a crear un régimen completo para las parejas de hecho.

---

12 Que —recuérdese— dispone: «1. Los poderes públicos aseguran la protección social, económica y jurídica de la familia. (...) 2. Los poderes públicos aseguran, asimismo, la protección integral de los hijos, iguales éstos ante la ley con independencia de su filiación, y de las madres, cualquiera que sea su estado civil. La ley posibilitará la investigación de la paternidad. (...) 3. Los padres deben prestar asistencia de todo orden a los hijos habidos dentro y fuera del matrimonio, durante su minoría de edad y en los demás casos en que legalmente proceda. (...) 4. Los niños gozarán de la protección prevista en los acuerdos internacionales que velan por sus derechos».

13 Aun admitiendo, sin agradarle, que no hay tal deber constitucional, a Julio GAVIDIA SÁNCHEZ le parece conveniente una ley estatal de parejas de hecho *ex* arts. 9.2, 39.1 y 53.3 de la Constitución española.

Y la segunda gran diferencia. El matrimonio se caracteriza por someterse a una formalidad y solemnidad —que la ley debe regular—, a una serie de requisitos, no sólo en su constitución, sino también en los supuestos de crisis, de separación o de disolución por divorcio (art. 32.2 CE y *cfr.*, arts. 49 y ss. y 81 y ss. CC). Y es esa formalidad la que *ope legis* va a generar —o a extinguir en caso de divorcio— un estatuto jurídico, una serie de derechos y deberes —personales y económicos— que los cónyuges —en igualdad— contraen —o dejan de contraer, en caso de disolución— entre sí, de forma recíproca e imperativa (*cfr.*, entre otros, los arts. 66 a 70, 90 a 106 y 1315 a 1324 CC). Nada de esto sucede de suyo con las parejas no casadas. De ahí la denominación que muchas veces se les da: como uniones de hecho, parejas libres o matrimonios sin papeles. Se caracterizan por su libertad, por su informalidad —dicho esto sin tono peyorativo—, tanto en su creación como en su posible ruptura. Cierto que en su formación puede haber un compromiso de comunidad plena y estable de vida; pero ese compromiso es, a lo más, moral o natural, pero aformal, extrajurídico, no contractual, ni vinculante[14]. Dicho compromiso no genera *natura sua* un estatuto jurídico-civil parecido al del matrimonio; no impone de suyo derechos y deberes, ni personales, ni económicos, para los convivientes de hecho[15]. ¿Acaso cabría acaso pactarlos? Lo veremos en seguida (en el siguiente epígrafe).

Como última diferencia destacable entre ambas uniones, en las extramatrimoniales en cualquier momento cabe su disolución o la ruptura de la pareja sin necesidad de formalidad alguna, por mutuo acuerdo o incluso por voluntad unilateral —mediante el abandono— de uno de los convivientes, sin que ello deba generar consecuencias jurídicas. En el matrimonio, en cambio, al margen de la posible separación de hecho, la legal y, en todo caso, el divorcio, por muy «agilizado» que haya quedado tras sus últimas reformas en 2005 y en 2015 (con su «descausalización» y «desjudicialización», respectivamente), sigue sujeto a un control y a unas formalidades (judicial, notarial y registrales) que responden a las exigencias de seguridad jurídica, precisamente por la relevancia jurídica que tales actos, como el antagónico de las nupcias, tiene para los terceros.

Cierto es que a veces la ruptura de una pareja de hecho puede generar un desequilibrio económico para uno de los convivientes. Pero para dar solución justa a tal caso no es necesario acudir a las normas que regulan el matrimo-

14 Es un compromiso jurídicamente irrelevante, advierte, desde hace tiempo, Gavidia Sánchez, J., con sus múltiples trabajos: «¿Es la unión libre una situación análoga al matrimonio?», en *RJN*, 1999, pp. 199-235; *La unión libre [el marco constitucional y la situación del conviviente supérstite]*, Valencia, 1995; «Matrimonio y uniones libres; el matrimonio homosexual [Consideraciones de política legislativa]», en *La Ley*, 2001; y sobre todo, por el tema que aquí y ahora importa, «Pactos entre convivientes, enriquecimiento injusto y libre ruptura de las uniones no matrimoniales», en *La Ley*, 2003, pp. 1849-1855.

15 Ni siquiera puede llegar a estimarse como estado civil, según defiende fervientemente Ramos Chaparro, E., *Ciudadanía y familia: los estados civiles de la persona*, Barcelona, 1999.

nio. De esas normas (como son los arts. 97, 1438 CC...) puede extraerse un principio general del Derecho, pero sin necesidad de crearlo *ex novo* (como aquel pretendido principio de protección del conviviente más perjudicado), sino uno ya consolidado desde hace siglos y que hoy se extrae con alcance general del art. 1901 CC: el principio del enriquecimiento injusto, sin causa o torticero. ¿No se llega así a la misma solución —justa—, pero por el camino más recto (derecho o justo)? No en vano, forman —cada vez más— legión las SSTS que aplican esta doctrina del enriquecimiento injusto para solucionar los casos de ruptura de las parejas de hecho, en que se hace necesario compensar o resarcir al conviviente de hecho que tras la separación sufre un perjuicio económico, otorgándole una indemnización por el servicio, por el trabajo o por el dinero que gratuitamente —o en menor medida que lo retribuido— ha prestado —o sacrificado por no obtenerlo— durante la convivencia en el trabajo del otro conviviente, en el hogar (en las tareas domésticas) o en el cuidado de los hijos de ambos o de este[16].

A la vista de todas las diferencias —indicadas— que existen entre el matrimonio y las parejas no casadas, concluirá la jurisprudencia, casacional y constitucional, que no debe haber igualdad de trato entre ellos. Así lo imponen razones de justicia, de igualdad proporcional (art. 14 CE), porque al ser situaciones desiguales, de desigual forma han de tratarse. Más aún. Por estar el matrimonio consagrado constitucionalmente (en el art. 32 CE), dice el TC que su trato ha de ser más favorable y beneficioso, más proteccionista, que el otorgado a las parejas no casadas, lo que, con buen sentido, demuestra que aunque la CE indirectamente, por interpretación amplia de los arts. 32 y

16 Así lo ha mantenido últimamente nuestra jurisprudencia, en SSTS como las de 17 enero y 17 junio, ambas de 2003, que precisamente por aplicación del —supuesto— principio general de protección del conviviente económicamente perjudicado acuden a la doctrina del enriquecimiento injusto. Como recopiladora de tal jurisprudencia, resulta de imprescindible lectura la STS, aprobada en pleno (aun con votos particulares, de la propia Roca i Trías), de 12 septiembre 2005; así como la STS de 15 enero 2018 (también aprobada en Pleno, aunque también con algún voto particular). De hecho, como luego veremos, así lo prevén casi todas las leyes autonómicas en lo que llaman «compensación económica por enriquecimiento injusto», aunque como acumulable a la «pensión periódica». Tan sólo las leyes andaluza y extremeña, con acierto en este extremo, aluden únicamente al enriquecimiento injusto. Y en la doctrina, entre otros muchos, así opinaban desde hace tiempo Bercovitz, R., «Las parejas de hecho», en Aranzadi Civil, 1993, pp. 1823-1837, y Gavidia, J., de entre sus múltiples trabajos: «¿Es la unión libre una situación análoga al matrimonio?», en *RJN*, 1999, para quien tal principio del enriquecimiento injusto habrá de ser respetado en caso de que los convivientes lleguen a un acuerdo —previo o coetáneo— para el caso de ruptura. No obstante, por la necesaria concurrencia de todos los requisitos propios del enriquecimiento injusto, hay quien opone objeciones a esta solución (como García Rubio); pero todas ellas son superables, pues sólo demuestran que el enriquecimiento injusto no siempre se aplicará a los casos de ruptura de las parejas no casadas. Será o no ello posible según las circunstancias de cada caso. Para una visión reciente y —meramente— expositiva de la cuestión, Fariña Fariña, R., «Algunas consideraciones sobre la aplicación del enriquecimiento sin causa para resolver controversias patrimoniales entre convivientes», en *Actualidad Jurídica Iberoamericana*, n.º extra 8, 2018, pp. 275-288.

39 CE, permita uniones no casadas como familiares, no las ansía. Esto, por supuesto, no quiere decir que éstas sean reprobadas, prohibidas o perseguibles, ni que la mayor protección dispensada a las uniones matrimoniales sea caprichosa o arbitraria. Lo impiden los arts. 10 y 39 CE, pues la represión de las parejas no casadas o la ultraprotección injusta de las casadas iría contra la dignidad y el libre desarrollo de la personalidad y contra la libertad de fundar una familia dentro o fuera del matrimonio.

No sólo razones de justicia imponen esa desigualdad no discriminatoria de trato. También lo aconsejan razones de seguridad jurídica (art. 9.3 CE). Tratándose de uniones fácticas o de hecho, que no se someten a formalidad, ni a publicidad segura y cierta ninguna, ni para su constitución, ni para su disolución, ¿cómo equipararlas al matrimonio en sus efectos frente a terceros, si éstos no tienen medio fiable para conocerlas? Sería un atentado contra el principio de seguridad jurídica. Ni siquiera gozan de estricta publicidad aquellas parejas que acceden a los Registros de Parejas de Hecho que en todas las leyes autonómicas se instaura (según insistiremos luego). Son tales unos registros públicos, pero más administrativos que civiles, que ningún efecto de validez ni de eficacia u oponibilidad tienen frente a terceros, frente a los particulares —sólo lo tienen frente a la Administración pública autonómica o municipal—. Son, podría decirse, el «catastro» de las uniones de hecho[17].

Por último, como termina diciendo nuestro TC, la equiparación entre matrimonio y unión libre iría también en contra de la propia libertad en general (art. 16 CE) y, en concreto, de la libertad de casarse o no (art. 32.1 CE), como expresión ésta del libre desarrollo de la personalidad. ¿Por qué vincular —casar— por obra de la ley (autonómica) o por la del juez a los que pudiendo casarse por su propia voluntad, no quisieron casarse? ¿Por qué legalizar lo querido como alegal? ¿Por qué coartar legalmente la libertad —el libre albedrío, incluso— que la propia Constitución reconoce? En palabras de LACRUZ[18], «se institucionalizaría lo que, en sí, no constituye una institución». O como dice JORDANO BAREA, «hay que respetar esa quasi-ajenidad al Derecho que algunos legítimamente desean»[19]. Incongruente sería que los convivientes de hecho, pudiendo, no se hayan casado, pero luego reclamen —sin legitimidad— los derechos y las ventajas propias del matrimonio. Si las quieren, que se casen con todas las consecuencias, como hace tiempo decía con su gracejo JORDANO, para las duras (los deberes) y las maduras (los dere-

17 Así lo dijo hace ya una década la STC 81/2013, de 11 abril, al declarar solo parcialmente inconstitucional la Ley madrileña de parejas de hecho, dejando como válida su regulación sobre el Registro de uniones de hecho al tratarse, precisamente, de un registro meramente administrativo, cuya regulación no es por tanto competencia exclusiva del Estado *ex* art. 149.1. 8.° CE.

18 LACRUZ BERDEJO, J.L., «Convivencia "more uxorio". Estipulaciones y presunciones», en *Centenario del Código Civil*, Tomo I, Madrid, 1990, p. 1063.

19 JORDANO BAREA, JUAN B.; «Matrimonio y unión libre», en *AC*, 1999, p. 190.

chos)[20]. No cabe, en fin, admitir un matrimonio a la carta o *ad gustum*. Pues, como al parecer dijo Napoleón del *Code*: «Les concubins se passent de la loi, la loi se désinteresse d'eux».

Aunque en *obiter dictum*, la famosa ya y acertadísima STS de 12 septiembre 2005, que asienta la radical diferencia entre el matrimonio y las parejas no casadas y defiende la aplicación del principio del enriquecimiento injusto para los casos de ruptura de tales parejas, dice en parte de su fundamento de derecho 3.º: *«Es más, hoy por hoy, con la existencia jurídica del matrimonio homosexual y el divorcio unilateral, se puede proclamar que la unión de hecho está formada por personas que no quieren, en absoluto, contraer matrimonio con sus consecuencias»*, y para así concluir diciendo: *«Por ello debe huirse de la aplicación por «analogía legis» de normas propias del matrimonio como son los arts. 97, 96 y 98 CC, ya que tal aplicación comporta inevitablemente una penalización de la libre ruptura de la pareja, y más especialmente una penalización al miembro de la unión que no desea su continuidad. Apenas cabe imaginar nada más paradójico que imponer una compensación económica por la ruptura a quien precisamente nunca quiso acogerse al régimen jurídico que prevé dicha compensación para el caso de ruptura del matrimonio por separación o divorcio»*[21].

Al margen de estas genuinas —por auténticas— parejas de hecho, en nuestra abundante legislación autonómica existe una especie de *tertium genus*, híbrido entre aquellas uniones y las matrimoniales, de parejas no casadas pero sometidas, a veces, a ciertas formalidades[22]:

---

20 O como decía González Porras, J. M., cit., p. 163: «Es demasiado, creo, pues por una parte rechazan con todas sus fuerzas que el Derecho entre en sus vidas y lo estiman como una invasión ilegítima y no constitucional que limita su libertad individual y los diferencia. Pero por otra parte exigen al Gobierno que su unión... tenga relevancia jurídica y piden la protección del Estado y de sus leyes; piden eso mismo que rechazan». También interesantes eran las reflexiones al respecto de Bercovitz, R., cit., pp. 1834-1836.

21 Esta sentencia ha sido seguida por otras, especialmente por las SSTS de 22 febrero 2006, 19 octubre 2006, 27 marzo 2008, así como la de 6 octubre 2011, de la que, como en el caso de la anterior citada, fue su Ponente ROCA I TRÍAS, a pesar de que en su día suyo fue uno de los votos particulares a aquella STS de 2005, aprobada en Pleno. En esta última, terminará diciéndose: «De acuerdo con ello, esta Sala ha abandonado algunas posturas que la citada STS 611/2005 llama "disímiles", para acogerse a la no aplicación por analogía a las parejas no casadas, de las normas reguladoras de los efectos del matrimonio y del divorcio».

22 En España, hace mucho ya que muchas Comunidades Autónomas se habían apresurado a establecer, casi a calcar las unas de las otras anteriores (siendo pionera la catalana), un régimen legal, más o menos completo, de las parejas no casadas, equiparándolas casi plenamente a las uniones matrimoniales. Al respecto, destacaron en un principio las Comunidades Autónomas de tradición foralista, como Cataluña, Aragón, Navarra. Pero también muchas Comunidades Autónomas sin tradición foral han terminado legislando sobre esta materia (razón por la cual algunas ha sido declaradas inconstitucionales, como la madrileña o la valenciana). Por puro orden cronológico son: la Ley foral 6/2000, de 3 julio, para la igualdad jurídica de las parejas estables, de Navarra; la Ley 11/2001, de 19 diciembre,

En efecto, en la mayoría de las leyes autonómicas, para constituir una pareja de hecho basta con la convivencia por un tiempo ininterrumpido (de 1 o 2 años, según cada ley), o, en su defecto, con la tenencia de descendencia común; previéndose la forma escrita (en documento público o notarial, generalmente), como algo voluntario y *ad probationem* (para la «acreditación», se suele decir), pues en general cabe cualquier medio de prueba. De ahí que también la posible inscripción en los Registros de Parejas de Hecho suela regularse como voluntaria y declarativa, y sólo con efectos administrativos (*inter partes* y frente a la Administración Pública), pero sin eficacia civil *erga omnes*. En este punto, sin embargo, la STC de 23 abril 2013 declaró en buena parte inconstitucional la Ley navarra por someter a su régimen aquellas uniones no casadas, ni registradas, por la sola convivencia anual de sus integrantes o por tener una descendencia común, lo que, según entiende el Tribunal Constitucional, es contrario a la dignidad y al libre desarrollo de la personalidad (que consagra, recuérdese, el art. 10 CE), por no respetar que tales uniones se sometan o no voluntariamente a dicha Ley. Son menos, en cambio, las leyes autonómicas que imponen una formalidad constitutiva, por escritura pública o por inscripción en aquellos Registros, aunque sin dejar de ser meramente administrativa (*vgr.*, Aragón, Valencia y Extremadura).

Por lo que a su posible extinción afecta, para casi todas las leyes autonómicas, junto a la disolución o extinción de la pareja de hecho por matrimonio o por muerte o declaración de fallecimiento (en cuyo caso suelen concederse unos derechos sucesorios y una especie de predetracción iguales a los del cónyuge viudo), también cabe la extinción por separación de hecho (por un período que, según cada ley, oscila entre seis meses, 1 ó 2 años), por mutuo acuerdo, o incluso por voluntad unilateral, exigiéndose en este último caso la notificación —muchas veces, fehaciente— al otro conviviente. A veces incluso, como sucede en las leyes navarra y asturiana, cabe que los propios convivientes regulen las causas de disolución. Y sólo en el caso de haberse documentado públicamente o inscrito la constitución de la pareja de hecho en el Registro administrativo existente al efecto, por ser o no ello obligatorio,

de uniones de hecho, de Madrid; la Ley 18/2001, de 19 diciembre, de parejas estables, de las Islas Baleares; la Ley 4/2002, de 23 mayo, de parejas estables, de Asturias; la Ley 5/2002, de 16 diciembre, de parejas de hecho, de Andalucía; la Ley 5/2003, de 6 marzo, para la regulación de las parejas de hecho, de Canarias; la Ley 5/2003, de 20 marzo, de parejas de hecho de Extremadura; la Ley 2/2003, de 7 mayo, reguladora de las parejas de hecho, del País Vasco; la Ley 1/2005, de 16 mayo, de parejas de hecho de Cantabria; la Disposición Adicional tercera de la Ley 2/2006, de 14 de junio, de Derecho Civil de Galicia; los arts. 234.1 a 234.14 del Libro segundo del Código Civil de Cataluña, aprobado por Ley 25/2010, de 29 julio; los arts. 303 a 315 del Decreto Legislativo 1/2011, de 22 marzo, por el que se aprueba el —llamado— «Código de Derecho Foral de Aragón»; la Ley 5/2012, de 15 octubre, de uniones de hecho formalizadas, de Valencia; o, más recientemente, la Ley de parejas de hecho de 3 julio 2028, de Murcia. A todo lo cual se han de unir los Reglamentos de las Ciudades Autónomas de Ceuta reguladores del Registro Público de parejas de hecho residentes en tales municipios.

será necesario dejar sin efecto aquel documento y proceder a la cancelación registral.

Este acercamiento de las parejas no casadas previstas en esa legión de leyes autonómicas a la institución matrimonial, antes que negar la falta de analogía habida entre ambas, demuestra la ilegitimidad e innecesaridad de las primeras. Pero sin entrar, aquí y ahora, en tal cuestión, que no es la que aquí nos ocupa, agudiza la cuestión —que aquí se trata— de si por tal acercamiento en tal tipo de uniones paramatrimoniales cabría, tal vez con más razón, pactarse el sometimiento a algún régimen económico matrimonial. Veámoslo.

III. La autonomía de la voluntad en la dimensión personal o convivencial de las parejas de hecho: su natural moralidad —¿juridificable convencionalmente?—

Es muy común en las leyes autonómicas, muy laxas en este asunto, conceder a los convivientes libertad para regir su convivencia y su posible cese, imponiéndose, sólo a veces, como límites: la ley y el respeto a los derechos fundamentales de los cónyuges (sobre todo, a su igualdad e intimidad), así como al de los menores. Sólo algunas leyes impiden el pacto sobre los aspectos personales de la convivencia, ora en términos absolutos (como sucede en Valencia, o en Madrid), ora cuando dicho aspecto sea contenido exclusivo del acuerdo (como sucede en Canarias, o en Extremadura). En defecto de pacto, nada se dice en esas leyes autonómicas sobre lo personal; sólo se regula el aspecto económico de la pareja de hecho, para presumir —*iuris tantum* o *iuris et de iure*, según cada ley— una especie de régimen de separación de bienes —según la ley vasca— sujeto a los deberes de alimentos y de contribución proporcional al levantamiento de las cargas familiares, imponiendo al respecto una responsabilidad «solidaria» (conjunta), y exigiendo, a veces, la gestión también conjunta de la vivienda común.

Sin entrar en mayores pormenores, la cuestión de fondo que aquí interesa ante tal abanico de opciones es preguntarse: ¿son legítimas, y factibles, tales previsiones legales autonómicas? Y, ¿qué sucede, más allá de tal previsión autonómica, para el Derecho común, o para las verdaderas parejas de hecho que ni se casan ni se registran ni someten voluntariamente a la legislación autonómica prevista para ellas?

A tal respecto, conforme a lo que empieza a ser ya opinión común, no hace mucho, aunque antes de ser Magistrada del TS, PARRA LUCÁN[23], vino a

23 «Autonomía de la voluntad y Derecho de familia», en *Autonomía de la voluntad en el Derecho Privado (Estudios en Conmemoración del 150 Aniversario de la Ley del Notariado)*,

defender la posibilidad de que las parejas de hecho se obliguen convencionalmente a los deberes propios del matrimonio (*cfr.*, arts. 66 ss. CC)[24], incluso con la opción de excluir alguno de ellos (permitiendo, por ejemplo, la infidelidad), modalizando en general el pacto (sometiendo, por ejemplo, la relación a término o a condición), o, en el extremo opuesto, pactando penas o sanciones (como pudiera ser una indemnización), para el caso de incumplimiento de las obligaciones voluntariamente asumidas (como pudiera suceder, sin más, en caso de ruptura, o de abandono de la convivencia por parte de uno solo de los convivientes).

No me parece, en cambio, aceptable sin más que las uniones de hecho puedan pactar sobre tales aspectos personales (que los arts. 66 y ss. del CC refieren de modo imperativo, sin ningún margen para su disposición, al matrimonio), pues éstos sólo se originan como deberes jurídicos, por imperativo legal y al amparo del art. 32.2 CE, mediante el contrato de matrimonio. Como hace tiempo dijo el maestro LACRUZ[25]: «No pueden determinar los convivientes con eficacia jurídica su propio estatuto personal, al no ser ello posible en el matrimonio. Los partidarios agresivos de la unión libre se niegan a tener en cuenta esta verdad insoslayable: que si en el matrimonio los deberes de fidelidad, ayuda y socorro impuestos por la ley se hallan sustraídos al pacto, menos se podrían pactar fuera de él, de donde tales deberes, al no ser posible su creación voluntaria, no pueden tener eficacia jurídica en la unión libre».

Además[26], tales pactos serían nulos por ser contrarios a los arts. 1271 y 1275 del CC (sobre el objeto y la causa de los contratos, respectivamente)[27], e incluso por ser inconstitucionales —inmorales— al afectar a la indisponibilidad de los derechos fundamentales de la persona (la dignidad, la intimidad,

Tomo I: Derecho de la persona, familia y sucesiones, Madrid, 2012.

24 Art. 66: «Los cónyuges son iguales en derechos y deberes». Art. 67: «Los cónyuges deben respetarse y ayudarse mutuamente y actuar en interés de la familia». Y art. 68: «Los cónyuges están obligados a vivir juntos, guardarse fidelidad y socorrerse mutuamente. Deberán, además, compartir las responsabilidades domésticas y el cuidado y atención de ascendientes y descendientes y otras personas dependientes a su cargo».

25 En su conocido trabajo «Convivencia "more uxorio". Estipulaciones y presunciones», en *Centenario del Código Civil*, Tomo I, Madrid, 1990, pp. 1061-1069 (y con él otros, como ESTRADA ALONSO: *Las uniones extramatrimoniales en el Derecho Civil español*, 2.ª ed., Madrid, 1991; MESA MARRERO: *Las uniones de hecho. Análisis de las relaciones económicas y sus efectos*, 3.ª ed., Pamplona, 2006,)

26 Y, siguiéndome en todo cuanto sigue, GARCÍA MAYO, M., *Pactos prematrimoniales en previsión de crisis matrimonial*, Madrid, 2023, pp. 61 y 62.

27 Art. 1271: «Pueden ser objeto de contrato todas las cosas que no están fuera del comercio de los hombres, aun las futuras... Pueden ser igualmente objeto de contrato todos los servicios que no sean contrarios a las leyes o a las buenas costumbres». Y art. 1275: «Los contratos sin causa, o con causa ilícita, no producen efecto alguno. Es ilícita la causa cuando se opone a las leyes o a la moral».

la libertad, ...), especialmente, como advierte hace tiempo también Eduardo Estrada Alonso, por ir «en contra de la libertad individual y de la libertad para contraer matrimonio» (art. 32 CE), o por separarse y romper la pareja, habría que añadir (*ex* art. 32.1 CE *a contrario sensu*), si pensamos en las penalizaciones fundadas en el incumplimiento de algún deber o por el simple hecho de romper la unión[28].

Así también, la STS de 8 marzo 1998, que declaró nulo un contrato de unión libre por ilicitud —inmoralidad (arts. 1255 y 1275 CC)— de su causa, pues en él se había acordado la prestación de una pensión periódica a cambio de prestaciones sexuales, igualmente periódicas. El sexo pudiera ser motivo subjetivo, pero jamás la causa —ni el motivo causalizado, siquiera— de un contrato. Además, como ya advirtiera tiempo ha Emmanuel Kant (en sus *Principios metafísicos del Derecho*), el concubinato, como supuesto contrato de alquiler, momentáneo o duradero, de una persona (*pactum fornicationis, pactum torpe* o *locatio-conductio*)[29], sería en cualquier caso incoercible si se incumple y, en todo caso, libremente resoluble.

Máxime si solo se acuerda la asunción de algunos de los deberes del matrimonio, rechazando o condicionando otros (como el deber de fidelidad, o que el consentimiento sea puro y libre, según exigen, para el matrimonio, los arts. 45 y 66 CC; una prohibición a condición o a término que también para las parejas no casadas recogen —tan solo— algunas leyes autonómicas, como la aragonesa y la vasca). De lo contrario, se estaría permitiendo un claro pacto en fraude de ley, un pacto constitutivo de un seudo-matrimonio *ad gustum*, a la carta, probablemente siempre más flexible que el verdadero matrimonio, lo que, además, resultaría discriminatorio, porque en la desigualdad que aquellos pactos generan entre las uniones seudo-libres y el matrimonio, este siempre quedaría perjudicado, discriminado, cuando, al contrario, como tal institución, ha de ser privilegiada frente a aquéllas. Es, recuérdese, una exigencia constitucional, según interpretación que el propio Tribunal Constitucional hace a la vista de todas las diferencias —indicadas antes— que existen entre el matrimonio y las parejas no casadas, concluyendo por ello mismo que no debe haber igualdad de trato entre ellos. Así lo imponen razones de justicia, de igualdad proporcional (impuestas por el art. 14 CE), porque al ser situaciones desiguales, de desigual forma han de tratarse.

---

28 Así también, ESTRADA ALONSO, E., cit., p. 159; y DE VERDA Y BEAMONTE, J. R., «Pactos de carácter patrimonial en las uniones de hecho: un estudio de la cuestión desde la perspectiva de la experiencia jurídica española», en *Actualidad Jurídica Iberoamericana*, n.° 11, 2019 —dedicado a las uniones de hecho en Derecho comparado—, p. 48.

29 Aunque OSSORIO SERRANO, J. M., «Relaciones y otros efectos puramente personales o no patrimoniales que se derivan de la convivencia de parejas de hecho», en *Parejas de hecho: cursos de verano de la Universidad Complutense en Almería*, R. HERRERA CAMPOSO (coord.), 1996, p. 44, parece insinuar tal posibilidad, aunque pareciendo también negarla por tratarse de un arrendamiento hecho de forma vitalicia, en contra, por tanto, del art. 1583 CC.

Más aún. Por estar el matrimonio consagrado constitucionalmente (en el art. 32 de nuestra Constitución), dice el Tribunal Constitucional que su trato ha de ser más favorable y beneficioso, más proteccionista, que el otorgado a las parejas no casadas, lo que, con buen sentido, demuestra que aunque la Constitución permita indirectamente, por interpretación amplia de sus arts. 32 y 39, uniones no casadas como familiares, no las desea. Esto, por supuesto, no quiere decir que dichos modos de convivencia *more uxorio* deban de ser reprobados, prohibidos o perseguidos, ni que la mayor protección dispensada a las uniones matrimoniales pueda ser caprichosa o arbitraria. Lo impiden los arts. 10 y 39 de la Constitución, pues la represión de las parejas no casadas o una desmedida protección de las casadas iría contra la dignidad y el libre desarrollo de la personalidad y contra la libertad de fundar una familia dentro o fuera del matrimonio.

En definitiva, y así las cosas, cualquier acuerdo habido entre los convivientes relativo a su propia convivencia habría de ser admitido para permanecer tan solo en el ámbito de la moralidad (de las obligaciones naturales, a lo más), pero fuera del estricto Derecho. De ahí que cualquier penalización acordada para el caso de incumplir los deberes pactados —que no dejan de ser éticos, incoercibles jurídicamente— o resultante del simple hecho de romper la pareja resultaría estéril. Diverso es que, producida la ruptura, esta provoque algún perjuicio o daño reparable o compensable (según habría que ver según cada caso, *ex* arts. 1901 o 1902 CC)[30], o que previamente se hayan adoptado acuerdos en previsión de compensaciones por desequilibrios tras la ruptura (según ha dicho recientemente la STS de 15 enero 2018). Solo como equivalente a tal indemnización o a tal compensación cabría admitir la validez de un pacto penal, pero jamás previéndose la pena como consecuencia inmediata o automática por el mero hecho de la ruptura de la pareja, derivado de incumplir un deber —solo— natural de convivencia, fidelidad... que, como tal obligación natural, solo voluntariamente puede observarse y que solo moralmente resulta reprobable en su inobservancia[31].

IV. Autonomía privada en la dimensión económica o patrimonial de las parejas de hecho

4.1. Sus consabidas diversas opciones: entre comunidad y sociedad

En lo estrictamente económico, al margen de las leyes autonómicas (antes vistas), las posibilidades en el Derecho estatal español, al amparo del prin-

30 Art. 1901: «Se presume que hubo error en el pago cuando se entregó cosa que nunca se debió o que ya estaba pagada; pero aquel a quien se pida la devolución puede probar que la entrega se hizo a título de liberalidad o por otra causa justa». Y at. 1902 CC: «El que por acción u omisión causa daño a otro, interviniendo culpa o negligencia, está obligado a reparar el daño causado».

31 Según ya decía Lacruz Berdejo, J. L., cit., p. 1067; y hoy, con detalle y cita de numerosos y diversos casos tomados de la jurisprudencia, de Verda, J. R., cit., pp. 48-53.

cipio de autonomía privada (que consagra el art. 1255 CC[32] —sin necesidad de apoyarse en su trasunto el art. 1328 CC[33]—), son muchas; mas como algo adicional, añadido, que no es innato a la unión. Así lo advierte nuestro Tribunal Supremo[34], así como nuestro Tribunal Constitucional[35], señalando expresamente alguna de tales posibilidades, como son las que siguen:

Una opción de los convivientes es someterse al régimen de sociedad universal de los arts. 1665 y 1675 CC[36] (al que expresamente alude la ley andaluza de parejas de hecho); y ello, aunque los bienes estén a nombre de uno

32 Art. 1255: «Los contratantes pueden establecer los pactos, cláusulas y condiciones que tengan por conveniente, siempre que no sean contrarios a las leyes, a la moral, ni al orden público».

33 Que dice: «Será nula cualquier estipulación contraria a las Leyes o a las buenas costumbres o limitativa de la igualdad de derechos que corresponda a cada cónyuge».

34 Según han venido a recordar las RRDGRyN de 7 febrero 2013 y de 11 junio 2018, así como la Resolución de la DGSJyFP de 21 junio 2021. Así lo indicó la Dirección General de los Registros y del Notariado en su resolución de 11 de junio de 2018, recordando que ya el Tribunal Supremo, en la STS de 27 de mayo de 1988, confirmada por otras posteriores (como son las SSTS de 18 febrero 1993, 12 de septiembre 2005, 8 mayo 2008, o la de 15 enero 2018), ya afirmó: «Naturalmente que cabe que los convivientes regulen las consecuencias de su estado como tengan por conveniente, respetando los límites generales del artículo 1255 CC; o bien que conductas significativas o de actos con ese mismo carácter patenticen que quieran constituir una sociedad o una comunidad de bienes».

35 En efecto, en el mismo sentido se pronunció el Tribunal Constitucional en su Sentencia de 23 abril 2013, dictada a propósito del recurso de inconstitucionalidad interpuesto contra la Ley Foral 6/2000, de 3 de julio, para la igualdad jurídica de las parejas estables de Navarra, que declara expresamente: «[...] consustancial a esa libertad de decisión, adoptada en el marco de la autonomía privada de los componentes de la pareja, es el poder de gobernarse libremente en la esfera jurídica de ese espacio propio, ordenando por sí mismos su ámbito privado, el conjunto de derechos, facultades y relaciones que ostenten, si bien dentro de ciertos límites impuestos por el orden social, ya que la autonomía privada no es una regla absoluta. Así, el art. 1255 del Código civil plasma el principio de autonomía de la voluntad en las relaciones contractuales privadas, y dispone que los contratantes pueden establecer todos los pactos, cláusulas y condiciones que tengan por conveniente «siempre que no sean contrarios a las leyes, a la moral, ni al orden público» [...] Pues bien, este respeto a la autonomía privada de quienes han decidido conformar una unión de hecho se traduce en el reconocimiento de que, en aras a su libertad individual, pueden desarrollar sus relaciones —antes, durante y al extinguirse esa unión— conforme a los pactos que consideren oportunos, sin más límites que los impuestos por la moral y el orden público constitucional; y esta libertad debe ser respetada por el ordenamiento jurídico en todo caso, salvo que su ejercicio concreto pudiera entrar en conflicto con valores constitucionales superiores que justificaran su constricción».

36 Art. 1665: «La sociedad es un contrato por el cual dos o más personas se obligan a poner en común dinero, bienes o industria, con ánimo de partir entre sí las ganancias». Y art. 1675: «La sociedad universal de ganancias comprende todo lo que adquieran los socios por su industria o trabajo mientras dure la sociedad. (...) Los bienes muebles o inmuebles que cada socio posee al tiempo de la celebración del contrato, continúan siendo de dominio particular, pasando sólo a la sociedad el usufructo».

sólo de ellos, pues en tal caso se estimará que tal titularidad es fiduciaria (según aclaran las SSTS de 18 mayo 1982 y 3 julio 1984)[37].

Otra alternativa es pactar la aplicación del régimen de copropiedad (arts. 392 y ss. CC); precisamente, es éste el acuerdo aconsejado por la casi unanimidad de la doctrina (desde el propio LACRUZ hasta ESTRADA ALONSO, que incluso aconseja su presunción judicial *iuris tantum*), y así indicada por la STS de 18 febrero 2003, porque es difícil que en las parejas no casadas se den la *affectio societatis* —¿comparable tal vez con la *affectio maritalis*?— y la contribución de bienes y servicios con el ánimo de lucro propios de cualquier sociedad, cuando normalmente en las uniones de hecho subyace una economía doméstica y consumista. Aunque tal vez el inconveniente de aquella opción, la de la comunidad de bienes, sea que no constituye un pacto general en previsión futura, para toda posterior adquisición, siendo tan solo actualmente hábil caso por caso. Buena prueba de tal inconveniente es la insuficiencia de cualquier documento público (como pudiera ser una homologación judicial del acuerdo de separación de la pareja), para inscribir la disolución y liquidación de la copropiedad, al ser, en cambio, necesario una particular escritura pública dirigida a tal efecto (según declaró hace ya un tiempo la RDGRyN de 16 junio 2010).

Por último, como compendio de las dos fórmulas anteriores —según nos dice la STS de 18 marzo 1995—, también cabría pactar el régimen de sociedad irregular universal del art. 1669 CC[38].

También quedaría, a fin de cubrir las necesidades cotidianas, la posibilidad de celebrar un contrato de alimentos (arts. 1791 ss. CC)[39].

En fin, y como ha venido a decir la STS de 26 enero 2006, «es posible que, por la voluntad de los convivientes, se cree un sistema de comunicación de bienes parecido a cualquiera de los admitidos para el matrimonio o bien se utilicen otras fórmulas para hacer comunes todos o algunos de los bienes que se adquieran durante la convivencia. Es también posible crear comunidades sobre bienes determinados».

En cualquiera de los casos, en principio, no es necesario que el acuerdo, cualquiera que sea su contenido, sea expreso, ni siquiera formal, ya que, al no constituir convencionalmente un estricto régimen económico matri-

37 Para mayores detalles al respecto, ANGUITA RÍOS, R. M., «Autorregulación de las relaciones patrimoniales durante la convivencia de las parejas de hecho», en *Boletín del Ministerio de Justicia*, 2006, pp. 4801 ss.

38 Art. 1669: «No tendrán personalidad jurídica las sociedades cuyos pactos se mantengan secretos entre los socios, y en que cada uno de éstos contrate en su propio nombre con los terceros. (...) Esta clase de sociedades se regirá por las disposiciones relativas a la comunidad de bienes».

39 O de pactar una renta vitalicia, según ANGUITA RÍOS, R. M., cit., p. 4800, aunque pensando más para el caso de extinción de la pareja.

monial, ni tratarse de estrictas capitulaciones matrimoniales (cuya escrituración exige *ad solemnitatem* el art. 1327 CC)[40], no ha de elevarse a escritura pública, salvo que las partes convivientes decidan tal formalización (*ex* art. 1279 CC)[41]. No parece admisible entender aplicable por analogía el art. 1327 CC ante la semejanza que se pretende ver entre el pacto entre convivientes y las capitulaciones matrimoniales (como, entre otros, pretende REBOLLEDO VARELA[42], cuando, previa y radicalmente, no hay analogía entre la unión de hecho y la matrimonial. Negada, pues, la premisa mayor, debe ser también negada la menor. Salvo el posible caso, advertido hace tiempo por ESTRADA ALONSO, de la sociedad universal de gananciales, en que, no obstante el art. 1667 CC[43], pudiera ser conveniente la forma escrita para dejar clara la voluntad de constituir tal sociedad (difícilmente deducible tan solo de la mera convivencia o cohabitación), y, sobre todo, para fijar la proporción de las aportaciones (y de sus posibles consecuentes beneficios); de lo contrario, no fijada dicha proporcionalidad, los repartos, hechos al modo de una sociedad de gananciales, serán igualitarios, por mitad, lo que podría suponer: por un lado, el enmascaramiento del régimen matrimonial de gananciales, y, por otro, un enriquecimiento injusto a favor del conviviente que menos haya aportado a la unión.

No obstante tal conveniencia de formalizar el pacto por escrito, en general cabe que el pacto entre convivientes sea tácito, siempre que se deduzca de los *facta concludentia*, de hechos concluyentes e inequívocos (por ejemplo, mediante la aportación de ganancias o trabajo al acervo común, por la cotitularidad de cuentas bancarias —no ya si la cuenta es individual y el otro conviviente aparece en ella solo como autorizado—, por la compra conjunta de un bien, por el trabajo conjunto en la misma actividad profesional, empresarial o industrial para deducir que hay sociedad civil, o que hay simple comunidad de bienes si no se comparte tal actividad en iguales condiciones, y solo se hace como mera ayuda por uno de los convivientes...)[44]; aunque en

---

40 Al decir que «Para su validez, las capitulaciones habrán de constar en escritura pública».

41 Cuando dice: «Si la ley exigiere el otorgamiento de escritura u otra forma especial para hacer efectivas las obligaciones propias de un contrato, los contratantes podrán compelerse recíprocamente a llenar aquella forma desde que hubiese intervenido el consentimiento y demás requisitos necesarios para su validez».

42 En su trabajo: «El contrato de unión civil: la regulación de su contenido y efectos», en *Revista de derecho de familia*, n.º 43, 2009, pp. 23-54. En contra, DE VERDA, J. R., cit., p. 34, nota 57, afirma, con contundencia: «No estamos ante capitulaciones matrimoniales, por lo que no es aplicable el art. 1327 CC».

43 Art. 1667: «La sociedad civil se podrá constituir en cualquier forma, salvo que se aportaren a ella bienes inmuebles o derechos reales, en cuyo caso será necesaria la escritura pública».

44 Para un estudio pormenorizado, y con cita de abundantes casos tomados de la propia jurisprudencia y de numerosas sentencias de Audiencias Provinciales, véase DE VERDA Y BEAMONTE, J. R., cit., pp. 26 a 33, así como a BARRIO GALLARDO, A., en *RGLJ*, pp. 462 a 468.

ningún caso sin poderse presumir ninguno de tales regímenes, ni siquiera el de copropiedad, debiendo ser cada cual así probado para regir efectivamente en la pareja[45].

Con todo, ¿cabría, también como una opción más, acordar la sumisión *in abstracto* a un régimen legal económico matrimonial (de gananciales, de separación de bienes, ...)?

4.2. La imposible remisión convencional —en bloque o por su *nomen*— al régimen económico matrimonial

En un inicio, la STS de 18 mayo 1992 pareció insinuar aquella posibilidad (suscitada al final del epígrafe anterior, de poder someterse las uniones de hecho por pacto a un régimen económico matrimonial), aunque lo hizo en *obiter dictum*, al simplemente afirmar que *«... no ha de rechazarse de plano la posible aplicabilidad de la normativa que disciplina el régimen ganancial matrimonial, si expresamente se pacta».* La sentencia de 23 de julio de 1998 lo expresa de la siguiente forma: «Sin perjuicio de que, atendidas las circunstancias de cada caso concreto, pueda predicarse la aplicabilidad (no por "analogía legis", que aquí no se da, sino por "analogía iuris", de algún determinado régimen económico de los diversos que, para el matrimonio, regula el citado Título del CC, siempre que quede patentizado, por pacto expreso o tácito que la voluntad de los convivientes fue someterse al mismo». También de pasada pareció admitirlo la STS de 16 junio 2011, al negar la existencia de un régimen económico matrimonial en las parejas no casadas, *«salvo que se haya pactado por los convivientes», terminaba* diciendo. Y así también algunos autores, cada vez más, parecen admitirlo[46], destacando incluso que se

45 Como así lo advertía hace tiempo ANGUITA RÍOS, R. M., cit., p. 4797. No obstante, como ella misma advierte (en la nota 6), para el caso de cuentas corrientes bancarias la STS de 21 de noviembre de 1994 establece un criterio especial para las parejas de hecho, ya que, si bien es doctrina general que las titularidades indistintas en las cuentas bancarias permiten disponer del saldo pero no determinan la existencia de una comunidad, que sólo existirá atendiendo a la originaria pertenencia de los fondos (STS 7 de junio de 1996, RJ 4826), sí se presume la cotitularidad del saldo cuando existe una unión estable. Por otra parte, la jurisprudencia se suele mostrar reacia a considerar tácitamente constituida una sociedad universal de ganancias por el simple hecho de la convivencia *more uxorio* (así, entre otras, las SSTS de 11 diciembre 1992, 17 enero 2003 y 27 mayo 2004, según tomo de DE VERDA, J. R., cit. p. 25, con nota 33).

46 Como TORRES LANA, J. A., «Relaciones patrimoniales a la conclusión de la convivencia "more uxorio"», en *Homenaje a JB. Vallet de Goytisolo, vol. V*, Madrid, 1988; y en su otro trabajo: «De nuevo sobre las relaciones patrimoniales entre parejas no casadas», en *Aranzadi Civil*, 1993, pp. 9-23; BAYOD LÓPEZ, C., «Parejas no casadas, capítulos matrimoniales y normas de régimen económico matrimonial», en *RCDI*, 1995, pp. 129-153; MESA MARRERO, C., *Las uniones de hecho. Análisis de las relaciones económicas y sus efectos,*

pacte un régimen de gananciales, con inclusión del régimen primario (como, por ejemplo, el relativo a la potestad doméstica o de las llaves del art. 1319 CC[47], o la regla concerniente a la protección de la vivienda familiar del art. 1320 CC)[48], cuya inscripción registral, en tanto el pacto se eleve previamente a escritura pública, asegurará la eficacia frente a terceros de dicho régimen pactado.

Hasta tiempos cercanos, sin embargo, la *communis opinio* había venido negando tal convención por ser contraria al orden público (art. 1255 CC), porque, aparte de la falta de analogía habida entre el matrimonio y las parejas no casadas, si los convivientes rechazaron su sujeción al matrimonio es porque rechazaron también con él su régimen económico-matrimonial. Admitir aquel pacto fuera del matrimonio sería como casarse sólo a medias, en lo económico, renunciando a los derechos y deberes personales que el matrimonio impone (sin permitir, por tanto, su renuncia, ni otra forma de disponibilidad). Así lo ha reiterado una más reciente —aunque minoritaria— doctrina[49], y así lo ha terminado diciendo, clara y tajantemente, la DGRyN en sus Resoluciones de 7 febrero 2013, y siguiéndola la de 11 junio 2018, así como la más reciente de 21 junio 2021, concluyendo aquella primera para subrayar la *«imposibilidad de crear una sociedad de gananciales —que es un régimen económico del matrimonio— sin matrimonio».*

Íntegramente, se dice en tales Resoluciones: «Ciertamente no está regulada en las Leyes una aplicación genérica y en bloque del estatuto ganancial al régimen de convivencia, incluso cuando haya sido objeto de un pacto

---

Pamplona, 1999, pp. 125 y 126; BUSTOS GÓMEZ-RICO, M., «La relaciones personales y económicas entre los integrantes de la unión de hecho y frente a terceros», en *«Consecuencias jurídicas de la unión de hecho», Cuadernos de Derecho Judicial,* 1997, p. 483; POUS DE LA FLOR, M.ª P., «Crisis de parejas: consecuencias patrimoniales por ruptura de las uniones de hecho», *RCDI*, núm. 712, 2009, p. 818; o los ya citados REBOLLEDO, MESA MARRERO, PARRA LUCÁN, O BARRIO GALLARDO.

47 Art. 1319 CC: «Cualquiera de los cónyuges podrá realizar los actos encaminados a atender las necesidades ordinarias de la familia, encomendadas a su cuidado, conforme al uso del lugar y a las circunstancias de la misma. (...) De las deudas contraídas en el ejercicio de esta potestad responderán solidariamente los bienes comunes y los del cónyuge que contraiga la deuda y, subsidiariamente, los del otro cónyuge. (...) El que hubiere aportado caudales propios para satisfacción de tales necesidades tendrá derecho a ser reintegrado de conformidad con su régimen matrimonial».

48 Art. 1320 CC: «Para disponer de los derechos sobre la vivienda habitual y los muebles de uso ordinario de la familia, aunque tales derechos pertenezcan a uno solo de los cónyuges, se requerirá el consentimiento de ambos o, en su caso, autorización judicial. (...) La manifestación errónea o falsa del disponente sobre el carácter de la vivienda no perjudicará al adquirente de buena fe».

49 Como MARTÍNEZ DE AGUIRRE, C., «Acuerdos entre convivientes *more uxorio*», en *AAMN*, 2000, p. 36 ss; o como LÓPEZ AZCONA, A., *La ruptura de las parejas de hecho,* Navarra, 2002; o DE VERDA Y BEAMONTE, J. R., pp. 34 ss.

expreso de remisión. En este sentido, resulta difícil extender una organización jurídica basada en el carácter público del estatuto conyugal a unas relaciones personales que, desde el punto de vista jurídico –no así desde el social–, destacan precisamente por lo contrario. Esto es así por los siguientes motivos: 1. La imposibilidad de crear una sociedad de gananciales –que es un régimen económico matrimonial– sin matrimonio; 2. Falta de publicidad de la misma frente a terceros; y, 3. La imposibilidad de pactar entre los convivientes capítulos matrimoniales y, dado que los regímenes económicos matrimoniales sólo pueden establecerse a través de capitulaciones matrimoniales, de ello se derivaría que los convivientes no pueden pactar que entre los mismos rijan las normas reguladoras de un régimen económico como es el de la sociedad de gananciales. Así pues, carece de sentido aplicar a las uniones extramatrimoniales el régimen legal supletorio de la sociedad de gananciales, incluso mediante pacto expreso de los convivientes».

Añadirá, no obstante, la Resolución de 21 junio 2021: «Los convivientes pueden alcanzar pactos tendentes a regular las consecuencias patrimoniales de su unión, siempre que no sean contrarias a los referidos límites generales —los consabidos del art. 1255 CC (ley, moral y orden público)—. Así, podrán pactar válidamente entre ellos que les sean de aplicación las normas que disciplinan, en general, los distintos regímenes económicos matrimoniales, y en concreto el de la sociedad de gananciales, bien por remisión a los artículos que regulan dicho régimen económico matrimonial, bien por la adopción de pactos concretos que tradujeran en el convenio entre convivientes las normas de la sociedad de gananciales».

4.3. La hipotética —y sutil— remisión convencional —cláusula por cláusula— a un régimen económico matrimonial

Aun pareciéndome aquella última solución (contraria a la remisión en bloque o por su nombre a un entero régimen económico matrimonial), la solución más acertada, según creo[50] hay que matizarla por lo burda que es la opuesta, que lo es por pretender una remisión genérica, en bloque y sin matices, ni salvedades, a un entero régimen económico matrimonial, lo que lógicamente no cabe al no tratarse de una pareja casada.

En parte recuerda tal pretensión a la que, precisamente, prohibía el Proyecto de CC de 1851, y así el CC de 1889 (hasta 1981), de que un matrimonio sometido al régimen común pactara someterse a un régimen económico foral por su solo nombre (especialmente, si ya estaba en desuso), aun careciendo de la pertinente vecindad civil. El propio GARCÍA GOYENA advertía que

50 Y siguiéndome, de nuevo, en esta propuesta tan particular, esperemos que más por convicción que por obediencia (que no me debe), mi discípulo GARCÍA MAYO, M., cit., pp. 71 y 72.

tan solo sería posible pactar tal sujeción si se trataba de pactos concretos y detallados, referidos a determinados aspectos o efectos patrimoniales del matrimonio, que no se contradijeran con el régimen económico común en lo que de éste resultara imperativo[51]. Era el art. 1317 CC —hoy, tras 1981, ya derogado—, que decía: «Se tendrán también por nulas y no puestas en los contratos —matrimoniales o capitulares— las cláusulas por las que los contratantes, de una manera general, determinen que los bienes de los cónyuges se someterán a los fueros y costumbres de las regiones forales y no a las disposiciones generales de este Código». Tal precepto era fiel trasunto del artículo 1237 del Proyecto isabelino de Código Civil, de 1851, que decía: «No pueden pactar los esposos de una manera general que sus bienes han de gobernarse por los fueros o costumbres que hasta ahora han regido en diferentes provincias o comarcas del Reino».

El contenido de ambos preceptos no debe, sin embargo, llevar al error, ni mucho menos al engaño. No se prohibía en ellos, en general, el sometimiento a un sistema económico-matrimonial foral. De haberse así interpretado el artículo 1317 CC-1889 —vigente hasta 1981—, entonces, el artículo 12 CC-1889 —actual art. 13 CC— y el respeto a los Derechos Forales en él consagrado serían pura ilusión o quimera. Según la común opinión doctrinal, incluido GARCÍA GOYENA en sus comentarios al Proyecto de 1851, en aquellas normas —art. 1317 del Código Civil de 1889 y su inspiradora de 1851— se prohibía que los cónyuges regularan los efectos económicos de su matrimonio de forma especial, o distinta a cómo se regulaba en el Código Civil, aludiendo sólo en su *nomen* o denominación a un fuero que, tras la entrada en vigor del Código Civil, estuviese ya abolido o derogado por su desuso; por el contrario, hubiera sido necesario escriturar el contenido completo de dicho fuero abrogado.

Mutatis mutandis algo parecido, me parece, sucede con el caso que nos ocupa, relativo a las parejas de hecho: cabría por ellas pactar efectos económicos que son los propios, aunque *ex lege*, del matrimonio, aunque, cuando menos, respetando dos límites: el primero, que no cabría sin más remitirse a todo un régimen económico matrimonial, sino tan solo a aquellas normas que, según cada caso, sean trasladables a una pareja no casada, y que tal

51 Lo decía, en sus *Concordancias, motivos y comentarios del Código Civil español*, Tomo I, Madrid, 1852, p. 256, comentando el art. 1237 del Proyecto de CC de 1851 (que se reproduce a continuación en texto, y del que decía lo siguiente): «Referirse de una manera general á costumbres y Fueros abolidos, tendría visos de una resurrección: aquellos continuarían en el concepto vulgar como leyes del Estado; seguiría la misma confusión que hasta aquí, y quedaría frustrad el objeto de este Código, ó la unidad constitucional: seria echar nuevamente á los españoles al laberinto de que se les quiere sacar, y ensanchar el abismo que el Código civil debe cerrar. No podrán, pues, los contrayentes pactar en términos generales que sus capitulaciones se regirán por los antiguos Fueros de esta o la otra provincia: si hay en ellos alguna disposición que se quiere que rija, habrán de pactarla especialmente y trascribirla», terminaba diciendo, en lo que aquí más interesa destacar.

remisión sea puntual en cuanto al fondo de la norma, no a la norma misma (a tal o cual precepto), sino redactando su contenido en el propio acuerdo; de tal modo que no se pacte, sin más, un efecto matrimonial, sino un efecto patrimonial con entidad propia, estén o no casados entre sí los que así lo acuerdan.

Como muestra de lo dicho, un par de ejemplos: si, como algunos pretenden mediante una remisión al art. 1319 CC, se quiere pactar el régimen de responsabilidad doméstica, siguiendo la opinión de LACRUZ y ESTRADA ALONSO, convendría más bien pactar una especie de mandato recíproco, que incluso en su caso podría estimarse tácitamente (*cfr.*, art. 1710 CC); o para proteger la vivienda de la pareja, no cabría sin más remitirse a lo dispuesto en el art. 1320 CC (o al art. 96 CC, para el caso de ruptura), sino que más bien habría que pactar una especie de prohibición de disponer (o también de administrar, si también se quiere cubrir el caso del arrendamiento).

Y es en tales ejemplos donde brota el segundo límite a respetar en tales pactos: el de su posible eficacia frente a terceros, que no parece tan sencillo asegurar como propone aquella doctrina favorable a la remisión en bloque al régimen económico matrimonial y simplemente pactada en documento público. Para empezar, dicho documento carece de acceso al Registro Civil, al no formar matrimonio quienes así han pactado. Sabido es, por otra parte, que no gozan de estricta publicidad aquellas parejas que acceden a los Registros de Parejas de Hecho que en todas las leyes autonómicas se instaura. Son tales unos registros públicos, pero más administrativos que civiles, que ningún efecto de validez ni de eficacia u oponibilidad tienen frente a terceros, al menos frente a los particulares —sólo lo tienen frente a la Administración pública autonómica o municipal— (según dicen insistentemente las RRDGRyN de 7 febrero 2013 y 11 junio 2018, así como la Resolución de 21 junio 2021 que venimos citando reiteradamente)[52]. Son, como dijimos arriba, el «catastro» de las uniones de hecho. Es la propia seguridad jurídica, y la del tráfico jurídico como expresión de orden público, lo que está en juego[53]. Así lo dijo hace ya una década la STC 81/2013, de 11 abril, al declarar solo parcialmente inconstitucional la Ley madrileña de parejas de hecho, dejando como válida su regulación sobre el Registro de uniones de hecho al tratarse,

52 Y en la doctrina ya advertido por ANGUITA RÍOS, R. M., cit., p. 4796.

53 Según advirtió GALLEGO VEGA, J. A., en su lacónico, pero brillante Comentario a la RDGRyN de 7 febrero 2013, publicado en la obra *Autonomía privada, Familia y Herencia en el siglo XXI. Cuestiones actuales y soluciones de futuro*, Navarra, 2014, pp. 83-90. Y, por supuesto, déjese el problema de la publicidad del estado posesorio, pues, ¿es hoy estado civil el del conviviente de hecho? Lo niega RAMOS CHAPARRO, E., *Ciudadanía y familia: los estados civiles de la persona*, Barcelona, 1999), quien incluso, en contra de LOPEZ Y LOPEZ, A., *La posesión de estado familiar*, Sevilla, 1971, cuestiona para el matrimonio la viabilidad probatoria de la posesión de estado.

precisamente, de un registro meramente administrativo, cuya regulación no es por tanto competencia exclusiva del Estado *ex* art. 149.1.8.º CE[54].

Solo quedan, por tanto, el Registro Mercantil y el Registro de la Propiedad (o el de Bienes Muebles, en su caso), pero siempre que se cumplan sus más elementales condiciones: para el primero, que al menos uno de los miembros de la pareja de hecho sea empresario, y para el segundo, la trascendencia real del pacto documentado públicamente (*cfr.*, arts. 2.2.º, 9 LH, 7 y 51.6.ª RH), cuando, en efecto, en cada caso lo tenga (lo que difícilmente sucederá, por ejemplo, en el caso de la prohibición de disponer de la vivienda, al no parecer que sean aplicables por analogía los arts. 26 y 27 LH[55], tanto por su necesaria interpretación restrictiva, al tratarse de cargas que limitan la libertad del dominio, como por la falta de analogía habida entre los pactos celebrados entre convivientes y las estrictas capitulaciones matrimoniales a que se refiere el art. 27 LH, cuando, previa y radicalmente, no hay —según venimos diciendo— analogía entre la unión de hecho y la matrimonial).

4.4. La matizable remisión —aceptada por el Tribunal Constitucional— al régimen legal autonómico sobre parejas de hecho y una posible última «vuelta de tuerca»: la remisión convencional de las parejas casadas al régimen patrimonial de las no casadas

Como otra «vuelta de tuerca», por lógica, lo dicho sobre la sumisión pactada y puntual de las parejas de hecho a parte de un régimen matrimonial,

---

54 Que dice en su integridad: «1. El Estado tiene competencia exclusiva sobre las siguientes materias: ... 8.ª Legislación civil, sin perjuicio de la conservación, modificación y desarrollo por las Comunidades Autónomas de los derechos civiles, forales o especiales, allí donde existan. En todo caso, las reglas relativas a la aplicación y eficacia de las normas jurídicas, relaciones jurídico-civiles relativas a las formas de matrimonio, ordenación de los registros e instrumentos públicos, bases de las obligaciones contractuales, normas para resolver los conflictos de leyes y determinación de las fuentes del Derecho, con respeto, en este último caso, a las normas de derecho foral o especial».

55 Artículo 26: «Las prohibiciones de disponer o enajenar se harán constar en el Registro de la Propiedad y producirán efecto con arreglo a las siguientes normas: (...) Primera. Las establecidas por la Ley que, sin expresa declaración judicial o administrativa, tengan plena eficacia jurídica, no necesitarán inscripción separada y especial y surtirán sus efectos como limitaciones legales del dominio. (...) Segunda. Las que deban su origen inmediato a alguna resolución judicial o administrativa serán objeto de anotación preventiva. (...) Tercera. Las impuestas por el testador o donante en actos o disposiciones de última voluntad, capitulaciones matrimoniales, donaciones y demás actos a título gratuito, serán inscribibles siempre que la legislación vigente reconozca su validez». Y art. 27 LH: «Las prohibiciones de disponer que tengan su origen en actos o contratos de los no comprendidos en el artículo anterior, no tendrán acceso al Registro, sin perjuicio de que mediante hipoteca o cualquier otra forma de garantía real se asegure su cumplimiento».

cabe aplicarlo recíproca e inversamente al matrimonio, que podría tomar como modelo algún aspecto de los regímenes legales autonómicos sobre parejas de hecho. Lo permiten en abstracto los arts. 1315 y 1328 CC[56] siempre que, en particular, tales regímenes respeten los mínimos imperativos del régimen matrimonial, especialmente, en lo que afecta a su régimen primario, común a todo matrimonio (contenido en los arts. 1317 ss CC), así como a su contenido personal (impuesto en los arts. 66 ss CC).

En efecto, ese acercamiento convencional (o *ex voluntate*) y recíproco entre ambos tipos de parejas, casadas y de hecho, no solo viene auspiciado por la configuración de las parejas de hecho a modo de para-matrimonios, aunque más libres y menos solemnes (que, según vimos antes, han venido a regularizar la legión legislativa autonómica), sino también por el mayor grado de libertad y el menor de solemnidad, o de rigurosidad cuando menos, que el propio legislador estatal, en este caso, ha conferido a la institución matrimonial misma, facilitando no solo el acceso a ella a parejas integradas por personas del mismo sexo (con la Ley 13/2005, de 1 de julio, por la que se modificó el Código Civil en materia de derecho a contraer matrimonio), permitiendo su celebración, en todo caso, ante otras muy diversas autoridades diversas de la judicial, sino, sobre todo, facilitando su separación o su disolución mediante divorcio, primero descausalizándolo, con el —mal— llamado divorcio «express» (en la Ley-2005, de 8 de julio, por la que se modificaron el CC y la Ley de Enjuiciamiento Civil en materia de separación y divorcio), y, luego, desjudicializándolo al permitir el divorcio notarial por mutuo acuerdo (con la Ley 15/2015, de Jurisdicción Voluntaria, de 2 de julio); reformas todas ellas que han aproximado aún más las uniones de hecho en su regulación contenida en la legislación autonómica a la institución matrimonial estatal por acercamiento de esta a aquellas. Con tales reformas, en efecto, ha sido el matrimonio el que se ha asimilado, o aproximado cuando menos, a las uniones no casadas, dando por resultado, entre ambos legisladores, estatal y autonómico, un acercamiento mutuo y recíproco que, a nuestro parecer, justifican también este acercamiento voluntario entre sus regímenes —al menos— patrimoniales. Todo ello sin que la aproximación desdibuje la existencia de dos instituciones con sus diferencias, ya muy tenues, que, mantenidas intencionadamente por la ley, sigan impidiendo el recurso a la analogía entre ellas (como así sucede con otras figuras, muy próximas, pero no análogas *stricto sensu*, como por ejemplo sucede con la prescripción y la caducidad, con la fianza y la hipoteca dada por tercero, o con el usufructo y el arrendamiento...)[57].

56 Art. 1315: «El régimen económico del matrimonio será el que los cónyuges estipulen en capitulaciones matrimoniales, sin otras limitaciones que las establecidas en este Código». Art. 1328 CC: «Será nula cualquier estipulación contraria a las Leyes o a las buenas costumbres o limitativa de la igualdad de derechos que corresponda a cada cónyuge».

57 Y que yo mismo he estudiado en diversas ocasiones, que pueden verse compendiadas en mi libro *Analogía e interpretación: sus confines conceptuales y su realidad práctica en Dere-*

Tal es la posible disponibilidad de los regímenes matrimonial y de las parejas de hecho, que la STC 93/2013, de 23 de abril, tras declarar en buena parte inconstitucional la Ley navarra por someter a su régimen aquellas uniones no casadas, ni registradas, por la sola convivencia anual de sus integrantes o por tener una descendencia común, lo que, según entiende el Tribunal Constitucional, es contrario a la libertad (que consagra el art. 10 CE), por no respetar que tales uniones se sometan solo voluntariamente a dicha Ley, añade que el régimen legal autonómico, previsto como imperativo en la Ley navarra —solo— para las parejas no casadas registradas y sometidas expresa y voluntariamente a dicha ley, debe entenderse como meramente dispositivo para las parejas no casadas, ni registradas, que podrán someterse a él mediante pacto al amparo del principio de autonomía de la voluntad (que, en general, consagra el art. 1255 CC), hasta el punto de que cabría admitir, según ejemplifica el propio Tribunal Constitucional, que la unión se acuerde sometida a término o a condición, contra la prohibición que al respecto establece la Ley navarra para las parejas no casadas registradas (o el art. 45 CC impone al matrimonio, habría que añadir). Considera incluso el Tribunal Constitucional que de haber una ley estatal de parejas de hecho, debería contener un régimen dispositivo, por respeto a la libertad y la dignidad que impone el art. 10 CE. Así, en efecto, lo hacía la Ley valenciana de parejas de hecho, previendo un régimen como dispositivo, en cuanto supletorio, para las propias uniones formalizadas (una ley, no obstante, que fue también declarada inconstitucional en la STC 110/2016, de 9 junio). Y es solución que desde hace un tiempo defendía también Parra Lucán[58].

En mi opinión, con ello el Tribunal Constitucional llega demasiado lejos en la concesión de juego a la autonomía privada. ¿No se percata, acaso, aquella sentencia del Tribunal Constitucional de que, con su interpretación, frente a lo que ha sido la propia jurisprudencia constitucional, se privilegia a las uniones de hecho, no solo frente a las matrimoniales, sino también frente a las no casadas pero registradas debidamente; todo ello en contra de una mínima exigencia de seguridad jurídica? ¿No se contiene en aquella idea una discriminación, no solo frente al matrimonio, sino dentro de las propias parejas de hecho favoreciendo, precisamente, a las que no se sujetan a las formalidades de la Ley (autonómica)? Si una pareja decide voluntariamente no casarse ni registrarse como unión estable, ¿por qué permitir que por pacto se someta al régimen legal de las parejas registradas? La STC de 23 abril 2013 lo admitió, cuando en cambio la coetánea RDGRyN de 7 febrero 2013, sobre un caso de pareja de hecho registrada en Andalucía, había afirmado, con

cho privado, con prólogo del notario y Prof. Leonardo B. Pérez Gallardo, Ediciones Olejnik, Chile-Argentina, 2017.

58 En «Autonomía de la voluntad y derecho de familia», en *La Ley*, 2011-3 (p. 1800), y que reitera posteriormente en su colaboración en el 150 aniversario de la Ley del Notariado, *cit.*, pp. 297 y 298.

toda razón, la *«imposibilidad de crear una sociedad de gananciales —que es un régimen económico del matrimonio— sin matrimonio».* ¿O acaso hay que rechazar esta última resolución por ser inconstitucional (contraria a la libertad que proclama aquella sentencia), y hay que admitir que las uniones libres pueden someterse por su simple voluntad al régimen matrimonial o al de parejas registradas sin necesidad de casarse ni de registrarse? En mi opinión, constituiría tal opción un flagrante atentado contra el orden público (en contra del límite que al respecto establece el art. 1255 CC). Con aquella última sentencia el Tribunal Constitucional ha trasladado al dilema entre pareja no casada registrada o no registrada el mismo que antaño se suscitó entre el matrimonio y las genuinas parejas de hecho, pero dándole ahora a aquel otro una solución diversa y, en mi consideración, equivocada, al no afirmar la falta de semejanza y negar la aplicación pactada de su régimen legal. Esa es, al menos, mi opinión que aquí, por fin, concluye.

Cód. 01

Made in United States
North Haven, CT
05 November 2026

21764891R00365